Die Sorge des Souveräns

||qu|||||

Herausgegeben von
Claus Pias und Joseph Vogl

Burkhardt Wolf

Die Sorge des Souveräns
Eine Diskursgeschichte des Opfers

diaphanes

Gedruckt mit freundlicher Unterstützung von:

*Geschwister Boehringer Ingelheim Stiftung für Geisteswissenschaften
in Ingelheim am Rhein*

Johanna und Fritz Buch Gedächtnis-Stiftung

Axel Springer Stiftung

1. Auflage
ISBN 3-935300-68-9
© diaphanes, Zürich-Berlin 2004
www.diaphanes.net

Alle Rechte vorbehalten
Layout und Druckvorstufe: 2edit, Zürich, www.2edit.ch
Druck: Stückle, Ettenheim

Umschlaggestaltung: Thomas Bechinger und Christoph Unger
Umschlagabbildung: »*Eikon basilike oder Abbildung des Königes Carl in seinen Drangsahlen und Gefänglicher Verwahrung von ihm selbst in Engl. Sprache beschrieben u. nun
[...] ins Teutsche versetzet* [von John Earle], [Hamburg?] 1649 (Detail); Abdruck mit
freundlicher Genehmigung der Sächsischen Landesbibliothek – Staats- und Uni-
versitätsbibliothek Dresden.

Inhalt

9 Einleitung

ERSTER TEIL: REPRÄSENTATION – DAS OPFER UND DER BLICK DES SOUVERÄNS

23 Erstes Kapitel: Souveränität und höfische Repräsentation –
Die Schauseite der Herrschaft
1. Souveränitätsbegriff und politische Theologie 23
2. Zeremoniell und Theatralität 35
3. Dramatische Märtyrer und Souveräne 46

61 Zweites Kapitel: Souveränität an ihren Grenzen –
Repräsentation in der Krise
1. Postfiguration 61
2. Demise und Schiffbruch 70
3. Pest und *salus publica* 79

97 Drittes Kapitel: Auf dem Weg zur Prävention –
Die Entdeckung der Kontingenz
1. Wissenschaften der Kontingenz 97
2. Utopien und Adventures 109
3. Leibniz und die poetisierte Kontingenz 126

ZWEITER TEIL: VERMÖGENSBILDUNG – DAS OPFER IM HORIZONT DER ÖKONOMIE

145 Viertes Kapitel: Verzicht und Menschlichkeit –
Rituale der Empfindsamkeit
1. Übertragungen 145
2. Die Opfer der Empfindsamkeit 155
3. Sympathien und die neue Vermögensordnung 167

185 Fünftes Kapitel: System der Vermögen –
Der polizierte Mensch
1. Bildungspolizey 185
2. Haushaltung 193
3. Regulation 205

223 Sechstes Kapitel: Kult in der Kultur –
Die Kehrseite menschlicher Ökonomie
1. Zivilisationsgeschichte des Kults 223
2. Regizid als Revolution 240
3. »Aufopferung« und »Entsetzung« der Vermögen 251

DRITTER TEIL: GESELLSCHAFTSKONSTITUTION – OPFER UND GEMEINSCHAFT

269 Siebtes Kapitel: Kulturevolutionismus –
Begriffslose Urgeschichte
 1. Kierkegaard und die Medien-Anthropologie 269
 2. Kulturevolution als Geschichte einer Verkennung 287
 3. Das innere Afrika 295

309 Achtes Kapitel: Ursprungsforschung –
Szenarien der Nachträglichkeit
 1. Opfer und Institution 309
 2. Ästhetik als Genealogie 323
 3. Gemeinschaft in der Gesellschaft 338

351 Neuntes Kapitel: Überleben der Gemeinschaft –
Soziale Verteidigung
 1. Erschöpfung und Degeneration 351
 2. Verbrechermenschen 369
 3. État dangereux 385

SCHLUSS

401 Opfer »nach Auschwitz«

415 Danksagung

417 Literaturverzeichnis

459 Personenverzeichnis

»Eikon basilike oder Abbildung des Königes Carl in seinen Drangsahlen und Gefänglicher Verwahrung von ihm selbst in Engl. Sprache beschrieben u. nun [...] ins Teutsche versetzet [von John Earle], [Hamburg?] 1649.

Einleitung

Von rauen Winden wird Englands Küste heimgesucht. Inmitten der tosenden Wellen, des heulenden Sturms ist noch das mächtigste Schiff seines Untergangs gewiss. Doch die Felsen, Vorposten der stolzen Insel, stehen unerschütterlich. Es ist das Land Karl Stuarts, König von England. Dieser kniet in einer Kammer, trägt sein Amtsgewand, hat aber die Krone abgelegt und betet. Ihm stehen drei Kronen vor Augen: eine prachtvolle, aber schwere Goldkrone, die er im Staub liegen lässt; eine Dornenkrone, die er demütig ergreift; und eine leuchtende und schwebende Krone, zu der er emporblickt. Die Nacht geht zur Neige und Karl Stuarts Traumgesicht verschwindet, als er von einem Bediensteten geweckt wird. Fröstelnd sagt er: »Heute ist mein zweiter Hochzeitstag... Noch vor dem Abend hoffe ich, mit meinem gepriesenen Herrn vermählt zu sein.«

Es ist der Morgen des 30. Januar 1649. William Juxon, Bischof von London, tritt ein und liest aus der passio Christi. *Der König zeigt sich beruhigt. Um zehn Uhr wird er abgeholt und in Begleitung zweier Infanteriekompanien nach Whitehall gebracht. Um der gaffenden Menge in den Straßen auszuweichen, nimmt man den Weg durch die Palastanlagen. Im Banqueting House angelangt, hört man, der Scharfrichter Brandon habe sich aus Entsetzen seiner Pflicht verweigert. Stattdessen wird eine Gruppe Maskierter hereingeführt. Man lässt den König warten, eine Stunde, eine zweite und dritte, doch hat er offenbar unerschöpfliche Geduld. Endlich, um ein Uhr, verlässt er mitsamt Gefolge den Palast. Sonnenstrahlen brechen durch den verhangenen Himmel, und diesmal über die verstopften Straßen geführt, langt Karl Stuart endlich vor einem Gerüst an, das mit schwarzen Stoffen drapiert ist. Man drängt ihn hoch zu einem Holzklotz, doch wehrt er sich plötzlich. Man bindet ihn, doch richtet er sich an die Menge, nennt sich »einen ehrlichen Mann, einen guten König und Christen«, sagt: »Ich bin ein Märtyrer des Volks« und lässt sich erst dann in aller Ruhe das Haar hochstecken. Kurz und still betet er noch, legt sich auf den Richtblock, gibt ein Zeichen und wird mit einem Schlag enthauptet.*

Soweit die letzten Stunden Karl Stuarts. Überliefert sind indes nicht nur die theatralischen Szenen einer königlichen Passion, so wie sie mit dem Frontispiz des *Eikon Basilike* emblematisch und durch zahlreiche »Zeugenberichte« Legende wurden, überliefert sind auch die Akten jenes Prozesses, welchen die puritanischen Revolutionäre dem vermeintlichen Märtyrerkönig machten, und jene Schriftstücke, die angeblich von der Hand des Königs und von damals stammen, als er nicht mehr Souverän, aber noch kein Märtyrer war. Die ins Deutsche übertragene *DECLARATION / Von seiner Mayestät von Groß=Brittanien / Gehändiget / an einen seiner Diener / bey seiner Abholung aus der Insul Wigth / mit Befehl (zu Satisfaction seiner Vnterthanen) an das Liecht zu geben* soll es dokumentieren: Karl Stuart befürchtete eine »universal=Veränderung der Fundamenten«, die das Gemeinwesen »*infectiren*« könnte. Es sei »nöhtig alle möglichkeit anzuwenden die Wasserfluten zu stawen / welche nun angestawet sonder Zweiffel eine absolute

Destruction über dieses Volck bringen sol«.[1] Es ist eine souveräne Kunst der Selbstdarstellung, die von Karls immerwährender Sorge um das Wohl des Gemeinwesens künden soll. Dieses darf nicht »infectiret« werden, das »Staatsschiff« darf nicht untergehen, und vor allem dürfen die »Fundamente« irdischer Herrschaft nicht verrückt werden.

Die Sorge dieses Souveräns ist rhetorischer Natur. Was sie besorgt, ist das Bild eines Souveräns, der Sorge trägt. Und worum sich Karl Stuart sorgt, ist in erster Linie die »Repräsentation« von Souveränität, ihre dauernde Wiedervergegenwärtigung in der natürlichen Person des Königs. Das *Eikon Basilike*, das tausendfach gedruckte und europaweit vertriebene »Porträt des Königs«, beschreibt und zeigt ihn in dem Moment als Märtyrerkönig, da seine Souveränität am Ende ist. Diesem Porträt gilt zuletzt Karl Stuarts ganze Sorge, und nicht umsonst: Er wird der letzte Statthalter gottgefälligen Regierens gewesen sein. Nach ihm gibt es keinen Souverän mehr, mit dessen Tod man auch den des Gemeinwesens besorgt, für den also gilt: »mit des Königes halse zerschneidest du die wohlfahrt des gantzen Englandes«.[2] Tatsächlich wurde nach Karl Stuarts Hinrichtung von Frühgeburten, Konvulsionen und unerklärlichen Todesfällen aus Bestürzung berichtet. Ludwig XVI. sollte, ehe er guillotiniert wurde, jeden Tag zur Messe gehen, das Frontispiz des *Eikon Basilike* betrachten und in den Worten des Stuart-Königs sein eigenes Schicksal lesen.[3] Doch wird diese seine Sorge um sein eigenes Martyrium ganz umsonst gewesen sein: So hartnäckig auch beredte Monarchisten und »politische Theologen« wie Joseph de Maistre die heilsgeschichtliche Legende verbreiteten – allerorten berichtete man von einem gewissen Entsetzen, doch nirgends mehr von tödlicher Bestürzung.

Karl Stuarts Schicksal hingegen demonstriert nochmals die Macht der Propaganda. Zum zweiteiligen Frontispiz des *Eikon Basilike* trat in der deutschen Ausgabe ein dritter Kupferstich hinzu. Dieser zeigt den gefangenen König, wie er das *Eikon Basilike* verfasst. Einerseits hatte Frans Allen mit seinem Stich lediglich nochmals reproduziert, was ohnehin schon in Dutzend Variationen und als tausendfach reproduzierbare Heiligendarstellung kursierte. Andererseits stellte er diese ihrerseits als Darstellung dar, die allererst zu besorgen ist, denn dass der Souverän nicht nur beten, sondern auch und besonders schreiben oder dichten muss, um vom Irdischen nichts mehr zu befürchten, ist nicht nur gegen den Sinn der Blutzeugenschaft, es ist auch nur die halbe Wahrheit. Für das *Eikon Basilike* schrieben und dichteten auch und besonders des Königs Schreiber und Dichter. Als Buch ist es eine Manuskriptfiktion, die die zahllosen Redaktionen, Überarbeitungen und Benachrichtigungen von zahllosen Händen ebenso verschweigt

---

1   In: Günter Berghaus, *Die Quellen zu Andreas Gryphius' Trauerspiel ›Carolus Stuardus‹. Studien zur Entstehung eines historisch-politischen Märtyrerdramas der Barockzeit*, Tübingen 1984, 299f.
2   Philip von Zesen, *Was Karl der erste / König in Engelland / Bei dem über ihn gefälltem Todesurtheil hette fürbringen können. Zweifache Rede*, in: *Sämtliche Werke*, Bd. XV.: *Historische Schriften*, Berlin/New York 1987, (1-12), 8.
3   Vgl. hierzu Geoffroy Mis de Limon, *La Vie et le martyre de Louis Seize [...]*, Brüssel 1793, 63, 74 und Denis-Alexandre Martin, *Mémoires d'un prêtre régicide*, Paris 1829, Bd. I., 307.

wie seinen eigentlichen Zweck – dem Tod des Souveräns repräsentativ vorzusorgen. Als Karl Stuart am 30. Januar 1649 hingerichtet wurde, hielten seine Heiligenvita bereits die ersten Leser in der Hand.

»[N]o man having a greater zeal to see religion settled, and preserved in truth, unity, and order«, konnte der Karl Stuart des *Eikon Basilike* mit Fug und Recht behaupten, gerade er, »whom it most concerns both in piety and policy«, habe niemals seine Sorgfaltspflicht vernachlässigt.[4] Für seine Richter jedoch hatte er sich gerade seines repräsentativen Regiments wegen als »mißthaniger Gubernuer« erwiesen, den es zu »remediren« gelte. Das Dekret zur Abschaffung der Monarchie vom März 1649 besiegelte es dann: Ein königlicher Souverän ist »vnnötig / beschwerlich vnd gefährlich«, da mit ihm »die Vnterthanen nur verdruckt / in Armuth gebracht / in Dienstbarkeit gezwungen« werden.[5] Wenn um seinetwegen noch Sorge zu tragen sei, dann nur die ob seiner Wiederkehr. Doch auch dass es die Restauration noch zu einer kurzen Renaissance der Stuart-Herrschaft bringen sollte, änderte nichts an der unwiderruflichen Abschaffung des Königtums: Nicht mehr das königliche Leibwesen, das ein überirdisches Amtswesen verkörpern sollte, und nicht mehr beider repräsentative Einheit, sondern nur mehr der Körper der Bevölkerung, ihre »Armut«, »Beschwerlichkeit« und die »Gefahr« ihrer »Verdrucktheit« sollte die drängendste Sorge sein. Märtyrerkönige, die von Rechts wegen Sorge über Sorge tragen und unter der Last des Regiments zusammenzubrechen drohen, sind nicht mehr Gegenstand einer unablässigen Sorge und unverbrüchlichen Sorgepflicht auch der Dichtung. Entscheidend ist fortan die tatsächliche Vorsorge, eine präventive Sorge um den Bestand des Gemeinwesens, und eine weiterreichende Fürsorge, nämlich zuvorderst die Versorgung und »Bildung« der Bevölkerung – den wahren Souverän.

Die Selbstsorge ist, wie Martin Heidegger sagt, eine Tautologie, und menschliche Sorge tragen ist mehr als furchtsames Besorgtsein. Zeigt sich in ihm Umsicht oder *circumspection*, ist es auch mehr als jenes Providenzvertrauen, das gerade die martyrologische Herrschaft propagiert. Gäbe es die Sorge nicht, wäre der Mensch nichts mehr, um das es sich zu sorgen lohnte. »*Kein Grund mehr zur Sorge*«, als letztes Wort gesprochen, könnte nicht einmal für Märtyrer und Existenzialanalytiker wie Karl Stuart und Heidegger nicht paradox sein.[6] Für den neuzeitlichen Menschen nämlich ist die Sorge das Sein seines Daseins. Seine »Befreiung *aus* der offenbarungsmäßigen Heilsgewißheit mußte daher in sich eine Befreiung *zu* einer Gewißheit sein, in der sich der Menschen das Wahre als das Gewußte seines eigenen Wissens sichert.«[7] Mit dieser Befreiung zu einem Wissen, das aus der Sorge hervorgeht, konstituiert sich nicht nur ein neuer Staat, sondern ein neues Wissen und eine neue Praxis, eine neues System der Hervorbringung oder eine neue Poetologie, kurzum: eine neue Weise des Daseins. Des-

---

4   *Eikon Basilike. The Portraiture of His Sacred Majesty in His Solitudes and Sufferings*, Ithaca, New York 1966, Kap. I.: *Upon His Majesties calling this last Parliament*, 4.
5   *Engeländisch | MEMORIAL, | zum ewigen Gedächtnüs [...]*, Amsterdam 1649, 76f., 132.
6   Hans Blumenberg, *Die Sorge geht über den Fluß*, Frankfurt am Main 1987, 222.
7   Martin Heidegger, »Die Zeit des Weltbildes«, in: *Holzwege*, Frankfurt am Main 2003, (75-114), Zusätze, 107.

sen Zeitlichkeit, sein Sich-Vorweg-Sein und Verfallen, ist nach Heidegger der eigentliche Sinn der Sorge, und gerade das »hantierende Besorgen«, der Umgang mit »Zuhandenem«, mit neuen künstlerischen und technischen Mitteln, stiftet mit dem Handeln immer auch eine eigene Erkenntnis.

Nach Michel Foucault kommt in den wissensgestützten gouvernementalen Praktiken zwar der Niedergang einer absoluten Souveränität zutage, die in erster Linie um ihre (martyrologische) Repräsentation besorgt ist, nicht aber der Abbruch christlicher Tradition. Vielmehr ist die pastorale Sorgepflicht das Urbild jenes neuzeitlichen Regenten, der nach Fénelons poetischem Fürstenspiegel nur dazu Regent ist, »damit er für sein Volk sorge, wie ein Hirte für seine Herde oder ein Vater für seine Familie«.[8] Am Ursprung der Sorge steht nach Foucault »die Entwicklung einer Kunst der Existenz, die um die Frage nach sich kreist, nach seiner Abhängigkeit, nach seiner allgemeinen Form und nach dem Band, das man zu den anderen knüpfen kann und muß, nach den Prozeduren, durch die man Kontrolle über sich ausübt, und nach der Weise, in der man die volle Souveränität über sich herstellen kann.«[9] Die Sorge als Kunst des Daseins leitet sich zwar vom bestehenden System der Praktiken und des Wissens ab, vermag dieses aber, wie alle Kunst, durchaus zu transformieren. Selbst wenn sie somit die Geschichte des Souveräns besorgt, hat auch die Sorge ihre Geschichte, denn schließlich musste ihr als solcher erst stattgegeben werden. Zuallererst ist die Sorge die des Souveräns. Nur wenn er dafür sorgt, schreibt Leibniz, dass »erst einmal – von anderen Künsten will ich hier schweigen – eine Physik oder Medizin von sozusagen vorsorgender Art begründet ist«, nur dann »könnte in vielen Fällen unseren Leiden abgeholfen werden«.[10]

»Daß die Regenten / Könige / grosse Potentaten und Fürsten / die gröste gefährligkeit / sorge / mühe / und arbeit / tragen müssen«[11], machte sie zu Märtyrern ihres Amtes und jede Sorge zu einer bloß tautologischen Bestätigung ihrer christologischen Herrschaft. Sobald jedoch das Repräsentationssystem von illegitimen Repräsentationsweisen regelrecht angesteckt wurde, ganz so, »als ob die bestehende Ordnung«, wie der Seuchengeschichtler Hecker schreibt, »ernstlich hätte bedroht werden können«[12], sollte der Souverän auch für die realen Bedingungen seiner Souveränität Sorgen tragen müssen. Ausgehend vom Hof, dessen Sicherheit und gute Ordnung garantiert und dessen Bedienstete versorgt

---

8 François de Salignac de la Mothe-Fénelon, *Die Abenteuer des Telemach*, Stuttgart 1984, 24. Buch, 438.

9 Michel Foucault, *Die Sorge um sich. Sexualität und Wahrheit 3*, Frankfurt am Main 1993, 305. – Zum Folgenden vgl. auch Gilles Deleuze, *Foucault*, Frankfurt am Main 1995, 142, 161.

10 Gottfried Wilhelm Leibniz, »Die Elemente der Vernunft«, in: *Schöpferische Vernunft, Schriften aus den Jahren 1668-1686*, Marburg 1951, (183-204), 186, lat.: »Elementa Rationis«, in: ders., *Sämtliche Schriften und Briefe* (Akademieausgabe=AA), Berlin 1923ff., 6. Reihe, *Philosophische Schriften*, Bd. IV. A, (714-729), 716.

11 Georg Lauterbeck, *Regentenbuch des hochgelerten weitberümbten Herrn Georgen Lauterbecken / Fürstlichen / Brandenburgischen Raths […]*, Franckfurt am Mayn 1679, II. 5.

12 J[ustus] F[riedrich] C[arl] Hecker, *Der schwarze Tod im vierzehnten Jahrhundert* und *Die Psychopathien des Mittelalters*, in: *Die grossen Volkskrankheiten des Mittelalters. Historisch-pathologische Untersuchungen*, Hildesheim 1964, 152.

werden müssen, widmete er sich mehr und mehr seinem gesamten Territorium und dessen Bewohnern, sorgte Epidemien wie der Pest und Unfällen wie dem Schiffbruch vor. Dass nun aber, nach Süßmilchs Forderung, Vorsorgemaßnahmen ihrerseits durch Verzeichnisse koordiniert und durch Berechnungen optimiert werden sollten, machte die Vorsorge selbst zum Gegenstand einer Sorge – der um die richtige Erkenntnisbeziehung, der noch die Enzyklopädien und nicht minder die bildenden Dichtungen verpflichtet waren. Die versorgende Sorge ist jedoch, wie Heidegger sagt, noch eine »einspringende«, und auch die »präventive« Vorsorge stellt noch keine »vorausspringende« Sorge dar.[13] Ermöglicht wird sie erst durch einen Staat, der seinen Menschen die Kräfte und Vermögen zur selbständigen Sorge verschafft. Der Bildungsstaat und seine bildenden Künste übernehmen zunächst, wie es bei Campe heißt, die *Sorge für die Erhaltung des Gleichgewichts unter den menschlichen Kräften*[14], dann aber für die Bildung individueller und gesamtgesellschaftlicher Vermögen, schließlich für beider Vermittlung, so dass sie sich selbst versorgen können. Zuletzt darf der Bildungsstaat sich »auf keine Weise für das positive Wohl der Bürger sorgen«.[15] Er soll die *epoché* der Sorge sein.

Doch ist es gerade die unablässige Sorge um die Reinheit des politischen Körpers, die im Tod Ludwigs XVI. zum Austrag kommt. Dass das Versprechen einer völlig sorglosen Existenz mit einer exzessiven Sorge einher gehen muss, wird besonders in der nachrevolutionären Epoche deutlich. »Diese widerliche Sorge für die Zukunft«, schreibt Richard Wagner im *Kunstwerk der Zukunft*, »die in Wahrheit nur dem trübsinnigen absoluten Egoismus zu eigen ist, sucht im Grunde immer nur zu *erhalten*, das, was wir heute grad haben, für alle Lebenszeit uns zu *versichern*«.[16] Nur wohlversorgte Künstler und gut versicherte Gesellschaften können die Notwendigkeit dessen leugnen, was ihre Möglichkeitsbedingung ist. Gerade die Doktrin der reinen, selbstversorgten Gemeinschaft ruht der transzendentalen Illusion einer ästhetischen Politik auf, die die Ausnahme zur Regel erheben will. Ihre Aporien kommen zuletzt in einem Polizeistaat zutage, der mit seiner exzessiven Sorge um die Reinheit seiner Volksgemeinschaft Fürsorge, Vorsorge und Souveränität zugleich pervertiert. Die Vorsorge wird hier auf die Verteidigung des Sozialen, die Versorgung auf Verwahrung oder Vernichtung und die Souveränität auf eine vollends unspezifische Gefahrenvorsorge reduziert.

Damit bringt die Sorge eben das hervor, um dessentwillen sie zu sorgen hat: die Opfer eines sich selbst konstituierenden Souveräns. Wurde zunächst für den Souverän *als* Märtyrer Sorge getragen, dann aber für die Schäden und Geschädigten des souveränen Staats und seiner Bevölkerung, so ist der Anfang aller

---

13 Martin Heidegger, *Sein und Zeit*, Tübingen 1993, 122.
14 Johann Heinrich Campe, »Von der nöthigen Sorge für die Erhaltung des Gleichgewichts unter den menschlichen Kräften. […]«, in: ders. (Hg.), *Allgemeine Revision des gesamten Schul- und Erziehungswesens von einer Gesellschaft praktischer Erzieher*, Teil III., Hamburg 1785, 291-434.
15 Wilhelm von Humboldt, *Ideen zu einem Versuch, die Grenzen der Wirksamkeit des Staates zu bestimmen*, Leipzig 1948, 126.
16 Richard Wagner, *Das Kunstwerk der Zukunft*, Leipzig 1850, 222.

Sorge des Souveräns die um »das Opfer« und seine rechtmäßige Repräsentation. Sie wird, um mit dem Sein seines Daseins befasst zu sein, zur Fürsorge und schließlich zur Vorsorge – zum Versprechen, dass es keine Opfer mehr geben möge, weder souveränitätskonstitutive noch souveränitätsvernichtende. »Das Opfer« aber scheint Drohung und Versprechen zugleich. Gerade einer sorglosen Rede, die sich nicht darum bekümmert, inwiefern eine sorgende Macht mit ihren Praktiken und Erkenntnisweisen, mit ihren Künsten und Diskursen immer wieder Opfer hervorbringt, gilt es als Faszinosum. Ihm wird eine »Faszinationsgeschichte« beigelegt, und diese »Dimension der Realgeschichte, in der sich die Gattung über ihre eigenen Bedürfnisse auf dem Stockenden hält«, wie Klaus Heinrich sagt, scheint »nichts anderes als das intellektuelle Medium der Künste.«[17]

Als Gegenstand einer Faszinationsgeschichte ist »das Opfer« nicht nur ein »kulturelles Phänomen« und damit Gegenstand der Kunst- und Kulturgeschichte, vielmehr wird mit ihm so etwas wie der Ursprung von Kulturgeschichte zur Erscheinung und auf den Begriff gebracht. Mit ihm vindiziert die »Kulturanthropologie« der Moderne nicht bloß ihren legitimen Gegenstand, sondern nichts weniger als die Möglichkeitsbedingung ihrer eigenen Repräsentationstheorien, ja Repräsentationsleistungen. »Das Opfer« stellt die gemeinschaftsgründende Gewalt dar, es markiert die Urdifferenz jedweden Repräsentationssystems, und von dort her verlaufen all jene von Sigmund Freud so benannten »mythologischen Umwege«, die jenes konstitutive Opfer symbolisch verarbeiten und dabei »Kultur« im weitesten Sinne produzieren.

Anthropologische Literaturtheorien wie die René Girards bringen solche repräsentationslogischen Prämissen auf den kleinsten gemeinsamen Nenner, um damit »Kultur« über alle historischen und funktionalen Differenzen hinweg theoretisch berechenbar zu machen. Vom ersten, »versöhnenden« Opfer lassen sich damit sämtliche Grade der Wiederholung, Sublimierung und Stellvertretung ableiten: Sündenbockrituale und religiöse Kulte reinszenieren das unvordenkliche Ereignis, ein umgreifendes System der Mythologie – mitsamt all seiner historischen Varianten wie Recht oder Wissenschaft – verschleiert jene monströse, da von Rechts wegen willkürliche und zugleich wahre Setzung, und schließlich bleibt es der Tragödie vorbehalten, das Opfer im Modus einer gegenmythischen Archäologie und Aufklärung denken und erscheinen zu lassen. Weil sie das System scheinhafter Differenzen kollabieren lässt und die ursprüngliche, gewaltsame Differenzlosigkeit manifestiert, ist die Tragödie im Sinne Girards auf perverse Weise opferkritisch. Doch während Girards Opferkonzept in letzter Konsequenz wieder auf den Eucharistiebegriff der »absoluten Religion« Hegels zuläuft, bleibt »die Tragödie« von der Antike bis zur Gegenwart das Urmodell jeglicher Opferkritik.

Das nicht nur bei Girard virulente Thema der Gemeinschaftskonstitution, das entsprechende Beziehungsverhältnis der mimetischen Gewalt und des mimeti-

---

17 Klaus Heinrich, *Floß der Medusa. 3 Studien zur Faszinationsgeschichte mit mehreren Beilagen und einem Anhang*, Frankfurt am Main 1995, 7.

schen Begehrens, schließlich die beidem vorausliegende Tatsache, »daß das Schauspiel der Gewalt etwas ›Ansteckendes‹ an sich hat«[18] – all diese Fäden laufen im Kult des Königsopfers zusammen, dort, wo sie sich in einem Szenario verdichten, das als Mitte und Krönung jedweden Repräsentationssystems zu gelten hat. Girard bezieht sich hierbei zum einen auf James George Frazers Studien zum sakralen Königtum, zum anderen auf die antike Ödipus-Tragödie. Dass er an dieser Stelle Indizien sammelt, um Freud die »Verdrängung« des sophokleischen Ödipus und der rein mimetischen Gewalt zugunsten einer familialen Triangulierung nachzuweisen[19], reduziert die Sorge um das Opfer jedoch abermals nur auf die Alternative: Verschleierung oder Offenbarung. Foucault dagegen hat gezeigt, wie das Thema des Königsopfers gerade bei Sophokles auf benennbare Rechtspraktiken und bestimmte epistemische Konstellationen zurückzuführen ist. Ausgehend von der als göttliches Strafgericht interpretierten Pestplage gerät Ödipus in den Sog einer unabgesetzten Detektion, bis schließlich Monarch und Volk die unvordenkliche, »reale« Gewalt gemeinschaftlich und symbolisch rekonstruiert und ihrer Wiederkehr so vorgesorgt haben. »Gemeinschaft« siedelt sich dabei an eben jener Stelle an, an der sich der Umbruch von einem Diskurs der Prophetie zu einem solchen der Sorge ereignet und souveräne Herrschaft ihre Möglichkeitsbedingung findet.[20] Mit dem Niedergang des sakralen Königtums wird die eherne Verbindung von Wissen und Macht endgültig zerbrechen, um seither der Sorge, ihren revolutionären Praktiken und ihrem immerwährenden Erkenntnishunger Platz zu machen: »C'est de cette façon que tout un savoir économique, d'administration économique des États s'est accumulé à la fin du Moyen Age et aux XVIIe et XVIIIe siècles.«[21]

Carl Schmitt entziffert diesen Prozess als »Säkularisierung«. Er sei der Schlüssel, mit dem die Genese und Metamorphose juridischer Begrifflichkeit aufzuschließen ist, denn dass die bis dahin gültige Raumordnung der *Republica Christiana* an die souveränen Territorialstaaten übergeht, schaffe erst die Gelegenheit dazu, »die christlichen Kirchen zu einem Mittel ihrer staatlichen Polizei und Politik zu machen.«[22] Doch gerade der hiermit implizierten Vorstellung, die säkularisierte Neuzeit gründe sich auf die illegitime Aneignung von Gütern und Mitteln christlicher Provenienz, wurde widersprochen.[23] Anstatt von einem Bestandsverlust des Theologischen zu handeln, wäre der Säkularisationsprozess wohl am ehesten in einem Transformationsprozess nachzuweisen: die pastorale Sorge

---

18 René Girard, *Das Heilige und die Gewalt*, Frankfurt am Main 1992, 50.
19 Ebenda, 302.
20 Vgl. Michel Foucault, »La vérité et les formes juridiques«, in: *Dits et Écrits. 1954-1988*, Bd. II.: 1970-1975, Paris 1994, (538-588), 560f.
21 Ebenda, 586.
22 Carl Schmitt, *Der Nomos der Erde. Das Völkerrecht des Jus Publicum Europæum*, Berlin ^{4}1997, 97.
23 Vgl. Hans Blumenberg, *Die Legitimität der Neuzeit*, Erneuerte Ausgabe, Frankfurt am Main 1996, 112.) Nicht minder wird die Säkularisationsthese, wenn auf den rechtmäßig theologischen Sprachschatz und dessen literarische Metaphorisierung in der Neuzeit abgehoben wird, ihrerseits metaphorisiert, lautet doch deren eigentliches Credo, »daß es hier um Einflüsse geht« (Albrecht Schöne, *Säkularisation als sprachbildende Kraft. Studien zur Dichtung deutscher Pfarrerssöhne*, Göttingen 1968, 34).

wird zur Regierungsmentalität. Ebenso wäre die vermeintliche Säkularisierung der christlichen Opferdogmatik[24] zu unterlaufen, um zu präzisieren, was Girard als Privileg des christlichen Abendlands umschrieben hat: »We are the only society, I feel, in which it becomes possible to perceive a relationship between the question of sacrifice and the question of arbitrary victimage.«[25]

Die Sorge um das Opfer ist nur von ihren historischen, diskursiven wie praktischen Möglichkeitsbedingungen her, von der jeweiligen Sorge um die Vorsorge selbst, zu fassen. Eine Diskursgeschichte wird sie nicht in der Kontinuität einer ideellen Tradition oder in der Tiefe eines verborgenen Ursprungs enthüllen können. Sie interessiert sich vielmehr für die Hervorbringungen und Programme einer immer produktiven Macht: »Ihre Sache ist die Vernetzung, die faktisch ergangene Diskurse in einem bestimmten Raum und einer bestimmten Zeit zu Dispositiven organisiert hat. Solche Dispositive aber beschreiben zuletzt die unendlich variablen Programme, durch deren Eingriff Leute strategisch und technisch unter die Steuerung von Diskursen geraten sind.«[26] Die Macht von Diskursen, die sich zu dieser und jener Zeit als Dichtung oder Literatur ausweisen, liegt demnach weniger in der unbestimmbaren Mächtigkeit ihres ästhetischen Gehalts. Sie sind Teil, zuweilen sogar Kernstück eines umfassenden Programms der Hervorbringungen, eines »poetologischen«[27] Programms, wie man sagen könnte, das Diskurse und Praktiken überhaupt erst instituiert. Sie gehören zu jenen Vernetzungen von Redeweisen und Handlungen, die als »Dispositive« beschrieben wurden, als »Strategien von Kräfteverhältnissen, die Typen von Wissen stützen und von diesen gestützt werden.«[28] Nicht ihn zur Welt, wohl aber ihn zur Sprache zu bringen, dazu ist Dichtung und Literatur vom besorgten Souverän beauftragt. Nur deswegen kann sie ausbuchstabieren, was der Macht in ihrer Produktivität immer schon zugrunde liegt: die Sorge um das Opfer.

Was im Deutschen »Opfer« heißt, scheint zwar immer wieder zur Sprache, nie jedoch auf *einen* Begriff zu bringen. In dieser Homonymie ist freilich kein

---

24 Die christliche Theologie hat »den Opferbegriff in verschiedenen Funktionen der Moderne überliefert: (a) realistisch verstanden als Deutung des Kreuzestodes Jesu, (b) sakramental in der Dogmatik des Meßopfers, (c) spiritualisiert und auf eine nicht kultgebundene Gottesverehrung, vor allem aber auf eine asketische Lebensführung in der Nachfolge Christi übertragen, (d) polemisch im nie aufgegebenen Kampf gegen ›Götzendienst‹ und ›Götzenopfer‹ der verschiedenen ›Heidentümer‹.« (Hildegard Cancik-Lindemaier, »Opfersprache. Religionswissenschaftliche und religionsgeschichtliche Bemerkungen«, in: Gudrun Kohn-Waechter (Hg.), *Schrift der Flammen.*, Berlin 1991, (38-52), 49.) – Vgl. zudem die *Theologische Realenzyklopädie*, Bd. XXV., Berlin/New York 1995, Art. »Opfer«, 253-299.

25 René Girard, »Generative Scapegoating«, in: Robert G. Hamerton-Kelly (Hg.), *Violent Origins. Walter Burkert, René Girard and Jonathan Z. Smith on Ritual Killing and Cultural Formation*, Stanford 1987, (73-145), 109.

26 Friedrich Kittler, »Ein Erdbeben in Chili und Preußen«, in: David E. Wellbery (Hg.), *Positionen der Literaturwissenschaft. Acht Modellanalysen am Beispiel von Kleists ›Das Erdbeben in Chili‹*, 3. Auflage, München 1993, (24-38), 24.

27 Vgl. zum Begriff einer Poetologie des Wissens die Einleitung in: Joseph Vogl (Hg.), *Poetologien des Wissens um 1800*, München 1999, (7-16), v. a. 13.

28 Michel Foucault, *Dispositive der Macht. Über Sexualität, Wissen und Wahrheit*, Berlin 1978, 123.

Defekt, vielmehr eine Komplexität angelegt, denn wenn es hier um die Geschichte einer besorgten Diskurs-Macht gehen soll, ist Mehrdeutigkeit nicht nur unausweichlich, sondern sogar wünschenswert.[29] »Das Übel«, schreibt Jacques Rancière, »das Übel, mit dem die gesellschaftliche Interpretation unablässig beschäftigt ist, ist das Übel der Homonymie.« Die homonymen Wörter »verknüpfen in einer monströsen Allianz Eigenschaften, die nicht zur gleichen Zeit vorkommen, gesellschaftliche Verhältnisse, die es nicht mehr gibt, mit solchen, die es noch nicht gibt.« Wenn nun aber Geschichte gerade in jenen Abstand einfällt, der die Wörter von den Dingen trennt, läuft der Wunsch, die Homonyme zu beseitigen, letztlich »auf den Willen hinaus, die Untauglichkeit und den Anachronismus abzuschaffen, die bewirken, daß Subjekten im allgemeinen Ereignisse zustoßen.«[30]

Das Übel der Homonymie betrifft schon den »rein« kultischen, noch nicht regelrecht »kulturellen« oder »metaphorischen« Begriff des Opfers und Opferns, rührt er doch von der Sphäre des »Heiligen« her. Dieses ist im germanischen Sprachzweig (von got. *hails* über aisl. *heil*, ahd. *hael* bis hin zur germanischen. Suffixbildung **hailaga-*) mit Heil, Gesundheit, körperlicher Unversehrtheit, aber auch mit guten Vorzeichen, Glück und Geweihtheit belegt, während das lateinische *sacer* eher die Trennung zwischen Sakralem und Profanem sowie eine eigentümliche Mehrdeutigkeit und Übertragbarkeit, eine Homonymie eben, zum Ausdruck bringt.[31] Dem Fehlen eines gemeinsamen Ausdrucks zur Bezeichnung »des Opfers« steht in den Einzelsprachen wiederum eine große Vielfalt von Bezeichnungen für die verschiedenen Opferhandlungen und ihre wechselhaften Formen gegenüber. Im Deutschen geht zudem *opfern* als Lehnwort auf das lateinische *offere* und *operari* zurück, wobei auf der einen semantischen Ebene die »Gottesverehrung«, auf der anderen »Armenhilfe« im weitesten Sinne denotiert wird.[32] Hinzu kommt die »viktimologische« Bedeutung des Begriffs: als Opfer im juridischen Sinne wurde jede Person bezeichnet, »die den Interessen eines anderen geweiht ist«, wobei freilich gerade diese Begriffsbestimmung immer wieder zu Neuansätzen innerhalb der Viktimologie geführt hat: »Wer auf das geschützte Rechtsgut abstellt, denkt in der Kriminologie zu legalistisch. Auf die Empfindungen und Willensäußerungen des Opfers, Unlust, Schmerz und fehlende Zustimmung, kann es für die Definition des Opferbegriffs nicht ankommen. [...] Soziale Gruppen können andere soziale Gruppen opfern, Nationen Minderheiten, Nationen aber auch andere Nationen oder Teile von ihnen in

---

29 Zum Verhältnis von Wort und Begriff und zur »Verknüpfung der Geschichte des Denkens und des Sprechens mit der Geschichte der Institutionen, Tatsachen und Ereignisse« vgl. Hans Erich Bödeker, »Reflexionen über Begriffsgeschichte als Methode«, in: Ders. (Hg.), *Begriffsgeschichte, Diskursgeschichte, Metapherngeschichte*, Göttingen 2002, 106, 120.
30 Jacques Rancière, *Die Namen der Geschichte. Versuch einer Poetik des Wissens*, Frankfurt am Main 1994, 54f., 57.
31 Vgl. Émile Benveniste, *Indoeuropäische Institutionen. Wortschatz, Geschichte, Funktionen*, Frankfurt/New York 1993, 440-442.
32 Vgl. Gustav Must, »Zur Herkunft des Wortes ›Opfer‹«, in: *Indogermanische Forschungen*, 93 (1988), (225-236), v. a. 231.

besetzten Gebieten.«[33] Ihrer ethnologischen Präzisierung wegen wurde schließlich vorgeschlagen, die kultur- oder kultspezifisch entwickelten Opferbegriffe an der Konzeption des »Kommunikationsrituals« abzugleichen.[34]

Doch soll es in dieser Untersuchung ebenso wenig um eine Begriffs- wie eine Faszinations- oder Kulturgeschichte des Opfers, sondern um seine »diskursgeschichtliche« Heterogenie und Verstreuung gehen. Auch eine eingehendere Rekonstruktion historisch gewordener Opfertheorien und -dogmen oder gar eine homogene Metatheorie ist nicht beabsichtigt. Und schon gar nicht kann die Aufgabe lauten, demjenigen, was niemals ausgesprochen oder ausgedacht wurde, in einer historischen Rückschau endlich zur Aussage und zum Gedanken zu verhelfen. »Das Opfer« mag man als bloßes Wort, als Objekt einer bestimmten und daher historisch begrenzten Episteme oder einfach als reines »Gedankending«[35] verstehen. Man mag in ihm nichts weiter als ein Scheinproblem sehen. Doch ist hier viel entscheidender, dass dieser Schein eines Dings oder Begriffs historisch-praktische Funktionen übernommen hat. Er stiftet Geschichte gerade an jenem Punkt, wo keine existiert, markiert er doch offensichtlich jenes Ereignis, mit dem Geschichte unterbrochen oder begründet wird. Was hinter diesem Schein subsistiert, könnte mit Foucault ein »historisches Apriori« genannt werden. Und was dieser Schein zur Welt bringt, kann als Apriori der Geschichte bezeichnet werden, ganz gleich, ob es sich um eine heroische oder Heils-, um eine Zivilisations- oder Ursprungsgeschichte handelt.

Eine Begriffs- oder Faszinationsgeschichte kann immer nur die Hervorbringungen solch einer Praktik des historischen Scheins thematisieren, niemals diese selbst. Sie muss der transzendentalen Illusion einer ästhetischen Politik erliegen, die den Schein aufgehoben haben will, indem sie ihn wirklich »macht«. Zu fragen ist deswegen, welche Praktiken und Diskurse ein solches Wirklichwerden des Scheins möglich gemacht haben, welche zu Ursprüngen gelangen und einen Begriff von Transzendentalität entwickeln ließen, welche schließlich diese Transzendentalität selbst wieder historisiert und in einen historischen Ursprung verlagert haben. »Das Opfer« ist das Korrelat einer Praktik, die die Illusion *der* Geschichte besorgt. Es unterliegt einer Diskurs-Macht, die sich souverän und ästhetisch nennen darf – »souverän«, weil sie auch das in Diskurs verwandelt, was gerade keiner ist: Illusionen, Praktiken, Techniken; »ästhetisch«, weil sie damit gerade das zur Erscheinung zu bringen behauptet, was bloß wahrscheinlich, was unwahrscheinlich oder gerade das Andere des Scheins ist.

Eine solche Totalität von Erscheinung und Diskursivierung macht die Souveränität erst aus. Ohne ihre Praktiken und die Einheit derselben ist eine Souveränität oder Macht genauso nichts wie ihre Opfer. Deshalb trägt der Souverän doppelt Sorge: einerseits um seine Machenschaften, andererseits um die Erscheinung seiner selbst in diesen Machenschaften. Er sorgt sich keineswegs um das

---

33 Hans Joachim Schneider, *Viktimologie. Wissenschaft vom Verbrechensopfer*, Tübingen 1975, 10f.
34 Vgl. Josef Drexler, *Die Illusion des Opfers*, München 1993, 166, 182.
35 Immanuel Kant, *Kritik der reinen Vernunft*, B 799/A 771 (die Werke Kants werden, wenn nicht anders angegeben, jetzt und im Folgenden nach dem von Wilhelm Weischedel (*Werke in zehn Bänden*, Darmstadt 1956) gewählten Lautstand angeführt).

Opfer an sich, sondern vielmehr um die Einheit seiner eigenen heterogenen Konstitution, die mit »dem Opfer« zur Erscheinung kommt. Das Opfer ist kein Scheinproblem, sondern ein Problem des Scheins. Eine Diskursgeschichte des Opfers kann sich deshalb nicht der rhetorischen Sorge um gleich welche »Opfer«, »Kulturen« oder »Enthüllungen« verschreiben. Ihr Thema ist die transzendentale Illusion, so wie sie schon den »Primitiven« vorgehalten wurde. Zugleich aber ist es die Illusion von Transzendentalität – der Schein des Apriorischen, den der Souverän mit seinen Opfern besorgt.

ERSTER TEIL

REPRÄSENTATION –
DAS OPFER UND DER BLICK DES SOUVERÄNS

Ach Himmel! greifft ihr selbst dem tollen Wütten ein!
Laß diß den Fürsten nur ein Schau- nicht Vor-Spil seyn!
Andreas Gryphius, *Carolus Stuardus*

Erstes Kapitel

Souveränität und höfische Repräsentation –
Die Schauseite der Herrschaft

1. Souveränitätsbegriff und politische Theologie

Die frühe Neuzeit begreift die »Souveränität« als Bedingung, Mittel und Erfüllung aller irdischen Herrschaft. Während die staatliche Sphäre nicht mehr bloß das vom Geistlichen Unterschiedene, sondern selbst das Unterscheidende darstellt, während also die Leitdifferenz zwischen Temporalien und Spiritualien fällt, bildet die fürstliche »Kompetenz-Kompetenz«[1] die Keimzelle dessen, was schon drei Jahrhunderte vor Jean Bodin Herrscher zu Souveränen machen sollte: die rechtlich definitive Entscheidungsgewalt auf einem bestimmten Verfügungsgebiet. Bis spätestens 1566, bis zu Bodins systematischer Einführung des Begriffs der Souveränität in *Methodus ad facilem historiarum cognitionem*, versteht man dieses gesetzeskräftige Instrument als Kern des Politischen. Mit ihm wird man der immer schwelenden Rivalitäten und besonders der Gräuel des Bürgerkrieges Herr, die der Macht nicht nur ihr theologisches Fundament, sondern ihre Legitimierbarkeit selbst zu entziehen drohten. Freilich ist das »juridische Dispositiv der Souveränität« (Foucault) seinerseits labil, insofern die Souveränität nicht lediglich als Rechtsvollzug, sondern als eine Rechtssetzung zu gelten hat, die ihre Begründung im Vollzug erst zu erlangen hat. Ihrer *petitio principii* sind überdies von Anfang an selbstbezügliche Beschränkungsregeln auferlegt (das Verbot, geldwerte staatliche Rechte zu veräußern, Beschränkungen durch das göttliche oder Naturrecht, zuweilen auch Verzichts- und Abdankungsverbote). Gerade ihrer Begründungsnot wegen ist Souveränität mit Bodin prinzipiell als »absolute und zeitlich unbegrenzte Gewalt zu verstehen [...]. Der Souverän überträgt auch nie soviel Macht, daß er nicht doch immer noch mehr Macht zurückbehielte. Nie ist er vom Befehl ausgeschlossen oder davon, im Vorgriff, zusätzlich, kraft Vokation oder nach Belieben die Fälle zu entscheiden, mit denen er seinen Untertanen, sei es kommissarisch, sei es als Amtsträger, betraut hat.«[2]

Der Souverän ist die Figur, die sich im Indifferenzbereich zwischen Gewalt und Recht positioniert. Um diese fundamentale Sphäre, die im Ausnahmezustand eines staatsgefährdenden Machtkampfs oder Bürgerkriegs sinnfällig zutage tritt, beherrschen zu können, wird ihm deshalb, wie es noch bei Pufendorf heißt, das exklusive »Recht über Leben und Tod«[3] übertragen. Ihm, und nur ihm, eignet jene Kompetenz-Kompetenz, die den Ausnahmezustand überhaupt erst in den

---

1   Helmut Quaritsch, *Souveränität*, Berlin 1986, 36.
2   Jean Bodin, *Sechs Bücher über den Staat*, Bd. I.: Buch I-III., München 1981, I. 8, 205f.
3   Severinus von Monzambano (Samuel von Pufendorf), *Ueber die Verfassung des deutschen Reiches*, Berlin 1870 (EA: 1667), C. 5, §. 28, 96.

Modus des Entscheidbaren überführen und das Gemeinwesen vor seiner fundamentalen Gefährdung schützen kann. »Nicht die Repräsentation durch eine Person«, wird Carl Schmitt resümieren, »sondern die faktisch-gegenwärtige Leistung des wirklichen Schutzes ist das, worauf es ankommt.«[4] Doch ist damit noch wenig über die Mittel jener Bewährung gesagt. Bodin legt diese unvergleichliche Bewältigungskompetenz der Majestät bei, die als solche nur existieren kann, wenn sie im theologischen und zugleich politischen Sinne »repräsentiert«, wenn sie theoretisch wie praktisch in gebührendem Abstand verehrt wird.[5] Die Souveränität, ihre spätestens mit Hobbes offengelegten performativen Paradoxien[6] verraten es schon, ist unmöglich ohne eine flexible Pragmatik einerseits und ohne effektive Inszenierung andererseits. Wenn vor Auftauchen der Souveränität Gesetzes- und Sprachlosigkeit geherrscht haben soll, wie kann dann mit ihrem erstmaligen Erscheinen zugleich eine Repräsentationsordnung (ein Zeichensystem mit Subjekten und Adressierungsmodi) vorhanden sein, ohne die doch nicht einmal der erste Befehl und das ursprüngliche Gesetz ergehen könnte? Zum einen die Bewährung der Gewaltübertragung, zum anderen die Konstitution eines souveränen Körpers, der seinen eigenen Uranfang zu repräsentieren vermag – beides sind Kehrseiten ein- und desselben Problems.[7]

»Von Gottes Gnaden« lautete bis ins 18. Jahrhundert eine jener Formulierungen, mit denen die souveräne Berufung zum Politischen bezeichnet wurde. Stets mehr denn eine rein deskriptive Kategorie oder zeremonial eingesetzte Kurialformel, war sie das Kampfmittel einer landständisch orientierten oder protestantischen *politica christiana*, die sie als eine monarchische Demutsformel vor dem göttlichen Gesetz auffasste. Der Absolutismus aber verstand es, aus ihrer unhinterfragbaren Geltung seine Unantastbarkeit abzuleiten.[8] Zu dieser Ableitung war es indes erforderlich, Theorien und Techniken mittelalterlicher Herrschaftsbegründung nochmals in die Waagschale des Politischen zu werfen. Der berühmte, durch elisabethanische Kronjuristen aufgestellte Rechtssatz von den zwei Körpern des Königs markiert das Ende einer Traditionslinie, die Ernst H. Kantorowicz als »politische Theologie des Mittelalters« beschrieben hat. Mit der »ab-

---

4 Carl Schmitt, *Der Leviathan in der Staatslehre des Thomas Hobbes*, Stuttgart 1995, 53.
5 Vgl. Bodin 1981, I. 10, 284.
6 Zum Hobbesschen Vertragsproblem der Gewaltübertragung und gleichzeitigen Korporationsbildung vgl. Thomas Hobbes, *Leviathan*, Cambridge u. a. 1996, XVIII., 122f.
7 Vgl. hierzu Carl Schmitts bekannte Formel: »Der Ausnahmezustand hat für die Jurisprudenz eine analoge Bedeutung wie das Wunder in der Theologie.« (Carl Schmitt, *Politische Theologie. Vier Kapitel zur Lehre von der Souveränität*, Berlin 1996, 43.) Unter diesen Vorzeichen mag denn auch Blumenbergs Bestimmung der politischen Theologie als metaphorische ihren strikten Sinn enthüllen: Gerade im Herzen des Politischen, dort, wo in der Grauzone des Ausnahmezustandes Gesetz und Gewalt aufeinandertreffen, finden Übertragungen statt – Verfügungsgewalt wird transferiert und das Politische von den Bildern und Zeichen des Theologischen gewissermaßen infiziert. (Vgl. hierzu auch Hans Kelsen, »Der Wandel des Souveränitätsbegriffes«, in: Hanns Kurz (Hg.), *Volkssouveränität und Staatssouveränität*, Darmstadt 1970, (164-178), v. a. 166.)
8 Vgl. Horst Dreitzel, *Monarchiebegriffe in der Fürstengesellschaft*, Bd. II.: *Theorie der Monarchie*, Köln/Weimar/Wien 1991, 515ff.

strakten physiologischen Fiktion«[9] jener Zweikörperdoktrin geht bereits um 1100 beim sogenannten Normannischen Anonymus erstens eine genealogische und figurative Bestimmung einher: die biblischen Könige sind Vorläufer Christi, die abendländischen Könige dessen Postfigurationen von Gottes Gnaden; zweitens befleißigt sich der Monarch mit der kirchlichen Weihe der »Fiktion eines königlichen Superkörpers, der auf geheimnisvolle Weise mit des Königs natürlichem, individuellem Körper verknüpft ist«[10]; und drittens ist der Monarch, dessen Körper sich nur gnadenhalber nach Art der zwei Körper Christi verdoppelt, von Amts wegen dazu aufgerufen, sein Stellvertreteramt mit eben jener physiologischen Fiktion zu beglaubigen, die funktional notwendige und ontologisch aufgefasste Repräsentation also in einer Inszenierung aufgehen zu lassen. »So erscheint der König als der perfekte *christomimetes* [...]; er ist *in officio figura et imago Christi et Dei.*«[11]

Kantorowicz spricht für diesen Zeitraum auch von einem »liturgischen«[12] und christozentrischen Königtum, das im Spätmittelalter von einer direkten Ausrichtung am himmlischen Vater und an der göttlichen Gnade und das mit dem Investiturstreit von der Berufung auf außerkanonisches Recht[13] abgelöst worden sei. Im selben Zuge habe sich jedoch auch die Repräsentativität des Körpers gewandelt: Der paulinische Begriff der Kirche als *corpus Christi* gerät im 11. Jahrhundert in den Sog des berengarischen Abendmahlsstreits. Um die eucharistische Realpräsenz zu unterstreichen, widmet die Kirche die Hostie kurzerhand in das *corpus verum* um, womit deren ältere Bezeichnung *corpus mysticum* frei wird und im 12. Jahrhundert allmählich auf die vereinigte Christenheit (als *corpus politicum et juridicum* der Kirche), längerfristig sogar auf jedwede säkular-politische Organisation übergeht.[14] Dieser rekonstruierten politischen Theologie gemäß besetzt also das Messopfer den Konfigurationspunkt, von dem her der Körper des Souveräns und die souveräne Körperschaft überhaupt erst zur Erscheinung und Geltung kommen. Dass jedoch die Formel vom Gottesgnadentum mit der Zweikörperlehre nicht ohne weiteres gleichzustellen ist und die neuzeitliche Wiederbelebung der Zweikörperlehre auch des Wechselverhältnisses mit einer territorial repräsentierenden Körperschaft (wie dem englischen Parlament) bedarf, das alleine verbietet es schon, diese Doktrin ohne weiteres auf die frühe Neuzeit zu übertragen. Sie stellt keineswegs deren leitende Fragestellung dar, verweist aber als eine Strategie unter anderen auf das laufend wiederkehrende Problem der Selbstbegründung souveräner Herrschaft.

9   Ernst H. Kantorowicz, *Die zwei Körper des Königs. Eine Studie zur politischen Theologie des Mittelalters*, München 1994, 28.
10 Ebenda, 68.
11 Ebenda, 70.
12 Ebenda, 112.
13 Bis zur Mitte des 17. Jahrhunderts wird die analoge Unterscheidung zwischen einer universell-philosophischen und einer partikular-künstlichen Gerechtigkeit bereits ein Gemeinplatz geworden sein. (Vgl. Reinhard G. Kreuz, »Überleben und gutes Leben. Erläuterungen zu Begriff und Geschichte der Staatsräson«, in: *DVjS für Literaturwissenschaft und Geistesgeschichte*, 52 (1978), 173-208, v. a. 191f.)
14 Vgl. Kantorowicz 1994, 207f.

Zu dessen Lösung war die Lehre von den zwei Körpern des Königs besonders in England bis Mitte des 17. Jahrhunderts das geeignete rechtliche Instrument. In Frankreich, wo die Vielfalt und Autonomie der Provinzen und mit ihr der Umfang königlicher Prärogative das vordringlichste Problem darstellte, wurden stattdessen alle verfügbaren verbalen und visuellen Strategien gebündelt, um den König historiographisch als sakrale Mitte des Reichs zu »porträtieren« und ihn zeremonial als Krönung und Mitte aller Repräsentation vor aller Augen zu stellen.[15] In dem unausgesetzten Imitationsprozess, der wechselseitig zwischen der natürlichen Person des Königs und seinem »Porträt« in Gang kam, glichen sich der repräsentative und der repräsentierte Körper bis zur Ununterscheidbarkeit an, die Repräsentation trat überhaupt vor jede Form »natürlicher« oder »körperlicher« Präsenz, und zuletzt strahlte vom – politisch-theologisch gesehen – leeren königlichen Zentrum eine im Verstande der Zeit sakrale Macht aus.[16]

Nicht umsonst beschäftigte sich der Kreis um Port Royal immer wieder mit der Grenze zwischen politischer und kirchlicher Realpräsenz, zwischen Sinnlichkeit und Glauben, zwischen Äußerlichkeit und Innerlichkeit oder Sichtbarkeit und Gnade.[17] Mit ihrer grammatischen Analyse der eucharistischen Formel *hoc est corpus meum* kamen Arnauld und Nicole in ihrer Logik letztlich zu dem Schluss: Auch wenn sich die Menschen als solche oder gegenseitig täuschen, korrigiert doch der Glaube jeglichen simulativen Effekt, denn Gott, der überirdische Souverän der Repräsentation, »est plus incapable de nous tromper que notre raison d'être trompée.«[18] Wird nun aber die vermeintlich gottgegebene Repräsentationsbeziehung der Willkür des *Rex Christianissimus* anheim gestellt, kann das Porträt, der »symbolische« oder »imaginäre« Körper des Königs, unter Umständen den mystischen ersetzen. Um so mehr in das begnadete Porträt, den fiktiven Körper des Königs, investiert wird, desto weitgehender wird sein realer und in diesem säkularen Kontext nun »privater« Körper aufgezehrt. Und dies galt für eines der Symptome jener vermeintlich unnatürlichen oder krankhaften Simulation von Souveränität, wie sie in Versailles praktiziert wurde.[19]

In der Frühneuzeit muss die Souveränität über den Körper des Fürsten zur Erscheinung gebracht werden, egal ob nun nach der Strategie mystischer Inkorporation oder gottbegnadeter Simulation. Dies gilt selbst für den prekären Fall seines Ablebens, wie die seit dem 14. Jahrhundert belegte Praxis der Ausstellung

---

15 Vgl. Vgl. Ralph E. Giesey, *Cérémonial et puissance souveraine*, Paris 1987, 64f., 86 und überhaupt Louis Marin, *Le portrait du roi*, Paris 1981.
16 Vgl. hierzu Louis Marin, *La parole mangée et autres essais théologico-politiques*, Paris 1986, 195-225.
17 Vgl. Blaise Pascal, *Gedanken über die Religion und einige andere Themen*, Stuttgart 1997, etwa 181/255 und 185/265/S. 124, 275/643/172 oder 923/905/497. – Zur Frage der eucharistischen Realpräsenz vgl. Antoine Arnauld und Pierre Nicole, *La logique ou l'art de penser*, Paris 1992, 47.
18 Ebenda, 317.
19 Der natürliche oder private Körper des Königs wird schließlich, wie La Bruyère notiert, noch bis hinein in die Sphäre der Intimität von Zeremoniell, Inszenierung und Simulation eingeholt. (Vgl. Jean de La Bruyère, *Charaktere oder Die Sitten im Zeitalter Ludwigs XIV.*, Hildburghausen 1870, EA: 1688, 228. – Vgl. dazu auch Herzog Louis von Saint-Simon, *Memoiren*, Gernsbach 1967, 373.)

von Effigies bei Begräbnisfeierlichkeiten bezeugt. Noch bei Hobbes (und nachdem 1643 die Fabrikation von Scheinleibern mit dem Tode Ludwigs XIII. durch eine perfektionierte Technik der Einbalsamierung abgelöst worden ist) bilden die Vorkehrungen, einen künstlichen Körper für eine künstliche Ewigkeit zu schaffen, geradezu die Matrix aller politischen Programmatik.[20] Wenn bei Hobbes Staats- und Herrscherkörper durch eine programmatisch abstrakte Souveränitätskonstruktion *more geometrico* zur Deckung gelangen, wird augenscheinlich, dass »begriffsgeschichtlich gesehen die monarchische Vertretungs-Repräsentation und nicht die ständische Identitäts-Repräsentation die eigentliche Form mandatischer Repräsentation ist. [...] Die Repräsentationsterminologie, so könnte man sagen, sucht die Seinsweise zu artikulieren, in der die Herrscherperson die Staatsperson *ist*.«[21]

Der Begriff der Repräsentation sedimentiert in seiner schillernden Mehrdeutigkeit die wechselvolle Geschichte kirchlicher und weltlicher Autoritätsansprüche. Zunächst von Theologen und Philosophen aus der Urbild-Abbild-Dialektik heraus entwickelt, sollte er erst später den juristischen Sinn von Stellvertretung erlangen, um zuletzt die Probleme körperschaftlichen Handelns zu fassen. Bei Tertullian, der zwar keine einheitliche Eucharistie-Dogmatik entwickelt, wohl aber mit der Verknüpfung von Inkarnation und Abendmahl deren künftige Tradition eröffnet hat, bedeutet er nicht viel mehr als »Versammlung«, ohne damit schon eine Unterscheidung zwischen deren ursprünglichem oder stellvertretendem Charakter einzuführen. In den Folgejahrhunderten wird *repræsentare* dann zur wichtigsten dramatologischen Bezeichnung und umfasst als solche zugleich liturgisches Spiel, Rechtsgang und Messpraxis. Der Begriff der Identitätsrepräsentation wiederum zielt auf die Bildung einer Körperschaft als gliedschaftliche Einheit in der Vielheit.[22] Dort setzt dann die neuzeitliche Dialektik der Repräsentation an, um deren Gehalt über die genossenschaftlich-stellvertretende Dimension hinaus aus schierer Begründungsnot zu denken.

Zum Paradigma wird hierbei die Eucharistie im vorreformatorischen Sinne erhoben, kommt es in ihr doch auf exemplarische Weise zum Kurzschluss von Sein und Zeichen oder von Ontologie und Semiotik. Um dieses Paradigma in seiner ganzen Reichweite und damit auch legitimitätsstiftenden Kraft zu entfalten, muss sein Status als Opferkult mitsamt seiner paradoxen[23] Konsequenzen restituiert werden: Die Zeichen der (eucharistischen) Repräsentation vereinen Abwesenheit und Präsenz, Vergangenheit und Gegenwart, Singularität und Gemeinschaft durch die supplementäre Kraft des Glaubens und rituellen Handelns. Das Opfer ist der Kern aller Transsubstantiation, und zugleich wirkt es als

---

20 Vgl. Hobbes 1996, passim, z. B. IXX., 134. – Zum Kompositkörper des Leviathan-Frontispizes vgl. Horst Bredekamp, *Thomas Hobbes. Visuelle Strategien. Der Leviathan: Urbild des modernen Staates. Werkillustrationen und Porträts*, Berlin 1999, 76ff.
21 Hasso Hofmann, *Repräsentation. Studien zur Wort- und Begriffsgeschichte von der Antike bis ins 19. Jahrhundert*, Berlin 1974, 379, 381.
22 Ebenda, 36, 57, 115, 214.
23 Vgl. Jochen Hörisch, *Brot und Wein. Die Poesie des Abendmahls*, Frankfurt am Main 1992, 17.

ein ontologisch-repräsentativ beschränktes Versammlungsmedium, das sämtliche Darstellungs- und Begründungsaporien in einem singulären Akt aufzulösen behauptet.[24]

Von daher versteht sich der Versuch, Herrschafts- und Eucharistiekonzeptionen in das Wechselverhältnis von Schutz und Gnade zu setzen. Es gründen sich, wie im Falle Rudolfs von Habsburg, ganze Dynastien auf den Uranfang einer eucharistischen Berufung, die das Herrschergeschlecht zur Schutzfunktion für die wahre *Pietas Eucharistica* und damit zur gottgewollten Herrschaft prädestinieren.[25] Durch den eucharistischen Auftrag kann so auch auf politisch-säkularem Felde das gesamte symbolische und imaginäre Netzwerk in Beschlag genommen werden, das sich seit dem Spätmittelalter um das *Corpus Christi* herum formiert hat, und allerspätestens mit dem Absolutismus wird das Verhältnis von Altar und Thron auch rhetorisch bis auf die Spitze der Ununterscheidbarkeit getrieben.[26] Deswegen kann der absolutistische Staat, wenn es um die Repräsentation seiner selbst geht, gar nicht anders, als seinen eigenen Ursprung und seine eigene Unsterblichkeit mit dem König als Hauptdarsteller regelrecht »eucharistisch« zu inszenieren. Der Herrscher wird, nicht zuletzt, um die eucharistische Deszendenz zu beglaubigen, der *imitatio Christi* unterstellt, weshalb bei den Einsetzungsfeierlichkeiten der »Doppelcharakter von König und Opfer«[27], mithin Jesu Kreuzigung imitatorisch aufzurufen ist. Solche *imitatio* führt die historisch profilierten Repräsentationsbegriffe auf ein und demselben Szenario zusammen: Einerseits wird im theatral eingesetzten Herrscherkörper – ontosemiologisch – die Realpräsenz reklamiert, andererseits stellen die einzelnen Handlungen während der Krönungsfeierlichkeiten eine (im Falle des Öls) metonymische oder (im

24 Luhmann spricht mit Blick auf das Paradigma der Eucharistie auch von »Kommunikationsvermeidungskommunikation«: »Es differenziert nicht zwischen Mitteilung und Information, sondern informiert nur über sich selbst und die Richtigkeit des Vollzugs. Es bietet sich in ausgesuchter, auffälliger Form (wie die Sprache) der Wahrnehmung dar. Aber genau dies geschieht nicht an beliebigen Stellen, sondern nur dort, wo man glaubt, eine Kommunikation nicht riskieren zu können.« (Niklas Luhmann, *Die Gesellschaft der Gesellschaft*, Frankfurt am Main 1998, 235f.) Das rituelle Ensemble des Messopfers stellt mithin für die Neuzeit das Urmodell einer wesentlich zeremoniell fundierten Gesellschaftskonstitution dar, die die (symbolisch verstandene) Kontingenz, das Risiko der Kommunikation, performativ zu kontrollieren sucht, nämlich »zum Beispiel durch Tabuierung der Bruchstellen in der Ordnung, der Übergänge, der Mischformen, des Unklassifizierbaren, der Anomalien. [...] Rituale sind Prozesse feierlicher, wichtiger Kommunikation, die zugleich dazu dienen, das Risiko aller Kommunikation, den möglichen Fehlgebrauch der Symbole, zu kontrollieren bzw. als kontrolliert darzustellen. Wo sie Sprache benutzen, geschieht dies in entsprachlichter Form.« (Niklas Luhmann, *Funktion der Religion*, Frankfurt am Main 1996, 80f.)
25 Vgl. hierzu Anna Coreth, *Pietas Austriaca. Ursprung und Entwicklung barocker Frömmigkeit in Österreich*, München 1959, 20f., passim.
26 Vgl. Miri Rubin, *Corpus Christi. The Eucharist in Late Medieval Culture*, Cambridge 1991, 349 sowie Ursula Brossette, »Die Einholung Gottes und der Heiligen. Zur Zeremonialisierung des transzendenten Geschehens bei Konsekrationen und Translationen des 17. und 18. Jahrhunderts«, in: Jörg Jochen Berns und Thomas Rahn (Hgg.), *Zeremoniell als höfische Ästhetik in Spätmittelalter und Früher Neuzeit*, Tübingen 1995, (432-470), 434.
27 Kantorowicz 1994, 82.

Falle der Insignien) symbolische Verbindung her; in ihrer Synthese wird eine, und zwar die höchstrangige, körperschaftliche »Identitätsrepräsentation« hergestellt, ohne dabei Mandatsgedanken überhaupt erst aufkommen zu lassen. Die theatrale *imitatio Christi* geht in einigen Fällen so weit, dass sich der *designatus princeps* mit ausgebreiteten Armen auf den Altar niederzuwerfen hat.[28] An dieser Herrscherikonographie kommt nicht einmal der ausgewiesene Antipapist Hobbes vorbei, denn obwohl sein Leviathan im Wort die Weihezeremonien als bloßes Machtmittel des heiligen Stuhls denunziert, ist sein Leviathan im Bilde doch nichts denn die Prosopopöie des Souveräns als gekreuzigter König.[29] Im Sinne der hobbesschen Herrschaftslehre gesprochen, sind die Zeremonien ein *instrumentum regni* allein des Souveräns und nicht der Kirche. Allgemein »ceremonialwissenschaftlich« gesprochen, beglaubigt das »Creutz auf den Reichs= Apffel« für die Gekrönten und ihr Volk, »daß sie das Reich durch die Wohlthat des Gecreutzigten erlangt.«[30]

Sind die Ursprungsaporien mit Hilfe dieser komplexen theatralen und semiotischen Vorkehrungen erst einmal umgangen, gelangt das souveräne Repräsentationssystem an seine eigentliche Crux: die Unantastbarkeit oder Heiligkeit der irdischen Herrschaft zu beglaubigen, was heißt: ihre dauerhafte Ursprünglichkeit zu repräsentieren. Wird die Souveränität von innen her[31] angetastet, reagiert sie je nach Schwere des Angriffs mit unterschiedlichen Maßnahmen. Einerseits wird seit dem Spätmittelalter auch ein geringfügiger Rechtsverstoß (durch die hierfür geschaffene Staatsanwaltschaft) verfolgt, weil dieser nun nicht mehr als gütlich zu kompensierendes Unrecht an einem anderen Untertan gilt, sondern als Schädigung schlechthin: als Schädigung des Rechts, des Staats, der *communitas* – und in erster Linie des Souveräns. »Le procureur va doubler la victime« – stellt näm-

---

28 Vgl. Joachim Ott, »Vom Zeichencharakter der Herrscherkrone. Krönungszeremoniell und Krönungsbild im Mittelalter: Der Mainzer Ordo und das Sakramentar Heinrichs II.«, in: Berns/ Rahn 1995, (534-571), 542 oder etwa zur Krönung Karls VI.: Jean Apostolidès, *Le prince sacrifié. Théâtre et politique au temps de Louis XIV*, Paris 1985, 14. – Die einschlägigen neutestamentlichen Stellen zur Nachfolge Jesu bis ans Kreuz sind Matthäus 16, 24, Markus 8, 34 und Lukas 9, 23.
29 Vgl. Hobbes 1996, XII., 85f. – Der dritte und vierte Hauptteil des Leviathan, der in der modernen Rezeptionsgeschichte weitgehend vernachlässigt wurde, stellt der rein säkularen Souveränitätslogik auch eine Ableitung irdischer Herrschaft zur Seite, die von der Heiligen Schrift (v. a. vom Alten Testament) in ihrem Zusammenspiel mit der Vernunft ausgeht.
30 Julius Bernhard von Rohr, *Einleitung zur Ceremoniel-Wissenschafft Der großen Herren [...]*, 1733, 594. – Und eben diese Wohltat macht es nötig, dass mit James I die Krönungsfeierlichkeiten gemäß anglikanischem Ritus – trotz bewussten Verzichts auf die kanonische Krönungsmesse – das Abendmahl zum Abschluss und Höhepunkt der Inthronisation erheben. (Vgl. Hans Liermann, »Untersuchungen zum Sakralrecht des protestantischen Herrschers«, in: *Zeitschrift der Savigny-Stiftung für Rechtsgeschichte*, kanonistische Abt. XXX, Bd. LCI. (1941), (311-383), 341f.)
31 Beim Angriff von außen, d. h. im Kriegsfalle, bringt Kantorowicz zufolge der Souverän die organologische Metapher in Anschlag und erwartet als Staatsoberhaupt die Opferbereitschaft seiner Glieder. Entsprechend der Zweikörperdoktrin sei das Opfer für den – gnadenhalber gedoppelten – König immer auch eines fürs Vaterland, und nicht mehr wie früher für das fiktive Universalreich der Christenheit. Deshalb falle die Frühgeschichte des Patriotismus unter die Kategorie der Säkularisierung (vgl. Ernst H. Kantorowicz, »Pro patria mori in medieval political thought«, in: *American Historical Review*, Bd. LVI./Nr. 3 (April 1951), 472-492).

lich der Gesetzesverstoß einen Angriff auf das Repräsentationssystem und damit ein Majestätsverbrechen dar, bleibt dem Souverän nichts, als die Repräsentation repräsentativ zu restituieren, also den Rechtsgang die Schwelle der Theatralität überschreiten zu lassen und die Strafe als Opfer-Schauspiel und Liturgie, als »politisches Ritual« und Wiederholung seiner eigenen Einsetzung zu inszenieren, womit dann Recht und Souveränität in ihrer Unversehrtheit wiederhergestellt sind.[32]

Herrscher und Beherrschte sind keineswegs Korrelate, sondern auf der Vertikalen wesensmäßig geschieden. Dies zeigt sich gleichermaßen im Zeremoniell, im repräsentativen Schauspiel und legitimitätsbeglaubigenden Marterritual, insofern bei den Zeugen des Geschehens nur zugunsten der Legitimitätsträger die Passion der *admiratio*, der Bewunderung *und* Verwunderung, der Hochachtung *und* Überwältigung, erregt werden darf. Gerade darin kommt die Repräsentation des Souveräns mit der des Märtyrers überein. Wenn auch auf der Skala irdischer Rangstufen gegensätzliche Extreme, sind sie doch beide Legitimitätsträger, weil Bewahrer des christologischen Erbes. Sie sind Zwillingsnaturen, weil beide auf die *imitatio Christi* verwiesen. Gerade der irdisch bis zum Tode gepeinigte Märtyrer ist »Himmelsfürst«, weil er das Exemplum einer *conformatio actus* vertritt und damit die Unantastbarkeit der repräsentativen Herrschaft repräsentiert.[33] Er ist der Repräsentant des legitimen Repräsentanten, kann aber ein solcher nur dadurch werden, dass er von illegitimer, eigentlich repräsentationsunfähiger Herrschaft, von einer Tyrannenherrschaft, verfolgt wird.

Seit dem Konzil von Trient und der historiographischen Bearbeitung der Märtyrerakten kommt gerade der repräsentativen Kunst die Aufgabe zu, die eucharistische und martyrologische Dimension von Herrschaft auszustellen.[34] »Tyrann und Märtyrer sind im Barock die Janushäupter des Gekrönten«[35], lautet Benjamins bekannte Formel zum barocken Trauerspiel, denn vernichtet jener mit dem Märtyrer gerade jene repräsentative Herrschaft, die er sich illegitim und vergeblich anmaßt, verkörpert dieser die Last des Repräsentativen, die auch und gerade der legitime Herrscher zu tragen hat. Was sich auf der Theaterbühne als »strenger Folterstrick / Womit die Kronen sind ümschrencket«, darstellt, beschreibt der Fürstenspiegel als immerwährende Überlastung auf dem Posten des Regiments. Im lauterbeckschen Regentenbuch etwa heißt es lakonisch: »Wer nicht dulden kan / oder durch die Finger sehen / der kan nicht regieren«, und weiter, »Daß die Regenten / Könige / grosse Potentaten und Fürsten / die gröste gefährligkeit

---

32 Foucault 1994ff./II., 579 und Michel Foucault, *Überwachen und Strafen. Die Geburt des Gefängnisses*, 10. Auflage, Frankfurt am Main 1992, 63. – Vgl. zudem Richard van Dülmen, *Theater des Schreckens. Gerichtspraxis und Strafrituale in der frühen Neuzeit*, München 1995, 161, 182.
33 Auch diese Repräsentation vollzieht sich – wie bei der Königskrönung – vermittelst ontologischer (der von Gott direkt bestimmte Heilige und seine Vorbildfunktion), ikonographischer (das Zeichenrepertoire der jeweiligen Todesart) und metonymischer (die Reliquien und ihre Zirkulation) Elemente.
34 Vgl. Émile Mâle, *L'art religieux après le concile de Trente*, Paris 1932, 76f., 132f.
35 Walter Benjamin, *Ursprung des deutschen Trauerspiels*, in: *Gesammelte Schriften*, Frankfurt am Main 1991, Bd. I.1, (203-430), 249.

/ sorge / mühe / und arbeit / tragen müssen«. Noch im kameralistischen *Oeconomus prvdens* des Florinus gilt die christologische »Last der Welt« als unverzichtbares Element jeder symbolisch-zeremoniellen Herrschaftsübertragung.[36]

Die königliche *imitatio Christi*, das fürstliche Opfer am Altar des Gemeinwesens oder der heilsgeschichtliche Tausch von irdischer und himmlischer Krone bilden die emblematische Matrix für das Märtyrerdrama des 17. Jahrhunderts.[37] Mit Alessandro Donatis *Ars Poetica sive Institutionum artis Poeticae libri tres* (1633) wird der Märtyrer als Dramenfigur erstmals poetologisch sanktioniert, so dass die *ecclesia militans* der Gegenreformation die *imitatio Christi* auch über das Kampfmittel des Jesuitentheaters in Anschlag bringen kann.[38] Weil sich die Poetiken des 17. Jahrhunderts anfangs noch weitgehend an der Renaissance orientierten und damals der Nachahmungsbegriff primär auf das zehnte Buch der *Politeia* bezogen worden war, konnte die repräsentationslogische Mimesis mit der *imitatio Christi* mehr oder minder gleichgesetzt werden; wie in Bidermanns *Philemon Martyr* ist es dann ein und dasselbe, die Nachfolge Christi zu repräsentieren und sie zu effizieren.[39] Unter diesen Vorzeichen kann auch die fiktive Inszenierung fürstlicher Herrschaft mit realen Wirkungen rechnen, schließlich ist der christliche Souverän im Verstande der »politischen Theologie« nichts anderes als der ranghöchste *»christomimetes*, buchstäblich Schauspieler und Darsteller Christi«.[40]

36   Johann Christian Hallmann, *Die sterbende Unschuld / oder Die Durchlauchtigste CATHARINA Königin in Engelland [...]*, Breslau, EA: 1684, in: *Sämtliche Werke*, Berlin / New York 1980, 158-234, IV. 1, 215. – Lauterbeck 1679, 24 ᵛ, II. 5. – Franciscus Philippus Florinus, *Oeconomus Prvdens et Legalis Continvatvs. Oder Grosser Herren Stands und Adelicher Haus=vatter*, Nürnberg 1719, 170.
37   Vgl. die *Picturæ und Subscriptiones* in: Arthur Henkel und Albrecht Schöne, *Emblemata. Handbuch zur Sinnbildkunst des XVI. und XVII. Jahrhunderts*, Stuttgart 1967, beispielsweise aus Nicolas Reusner, *EMBLEMATA [...]*, Frankfurt 1581, II, Nr. 14: Motto: »Pro Lege, et Grege«, dt. Übersetzung: »[...] So für sein Volk und das Recht zu sterben und durch seinen Tod den Völkern das Leben wiederzugeben, ist auch die heilige Pflicht der Könige, wie (auch) Christus den Frommen durch seinen Tod das Leben und mit dem Leben Frieden und Gerechtigkeit wiedergegeben hat.« (Sp. 812); oder aus: Diego de Saavedra Fajardo, *IDEA / DE UN PRINCIPE POLITICO / CHRISTIANO [...]*, Amsterdam 1659, Nr, 39, dt. Ausgabe: *EIN ABRISS / Eins Christlich-Politischen / PRINTZENS [...]*, Amsterdam 1655: Motto: »Omnibus«: Subscriptio: »[...] Ein Fürst ist den Müseligkeiten vndt gefahrligkeiten bestimbtes opfer / gegeben der Vnterthanen nutzbarkeit / zum besten...« (Sp. 1274); vgl. auch Sp. 1259, 1039 und 1802.
38   Zwischen Offenbarungswahrheit und inszenatorisch hergestelltem Augenschein hatten die Jesuiten schon durch Donatis *Ars poetica* und später mit Jakob Masens *Palaestra eloquentiae ligatae* (1657) eine poetologische Brücke geschlagen. Wird dort der Begriff der Mimesis mit dem der *imitatio* identifiziert und die Glaubenswahrheit über den Umweg der *imago* und des *simulacrum* in Aussicht gestellt, wird hier keine *veritas per se* mehr angesetzt, sondern eine gleichsam subsistierende *veritas latens*, die zu vermitteln eine Aufgabe der aufgerüsteten Repräsentation, der Simulation im theatralen Sinne darstellt. (Vgl. hierzu den Exkurs in Werner Eggers, *Wirklichkeit und Wahrheit im Trauerspiel von Andreas Gryphius*, Heidelberg 1967, 160ff.)
39   Schon im Argumentum des Dramas wird programmatisch klargestellt, dass Philemon »repente advertit, non vestem modo, sed animum etiam Christianum se induisse. [...] Denique jam non agere Christianum, sed esse talis videtur. [...] Ait Philemon serius jam soccos exuerat, et cothurnos induerat.« (Jacob Bidermann, *Philemon Martyr*, Köln/Olten 1960, 10.) Überliefert ist zudem, dass mit der Münchner Aufführung des Bidermannschen *Cenodoxus* im Jahre 1609 vierzehn der Zuschauer bekehrt wurden und sich ins Kloster zurückgezogen haben.
40   Kantorowicz 1994, 68.

Um dieser Rolle *realiter* gerecht zu werden, muss er vor dem »repräsentativen« Ausnahmezustand, dem blinden Fleck seiner juristischen und theologischen Repräsentation, bestehen. Solche Beständigkeit angesichts heilsgeschichtlich (und machtpolitisch) verderblicher Dinge verlangt nach eigentümlichen »persönlichen« Gemütsqualitäten des Herrschers, soll dieser doch, wie es bei Lipsius heißt, »nicht das Vatterland / sondern die Affecten fliehen [...] *Die Bestendigkeit / nenne ich allhier eine rechtmeßige unnd unbewegliche Stercke des gemüts / die von keinem eusserlichen oder zufelligen dinge erhebt oder untergedrückt wird.*«[41] Die neostoizistische *constantia* setzt also zuerst am Ausnahmezustand der Affekte an, und insofern kann es nicht verwundern, dass des Märtyrers Techniken zur Selbstbeherrschung über ihren heilsgeschichtlichen Rahmen hinaus für die Regierungstechnik vorbildlich werden: Regieren bedeutet zunächst, sich selbst zu regieren. Noch bei Seckendorff muss »die Person des Landes=Herren [...] / indem diese sterblich ist / und sich öffters ändert«, erst auf das Niveau der »Landes=Fürstl. Hoheit und Macht« gebracht werden, die ja, »in menschlichen Sachen zu reden / ihre beständige stetige Form und Art hat.« Um also die intakte Verbindung zwischen den zwei Körpern überhaupt erst zu ermöglichen, »hat er sich wol in acht zu nehmen / und seine treue Räthe sollen, so viel müglich, dafür seyn *daß er mit starcken Gemüthsbewegungen / als da sind sonderlich der Zorn / Schrecken und grosse Traurigkeit / nicht überfallen werde*«.[42] In diesem Sinne ist der Neostoizismus lipsianischer Prägung das Bindeglied zwischen dem souveränen Notstandsrecht über Leben und Tod und der Disziplinierung des gesamten Gemeinwesens.[43] Calvinistische Ethik oder jesuitische Organisation mitsamt der von Loyola ausgearbeiteten Technik zur Dechiffrierung des göttlichen Willens versetzen den Staat und insbesondere sein Prunkstück, die Armee, in den Zustand geregelter Disziplin und unablässiger Befehlsbereitschaft.

Dass der König, der auf der Bühne des Martyriums immerzu stirbt, *realiter* die *perpetuitas* eines *rex qui nunquam moritur* genießt, ist im Dispositiv der Souveränität rechtlich festgeschrieben. Doch geht damit unweigerlich auch die Suche nach entsprechenden Repräsentationspraktiken einher. Das zeigt sich schon am Problem des Interregnums: im Falle des Ablebens muss die leibliche Gegenwart des Souveräns substituiert werden; sein Tod gilt als *demise*, als Trennung des vergänglichen vom unsterblichen Körper; um beider Einheit auch übergangsweise zu gewährleisten, wurde die Praktik der königlichen Scheinleiber eingeführt. In diesem konkreten Notstand wird die Voraussetzung aller souveränen Herrschaft augenscheinlich: die zeitliche Beständigkeit des Königskörpers. Hobbes fordert

---

41   Justus Lipsius, *Von der Bestendigkeit [De Constantia]*, Stuttgart 1965, 3 r, 10^r.
42   Veit Ludwig von Seckendorff, *Teutscher Fürstenstaat [...]*, Frankfurt und Leipzig 1711 (EA: 1656), II. 2, 126f., 152.
43   Vgl. Gerhard Oestreich, *Geist und Gestalt des frühmodernen Staates. Ausgewählte Aufsätze*, Berlin 1969, insbesondere »Der römische Stoizismus und die oranische Heeresreform« (11-34) und »Justus Lipsius als Theoretiker des neuzeitlichen Machtstaates«, (35-79). Vgl. außerdem Ulrich Bröckling, *Disziplin. Soziologie und Geschichte militärischer Gehorsamsproduktion*, München 1997, v. a. 22-55.

deswegen »that as there was order taken for an Artificiall Man, so there be order also taken, for an Artificiall Eternity of life [...]. This Artificiall Eternity, is that which men call the Right of *Succession*.«[44] Ihrem Auftrag und eigenen Anspruch nach sollen Märtyrer und Fürst gleichermaßen für den fortwährenden Bestand des Christentums sorgen.[45]

Den angeblichen Ausnahmestatus des Reichs versuchte man, auch wenn die faktischen Kräfteverhältnisse dagegen sprachen, auf die Rechtsfiktion der Translatio Imperii zu gründen. Hierbei übertrug man die Vier-Reiche-Lehre des Buchs *Daniel* (2, 31-45, 7, 2-27) auf das Heilige Römische Reich deutscher Nation.[46] Allerdings wurde diese Übertragung nicht nur von der Souveränitätstheorie der anderen Mächte (wie etwa durch Bodin 1566 in *Methodus ad facilem historiarum cognitionem*) angefochten; auch im Reich selbst wurde von Seiten prominenter protestantischer Staatstheoretiker (wie etwa von Hermann Conring 1654 in *De finibus Imperii Germanici et Tractatus de Germanorum Imperio Romano*) Widerspruch laut. Berühmt geworden ist die Polemik Pufendorfs gegen »das ›heilige römische Reich deutscher Nation‹, eine Formel, die freilich an einem inneren Widerspruch leidet, da, wie nachgewiesen ist, der heutige deutsche Staat nichts mit dem alten Römerreiche gemein hat. Dennoch behalten die deutschen Könige, wenn sie auch längst auf die Kaiserkrönung verzichtet haben und kaum noch eins der alten Rechte der Schirmvogtei ausüben, den Kaisertitel bei, wie ja Fürsten überhaupt schwerer auf Titel, als auf Realitäten verzichten.«[47] Im Lichte der naturrechtlichen Legitimität ist für Pufendorf die Geltung repräsentativer Ansprüche bereits zur Flucht in das realitätsferne Zeremoniell und zur juristisch willkürlichen Berufung auf Herrschaftstitel herabgesunken. Schließlich war bis

---

44 Hobbes 1996, IXX., 135.
45 In welchem präzisen Verhältnis nun göttliche Einsetzung und dynastische Kontinuität stehen, ist nur historisch und an den jeweiligen regionalspezifischen Vorkehrungen zu bestimmen. In Frankreich etwa wurde die Thronfolge durch das komplexe und immer wieder neu akzentuierte Zusammenspiel von göttlichem, kanonischem, feudalem und salischem Recht, überdies vom römischen, vom Gewohnheits-, Fundamental- und vom spezifisch bourbonischen Blutrecht geregelt. Da untereinander nicht immer kompatibel, konnte in einer neuen Konstellation eine Rechtsform durch die andere ersetzt werden – wie etwa der *rex designatus* fallengelassen wurde, nachdem sein Gegensatzprinzip, das der dynastischen Herrschaft, erst einmal gesichert war (vgl. Ralph E. Giesey, »The juristic basis of dynastic right to the French Throne«, in: *Transactions of the American Philosophical Society. New Series*, Bd. LI., Teil V., (1961), 1-42). Im Reich hingegen wurde, trotz Wahlkaisertums, in stärkerem Ausmaße auf die Legitimität durch Konsekration abgehoben. Eine wenigstens pragmatische Regulierung durch das nachgerade keineswegs mehr als überzeitlich verstandene Sukzessionsrecht sollte noch die Zeremonialwissenschaft des frühen 18. Jahrhunderts beschäftigen. (Vgl. hierzu etwa Rohr 1733, 559f.)
46 Vgl. hierzu etwa Lauterbeck 1579, 5 ᵛ: »Denn auch dem die Keyserliche hoheit an die Teutschen kommen ist / hat diese Monarchi viel anfechtung gehabt / ist offt sehr schwach worden / aber dennoch bisher unumbstossen blieben / und wird also förder bleiben / biß an den Jüngsten Tag / wie auß Daniel klar erscheinet«, und noch Gottfried Stieve, *Europäisches Hoff-Ceremoniel [...]*, Leipzig 1715, 73: »Daß der Röm. Deutsche Kayser allen andern Monarchen vorgezogen wird, solches geniesset er *jure & possessione*, denn / 1. Auf ihme hafftet die Dignität und Dauer der Vierdten Welt=Monarchie, welche in der Person *Caroli M.* auf die Deutschen transferiret worden«.
47 Pufendorf 1870, I. 14, 38.

dahin durch quellenkritische Arbeit nachgewiesen worden, dass es sich bei der *translatio* um eine bloße Metapher und Fiktion, keineswegs aber um einen rechtsgeschichtlich nachvollziehbaren Vorgang handelt. Die bislang eher zeremoniell betriebene und vom zuständigen Herrscherhaus beauftragte Geschichtsschreibung war mittlerweile unter den Druck dieser quellenkritischen Forschung geraten. In Frankreich erforschte seit Ende des 17. Jahrhunderts der Adel seine eigene Genealogie, um seine verlorenen Privilegien zu restituieren, und er schuf damit zugleich eine Art »Gegenhistorie« zur vermeintlich kontinuierlichen Genealogie des Souveräns.[48] Auch am Wiener Hof dominierte zunächst gegenüber den historiographischen Aspirationen der Geistlichkeit und Stände die Geschichtsschreibung im Dienste des Monarchen, so dass für genealogische Behauptungen, die seine Souveränität anzutasten drohten, ohne weiteres Haftstrafen auszusprechen waren.[49]

Nachdem indes die kritische Quellenkunde zum unhintergehbaren Standard geworden war, bemühte man sich auch am Hofe um eine pragmatische Staatshistoriographie, die die faktischen Kräfteverhältnisse auf europäischem Boden abschätzen und berechtigte Ansprüche durch geregelte Urkundenforschung durchsetzen sollte. Bis dahin hatte Moses noch als »der erste und älteste Geschichtschreiber«[50] gelten und durch Vermittlung der heiligen Schrift die christliche Monarchie mit dem geheiligten Königtum früherer Zeiten in Verbindung gebracht werden können. Doch stellte diese Form der Historiographie, wie spätestens mit Pufendorf klar wurde, weniger auf Quellen als auf ein funktionierendes Zeremonialsystem ab. Waren also die historischen Ansprüche schon nicht quellenkundlich zu untermauern, mussten sie zumindest durch eine Selbstdarstellung begründet werden, die keinerlei Zweifel aufkommen ließ – die die Gemüter überwältigte, ihnen die *admiratio* vor der unantastbaren Majestät beibrachte. Doch »Admiratio zu erzeugen, soweit sie nicht von selbst eintritt und dann Anlaß geben kann für religiöses Erleben«, wurde mit der frühen Neuzeit zur »Sache der Kunst.«[51] In diesem Sinne hatte die höfische Kunst für den Souverän dort einzuspringen, wo das Zeremoniell bei der Inszenierung seiner Majestät versagte.

---

48 Vgl. Michel Foucault, *Vom Licht des Krieges zur Geburt der Geschichte*, Berlin 1986, 28ff.
49 Vgl. Anna Coreth, *Österreichische Geschichtsschreibung in der Barockzeit (1620-1740)*, Wien 1950, 13. – Nicht zuletzt in diesem Sinne ist auch Benjamins Diktum zu verstehen: »Der Souverän repräsentiert die Geschichte. Er hält das historische Geschehen in der Hand wie ein Szepter.« (Benjamin 1991/I. 1, 245.)
50 Siegmund von Birken, *Chur- und Fuerstlich Sächsischer Helden-Saal [...]*, Nürnberg 1677, 2.
51 Luhmann 1998, 790.

2. Zeremoniell und Theatralität

Vom Paradigma jeden Zeremoniells, vom liturgischen Ritus, scheint das Schauspiel dem orthodoxen Verstande unüberbrückbar weit entfernt. Doch nicht nur für ausgewiesene Theaterfeinde wie den Zürcher Johann Jakob Breitinger, auch für Pascal stellt es die flagranteste Gefährdung des theologischen *ordo* und mithin die drohende Entdifferenzierung *par excellence* vor.[52] Mit dem Zeremoniell des absolutistischen Staates war die befürchtete Grenzverwischung nicht von Seiten vagabundierender Ketzer gewagt, sondern von höchster Stelle her, durch die höfische Kunst nämlich, sanktioniert worden, wurden hier doch »weltliche und religiöse Machtzonen ästhetisch und programmatisch, aber nicht rituell-sakramental«[53] verknüpft. Dass diese Unschärfe zwischen Liturgie und Schauspiel programmatisch hergestellt wurde, ist in Walter Benjamins Trauerspiel-Buch kein Thema. Nur deshalb vermag er ohne Umweg über die höfische Repräsentation »der Verwandtschaft des barocken Dramas mit kirchlich-mittelalterlichen zu gedenken, wie sie sich im Passionscharakter zeigt.«[54] Allein in dieser Perspektive lässt sich ausgehend vom Hochmittelalter bis ins 17. Jahrhundert mit immer größerer Berechtigung von einem Theater der Eucharistie sprechen.

Einerseits verlangte der liturgische Akt der Wandlung – dem Dogma der Realpräsenz gemäß – nach einem theatralen Arrangement, das die Hostie in das Zentrum des Altars stellt und damit auf eine Bühne der Ostension bringt[55]; von den Jesuiten wurde diese Inszenierungspraxis – besonders anlässlich der Festtermine zum vierzigstündigen Gebet – architektonisch wie auch durch Kulissenausstattungen und Beleuchtungstechniken zu regelrechten Eucharistie-Aufführungen im »Sacro Teatro« vorangetrieben.[56] Andererseits kannte das mittelalterliche Drama noch keine ästhetische Autonomie im neuzeitlichen Sinne und konnte daher wie die Predigt als effizientes Massenmedium fungieren, ob nun zu weltlich-didaktischen oder zu religiösen Zwecken. Deswegen wird in der Mediävistik das geistliche Theater auch ohne große Umschweife aus der Liturgie abgeleitet, und als »seine Keimzelle wird allgemein der *Ostertropus* ›Quem queritis

---

52 Nicht nur, dass Breitinger, Verfasser des wohl bekanntesten deutschsprachigen Manifests zeitgenössischer Theaterfeindschaft, die strikte Trennung der heiligen Dinge, der Sakramente, von den Mitteldingen propagierte, dem Schauspiel sprach er kurzerhand ab, zu letzteren zu rechnen. (Vgl. Johann Jakob Breitinger, *Bedencken Von Comœdien oder Spilen*, Bern u. a. 1989, (EA: anonym 1624), 39ff.) – Zu Pascal vgl. Pascal 1997, 764/11/407.
53 Ulrich Schütte, »Höfisches Zeremoniell und sakraler Kult in der Architektur des 17. und 18. Jahrhunderts. Ansätze zu einem strukturellen Vergleich«, in: Berns/Rahn 1995, (410-431), 430.
54 Benjamin 1991/ I. 1, 255. – Dieser These wurde grundsätzlich widersprochen in Hans-Jürgen Schings, *Die patristische und stoische Tradition bei Andreas Gryphius. Untersuchungen zu den Dissertationes funebres und Trauerspielen*, Köln/Graz 1966.
55 Vgl. Hans Belting, *Bild und Kult. Eine Geschichte des Bildes vor dem Zeitalter der Kunst*, München 1993, 434.
56 Vgl. Joseph Imorde, *Präsenz und Repräsentanz, oder: Die Kunst, den Leib Christi auszustellen (Das vierzigstündige Gebet von den Anfängen bis in das Pontifikat Innocenz X.)*, Berlin 1997, v. a. 111ff.

in sepulchro, o christicolae< angesehen.«[57] Dem Oster- und Fronleichnamsspiel fällt hierbei die Funktion zu, das liturgische Repertoire bei der *commemoratio*, bei der Vergegenwärtigung der Glaubenswahrheiten, zu unterstützen. Dieser Beistand war besonders da vonnöten, wo die Inszenierung des *Corpus Christi* ihre Paradoxien offenbarte: dort, wo das real Gegenwärtige vergegenwärtigt und wo das Unsichtbare gezeigt werden sollte. Gerade dadurch, dass die Darsteller und alle sonstigen Aufführungselemente nicht auf ästhetisch-fiktionaler Ebene situiert wurden, sondern lediglich als Medium der frohen Botschaft dienen sollten, konnte das geistliche Spiel an die theatralen Elemente der Liturgie (an die Stellvertreterfunktion des Priesters, an die dialogische Struktur liturgischer Texte) anknüpfen und den bloß rituellen Vollzug heiliger Handlungen oder die rein allegorische Auslegung der Vorgänge ins visuell Gegenwärtige übersetzen.[58]

Letztlich krankt der Versuch, zwischen Liturgie und Schauspiel eine genetische oder funktionale Verbindung herzustellen, am zumeist vagen Begriff der »Theatralität«. Im 17. Jahrhundert indes steht der Terminus konkret für die souveränitätstragende Geltung des Theaters ein: Einerseits gehen die Konstituenten des Theaters (Bühne, *persona*, Zuschauer, Requisiten bzw. Insignien, Architektur und Raumorganisation) in die Begrifflichkeit und Praxis des Politischen ein, andererseits kann sich das höfische Machtzentrum seiner zeichenlogischen Kapazitäten geradezu monopolistisch bedienen und die höfische Bühne zum semiotischen Umschlagplatz, zum Ort einer letztgültigen »Übercodierung«[59] machen, an dem die Repräsentationsordnung auf die Figur des Souveräns als Kreuzungspunkt aller Relationen hin zentriert ist. Von daher versteht sich nicht nur die staatstragende Rolle des Theaters als dramatisches Exemplum, welches gerade über die Distanz der *admiratio* hinweg seinen mimetischen Appell artikuliert, sondern auch die politische und womöglich herrschaftsgefährdende Rolle des Königsdramas, das den Monarchen ja nicht in erster Linie *ad oculos* als vielmehr durch die in ihm zentrierte intakte Repräsentationsordnung repräsentieren sollte.

Was Souveräne wie Elizabeth I ohne Konsequenzen äußern dürfen, solange es nur hinter der Bühne gesagt wird, kann, als Königsdrama aufgeführt, durchaus kleine Staatskrisen auslösen.[60] Wenn nämlich, wie im elisabethanischen Theater geschehen, eine Inszenierung zugleich Repräsentation von königlichen Gnaden *und* Ereignis, d. h. Affirmation *und* Gefährdung des königlichen Zeichensystems

---

57 Hansjürgen Linke, »Vom Sakrament bis zum Exkrement. Ein Überblick über Drama und Theater des deutschen Mittelalters«, in: Günter Holtus (Hg.), *Theaterwesen und dramatische Literatur*, Tübingen 1987, (127-164), 132.

58 Ungeachtet dessen, ob diese Inszenierungen wegen der partiellen Mitwirkungsrechte des Publikums nun als Aufführungen und »Performanzen« im rituellen Sinne zu verstehen sind, wurde ihre heilsstiftende Wirksamkeit von höherer Stelle her in barer Münze garantiert: indem man sie kurzerhand mit Ablässen verband. (Vgl. Jan-Dirk Müller, »Mimesis und Ritual. Zum geistlichen Spiel des Mittelalters«, in: Andreas Kablitz und Gerhard Neumann (Hgg.), *Mimesis und Simulation*, Freiburg i. Br. 1998, 541-572.) – Zu den regionalen Varianten des Fronleichnamsspiels, zum »Play of Corpus Christi« und »Auto sacramentál«, zum »Jeu de la sainte hostie« und zur »Sacra rappresentazione« vgl. Rubin 1991, 271ff.

59 Vgl. hierzu Erika Fischer-Lichte, *Semiotik des Theaters*, Bd. I., Tübingen 1988, 195.

darstellt, dann ist die Souveränität zugleich auf das Theater angewiesen und seiner nicht mehr mächtig.[61] Die Gonzaga-Episode in *Hamlet* etwa reaktiviert nicht nur das antike Motiv vom Theater im Theater; sie führt mit ihrem immanent poetologischen Diskurs auch eine Geheimlehre der Theatralik abseits der fürstlichen *secreta politica* ein, und sie verkehrt Bühne und Zuschauerraum des fürstlichen Theaters, um so zu prüfen, ob der Platz des Königs tatsächlich legitim besetzt ist – ob er »leer«, von keinerlei irdischen Interessen besudelt und zugleich dem Amt symbolisch wie imaginär zu Diensten ist, oder ob er von einem Königsdarsteller okkupiert wird, der das Amt zu usurpieren sucht. Deshalb bevölkern für Shakespeare nicht die Könige, sondern die Schauspieler, jene Exponenten und Praktiker der Repräsentationsordnung, »the abstract and brief chronicles of the time.«[62] Diese Epoche, in der der auf der Schaubühne inszenierte König jederzeit den realen Souverän von der politischen Bühne abberufen konnte, hat der *New Historicism* auf die so schlagende wie zeitgebundene Formel gebracht: Theatralität = Macht.[63]

Bevor es so weit kommen konnte, bevor zu Zeiten des Absolutismus alles Geschehen auf den einen Platz des Fürsten hin fokussiert werden konnte, bedurfte es jedoch eines optischen Organisationsprinzips, das zur Disziplinierung der Sinne eingesetzt werden konnte, um somit Soziales visuell zu organisieren. Durch Sebastiano Serlo bereits Mitte des 16. Jahrhunderts beschrieben, 1600 von Guido Ubaldo dann als konkretes Konstruktionsverfahren präzisiert, wurde die *costruzione legittima* mit Palladios *Teatro Olimpico* mustergültig ins Werk gesetzt. Guckkasten- und perfektionierte Verwandlungsbühne, ausgeklügelte Machination und zentralperspektivisch bemalte Kulissen – dies sind die Elemente einer theatralen Apparatur, die auf der Bühne des 17. Jahrhunderts das Wechselspiel von Sein und Schein, Aufführung und Vorstellung bis zur Ununterscheidbarkeit treiben sollte. »Wahr ist das sothane von der Fernkunst kommende bilder die unwissende augen nicht wenig irrführen«[64], merkt Andrea Pozzo zum illusionis-

60 Ein bekannter Ausspruch Elisabeths lautet: »we Princes [...] are set on stages, in the sight and view of all the world duly observed« (J. E. Neale, *Elizabeth I and Her Parliaments 1584-1601*, Bd. II., London 1957, 119). In Shakespeares Dramen finden sich zahlreiche vergleichbare Passagen (z. B. der Prolog in *Henry V*: »A kingdom for a stage, princes to act, / And monarchs to behold the swelling scene!« (*The Arden Shakespeare Complete Works*, Walton-on-Thames 1998, 3/4, 431)). Insbesondere Richard II brachte Elisabeth während Essex' Hinrichtung in Verlegenheit, was sie zum bekannten Vergleich ihrer selbst mit der Dramenfigur veranlasste; in der Restaurationszeit unter Karl II. wurde das Stück vorsorglich verboten.
61 Zu den Hintergründen machtkritischer Zeichenaneignung (Reformation, Buchdruck, literarischer Markt) gegen das monarchische, klerikale und humanistische Monopol in der elisabethanischen Epoche vgl. aus marxistischer Perspektive Robert Weimann, *Shakespeare und die Macht der Mimesis*, Berlin/Weimar 1988, v. a. 22ff.
62 Hamlet, 2. 2, 525, in: Shakespeare 1998, 308.
63 Vgl. Alan Liu, »Die Macht des Formalismus: Der New Historicism«, in: Moritz Baßler (Hg.), *New Historicism. Literaturgeschichte als Poetik der Kultur*, Frankfurt am Main 1995, (94-163), 97.
64 Andrea Pozzo, *Fernsehkunst Derenmahlern und Baumeistern, Anderter Theil [...]*, Rom 1693 und 1700, hier zu Figura XLVII.

tischen Potenzial seiner Scheinbildkonstruktionen eher untertreibend an. Bereits bei Palladio war die gesamte Konstruktion unter einem bestimmten Gesichtspunkt berechnet worden: nämlich auf den Augpunkt des Souveräns hin, so dass das theatrale Geschehen *auf* und *vor* der Bühne auf den Platz des Fürsten perspektiviert wurde.

Einerseits ist das Theater das, wie Fabrizio Motta betont[65], wirkungsvollste Repräsentationsmittel der Souveränität; andererseits lautet schon bei Nicola Sabbattini die vordringlichste Frage, »Wie man den Platz für den Fürsten anordnet«. Dieser ist der Konfigurationspunkt der Repräsentation, nur von ihm aus wird sie in ihrer ganzen Reinheit und Transparenz erscheinen, dort »werden alle auf der Szene gezeichneten Gegenstände sich besser darstellen, als von irgendeinem anderen Platze aus.«[66] Unter den Augen des Souveräns wird, wie Sabbattini sagt, selbst noch die Konstruktionsanweisung dieser theatralen Welt zu deren Requisit: »Es erscheint (hiermit) auf der Bühne der Welt diese praktische Anleitung, Bühnen für die Allgemeinheit herzurichten, vor Eurer Herrlichkeit«.[67]

Jene Allgemeinheit ist die Gesellschaft, die sich auf den fürstlichen Höfen des 17. und frühen 18. Jahrhunderts zum letzten Mal innerhalb der Gesellschaft selbst zu repräsentieren vermag – wenn auch zusehends in dem Bewusstsein, ihr Erscheinen einer hochartifiziellen Technik des Zeremoniells und keineswegs mehr einer Ordnung zu verdanken, die zwischen den verschiedenen Ebenen eine natürliche Beziehung und Einheit, eine »Ähnlichkeit« stiftet.[68] Diese Welt innerhalb der Welt beruht so sehr auf Schein, dass die jederzeit erforderte »Argutezza«, die Geistesschärfe, weniger zur Durchdringung desselben einzugreifen hat, als dazu, den nach allem Aufwand produzierten Schein mit dem Schein der Anstrengungslosigkeit oder »Natürlichkeit« zu überziehen. Erst unter dieser Voraussetzung kann die hochkomplexe Semiotik des Barocks die Fragilität ihrer eigenen Bezeichnungen mit der »Eitelkeit« alles Irdischen gleichsetzen.

Unterm Banner des *theatrum mundi* oder *theatrum vitae* repräsentiert die höfische Bühne das poetologische Programm einer ganzen Epoche und Gesellschaft. Von der gegenreformatorischen Theologie bis hin zur moralistischen Klugheitslehre, vom Theater über die Parkanlagen und Museen bis hin zur Bibliothek – allerorten versteht man sich als Teil jenes großen Welttheaters. Besonders am spani-

---

65 Vgl. Fabrizio Carini Motta, *Trattato sopra la struttura de'Theatri e scene* (1676) und *Costruzione de teatri e machine teatrali* (1688), Carbondale/Edwardsville 1987, 55/22 im Original.

66 Für den Theaterbauer von zweitrangiger Bedeutung ist dagegen die Frage, »Wie man die Sitzstufen für die Zuschauer herstellt« (Nicola Sabbattini, *Anleitung Dekorationen und Theatermaschinen herzustellen*, (EA: 1637), hier Ausgabe von 1639, übersetzt und mitsamt dem Urtext hg. v. Willi Flemming, Weimar 1926, Kap. XXXIV., 206). Dass die gegliederte Gruppierung des Publikums um den König herum während der eigentlichen Theateraufführung unter Beleuchtung vonstatten zu gehen hatte, deutet schon darauf hin, dass die absolutistische Theatralität vor der Bühnenrampe nicht Halt machte. – In Mottas *Trattato* wurden bereits alle künftig eingerichteten Plätze des Fürsten bestimmt: im Parterre vor der Bühne, auf einem Podium über dem Parkett und in der Mittelloge des ersten Ranges.

67 Ebenda, 171.

68 Vgl. Luhmann 1998, 949f.

schen Hof hatte man sich zum Ziel gesetzt, die *repraesentatio maiestatis* bis zu dem Punkt zu treiben, an dem vom Theatralwerden der Welt überhaupt die Rede sein kann[69]; und zur höchsten Blüte seiner theatralen Möglichkeiten, geradezu zur Identität von Rolle und realer Person gelangte der Souverän am Wiener Kaiserhof.[70] Somit ist es dem Habsburger Repräsentationsprogramm zu verdanken, dass auch im deutschsprachigen Raum jener Zeit »ein Hof nichts anderes zu nennen ist, als ein stets währender Schau=Platz, auf welchen immer eine *Comœdie* nach der anderen gespielt wird, und allwo immer neue Personen auftreten, welche ihrer Vorfahren Masquen angenommen. Ist ein Schauspiel geendiget, so werden schon neue Masquen, Scenen, Machinen, Decorationen, und andere zur Verstellungs-Kunst benöthigten Dinge ausgearbeitet, um der Welt ein abermahliges Schau=Spiel vorzustellen.«[71] Wenn der Zeremonialwissenschaftler und Repräsentationsexperte Rohr perpetuierte Machtausübung und dauerhaften Theaterbetrieb begrifflich fast zur Deckung bringt, dann nicht zuletzt, weil die Anstellung geeigneter Schauspieler als Wiener Hofbedienstete samt Bestallungsdekret und Livree bis dahin selbstverständlich geworden war.[72]

Folgerichtig wurden nicht nur einzelne Fachmänner des Theatralen wie der Jesuit Andrea Pozzo nach Wien geholt, vielmehr war dessen gesamter Orden, die Gesellschaft Jesu, seit der Jahrhundertmitte mit dem Habsburger Hof eine strategische Allianz zur Verschmelzung von kaiserlicher und kirchlicher Macht eingegangen. Beider wichtigstes Kampfmittel sollte die theatrale Repräsentation am Hofe selbst darstellen, und der sowohl im Reichsgebiet als auch hinter den Reichsgrenzen operierende Orden sollte durch seine wissenschaftliche, pädagogische und künstlerische Arbeit das kaiserliche Gottesgnadentum auch dezentral propagieren: räumlich wie zeitlich über seine faktischen Grenzen hinaus ausdehnen. Mit dem Jesuitentheater wurde von unten her angesetzt: Auf den Jesuitengymnasien vermittelte es zusammen mit dem Rhetorikunterricht die wichtigsten Verhaltenslehren und Bildungselemente; zahllose öffentliche Aufführungen sollten es – trotz des bildungssprachlichen Lateins – mit Hilfe der vorab gedruck-

---

69 Zur Jahrhundertwende wurde mit der Thronbesteigung Philipps III. das Theater zum tragenden Repräsentationsmittel des spanischen Hoflebens, 1621 zelebrierte die spanische Bühne unter Philipp IV. ihr »Epochenjahr«, bevor Velázquez zum Hofmaler und Calderón de la Barca zum Organisator des königlichen Festbetriebs ernannt wurden. (Vgl. Manfred Brauneck, *Die Welt als Bühne. Geschichte des europäischen Theaters*, Bd. II., Stuttgart/Weimar 1996, 64ff. – Vgl. hierzu auch Sebastian Neumeister, »Weltbild und Bilderwelt im Drama des Barock«, in: Angel San Miguel (Hg.), *Calderon. Fremdheit und Nähe eines spanischen Barockdramatikers*, Frankfurt am Main 1987, 61-80, v. a. 77 und Manfred Tietz, »Theater und Bühne im Siglo d'Oro«, in: ebenda, 35-60, v. a. 57.)
70 Vgl. hierzu die Selbstdarstellung Leopolds I. im *Roßballett* von 1667 (Neumeister 1987, 66).
71 Rohr 1733, 806f.
72 Vgl. Herbert A. Frenzel, *Geschichte des Theaters. Daten und Dokumente 1470-1840*, München 1979, 137. – Vgl. vor dem Hintergrund der Wiener *festa teatrale* und ihrer Fortentwicklung, der *opera seria*, Johann Rists Dialog über das Hofleben als »ein recht Göttliches Leben«: Johann Rist, *Das AllerEdelste Leben der gantzen Welt [...]*, in: *Sämtliche Werke*, Bd. IV., Berlin/New York 1972, 250/Orig. 169.

ten Periochen[73] und durch den Schauwert seines innovativen Inszenierungsaufwandes als Massenmedium etablieren; und am Hofe inszeniert, beglaubigte es nicht nur jedes Mal aufs neue die Legitimität des Herrschers, solange dieser nur zum Bündnis mit der Kirche stand, sondern brachte mit seinen zahlreichen Märtyrergestalten auch dieses Bündnis selbst modellhaft auf den Prüfstand. Von Beginn an konzipiert als »une exploration et une exploitation systématique de cinq sens«[74], wurden auf dem Forum der jesuitisch-kaiserlichen Bühne eucharistische Repräsentation, die Apologie der Herrscherdynastie und alle verfügbaren Armaturen einer Überwältigungskunst in Anschlag gebracht. Bei den liturgischen Spektakeln im Namen der *pietas austriaca* handelte es sich um eine Art dynastisches Oratorium, das die *Rudolfina instauratio* rituell in Szene setzte. Der Südtiroler Jesuit Nikolaus Avancini begründete schließlich die Ludi Caesarei, in denen die Gefährdung des christlich legitimierten Herrscherhauses durch höfische Intrigen, innereuropäische Machtkonstellationen und die Attacken der heidnischen Barbaren jenseits der Donau mit allen theatralen Mitteln vorgeführt und zugleich abgewehrt wurde. Insbesondere die *Pietas victrix* von 1659 sollte das begrifflich Unmögliche darstellerisch möglich machen: die *series imperatorum* in ihrer Endlosigkeit dem Kaiser Leopold I. und mit ihm der ganzen Welt vor Augen führen.

Auf diese Translatio musste der französische König zwar aus vermeintlich historischen Gründen verzichten, wohl aber beanspruchte Ludwig XIV. den Titel *Rex Christianissimus*. Wenn auch von Leibniz später mit der ironischen »Verteidigungsrede« *Mars Christianissimus* angegriffen, konnte sich über diese Titulatur das enge Bündnis mit der katholischen *politica christiana* in einer Art gemeinsamen Regierungserklärung explizieren. »S'il y a de l'art à gouverner, il y en a aussi à bien obéir. Dieu donne son esprit de sagesse aux princes pour savoir conduire les peuples, et il donne aux peuples l'intelligence pour être capables d'être dirigés par l'ordre«[75], heißt es im *Sermon sur la Providence* des Hofpredigers Bossuet, den er 1662 vor Ludwig XIV. und dem versammelten Versailler Hofstaat hielt. Da Ludwig XIV. erst der dritte König aus dem Hause der Bourbonen war, musste er als Widerpart der zweifelsohne etablierteren Habsburger besondere Strategien der Selbstrepräsentation verfolgen. Die Berufung auf die göttliche Vorsehung stellte nur den Auftakt dessen dar, was nachgerade als beispielloser »Medienverbund« dem französischen Absolutismus über seine abgewiesenen Ansprüche hinaus Geltung verschaffen sollte.

---

73 Diese bieten »das Enthaltene« bzw. das »Argumentum« des Stücks und sind deshalb oftmals die einzigen überlieferten Zeugnisse der unzähligen Aufführungen ohne erhaltenes Manuskript oder später publizierten Text. – Vgl. Elida Maria Szarota, *Das Jesuitendrama im deutschen Sprachgebiet. Eine Periochen-Edition. Texte und Kommentare*, München 1979.
74 Jean-Marie Valentin, *Le Théâtre des Jesuits dans les pays de langue allemande (1554-1680)*, 3 Bde., Bern/Frankfurt am Main/Las Vegas, 1978, I, 196.
75 Jacques-Benigne de Bossuet, »Sermon sur la Providence«, in: *Sermons choisis de Bossuet*, Paris 1882, (158-172), 160.

Nach Mazarins Tod im Jahre 1661 proklamierte Ludwig seine absolute Alleinregierung und erweiterte das bereits bestehende Netzwerk an Darstellungsmitteln für seine unvergleichliche Majestät. Die nach und nach gegründeten Akademien sollten Künstler und Gelehrte aus dem In- und Ausland an den französischen Hof binden, um dort gemeinsam »das Porträt des Königs« zu erstellen. Dies geschah in Wort und Bild, einerseits in Form von Reden, Predigten, Gedichten, Inschriften oder Berichten (wobei die Hofhistoriographie mit Pellisson an der Spitze eine Chronik der wunderartigen Ereignisse in einem idealen Raum der Weltgeschichte zu erzählen suchte), andererseits auf Gemälden, Frontispizen, Gobelins oder Medaillen (die malerische Umsetzung durch Rigaud genoss im Thronsaal oder auf Festen und Prozessionen ihrerseits die Verehrung einer Majestät). »In this array of media, it is difficult to decide whether the visual images illustrated the texts or the other way round.«[76] Letztlich sollte sich diese Frage von selbst erübrigen, diente Ludwig doch die Eucharistie nicht zur »politisch-theologischen« Ableitung seiner Herrscherwürden, sondern vielmehr im Sinne einer funktionalen Äquivalenz: die Semiotik des Abendmahls sollte die der eigenen Repräsentation werden. Das Resultat dieses Repräsentationsprogramms, Ludwigs »corps symbolique (ou imaginaire)«, wurde denn auch immer wieder als simulierte oder gar blasphemische Semiotik des Sakraments aufgefasst.[77] Künstlerische Mittel sollten diese Repräsentation vollenden, trieben sie aber zugleich an ihre Grenzen und machte sie in dieser Trübung reflektierbar.[78]

Das französische Theater des 17. Jahrhunderts unterlag deswegen mit Amtsantritt Richelieus sogleich dessen Maßnahmen zur Zentralisierung, Reorganisation und Kodifikation. Wie die Aristokratie am Hofe versammelt werden sollte, sollten auch die Schauspielensembles zusammengeschlossen und die vagabundierenden theatralen Konzepte an den neoklassizistischen Regelkanon gebunden werden. Keineswegs mehr ein *Théâtre de cruauté*[79] im elisabethanischen Stile, sondern die *Tragédie classique* war das Programm von Boileaus *Art poétique*. Nicht nur, dass mit ihr eine Art poetologische Polizei in Amt und Würden gesetzt werden sollte, die über das Gesetz der *bienséance* den Austausch zwischen theatralem Geschehen und der Welt jenseits der Bühne regelt. Ebenso entwarf sie den

---

76 Peter Burke, *The Fabrication of Louis XIV*, New Haven/London 1992, 15..
77 Giesey 1987, 84. – Zur Beglaubigung der höfischen Statusdifferenzen bei den exklusiven Aufführungen in Versailles und zur gleichzeitigen Herausbildung einer städtischen »Öffentlichkeit« vgl. Erich Auerbach, »La cour et la ville«, in: *Vier Untersuchungen zur Geschichte der französischen Bildung*, Bern 1951, 12-50.
78 Vgl. hierzu Foucaults Analyse am Beispiel von Velázquez' *Las Meninas* (Michel Foucault, *Die Ordnung der Dinge. Eine Archäologie der Humanwissenschaften*, Frankfurt am Main 1990, 43.) – Zum Verfahren der doppelten Substitution in der »klassischen Darstellung« mit ihren theatralen Möglichkeiten und Simulationseffekten vgl. Louis Marin, »Die klassische Darstellung«, in: Christiaan L. Hart Nibbrig (Hg.), *Was heißt »Darstellen«?*, Frankfurt am Main 1994, 375-397, v. a. 376 und Roger Chartier, »Le monde comme représentation«, in: *Annales*, 44 (1989), (1505-1520), 1515.
79 Zu dieser anachronistischen, weil auf Artaud gemünzten Bezeichnung vgl. Jürgen von Stackelberg, *Kleine Geschichte der französischen Literatur*, München 1990, 46.

Gründungsmythos des klassischen Zeitalters, war doch erst durch die klassische Poesie die Gewaltsamkeit des rohen Naturzustandes diszipliniert und damit der Grundstein zur heiteren Strenge der bestehenden Zivilisation gelegt worden. Vor diesem Hintergrund genießt, wie Boileau sagt, die klassizistische Dichtung Sakramentscharakter.[80]

Bei Corneille sind es die wundersamen Wirkungen der gottbegnadeten Souveränität, die zur Verwunderung Anlass geben und ihr damit über alle Zeiten und Orte hinweg Gültigkeit verschaffen.[81] Das verbindet sie mit den Märtyrern, den Blutzeugen der überirdischen Herrschaft. Die Todesbereitschaft überkommt Corneilles Modellmärtyrer Polyeucte wie ein Wunder, und wie ein Wunder wirkt sie auf die noch heidnisch rohe Umwelt weiter und führt das gesamte Imperium auf den Weg christlicher Nachfolge.[82] Vor diesem Hintergrund stützt sich das heroische Theater Corneilles auf eine Repräsentation der *admiratio* und des wunderartigen *éclats*. Da mit Ausbau des absolutistischen Staates die »Opferbereitschaft« und Verzichtsethik der überkommenen Feudalgesellschaft in Bedrängnis geraten war, multiplizierte sich die Rhetorik des Heroischen auf dem längst souverän regierten Schauplatz der Bewährung. In der *admiratio* wird letztlich nichts anderes als der mittlerweile immense Abstand zwischen Souverän und Adel beglaubigt, und der *éclat* bezeichnet nichts anderes als die schlagartige Präsenz des Souveräns, was im historischen Klartext heißt: seine überwältigende militärische Aktion.[83]

Die klassizistische Tragödie ist, wie Foucault sagt, »par un de ses axes au moins, une sorte de cérémonie, de rituel de re-mémorisation des problèmes du droit public. [...] Et tandis que la cour donc requalifie sans cesse le quotidien en souverain, [...] la tragédie défait et recompose, si l'on veut, ce que le rituel cérémonial de la cour établit chaque jour.«[84] Dass das Porträt des Königs in seiner simulativen Allgegenwärtigkeit geradezu systematisch an der Grenze zum Sakrileg operierte, dass also die Schranke zwischen Souveränität und Sakralität zu fallen und damit eine allgemeine repräsentatorische Entdifferenzierung drohte,

---

80 Vgl. Nicolas Boileau-Despréaux, *L'Art poétique / Die Dichtkunst*, Stuttgart 1967, 3. Gesang, 38/Orig. 120. – Zur repräsentativen Inszenierung des staatlichen Gründungsmoments, die auf dem klassizistischen Theater als ambivalent sakraler Akt im Sinne der *imitatio Christi* vonstatten geht, vgl. Apostolidès 1985, 10, 25.

81 Vgl. hierzu *Les quatre livres de L'Imitation de Jesus-Christ, Traduits et Paraphrasez en vers français par P. Corneille*, Paris 1656, 550.

82 Vgl. Pierre Corneille, *Polyeucte Martyr/Polyeukt, der Märtyrer*, Freiburg 1948, II. 6/50, passim.

83 Vgl. Jean Starobinski, *Das Leben der Augen*, Berlin 1984, 21. – Schon im *Cid* bezeugt die in allen Varianten durchdeklinierte Opferbereitschaft die Abhängigkeit eines mehr und mehr disziplinierten Adels, dessen »Aufopferung« letztlich dem König zuliebe zu erfolgen hat – einem König, dem noch nicht die szenische Apotheose zu gewähren ist, der aber bereits die Fäden der Repräsentation in den Händen hält: beispielsweise Liebesopfer, Tugendopfer, Opfer aus Tapferkeit zugunsten von Stand und Ehre, die Aufopferung für den König (im Kriege, als Treuebeweis) – allesamt »heroische« Opfer, die freilich dem Opfer des Märtyrers oder Souveräns zu unterstehen haben. (Vgl. Pierre Corneille, *Der Cid*, Stuttgart 1956, I. 2, 7, II. 6, III. 4, 6, IV. 3, V. 1, 6.)

84 Michel Foucault, *Il faut défendre la société. Cours au Collège de France 1975-1976*, Paris 1997, 155-157.

veranlasste den Jansenisten Racine, auf der Bühne die labilen Konstitutionsbedingungen von Herrschaft im Besonderen und Personalität überhaupt auszuloten.[85] In Racines *Iphigénie* (1674) steht – Ludwigs genealogischer Simulation gemäß im antiken Gewand – mit der Figur des Monarchen auch die Formation des Gemeinwesens auf dem Spiel: Agamemnon kann dieses nur konstituieren, wenn er sich vom Feudalherren zum König wandelt und sich dann als absoluter Souverän erweist. Deswegen scheidet Racine die königliche Sphäre von der tragischen des Artidenmodells und seiner »race funeste«[86], nicht aber, ohne jene der unerforschlichen Sphäre des verborgenen Gottes zu übereignen, der den König – eben anders als nach Ludwigs und Bossuets Vorstellung – dem göttlichen Ratschluss geradezu ausliefert.[87] Die tragische Sphäre wiederum wird durch Ériphile besetzt, eine von Racine in den Sagenkreis überhaupt erst eingeführte Figur. Mit ihr, dem Double Iphigenies, verbindet sich unendliche Selbstverkennung, das Reich gescheiterter Rekognition und geschwundener Differenzen, so dass das Problem der genealogischen Reinigung und souveränen Selbstbewährung nicht durch das rituelle Opfer gelöst werden muss (Ériphile begeht Selbstmord), sondern zu einer Frage der Grenzziehung und topologischen Ordnung gerät. Solange die Grenzen verschwimmen, droht Agamemnon die Rolle des tragischen Helden, sobald jedoch der Ausnahmezustand *qua* souveräner »parole-action«[88] gemeistert und auf den »mérite barbare«[89] verzichtet wird, kann an den Grenzen eines künftigen Reichs die symbolische Ordnung eines Königshofes instituiert und die Ambivalenz der *cérémonie* (Heirat, Opfer, Zeremoniell) auf deren herrschaftlichen Sinn reduziert werden. Die dabei erforderte *»prudence«*[90] ist Regierungsklugheit zugunsten der Reichs- und Selbstbeherrschung.

Ludwig XIV. wandte sich seit 1670 mehr und mehr der Oper zu, weil diese als Gesamtkunstwerk dem Charakter einer königlichen Messe am nächsten kam. Mit ihrer Aufwertung wurde, insbesondere anlässlich von Perraults *Critique de l'opéra ou Examen de la tragédie intitulée ›Alceste‹*, Racines allmählicher Rückzug vom Theater in Verbindung gebracht.[91] Der vormalige Hofdramatiker Racine

85 »L'unité tragique n'est donc pas l'individu mais la figure, ou, mieux encore, la fonction qui la définit«, wie Barthes schreibt. »Le corps racinien est essentiellement émoi, défection, désordre« (Roland Barthes, *Sur Racine*, Paris 1963, 22, 26). – Zum »Kontingenten« innerhalb der klassischen Episteme und zum verborgenen Gott als dessen Chiffre vgl. Joachim Küpper, »Klassische Episteme und Kontingenz«, in: Gerhart v. Graevenitz und Odo Marquard (Hgg.), *Kontingenz*, München 1998, (117-122), 120f.
86 Jean Racine, *Iphigénie* (1674), in: *Dramatische Dichtungen – Geistliche Gesänge*, Bd. II., Darmstadt 1956, (14-125), IV. 4, 92.
87 Vgl. hierzu Lucien Goldmann, *Der verborgene Gott. Studie über die tragische Weltanschauung in den ›Pensées‹ Pascals und im Theater Racines*, Frankfurt am Main 1995, 550.
88 Barthes 1963, 66: »La réalité fondamentale de la tragédie, c'est donc cette parole-action. Sa fonction est évidente: médiatiser la Relation de Force.«
89 Racine 1956, IV. 4, 96.
90 Ebenda, I. 2, 26.
91 Vgl. Pierre Béhar, »Rolle und Entwicklung des Theaters am Hofe Ludwigs XIV.«, in: August Buck u. a. (Hgg.), *Europäische Hofkultur im 16. und 17. Jahrhundert*, Bd. II., Hamburg 1981, 319-327.

wurde schließlich 1677 zusammen mit Boileau zum Hofhistoriographen und 1690 zum königlichen Kammerherrn und Vorleser berufen. Zwischenzeitlich aber war die »zeremonielle Historiographie« an jenen Endpunkt gelangt, auf den das Zeremoniell selbst schon länger zugesteuert hatte. Von den Teilnehmern und Chargen des Hofzeremoniells war um dessen Funktionstüchtigkeit und disziplinarischer Wirkung willen ja gerade nicht erwartet worden, seinen konventionellen Charakter zu reflektieren. Florinus blickte schon auf ein abgeschlossenes Kapitel Zeremonialgeschichte zurück, als er diese repräsentative Praxis eine zwar unabdingbare, aber begrifflich blinde »Hof=*Metaphysic* genennet hat / angesehen sie in vielen ledigen Sehen und bloßen *Terminis* bestehet«. Da die höfischen Zeichen auf eine konventionelle Vereinbarung, auf die *inventio*, zurückgingen, vor Entstehung der Zeremonialwissenschaften aber noch nicht systematisch zu kodifizieren waren, musste die Autorität des Zeremonienmeister zunächst noch als die »eines *Oraculs*«[92] verstanden werden, ehe mit der Wende zum 18. Jahrhundert der Schein nicht mehr selbstverständlich als Sein, sondern auch am Hofe selbst als theatrale Hervorbringung verstanden wurde. Bei Hobbes war der Uranfang aller Repräsentation als grundlegende – und fortan verschwiegene oder dem Souverän anheim gestellte – Setzung aller künftigen politischen Konvention beschrieben worden, wohingegen bei Pufendorf das spätabsolutistisch betriebene Zeremoniell zum Nebenaspekt, zu »übrigens so kleinlichen Streitigkeiten« herabsank – schließlich sei, wie vor allem am Status des Reichs erkennbar geworden, keineswegs »der der Herrscher eines Staates, der in ihm dem Range nach der erste ist.«[93]

Obschon die zeremonielle Repräsentation immer wieder dazu tendierte, sich in einem angeblich göttlich gewährten, aber lediglich simulierten Jenseits der Geschichte anzusiedeln, obwohl sie besonders im Spätabsolutismus in das immergleiche Distinktionsritual der Mode[94] überzugehen drohte, erkannte Pascal ein gewisses »Recht des Scheins in den menschlichen Ordnungen«.[95] Dieses Recht begründet Pascal in einer Reflexion auf die Möglichkeitsbedingung von Repräsentation und damit irdischer Herrschaft überhaupt. Wie schon die historisch und geographisch unterschiedlichen Ordnungsformen zeigen, gibt es keine natürliche Verbindung zwischen Repräsentiertem und Repräsentierendem, zwischen göttlicher Gerechtigkeit und irdischer Gewalt. Doch selbst wenn die im pascalschen Sinne ideale christliche Gemeinschaft der theatralen Repräsentation entzogen bleiben muss, ist doch die imaginäre Vermittlung einer uranfänglichen souveränen Gewalt mit der göttlichen Gerechtigkeit legitim, ja nötig, damit das einmal beschlossene irdische Gesetz, damit die erste und souveränitätskonstitutive Gewalt in eine lebensfähige und zumindest nominell

---

92 Florinus 1719, 159.
93 Pufendorf 1870, 48/C. 2, §. 8, 75/C. 5, §. 4.
94 Vgl. hierzu Arnauld/Nicole 1992, I. 10, 74.
95 Vgl. hierzu Hans Blumenberg, »Das Recht des Scheins in den menschlichen Ordnungen bei Pascal«, in: *Philosophisches Jahrbuch*, 57 (1947), 413-430, v. a. 424.

befriedete Ordnung der *admiratio* übertragen werden kann.[96] Diese Übertragung vollzieht sich in einer »tour d'imagination«[97], und sie konsolidiert sich in den vor Ort verwurzelten Sitten.

Den *status quo*, diese gewaltvermeidende Ordnung menschlicher Verhältnisse, bezeichnet Pascal als irdische »Macht«. Der Schein ist also nicht »bloße Oberfläche«, sondern die Möglichkeitsbedingung irdischer Herrschaft und Ordnung. »La chose estoit indifferente avant l'establissement: apres l'establissement, elle devient juste, parce qu'il est injuste de la troubler.«[98] Einmal etabliert, werden Gewohnheit und Konvention zur Gerechtigkeit. »Das ist der mystische Grund ihrer Autorität.«[99] Gesellschaftliche Konventionen zu affirmieren ist Signum von Gesellschaftlichkeit[100], und weil ohne die »milde Macht« der Einbildung sämtliche »Schätze der Welt [...] unzureichend« sein müssten, ist sie, die zwar Bedingung aller Wahrheit, nicht aber ihre »unfehlbare Richtschnur«[101] darstellt, das grundsätzliche Problem allen Denkens. Dieses Problem bleibt für Pascal unlösbar, solange nicht die Schwelle des Glaubens überschritten wird, denn: »Allein die christliche Religion ist allen angemessen, da sie das Äußerliche und das Innere verbindet.«[102]

Genau an diesem Punkt, an der Scheide zwischen äußerlicher Repräsentation und innerer Präsenz, hat die Zeremonialkritik der zweiten Jahrhunderthälfte angesetzt. Spinoza etwa unterstreicht in seinem *Theologisch-politischen Traktat*, dass weder der menschliche Verstand noch das göttliche Gesetz die *per definitionem* unklaren und auf bloßer Befehlsgewalt beruhenden Zeremonien fordern, wohl aber fordern sie, dass der irdische Gesetzgeber das göttliche Gesetz durchsetzt, womit Zeremoniell und Repräsentation eine gewisse Legitimität erlangen.[103] Ursprünglich nur für die »Hebräer«, also das begrenzte Reich der Offenbarung eingesetzt, können die Zeremonien nicht die Tugend selbst und nicht den inneren Gottesdienst ersetzen. Sie sind nur Mittel für den Fortbestand der niemals vernunftgeleiteten Gesellschaftsverbände, haben also »nur leibliche Vorteile« und wirken »nicht als Dinge, die zur Glückseligkeit beitragen oder irgendwelche Heiligkeit in sich bergen.«[104]

---

96 Vgl. Pascal 1997, 828/304/438.
97 Blaise Pascal, *Discours sur la condition des grands*, in: Œuvres, Bd. IX., Paris 1914, (359-374), 365.
98 Ebenda, 369.
99 Pascal 1997, 60/294/60. Hierbei übernimmt Pascal eine Formulierung Montaignes aus dessen Essais: »Die Macht der Gesetze bleibt ja nicht deswegen unangetastet, weil sie gerecht, sondern weil sie Gesetze sind. Dies ist das mythische Fundament ihrer fortdauernden Geltung.« (Michel de Montaigne, *Essais*, Frankfurt am Main 1998, »Über die Erfahrung «, 541.)
100 »Daß man die Menschen nach dem Äußeren wie auch nach dem Adel oder dem Vermögen unterschieden hat. Die Welt brüstet sich auch noch zu zeigen, wie unvernünftig das sei. Aber das ist sehr vernünftig. Kannibalen lachen über einen König, der ein Kind ist«, womit Pascal auf das Alter Ludwigs XIV. bei seiner Thronerhebung 1643 anspielt (Pascal 1997, 101/324/76).
101 Ebenda, 665/311/376, 44/82/47f.
102 Ebenda, 219/251/148.
103 Vgl. Baruch de Spinoza, *Theologisch-politischer Traktat*, Hamburg 1984, 70, 289.
104 Ebenda, 87.

3. Dramatische Märtyrer und Souveräne

»DV sihst / wohin du sihst nur Eitelkeit auff Erden«[105] lautet Andreas Gryphius' bekanntes Motto. Die Vergänglichkeit menschlicher Sachen, die *vanitas vanitatum*, trat für ihn nicht nur in den kriegsbedingt unbeständigen Verhältnissen seiner schlesischen Heimat zutage, sondern gerade in der dauerhaften Gefährdung, der die Souveränität und ihre Repräsentation ausgesetzt war. Die Souveränität schien intakt, solange sie den Abstand der *admiratio* immer wieder zu erneuern vermochte. An den Grenzen des Reichs jedoch, abseits des Hofes und seiner zeremoniellen Vorkehrungen, schwanden die repräsentativen Differenzen, legitime Herrschaft löste sich in das »eitle« Welttheater auf und schien zum Widerspiel irdischer Interessen nivelliert. Deswegen kommt bei Gryphius die Souveränität nur mehr in ihrer Verkehrung zur Erscheinung, als tiefer Fall der Majestät oder im Wechsel zwischen den gegenstrebigen Schauplätzen von Thron und Kerker.

Gryphius war nicht nur mit den Repräsentationspraktiken der Gesellschaft Jesu vertraut, sondern auch über deren bühnen- und illusionstechnische Standards auf dem Laufenden.[106] Nicht anders als das Jesuitentheater musste sich dessen protestantisches Gegenstück sämtlicher theatraler Möglichkeiten der Zeit befleißigen, um nicht als bloße Verbaldramatik in der Manier des 16. Jahrhunderts (mit lediglich »gesprochener Dekoration«) gegenüber dem visuell aufgerüsteten katholischen Hof ins Hintertreffen zu geraten. Zum Zeitpunkt, da man auf die Verwandlungsbühne und die Inszenierung lebendiger Bilder *(scenae mutae)* umstellte, studierte man die zeremonielle Praxis der Machtzentralen, analysierte und erprobte sie zu pädagogischen Zwecken. »Die Lehrer-Regisseure fungierten so zugleich als Zeremonien-Lehrmeister«[107], die Dichter aber auch als Kritiker repräsentationslogischer Konventionen.

In *Leo Armenius* wird deswegen der kirchengeschichtlich so folgenreiche Byzantiner Bilderstreit nicht traditionell, entsprechend der jesuitisch-simonschen Kontrastbildung von Häresie und Rechtgläubigkeit oder Temporalien und Spiritualien, dargestellt, vielmehr wird die Differenzbildung als Produkt einer bloß diesseitigen *techne*, als Darstellungsproblem vorgeführt.[108] So unweigerlich Gryphius' Trauerspiel der Emblematik untersteht, bringt es doch Zeichenlektüre und Simulation ihrerseits auf die Bühne, um von dort aus ihren heilsgeschicht-

---

105 Andreas Gryphius, »Es ist alles Eitel«, in: *Gedichte*, Stuttgart 1996, 5.
106 Vermutlich hatte Gryphius unmittelbar vor Entstehen seines dramatischen Erstlings *Leo Armenius* auf einer Kavaliersreise nach Rom eine Aufführung von Josef Simons Jesuitendrama *Leo Armenus seu Impietas punita* gesehen; gesichert ist, dass er wenig später ebendort den deutschen Jesuitenpater Athanasius Kircher getroffen hat.
107 Heinz Kindermann, *Theatergeschichte Europas*, Bd. III.: *Das Theater der Barockzeit,* Salzburg 1959, 413.
108 Vgl. hierzu Marie S. South, »Leo Armenius oder die Häresie des Andreas Gryphius. Überlegungen zur figuralen Parallelstruktur«, in: *Zeitschrift für deutsche Philologie 94 (1975)*, (161-183), 170. – Vgl. die verschwörerische Devise einer gleichmacherischen Zirkelstruktur: »Er leide was er that!« (Andreas Gryphius, *Leo Armenius. Trauerspiel*, Stuttgart 1996b, I, 73, 12.)

lichen Sinn zu entziffern.[109] Der Bilderstürmer Leo kann zwar, wenn man dem Stück eine geistliche Hermeneutik und mithin eine Glaubensgerechtigkeit hinter aller Werkgerechtigkeit zuschreiben will, als Vorkämpfer der lutherschen Defiguration verstanden werden.[110] Doch liegt die Crux des Stückes ja nicht in der einfachen, antijesuitischen Bestimmung bildloser Legitimität, sondern vielmehr darin, die Grenzen höfischer Repräsentation zu repräsentieren, um so den paradoxen, »nicht falschen Schein der wahren Tugend«[111] dort aufleuchten zu lassen, von woher die Simulakren historischen Geschehens letztlich rühren – nicht jenseits der Geschichte, vielmehr jenseits der zeremonial-historischen Bühne.

Deswegen hat Gryphius wider die historische Überlieferung (durch Cedrenus) »der Dichtkunst / an selbige sich zu machen / nach gegeben« und Leo bei seiner Ermordung auf dem Altar nicht nur »eine Kette der Räucherpfanne« oder irgendein Altarkreuz, sondern das Kreuz, an dem Christus selbst gestorben ist, umklammern lassen.[112] Allein mit diesem lassen sich noch die heiligen und profanen Zeichen zum nicht trügerischen Schein zusammenführen, nachdem sie auf dem irdischen Schauplatz zerstreut worden sind: »Die Kirchen ist entwey't. Der Fürst bey dem Altar | Erstossen«, lautet der Bericht des Boten, der damit auch gleich jede künftige Botschaft desavouiert, hat sich doch mit der »Pest […,] vnter dem schein deß Gottes dienstes / (wie Michael vnd seine Bundgenossen) vngehewre Mord vnd Bubenstück ins werck zu richten«, das ganze Reich und damit die ganze Sphäre der Repräsentation in einen, wie es bei Gryphius leitformelartig heißt, »Schawplatz der Eitelkeit verwandelt«.[113]

Dass er den Kollaps der Unterscheidungen für das »vngehew're« des mörderischen und blasphemischen Messtheaters und für die »Seuche dieser Zeiten« hält, erklärt seine programmatische Umdeutung der tradierten Katharsis-Lehre in der Vorrede.[114] Verschwinden die Herrschaftszeichen in der Aporie des Unlesbaren und löst sich Majestät im Simulakrum des vorgeblich heiligen und doch »Jämmerlichen Fürsten-Mords« (wie die Ausgabe von 1652 untertitelt ist) auf, bleibt zur Heilung alles Irdischen tatsächlich nur mehr die Anrufung des unversehrbar Heiligen. Bevor Theodosias wahnhafte Beschwörung ihres toten

---

109 Die Verschwörung wird durch »hoher Sinnen Schrifft«, nämlich durch die *Oracula Sibyllina* des Cedrenus gesteuert (ebenda, I, 85ff., 12 und Anm. 98), das ganze Stück durch das laufend neu interpretierte Emblem des Löwen und des Kreuzes strukturiert.
110 »Die machiavellistische Politik ist so eine verborgene Theologie, eine *politische* Theologie, gegen deren Prinzip Gryphius die politische *Theologie* des Luthertums stellt. Gegen die Werkgerechtigkeit als verborgenes politisch-theologisches Motiv setzt er die Glaubensgerechtigkeit Leos, der zum Schluß, alles der Gnade anheimstellend, als Wiederholung des Kreuzigungstodes auf dem wahren Kreuz Christi stirbt. […]Diese Präsenz aber ist unter dem Gegenteil verborgen, denn der Mensch sieht nur das Sichtbare« (Andreas Solbach, »Politische Theologie und Rhetorik in Andreas Gryphius' Trauerspiel Leo Armenius«, in: Gabriela Scherer und Beatrice Wehrli (Hgg.), *Wahrheit und Wort*, Bern u. a. 1996, (409-425), 424).
111 Gryphius 1996b, II. 1, 2/31.
112 Ebenda, Vorrede 57f./5, zudem: Beilage – Georgius Cedrenus, 120.
113 Ebenda, V. 1, 117 /94, Vorrede, 46ff, 3f.
114 Ebenda, V. 2, 284/100, I. 4, 375/23, vgl. zudem Vorrede 11f.

Gemahls: »Fürst! beherrscher vns'rer sinnen!«[115] mit vollem Recht als Demutsformel auszusprechen wäre, muss die sinnliche Logik des Sinns erst neuer Ordnung zugewiesen werden: »Wird man des HErren Sinn durch unser Sinnen finden?«[116], fragte Gryphius bereits etliche Jahre zuvor in einem Feiertagssonett, und mit seinem nächsten Trauerspiel sollte er einer neuen Strategie der sinnlichen Vermittlung folgen.

Nominell ein Gnadendrama, ist *Catharina von Georgien* Gryphius' Modell einer Herrschaftsrepräsentation über deren faktische Grenzen hinaus. Der gryphiansche Stoizismus kehrt bewusst die Verinnerlichung des kirchlich moderierten Martyriums um und disponiert den leidensfähigen Körper gerade in seiner Zersetzung zur beständigen Herrschaft.[117] Weil die martyrologisch beglaubigte Herrschaft angeblich »nicht auff Papir«[118] beruht, muss sie sich außerhalb des Heiligen oder juridischen Textes auf der irdischen Bühne bewähren. Ausgerechnet das höfische Saaltheater und die Theaterpraxis der Jesuiten mit zweigeteilter Bühne, mit Kulissen und Schlussprospekt standen damit für Gryphius' dramaturgische Topologie Pate: die Sphäre des Sakralen wurde auf die Hinterbühne verlagert, die der Weltlichkeit auf die Vorderbühne.[119] Gerade in ihrer sichtbaren Vergänglichkeit soll sie den theatralen Schauraum auf das Unsichtbare und Unzugängliche, dafür aber auch Unvergängliche öffnen. Hat Majestät im irdischen Verstande (wie Chach Abas) ihre Umwelt und sich selbst mit ihren Simulakren lediglich »verblend't«, dient ihr Erscheinen nur dazu, »den entblösten Leib mit Kleidern zuverhüllen«, wie Catharina feststellt, so kann das letztlich Unzerstörbare nur jenseits der Welttheaterbühne liegen.[120]

In gryphianischer Perspektive bewährt sich Souveränität zwischen dem Sakralen und dem theatralen Arrangement, zwischen Gottesvorstellung und Bühnentechnik, weshalb nach Benjamin für das barocke Trauerspiel überhaupt gilt: »in der Machination hat die neue Bühne den Gott.«[121] Bei Gryphius freilich ist diese Beziehung schon deshalb nicht zur reinen Identität geworden, weil solche dem theatral überlegenen Habsburger Regime und seiner Schlesienpolitik völlige Absolution erteilt hätte. Gryphius war als Syndikus der Glogauer Land-

---

115 Ebenda, V. 3, 447..
116 »XXXVII. Sonn- und Feiertagssonett. Auff das Fest der Heiligen Dreyfaltigkeit«, in: Gryphius 1996a, 47.
117 Vgl. hierzu die funktionale Parallelisierung von Trauerspiel und Leichabdankung bei Schings 1966, 180f. – Vgl. zudem Gryphius Aufnahme in die »Fruchtbringende Gesellschaft« als »Der Unsterbliche«, seine Rolle als eucharistischer Sänger und die emblematische Deutung seines Lebenslaufs als standhafte Säule bei: Baltzer Siegmund von Stosch, »Danck= und Denck=Seule des ANDREAE GRYPHII«, in: *Text+Kritik*, Heft 7/8, Andreas Gryphius, März 1980, 2-11.
118 Andreas Gryphius, *Catharina von Georgien oder Bewehrte Beständigkeit. Trauer=Spiel*, Stuttgart 1995, I, 38/15.
119 Vgl. Eggers 1967, 26. – Vgl. auch Willi Flemming, *Andreas Gryphius und die Bühne*, Halle an der Saale 1921, 114, 214f.
120 Gryphius 1995, III, 439/80, IV, 138/88.
121 Benjamin 1991, I. 1, 261.

stände und aufgrund seiner Beziehungen zum schlesisch-protestantischen Fürstenhaus der Piasten zumindest um Sicherung der schlesischen Autonomieansprüche bemüht. Man hat die Stellung Schlesiens gegenüber den Habsburgern mit derjenigen Catharinas von Georgien zu den Persern in Verbindung gebracht[122], und dass gerade dieses Stück als Spielvorlage einer politischen *festa teatrale* im Stile Torellis am Piastenhof gewählt wurde, um dort sowohl Glaubensfreiheit als auch landesherrschaftliche Souveränität repräsentativ zu sichern[123], ist nur der »welttheatrale« Aspekt des gryphianischen Gegenprogramms. Unvermeidlich stellte sich Gryphius die Frage des legitimen Widerstands, und dies um so dringlicher, als er bekanntermaßen seinen Lehrern Salmasius und Boecler und seinem Landsmann Horn darin folgte, die unantastbare, allein vom göttlichen und Naturgesetz begrenzte Monarchenherrschaft über jedwede Konzeption des Widerstandsrechts zu stellen.[124] Deswegen bietet für Gryphius die repräsentative Strategie des Märtyrerdramas den einzig legitimen Weg des Widerstandes.

»Grad auch zu schweren vervolgungszeiten und kriegsläuffen«, konzediert sogar der ausgewiesene Theaterfeind Breitinger, seien Schauspiele insofern legitim, als »daß man in den selbigen der welt zur dapferen nachvolg fürbilden könne die trostlichen beyspil der alten standhafftigen Gottselige Martyrern.«[125] Wenn nun aber Gryphius' Catharina den drangsalierten Protestanten zuruft: »Beherrschten Reiche! seyd gesegnet! | Gott beut mir höher Cronen an«[126], wird damit weniger Breitingers konsolatorische und exemplarische Wirkung beschworen als die Dekomposition von Herrschaftsrepräsentation über dem geopferten Leib der Märtyrerin. Einerseits steigt Schlesien mit Catharina »im Triumph zu vnserm Schlacht-Altar. | Wo wir diß vnser Fleisch zum Opffer vbergeben«[127], andererseits wird solche Opferrepräsentation, wie bereits im *Leo* angekündigt, nicht in die höfische »Ketzerey gerathen / alß könte kein Trawerspiel sonder Liebe vnnd Bulerey volkommen seyn«.[128] Hiermit polemisierte Gryphius gegen Corneilles Stück *Polyeucte*, das ihm als Prototyp eines höfisch pervertierten Märtyrerdramas

---

122 Vgl. Elida Maria Szarota, *Geschichte, Politik und Gesellschaft im Drama des 17. Jahrhunderts*, Bern/München, 1976, 208.
123 Vgl. Harald Zielske, »Andreas Gryphius' Trauerspiel ›Catharina von Georgien‹ als politische ›Festa teatrale‹ des Barock-Absolutismus«, in: *Funde und Befunde zur schlesischen Theatergeschichte*, zusammengestellt von Bärbel Rudin, Bd. I.: *Theaterarbeit im gesellschaftlichen Wandel dreier Jahrhunderte*, Dortmund 1983, (1-32), v. a. 30f., zudem: ders., »Andreas Gryphius' ›Catharina von Georgien‹ auf der Bühne. Zur Aufführungspraxis des schlesischen Kunstdramas«, in: *Maske und Kothurn 17 (1971)*, (1-17), v. a. 7-16.
124 Vgl. die völlige Entrechtung des Volkes und die absolute Monarchenherrschaft durch Gott, das *Numen Maximum*, als einzigen Urheber des Staates bei Johannes Friedrich Horn, *Politicorum pars architectonica de Civitate*, o. O., ca. 1664, L. IIc. 1, §. 3.
125 Breitinger 1989, 9.
126 Gryphius 1995, IV, 297f./95..
127 Ebenda, IV, 424f./99. – Zum reformatorischen Manifestationscharakter des Martyriums als Umkehrung der staatskirchlich erfolgten Verinnerlichung vgl. Raimund Neuß, *Tugend und Toleranz. Die Krise der Gattung Märtyrerdrama im 18. Jahrhundert*, Bonn 1989, 65.
128 Gryphius 1996b, Vorrede, 59-61/5.

gelten musste, schließlich wurden hier »wider den grund der warheit«[129] Sakrales und Profanes, Martyrium und »Bulerey«, heilsgeschichtlich tragende Mortifikation und persönlicher Affekt vermengt, so dass nicht nur die heidnische Opferhandlung zum »prétexte faux dont l'amour est la cause« wird, sondern auch noch das Martyrium unter dem Blick der Liebenden zu stehen hat.[130]

Der Blick der gryphianischen Märtyrer richtet sich hingegen auf die Grenze zwischen irdischer und Heilsgeschichte, wodurch es möglich wird, »daß dises Traurspiel [obwohl] längst vor dem jämmerlichen Vntergang Caroli Stuardi Königs von Groß-Britanien auffgesetzet«[131], die Grenze höfischer Souveränitätsrepräsentation, die ja bei den Ereignissen in Whitehall immerfort attackiert werden sollte, bereits abgeschritten hat. Nicht nur, weil seine familiären Bindungen ständig durch territoriale Konfessionsstreitigkeiten zerschlagen wurden, sondern auch weil Gryphius in seinen umfassenden Studien bei den führenden Köpfen seiner Zeit[132] die Bedingungen der Herrschaftsrepräsentation theoretisch und später, als Glogauer Syndikus, auch praktisch ausmessen konnte, vermochte er die Souveränität von ihren Grenzen her zu denken. Von der Warte schlesischer Interessen her füllte damit Gryphius, bis zu seinem Tod während öffentlicher Verrichtung der Amtsgeschäfte, ein Dichteramt im konkreten Sinne aus. Denn damit kam er nicht nur einem Kämpfer für das Gemeinwohl gleich, sondern setzte er, wie es bei Stosch heißt, dem Kaiser seine Legitimitäts- und Repräsentationsentwürfe entgegen.[133]

Wollte man von einer radikalisiert reformatorischen Repräsentationsauffassung ausgehen, könnte man auf die Unmöglichkeit eines protestantischen Sakralrechts der Herrscher schließen. Doch wie am englischen Hof deutlich geworden, wurde auch unter protestantischen Souveränen charismatische Herrschaft zu repräsentieren versucht und insofern an die mittelalterliche Herrscherweihe angeknüpft. Nicht nur, dass die Einsetzung des Herrschers bereits im 11. Jahrhundert ihre Sakramentsnatur eingebüßt hatte; da das Mittelalter nur für die Weihe von Kaisern und Königen konkrete *ordines* ausgebildet hatte und auf deutschem Terrain bis zur preußischen Krönung im Jahre 1701 nur Fürsten einzusetzen waren, konnte man hier die Krönungszeremonien den eigenen Herrschaftskonzeptionen gemäß gestalten: »Die Herrscherpersönlichkeit wurde in eigentümlicher Weise zugleich erniedrigt und erhöht. Die Erniedrigung bestand in der rücksichtslosen Betonung der Menschlichkeit des Herrschers«[134], der also lediglich durch das übertragene Amt besondere Würden reklamieren konnte und sonst dem Volkskörper als bloßes *membrum* zugerechnet wurde. Im

---

129 Ebenda, 65f./5.
130 Corneille 1948, II. 1, 26. – »Sur mes pareils, Néarque, un bel œil est bien fort, / Tel craint de le fâcher qui ne craint pas la mort« (ebenda, I. 1, 7.)
131 Gryphius 1995, *Kurtze Anmerckungen über etliche dunckele Oerter*, 11-13/121.
132 Zu Gryphius' Lehrern und Lehrfächern vgl. etwa Nicola Kaminski, *Andreas Gryphius*, Stuttgart 1998, 32ff.
133 Vgl. Stosch 1980, 11.
134 Liermann 1941, 319.

selben Zuge aber wurde der Herrscher erhöht, da man ihm nun zubilligte, unmittelbar von Gott eingesetzt worden zu sein. Nicht zuletzt, weil die deutschen Territorien politisch zweitrangig waren, wurde diese Herrschaftsrepräsentation hier weniger in einem aufwändigen Zeremoniell als in dramatischen Entwürfen umgesetzt.[135] Sie gelangte weniger auf die höfische als die Schaubühne, wo sie dann auf ihre theatralen Möglichkeitsbedingungen hin transparent gemacht wurde.

Zwar muss man im Bereich calvinistischer und oligarchisch verfasster Republiken von einer – durch die Geistlichkeit forcierten – regelrechten Zeremonial- und auch Theaterfeindschaft sprechen: Für Breitinger sind die Jesuiten nur fahrende Spione im Kostüm von Doktoren, Kaufleuten oder Soldaten, und das Repräsentationstheater dient »disem so blütgirigen Orden« nur dazu, vom vertagten, erst zuletzt offenbarten Schauspiel der Heilsgeschichte abzulenken.[136] In den lutheranisch geprägten Gebieten hingegen vermochte das Theater auf mehrfache Weise zu intervenieren: Einerseits ermöglichte es hier, ein säkularisiert absolutistisches Staatsmodell vom christlich begründeten Ständemodell abzusetzen und damit das politische Denken Deutschlands auf die Höhe des gesamteuropäischen Diskussionsstandes zu bringen[137]; andererseits vermochte es insbesondere in Schlesien, die Position der faktisch entmachteten protestantischen Landstände und Erbfürstentümer gegen das habsburgische Repräsentationsmonopol zu artikulieren.

Unter der Prämisse, dass »alle politisch-geschichtliche Macht im Zentrum des Hofes versammelt ist und durch das fürstliche Personal exklusiv ›repräsentiert‹ wird«[138], wandte sich das protestantische Schultheater in erster Linie an die Zöglinge der neuen Bildungsaristokratie, die neben den Söhnen des Stadtpatriziats und den Jungadeligen auch Pauperschüler umfasste und aus der sich die künftige höfische und außerhöfische Beamtenschaft rekrutieren sollte. Abseits der Macht- und Repräsentationszentren konnte alleine das protestantische Schultheater mit seinen öffentlichen Aufführungen dem Jesuitentheater Paroli bieten, welches ja im Zuge der Rekatholisierung Schlesiens auf die strategische Unterstützung

---

135 Will man die höfische Gesellschaft Deutschlands seit Mitte des 17. Jahrhunderts idealtypisch gruppieren, »könnte man die Hypothese aufstellen, die strukturelle Analogie zwischen der den zeremoniellen Hof prägenden Etikette und Kunstauffassung und der katholischen Liturgie und Sakralkunst habe den katholischen Fürsten insgesamt den zeremoniellen Idealtyp als adäquaten Ausdruck ihres Herrschaftsverständnisses nahegelegt, während der Protestantismus die Abkehr von rituellen Formen des höfischen Lebens bzw. ihre nur unvollkommene Entfaltung begünstigte.« (Volker Bauer, *Die höfische Gesellschaft in Deutschland von der Mitte des 17. bis zum Ausgang des 18. Jahrhunderts*, Tübingen 1993, 79.)

136 Denn »so unser ein jeder sich fleissen wirt vor Gott und der Welt zu præsentieren und zuverträtten die person eines widergebornen rechtschaffnen Christen / da nehrnd wir uns ungezweifelt der aller herzlichsten ewig wärenden Comoedi in dem himmelischen Amphitheatro«. (Breitinger 1989, 36, 62.)

137 Vgl. Klaus Reichelt, *Barockdrama und Absolutismus*, Frankfurt am Main/Bern 1981, 10, passim.

138 Vgl. Gerhard Spellerberg, »Das Bild des Hofes in den Trauerspielen Gryphius', Lohensteins und Hallmanns«, in: Buck 1981/III., (569-578), 570.

Wiens zählen durfte. Der Schulactus hatte sich auf den schlesischen Gymnasien zur Einübung juristischer Inhalte durchgesetzt; in Gestalt von Deklamationen oder Streitgesprächen bis hin zu dramatisierten Formen stellte er die Keimzelle des protestantischen Schultheaters dar.

Dieses war einerseits ein »Forum für die Vorauswahl des Beamtennachwuchses«[139], aus dem sowohl Gryphius als auch Lohenstein zählen sollten, andererseits gehörte es zu denjenigen Textgattungen, die das richtige Regiment von dieser oder jener Warte aus zum Thema nahmen: Erziehlehren und Fürstenspiegel, Regimentstraktate und Politiken mit neoaristotelischem oder neostoizistischem Akzent, Handbücher für den gewandten Hofmann, Schriften zur Staatsräson oder zu den *arcana imperii*, überdies Staatsromane, Lobgedichte oder kritische Flugschriften. »Literatur« im engeren und weiteren Sinn späterer Zeiten ist hier schwer zu unterscheiden, wie auch Dichtung und Beredsamkeit »als *eloquentia ligata* und *eloquentia soluta* unter einem gemeinsamen rhetorischen Begriff subsumiert werden: als zweckgerichtete, intentional bestimmte Sprachkunst.«[140] Das protestantische Schultheater stellte so etwas wie die operative Speerspitze und das repräsentative Prunkstück dieses umfassenden pädagogischen Programms dar. Die pädagogische Prämisse von Weises »politischer Bewegung«: »man sol nichts vor gelernet halten / was die Zunge noch nicht gebührender massen von sich geben kan«[141], konnte es allerdings nur so lange legitimieren, wie nicht auf realistische Schulpädagogik umgestellt und das selbstreproduktive Schultheatersystem (die Ausbildung durch Teilnahme an einer Aufführung, die zum Verfassen eigener – künftige Generationen ausbildender – Dramen ausbildet) noch nicht durch das Aufkommen eines gebildeten Schauspielerstandes zerstört wurde.

Der Dramatiker Lohenstein schloss sich zunächst der gryphianischen Doppelperspektive auf die Entstehungs- und Bestandsbedingungen von Souveränität an. Außenpolitisch, als hochrangiger Gesandter am Wiener Hof und zuletzt gar als Kaiserlicher Rat, markierte er den loyalen Monarchisten; innenpolitisch, in der Stadtrepublik Breslau, wurde er gefeiert als deren großer Sohn, der sich um ihre Unabhängigkeit verdient gemacht hatte. Auf den realhistorischen Machtverfall des Kaisertums antwortete Lohenstein mit einer analytischen Verhaltenslehre, die in den Szenen seiner Trauerspiele erprobt und erst in deren Reyen in die Apotheose Leopolds I. übersetzt wird.[142] Die Translatio Imperii, die Avancini durch allen verfügbaren Aufwand der Wiener Opernbühne überwältigend zur Geltung zu bringen versucht hatte, reduzierte der Jurist Lohenstein auf eine alle-

---

139 Adalbert Wichert, *Literatur, Rhetorik und Jurisprudenz im 17. Jahrhundert*, Tübingen 1991, 46; zur Rolle des Rechts im Bildungssystem Schlesiens allgemein vgl. ebenda, 7-37, 56ff.
140 Wilfried Barner, *Barockrhetorik. Untersuchungen zu ihren geschichtlichen Grundlagen*, Tübingen 1970, 76.
141 Christian Weise, *Politischer Redner [...]*, Kronberg/Ts. 1974, Vorrede.
142 Vgl. hierzu Bettina Muesch, *Der politische Mensch im Welttheater des Daniel Casper von Lohenstein*, Frankfurt am Main u. a. 1992, 125ff.

gorische Deklamation[143], um diese von den inszenierten höfischen Machenschaften fortwährend dementieren zu lassen. Somit baute er nicht mehr auf das kaiserliche Modell der *admiratio* und stoizistischen Herrschaftsrepräsentation, vielmehr zersetzte er diese in ihre rhetorischen und dramaturgischen Komponenten und verfasste Dramen, die – ganz im Sinne des protestantischen Schultheaters – als dramatisierte Rechtsfälle über die Bühne gehen sollten. Sein »Aufruhrdrama« *Epicharis* dreht sich in diesem Sinne weniger um das heroische Martyrium der Epicharis oder um den modellhaft stoischen Selbstmord Senecas als um die rechtlich brisante wie historisch von jeher erbittert umkämpfte Frage des Tyrannizids.[144] »An die Stelle der *providentia* des Gryphius, die sich, mit den Kühnheiten einer *theologia crucis*, auf die Verfolgten bezieht, rückt das *fatum* Lohensteins, ebenfalls providentiell und mit Ewigkeitsanspruch, doch ganz profan am Gang der Weltgeschichte interessiert und somit auf der Seite der Machtträger.«[145] Anstatt die *imitatio*-Poetik wie Gryphius bis zur Transzendierung des Repräsentationssystems voranzutreiben, beharrt Lohenstein auf der Analyse irdisch angestrengter Repräsentationsstrategien – seien diese nun entsprechend einer bestimmen Konfession, rechtlich oder moralisch akzentuiert. Was letztendlich zählt, ist nur der situative Erfolg politischer Klugheit und Pragmatik, der sich freilich *post factum* mit den Mitteln des Siegers im Horizont des Verhängnisses oder im Licht der Tugend repräsentieren kann.

Gryphius kennt zwar keine heilsgeschichtlich sichere Einbindung seiner Märtyrerfiguren in eine *ecclesia triumphans*, wohl aber deren geschichtlich unvermeidliche und heilsame Zersetzung, wohingegen Lohensteins Figuren immerzu und bis zuletzt den politisch klugen Augenblick erwarten, um das immanente Möglichkeitssystem der Zeit strategisch auszuschöpfen.[146] Zu dieser Strategie gehört es, die unterschiedlichen Wirkungsbereiche (wie Liebe, Religion, Macht) in experimentelle Kopplung zu versetzen, während Gryphius' Figuren gerade der Unterscheidung der Bereiche (des Sakralen und Profanen, der Bewährung und der Affekte) halber auf die Bühne und zu Grunde gehen. Letzteres ging nur theatral, und eben »nicht auff Papir«[147] vonstatten. Lohensteins politische Strate-

---

143 Vgl. etwa den Reyen aus der *Cleopatra* mit Donau und Rhein im Chor: »Wir sehen schon di Sonnen unsrer Flutt / Den Helden-Stamm in Oester-Reich entspringen / Dem nicht nur Rom und Tiber Opffer bringen / Den Leopold / der dem August es gleiche thut.« (Daniel Casper von Lohenstein, *Cleopatra*, Stuttgart 1991, V, 487-490/137.)
144 Vgl. das Streitgespräch zwischen Seneca und Antonius Natalis: »Senec. Die Götter sprechen recht nur über Fürsten-Blutt. / Natal. Kein Blutt sonst ist so sehr zu süßen Opfern gutt.« Zudem Epicharis: »Man kan selbst Jupitern kein fetter Opfer schlachten / Als Fürsten / die ihr Volck für Schaum der Thetis achten // Man weiht selbst durch ihr Blutt Altar und Tempel ein.« (Daniel Casper von Lohenstein, *Epicharis*, in: *Römische Trauerspiele*, Stuttgart 1955, I, 529f/175, I. 559-661/179.)
145 Hans-Jürgen Schings, »Constantia und Prudentia. Zum Funktionswandel des barocken Trauerspiels«, in: Gerald Gillespie und Gerhard Spellerberg (Hgg.), *Studien zum Werk Daniel Caspars von Lohenstein*, Amsterdam 1983, (187-223), 223.
146 Vgl. hierzu Wilhelm Voßkamp, *Untersuchungen zur Zeit- und Geschichtsauffassung im 17. Jahrhundert bei Gryphius und Lohenstein*, Bonn 1967, 83ff., 207ff.
147 Gryphius 1995, I, 38/15.

gen indes opfern sich für die Unauslöschlichkeit ihrer bloßen Rechtsansprüche: »Das Denckmal künftger Zeit läscht kein Tyrann nicht aus«, denn dieses Denckmal ist nichts anderes als eine einmal »Ins Buch der Ewigkeit« aufgenommene »Schutz-Schrift«, zu der die »in Sand und Staub verspritzte Purper-Tinte«, das planvoll vergossene Märtyrerblut, geronnen ist.[148] Indem es das Martyrium auf seine irdischen Prämissen reduziert, verschafft ihm das lohensteinsche Trauerspiel seine theatral unrepräsentierbare Ewigkeit im Rechtssatz.

Lohensteins Dramatik antwortet mit ihrer »säkularisierenden« Abwendung vom »Politisch-Theologischen« auf eine umfangreiche Neuausrichtung politischer Klugheitslehren: Im Laufe des 17. Jahrhunderts war neben die im Mittelalter entstandene Gattung des »Fürstenspiegels« allmählich die des »Regentenspiegels« treten – ein »Spiegel« für sämtliche Arten der Obrigkeit, ja letztlich sogar für die *idealiter* selbstbeherrschten Untertanen. Bereits Lipsius' *De constantia* war als Untertanenspiegel konzipiert, und im von Lohenstein erstmals übersetzten *Hand-Orakel* Graciáns heißt es kurzerhand: *»Jeder sei in seiner Art majestätisch.«*[149] Florinus markiert hierbei eine Art Endpunkt, an dem die drei Klugheitslehren des Zeremoniells, der Kameralistik und Polizey gleichrangig werden und das Zeremoniell somit seine Vorrangstellung einbüßt. »Nicht zeremoniös sein. [...] Es ist gut, auf Achtung zu halten; aber man gelte nicht für einen großen Zeremonienmeister«[150], lautet ein weiterer graciánscher Imperativ, denn gerade in seiner Schrift wird das Zeremoniell als eine bloße Technik politischer Interessenswahrung enttarnt. »Die Regeln der Tugend-Lehre, der Klugheit zu leben, und der Hauswirtschafft, setzen dem *Ceremoniel*-Wesen Ziel und Maße und ihre gewissen Schranken«[151], wird es in Rohrs *Ceremonial-Wissenschafft der Privat-Personen* heißen. Die Abgemessenheit im darstellerischen wie ökonomischen Sinne war mittlerweile zum umgreifenden Kriterium der *prudentia* geworden, und damit wurde die repräsentative Normierung durchs *decorum* als Affektkontrolle gleich mitgedacht.

Gerade an den Affekten – und an der ihnen zugerechneten Theatralik oder am ihnen unterstellten Wahn – gibt sich die jeweils gültige Repräsentation zu erkennen. Sobald die Affekte nicht mehr von einer festen Zeichenrelation her identifizierbar und von daher in ihrer relativen Beständigkeit kursorisch lesbar sind, sobald sie dem analytischen Blick als unendliches Interpretationsobjekt aufgegeben sind, ist die »rhetorische Kultur« an ihr Ende gelangt.[152] Verhaltenslehren wie die Saavedras oder Graciáns füllen die Lücke zwischen einer rein zeremoniellen

---

148 Lohenstein 1955, IV, 545/241, V, 597/265, IV, 542/240, V, 595/265.
149 Balthasar Gracián, *Hand-Orakel und Kunst der Weltklugheit*, Zürich 1993, 85/113. – Lohensteins Übertragung ist betitelt: *Lorentz Gratians: Staatskluger Catholischer Ferdinand aus dem Spanischen übersetzt von D. Caspern v. Lohenstein*, Breßlau 1675.
150 Gracián 1993, 149f./184.
151 Julius Bernhard von Rohr, *Einleitung zur Ceremonial-Wissenschafft der Privat-Personen [...]*, Leipzig 1989, 32.
152 Vgl. Rüdiger Campe, *Affekt und Ausdruck. Zur Umwandlung der literarischen Rede im 17. und 18. Jahrhundert*, Tübingen 1990, 75f.

und einer psychologisch decodierbaren Affektchoreographie, indem sie – gegen Machiavellis Bekundungen, aber mit seinen Methoden – eine Analytik der Sichtbarkeiten und eine Dialektik der *simulación* und *disimulación* entwerfen. »Die Dinge gelten nicht für das, was sie sind, sondern für das, was sie scheinen. Wert haben und ihn zu zeigen verstehen heißt zweimal Wert haben«[153], weshalb nach Graciáns Anweisung die gesamte Existenz des klugen Hofmannes in den Stand des Scheins zu setzen ist. Denn nicht nur bleibt die Unschuld des klugerweise Dissimulierenden zu simulieren, sondern wider das verhängnisvolle Faktum, an jedem Ort und zu jeder Zeit repräsentieren zu müssen, auch noch das Dissimuliertwerden der eigenen Simulationen mitzudenken.[154]

Als akademisch eingeführtes Fach umfasst die *prudentia civilis* des 17. Jahrhunderts die Fürstenerziehung, die Bildung von Beamten und Offizieren sowie die Einrichtung des Staatswesens überhaupt. Ihr erster Leitsatz, die Affekte seien zu durchschauen und alsdann zu disziplinieren, leitet sich aber nicht mehr vom imitatorischen Appell der begnadeten Herrschaft her. »*Sich ein heroisches Vorbild wählen*: mehr zum Wetteifer als zur Nachahmung«[155], empfiehlt Gracián. Mithin ruft er, nachdem die eucharistisch zu stiftende *communitas* zum strategisch verrechenbaren Programm geworden, das kommunikative Band der Freien und Gleichen aber noch nicht geflochten ist, ein Szenario des Kräftemessens, der Überwältigung und des Krieges auf.[156] Die Herrschaftstechnik des Prudentismus unterstellt in ihrer reinsten, nämlich militärischen Gestalt den Affekt jener Ordnung, die Souveränität von Anfang an zu ihrer Geltung verhalf: der Ordnung des Befehls. Es ist kein Zufall, dass die barocke Sprachtheorie alle eminente Rede auf die Funktion des Befehls zurückführt, und es ist nur konsequent, wenn barocke Poetiken für die Dichtungspraxis und die Dramen Lohensteins für die politische Rede nicht nur ein Regelwerk, sondern einen Kodex unumstößlicher Befehlssätze entwerfen.[157] Der Befehl des Souveräns setzt an dem Punkt an, an dem Sprechakte als solche noch gar nicht wirksam, sondern im Modus des Ausnahmezustandes allererst zu ermöglichen sind, ganz gleich, ob hierbei staatliche

---

153 Gracián 1993, 106/130.
154 »*Man gelte nicht für einen Mann von Verstellung*, obgleich sich's ohne solche heutzutage nicht leben läßt. [...] *Stets handeln, als würde man gesehen*. Der ist ein umsichtiger Mann, welcher sieht, daß man ihn sieht oder doch sehen wird. Er weiß, daß die Wände hören und daß schlechte Handlungen zu bersten drohen, um herauszukommen. Auch wenn allein, handelt er wie unter den Augen der ganzen Welt. Denn da er weiß, daß man einst alles wissen wird, so betrachtet er als schon gegenwärtige Zeugen die, welche es durch die Kunde späterhin werden müssen.« (ebenda, 176/219, 232/297).
155 Ebenda, 66/75.
156 Vgl. zur kriegerischen Sprachauffassung des Barocks insbesondere bei Schottelius: Friedrich A. Kittler, »Vorwort«, in: Justus Georg Schottelius, *Der schreckliche Sprachkrieg. Horrendum Bellum Grammaticale Teutonum antiquissimorum*, Leipzig 1991, 5-10.
157 Vgl. hierzu Rüdiger Campe, »Der Befehl und die Rede des Souveräns im Schauspiel des 17. Jahrhunderts. Nero bei Besenello, Racine und Lohenstein«, in: Armin Adam und Martin Stingelin (Hgg.): *Übertragung und Gesetz*, Berlin 1995, 55-72, v. a. 58f., 68.

und moralische Handlungsnorm divergieren.[158] Herrschaft in dieser Urszene zu fundieren und der Klugheit auf dieser Grundlage Regeln für die Ausnahme an die Hand zu geben, versucht die Lehre von der Staatsräson. Was sie vor alle anderen Rechte stellt, ist dasjenige auf Selbsterhaltung, und indem diese zur Maxime allen souveränen Handelns wird, stellt sich die Politik auf den dauerhaften Ausnahmezustand ein – sie tendiert zur Prävention.

Obwohl der Begriff der *ratio status*, von dem sich der deutsche Staatsbegriff ableitet, weder durch Machiavelli geprägt wurde noch auf ihn festgelegt ist[159], sah man ihn dort am schärfsten konturiert und auf die schlagkräftigsten Formeln gebracht. Zum obersten Zweck, dem des Machtgewinns, kennt Machiavellis *ragione di stato* nur zwei Mittel: Recht und Gewalt.[160] Entsprechend lautet die Maxime der Staatsräson, »daß die Menschen entweder gütlich behandelt oder vernichtet werden müssen.«[161] Die formalen Leitsätze dieser »bloßen Technik des Staates«[162] konnten problemlos in unterschiedlich begründete Handlungslehren eingehen – wie bei Giovanni Botero gab es auch eine jesuitische, wie bei Lipsius auch eine stoizistische Staatsräson. Der eigentlich Skandal lag in ihrer Unverhohlenheit, mit der sie das theatrale Dispositiv der Souveränität benannte und damit alle rechtlichen und theologischen Begründungsansprüche an ihrer Wurzel bloßlegte. Deswegen denunzierte Boecler die Staatsräson selbst als »Larve der Herrscher, Schauspielerin der Höfe, Verspottung der Tugend. Klippe der Gewissen, Vertilgerin der Völker«[163], um letztlich diejenigen zu entlarven, die die Souveränität in Wort und Bild gefährdeten.

In Deutschland war die Staatsräson tatsächlich weniger ein Problem herrschaftlicher Praxis als das der Gelehrten und – spätestens seit Lohenstein – der Dramatiker. Im Gegensatz zu Gryphius hatte sich Lohenstein am kaiserlichen Hof selbst praktisch bewährt. War Souveränität bereits für Gryphius eine Frage der Repräsentation und Theatralität, so doch auch immer auf ihre Maximierung im Gottesgnadentum und in der Gottesebenbildlichkeit verwiesen. Für Lohen-

---

158 Zur Befehlsgewalt des Souveräns vgl. Bodin 1981, 365, Hobbes 1996, XXX, 235 sowie Pufendorf 1870, 75/C.5, §. 4. Bis hin zu Christian Wolff wird die faktische Geltung in Begründung übersetzt und diese somit vollends tautologisch: »Die Freyheit zu befehlen, oder überhaupt etwas zu thun, nennen wir Gewalt. [...] Man soll demnach der Obrigkeit unterthan seyn die Gewalt über uns hat und eben deswegen, weil sie Gewalt über uns hat.« (Christian Wolff, *Vernünfftige Gedancken von dem gesellschaftlichen Leben der Menschen [...]*, Hildesheim 1975, *Gesammelte Werke I.*, I. Abt., *Deutsche Schriften*, Bd. V., 463.)
159 Laut Meinecke geht er wohl auf Formeln Ciceros wie »ratio reipublicae« zurück und wurde überdies auch schon bei Thomas von Aquin im Sinne eines »leitenden Prinzips des status« verwendet. (vgl. Friedrich Meinecke, *Die Idee der Staatsräson in der neueren Geschichte*, München/Wien 1976, 580.)
160 Vgl. Niccolò Machiavelli, *Politische Betrachtungen über die alte und die italienische Geschichte*, Köln/Opladen 1965, 29f. – Vgl. zudem Niccolò Machiavelli, *Der Fürst*, Frankfurt am Main 1990, 86.
161 Ebenda, 24.
162 Meinecke 1976, 9.
163 Johann Heinrich Boecler, *Programmata Academica*, 1643, zit. nach: Heinrich Hildebrandt, *Die Staatsauffassung der schlesischen Barockdramatiker im Rahmen ihrer Zeit*, Rostock 1939, 15.

stein hingegen ist sie zuletzt ein bloß technisches Problem: ein solches der Klugheit und der Simulation. Gerade an den Vorgängen um die Figur Cleopatras ließ sich für Lohenstein demonstrieren: des Imperiums und »der Libe Macht«[164] verquicken sich auf der historisch-politischen Bühne durch die Techniken der Staatsräson, der Affektsteuerung und Inszenierung auf fatale Weise. Weil Antonius am überkommenen Brauch der Opferschau als Richtlinie politischen Handelns festhält[165], entbehrt er zum einen der *prudentia*, ist er zum zweiten der Affektregie Cleopatras hilflos ausgeliefert, und lässt er sich schließlich von ihrem inszenierten Selbstmord zum realen hinreißen. Mit Cleopatras martyrologischem Simulakrum wird eben jene Tugend zur bloßen Technik irdischen Machterhalts, die vormals deren letzten Widerpart repräsentieren konnte: die *constantia*. Auch die Gegenstrategie des Octavius, Cleopatra ihrerseits als enttarnte Schauspielerin der Affekte auftreten zu lassen und in seinem Triumphzug das Ende manipulativer Repräsentation zu repräsentieren, kann nicht das Ende seines Imperiums verhindern, das in Lohensteins welthistorischer Perspektive von Anfang an verhängt scheint. Die Szenen, die Lohenstein der kanonisierten imperialen Geschichte abgewinnt, haben analytischen Wert: Sie illustrieren nicht nur das Scheitern einer geschichtlichen Weltmacht, sondern machen auch den Grund, oder besser: die Abgründigkeit dieses Scheiterns sichtbar. Von Affekten überwältigt, vom begehrenden Blick in eine fragile Ordnung der Sichtbarkeiten getrieben, die im undurchsichtigen Spiel der Simulationen und Dissimulationen zerfällt, markiert der Auftritt von Lohensteins Figuren auf der politischen Bühne den immer wiederholten Sündenfall und zugleich das fatale Ende aller Herrschaft.

So es denn überhaupt eine regelrechte Affektenlehre Lohensteins geben sollte, ist diese nicht unbedingt neustoizistisch im Sinne Lipsius'. In dessen Konzept der *constantia* waren die Affekte nichts als »Kranckheit [...] im Gemüte«[166], während sie Lohenstein in ihrer Funktionsweise zu analysieren und in ihrer formativen Kraft einzusetzen versucht. Deshalb plädiert er (ähnlich wie Opitz) weniger für die stoizistische *apathia* als für die aristotelische *metriopathia*. Affekte sind bei ihm, wie man anachronistisch sagen könnte, psychophysische Grundeinheiten, die nicht im Sinne der Psychologie, sondern nach dem Modell des Krieges wirksam werden. Einerseits »fungieren Affekte wie Körperteile: sie können angreifen und angegriffen werden«[167], so dass dem Affizierten zur introspektiven Selbstbefragung gar keine Zeit verbleibt, es sei denn, er stellt sich die einzig entscheidende Frage: »bin ich Besigter oder Sieger?«[168] Andererseits verläuft die Subjektformation oder Figuration entsprechend der affektiven (und damit stets rhetorischen)

---

164 Lohenstein 1991, I, 668/42.
165 Vgl. hierzu den Reyen mit Fortuna und Jupiter: »Di Thorheit pflägt das Glücke blind zu nennen. | Was opffert ihr der / di kein Opffer siht« (ebenda, I, 779f., 48).
166 Lipsius 1965, 5 ʳ.
167 Friedrich A. Kittler, »Rhetorik der Macht und Macht der Rhetorik – Lohensteins Agrippina«, in: Hans-Georg Pott (Hg.), *Johann Christian Günther*, Paderborn/München/Wien/Zürich 1988, (39-52), 43.
168 Daniel Casper von Lohenstein, *Sophonisbe. Trauerspiel*, Stuttgart 1996, II, 159/46.

Wirkungslinien. Deshalb ist die lohensteinsche Agrippina nicht wie bei Tacitus das wehrlose Opfer von Neros skrupelloser Machtgier; das grausame Spiel der Befehle und Taten dreht sich letztlich immer nur um ein Geheimnis, das Staatsrechtliches und Familiales, das Vernünftiges und Affektives legiert, das sich mit jedem Winkelzug weiter verdunkelt und die repräsentative Auseinandersetzung letztlich wieder als politisches Arkanum erscheinen lässt. Das barocke Trauerspiel kann aber nur deswegen der höfischen Repräsentation so nahe kommen, weil es, als rein theatrales Ereignis auf gymnasialen Schaubühnen, selbst zeremoniell entmachtet und bloßes (wenn auch unabdingbares) Präliminare für den eigentlichen fürstlichen Schauplatz ist.[169] Dass es andererseits der Herrschaft als Instrument zu dienen hat, demonstriert das lohensteinsche Trauerspiel gerade am Thema des Opfers aus Staatsräson.

Obwohl die Religion spätestens mit den konfessionellen Auseinandersetzungen faktisch zum *instrumentum regni* geworden war, galt dieser Sachverhalt, sobald beim Namen genannt, unter den Gegnern der *ratio status*, insbesondere in der Tradition biblizistischer Regiments- und Polizeyliteratur, noch lange Zeit als Anathema. Reinkingks *Biblische Policey* etwa ziert ein Titelkupfer, auf dem ein Thron samt Königsinsignien prangt, flankiert von einer mit Werkzeugen bestückten Bürgerstube und einem Altar mit Bibel, Kelch und Hostie. Wird nun in diesem Werk »eine *Politicam* auß der Bibel und deren *Exemplis* zusammen getragen« und die Heilige Schrift als »unfehlbare Richtschnur« aller irdischen Dinge genommen, kann die Staatsräson, das »*idolum Principum*, der Potentaten Abgott« gar nicht anders, als auf dem Wege ihrer »Betrieg=Kunst« das christlich sakrosankte Opfer zu profanieren.[170] Bei Lohenstein hingegen wird es zum Prüfstein juristischer Normen und politischer Dezisionen, und dies im Zuge imperialer Grenzüberschreitung. Augenscheinlich holt man, wie es in der Vorrede zur *Sophonisbe* heißt, »aus zwey Indien unnütze Wahren her | Und Steine / daß wir uns zum Spiele putzen können«[171], doch birgt auch dieser Zierat höfischer Eitelkeiten, wie das Drama erweisen wird, einen weitergehenden Zweck. Denn gerade im Zuge expandierender Handelsbeziehungen erschließt das Imperium »wilde« und »barbarische« Regionen, vor deren eigentümlichen Sitten das einheimische Recht seinerseits als »eitel«, als Simulakrum und Instrument erscheinen muss.[172]

---

169 Vgl. die Widmungsvorrede zur *Sophonisbe*: »Des Menschen Spiel nimmt auch stets mit dem Alter zu | […] Das erste Trauerspiel / das ihm Verdruß erweckt | Hegt das verhaßte Haus / das man die Schule nennet | […] Kein Leben aber stellt mehr Spiel und Schauplatz dar | Als derer / die den Hof fürs Element erkohren.« (ebenda, 85/8, 91f./9, 169f./11.)
170 Theodor Reinkingk, *Biblische Policey [...]*, Frankfurt am Main 1701, Vorrede, 1, 3, Axioma XXVII/176, Vorrede, 4.
171 Lohenstein 1996, 159f./10.
172 Vgl. besonders mit Bezug auf Lohenstein und Conring: Wichert 1991, 352f.

Im letzten Reyen der *Sophonisbe* wettstreiten die vier Monarchien darum, »den von dem Verhängnusse aufgesetzten Lorber-Krantz zu gewinnen / selber aber wird von denen vier Theilen der Welt / fürnemlich durch Beyhülffe des neu erfundenen America dem Hause Oesterreich aufgesetzet.«[173] Die szenisch dargestellte *historia antiqua*, der römisch-kathargische Konflikt, wird auf mehreren Ebenen mit der *historia recentior*, dem Aufeinandertreffen von Spanien-Habsburg und der neuen Welt Amerika, in Verbindung gebracht: zunächst über den Topos *vita et mores*, dann über das Argument des Ursprungs, das geographische Historie und Universalgeschichte verknüpft, und schließlich über die Reichsgeschichte als Ergebnis der Geschichts-Theologie.[174] Einerseits offenbart diese Art der Verbindung die lohensteinsche Dramenarchitektur, so wie sie auf dem Realienspeicher des Kommentars aufbaut, die Szene zum Ort der Durchführung und den Reyen zum Schauplatz der Vollendung macht; andererseits werden die drei Ebenen durch die Frage nach den angemessenen Opferpraktiken zusammengehalten. Zunächst (und im Buch zuletzt) verzeichnet der Kommentar die vormals in der Alten und jüngst noch in der Neuen Welt ausgeübten Opferbräuche, wobei der bloßen Lesbarkeit halber konstatiert wird: »Die bey den Opfern gebrauchte Ceremonien sind unzehlbar«.[175] Im Laufe des szenischen Geschehens erweisen sich die Opferhandlungen als zentrale strategische Maßnahme, welche sich freilich in ständigem Konflikt mit den religiösen *und* rechtlichen Vorschriften beider Kriegsparteien und – auf höherstufiger Perspektive – auch der Gelehrtenfraktionen zu Lohensteins Zeit befindet.[176] Nirgendwo anders als im Reyen löst sich der Kampf um Reich und Macht allegorisch auf: in einem Tempel opfern zuletzt Himmel, Hölle und Erde, Regiersucht, Grausamkeit und Tugend mitsamt anderen Sinnbildern der Liebe »mit dem Namen unsre Hertzen«, und die Liebesgötter verwandeln die historisch undurchdringliche Heterogenität der Zwecke und Normen in ein schlichtes Spiel der Kombinatorik, so dass am Ende aus den zerstückelten Wörtern der Wortlaut LEOPOLDUS und MARGARITE, also »die glückseelige Vermählung des Unüberwündlichsten Keysers Leopolds und der Durchlauchtigsten Infantin aus Spanien« hervorgeht.[177] In dieser heilsgeschichtlichen Perspektive ist das Opfer vorgeschichtlich gesehen bloße Sitte, historisch ein *instrumentum regni*, schlussendlich aber ein habsburgisches *instrumen-*

---

173 Lohenstein 1996, *Innhalt der Fünften Abhandlung*, 158-162/18.
174 Rüdiger Campe, »Bilder der Grenze. Americani in Lohensteins ›Sophonisbe‹«, in: Horst Wenzel (Hg.), *Gutenberg und die Neue Welt*, München 1994, (211-229), 222, 228.
175 Lohenstein 1996, *Anmerckungen zu Der Ersten Abhandlung*, 520f./136.
176 Vgl. ebenda, III, 289ff./70f. – »Während das verhinderte Kinderopfer wie auch das ausgeführte Opfer der gefangenen Römer den Opfergesetzen entspricht, verbietet das ›kirchliche‹ Recht dem Priester, eigene Landsleute zu opfern. Die anderen beiden Opferungen verstoßen wiederum gegen anderes Recht: die Tötung der eigenen Kinder gegen das Naturrecht und die Tötung von Kriegsgefangenen gegen das Völkerrecht. Zu unterscheiden sind die drei Fälle auch, geht man vom Motiv Sophonisbes aus: ihre eigenen Kinder zu opfern geschieht aus Liebe zum eigenen Land; ebenso politisch, aber aus egoistischen, der individuellen Machterhaltung dienenden Motiven, ist ihre Bereitschaft, die eigenen Landsleute zu töten.« (Wichert 1991, 339.)
177 Lohenstein 1996, II, 524/58, *Innhalt der andern Abhandlung*, 69-71/16.

tum imperii. Folgerichtig wird dann der *Arminius*, dieser Metaregister aller lohensteinschen Souveränitätsentwürfe, behaupten, dass bei den Deutschen die wahre Religion und wahre Herrschaft zu sich selbst gekommen ist.[178]

---

178 Vgl. Daniel Casper von Lohenstein, *GROSSMÜTHIGER FELDHERR ARMINIUS […]*, 2 Bde., Bern/Frankfurt am Main 1973, II. 1259a. – Präzisiert von zeremonial- und simulationskritischen Passagen (vgl. etwa ebenda, II. 1144a, II. 768a), wird hier die »Aufhebung dieser grausamen Menschen=Opffer« dadurch begründet, dass »der wahre Gottesdienst aber ein viel fester Band zwischen Fürsten und Unterthanen seyn muß / als der Aberglaube« (ebenda, II. 883a, II, 182a). Er ist »der festeste Leim / der die Gemüther eines Reichs zusammen kleibete« (ebenda, I. 975b), was bei der weltweiten Expansion des Imperiums unverzichtbar sein muss, aber schwerlich nur Aufgabe des Glaubens und der religiösen Institutionen sein kann. Auch Lohensteins Werk, dieser »stumme Hofmeister« (der Herausgeber Benjamin Neukirch im »Vorbericht an den Leser«, ebenda, 4a), erfüllt diese pädagogische, politische und religiöse Aufgabe zu Ehren Habsburgs.

Zweites Kapitel

Souveränität an ihren Grenzen – Repräsentation in der Krise

1. Postfiguration

Bereits Gryphius' Erstling *Leo Armenius* bot eines »Jämmerlichen Fürsten-Mords Trauer-Spiel«[1], wie es im emblematischen Doppeltitel heißt. Im *Carolus Stuardus* indes wird der Topos des Märtyrers, jenes ohnmächtigen Agenten der legitimen Souveränität, der von unchristlichen Tyrannen verfolgt wird, in seine extremste Spannung versetzt: Nunmehr erscheint eine »Ermordete Majestät« als Statthalterin der reinen Souveränität, während ihre Häscher in einer doppelten Perversion die Tyrannenherrschaft der Untertanen usurpieren. »Der unverhoffte Fall der ungewissen Sachen | Kan offt aus Printzen Knecht / aus Knechten Fürsten machen«[2], folgert im Angesicht der Katastrophe einer der englischen Grafen. Doch gerade den als providentiellen Ratschluss verklärten Aufstieg der Knechte versucht Gryphius' Trauerspiel vehement zu dementieren. Vehemenz eignet dem Stück insofern, als es nicht nur, wie im Falle von *Leo Armenius*, auf eine längst abgelegte Episode der Reichs- und Kirchengeschichte referiert, sondern sich in die aktuellen Kämpfe um den englischen Königstitel einschaltet.

Dass ein realer politischer Mordfall in Form eines Trauerspiels über die Bühne des Welttheaters geht, war schon in Gryphius' Märtyrerdrama *Catharina* eine Selbstverständlichkeit, und überhaupt galt der Epoche mit ihrem noch emblematischen Geschichtsverständnis das Trauerspiel immer auch als Begriff historischen Geschehens.[3] »Bebt die ihr herrscht und schafft! bebt ob dem Trauerspill«[4], präludiert Lady Fairfax Gryphius' Drama, denn genauso wie die historische Fairfax an der promonarchischen Verschwörung beteiligt gewesen sein sollte, wollte Gryphius sein Stück für die Sache des Königs in die Waagschale werfen. Ist der reale Leib des Königs mit der gescheiterten Fairfax-Intrige bereits abgetreten, so ist es dem Trauerspiel erst recht aufgegeben, die Repräsentation der Majestät zu restituieren. Indem der gelehrte Jurist Gryphius die Rechtsgründe der Königsherrschaft nochmals absteckt, schafft er die repräsentationslogischen Voraus-

---

1 Dies ist der Untertitel der Ausgabe von 1652. In der Edition von 1650 lautete er noch »Ein Fürsten-Mörderisches Trawer-Spiel«, die von 1657 trägt hingegen den prägnantesten aller Doppeltitel: »Leo Armenius / Oder Fürsten-Mord«.
2 Andreas Gryphius, *Ermordete Majestät oder Caroluss Stuardus |König von Groß Britanien. Trauer=Spil*, Stuttgart 1982, V. 9f./96.
3 Vgl. Gryphius 1995, I, 555f./35, zudem Peter Kleinschmidt, Gerhard Spellerberg und Hanns-Dietrich Schmidt (Hgg.), *Die Welt des Daniel Casper von Lohenstein. Mit bearbeiteter Fassung von Epicharis*, Köln 1978, 116 sowie Benjamin 1991/ I. 1, 244.
4 Gryphius 1982, I, 11/13.

setzungen für deren theatrale Wiedereinsetzung, ja Verewigung. Denn statt die Souveränität bloß allegorisch zu prätendieren, inszeniert er deren blutigen Abgang als »Postfiguration«. Im Unterschied zu allen anderen Blutzeugen muss Karls Wiederauferstehung dabei nicht im Stande heilsgeschichtlicher Erwartung verbleiben: Wie die *dumb show*, die bildgewordene Vision des Königsmörders Poleh, zeigt, sind die Stuarts mit Karl II. wieder eingesetzt und ist die Genealogie von Gottes Gnaden in der *imitatio Christi* unverlierbar aufgehoben – »so lebet K ö n i g K a r l d e r e r s t e / nach seinem ableben / noch itzund in seinem Sohn / und Reichserben / König Karln dem zweiten. [...] Aus der asche des ersten Fönixes entstehet ein anderer«[5], resümiert Philip von Zesen in Anspielung auf das von Versailles übernommene neue Herrscheremblem der Stuarts.

Bevor Gryphius die Postfiguration als geschichtliche Zwangsläufigkeit darstellen kann, muss er – der juristischen Provenienz des Schuldramas gemäß – die Rechtsansprüche des Monarchen auseinandersetzen. Eingangs seiner Anmerkungen verweist er deshalb auf die umfangreichen Quellenstudien, die der szenischen Abwicklung zugrunde liegen, und betont eigens, »daß ich ohne erhebliche Vrsache und genugsame Nachrichten eines und andere nicht gesetzet«.[6] Nicht nur die neue Quellenlage, sondern auch die komplexe, ja widersprüchliche Darstellungsstrategie ist es, worin sich die Zweitfassung des Dramas (1663) vom Erstdruck (1657) unterscheidet[7]: Erstens wird das juristische Argument insbesondere im Sinne von Salmasius' *Denfensio Regia* geschärft, zweitens wird die theatrale Dimension des Verfahrens herausgearbeitet und das Personal der Königsmörder historisch exakter figuriert, schließlich wird die *imitatio passio-*

---

5   Philip von Zesen, *Die verschmähete, doch wieder erhöhete Majestät [...]*, in: Zesen 1987, (13-396), 132f./Orig. 128f.
6   Gryphius 1982, *Kurtze Anmerckungen über CAROLUM*, 8-10/116. – Mit der monarchomarchischen Diskussion seiner Zeit bestens vertraut, bekannte sich Gryphius zu einem lutherisch geprägten patriarchalischen Monarchismus, wie ihn seine Lehrer Salmasius, Schönborner und Boecler vertraten. Zur Einschätzung des sakralen Königtums, der Tyrannis und des Regizids vgl. *Joh. Henrici Boecleri Institutiones Politicæ*, Argentorati 1674, 94, 307 sowie Georg Schönborner, *Politicorum libri VII*, Lipsiae 1610, Lib. II. Cap. XXXVII-XL/186-195. – Die Prozessakten zum Verfahren (vgl. *An Exact and Most Impartial Accompt of the Indictment, Arraignment, Trial, and Judgement (according to Law) of nine and twenty Regicides*, London 1660) gegen die Königsmörder hatte Gryphius ebenso konsultiert wie die prorevolutionären Schriften aus England und Holland, und obwohl Zesens verschmähete, doch wieder erhöhete Majestät in der zweiten Fassung am häufigsten zitiert wird, gehen die Umarbeitungen einerseits auf die promonarchische Schrift seines Leidener Lehrers Salmasius, andererseits auf die Darstellung der Fairfax-Verschwörung bei Bisaccioni zurück. (Vgl. Claudius Salmasius, *Defensio Regia, pro Carolo I, Ad Sereniss. Magnæ Britanniæ Regem Carolum II, Filium natu majorem, Heredem, & Successorem legitimum, Sumptibus Regiis*, anno (I) I)(L (EA: 1649) (hier zusammen mit Milton 1651 und Joannis Philippi 1652) sowie Conte Maiolino Bisaccioni, *HISTORIA Delle GVERRE CIVILI DI QVESTI VLTIMI TEMPI*, Venedig 1655.)
7   Die Zweitfassung besitzt einen neuen Anfangsakt, die alten Abhandlungen II und III werden nun zu einer dritten zusammengezogen, Chöre und Abhandlungen werden umgestellt, die Rollen Cromwells und Fairfax' ausgetauscht sowie die Poleh-Szenen eingefügt, schließlich wird die letzte Szene des Königs erweitert. (Für Details vgl. Hugh Powell, »The two Versions of Andreas Gryphius' ›Carolus Stuardus‹«, in: *German Life & Letters*, 5 (1952), 110-120.)

nis bis ins Detail ausbuchstabiert. Anders als im Falle des elisabethanischen Theaters soll hier das Königtum von der Schaubühne aus nicht abberufen, sondern wieder in Amt und Würden gesetzt werden. »Gekrönte denckt was nach. Das Blut das hir wird flissen | Das Blut mit welchem Carl sein Leichtuch wird begissen; | Ist eur / und euch verwandt! Gekrönte! könnt ihr ruhn? | Carl schreibt mit seinem Blut was euch hirbey zu thun!«[8] lautet der Aufruf, den im Stück der Hofmeister des pfalzgräfischen Kurfürsten an den holländischen Gesandten richtet. Nicht umsonst hat Gryphius dessen Intervention der historisch realen Konstellation gegenüber erheblich aufgewertet: Seit seiner Leidener Studienzeit war er Elisabeth von der Pfalz freundschaftlich verbunden, und über ihre Vermittlung kannte er den brandenburgischen Kurfürsten, der wiederum mit dem Hause Stuart verwandt war.[9]

Im Vorwort zum vierten Buch seiner Oden von 1652, also zwei Jahre nach Entstehung des Manuskripts und fünf Jahre vor Erstdruck des Stücks, konstatiert Gryphius, »daß unlängst mein *Carolus* den ich iederzeit an mich zu halten begehret / wider mein vermutten / in vieler ja auch Fürstlicher und vortreflicher Personen Hände gerathen«.[10] Damit ist das Manuskript noch vor dem Druck zur »Schutz-Schrift« nach Art der lohensteinschen *Epicharis* geworden, mit dem bedeutenden Unterschied, dass Märtyrerblut nun nicht nur als »Denkmal« ins »Buch der Ewigkeit« aufgenommen wird, sondern als Denkschrift unter fürstlichen Händen zirkuliert, um die Blutsbande, die angestammte Genealogie, gegen das historische Faktum, gegen das Regime Cromwells, zu mobilisieren. Deswegen steht das Stück auch nicht nur als eine Art Tendenzdrama neben Pamphleten und Aufrufen zum Kreuzzug wider Cromwell, sondern bezieht sich konkret auf das Hilfegesuch Karls II., das dieser vergeblich an den Kaiser Ferdinand III. und die deutschen Fürsten gerichtet hat. In Gryphius' Widmungsgedicht an den brandenburgischen Kurfürsten, »An einen höchstberühmten Feldherrn / bey Uberreichung des Carl Stuards«, heißt es denn auch unverhohlen: »Die todte Majestät […] Die Unschuld / die den Geist in solchem Hohn auffgibt | Erfordert was gerecht / und rechte Waffen liebt | Zu rächen diesen Fall. Heer Schwerdter aus der Scheiden!«[11] Dabei ist es nicht in erster Linie das vergossene königliche Blut als vielmehr die lädierte Majestät und die trotz der »illegality of this pretended court«[12] hingerichtete »Unschuld«, die den eigentlichen Skandal der Epoche markiert: »the law upon which you ground your proceedings must either be old or new. If old, show it; if new, tell what authority warranted by the

---

8   Gryphius 1982, III, 533ff./69.
9   Vgl. Berghaus 1984, 93ff.
10 In: *Gesamtausgabe der deutschsprachigen Werke*, Bd. II.: *Oden und Epigramme,* Tübingen 1964, 97.
11 Andreas Gryphius, *Sonett 47: An einen höchstberühmten Feldherrn / bey Uberreichung des Carl Stuards*, in: *Gesamtausgabe der deutschsprachigen Werke*, Bd. I.: *Sonette*, Tübingen 1963, 5ff./118.
12 »His Majesty's Reasons against the Pretended Jurisdiction of the High Court of Justice, Which He Intended to Deliver in Writing on Monday, January 22, 1648«, in: *Eikon Basilike* 1966, 188.

fundamental laws of the land hath made it, and when«¹³, setzte Karl Stuart seinen selbsternannten Richtern entgegen und entsprach damit der tradierten Rechtsauffassung, die insbesondere Salmasius im Auftrag Karls II. mit der Schrift *Defensio Regia* verfocht. Karl konnte gar nicht anders, als den Prozess, durch den er bei Kooperation vielleicht noch mit dem Leben davongekommen wäre, *per se* abzulehnen. Denn schon durch seine bloße Eröffnung musste das Rechtsverfahren die unantastbare Kompetenz-Kompetenz des Monarchen, musste es die Souveränität als solche auf rein formellem Wege beseitigen. In der wohl folgenreichsten Schrift zugunsten Karls, dem *Eikon Basilike*, spricht der transfigurierte Karl im Angesicht seines Martyriums deswegen von

> many horrors [...] which are equally horrid either in the suddenness of a barbarous assassination or in those greater formalities whereby my enemies (being more solemnly cruel) will, it may be, seek to add (as those did who crucified Christ) the mockery of justice to the cruelty of malice [...] done by subjects upon their sovereign; who know that no law of God or man invests them with any power of judicature without me, much less against me¹⁴.

Das unerhörte Ereignis, dass die gottbegnadete Quelle aller irdischen Herrschaft *in persona* auf die Bühne des Gerichts gestellt und das höchste materielle Recht mit bloß formellen Waffen ein für allemal vernichtet werden sollte, das ist es, was die christliche Postfiguration des Opfers zur wichtigsten Strategie monarchistischer Reaktion machte. Während das Verfahren noch im vollen Gange ist, sieht sich der König selbst, wie es im Stück heißt, »auff dem Traurgerüst / dem rauen Mord-Altar | Noch unter disem Beil geopffert für die Schar«.¹⁵ Dass er zu diesem Trauerspiel von unberufener Stelle gezwungen wird, macht das Opfer zum bloßen Mord und das Martyrium zum bloßen Strafspektakel, handelt es sich doch um die obszöne Profanierung des Heilsgeschehens durch diejenigen, die die irdische Bühne gar nicht heilsgeschichtlich bespielen können, da sie von Gott dazu einfach nicht begnadet worden sind. Wie Karl dennoch die Figur des Märtyrers auf den Plan treten und den blasphemischen »Schlacht-Altar« zum heilsgeschichtlichen Topos werden lässt, versucht Gryphius an den sanktionierten Quellen zu belegen, um diese Art heilsgeschichtlichen Schauprozess dann als Wiederholung des Krönungsopfers und in der Szenenfolge der *imitatio passionis* zu repräsentieren.¹⁶

Der Blick des gestürzten Königs ist wieder zum souveränen Augpunkt geworden, sobald Karl sagen kann: »Brich an gewündschtes Licht / wir sind des Lebens sat | Vnd schaun den König an / der selbst ein Creutz betrat«.¹⁷ Wäre alles nach der Regie der Königsmörder verlaufen, wäre Karl der Weg zur *imitatio Christi* versperrt gewesen, da das »Opfertheater« seiner Hinrichtung alle Züge einer Pro-

---

13   Ebenda, 189.
14   Ebenda, Kap. XXVIII.: »Meditations upon Death, After the Votes of Nonaddresses and His Majesty's Closer Imprisonment in Carisbrooke Castle«, 174.
15   Gryphius 1982, II, 19f./28.
16   Ebenda, V., 131/100. – Vgl. v. a. die Anmerkungen zur 5. Abhandlung, 9ff., 75ff., 129ff./ 137, 139, 141.
17   Ebenda, II., 259f./36.

Postfiguration

fanierung tragen sollte. Zudem hätte jeder Versuch, seinem Urteil zu entgehen, Karls Herrschaft als ihrerseits illegal oder als Politik der Staatsräson deklassiert. Da nun aber, wie von Bisaccioni behauptet, durch Fairfax eine promonarchische Verschwörung in die Wege geleitet wurde und Karl auf deren Rettungsangebot bewusst Verzicht geleistet hat, ist er in den Augen der Zeitzeugen »hic primus Angliæ regum martyr«[18] geworden. Weil er selbst unter den Königsmördern Sympathisanten fand und das Schicksal seiner Familie von der monarchistischen Fraktion zum Politikum erhoben wurde, konnte Karl Stuart zu einer Märtyrerfigur werden, die weniger zur *admiratio* nötigte, als »Mitleid« bewirkte. Genau diese Komponente des historischen Trauerspiels wurde, wie Gryphius' Stück zeigt, von den Revolutionären in ihrer Affektregie einberechnet. »Ein grösser Schmertzen muß den mindern überkämpffen. | Mitleiden wird alsbald durch strenge Furcht verjagt. | Man greiffe nach dem Kopff / der Stuards Kopff beklagt.«[19] Gerade die Möglichkeit, dass selbst noch die »Blutzeugenschaft«, in das theatrale Kalkül der Königsmörder eingehen könnte, machte das realpolitische Trauerspiel zum »Schau-Platz herber Angst«[20], wie bei Gryphius der Bischof Juxon sagt.

Zur Analyse des theatralen Verfahrens im *Carolus* hat Albrecht Schöne in Anschluss an Auerbachs Darstellungstheorie[21] den Begriff der Postfiguration eingeführt. Wie er einräumt, geht die Tradition postfiguraler Gestaltung mindestens bis ins Mittelalter zurück[22], zudem belegen die von Gryphius herangezogenen Quellen, dass gerade diese Repräsentationsform von der monarchistischen Reaktion auf breiter Basis in Anschlag gebracht worden ist. Insofern kann schwerlich behauptet werden, die detailliert postfigurale Ausgestaltung sei das eigentlich Schöpferische des Dramas, seine »vielfältig fruchtbare, bedeutungsmächtige Form dichterischer Gestaltung«.[23] Gryphius hat sich eines für die gesamteuropäische Perspektive repräsentativen Fundus von Quellen bedient, in dem das martyrologische Thema mehr oder minder stringent ausgeführt worden war, und, was für die »Gestaltung« des Dramas entscheidend ist, er hat sich über die zeitgenössischen Massenmedien und seine zahlreichen persönlichen Informanten (von Diplomaten bis hin zur Stuart-Familie selbst) ein Bild von den

---

18   Salmasius 1649, Kap. XII./409.
19   Gryphius 1982, III., 294ff./61.
20   Ebenda, V., 430/111.
21   Vgl. zum Begriff der Figuralstruktur: Erich Auerbach, *Mimesis. Dargestellte Wirklichkeit in der abendländischen Literatur*, Tübingen/Basel 1994, 74ff., passim.
22   Albrecht Schöne, »Zur Typologie der Säkularisationsformen«, in: Schöne 1968, 269-301. – Allgemein »empfiehlt es sich, von postfiguraler Gestaltung nur dort zu sprechen, wo die *figurae rerum et verborum* dazu dienen, die dichterische Figur selbst auf eine vorgebildete Form zu bringen.« (ebenda, 275.)
23   Albrecht Schöne, »Postfigurale Gestaltung. Andreas Gryphius«, in: ebenda, (37-91), 90. – Zur Kritik an Schöne und v. a. seiner Interpretation der Kronentrias vgl. Karl-Heinz Habersetzer, *Politische Typologie und dramatisches Exemplum*, Stuttgart 1985, 9; Kaminski 1998, 120f.; Lothar Bornscheuer, »Diskurs-Synkretismus im Zerfall der politischen Theologie: Zur Tragödienpoetik der Gryphschen Trauerspiele«, in: *Chloé*, Bd. XXVII., Amsterdam/Atlanta 1997, 515f.

Repräsentationsstrategien der Beteiligten machen können.[24] Die monarchistische Mythographie zielte auf die repräsentationslogische Wiedereinsetzung des Königtums, und zwar vermittelt durch die *societas litteraria* Gesamteuropas.[25]

Mit 20 Editionen innerhalb nur weniger Monate fand unter Gryphius' Vorlagen das *Eikon Basilike* die weiteste Verbreitung, galt es doch als autorisiertes Vermächtnis des Königs und zugleich als verbindliche Dokumentation seines Leidenswegs. Besonders das emblematische Frontispiz, das den schreibenden, knienden und transfigurierten Karl mit irdischer, mit Dornen- und Himmelskrone zeigt, wurde zum ikonographischen Paradigma des Märtyrerkönigs, der ja selbst, wie es im Widmungsschreiben des Hofkaplans John Earles heißt, »auff dem öffentlichen Schau=Platz der Welt Jedermänniglichen vorgezeiget«, dass er »dem Göttlichen Ebenbilde näher kömmet / dann irgend ein König oder sterblicher Mensch kommen kan«.[26] Die im Auftrag der Stuarts durch Salmasius erstellte *Defensio regia* wiederum sollte von juristischer Warte aus und mit der Autorität des europäischen *Princeps Eruditorum* die Unantastbarkeit des sakralen Königtums festschreiben und die Blasphemie des Regizids mitsamt seiner perversen juristischen Legitimation bloßstellen. John Milton wurde von der englischen Revolutionsregierung zu einer Gegenschrift beauftragt, über deren Replik dann Salmasius verstarb. Beider Auseinandersetzung war für die europäische Gelehrtenrepublik deswegen von solcher Brisanz, weil mit ihr die Legitimität des sakralen Königtums überhaupt auf dem Spiel zu stehen schien. Schon in *The Tenure of Kings and Magistrates* hatte Milton zwecks Verteidigung der Revolution die Doktrin und Ikonographie der zwei Körper des Königs als bloße Janusköpfigkeit der Royalisten identifiziert, »transforming the sacred verity of God, to an Idol with two Faces, looking at once two several ways«.[27] Gegen die Fiktion einer adamitischen Genealogie des Königtums setzte er die »natürliche« Vorstellung einer allgemeinmenschlichen Gottesebenbildlichkeit, Freiheit und Gleichheit. Von diesem Volk der Freien und Gleichen, und nicht von Gottes Gnaden, sei das Magistratskollegium oder auch die Königsherrschaft als bloß instrumentelle und daher revozierbare Schutzeinrichtung des Gemeinwesens

---

24 Vgl. hierzu Berghaus 1984, 13, 38ff.

25 Auch am englischen Hof selbst berief man sich wie in Henry Leslies Predigt vor Karl II. aus dem Jahre 1649 auf »The Martyrdome of King Charles, Or the Conformity With Christ in His Sufferings«. Das *Engelländisch Memorial* (in diversen Ausgaben 1649 erschienen) führte die *imitatio passionis* im einzelnen durch und wurde zur wichtigsten szenischen Vorlage für Gryphius' Erstfassung, wohingegen das *Außschreiben des Parlaments in Enge=lland* (ebenfalls 1649) sein Bild der Revolutionäre argumentativ am nachhaltigsten geprägt haben dürfte. In der Zweitfassung ist *De hodierno statu ecclesiarum* die einzig neue prorevolutionäre Schrift, die von Gryphius noch dazu entstellend zitiert wird.

26 Deutsche Ausgabe mit dem Titel *EIKON BASILIKE OderAbbildung des Königes Carl in seinen Drangsahlen / und Gefänglicher Verwahrung / Von Jhm selbst in Englischer Sprache beschrieben /und nun wegen seiner hohen Würde ins Teutsche versetzet. Rom. VIII. Jn dem allen überwinde Jch weit / etc. Es ist Königlich / Gutes thun / und Böses leyden. Gedruckt im Jahr CHristi 1649.*

27 John Milton, *The Tenure of Kings and Magistrates [...]*, EA: 13. Feb. 1649, in: *Complete Prose Works*, New Haven/London 1953ff., Bd. III.: 1648-1649, (190-258), 195.

eingesetzt worden. »It being thus manifest that the power of Kings and Magistrates is nothing else, but what is only derivative, transferr'd and committed to them in trust from the People«[28], lautet das monarchomarchische Credo, demzufolge der Absetzung nicht minder als der Einsetzung sakraler und gottgefälliger Charakter zukommen muss.

Auch auf der Ebene ikonographischer und theatraler Repräsentation entbrannte ein *war of manifestoes*. Gegen das *Eikon Basilike* wurde das *Eikon Alethine* als erste Streitschrift ins Feld geführt, diese durch ein *Eikon E Piste* attackiert, und Miltons Auftragsarbeit *Eikonoklastes* wurde durch das Pamphlet *Eikon Aklastos* erwidert. Anstatt den Mandatsgedanken wie in *The Tenure* aus der Heiligen Schrift zu deduzieren, ist Miltons Strategie hier die der Darstellungskritik. Zunächst enttarnt er das erste Gebet Karls im *Eikon Basilike* als Entlehnung aus Sidneys *Arcadia*. Der Vorwurf des Plagiats wiegt an dieser Stelle umso schwerer, als die gleichsam »sympathetische« Märtyrerkonzeption des *Eikon* sich auf eine betont redliche, ja reine Innerlichkeit beruft. Nicht nur, dass die prätendierte Autorschaft des Königs bis Ende des Jahrhunderts immer wieder in Zweifel gezogen wurde[29] – auch die Veröffentlichung selbst schien ein Verstoß gegen das Dekorum des Gebets und ließ für Milton auf die so heuchlerische wie obszöne Strategie des Erbauungsbuches schließen: »to bring him that honour, that affection, and by consequence, that revenge to his dead Corps, which hee himself living could never gain to his Person, it appears both by the conceited potraiture before his Book, drawn out to the full measure of a Masking Scene, and sett there to catch fools and silly gazers«.[30] Das Heilsgeschehen wurde für Milton mit dieser Schaustellung der christlichen Passion gerade nicht durch die Revolutionäre, sondern durch die Fraktion des Königs profaniert. Zudem war Karl »imitating hitherin, not our Saviour, but his Grand-mother *Mary* Queen of Scots, as also in the most of his other scruples, exceptions and evasions«.[31] Maria Stuart war abseits der Öffentlichkeit hingerichtet worden und musste sich deshalb zunächst aller postfiguralen Selbstdarstellung enthalten. Hatte jedoch schon Maria als »Märtyrerin« *post festum* eine Bühne bekommen[32], so war die spektakuläre Martyrogenese ihres Enkels erst recht vom politischen Schauplatz fernzuhalten, wenn die Gleichung der monarchistischen Dramaturgie: »Derjenige der allen stürbet /

---

28 Ebenda, 202. – Vgl. hierzu auch Miltons persönliche Angriffe auf Salmasius in: John Milton, *A Defence of the People of England [...]*, EA: 1651, hier engl. Übersetzung, in: ebenda/IV., (51-254), v. a. 67.
29 Mittlerweile sind durch Stilanalysen und neue Dokumentenfunde der tragende Anteil Karls, die Vermittlung durch John Gauden und die vertrackten Umstände der Veröffentlichung gesichert worden (vgl. hierzu Berghaus 1984, 119f. und das Vorwort zu *Eikon Basilike* 1966).
30 John Milton, *Eikonoklastes*, EA: 6. Oktober 1649, in: Milton 1953ff./III., (335-601), 342.
31 Ebenda, 597.
32 Vgl. ihr Bittgesuch an Elisabeth bei Haugwitz: »Sie gönne / daß wir weisen | Wie wir im Tode stehn / daß Priester / Volck erschein | Als unsers Glaubens Zeug / und Beystand unsrer Pein.« (August Adolph von Haugwitz, *Schuldige Unschuld oder Maria Stuarda, Königin von Schottland*, Bern/Frankfurt am Main 1974, II., 205-207.)

muß auch für aller Augen sterben«, nicht aufgehen sollte.³³ Letztlich richtete sich die revolutionäre Attacke gegen die Vermengung theologischer Repräsentation mit weltlicher Herrschaft und im Falle Miltons gegen ein als sakral inszeniertes Opfertheater zugunsten des überkommenen Regimes.³⁴ In diesem Sinne setzen sein *Eikonoklastes* und Gryphius' Ikonoklasmus-Drama *Leo Armenius* an ein und derselben Bruchstelle an: dort, wo die Grenze zwischen sakraler und profaner Semiotik verwischt zu werden und das System geregelter Herrschaftsrepräsentation zu kollabieren droht.

Weil die puritanische Revolution weniger am christologisch eingesetzten Herrscher als am providentiellen Sinn der Heiligen Schrift interessiert war, arbeitete sie geradewegs an der Zerstörung der politischen Theologie und des geweihten Königskörpers. Den funktionalen Charakter der bodinschen Souveränitätslehre machte sie sich für die eigene Sache zunutze³⁵, um nicht zuletzt die genealogisch untermauerten Herrschaftsaspirationen der Königlichen abzuwehren. Besonders Robert Filmer hatte die Souveränität an einer himmlisch sanktionierten Erbfolge festgemacht: »It is true, all kings be not the natural parents of their subjects, yet they all either are, or are to be reputed as the next heirs to those progenitors who were at first the natural parents of the whole people, and in their right succeed to the exercise of supreme jurisdiction.«³⁶ Bereits in den zwanziger Jahren in Ansätzen entstanden, zirkulierte seine *Patriarca* während der Revolutionswirren durch die Reihen der Royalisten, ehe sie 1680 erstmals veröffentlicht wurde. Filmer zufolge ist das Gottesgnadentum heilsgeschichtlich zu entziffern und die legitime irdische Erbfolge an den biblischen Genealogien abgeglichen, so dass den repräsentativen Körperschaften nur mehr die bibeltreue Bestätigung oder aber die rebellische Anmaßung gegenüber dem göttlichen Ratschluss verbleibt. *Patriarca* ist die Schrift betitelt, weil die irdische Geschichte *eo ipso* die Notwendigkeit arbiträrer Befehlsgewalt zeigte und der Unterschied zwi-

---

33 Zesen 1987, 7. – Wohl nicht zuletzt von dieser historischen Konstellation rührt der bis heute tradierte Topos der puritanischen Theaterfeindschaft her. Dabei hatten sich die Puritaner anfänglich gerade in den theaterfreudigen *liberties* und Vorstädten Londons konzentriert, dort, wo man von der städtischen Gesetzgebung und Theaterpolitik relativ unbeeinflusst blieb und wo die Herausbildung des öffentlichen und populären Theaters Englands ihren Ausgang nahm. (Vgl. hierzu Walter Cohen, *Drama of a Nation. Public Theater in Renaissance England and Spain*, Ithaca/London 1985, 277ff.) Gegen den Topos spricht auch, dass sich noch zu Zeiten des Commonwealth mit Cromwells Zustimmung ein englisches Schultheater etablieren konnte. (Vgl. hierzu Frenzel 1979, 107.)
34 Der Tyrannenmord hingegen steht von vornherein außerhalb der christlich-sakralen Sphäre und kann deswegen – unter Berufung auf Seneca – mit heidnischen Opferpraktiken in Verbindung gebracht werden: »*Victima haud ulla amplior / Potest, magisque opima mactari Jovi / Quam Rex iniquus // There can be slaine / No sacrifice to God more acceptable / Then an unjust and wicked King*« (Milton 1991, 17).
35 Vgl. hierzu Ulrike Krautheim, *Die Souveränitätskonzeption in den englischen Verfassungskonflikten des 17. Jahrhunderts [...]*, Frankfurt am Main/Bern/Las Vegas 1977, v. a. 407ff., 434ff.
36 Robert Filmer, *Patriarcha [...]*, in: *Patriarcha and Other Writings*, hg. v. Johann P. Sommerville, Cambridge/New York u. a. 1991, (1-68), 8.

schen Familien- und Landesvater bloß in der Extension ihrer beider Verfügungsgewalt liege. Das Problem des ersten Befehls und der Geburt des souveränen Körpers löst Filmer dadurch, dass er dem Königtum einfach Uranfänglichkeit zuschreibt: »Regal authority not subject to positive laws; kings were before laws«[37], heißt es lapidar, worauf John Locke, diesmal zur Rechtfertigung der *Glorious Revolution*, mit seinen *Two Treatises of Government* konterte.

Wie Milton beruft sich Locke auf die Kreatürlichkeit des irdischen Herrschers. Er nimmt ein ursprünglich ausgeglichenes Kräfteverhältnis zwischen Herrschern und Beherrschten an, wobei der Begriff der Repräsentation bereits auf die Ebene individueller Willensartikulation übergeht. Milton hatte die patriarchale Herrschaftskonzeption zu widerlegen versucht, indem er die Analogie zwischen Vater und Fürst für haltlos erklärte, denn »while a father cannot stop being a father, a king can easily stop being either a father or a king.«[38] Locke wiederum bestritt das *proton pseudos* von Filmers Souveränitätsgenealogie: Weder von Gottes Gnaden noch durch das Recht der Natur habe Adam eine ursprüngliche Autorität besessen, und selbst wenn man diese Fiktion voraussetzen wollte, wäre weder die rechtmäßige Übertragung jener Gewalt auf seine Erben noch die sukzessionsrechtlich korrekte Bestimmung der einzelnen Personen gesichert.[39] Das politische Problem schlechthin ist für Locke deswegen kein genealogisches, sondern das der klaren Gewaltentrennung.[40] Somit ist der sakrale Körper des Königs im Zeitraum zwischen Karls Enthauptung und der unblutigen *Glorious Revolution* aus der Mitte des politischen Denkens verschwunden und über die mittlerweile drängende Frage nach der Konstitution bürgerlicher Körperschaften schlichtweg vergessen worden. Die theatralen Strategien der Revolutionäre hatten zuletzt einzig und allein darauf gezielt, die Integrität des monarchischen Doppelkörpers auf repräsentativem Wege zu zerstören. Zwar versuchte das Parlament während der Auseinandersetzung mit Karl, den politischen Körper des Königs sozusagen im Haus der Lords und Abgeordneten zu verwahren, dies jedoch nur der Funktionstüchtigkeit des körperschaftlichen Systems zuliebe – und zu Ungunsten der Zweikörperdoktrin, ja notfalls auch auf Kosten des natürlichen Königskörpers. Mit einer Medaille, auf der der König vom Podest geholt und als *King in Parliament* platziert worden ist, besiegelten die Parlamentarier im Jahre 1642 ihre Autorität gegenüber der natürlichen Person Karls, und dies natürlich nur um der eigentlichen Souveränität willen. »Das Ganze illustrierte den puritanischen Ruf: ›We fight the king to defend the King.‹«[41]

Als 1660 nach Ende des cromwellschen Protektorats den Königsmördern der Prozess gemacht wurde, führte die Anklage nicht nur die Punkte Hochverrat, Verstoß gegen das *common law*, gegen das Statut Edwards III und die Rechtsgepflogenheiten Englands an, sondern auch gegen die mittelalterliche Doktrin vom

---

37   Ebenda, 55.
38   Milton 1953ff./III., 68.
39   Vgl. John Locke, *Two Treatises of Government*, Cambridge 1970, II., 1/285f.
40   Vgl. ebenda, I., 15/171.
41   Kantorowicz 1994, 46..

sakrosankten Königtum. In der Argumentation des Vorsitzenden Lord Chief Baron Bridgman wurde zudem die Zweikörperlehre zum Nachweis der königlichen Unschuld apostrophiert.[42] Mit gutem Grund, nämlich eingedenk der Erfahrungen zur Zeit Elisabeths, blieb Shakespeares *Richard II* während der achtziger Jahre verboten: Nicht die *demise*, die gewaltsame Trennung der zwei Körper des Königs, sondern die martyrologisch verklärte Inszenierung des Königtums, die eucharistische Heilung der versehrten Souveränitätsrepräsentation, wollte Karl II. auf den Bühnen der Restauration sehen. Der von Foucault beschriebene Krieg des juridisch-philosophischen Diskurses der Monarchisten mit dem historisch-politischem Diskurs der Revolutionäre[43] hatte ein letztes Mal den theatralen Schauplatz überzogen.

2. Demise und Schiffbruch

In seinen Anmerkungen zum *Carolus Stuardus* weist Gryphius eigens darauf hin, »Wie schnöde es mit dieser Einsalbung der Leiche zugegangen«.[44] Obwohl Gryphius auf die von Clairvaux und Ignatius her tradierte Semiotik des Märtyrerkörpers oder auf eine mit der Passion Christi abgeglichene Wundmalbetrachtung hätte rekurrieren können, taucht der königliche Leichnam nicht im Darstellungshorizont seines Schauspiels auf.[45] Es ist bekannt, dass sich Gryphius immer wieder mit der Praxis der Einbalsamierung befasst hat, dass er an einer Sektion ägyptischer Mumien teilgenommen (und diese in *Mumiæ Wrattislaviensis* beschrieben) hat und mit Aufbau und Gebrauch des berühmten anatomischen Theaters in Leiden bestens vertraut war. Letzteres musste ihm nicht nur als Gelehrten, sondern besonders als Dramatiker interessieren, schließlich verbindet

---

42 Bridgman unterschied zwischen der königlichen Person und dem Menschen Karl Stuart. Im ersten Sinne sei er unfehlbar und unantastbar durch menschliches Gesetz, im zweiten Sinne könne er zwar irren, habe dabei aber durch seine Minister gehandelt, die wiederum gesetzlich belangt werden können, weshalb der König in der Tat nicht über dem Gesetz gestanden und das Recht des Volkes gewahrt geblieben sei. Auf keinen Fall jedoch sei die Person des Königs dem Gesetz untertan. (Vgl. Noel Henning Mayfield, *Puritans and Regicide*, New York/London 1988, v. a. 39f.)
43 Vgl. Foucault 1986, 10, 22f.
44 Gryphius 1982, *Kurtze Anmerkungen in der II. Abhandlung*, 409f./130. – Da weder im zitierten *Regii sanguinis clamor* noch in den anderen Quellen die Einbalsamierung des königlichen Leichnams erwähnt wird, geht die (später bezeugte) Information wahrscheinlich auf einen mündlichen Hinweis aus dem Umkreis der Pfälzer Kurfürstenfamilie zurück (vgl. Berghaus 1984, 200f.).
45 Wie Ernst H. Kantorowicz mit Blick auf Shakespeares *Richard II* festgestellt hat, war die *demise*, die gewaltsame Trennung der zwei Körper des Königs, in der Renaissance noch theatral darstellbar. Und dies nicht nur als Symbol, sondern als dramaturgisches Prinzip, so dass in der berühmten Spiegelszene, in den diversen Spielarten königlicher Duplikation (der König als irdisches Oberhaupt und als solches von himmlischen Gnaden, Richard als König und als Narr) und in der sukzessiven Dekomposition des Königtums in der Resignationsszene Richard zu einem König wird, der »immer stirbt.« (vgl. Kantorowicz 1994, 47ff.)

Demise und Schiffbruch

das *theatrum anatomicum* mit dem dramaturgischen Schauplatz[46] nicht nur das griechische Stammwort *théa*, sondern auch die »Einheitlichkeit der Aufgabe: *einen Raum zu schaffen, der möglichst vielen Menschen die bestmögliche Sicht nach einem Seh-Zentrum bietet*«.[47] Ausgehend von den architektonischen Überlegungen in Alexander Benedictus' *Anatomice* aus dem Jahre 1514 hatte man sich für den Seziersaal auf die antike Form des Amphitheaters festgelegt, um den brisanten Eingriff ebenso imposant wie zweckdienlich inszenieren zu können.[48] Die Anatomie war das erste akademische Lehrfach mit praktischen Demonstrationen und das anatomische Theater die Keimzelle der entsprechenden universitären Institutionen. Im mittelalterlichen Anatomieraum war während der damals noch seltenen Sektionen für den Professor »der vorzutragende Text alles, für ihn gibt es keine Entdeckungen oder neue Erkenntnisse jenseits des kanonischen Buches in seiner Hand«.[49]

Nachdem Andreas Vesalius, der spätere Leibarzt des Kaisers Karl V., nachgewiesen hatte, dass Galens Anatomie nicht auf der Sektion von Menschen, sondern auf der von Affen, Hunden und Schweinen gründet, leitete er 1543 mit seinem Buch *De corporis humani fabrica* das eigentlich anatomische Denken der Medizin ein. Von dieser Entwicklung sollte auch die Auffassung des politischen Körpers nicht unberührt bleiben: Der Theologe Johannes Michaelis bezeichnete bereits 1564 in der Schrift *Anatome Corporis Politice* den König nicht mehr als Haupt, sondern als Herz des Staatskörpers, in welchem er mit dem klerikalen Gehirn, den gerichtlichen Arterien und den anderen organischen Teilen funktional zusammenwirke und so das sakrosankte *corpus mysticum* am Leben erhalte.[50] 1618 entdeckte William Harvey, späterer Leibarzt Karl Stuarts, den doppelten Blutkreislauf. Damit setzte er nicht nur endgültig die funktionale Auffassung des Organismus gegen die galensche Tradition durch; offen empfahl er 1628 seinem Souverän, diese neue Auffassung auch bei der Bestimmung des politischen Körpers und bei der Ausübung seiner Amtsfunktion zu beherzigen.[51]

---

46 Seit Luthers Übersetzung für *theatrum* aus dem Jahre 1522 ist im Deutschen der Begriff »Schauplatz« gebräuchlich geworden. Ein Sonderfall, in dem sich der ältere Terminus noch bis ins 19. Jh. erhält, ist das anatomische Theater, der Seziersaal für die Mediziner (vgl. Thomas Kirchner, »Der Theaterbegriff des Barocks«, in: *Maske und Kothurn*, 31. Jg./H. 1-4 (1985), (131-140), 132, Anm. 7).
47 Gottfried Richter, *Das anatomische Theater*, Nendeln/Liechtenstein 1977, 9.
48 Der Arzt Carolus Stephanus nennt (in *De dissectione partium corporis* von 1546) die Sekanten »actores« und weist dazu an, die Demonstrationstische auf dem Platz der antiken »scena« aufzustellen (vgl. ebenda, 31f.).
49 Ebenda, 18. – In der frühen Neuzeit sollten dann, später auch gegen den erbitterten Widerstand der Jesuiten, immer öfter päpstliche Sektionsgenehmigungen ausgestellt werden, so dass (ausgehend von Padua) Sektionen bald regelmäßig veranstaltet, eine beschränkte Öffentlichkeit zugelassen und sogar Eintrittsgeld erhoben werden konnte, ehe das *theatrum anatomicum* sich als dauerhafte Institution auch im Norden Europas etablierte. Dies allerdings nicht in den zumeist noch kommunal organisierten Krankenhäusern, sondern zunächst – wie in Leipzig – in den Räumlichkeiten der Artistenfakultät oder – wie in Tübingen – in einer leerstehenden Kapelle (vgl. ebenda, 30).
50 Vgl. Johannes Michaelis, *Anatome Corporis Politici,* Paris 1564, Kap. 2. 24.45.

Schon die im *theatrum anatomicum* enthüllte »Struktur, in der sich der Raum, die Sprache und der Tod ineinander fügen«[52], hatte die Repräsentation des 17. Jahrhunderts einer neuen Ordnung oder Poetologie des Wissens unterstellt: nicht mehr die Lektüre der mittels natürlicher Ähnlichkeit (oder der im Falle des Königs heilsgeschichtlich) verketteten Signaturen, sondern die *inventio* neuartiger Zeichenrelationen und funktionaler Modelle; nicht mehr der zentralperspektivisch gefasste Blick, sondern ein operationales Blickraster, das das Sichtbare im Sehen erst herzustellen hat. »Das Messer des Anatomen, das ein Blick ist, der den Körper Schicht für Schicht in die Topographie der Anatomie überträgt, und die Stimme, die das Zeichensystem der Nomenklatur ausspricht, erzeugen die neue Repräsentation des Körpers«[53], die den souveränen Blick entthront und die überkommene repräsentative Einheit der Sachen und Wörter zerbricht.

Von diesem Bruch in der Ordnung der Dinge wurde mit dem 17. Jahrhundert auch die emblematische Beziehung von *res* und *verba* erfasst. Besonders seit der Renaissance und mit der Vervollkommnung des Buchdrucks war es den Emblembüchern vorbehalten, die Welt der Dinge und die der Wörter in unverbrüchlichen Zusammenhang zu setzen. Spätestens mit dem Barock gerieten dann Drama und Emblematik in ein Spiegelverhältnis: »Das Emblembild erscheint als Miniaturbühne; das dramatische Schaugerüst erweist sich als ein ins Riesenhafte vergrößertes emblematisches Bild.«[54] Ist nun aber das barocke Theater ein Welttheater, weil es die Eitelkeit, die Vergänglichkeit und Scheinhaftigkeit der Welt (und weniger diese selbst) repräsentiert, müssen die ins Drama eingegangenen emblematischen Paradigmen dort konsequentermaßen auch zersetzt werden. Dieser Schwund an emblematischer Lesbarkeit wird in Gryphius' *Leo Armenius* als souveränitätsvernichtend vorgeführt. Das barocke Trauerspiel, dieses unbeständige, sobald selbstbezügliche Emblem der Eitelkeit, zeigt das *theatrum emblematicum* und mit ihm den souveränen Körper in seiner Auflösung, es emblematisiert die Geschichte und inszeniert als deren Konsequenz zuletzt die Katastrophe: den Sturz des königlichen *ordo*. Konnte die mittelalterliche Allegorese noch eines *sensus mysticus* hinter dem Literalsinn gewiss sein, muss der Barock unablässig an der Konventionalität seiner Zeichensysteme arbeiten. Auf der Bühne des Trauerspiels sollte vor allem der königliche Körper – in seiner teils

---

51 Vgl. hierzu die Widmung Harveys an Karl Stuart: »The knowledge of his heart, therefore, will not be useless to a King, as embracing a kind of Divine example of his functions, – and it has ever been usual with men to compare small things with great. Here, at all events, best of Kings, placed as you are at the summit of human affairs, you may at once contemplate the prime mover in the body of man, and the emblem of your own sovereign power.« (William Harvey, *De motu cordis*, engl. Übers.: *Anatomical Dissertation upon the Movement of the Heart and Blood in Animals [...]*, Canterbury 1894, Dedication, iiif.)
52 Michel Foucault, *Die Geburt der Klinik. Eine Archäologie des ärztlichen Blicks*, Frankfurt am Main 1988, 207.
53 Wolfgang Schäffner, »Schauplatz der Topographie. Zur Repräsentation von Landschaft und Körper in den Niederlanden (1550-1650)«, in: Jan-Dirk Müller (Hg.), ›Aufführung‹ und ›Schrift‹ in Mittelalter und Früher Neuzeit, Stuttgart/Weimar 1996, (596-616), 606.
54 Albrecht Schöne, *Emblematik und Drama im Zeitalter des Barock*, München 1993, 225.

irdischen, teils überirdischen Existenz, in seiner prätendierten Unsterblichkeit und augenscheinlichen Vergänglichkeit – als Verknüpfungspunkt eines jederzeit empfindlichen Geflechts semiotischer Relationen erscheinen.

Einerseits ist das allegorische Verfahren, das die beziehungslos gewordenen Phänomene, wie Benjamin sagt, ja zumindest in ihrer Singularität »retten« sollte, selbst einem gewissen Grad an Ungewissheit oder Kontingenz ausgesetzt[55]; andererseits tendiert es – besonders im Drama – zur Mortifikation der Dinge, denn »die Allegorisierung der Physis kann nur an der Leiche sich energisch durchsetzen.«[56] Soll nun der unbegrenzte Prozess allegorischer Ausdeutungen, so wie er sich am intensivsten vor dem zerstückelten oder sezierten Leichnam – besonders des Souveräns – vollzieht, aufgehalten werden, um die theatrale Repräsentation wieder in ihre alten Rechte zu setzen, so kann dies in der Manier des lohensteinschen Reyens geschehen, in einer Schaustellung als überkommener, aber modellhafter Allegorisierung. Die zweite Fassung des *Carolus* hingegen setzt auf das Verfahren der *dumb show*: auf der Handlungsebene als bloße Vision des entsetzten Königsmörders Poleh repräsentiert, werden im Stile Hallmanns »stille Vorstellungen im inneren Schauplatz«, nämlich die »Märterer« der Souveränität in ihrer Unversehrtheit, die Revolutionäre bei ihrer Hinrichtung und der als Karl II. wiedereingesetzte Souverän auf die Szene gebracht.[57] Solch »lebende Bilder« repräsentieren Leben jedoch nur als sprachloses, sie reduzieren die emblematische Integrität von ehedem auf eine bloße, wenn auch prophetische Erscheinung. Wie weit sich die Bande zwischen Wörtern und Sachen an diesem Punkt gelöst haben, »wie leicht ein Wort verrinnt | Wann der bemühte Geist nur nach den Sachen sinnt«[58], müssen diejenigen erkennen, die sich zur Rettung des Königs verschworen haben. Mit des Königs Hinrichtung hat das Königtum als solches Schiffbruch erlitten, und das in einem präziseren als bloß rhetorischen Sinne: Im kontingent gewordenen Geschichtsverlauf lässt gerade die barocke Allegorie »das Dasein im Zeichen der Zerbrochenheit und der Trümmer stehen«.[59]

Das *Eikon Basilike* nimmt das Thema des Schiffbruchs im Wort so sehr wie im Bild auf. Der todgeweihte König betrachtet es als »very strange that mariners can find no other means to appease the storm themselves have raised but by drowning their pilot.«[60] Ganz im Sinne des Neostoizismus lautet die Deutung des emblematischen Frontispizes, das hinter dem mit Märtyrerpalmen bestandenen königlichen Eiland einen von Wellen umtosten Fels zeigt: »And as th'unmoved Rock out-brave's | The boist'rous windes and rageing waves: | So triumph I. And

---

55 Vgl. hierzu Walter Benjamin, *Das Passagen-Werk*, in: Benjamin 1991/V. 1, Teil I., Aufzeichnungen und Materialien, 279f.
56 Benjamin 1991/ I. 1, 391.
57 Hallmann 1980, V., 6/233. – vgl. Gryphius 1982, V., 163ff./101ff.
58 Ebenda, I., 127f./17.
59 Benjamin 1991/ V. 1, 416.
60 Eikon Basilike 1966, 179.

shine more bright«.⁶¹ In beiden Fällen wird der Topos des gefährdeten Staatsschiffs bemüht, der seit Alkaios die verderblichen Winde mit dem Bürgerkrieg identifiziert.⁶² Das *tertium comparationis* eines Staatswesens und eines Schiffs besteht letztlich darin, dass beide Male ein gemeinschaftlicher Zweckverband gebildet wird, der auf eine bestimmte *techne* der Selbsterhaltung angewiesen ist. Die Position des Steuermanns wurde erst in der attischen Tragödie mit dem König besetzt, und mit der römischen *res publica* machte sich erstmals ein abstrakter konzipiertes Gemeinschaftsbild geltend, so dass bei Cicero nicht mehr das Volk selbst, sondern ein Stab von Verwaltungsbeamten und Verantwortungsträgern die Besatzung stellt.⁶³ Bereits in Platons *Politeia* hatte der Schiffbruch das persönliche Scheitern eines Staatsmannes bezeichnet.⁶⁴ Im Topos der *navigatio vitae* wurden dann Schiffs- und Lebensreise parallelisiert, ehe, wohl angeregt durch die Patristen, im Bild der *navis ecclesiae* das Schiff zum Symbol der Kirche avancierte.

Es war Bodin, der Korporationsdiskurs und Schiffstopos zum letzten Mal zwingend verband. Einerseits ist der souveräne Staatsmann derjenige, der »das Steuer halten und nach seinem Gutdünken lenken können muss, wenn das Schiff nicht schon gescheitert sein soll, noch ehe der Rat derer eingeholt ist, die es birgt.«⁶⁵ Ist die Befehlsgewalt aus sachlicher Notwendigkeit zur Gänze auf den souveränen Steuermann übergegangen, dann sind die Stände nicht, wie im englischen Modell des »King in Parliament«, zur Mitwirkung aufgerufen. Im Gegenteil, statt als Entscheidungsträger fungieren sie hier als bloße Passagiere. Andererseits stützt sich die bodinsche Souveränitätskonzeption schon weniger auf die persönlichen Qualitäten des Amtsträgers als auf sachliche Notwendigkeiten, verzichtet aber noch auf jedes Risikokalkül, wenn es darum geht, das souveräne Amt als solches zu legitimieren. Der militärisch erprobte lipsianische Stoizismus fordert dann der Funktionstauglichkeit des Staatsschiffes halber eine umfassende Disziplinierung: Von sämtlichen Passagieren verlangt er die Bewährung im stürmischen Meer der Affekte, so dass Schiffbrüche, so sie sich dennoch ereignen, vom Ufer der Beständigkeit aus unter Perspektive der klugen Staatsführung betrachtet werden können.⁶⁶

61 Erste Dugard-Ausgabe, zit. nach: Berghaus 1984, 121.
62 Vgl. hierzu Nicole Loraux, »Das Band der Teilung«, in: Joseph Vogl (Hg.), *Gemeinschaften. Positionen zu einer Philosophie des Politischen*, Frankfurt am Main 1994, (31-64), v. a. 35, 38, 43
63 Vgl. Eckart Schäfer, »Das Staatsschiff. Zur Präzision eines Topos«, in: Peter Jehn, *Toposforschung. Eine Dokumentation*, Frankfurt 1972, (259-392), 265f., 274f.
64 Vgl. Platon, *Der Staat*, in: *Sämtliche Dialoge*, Bd. V., Hamburg 1998, VIII., 553b./324.
65 Bodin 1981, I., 8, 223. – Zur hylemorphischen Bestimmung: »Wie aber ein Schiff nicht mehr als ein Haufen Holz ohne die Form eines Schiffes ist, wenn man den Kiel, der die Spanten trägt, den Bug, das Heck und die Takelage entfernt, so ist auch ein Staat ohne souveräne Gewalt, die all seine Glieder und Teile, alle Familien und Kollegien zu einem einzigen Körper verbindet, kein Staat mehr.« (ebenda, I., 2, 108f.)
66 »*Militarem sine duce turbam, esse corpus sine spiritu: / Et, vt remiges sine gubernatore, ita milites sine Imperatore, nihil valere*« (Ivstvs Lipsivs, *Politicorvm sive civilis doctrinae libri sex* […], Antwerpen 1589, 176.) – »Gleich wie ein ledig Schiff durch allerley wind hin und wider im Meer umbgeworffen wird: so gehets auch unserm unbestendigen Gemüte / wann es durch den Ballast der

Demise und Schiffbruch 75

Pascal schließlich, dem die Erziehung eines Prinzen so bedeutsam erschienen sein soll, »daß er bereitwillig sein Leben für eine so wichtige Sache opfern würde«⁶⁷, hat im ersten *Discours sur la condition des grands* das Szenario des Schiffbruchs zu einem Denkbild verdichtet, aus dem der unterwiesene Dauphin repräsentative Bedingung und Grenze seiner künftigen Souveränität ersehen kann: Durch Schiffbruch an ein unbekanntes Gestade verschlagen, wird ein Gestrandeter seiner ähnlichen Erscheinung wegen von den Ansässigen für ihren verschollenen König gehalten und lässt sich seither als solcher verehren. Seine privilegierte Position ist nun aber nicht nur durch einen Überschuss an Macht und Wissen gekennzeichnet, sondern, entsprechend des gedoppelten Königskörpers, auch durch eine Spaltung des Denkens: »il avoit une double pensée, l'une par laquelle il agissoit en Roy, l'autre par laquelle il reconnoissoit son état veritable, et que ce n'estoit que le hasard qui l'avoit mis en la place où il estoit: il cachoit cette dernière pensée, et il découvroit l'autre.«⁶⁸ Das Recht des Scheins meint bei Pascal also zum einen die Notwendigkeit, Souveränität als Quelle allen Rechts öffentlich und konventionell zu repräsentieren; darüber hinaus jedoch muss solches Recht immer auch als scheinhaft bedacht werden, denn was der Ordnung von Geburt, Eigentum und Macht vorhergeht, ist »une infinité de hazards«, eine endlose Verkettung von Zufällen, zu deren Aufweis es gerade jenes Wagnisses bedurfte, das zum exponierten Zufall des Schiffbruchs und letztendlich zur »veritable connoisance de vostre condition«⁶⁹ führte.

Das gleiche Szenario, die Landung auf unbekanntem Gebiet nach überstandenem Schiffbruch und die Neugeburt durch Konvention, wird in Sigmund Pirschers Leichenpredigt für Gryphius ins Heilsgeschichtliche rückübertragen, denn im Gegensatz zur Überlieferung des aristippschen Schiffbruchs ist der Verstorbene »bey seiner viel und grossen Angst in der Welt und aus der Tieffe der Erden nunmehr an das Land kommen / da er nicht *Mathematische* / sondern lauter himmlische *Figuren* funden und das Glück ihn gebracht / da er nun Groß und getröstet werde.«⁷⁰ Dass der irdische Schiffbruch vom göttlichen Zuschauer mit der Gnade repräsentativer Gewissheiten kompensiert werden wird – diese Überzeugung ist beim abdankenden Carolus zum devotionalen Appell des Gebets geschwunden.⁷¹ Schließlich sind mit der puritanischen Revolution noch die

---

Vernunfft nicht gestercket und befestigt ist.« (Lipsius 1965, 15 ʳ.) – Zudem: »Las einen am Ufer des Meers sitzen / der mit Augen ansehe / das etliche Schiffbruch leiden: Er wird zwar bewegt werden / aber doch mit keinem unlieblichen des Gemüts bissen / dieweil er ander leute gefahr sihet / unnd sich alles Unfalls oberhaben sein vermeinet.« (ebenda, 25 ᵛ.)

67 Pascal 1997, 1004/567 (überliefert von Nicole).
68 Pascal 1914, 365.
69 Ebenda.
70 Sigmund Pirscher, *Epigramma Beati Gryphii [...]*, 1664, 67, abgedruckt in: Erika A. Metzger und Michael M. Metzger, *Reading Andreas Gryphius. Critical Trends 1664-1993*, Columbia 1994, 11. – Zur Variation der Aristipp-Episode bei Joachim Rhetikus und Abraham Gotthelf Kästner: vgl. Hans Blumenberg, *Schiffbruch mit Zuschauer. Paradigma einer Daseinsmetapher*, Frankfurt am Main 1997, 17f.
71 »Der in dem fernen Port auff unsern Schiffbruch siht | Vnd nichts als Thränen gibt. Es steht in deinen Händen | Printz aller Printzen Fürst: Ach! hilff uns selig länden! | Sol mein zubrochen

beständigsten antiken Topoi zunichte geworden: Zwar besagt das senecasche Wort »Duas personas habet gubernator« im Verstande des Stuartkönigs, dass der Souverän nur als Passagier, nie jedoch als Steuermann vom Sturm des Bürgerkriegs gefährdet wird. Mit der parlamentarisch geprägten Medaille von 1642 aber war von nunmehr höchster Stelle festgeschrieben worden, dass nicht mehr das königliche Staatsschiff die Sache des Politischen zu befördern hat, sondern ein Kriegsschiff, auf dem sich der König gar nicht erst als Passagier, geschweige denn als Steuermann aufhält.[72]

Lohensteins Dichtung[73] steht dann bereits unter dem Vorzeichen einer kontingenzerprobten politischen Klugheit. Seine Agrippina betreibt die Vermengung von Staats- und Liebessachen deshalb so systematisch, weil sie mit dem inzestuösen Schiffbruch der Affekte auch einen solchen von Neros Machtapparat erwarten darf. Die kaiserliche Gegenstrategie wiederum folgt den Leitlinien eines reflektierten Kontingenzkalküls: Ein Giftmord lässt sich, nachdem Britannicus bereits vergiftet worden ist, schwerlich dissimulieren, ein plötzlicher natürlicher Tod ist einfach zu unwahrscheinlich. Ein inszenierter Schiffbruch hingegen macht sich die Kontingenz prudentistisch zunutze: »Sänkt uns solch Zufall denn in keinen Argwohn ein?«, fragt der Kaiser, worauf sein getreuer Stratege Anicetus antwortet: »Was kan dem Zufall mehr als Schiffbruch ähnlich sein? | Ist nicht das wüste Meer ein Spiegel schnöder Sachen / Ein Zirckel Unbestands? […] Mehr als Vermessenheit! | Dem Fürsten schreiben zu und sein Verbrechen heissen | Was Winde / Well und Flutt zerschmettern und zerreissen.«[74] Da sich das Meer, dieses Reich der Zufälligkeit, jedoch noch nicht einmal in seiner Unberechenbarkeit berechnen lässt, scheitert der verbrecherische Anschlag. Er war, wie der Geist des ermordeten Britannicus dem schlafenden Nero wissen lässt, »Allein umbsonst! Die rinnenden Chrystallen | Sind zu Vertunckelung so grimmer Thaten zu rein.«[75]

Dass der Schein des Rechts unter der Gewalt des Zufalls unweigerlich zunichte wird, zeigt Gryphius in seinem letzten Trauerspiel am Fall des römischen Rechtsgelehrten Papinianus.[76] Dieser sollte den machtstrategischen Brudermord des Kaisers Caracalla mit juristischen Argumenten decken, ließ sich aber lieber hinrichten, als gegen die Rechtsgöttin Themis freveln zu müssen. Während Carolus gegen die Perversion des irdischen Gerichtswesens an die letzte Instanz des Göttlichen zu appellieren vermag, entzieht sich der Heide Papinian der Schändung des Rechts dadurch, dass er Recht und Moral in seinem – historisch

---

Schiff der Wellen Opffer seyn | So rett' und führe nur die Seel ins Leben ein.« (Gryphius 1982, II., 344ff./40.)
72 Vgl. hierzu Kantorowicz 1994, 489, 45.
73 Im Spätwerk *Arminius* »benimmet ein und ander Zufall nichts der Güte und dem Nutzen der Weißheit. Sie ist das Steuer=Ruder / ohne welches ein Reichs=Schiff ein Spiel und Raub der Wellen / und ein unfehlbares Opfer des Untergangs ist.« (Lohenstein 1973, II., 785a.)
74 Daniel Casper von Lohenstein, *Agrippina*, in: Lohenstein 1955, III., 355-359, 360-362.
75 Ebenda, IV., 47f./74.
76 Vgl. hierzu auch Carolus' Klage: »diß ist new: mit tollen Händen | Der heil'gen Themis Richt-Axt schänden.« (Gryphius 1982, I., 351f./27.)

Demise und Schiffbruch 77

gesehen widersinnigen – Martyrium zur Deckung bringt. Papinians Selbstopfer in diesem »Konfliktmodell absolutistischer Politik«[77] hatte bereits Bodin als Mangel an politischer Klugheit moniert: »Hätte Papinian gedeckt, was nicht mehr zu ändern war, er hätte sein Leben gerettet und ein Gegengewicht sein können zu der Tyrannei und den Greueln des Kaisers, der ihn stets in hohen Ehren gehalten und großen Respekt vor ihm gehabt hatte.«[78] Dieselbe Kritik übersetzt im Drama Papinians Vater Hostilius in das Bild des Schiffbruchs, vor dem der politisch kluge Steuermann bewahrt: »Wenn Aeolus zu sehr | Sich gegen Segel setzt / und die getrotzte Wellen | Mit Schlägen / Schaum und Sand das müde Schiff zuschällen: | Gibt man den Winden nach / und rudert wie man kan«.[79] Doch resigniert Papinian, der wahre, aber anachronistische Statthalter des Rechts, vor dem Faktum, dass dem *naufragium* des Staatsschiffs durch bewährte Rechtstopoi ebenso wenig Herr zu werden ist wie durch die *constantia* des Märtyrers. »Vergönnt daß Ich die Hand | (Weil es deß Himmels Schluß) dem Ruder was entzihe; | Vergönnt daß Ich dem Sturm der ankommt / schnell entfliehe.«[80]

Rückblickend auf das Datum 1588 stellt Gryphius in den Anmerkungen zum *Carolus* fest, »daß die Engelländer sich der Winde wol zu gebrauchen gewust welche den Spaniern damals gantz zu wider gewesen.«[81] Was in einer einzigen Seeschlacht historisch datierbar scheint, buchstabiert Gryphius in seinem Drama indes als epochalen Widerstreit zwischen angestammter Landmacht und risikobereiter Rebellion aus. Nachdem die Independenten in die amerikanischen Kolonien vertrieben worden waren, kehrten sie nach England zurück, um dort das Königreich in seinen Grundfesten zu erschüttern (ehe sie mit Anbruch der Restaurationszeit wieder in die Neue Welt zu fliehen versuchten). Dabei wandten sie, wie man sagen könnte, die Strategie von 1588 gegen deren Urheber an: Die neue, unter Cromwell dann ausgebaute Seemacht setzte das territorial angestammte Königtum gleichsam unter Wasser. Für Karl Stuart wurde dabei die »Insel rauher denn dein Meer«[82]: Nicht nur, dass sie in ihren tradierten Grenzen nicht mehr zu halten war und damit Karls territorial geregelte Rechtsansprüche zunichte wurden, sie wurde auch zur Bühne dessen, wovon bereits Shakespeares

---

77 Vgl. Wilhelm Kühlmann, »Der Fall Papinian. Ein Konfliktmodell absolutistischer Politik im akademischen Schrifttum des 16. und 17. Jahrhunderts«, in: Buck 1981/II., 249-256.
78 Bodin 1981, III., 4/472.
79 Andreas Gryphius, *Großmüttiger Rechts-Gelehrter oder Sterbender Æmilius Paulus Papinianus*, Stuttgart 1965, V., 90ff./99. – Dass Papinian seine Amtsinsignien ablegen und die *salus publica* innerlich befördern zu können glaubt, dass er sich zudem öffentlich auf die Perspektive der Ewigkeit berufen will, entspricht wiederum eher der christlichen Märtyrerkonzeption als dem Modell antiker Tapferkeit, worauf schon seine Weigerung deutet, die Christen zu verfolgen, und seine Bereitschaft, nach Art Abrahams seinen Sohn der göttlichen Wahrheit zu opfern (vgl. hierzu ebenda, IV., 329ff./89, V., 317f./108, V., 134/101, I., 85ff./14).
80 Ebenda, V., 138ff./101.
81 Gryphius 1982, *Kurtze Anmerckungen in der II. Abhandelung*, 49f./131. – Vgl. hierzu auch Salmasius 1649, Kap. X.
82 Ebenda, I., 345/26. – Vgl. zudem die Klage durch Lauds Geist: »Weh Albion! Weh! Weh! schau wie die Felsen zittern | Die wilde See bricht ein« (ebenda, II., 123f./31).

Tempest zu zeugen wusste[83] – des Schiffbruchs, der das Königtum, ja das gesamte souveräne Repräsentationssystem in seiner Zufälligkeit verschwinden lässt. Mit dem »Schiffbruch« der Majestät ist auch die Möglichkeit, ihren eigenen Untergang im martyrologischen oder patriotischen Opfer zu repräsentieren, untergegangen und der schlichten Bestandsaufnahme derjenigen gewichen, die man später »Unfallopfer« nennen wird.[84]

Als Thomas Hobbes mit dem *Leviathan* das alttestamentarische Meeresungeheuer zum Modell seines monarchistischen Staatsgebildes erhob und das biblische Landtier Behemoth den revolutionären Kräften zuwies, verkehrte er zwar die historischen Rollen, erkannte damit aber die Zeichen der Zeit. »Die zukunftsreichen Energien der Seemacht standen auf der Seite der Revolution«.[85] Wie Carl Schmitt schreibt, war das zwischenstaatliche europäische Völkerrecht mit seinen in sich geschlossenen Territorialstaaten aus der christlich-mittelalterlichen Raumordnung hervorgegangen und stand nun, in der frühen Neuzeit, einem unbegrenzt offenen, einem »territorial entsetzten« maritimen Raum gegenüber. »Das Meer kennt keine solche sinnfällige Einheit von Raum und Recht, von Ordnung und Ortung. [...] Denn auf dem offenen Meer gab es keine Hegungen und keine Grenzen, keine geweihten Stätten, keine sakrale Ortung, kein Recht und kein Eigentum.«[86] In der Sicht des angestammten Königtums mussten die revolutionären Exponenten der neuen Staatsordnung als Piraten »ohn rechtes Recht« gelten, doch letztlich sollte gerade ihr »Erproben, Versuchen, Wagen« von der Geschichte sanktioniert werden.[87]

Historiographisch gilt der *ship-money case*, der steuerpolitische Versuch Karl Stuarts, mit der Formel *rex = lex* seine Souveränität auf den Meeresraum zu übertragen, als Hauptursache des königlichen Untergangs.[88] In seinem Zuge ist nicht

83 Vgl. etwa Greenblatt zu Shakespeare als Aktionär: »Der Schiffbruch hatte, zumindest laut Stracheys Bericht, zu einer grundsätzlichen Infragestellung von Autorität geführt und nahm damit Forderungen vorweg, wie sie Mitte des 17. Jahrhunderts während der englischen Revolution von Radikalen wie Winstanley eingeklagt wurden. Wo liegen die Grenzen der Autorität? Auf welcher Grundlage ist man zum Gehorsam verpflichtet?« (Stephen Greenblatt, »Kriegsrecht im Schlaraffenland«, in: *Verhandlungen mit Shakespeare. Innenansichten der Renaissance*, Frankfurt am Main 1993, (167-208), 195.)
84 »Der Dinge Wechsel sehn mit unverzagtem Mut; | Selbst in dem Spile seyn / und (da es Noth) sein Bluth | Auffopffern für Altar / für Stat / für Hauß für Lehre | Kan nichts als herrlich seyn. Ja schmeckt nach höchster Ehre | Diß aber was wir thun [...] | Diß / red' ich / ist zu hoch! man rühmt an keinem Ort | Den / der sein eigen Schiff selbst in den Grund gebort.« (Gryphius 1982, III., 579ff./71.)
85 Schmitt 1995, 120.
86 Schmitt 1997, 13f.
87 Gryphius 1982, V., 351/108, Schmitt 1997, 14. – »Das Bindeglied zwischen den beiden verschiedenen Ordnungen des Landes und des Meeres wurde die Insel England. [...]So hat es den Übergang zur maritimen Seite der Erde vollzogen und den Nomos der Erde vom Meer her bestimmt.« (ebenda, 144.)
88 Rechtshistorisch präzisiert müsste man – nach Carl Schmitt – den Sachverhalt im Sonderfall des englischen Gesetzesdenkens freilich umgekehrt formulieren: Die vom eigentlichen Recht ausgenommene Gewaltsphäre war hier das Meer (und das Territorium der Kolonien); dort war die königliche Macht absolut, so dass bereits unter Jakob I. die parlamentarische Opposition dagegen kämpfte, diese unbeschränkte Macht auf das »Landrecht« (wo der König durch

nur die souveräne Kontingenzkontrolle des Ausnahmezustandes in kontrollierte Außenpolitik und das *Kingdom* ins *Commonwealth* übergegangen. Mit dem Untergang der alten Topologie gerieten auch tradierte Topoi wie der vom Staatsschiff in Bewegung und wurden zu Komponenten eines Übertragungsprozesses, der einerseits die monarchomarchische Strategie der metaphorischen Reklamation, andererseits aber eine Kunst unter dem Zeichen der territorialen Entsetzung ermöglichen sollte.[89] Künftig sind »Opfer« nicht mehr an die eucharistische und souveräne Repräsentation und nicht mehr an die alten Herrschaftsgrenzen gebunden. »Opfer« mögen in den Reise- und Schiffbruchromanen das rituelle Zentrum barbarischer und bislang unbekannter »Zivilisationen« bezeichnen oder aber auch nur den materiellen und menschlichen Verlust, den das Gemeinwesen in Falle eines Schiffbruchs erleidet – auf jeden Fall bezeugen sie die Auflösung des überkommenen Repräsentationssystems.

3. Pest und *salus publica*

Auf dem Kontinent und am deutlichsten im Reich führte ein anderes Übertragungsproblem zur Attacke auf das tradierte Repräsentationssystem: Wie konnte trotz der unablässigen Türkenkriege an den Osträndern die Einheit von Ordnung und Ortung gewahrt und dabei die aus dem Osmanischen Reich heranrollende Pestwelle zurückgedämmt werden?[90] Nicht nur vor dem Risiko der Schifffahrt, auch vor der Ansteckungsgefahr hatte sich die Ordnungsmacht zuvorderst zu bewähren. Davon zeugt auf sinnfällige Weise, dass gerade die krisengeplagte Repräsentation immer wieder beider undurchsichtige Verbindung aufzuweisen suchte.[91] Was Pascal in seinem Denkbild zum Schiffbruch hinter dem Kollaps königlicher Repräsentation als einzige »qualitez reelles et effectives«

---

das *common law* und die ständische und parlamentarische Befugnis gebunden war), auf die rechtliche Einheit von Ordnung und Ortung also, auszudehnen (vgl. Schmitt 1997, 66f.) – Vgl. hierzu Stephen Orgel, *The Illusion of Power. Political Theater in the English Renaissance*, Berkeley/Los Angeles/London 1975, 79 und Donald W. Hanson, *From Kingdom to Commonwealth. The Development of Civic Consciousness in English Political Thought*, Cambridge/Mass. 1970, 315f.

89 Zur monarchomarchischen Metaphorisierung des Staatsschiff-Gemeinplatzes vgl. Irene Meichsner, *Die Logik von Gemeinplätzen. Vorgeführt an Steuermannstopos und Schiffsmetapher*, Bonn 1983, 145. – Zum Begriff der Deterritorialisierung, insbesondere mit Blick auf Dichtung und Literatur vgl. Gilles Deleuze und Félix Guattari, *Tausend Plateaus. Kapitalismus und Schizophrenie II.*, Berlin 1992, 703f., 186f., 239ff. – Zur Abfassung des dichterischen Werkes als gefährliche Schifffahrt vgl. Ernst Robert Curtius, *Europäische Literatur und lateinisches Mittelalter*, Bern/München 1965, 138.

90 Auf dem Gebiet des *desertum primum* und *desertum secundum* (in Südungarn und Südkroatien) wurden v. a. Serben als Soldaten von des Kaisers Gnaden und als freie Bauern auf freier Scholle angesiedelt, und dies, um als militärischer Schutzwall gegen den türkischen Ansturm und zugleich als Schutzkordon gegen die drohende Pest zu dienen (vgl. Stefan Winkle, *Geißeln der Menschheit. Kulturgeschichte der Seuchen*, Düsseldorf/Zürich 1997, 494f.).

91 Wie Foucault gezeigt hat, steht auch am Anfang der neuzeitlichen Ordnung von Wahnsinn und Vernunft die Sorge um die Heilung der vom Irrsinn Befallenen oder Angesteckten, derer man mittels einer gleitenden Topologie, einer »Heterotopie« zwischen Ein- und Ausschließung

entdeckte, war neben einem wissenschaftlich aufgeklärten Geist »la santé«.[92] Selbst auf der Domäne der Souveränitätsrepräsentation, auf der Schaubühne, wurden die neuen Kontingenzen zum Akteur. Als historischer Hintergrund des providentiellen Universums in Racines *Iphigénie* lässt sich der französisch-holländische Seekrieg benennen, während die mythische Dimension des Dramas die zwanghaft übertragene, die »ansteckende« Gewaltsamkeit des Atridengeschlechts darstellt.[93] Im *Papinian* ist es der »rauhe Nord«, der das Staatsschiff scheitern lässt, und gleichzeitig »bringt der faule Süd die ungeheure Pest«, die das politische Leben verderben wird.[94] In Lohensteins *Sophonisbe* schließlich definiert sich politische Klugheit nicht mehr allein als strategische Maßnahme, sondern zielt bereits auf Prävention: »Wer Nattern / Pest / und Brand | Ihm selbst in Busen setzt / und unter's Dach selbst träget | Ist nicht Bejammerns werth. [...] | So schützt ein jeder für / der Schifbruch hat gelitten.«[95]

Nicht nur die Schiffbruchs-, auch die Pesttopoi fanden von jeher bei Platon einen exponierten Bezugspunkt. Im platonischen Begriff der Mimesis laufen zudem künstlerische Praxis, pädagogische Vorkehrung und das Projekt einer allgemeinen Hygiene zusammen. Die mimetische Nachahmung überspielt die sozial legitimierten Grenzen und ist deshalb in der Praxis ein Risiko für die bestehende Rollendifferenzierung.[96] Sie ist Affektion, und in ihrer Regellosigkeit droht sie die Affekte mit Laster und Krankheit zu vermengen, so dass gegen die mimetische Ansteckung von Platon weniger die Nachahmung des Tugendhaften und daher Gesunden als gleich die Nichtnachahmung empfohlen wird.[97] Krankheit, Verworfenheit, Trunksucht, Wahnsinn und Liebesleidenschaft – kennen sollen die Bürger der *Politeia* all diese Phänomene, »selbst tun oder nachahmen aber nichts davon.«[98] Deswegen birgt die *eo ipso* mimetische Kunst und Dichtung immer die Gefahr der Ansteckung. Insbesondere das Theater gilt bei Platon als Ansteckungsherd für jene krankhaften Seelenzustände, die die besseren Seelenanteile unweigerlich verderben.[99]

an »heiligen Orten« und auf »Narrenschiffen« ledig werden wollte. (Vgl. Michel Foucault, *Wahnsinn und Gesellschaft. Eine Geschichte des Wahns im Zeitalter der Vernunft*, Frankfurt am Main 1995, 25ff.)
92   Pascal 1914, 369.
93   Zur genealogisch unbestimmbaren Ériphile als Herd aller Ansteckung vgl. Racine 1956, II. 1/48.
94   Gryphius 1965, I., 17f./12.
95   Lohenstein 1996, IV., 84ff., 90/82. – Die Allegorie der Rache beschließt den letzten *Reyen* des *Carolus Stuardus*, indem sie das Szenario apokalyptischen Niedergangs in Aussicht stellt: »Ihr Seuchen! spannt die schnellen Bogen! | Komm! komm geschwinder Tod! nim aller Gräntzen ein! [...] Das Albion erseuft: | Wo es sich reuend nicht in Thränen gantz verteufft.« (Gryphius 1982, V., 529f./114f.) – Gryphius selbst war 1633 nicht zuletzt wegen der Kriegswirren und Pestgefahr aus Glogau per Schiff nach Danzig aufgebrochen, wo er dann erstmals mit der Dichtung seiner Zeit und dem neuesten Stand der Naturwissenschaften bekannt gemacht wurde.
96   Vgl. Platon 1998/V., III., 397/103f.
97   Vgl. Ulrike Zimbrich, *Mimesis bei Platon*, Frankfurt am Main u. a. 1984, 77.
98   Platon 1998/V., III., 396/101.
99   Vgl. ebenda, X., 604f./404, 609/410.

Die mittelalterlichen Ansteckungsphantasmen sollten dann einer platonischen Lesart der *imitatio* gleichkommen. Gerade zur Zeit verheerender Pestzüge gerieten im christlichen Europa Repräsentations- und Ansteckungsprozess in ein undurchdringliches Wechselverhältnis, schließlich nötigte die als Gottesstrafe aufgefasste Seuche ganze Heerscharen von Gläubigen, sich der rituellen *imitatio Christi* hinzugeben, wobei die vagabundierenden Geißler und Pilger ihrerseits zur Übertragung der Pest beitrugen.[100] Einerseits verfiel man mit der Stigmatisierung vermeintlicher Sündenböcke (Juden, Hexen, Bettler, Fremde) einer Verhütungspraxis, die sich nicht gänzlich mit den Ansteckungsphantasmen der breiten Bevölkerung erklären lässt, sondern in zahlreichen Fällen auf eine wirtschaftlich motivierte Strategie der Verfolgung zurückging.[101] Andererseits rührte die bis zur Reformation belegte Angst vor Ansteckung durch Teilhabe an einer szenischen Repräsentation (etwa bei Darstellung des Bösen in den Mysterienspielen)[102] wohl von einer gewissen realpräsentischen Auffassung auf Seiten des Volks und der Schausteller her. Unter diesen Umständen erlangte die patristische Formel vom Theater als Pest einen aktuellen Hintersinn, der noch den barocken Märtyrerdramen eingeschrieben sein sollte. In Bidermanns *Philemon Martyr* etwa wird die theatrale Mimesis mit der *imitatio Christi* geradezu deckungsgleich, weil beide den Übertragungsmodus darstellen, in dem sich das Christentum erst ausbreiten kann. Anfangs nur Schauspieler, zuletzt aber kontagiöser *christomimetes*, überträgt Philemon die frohe Botschaft der *imitatio Christi* auf das gesamte römische Imperium. »So bleibt denn nichts von dieser Ansteckung verschont. | Das niedere Volk läuft Christus nach«[103], das Pestphantasma wird selbst zur Pest, »error, Manes, pestes undique | Se ostentant«[104], und das Christentum kann das Imperium durch eine gleichsam kontagiöse Repräsentation erobern.[105]

Die reformatorische Theaterkritik des 17. Jahrhunderts beruft sich anders als die Jesuiten auf die patristische Verwerfung des Schauspiels. Johann Jakob Breitinger, vormaliger Schweizer Gesandter auf der Dordrechter Synode, verunglimpfte, wohl vor dem Hintergrund des Kriegsausbruches und der Epidemie von 1610, die »Comoedien« als Handlangerdienste heidnischer Magie, die »zu kriegszeiten

---

100 Vgl. Manfred Vasold, *Pest, Not und schwere Plagen. Seuchen und Epidemien vom Mittelalter bis heute*, Augsburg 1999, 48, 50.
101 Vgl. etwa zu den Nürnberger Judenpogromen von 1349: Hans Wilderotter, »›Alle dachten, das Ende der Welt sei gekommen‹. Vierhundert Jahre Pest in Europa«, in: ders. (Hg.), *Das große Sterben*, Berlin 1995, 18ff.
102 Vgl. hierzu Müller 1998, 553f.
103 Bidermann 1960, III., 7/191.
104 Ebenda, I., 9/78.
105 Das Szenario römischer Christenverfolgung wird noch bei Corneille mit dem Thema der Opferkritik und der Übertragung durchsetzt sein. Der drohende Zusammenbruch imperialer Ordnung zwingt den römischen Statthalter Felix dazu, seinen Schwiegersohn Polyeucte mit allen Mitteln vom Christentum abzubringen. Weder die angedrohte Hinrichtung noch das geheuchelte Interesse am neuen Glauben können Polyeucte umstimmen. Mit der Hinrichtung indes überträgt sich der wahre Glaube auf Felix, der, bevor er Religionsfreiheit zu gewähren befugt ist, einzusehen hat: »J'en ai fait un martyr, sa mort me fait chrétien: / J'ai fait tout son bonheur, il veut faire le mien. / C'est ainsi qu'un chrétien se venge et se courrouce.« (Corneille 1948, V., 6/124.)

/ pestilenzischen sterbensleuffen«[106] die Götter besänftigen sollten, letztlich aber nur den göttlichen Zorn heraufbeschwören. Auch die – vornehmlich jesuitische – *imitatio* Gottes sei nichts als fatale Blasphemie, die wie jede dramatische Repräsentation zum Wahnsinn, bestenfalls zur Verdorbenheit und Trunksucht führt.[107] Die platonische Verquickung von Mimesis und Ansteckung veranlasst Breitinger, mit Bodin »solche Comoedische kurzweilen *Rerumpub. pestes*«[108] zu nennen, denen die reale Zeugenschaft und das geregelt historiographische Zeugnis als gottgefällige Repräsentationsformen entgegenzustellen seien. »Can't we refuse the Happiness without affronting the Offer? [...] And how often has the best Blood been tainted with this Infection?« fragt noch Ende des Jahrhunderts Jeremy Collier und schließt sich in *A short View of the Profaneness and Immorality of the English Stage* dem platonischen Verdikt über das Theater an.[109] Nach den Erfahrungen der englischen Revolution und Restauration stehen für ihn »Poetry and Diseases, the Dishonour of Families, and the Debauching of Kingdoms« auf derselben Stufe wie die sozialzersetzende »Beggary in Estates«.[110] Mit Lipsius und Gracián hatte man bis dahin noch versucht, dieser allbezüglichen Ansteckung durch eine allgemeine Verhaltenslehre des Untertans und Hofmanns Einhalt zu gebieten. Dort verlief die Verhütung über die stoizistische Technik einer allgemeinen Affektkontrolle – »Dann die Kranckheit stecket fürwar im Gemüte«[111] –, hier sollte sie sich in der höfischen Verkörperung des *santo*, *sano* und *sabio* exemplarisch einstellen, denn: »Drei Dinge, welche im Spanischen mit einem S anfangen, machen glücklich: Heiligkeit, Gesundheit und Weisheit.«[112]

---

106 Breitinger 1989, 57.
107 Breitinger spricht von »exempel, daß etwan die jenigen / welche in den Comoedien verträtten die person Gottes für die selbige zeit hin gehebt haben kein einige gesunde stund«. Außerdem habe man »exempel daß die jehnigen / welche verordnet waren in einer Comœdia zu praesentieren ein oder andere lasterhaffte person / verstand die person eines verstolnen / eines vertrucknen / eines ehebrächers und dergleichen / daß dieselben hernach grad eben von disen lasteren eingenommen / und dardurch umb glück und ehr kommen sind / und bekent habend / daß ihre ungüte gedancken den erstenanfang gewonnen / und solche starcke impression empfunden / damahls als sie mit besonderem fleiß dise laster kunstlich und gnugsam außtrucken wollen.« (ebenda, 51f.)
108 Ebenda, 33. Die Referenz betrifft Bodins *De Repub.*, 6. Buch, Kap. I., wo allerdings von Gauklern und Jongleuren die Rede ist
109 Jeremy Collier, *A short View of the Profaneness and Immorality of the English Stage*, London 1730, 62, 189. – »I shall point to the Infection at a Distance, and refer in General to *Play* and *Person*. [...] Such licentious Discourse tends to no point but to stain the Imagination, to awaken Folly, and to weaken the Defences of Vertue: It was upon the Account of these Disorders that *Plato* banish'd *Poets* his *Commonwealth*: And one of the *Fathers* calls *Poetry*, *Vinum Dæmonum*, an intoxicating *Draught*, made up of the *Devil's Dispensatory*.« (ebenda, 2f.)
110 Ebenda, 36, 189. – »And which is still worse, the Mischief spreads daily, and the Malignity grows more envenom'd. The Fevour works up towards Madness, and will scarcely endure to be touch'd. And what hope is there of Health, when the Patient strikes in with the Disease, and flies in the Face of theRemedy? Can Religion retrieve us? Yes, when we don't despise it.« (ebenda, 189.)
111 Lipsius 1965, 5ʳ.
112 Gracián 1993, 234f./300.

Eröffnete, wie Foucault sagt, die revolutionäre Enthauptung des Königs ein Feld universeller Auflösung[113], das ein nunmehr faktisch kopfloses Repräsentationssystem nicht mehr zu ordnen vermochte, so »greifft die Pest gantz Albion ans Leben | Vnd steckt die Glider selbst mit scharffem Außsatz an«.[114] Benennen ließ sich dieser unrepräsentierbare Untergang des Königreichs allenfalls noch über die Chiffre »Pest«, war doch der Pestbegriff bis in die Neuzeit hinein seinerseits eine äußerst heterogene Kategorie, die eine vage Vorstellung von Kontagiösität mit einer allerorten imaginierten »Geißel der Menschheit« amalgamierte, so dass man – in der Obrigkeit wie in der Bevölkerung – zuweilen schon die bloße Vorstellung »Pest« für ansteckend erklärte.[115] Deshalb konnte die Pest zum Signifikanten einer universellen Repräsentationskrise werden, sei es sprichwörtlich[116], sei es in der Emblematik[117] oder auch in Dramentexten.[118] Die wichtigsten Exponenten des tradierten Repräsentationssystems, der Souverän und die Geistlichkeit, die ja beide auf die zeremonielle Effizienz und die Unerschütterlichkeit ihrer Rechtsansprüche zu bauen hatten, waren zusehends der Gefährdung, ja dem Ausnahmezustand der unwägbaren Übertragungsprozesse ausgesetzt.[119] Bereits im 14. Jahrhundert musste der Kaiser samt Gefolge immer wieder den herannahenden Pestwellen weichen; deren Diktat waren selbst die Krönungsfeierlichkeiten, jene konstitutive Inszenierung der *salus publica*, zeitlich wie örtlich unterworfen.[120] Solange überdies die Plage in Begriffen des Gottesgerichts interpretiert wurde, war mit jeder neuen Wüstung die Kirche als Insti-

---

113 Foucault zum historisch-politischen Diskurs: »Es ist ein Diskurs, der im Grunde dem König den Kopf abschlägt, der sich in jedem Fall des Souveräns entledigt und ihn denunziert.« Die Folge »ist ein endlos Historisches, das gewissermaßen irrelativiert ist: ein Feld ewiger Auflösung in Mechanismen und Ereignisse der Gewalt, der Macht, der Grausamkeit.« (Foucault 1986, 24, 19.)
114 Gryphius 1982, IV., 158f./88.
115 »Siegmund Albich (1347-1427), Leibarzt des böhmischen Königs Wenzel und Professor an der Prager Universität, mahnt in seinen Pestregimen, ›von der Pest weder zu sprechen noch an sie zu denken, da allein schon die Angst vor der Seuche, die Einbildung und das Reden von ihr den Menschen ohne Zweifel pestkrank machen.‹« (Klaus Bergdolt, *Der schwarze Tod. Die Große Pest und das Ende des Mittelalters*, 4. Aufl., München 2000, 25.) – Vgl. zudem Jacques Ruffié und Jean-Charles Sournia, *Die Seuchen in der Geschichte der Menschheit*, 2., erweiterte Auflage, Stuttgart 1987, 23 sowie Martin Dinges, »Pest und Staat. Von der Institutionengeschichte zur sozialen Konstruktion«, in: ders. und Thomas Schlich, *Neue Wege in der Seuchengeschichte*, Stuttgart 1995, (71-103), v. a. 89.
116 Vgl. etwa Christoph Lehman, *Florilegium Politicum* [...], 1637, 443.
117 Beispielsweise wird unter dem Motto: »PESTIS REGNI REX SINE PRUDENTIA« eine planlose und unbeständige Regierung zur Ursache der Pest (Florentius Schoonhovius, *Emblemata [...] (1618)*, Nr. 71, in: Henkel/Schöne 1967, Sp. 1694).
118 Bei Lohenstein werden die »verdamten Araber«, wohl nicht zuletzt, weil vom Nahen Osten aus fast alle Seuchenzüge ihren Ausgang nahmen, zur »Pest der Erden« (Lohenstein 1996, V., 149/105). Außerdem taucht bei Lohenstein die Pest gleichursprünglich mit der Herrschaftskrise und Verderbnis politischer Kultur auf, die im Extremfall der *Epicharis* die Frage des Tyrannizids aufwirft (Vgl. Lohenstein 1955, I., 31f./161, I., 593/177).
119 Im *Carolus* klagt der »Chor der ermordeten Engelländischen Könige« über die »heisse Pest die Kirch und Herd | Vnd gantze Reich in nichts verkehrt.« (Gryphius 1982, I., 305f./25.)
120 Vgl. Vasold 1999, 47, 119.

tution der Heilsverkündigung und damit letztlich auch das Gottesgnadentum in seiner Geltung gefährdet.

Wie durch Thukydides' Beschreibung der Pest von Athen überliefert ist, wurden bereits in der Antike neben institutionalisierten Formen der Religion und neben dem Maßnahmenkatalog der jeweiligen Schulmedizin magisch-religiöse Praktiken, insbesondere Opferrituale und kathartische Riten gegen das grassierende Unheil, gegen die »Miasmen«, in Anschlag gebracht.[121] Bereits im Alten Testament (*Leviticus*, 13) ist der Übertragungsmechanismus konkreter beschrieben und mit – freilich kultisch kodifizierten – seuchenprophylaktischen Bestimmungen verbunden, doch sollte es bis zur Widerlegung der galenschen Lehrsätze durch Vesalius dauern, ehe Girolamo Fracastorius 1546 in *De Contagione et contagionis morbis* unabhängig von religiösen Maßgaben und von der Konstitutionslehre die Infektion in den Modi: *per contactum*, *ad distans*, und *per formitem* (durch verunreinigte Gegenstände) systematisierte.

Daran, dass Gryphius im *Leo Armenius* den instrumentell gewordenen Gottesdienst seinerseits als Pest bezeichnet, ermisst sich nicht nur der Abstand zur vormals rituellen Praxis der Seuchenbekämpfung, es zeigt ebenso die Gefährdung der Religion als solcher, von der man nicht nur anlässlich der Konfessionskonflikte um die gottgemäße Repräsentation sprechen kann. Als das Marburger Religionsgespräch zwischen Luther und Zwingli zum Status der Eucharistie wegen der Pestepidemie des Jahres 1529 abgebrochen wurde[122], trat in diesem Ereignis die Beziehung zwischen neuer Kontingenz und repräsentativer Heilsvermittlung genauso sinnfällig zutage wie in der prophylaktischen Maßnahme, zu Seuchenzeiten nur durch ein »Pestfensterchen« und mit einer prothesenartigen Verlängerung des Priesterarmes zu kommunizieren.[123] Insofern »Pest« nichts weiter als die Auflösung aller topologischen Festigkeit und die gewaltsame Entdifferenzierung bedeutete, so wie sie sich im Bürgerkrieg am folgenreichsten manifestiert, konnte dieser frei flottierende Signifikant auch im politischen Diskurs ungeachtet des rechtmäßigen oder faktischen Stands der Dinge auf die Gegenpartei übertragen und dadurch rhetorisch omnipräsent werden – programmatisch kam der *war of manifestoes* deswegen widerstreitenden Politiken der Seuchenbekämpfung gleich: »Non solum reipublicæ hostes, sed generis humani pestes«[124] sind laut Salmasius die Revolutionäre, deren »disloyalty« der Karl des *Eikon Basilike* als »plague« und »leprosy« kennzeichnet.[125] Pierre de Moulin bezeichnet Milton als »foetida & tota lues«[126], als stinkende Pest, während der Gescholtene den unglücklichen Monarchen wie eine »common pest«[127] bekämp-

---

121 Vgl. Winkle 1997, 186.
122 Vgl. ebenda, 121.
123 Vgl. ebenda, 493.
124 Salmasius 1649, 16.
125 *Eikon Basilike* 1966, 86.
126 Pierre du Moulin, *Regii Sanguinis ad Coelum Adversus Parricidas Anglicanos*, Den Haag 1652, 163.
127 John Milton, *Political Writings*, hg. v. Martin Dzelzainis, Cambridge u. a. 1991, 17.

fen will. Noch zu Zeiten des Protektorats steht in dem berühmten Pamphlet *Killing no murder* der Aufruf wider Cromwell, »to free the World of this Pest.«[128]

Wenn »Krankheit« im Sinne medizinischer Begriffsbildung als spezifische Verhaltensform eines Wirtes gegenüber einem Eindringling definiert ist[129], muss sich die Seuchengeschichte aus den faktisch applizierten Maßnahmenkatalogen zur Seuchenprävention herschreiben. Die im Fall Karl Stuarts von Milton beobachtete »affection, and by consequence, that revenge to his dead Corps, which hee himself living could never gain to his Person«[130], deutet bereits darauf hin, dass sich während der englischen Revolution die Frage des politischen Körpers noch einmal zu der des Herrscherkörpers zuspitzen sollte. Bereits die Lehre von der Staatsräson hatte sich zur Begründung ihrer rechtlichen Ungebundenheit auf die *salus publica* berufen. »Da ich nun hier von zusammengesetzten Körpern spreche, wie es Republiken und Religionsgemeinschaften sind, so sage ich: diejenigen Krankheiten gereichen ihnen zum Heil, die sie zu ihren Anfängen zurückführen«, heißt es in Machiavellis *Discorsi*, womit er den Begriff der *salus* und des Körpers *ex negativo* bemüht, denn: »Die Doktoren der Medizin sagen vom menschlichen Körper: *quod quotidie aggregatur aliquid, quod quandoque indiget curatione.*«[131] Wollte man diesen machiavellistischen Lehrsatz beim Wort nehmen, so hätte der Fall Karl Stuarts beide Parteien in eine paradoxe Lage versetzt: Mit Karls Enthauptung hätten die Royalisten ihren höchsten Exponenten verloren, hätten aber zugleich das Königreich zu seinem Ursprung, zum konstitutiven und christologischen Opfer des Königs zurückgeführt; die Puritaner hätten ihrerseits die »common pest« ausgestanden, wären letztlich aber nur an der Stelle angelangt, die den »politisch-theologischen« Ursprung des Gemeinwesens offen legt. »The sense of the injuries done to my subjects is as sharp as those done to myself, our welfares being inseparable« schreibt der Karl des *Eikon Basilike*, und im *Carolus* wird ihm – derselben Zweikörperdoktrin gemäß – prophezeit, »Daß wenn du dich hin wirst beugen | Brittens Heyl müss' untergehn.«[132] Die Maxime der *salus publica* verlangt immer wieder ihre Opfer, vertritt sie doch, wie es in Lohensteins

---

128 *Killing noe murder. Briefly Discourst in Three Quæstions. By William Allen*, EA: 1657/1659, in: Olivier Lutaud, *Des révolutions d'Angleterre à la révolution française*, La Haye 1973, (371-406), 399. – Spinoza hat die »Unbeständigkeit« der Volksmengen für ihre oftmals kriegsauslösende Untugend verantwortlich gemacht, »bald ihre Könige wie Götter zu verehren, bald sie zu verfluchen und gleich einer Pest der Menschheit zu verabscheuen« (Spinoza 1984, 5), unbesehen dessen, ob nun gerade der Pestgeißel wegen das überkommene Souveränitätsmodell die Beständigkeit seiner Rechte eingebüßt hat.
129 Vgl. Ruffié/Sournia 1987, 13. – Deswegen kann die Historiographie *post festum* – etwa über die jeweilige Übertragungsgeschwindigkeit der Epidemie – von der historischen Kontingenz auf die reale Konstitution, nämlich auf die verkehrstechnische Disposition des betroffenen Territoriums schließen. (Vgl. Friedrich Schnurrer, *Chronik der Seuchen in Verbindung mit den gleichzeitigen Vorgängen in der physischen Welt und in der Geschichte der Menschen*, 2 Bde., Tübingen 1823, I./3f. – Vgl. auch Vasold, 43f.)
130 Milton 1953ff./III., 342.
131 Niccolò Machiavelli, *Discorsi*, in: *Politische Schriften*, Frankfurt am Main 1990b, (127-269), 234. – »Jeden Tag setzt sich etwas an, was irgendwann einmal der Heilung bedarf.«
132 *Eikon Basilike* 1966, 85 und Gryphius 1982, III., 843f./82.

Arminius monarchistisch akzentuiert heißt, »das oberste Gesetz / nehmlich das allgemeine Heyl […] Zwar es kan geschehen: daß zuweilen die Unschuld hierdurch Noth erleidet. […] Diesen Schaden aber muß die Erhaltung des Reiches und eines Fürsten ersetzen. Denn dieser ist der Steuer=Mann / an dem das meiste gelegen ist; und […] bey sich näherndem schiffbruche auch diß / was er am liebsten hat / über Port werffen muß.«[133]

Freilich bestreitet die revolutionäre Doktrin der *salus publica*, dass das Wohl des Ganzen seine Opfer immer nur vom Volk fordere und nicht auch dasjenige des Königs nahe legen könne. Auch wenn die Puritaner dabei noch kein vernunftgemäßes, von der Bibel gelöstes Naturrecht im Sinne gehabt haben mochten[134] – mit der königlichen Enthauptung wurde auf jeden Fall ein antimonarchistisches und dezentriertes Konzept des politischen Körpers durchgesetzt. Der medizinischen Diagnose bei Untersuchung des königlichen Leichnams kam deshalb so tragende Bedeutung zu, weil von hier aus über die Eminenz des Königskörpers geurteilt und von da aus eine legitimere, rein körperschaftliche Leibmetaphorik entworfen werden sollte. Der königliche Leibarzt George Bate berichtet in seinem – von Gryphius in der Zweitfassung berücksichtigten – *Elenchus*, dass die Aufständischen für Karls Leichnam schmählicherweise den »morbus Aphrodisius« diagnostiziert hätten, bevor ihm ehrliche Ärzte eine zu Lebzeiten vorbildliche Konstitution attestieren konnten. Bate versäumt nicht zu erwähnen, dass mit der Kunde von Karls Tod Frühgeburten, Konvulsionen, melancholische Anfälle und sogar Todesfälle im Volke zu verzeichnen gewesen seien.[135] Unter solchen Vorzeichen ist es die juridische Sorge um *den* Körper, die die sozialpolitische *Vor*sorge für das Wohl des politischen Körpers anbahnt. Schon Jahrzehnte vorher hatten Staatstheoretiker wie Hobbes diesen Sachverhalt – freilich noch mit dem Königskörper und dem Instrument juridischer Vorsorge vor Augen – umschrieben: Es sei »necessary in every Commonwealth to cut off offenders, as well for present safety, as prevention of further mischief […]. Justice keeps the fountain free from corruption, infection, or danger, prescribing rules for fear it corrupt, ascribing Antidotes for fear of infection, and preserving his person, and reputation both from sensible, and insensitive danger.«[136] Mit dem *Leviathan* wird dann der Rechtsdiskurs in eine wissenschaftlich fundierte Konstruktionsanleitung für den künstlichen und immunen Körper des Souveräns übergehen. Auf dem ersten Frontispiz des *Leviathan* bevölkern noch Gestalten mit Schnabelmasken den Kirchplatz, die dann auf dem Titelbild der Werkausgabe von 1750

---

133 Lohenstein 1973, I., 1023 a-b.
134 Vgl. Ernst Troeltsch, *Die Soziallehren der christlichen Kirchen und Gruppen*, Bd. II., Tübingen 1994, 695.
135 Vgl. (George Bate), *ELENCHVS MOTVVM NVPERORVM IN ANGLIA. Simul ac IVRIS ET PARLAMENTARII Breuis Enerratio, Editio secunda correctior*, Edimbvrgi, M.DC.L, 309, vgl. auch 312f., zit. nach: Berghaus 1984, 187. – Auch Pierre du Moulin verweist in seiner Schrift *Regii sanguinis clamor* auf eine von den Mördern in Auftrag gegebene, später aber widerlegte Obduktion zum Nachweis der *lues venerea*. (Moulin 1652, 74f.)
136 Thomas Hobbes, *A Discourse of Laws*, in: *Three Discourses*, Chicago/London 1995, (105-122), 107-109.

zu bloßen Kirchgängern geworden sind. Vielleicht ist dies die ikonographische Diagnose dessen, was man als Erfolg der zunehmend institutionalisierten Seuchenprävention bezeichnen kann.

Die Sorge um den sakralen Körper ist es, von der das neuzeitliche Projekt des gut versorgten und wohlbestellten Gemeinwesens auszugehen hatte. Wenn sich bereits der Papsthof des 13. Jahrhunderts um die Pflege der wissenschaftlichen und insbesondere medizinischen Forschung bemüht, so kommt darin weniger interesseloses Mäzenatentum zum Ausdruck als vielmehr, dass man die Beziehung zwischen Amtsperson und Leibwesen des Papstes und damit die Integrität der *communitas* überhaupt als Repräsentations- *und* Vorsorgeproblem erkannt hat. Innozenz III. war wohl das erste Kirchenoberhaupt, das den Leib des Papstes von seiner Hinfälligkeit und immer virulenten Gefährdung her zu denken verstand. Er war es, der sich als erster Papst einen Leibarzt hielt, und seine Vertrautheit mit den medizinischen Lehrsätzen der Schule von Salerno, seine medizinische Bibliothek und die seiner Gesundheit halber praktizierten Präventionsmaßnahmen zeugen von dem neuen Interesse, das man am päpstlichen Hofe für die »Leibwissenschaften« zu entwickeln begann.[137] Zum Zeitpunkt, da er sein bahnbrechendes Buch *De Contagione* publizierte, wurde Girolamo Fracastorius zum päpstlichen Berater in medizinischen Dingen ernannt, und angesichts der beobachteten Wechselwirkung zwischen Repräsentationssystem und Seuchenprophylaxe kann es nicht verwundern, dass ihm bald unterstellt wurde, er habe das Werk dem Papst zuliebe verfasst, damit dieser das pestbedrohte Konzil von Trient nach Bologna verlegen und so die Einigung zwischen Kaiser und norddeutschen Protestanten verhindern konnte.[138] Hermann Kirchners Gleichung von Politiker und um das *corpus politicum* bemühtem Arzt gilt konkret nicht nur am geistlichen, sondern ebenso sehr am weltlichen Hof des 16. und 17. Jahrhunderts.[139] Stellt der Hof gleichsam die Keimzelle aller späteren Seuchenprophylaxen dar, so dient, wie es bei Seckendorff heißt, »auch zu dem ersten Punct der Regierung / zu Erhaltung des Staats und Regiments im Lande / *alles das was zu Erhaltung der Ehre / Auffnehmen und Erspießligkeit des Landes-Herrn Person und der Seinigen erfordert wird.*«[140] Florinus' Leitsatz für Regenten, diese dürften sich niemals in »Lebens=Gefahr« begeben und hätten stattdessen allerlei Anstalten zu unternehmen, um »die Gesundheit des Leibes zu erhalten«, mündet im *Teutschen Hof=Recht* Friedrich Carl von Mosers bereits in das Projekt einer höfischen

---

137 Vgl. Agostino Paravicini Bagliani, *Der Leib des Papstes. Eine Theorie der Hinfälligkeit*, München 1997, 174ff. – Sein Nachfolger Gregor IX. sollte vor diesem Hintergrund nicht nur die Fäulnisherde Roms einzudämmen versuchen, sondern auch die römischen Aufständischen als eiternde Wunde und die Ketzerei im allgemeinen als Seuche kennzeichnen (vgl. ebenda, 175).
138 Vgl. Winkle 1997, 468.
139 Vgl. hierzu Hermann Kirchner, *Orationes XXXVI*, Marburg 1621, IX. und X., 174-205 und die Hofordnung des Herzogs Johann Friedrich von Pommern (1575), in: Arthur Kern (Hg.), *Deutsche Hofordnungen des 16. und 17. Jahrhunderts*, Bd. I.: *Brandenburg, Preußen, Pommern, Mecklenburg*, Berlin 1905, 107.
140 Seckendorff 1711, II., 7/126f.

Unfall- und Verbrechensprävention und in »die grosse Sorge vor die Reinhaltung der Höfe und Gegend um das Residenz-Schloß, u. s. w.«.[141]

Während diese Vorkehrungen im zerstückelten Deutschland dezentral, nämlich von den diversen höfischen Zentren aus, in Angriff genommen wurden, sah man in Frankreich den gesamten *royaume* im *corps du roi* verkörpert. Zwischen 1647 und 1711 führten die königlichen Leibärzte Vallot, d'Aquin und Fagon das medizinische Tagebuch Ludwigs XIV., das als fortlaufende Bestandsaufnahme der *salus Imperii* den Zustand des Königs *und* des Reichs verzeichnen sollte.[142] Ludwig hatte sich, wie man annehmen musste, 1658 in Calais infiziert und dabei seine Zeugungsfähigkeit eingebüßt. Die im Tagebuch niedergelegten Diagnosen und Heilungserfolge, die Anamnesen (das königlich-sakrosankte Wort) und Katamnesen (die kontingenten Umstände der Ansteckung, etwa das verseuchte Wasser, die verdorbene Luft und die zahlreichen Krankheitsfälle vor Ort) waren von äußerster Brisanz, weil mit ihnen über den Bestand der französischen Königsgenealogie, die exemplarische Reinheit des Königskörpers und damit auch die öffentliche Wohlfahrt entschieden wurde. Dass Ludwig 1694 gerade in Calais seine Genesung feiern konnte, wurde denn auch als Zeichen göttlicher Gnade interpretiert. Eine Gedenkmedaille sollte das Ereignis bildhaft verewigen und an die Stelle des Krankenberichts treten.[143] Während sich also die auf deutschem Boden projektierte Sorge um die Wohlfahrt unterhalb der Ebene des abstrakten Reichskörpers konturierte, der ja an den Folgen seiner Heterogenität krankte (der Aufgabe, »Heilmittel für diese Krankheiten zu bestimmen«[144], versuchte Pufendorf bezeichnenderweise auf rein verfassungstechnischem Wege gerecht zu werden), und während in Frankreich weiterhin die eucharistische Semiotik des Königskörpers vom Versailler Heiligtum aus das homogenisierte Reich überzog, stand man in England vor den Folgen eines repräsentativen Bruchs, der sich nicht mehr eucharistisch heilen ließ, sondern einer neuen Implementierung der *salus publica* Vorschub leistete: Von der Examinierung des Königskörpers zur Medikalisierung des ganzen Staatskörpers verläuft die Achse, an der sich nicht nur die verwaltungstechnische und staatswissenschaftliche Umstellung, sondern auch das Ende der zeremoniellen Geschichte ablesen lässt – die Kontingenz der Kontagiösität zeitigt eben keine Geschichte der großen Herren mehr.

In England und Frankreich kannte man seit dem Mittelalter das Phänomen der wundertätigen Könige, die das Defilee der kranken Untertanen durch bloßes

---

141 Florinus 1719, 15. – Friedrich Carl von Moser, *Teutsches Hof=Recht [...]*, 2 Bde., Franckfurt und Leipzig 1761, Bd. I., III. 1, 201, vgl. auch III.. 3, v. a. 379.
142 Vgl. Marin 1986, Kap. XIV., 226-250.
143 Vgl. ebenda, 233, 235. – Ludwig XIV. und sein genealogisches Programm stellte auch für das französische Königtum einen Sonderfall dar, weil es das tradierte Blutrecht nicht nur als dynastisches Selektions-, sondern auch als Legitimationskriterium, ja gar im Sinne einer *mystique de sang* einführen wollte, so dass selbst seine Bastardsöhne legitimiert und als Thronerben eingesetzt wurden: »The power of the semen had transcended the power of the sacrament of marriage.« (Giesey 1961, 41.)
144 Pufendorf 1870, VIII., §. 4/127.

Handauflegen zu heilen vermochten. Besonders im 17. Jahrhundert nahm das Ritual der Skrofelberührung Ausmaße an, die jeden noch so kräftigen Monarchen an die Grenze seiner Belastbarkeit führen mussten. »Doch der Herrscher darf sich dieser Pflicht seines Amtes nicht entziehen, außer er ist ernstlich krank. Er opfert sich für die Gesundheit seiner Untertanen. Nur zu Pestzeiten läßt man die Kranken nicht vor, aus Furcht vor der Ansteckung, die auch den König erfassen könnte.«[145] Bereits unter Ludwig XIV. war man bei der repräsentativen Ausgestaltung des Rituals zurückhaltender geworden, die alte Formel *Le roi te touche, Dieu te guérit* wurde durch das konjunktivische *Dieu te guérisse* ersetzt.[146] 1789 musste Ludwig XVI. endgültig auf die Ausübung jener wunderbaren Gabe verzichten, und auch den Reliquien dieses »Märtyrerkönigs« schrieb man nicht mehr die thaumaturgischen Wirkungen zu, die noch Karl Stuart vor seiner Hinrichtung, während seines Leidensweges und als Leichnam zugekommen waren.[147] England erlebte mit Karls Tod und der Wiedereinsetzung seines Geschlechts ein zeitweiliges Wiederaufleben der königlichen Wundertätigkeit.

Als aber John Graunt im Jahre 1676 konstatierte, dass die deskriptiv erfassbare Wohlfahrt des Landes mit der politischen Restauration koinzidiere, und dass dies »doth abundantly counterpoise the Opinion of those who think great *Plagues* come in with *King*'s Reigns, because it hapned so twice, *viz. Anno* 1603, and 1625«[148], hatte er zwar den abergläubischen Konnex zwischen Herrschafts- und Katastrophenzyklus zugunsten Karls II. widerlegt, ihn jedoch zugleich seines exponierten korporativen Status' entledigt. Graunt zerschlug das Knäuel, in dem die Fäden medizinischer, theologischer und politischer *imagines* zum »conceit« der Thaumaturgie zusammenliefen. Fortan war das thaumaturgische Heilungstheater, einer der letzten prominenten theatralen Repräsentationsmodi im Sinne des Souveräns, seiner Möglichkeitsbedingung beraubt. Hatte man bisher, in England so gut wie auf dem Kontinent[149], die theatrale Repräsentation als Seuchenherd eingedämmt, sobald sie die angestammte Herrschaft anzugreifen

---

145 Marc Bloch, *Die wundertätigen Könige*, München 1998, 387.
146 Vgl. Burke 1992, 131.
147 Zum Wallfahrerkult während Karls gewaltsamer Rückführung nach London vgl. Bloch 1998, 398.
148 John Graunt, *Natural and Political Observations [...]*, in: *The Economic Writings of Sir William Petty*, Bd. II., Cambridge 1899, (314-435), 369.
149 Im elisabethanischen England – ansonsten zerrissen durch das interessegeleitete Widerspiel seiner Autoritäten: der Kirche, der Stadt London, des Hofes und Lord Chamberlains – konnte man sich nur im Falle der Pest auf eine einheitliche theaterpolitische Richtlinie einigen, nämlich auf die Schließung der Etablissements und die Deutung der Seuche als Strafe Gottes. (Vgl. Ina Schabert (Hg.), *Shakespeare-Handbuch*, Stuttgart 1978, 129f. – Vgl. auch zur Verdrängung von Theater und Exorzismus in die Vorstädte, jenen »symbolträchtigen Bezirk der Unreinheit, der Seuchen und lasterhaften Vergnügungen«: Stephen Greenblatt, »Shakespeare und die Exorzisten«, in: Greenblatt 1993, (124-166), 148.) – Das Wiener Aufführungsverbot für Wandertheater wurde durch Kaiser Ferdinand III. im Jahre 1642 eingeführt, »weillen dardurch viel Unrath und Böses entstehet, der gemeine Mann, auch die liebe Jugend verführet und umb das Geld gebracht, vornehmlich der Allehöchste mit unerhörter Gotteslästerung, verunehrung der Heiligen Sacramenten und Wunden Christi sehr beleidigt wird, sonderlich zur Infections- und anderen bösen Zeiten.« (in: Brauneck 1996, 337f.)

drohte, und sie als Seuchenprävention in Anschlag gebracht, solange damit die bestehende Macht konsolidiert werden konnte, war ihre Wirksamkeit nun überhaupt ans Ende gelangt.

»Worzu nunmehr bißher mit Mord und Schwerdt getobet«[150] wurde, fragt Poleh während seiner Vision von den zurückgekehrten Stuarts. Gryphius' Drama, dessen zweite Fassung ja überhaupt erst durch die Einsetzung Karls II. inspiriert wurde, hat letztlich nichts anderes vorzuführen, als dass jene Rebellion eigentlich ohne Zweck und Ziel, dass sie ein bloßer Zirkel der Gewaltsamkeit war. Die absolutistische Konsolidierung im Europa der sechziger Jahre schien dieses Exemplum faktisch zu untermauern, doch wurden bereits mit der *Habeas-Corpus-Akte* von 1679 die Rechte des Königs wieder eingeschränkt, ehe sich England mit der *Glorious Revolution* von der Stuart-Dynastie losmachen, sich zu einem bürgerlichen Gemeinwesen im Sinne Lockes ausgestalten und zur ersten Kapital-, Handels- und Seemacht der Welt aufsteigen konnte. Zesens Diagnose: »mit des Königes halse zerschneidest du die wohlfahrt des gantzen Englandes«[151] war also zugleich überholt und voreilig. Für die englische Revolution wurden zahlreiche historische Gründe apostrophiert: Sozialstrukturell gesehen mag die Verbindung der *capitalist landlords* mit ihren städtischen Pendants, die zeitweilige Allianz zunehmend aufsässiger Bauern und Handwerker mit dem Adel den Ereignissen Vorschub geleistet haben; unschwer ließe sich das Geschehen auch als Verkettung zusehends eskalierender »politischer« Ereignisse (die schottische Invasion, der irische Aufstand und die Vorfälle in London selbst) oder als Erfolg der von jeher starken monarchomarchischen Tradition entziffern.

Doch markiert die Mitte des Jahrhunderts, auf die die spätere »Sozialstatistik« mit John Graunts *Observations Mentioned in a following Index and made upon the Bills of Mortality. With reference to the Government, Religion, Trade, Growth, Air, Diseases, and the several Changes of the said City* ihre Geburtsstunde datiert, auch ganz abgesehen von ideologischen und soziologischen Zuschreibungen eine Schwelle, die die Souveränität nicht mehr das eine gottgefällige Martyrium, sondern irgendeinen Schiffbruch erleiden lässt. Gryphius, der die eucharistische Integrität und den Appell an die alte repräsentative Macht der Entgrenzung von Sakralem und Profanem entgegensetzt, und Lohenstein, der die Repräsentation als bloß szenisches Strategem auf dem Feld einer umgreifenden, wissensgesteuerten und zusehends verwaltungsförmigen Regierungstechnologie ausmacht, befinden sich auf unterschiedlichen Seiten ein und derselben Schwelle. Karl Stuart hatte, was im *ship-money case* eklatant wurde, eine durchaus eindrucksvolle und bis dahin beispiellose Konsolidierung königlicher Autokratie erreicht, deren dauerhafte Implementierung in erster Linie an der Bindung zur Armee scheiterte.[152] Deswegen hatte sich die Niederschlagung des Ausnahmezustandes und letztlich auch der Krieg mit den Exponenten einer neuen Ordnung nicht nur auf dem als militärisch deklarierten Schlachtfeld, sondern ebenso auf dem Schauplatz der Reprä-

---

150 Gryphius 1982, V., 236/104.
151 Zesen 1987, 8.
152 Vgl. Orgel 1975, 78f.

sentation zu vollziehen. Gauden, Karls Mittelsmann bei der Abfassung des *Eikon Basilike*, schrieb zu eben diesem Buch in einem Brief an Sir Edward Hyde: »In a word, it was an army, and did vanquish more than any sword could.«[153]

Das postfigurale Bild des Königs war sein letztes Aufgebot, bis es von der puritanischen Repräsentationskritik abgewehrt und zersprengt wurde. Mit dem Ende des Märtyrerkönigs und dem Ende der barocken Theaterpolitik trat die über alle Grenzen vagabundierende und über alle Meere flottierende »Pest« des territorial unkontrollierbaren Volks ihren Siegeszug an. Sie sollte nur mehr durch den verwaltungs- und kommunikationstechnisch multiplizierten Befehl einzudämmen sein, und so, wie das Risiko der Kommunikation nicht mehr im bloßen Ritual aufzufangen war, hatte sich die theatrale Souveränitätsrepräsentation auf das erzählerische Dispositiv umzustellen, in dem die emblematische Ordnung zur prosaischen Polizeysache, in dem Karls Martyrium zum bloßen Mord, und dieser Mord zu einem solchen an der »Majestät« selbst geworden ist.

Was Herrschaft an diesem Punkt auszeichnet, sind weniger repräsentative Auffassungen und Maßnahmen als ein systematischer Zugriff und die längerfristige Kontrolle all jener Sphären, die vormals schon durch bloße Rechtsansprüche gesichert schienen. So wie im 17. Jahrhundert die Meere von Europa aus unter Kontrolle gebracht wurden, dämmte man dort um 1685, allerspätestens aber bis 1720 die Pestgefahr zurück.[154] Zuvor hatte sich der Schwerpunkt der anatomischen Forschung von Italien nach Zentraleuropa verlagert, wo die Institution des *theatrum anatomicum* allmählich vom anatomischen Institut abgelöst werden sollte. Das Blickfeld des Spektatoriums hatte nun einer funktionalen Differenzierung auf mehreren Ebenen zu weichen: das Fach der Anatomie differenzierte sich in die Physiologie und Pathologie aus, unter dem unbedingten Imperativ der Hygiene wurde der vormals zentrale Theaterbau in einen zweckmäßig angelegten Gesamtkomplex integriert, und die ehedem repräsentative Aufführung der Sektion wurde zur bloßen Episode eines effizient koordinierten und umfassenden Lehr-, Übungs- und Forschungsbetriebes, der sich auf die verschiedenen Trakte eines ausgreifenden Institutsbaus verteilte.[155] Erst unter diesen Voraussetzungen sollte im späteren 19. Jahrhundert mit Labormethoden eine Theorie der Kontagiösität erarbeitet werden, die der Präventionspraxis eine feste wissenschaftliche Basis und damit auch neue prophylaktische Mittel verschaffte.

Folglich wirkte die humoralpathologische Konstitutionslehre bis ins 19. Jahrhundert hinein in doppelter Hinsicht hinderlich: Auf theoretischer Ebene vereitelte sie die Übernahme kontagionistischer Vorstellungen, auf praktischer Ebene, solange sie das Konzept vom politischen Körper beeinflusste, verzögerte sie die expansive Einführung seuchenprophylaktischer Maßnahmen.[156] Zu deren frühesten zählte bereits im 14. Jahrhundert eine Vorform der Quarantäne, in der nicht nur offensichtlich Kranke, sondern auch Infektionsverdächtige isoliert

---

153 *Eikon Basilike* 1966, Einleitung, XXXII.
154 Vgl. Pierre Chaunu, *Europäische Kultur im Zeitalter des Barock*, Frankfurt am Main 1989, 90, 301.
155 Vgl. Richter 1977, 67ff., 83, 111ff.
156 Vgl. hierzu Winkle 1997, XVI.

wurden.[157] Zur weitergehenden Vorbeugung intervenierte der Gesetzgeber auf den unterschiedlichsten Ebenen: Zweckmäßige Medizinalordnungen wurden erlassen und eigene Pestbehörden eingerichtet, die Überwachung der Prostitution und des Handels mit Lebensmitteln wurde ebenso vorangetrieben, wie das Manufaktur- und Marktwesen, das Kanalisationssystem und die Infrastruktur allgemein dem neuen Imperativ der Kontingenzkontrolle unterstellt. Im letzten Drittel des 17. Jahrhunderts wurde schließlich – mit England als Vorreiter – verwaltungstechnisch verfügt, Geburten- und Sterberegister anzulegen, um den Stand der Gesundheit und ihrer Gefährdung demographisch und statistisch berechenbar zu machen. Die spätere Sekundärprävention in Form von Impfungen und die heutige prädikative Medizin, die die individuellen Risikofaktoren aufzudecken antritt, gehen auf jene frühen Konzepte und Maßnahmen zurück – auf jenen Kampf ums Überleben, der im Namen der gesamten Bevölkerung mit dem Risiko der Übertragung zu rechnen und ihr entsprechend vorzusorgen hat.[158]

Zu diesem Zeitpunkt kann nicht mehr von einem rein metaphysischen oder moralischen Übel die Rede sein. Das Risiko ist dem Staate inhärent, ja es wird in der Perspektive der *ratio status* gewissermaßen staatsbildend. Deren Maxime lautet nach Machiavelli: Nicht nur auf die gegenwärtigen Gefahren ein Auge haben, »sondern auch auf die künftigen achten und diesen mit allem Geschick vorbeugen. Denn was man von ferne kommen sieht, dem ist leicht zu begegnen; wartet man aber, bis es nah ist, so kommt die Arznei zu spät, weil das Übel unheilbar geworden ist [...] Ebenso geht es mit den Staatsgeschäften«.[159] Selbst dort, wo man der machiavellistischen Staatstechnik und ihrem Appell zur Machtsteigerung theoretisch den Kampf angesagt hat, sorgt man praktisch zusehends vor. Deshalb konnte es zu jener Symbiose von Caritas, eucharistischem Kult und Theater kommen, die wie eine definitive Maßnahme angesichts der komplexen Überlieferungsgeschichte wirkt, welche übers Mittelalter hinweg zwischen theatraler Mimesis, Christentum und der allgegenwärtigen Ansteckungsgefahr die unterschiedlichsten Bedingungsverhältnisse vermutet hatte. In Spanien etwa erwarb bereits im 16. Jahrhundert die wohltätige *Confradía de la Pasión* das exklusive Recht, ihr Krankenhaus durch Mitwirkung bei den Madrider Aufführungen zu finanzieren. Verwaltungs- und finanztechnisch sollte ein Mitglied des Rates von Kastilien zugleich für die Theater, Hospitäler und *Corrales* zuständig sein. Und bis zur Mitte des 17. Jahrhunderts gab es in Frankreich an die 50 Bruderschaften des Heiligen Sakraments, die in ihren Hospitälern Eucharistiekult mit Krankenbehandlung, Wohltätigkeit, Einsperrung und Korrektionsmaßnahmen verbanden.[160] Insofern waren die repräsentativen Vorkehrungen selbst auf dem Weg zu einem umfassenderen Fürsorge- und Präventionsprogramm, das sich letztlich weniger dem einen heiligen und souveränen als dem politischen und multiplen Körper des Staates zuwandte.

---

157 Vgl. Ruffié/Sournia 1987, 198.
158 Vgl. hierzu ebenda, 199, 210f.
159 Machiavelli 1990, 25f.
160 Vgl. Frenzel 1979, 72ff., Cohen 1985, 152 sowie Rubin 1991, 356.

Im *politischen Discurs* Johann Joachim Bechers hieß dies für die Herrscher, »daß sie mehr umb der Underthanen / als die Underthanen ihretwegen da / und vorhanden seynd.«[161] Vermehrung der Bevölkerung und ihrer Subsistenzmittel ist Ziel und Zweck des politischen Handelns, und so ist es »nöthig / die Glieder der Gemeins / wie sie in puncto der Nahrung einander mit gemeiner Hand / sollen unter die Arme greiffen / und Gemeinschafft halten / *consideriren, anatomiren*, wieder zusammen setzen / und also ein *sceleton politicum* darauß *formiren*.«[162] Bereits um 1660 hatte Hermann Conring seine staatskundlichen Vorlesungen aufgenommen und damit die später so genannte deutsche Universitätsstatistik begründet. Für den Sozialstatistiker umfasst der »>Staat< den gesamten Körper der bürgerlichen Gesellschaft«. Auch wenn er noch der *prudentia civilis* und den höfischen Entscheidungsträgern zuarbeiten soll, geht es ihm weniger um den repräsentativen Status, um das Regiment oder Regnum, sondern vielmehr um den Status im Sinne eines polizeylich oder eben »statistisch« bestimmbaren Zustands der *civitas* oder *respublica*. Deswegen wirft er auf den »Staat« einen gleichsam medizinischen Blick: »So kann der kluge Arzt Gesundheit, Überleben und Tod des Kranken voraussagen, manchmal mit Wahrscheinlichkeit, manchmal mit Gewißheit, und zwar aus der Kenntnis seiner Wissenschaft.«[163] William Petty, vormaliger Schüler Hobbes', Generalarzt der englischen Invasionsarmee in Irland und Konstrukteur einer (bei der experimentellen Erprobung schiffbrüchigen) Frühform des Katamarans, erstellte im Auftrag Cromwells und der britischen Siedlungspolitik die erste detaillierte Karte Irlands und mit seiner *Political Anatomy of Ireland* die erste systematisch-empirische Soziographie überhaupt. Seither ist jede Politik, die in Unkenntnis der sozialen Anatomie des betreffenden Landes betrieben wird, schlichtweg Kurpfuscherei.[164]

Politik erfordert den systematisch präventiven, statistisch unterstützten Umgang mit Unglücksfällen. Fortunas Macht wird schließlich, wie es bei Machiavelli noch allegorisch heißt, nur dort zum Fatum, wo keine Vorkehrungen getroffen wurden: das Glück zeigt seine Macht gerade dort, »wo keine Zurüstungen getroffen sind, ihm zu widerstehen. Es wendet sich mit Ungestüm

---

161 Johann Joachim Becher, *Politischer Discurs [...]*, Düsseldorf 1990, 228.
162 Ebenda, 4.
163 Hermannus Conringius, *Examen Rerumpublicarum totius orbis. Prooemium*, in: Mohammed Rassem und Justin Stagl (Hgg.), *Geschichte der Staatsbeschreibung. Ausgewählte Quellentexte 1456-1813*, Berlin 1994, 253, 262.
164 Vgl. etwa den Fragebogen aus *The Petty Papers. Some unpublished writing etc.*, Bd. I., London/Boston/New York 1927, 175ff., in dem die Person und das Amt des Königs ebenso zu einem bloßen Posten der Landesstatistik herabgestuft wird wie etwa das Schiffbruchrisiko vor Ort. – Noch 1741 wird Carl von Linné die Fähigkeit zur gründlichen Staatserkundung vom anatomisch geschulten Blick des Pathologen ableiten. Vgl. hierzu Linnés »Oratio qua Peregrinationum intra Patriam asseritur Necessitas«, Uppsala 1741: »*Anatomische Theater* werden errichtet, daß wir an einem fremden Körper, gleichsam wie in einem Spiegel, unseren eigenen Körper und seinen Bau betrachten können. So können wohl auch jene sicherer die Lage der Länder, Gebiete und Städte erfassen sowie die Sitten, Einrichtungen und Gebräuche der Menschen, die in jenen leben [...] Der Pathologe, der die Ursachen der Krankheiten erforscht, wird nicht vergeblich in diesen unseren Ländern umherstreifen.« (in: Rassem/Stagl 1994, 370, 379.)

dorthin, wo es keine Schutzwehren und Dämme findet, die ihm Widerstand bieten.«[165] Entsprechend wird die *fortuna di mare*, die produktive Verbindung klugen Handels mit dem kalkulierten Wagnis, zu einem Modellfall der frühneuzeitlichen Staatswissenschaft. Johann Elias Kessler zufolge ist es keineswegs ratsam, »immer in der Stille zu seyn / und nur auf unmühsamen Vortheil des Glücks zu warten […]: Dann wer sich erkühnet / bey nicht gar unmüglichem Fall das Unglück zu bemeistern / ist bereits über das Glück selber absoluter Regent und Herr worden«.[166] Zur Voraussetzung aller »absoluten« Macht ist das Wagnis geworden, sobald ihm theoretisch beizukommen und praktisch vorzusorgen ist – sobald es als Risiko einzukalkulieren ist.

Zum Begriff wurde das Risiko erst, da die Geschäftswelt es zu denken und zu berechnen unternahm. Das italienische *risico*, im 16. Jahrhundert als noch kaufmännischer Terminus entstanden, wird vom griech. *rhíza* und seine Nebenbedeutung »Klippe« hergeleitet, an der mit jedem Schiffbruch auch das kaufmännische Unternehmen zerschellen konnte. Dessen unglücklichem Ausgang war deshalb mit den Mitteln der ersten (und für lange Zeit einzig maßgeblichen) *assicurazione*, nämlich mit der Seeversicherung, vorzubeugen.[167] Risikoübernahmen durch genossenschaftliche Zusammenschlüsse sind (in Form des »Seedarlehens« oder der *lex Rhodia de iactu*) bereits aus dem Altertum bekannt, die Risikoübernahme auf kaufmännischer Grundlage hingegen erst von den oberitalienischen Seeplätzen des späten 14. Jahrhunderts. Dass indes das Äquivalenzprinzip mit dem Risikokalkül und mit staatlichen Regulierungsanstrengungen zusammentritt und die Versicherung derart zu einem Projekt von Staats wegen wird, ist – zumindest im deutschsprachigen Bereich – erst Ende des 17. Jahrhunderts möglich geworden.[168] Die Seeversicherung sollte sich von

165 Machiavelli 1990, 117f.
166 Johann Elias Kessler, *Detectus ac a Fuco Politico Repurgatus Candor & Imperium indefinitum […]*, Nürnberg / […]1678, 464, zit. nach: Gotthardt Frühsorge, *Der politische Körper*, Stuttgart 1974, 100. – Vgl. auch von Bessels Verhaltensregel, »daß ein Mensch durch sein gut oder übel Verhalten / viel zu seinem Glück oder Unglücke Contribuiren« könne, und es deswegen »Keine geringe Kunst« sei, wenn »ein kluger Weltmann / bisogna navigar ad ogni vento, mit allen Winden weiß zu seegeln / und sich auch des zufälligen Unglücks zu seinem Vorteil so wol / als des Glückes zu bedienen wissen« (Christian Georg von Bessel, *Neuer Politischer Glücks=Schmied […] Franckfurt […] 1681*, unpaginierte Vorrede, 170f., zit. nach: ebenda, 101f.), sowie die Formulierung: »die Klugheit [soll sich] mit dem Glücke vermählen« bei Samuel von Butschky, A.-Z. Sam. von Butschky […] Leipzig […] 1676, 618.
167 Und zwar als Versicherung »in Form vertraglicher Risikoübernahme auf kaufmännischer Grundlage« (Corinna Trölsch, *Die Obliegenheiten in der Seeversicherung*, Karlsruhe 1998, 6). In England etwa »war die Seeversicherung lange Zeit die einzig anerkannte Versicherungsart. Erst sehr spät unterschied man in der Praxis die ›marine‹ von den ›non-marine‹ Versicherungsgeschäften« (ebenda, 9). – Vgl. hierzu auch Karin Nehlsen-von Stryk, *Die venezianische Seeversicherung im 15. Jahrhundert*, Ebelsbach 1986, 3ff., zu den einzelnen versicherungstheoretischen Innovationen vgl. Peter Koch, *Geschichte der Versicherungswissenschaft in Deutschland*, Karlsruhe 1998, 22ff.
168 Vgl. Trölsch 1998, 6ff., v. a. Anm. 18. – Motiviert wurde diese staatliche Projektierung durch den vermeintlichen Nutzen eines allgemeinen Versicherungswesens für die Staatsfinanzen, für die Volkswirtschaft in kameralistischer Perspektive und den umfassenderen Schutz der Untertanen.

Anfang an zwei konstitutiven Unwägbarkeiten ausgesetzt sehen: zum einen der Frage nach den »versicherten Gefahren«, d. h. nach den eigentlichen Risikofaktoren (hierzu rechneten in erster Linie die Widrigkeiten des Wetters und Meeres, der Brandfall sowie Überfälle durch Kriegsfeinde, Korsaren und Piraten); zum anderen der Frage der Beweislage, d. h. der Dokumentierbarkeit und der geeigneten Zeugen.[169] Mithin ist das Versicherungsmodell auf sinnfällige Weise abhängig von der Konstitution seines Objektfeldes und von den kommunikationstechnischen Möglichkeiten seiner Zeit.[170] An der Schnittstelle von Zeugenschaft und Risikokalkül wurde es für den Meeresraum dermaßen unverzichtbar, dass sich die führenden (holländischen und englischen) Handelsgesellschaften dem Äquivalenzprinzip und der Risikoumverteilung entsprechend organisierten. Insofern mit jedem dieser Unternehmen ein Abenteuer *und* ein Wagnis[171] verknüpft sein sollte, definierten sich die »adventurers« jener Epoche als »adherents to a venture«.[172] Und insofern sich die Mathematik des späteren 17. Jahrhunderts, ausgehend von der *chance* im Glücksspiel, fragen sollte, was eigentlich ein Risiko darstellt, das man eingehen oder übernehmen, das man als bestimmte Furcht oder Hoffnung kaufmännisch verrechnen kann, wurde das Wagnis des Meeres zum Musterfall nicht nur der rechten Einstellung zur Kontingenz, sondern einer regelgeleiteten Kontingenztechnik.

---

169 Da oftmals über den Verbleib der Schiffe mittelfristig nur gerüchteweise etwas zu erfahren war, wurde jeder Vertragsabschluß durch die Möglichkeit des arglistigen Verschweigens oder der bewussten Falschangabe bedroht, dem wiederum die Versicherer durch ein eigenes Informations- und Spionagenetz, durch Sondervereinbarungen oder das Procedere der Vereidigung entgegenzuwirken hofften.
170 Bereits im Mittelalter verstand man den Zufall als Gegensatz zu schuldhaftem Verhalten, »wobei als entscheidendes Abgrenzungsmerkmal zwischen *casus fortuitus* und *culpa* die Voraussehbarkeit des schadenstiftenden Ereignisses herausgestellt wurde.« Bis ins 16. Jahrhundert hinein galt dann die Formel: »*Fortuitus casus est, quando non potest providere*« (Nehlsen-von Stryk 1986, 155). Carl Schmitts Periodisierung zufolge blieb bis zum Utrechter Frieden von 1713 das Meer dem Recht und der menschlichen Ordnung allgemein unzugänglich, so dass bis dahin noch Piraten, Korsaren und zu Übergriffen bereite Souveräne als Risikofaktoren der Seeschifffahrt zu gelten hatten. Erst danach sei das Meer und der Nomos der Erde in ein Gleichgewicht gebracht worden und das bloße Recht des Stärkeren einer geregelten Kriminalisierung der Piraterie gewichen (vgl. Schmitt 1997, 153).
171 Im kontinental orientierten Deutschland sollte diese Verbindung eher ambivalent beurteilt werden: Einerseits erkannte man die produktive Verbindung von *hasard* und Unternehmung; andererseits identifizierte man den Abenteurer mit dem heimat- und skrupellosen Seeräuber (so etwa im *Allgemeinen historischen Lexikon*, mit Johann Franz Buddeus Vorrede, Leipzig 1722, Bd. I., 265) und an der Wende zum 19. Jahrhundert das Wagnis mit »unkluger« und gescheiterter Gemütskontrolle (Vgl. J. S. Ersch und J. G. Gruber (Hgg.), *Allgemeine Encyclopädie der Wissenschaften und Künste*, 1. Section, Bd. I., Leipzig 1818, 86).
172 Vgl. Duncan Haws und Alex A. Hurst, *The Maritime History of the World*, Bd. I., Brighton 1985, 268.

Drittes Kapitel

Auf dem Weg zur Prävention – Die Entdeckung der Kontingenz

1. Wissenschaften der Kontingenz

War das System souveräner Herrschaft intakt, konnte auch keine Kritik sein »politisch-theologisches« Fundament, die dogmatische Eucharistielehre, gefährden. Als dieses Herrschaftssystem jedoch mehr und mehr auf Verwaltungs- und Nachrichtentechniken angewiesen war, beschränkte sich die Repräsentation des Opfers nicht mehr auf einen einsinnigen Begriff, vielmehr wurde es nun zum Gegenstand einer fortgesetzten Diskursivierung. Einerseits wurde der tradierte Opferbegriff der historischen Quellenkritik unterzogen, andererseits wurde das Opfer zu einem Thema unablässiger funktionaler Analysen, so wie sie in den zusehends ausgebauten sozialstatistischen Programmen angestrengt wurden. In beiderlei Hinsicht war »das Opfer« nicht mehr im repräsentativen Zeremoniell der alten Herrschaft aufgehoben. Der Kritik dieser zeremoniellen Sphäre war die Kritik an der Überlieferung der Heiligen Schrift vorausgegangen, eine Kritik, die sich auf eben jene Technik stützte, welche die massenhafte Verbreitung des einen Heiligen Buches erst ermöglich hatte: auf die Druckerpresse. Konnte erst das technisierte Druckbild die Illusion eines homogenen, ja *des* Bibeltextes aufkommen lassen, war es nicht minder der Buchdruck, der die Inkonsistenzen der Tradition sichtbar werden ließ.[1]

Richard Simons historisch-philologische Kritik etwa, bei der die unterschiedlichen Textformen, Handschriften und Übersetzungen der Heiligen Schrift systematisch verglichen wurden, entzifferte ihre Inkonsistenzen nicht etwa als bewusste Fälschung, sondern als kontingente Entstellungen, die der Heiligkeit der Bibel noch keinen Abbruch tun mussten. Auch Spinoza führte diese Entstellungen und unterschiedlichen Lesarten auf die Kontingenz der Überlieferung und des Kopierens zurück und forderte deshalb eine Auslegung auf dem Niveau der »Naturerklärung« – ist es doch »zur Schrifterklärung nötig, eine getreue Geschichte der Schrift auszuarbeiten, um daraus als aus den sicheren Daten und Prinzipien den Sinn der Verfasser der Schrift in richtiger Folgerung abzuleiten.«[2] Ganz wie im Falle des Zeremoniells kommt der Heiligen Schrift bei Spinoza nicht schon als solcher Heiligkeit zu, sondern nur unter der Bedingung, dass sie

---

1   Vgl. Marshall McLuhan, *Die Gutenberg-Galaxis*, in: *Der McLuhan-Reader*, Mannheim 1997, 95, 102 sowie Marshall McLuhan, *Die magischen Kanäle. Understanding Media*, Dresden/Basel 1995, 298. – Im Jahr 1710 nahmen dann die Leidener Johannes Müller und J. van der Mey das Projekt in Angriff, mit Hilfe des Plattengusses gleichbleibend fehlerfreie religiöse Bücher zu produzieren, womit sie eine Vorstufe der Stereotypie schufen. (vgl. hierzu Hans H. Hiebel, Heinz Hiebler u. a. (Hgg.), *Große Medienchronik*, München 1999, 127.)
2   Spinoza 1984, 114f.

die Tugend und den inneren Gottesdienst befördert. Sie ist eine Heilstechnik, der eine adäquate Technik der Schrift- und Überlieferungskritik zur Seite treten soll. Als kritischer Begriff tangiert deswegen »Geschichte« oder *historein* – das Feld der »Tatsachen« – die Bibelexegese genauso wie die Erforschung der Natur.³

Nahe lag somit auch das Vorhaben, die Überlieferungskontingenz selbst berechenbar zu machen und also Glaubensdinge dem Wahrscheinlichkeitskalkül zu unterstellen. In Abraham de Moivres Entwurf sollte zunächst die Glaubwürdigkeit eines Zeugen und seines Zeugnisses bestimmt werden, woraufhin drei Formen der zusammengesetzten Zeugenschaft zu unterscheiden waren; daraus ließ sich dann die im jeweiligen Überlieferungsmodus implizierte Wahrscheinlichkeit berechnen. In der »Oral Tradition« ist ein einzelner Zeuge unweigerlich »subject to much Casuality [...]. But in *Written Tradition,* the Chances against the Truth or Conservation of a single Writing are far less; and several Copies may also be easily suppos'd to concur; and those since the Invention of Printing [are] exactly the same«, wobei durch den glücklichen Umstand, dass Materialfehler anders als Kopierfehler oder gar mündliche Varianten ohne intentionalen und damit zwangsweise verfälschenden Eingriff entstehen, diese rein zufällig und deshalb mit hoher Wahrscheinlichkeit zu erkennen und korrigieren sind.⁴ Sobald also die bislang ungekannte Überlieferungswahrscheinlichkeit des Mediums Buchdruck erkannt und operationalisierbar geworden war, ließ sich auch die Unwahrscheinlichkeit der Überlieferung und mithin die der religiösen und politischen Repräsentation denken und positivieren.

Entsprechend war die vormals sakrosankte Praxis höfischer Souveränitätsrepräsentation zum Gegenstand einer eigenen »Zeremonialwissenschaft« geworden. Nicht nur die behelfsmäßige Kodifizierung der Repräsentationspraktiken in den Zeremoniallehren zum Hausgebrauch, sondern auch die Konventionalitätskritik vor allem in Frankreich zur Zeit Ludwigs XIV. stellte eine erste Stufe jener Positivierung dar, die dann Ende des Jahrhunderts eine eigene Disziplin ins Leben rief. Nicht, dass es dabei in erster Linie um Aufklärung oder darum gegangen wäre, eine fundamentale Verkennung zu überwinden. Wie Vauvenargues sagt, ist gerade der ein Narr, der gegen die Vorurteile des Volkes kämpft, solange diese zum Ablauf der politischen Geschäfte unabdingbar sind.⁵ Somit ist die faktische Effizienz des Zeremoniells erkennbar und zur Legitimations-, ja Möglichkeitsbedingung einer eigenen »Zeremonialwissenschaft« geworden. Hatte bereits der Papsthof des 15. Jahrhunderts sein eigenes Zeremonialwesen schriftlich zu fixieren gesucht und damit eine Vorreiterrolle eingenommen, sollten die Zeremo-

---

3   Zum Verhältnis zwischen dem Buch der Natur und dem der Offenbarung zur Zeit der Gegenreformation, zudem zum dem Verstand eingeschriebenen göttlichen »syngraphum«, das die repräsentative Vorstellung einer Gottesebenbildlichkeit bei Spinoza vereitelt, vgl. Hans Blumenberg, *Die Lesbarkeit der Welt*, Frankfurt am Main 1983, 105, 107.
4   (Abraham de Moivre,) »A calculation of the credibility of human testimony«, in: *Philosophical Transactions*, October 1699, (359-366), 363f., vgl. zudem 364f.
5   Vgl. Vauvenargues, *Reflexionen und Maximen*, in: Fritz Schalk (Hg.), *Französische Moralisten*, Zürich 1995, (143-172), 188.

nialwissenschaftler zunächst vor der Aufgabe stehen, das höfische Zeremoniell von der kirchlichen und liturgischen Autorität zu befreien.[6] Zu seiner vernünftigen Einschätzung soll nicht mehr die begriffliche oder historische Ableitung entscheidend sein, sondern seine pragmatische Funktionalität.[7]

Während die Zeremoniallehren des religiösen Bereichs, die liturgischen Vorschriften, nach Rohrs Formulierung »zur Erweckung und Beförderung des innern Gottesdienstes bedienen sollen«, nimmt sich die weltliche Zeremoniallehre der »äusserlichen«[8] Handlungen als solchen an. Gerade das praktisch bewährte *decorum* und die prudentistische Intervention in die repräsentative Sphäre ist ihr Gegenstand. »Das *Interesse* giebt bey dem *Ceremonien*=Wesen, so wohl unter *Privat*-Personen als auch grossen Herren, ein trefflich Gewichte.«[9] Baut man hierbei nochmals auf die Homologie von repräsentativer und gesellschaftlicher Ordnung[10], dann nur mehr instrumentell, aus Standesinteresse oder Staatsräson. Insofern ist das zeremonielle »*Theatrum* der *Prærogativæ*«[11] seinem Anspruch nach gesamtgesellschaftliches Disziplinarinstrument. »Eine *Ceremonie* ist«, wie es bei Rohr heißt, »eine gewisse Handlung, dadurch, als ein Zeichen, etwas gewisses angedeutet wird, und entweder denjenigen selbst, der die *Ceremonie* vornimmt, oder mit denen sie vorgenommen wird, oder auch wohl nach Gelegenheit die Zuschauer und Zuhörer einer gewissen Pflicht erinnern soll.«[12] Lünings *Theatrum Ceremoniale* von 1719/1720 geht sogar so weit, dass es »alle ritus Subditorum mit begreifft, und also das gantze Civilitäs=Moralitäts= und Policey=Wesen in sich einschliesset.«[13] Insofern ist die fürstliche Majestät, deren Ausdruck *und* Anerkennung, deren Repräsentation und *admiratio* ja erklärtes Ziel

6 Noch Johann Christian Lüning wird sich über die Anmaßung des Vatikans empören, das Zeremonienwesen diktieren zu wollen. »Auffällig ist auch, daß er keinen theologischen Sakralkern des Zeremoniells mehr sehen mag.« (Jörg Jochen Berns, »Luthers Papstkritik als Zeremoniellkritik. Zur Bedeutung des päpstlichen Zeremoniells für das fürstliche Hofzeremoniell der frühen Neuzeit«, in: Berns/Rahn 1995, (157-173), 159.)
7 »Ob das Wort *Ceremonia* von / 1. dem Alten Wort *Cerus*, welches so viel als Sanctus bedeutete, / 2. der Stadt *Cære*, oder von / 3. *Ceremonia, à gerendo,* wie man sich gebärden solle, seinen Ursprung habe, überlässet man denjenigen, welche ihre Gelehrsamkeit mehr in den Worten als in dem Wercke suchen« (Stieve 1715, 1).
8 Rohr 1728, 2, 246.
9 Rohr 1733, 7. – vgl. auch ebenda, 2f.: »Der Ursprung solches *Ceremoniels*, ist nicht, wie etwan bey den *Complimentisten*, die Höflichkeit, denn diese hat keine *Leges*, sondern vielmehr die aus einer grössern Dignität, so man für einem andern zu haben vermeinet, herrührende *Superbia*, welcher man die *Qualitäten Juris* zugeeignet, und ihr den Titul der *Prærogativæ* oder *Præcedentiæ* gegeben.«
10 »Es entsteht auf der Grundlage kosmologischer Ordnungsvorstellungen, naturrechtlich gedachter Rangverhältnisse und eines statischen Geschichtsbildes die utopische Vorstellung einer hinsichtlich ihrer Selbstdarstellung lückenlos normierten Gesellschaft, die die Ehrkonflikte einhegt und das *Decorum* zu staatlichen Zwecken instrumentalisiert. Das *Ceremoniel* erscheint als ständeübergreifender, gesellschaftsstabilisierender Ordnungsbegriff.« (Milos Vec, *Zeremonialwissenschaft im Fürstenstaat*, Frankfurt am Main 1998, 404.)
11 Stieve 1715, Vorbericht, 7 ᵛ.
12 Rohr 1728, 7f.
13 Zit. nach Vec 1998, 74.

der Zeremonialwissenschaften darstellt, letztlich nichts anderes als der Prüfstein eines gesamtstaatlichen Projekts der Sinnenregulierung, das beim königlichen Auftritt nicht schon Halt macht.

»Der gemeine Mann, welcher bloß an den Sinnen hanget, und die Vernunfft wenig gebrauchen kan, vermag auch nicht zu begreiffen, was die Majestät des Königes ist: aber durch die Dinge, son in die Augen fallen und seine übrige Sinnen rühren, bekommet er einen obzwar undeutlichen, doch klaren Begriff von seiner Majestät, oder Macht und Gewalt. Und hieraus erhellet, daß eine ansehnliche Hoff=Staat und die Hoff=Ceremonien nichts überflüßiges, vielweniger etwas tadelhafftes sind.«[14] Diese Bestimmung Christian Wolffs kann als programmatisch gelten für die gesamte Disziplin der Zeremonialwissenschaft, ist hier doch unmissverständlich ausgesprochen, dass die Souveränität sich nicht mehr auf ihre genealogische Verbindung zum sakralen Königtum berufen und nicht mehr auf die »ontosemiologischen« Kapazitäten ihres Repräsentationssystems bauen kann. Nunmehr geht es um eine funktionale Regulierung der sinnlichen Vermögen anstelle einer – gesamtgesellschaftlich nicht vermittelbaren – begrifflichen Deduktion. Es geht um undeutliche, aber klare, um sinnliche oder, wie es bald heißen wird, »ästhetische« Ideen.

Das Zeremoniell ist also ein herrschaftliches Steuerungsmittel, das mit Entstehen der Zeremonialwissenschaften um die Jahrhundertwende und deren allmählicher Etablierung an den Universitäten seinen Ort im zeitgenössischen System des Wissens zugewiesen bekommt.[15] Diese Wissenschaft hat eine eigentümliche Doppelperspektive von De- und Präskription einzunehmen: Einerseits muss sie sämtliche erreichbaren, ja selbst die »thörichten« Gebräuche »zur Verabscheuung« sammeln, andererseits muss sie vernünftige Zeremonien vorschreiben[16]; einerseits hat sie bei ihrer Datenerhebung[17] jene Gebräuche in ihrer Positivität zu respektieren, andererseits weiß sie, wie bei Rohr, sehr wohl zwischen der zeremoniellen Pflichterinnerung und der bloß »äusserlichen Handlung« jener Gebräuche zu unterscheiden, »die an diesem oder jenem Orte, zu dieser oder jener Zeit, von den meisten oder von den vornehmsten, vor gut befunden«.[18] Die Eigenart des wahren Zeremoniells liegt in der rätselhaften sinnlichen Wir-

---

14 Wolff 1975/I. I. V., 505. – Übernommen bei Rohr 1733, 2.
15 »Entsprechend dem adeligen Bildungsideal ist die Lehre vom *Ceremoniel* nicht an den Universitäten, sondern nur an den Ritterakademien verankert. Sie propagiert dort unter Zurückweisung einer juristischen Konzeption von *Politic* und Kritik der Tauglichkeit des *Jurisconsultus* ein adelig-höfisches *Politic*-Verständnis. Erst unter den Auswirkungen der Neubestimmung des Begriffs ›juristische Praxis‹ findet die Lehre vom *Ceremoniel* ab der Jahrhundertmitte Eingang in die Ausbildung juristischer Fakultäten an den Universitäten.« (Vec 1998, 405f.)
16 Rohr 1728, 22, vgl. auch 19f.
17 Moser etwa nennt als Quellen seines »Hofrechts«: »Deutsche Reichs-Grundgesetze; Verträge zwischen Höfen; Gesetze, Ordnungen; Befehle an den diversen Höfen; Traditionen; Ceremonial-Bücher; jährlich publizierte Address-Calender, Hof- und Staats-Schematismi«; Berichte, zudem zahlreiche »Neben-Quellen«, »inclusive der Schriften diverser Regenten, Memoiren und Briefe der Gesandten, Monats-Schrifften, Reiseberichte, Zeitungen« (Moser 1761, 21ff.).
18 Rohr 1728, 7.

kung, mit der »übersinnliche« Herrschaftseffekte zu erzielen sind. Signifikanterweise waren Zeremonialwissenschaftler wie Rohr nicht anders als die ersten Ästhetiker bekennende Anhänger Wolffs, weshalb die Zeremonialwissenschaft eine Brücke zwischen der höfischen Repräsentation und der ästhetischen Gründungsakte des Wolffianers Baumgarten schlug.[19] Was anachronistisch als »höfische Ästhetik« zu bezeichnen wäre, ist eine Sinnenlehre als repräsentative *techne* der Macht, die am Hofe praktiziert, in den Zeremonialwissenschaften aber erstmals systematisch reflektiert wurde. »Die *Ceremoniel*-Wissenschafft lehrt, wie man bey einem und dem andern, so in die äusserlichen Sinnen fällt, sich einer besondern Pflicht erinnern, und überhaupt seine Handlungen nach den Umständen der Oerter, Personen und Zeiten so einrichten soll, wie sie sich zur Sache schicken«[20], lautet Rohrs Arbeitsprämisse.

Die künstliche (und künstlerische) Annäherung von Sein und Schein, die das frühneuzeitliche Gesellschaftssystem überhaupt erst funktionstüchtig machte, soll in den Zeremonialwissenschaften begrifflich durchdringbar werden, und eben diese »Beobachtung der Beobachtung« ist es, die eine eigene »Welt des Möglichen« und ein eigenes Funktionssystem der Kunst entstehen lässt.[21] »Ästhetisch« sind die Zeremonialwissenschaften überdies in dem Sinne, dass sie eine Schule des Affekts konzipieren, die – vor allem über den »Gelenkaffekt« der *admiratio*[22] – Versittlichung und Konformität noch vor der Strafandrohung beibringen soll. Der Zentralbegriff des *decorum* zielt hierbei auf »Abgemessenheit« in mehrfacher Hinsicht: Einerseits soll die Affektökonomie reguliert werden; zum anderen ist damit ein ästhetisches Maß und ein Soll des sozialen Umgangs, der Etikette, vorgegeben; schließlich ist jene Abgemessenheit auch und zusehends ökonomisch zu verstehen. Denn hinter der manifesten Sorge um das ziemliche Arrangement der Körper und Insignien und neben das pädagogische Projekt einer sinnlichen Disposition der »Subjekte« tritt die funktionale und längerfristige Berechnung der wirtschaftlichen Verhältnisse am Hof und im ganzen Staat.

Kapriziert sich die Zeremonialwissenschaft noch auf die analogische Ordnung eines höfisch zentrierten, repräsentativen Schauraums, nimmt sich der Kameralismus der funktionalen Analyse politischer Entscheidungen und administrativer Maßnahmen an, wobei sein Hauptaugenmerk der Finanzplanung, mithin einer

---

19 »Die historische Würde des höfischen Zeremoniells wäre in seiner historisch notwendigen Vermittlerrolle zwischen vorhöfischer Sakralkunst und nachhöfischer Künstlerkunst zu sehen. Was alle drei Stufen verbindet, ist das Insistieren auf einem Irrationalen, Ingeniösen als Zentrum und Quell sinnlichen Scheins. Das Genie der bürgerlichen Ästhetik wäre als Mutationsform des frühneuzeitlichen Princeps absolutus, dessen Inventionskraft in seinem Gottesgnadentum gegeben ist, zu dechiffrieren.« (Jörg-Jochen Berns und Thomas Rahn, »Zeremoniell und Ästhetik«, in: Berns/Rahn 1995, (650-665), 652.)

20 Rohr 1728, 1.

21 Vgl. Niklas Luhmann, *Die Kunst der Gesellschaft*, Frankfurt am Main 1997, 104 und allgemein 92ff.

22 Thomas Rahn, »Psychologie des Zeremoniells. Affekttheorie und -pragmatik in der Zeremoniellwissenschaft des 18. Jahrhunderts«, in: Berns/Rahn 1995, (74-98), 80.

zeitlichen Projektierung gelten musste.[23] Wo der Kameralismus nicht nur mit einer Knappheit der Ressourcen, sondern auch mit der Reichtumsschöpfung durch gesteigerte Produktivität rechnet, setzt die Zeremonialwissenschaft zunächst noch auf Prestigegewinne durch repräsentativ getätigte Ausgaben zu Hofe. Dass dies dem kameralistischen Programm allgemeinen »Glücks« durch gesamtstaatlichen Wohlstand und dadurch gewonnenes stattliches Ansehen unterlegen sein muss, betonte bereits Johann George Leib.[24] Und tatsächlich sollte die Zeremonialwissenschaft vom Kameralismus Mitte des 18. Jahrhunderts verdrängt werden, nachdem Zinckes *Grund=Riß einer Einleitung zu denen Cameral=Wissenschaften* (1742/43) den Hof zu einem unter vielen Wirtschaftsfaktoren innerhalb der Gesamtökonomie degradiert hatte. Friedrich Carl von Moser, der Zinckes Entwurf zu weiten Teilen einfach exzerpierte, besiegelte mit seinem *Teutschen Hof=Recht* (aus dem Jahre 1761) den Übergang zur Kameralwissenschaft. Das Hofzeremoniell bildet hier nur mehr eine Unterabteilung neben dem Staatszeremoniell, die *Hof-Oeconomie* hingegen wird »zum letzten und kostbarsten Stück, worinn die Rechte und Pflichten eines Regenten in Ansehung seines Hofs sich äussern«.[25] Die kameralistische Lehre des Wirtschaftens besorgt neben einer systematischen Beobachtung der gesamtwirtschaftlichen Produktion auch die geregelte Administration politischer Kontingenzen. Insgeheim befördert sie somit die so lange angekündigte Domestizierung des Leviathan, indem sie Politik mehr und mehr auf Verwaltung reduziert.[26] Sie regelt deswegen auch die notwendige Aufsicht und Prävention: nicht nur die Regulierung der Polizeysachen, sondern auch die Institutionalisierung einer Art Kranken- und Sozialversiche-

---

23 Vgl. Volker Bauer, »Zeremoniell und Ökonomie. Der Diskurs über die Hofökonomie in Zeremonialwissenschaft, Kameralismus und Hausväterliteratur in Deutschland 1700-1780«, in: ebenda, 21-56. – Vgl. zudem Vec 1998, 406: »Seit den 1730er Jahren ersetzt das bürgerliche Kaufmannsideal das bisherige gesellschaftliche Leitbild des *Aulicus politicus*, der Ehrbegriff erfährt eine neue Verinnerlichung, und die Höfe erleiden einen einschneidenden Bedeutungsverlust. [...]Verfassungsgeschichtlich gerät mit fortschreitender Aufklärung die Strategie der Simulation einer *Majestas* in die Defensive. Für Verherrlichungen des Regenten vor dem unmündigen Pöbel ist angesichts von Vertragstheorien der Herrschaft, ihrer zunehmenden Bindung durch Recht und der Entpersonalisierung des Staatsverständnisses kein Raum mehr. Selbst unter machtstaatlichen Gesichtspunkten erscheint die durch Aufwand erzeugte *Reputation* angesichts der Kosten bedenklich: Im Zielkonflikt mit der Kameralwissenschaft um die Befestigung der Territorialherrschaft unterliegt die Zeremonialwissenschaft langfristig.«
24 »Es sind viele / welche von dem *Studio Camerali* oder *Oeconomiæ Principis* eine solche üble *Opinion* hegen / daß sie gäntzlich vermeynen / eines großen Herrns *Revenues* könnten ohnmöglich anders / als mit denen Thränen und Seufftzen derer Untern vermehret werden. Wiesoher aber diese sich hierinnen *abusiren* / solches kan daraus gar leichte erwiesen werden / daß dieses *Studii* vornehmster und einziger Endzweck sey / die Unterthanen insgesammt in einem beständig beglückten Wohlstand zu setzen / und nur von ihrem Überfluße des Landes Herrns Einkünffte billigerweise zuvermehren / und seine Macht und Ansehen zuerheben« (Johann George Leib, *Probe / Wie ein Regent Land und Leute verbessern [...]*, Leipzig und Frankfurt 1705, Vorrede, 1ʳ – 2ᵛ).
25 Moser 1761, 10, 144.
26 Vgl. Niklas Luhmann, *Gesellschaftsstruktur und Semantik*, Frankfurt am Main 1993, 108, 72, zudem Niklas Luhmann, »Klassische Theorie der Macht: Kritik ihrer Prämissen«, in: *Zeitschrift für Politik*, 16 (1969), (149-170), v. a. 166.

rung sowie ein ganzer Maßnahmenkatalog zur Prävention von Unfällen und Notfällen ist zum Gegenstand dieser Verwaltungswissenschaft erkoren worden.[27]

Voraussetzung dieser Entwicklung war eine Neuorientierung der Herrschaftskonzeption: die Abwendung von den klassischen Souveränitätsentwürfen, für die des Herrschers Aufsicht und Übersicht nur »von Gottes Gnaden« war[28]; und die Rückbesinnung auf die ältere, spätestens von Luther (1529 in seinem *Großen Katechismus*) programmatisch formulierte Konzeption des Pastorats. Anders als das absolutistische Verständnis vom Territorialherren als »Landesvater« und seine Berufung auf das Vierte Gebot oder den römischen *pater patriae* vermuten lässt, wurzelt der patriarchale Modus der Machtausübung wohl weder in der römischen *vitae necisque potestas*[29] noch in der Opferbereitschaft des griechischen Heroen, sondern vielmehr in der jüdisch-christlichen Tradition des Hirten. »Der Hirte übt eher Macht über eine Herde denn über ein Land aus. [...] Es geht dabei nicht um die Rettung aller, aller zusammen, wenn die Gefahr naht. Vielmehr geht es um dauernde, individualisierte und zielgerichtete Hut.«[30] Die pastorale Sorgepflicht einerseits, die Analogie von Haus- und Landesvater andererseits – unter diesem Motto sollten die Hausväterliteratur sowie die kameralistischen und polizeylichen Entwürfe an einem Herrschaftskonzept arbeiten, das weniger dem alten Modell einer mystisch und repräsentativ hergestellten Einheit der Körperschaften verpflichtet ist als einem für- und vorsorglichen, einem verwaltungsförmigen und »technomorphen‹ Modell« des Staatskörpers.[31]

In der Hausväterliteratur, jener eigentümlichen Gattung, die auf die Tradition der griechischen Ökonomik und der antiken und humanistischen Agrarschriftsteller zurückgeführt wurde, klingt diese Doppelung der Körper noch durch. Laut Florinus' *Der kluge und rechtsverständige Hausvater* »soll ein Hausvater allezeit und überall *wachsam, vorsichtig, häuslich, sparsam, bescheiden, munter, emsig* und in vielen Fällen *verschwiegen* sein und alles zur rechten Zeit anzuschaffen wissen.« Die Einheit von Sittenlehre, medizinischer Prävention und fürsorglicher Haus-

---

27 Vgl. Moser 1761, 110, 128, 138ff.
28 Der Herrscher »mag einen noch so hohen Verstand besitzen und von den weisesten Leuten erzogen worden sein: Keiner kann in so vielen Regierungsgeschäftem immer das Richtige tun allein aus krafft natürlichs verstands [...] on sonderliche Gottes gnade.« (Urban Rieger, *Enchiridon odder handtbuechlin eines Christlichen Fuerstens, darinnen leer und trost aller Oberkeit seer nuetzlich allein aus Gottes wort auffs kürzest zusamen gezogen durch Urbanum Rhegium*, Wittenberg 1535, B 2 ᵛ, zit. nach: Thomas Simon, »*Gute Policey*«. *Ordnungsleitbilder und Zielvorstellungen politischen Handelns in der Frühen Neuzeit*, Frankfurt am Main 2004, 103.)
29 Diese Ableitung wird dagegen – unter Ausblendung des pastoralen und lutheranischen Moments – vorgenommen in: Giorgio Agamben, *Homo Sacer. Die souveräne Macht und das nackte Leben*, Frankfurt am Main 2002, 97ff..
30 Michel Foucault, »Omnes et singulatim. Zu einer Kritik der politischen Vernunft«, in: Vogl 1994, (65-93), 68f.
31 Gotthardt Frühsorge, »Oeconomie des Hofes‹. Zur politischen Funktion der Vaterrolle des Fürsten in ›Oeconomus prudens et legalis‹ des Franz Philipp Florinus«, in: Buck 1981/II., (211-215), 213. – Vgl. zudem zur Konzeption des polizeylichen im Unterschied zum repräsentativen »Körper des Staates« Joseph Vogl, »Die zwei Körper des Staates«, in: Müller 1996, 562-574.

haltung ist aber nur herzustellen, wenn der Hausvater selbst seinen Leib »*nach allem Vermögen bei Leben und Kräften*« hält.³² Dieser Maxime folgen dann die kameralistischen Entwürfe, die wie im Falle Veit Ludwig von Seckendorffs und des stark kriegsgeschädigten Sachsen-Gothas Staatsrecht und Verwaltungspraxis unter der Voraussetzung reformieren sollten, dass der weniger absolutistisch als väterlich verstandene »Landes-Herr das Hauptwerck seiner Regierung / am allermeisten *durch seine Person selbst zu verwalten habe*«.³³ Nach Florinus' *Oeconomus Prvdens et Legalis Continvatvs. Oder Grosser Herren Stands und Adelicher Haus=vatter* gibt es deswegen keinen wohlbestellten Fürstenstaat ohne eine entsprechend »gute« Haushaltung. Werden bei Seckendorff Hof- und Kammerökonomie noch weitgehend getrennt und wird hier das Regierungshandeln noch in den Begriffen der älteren Regimentstraktate bestimmt, bildet Florinus' Werk eine Art Nahtstelle der hier verhandelten Gattungen politischer Literatur: Hof-Recht und allgemeine Ökonomie³⁴, Hausväterliteratur und Zeremonialwissenschaft³⁵ kommen in unmittelbare Berührung. Insofern der *Oeconomus Prvdens* auch als fürstlicher Ratgeber konzipiert ist, der das landesherrliche Wirtschaften mit allgemeinen Präventionsmaßnahmen zu verbinden fordert³⁶, lässt sich überdies von einer Verbindung des überkommenen Fürstenspiegels mit polizeylichen Programmen sprechen.

Als »Policey« oder »Polizey« wurden im Reich seit dem Spätmittelalter ebenso die mit der Gefahrenabwehr betrauten Behörden wie ihre spezifische Tätigkeit bezeichnet. Dabei haben sich die polizeylichen Maßnahmen von der anfangs repressiven Sorge um den rechten Glauben, eine repräsentativ gesicherte Ständeordnung und das ziemliche Verhalten zusehends auf präventive und pädagogische Praktiken (von der Gesundheits- und Wohlfahrtspflege über die Stärkung der bürgerlichen Eigenverantwortung bis hin zur Bauaufsicht und zum Feuerschutz) verschoben.³⁷ Thema der Polizeyliteratur und späteren Polizeywissenschaft ist nicht die Polizey als Institution (mit spezifischen Rechtsbefugnissen und Repräsentationsweisen), sondern als besondere Regierungstechnik (die weder rechtlich noch repräsentativ zu nennen wäre). Ihr Gegenstand ist, wie Foucault mit Turquet sagt, das Leben und seine Produktivität, vor allem aber der Mensch.³⁸ Spätestens im Laufe des 16. Jahrhunderts wurde die Polizey aus dem

---

32 Franciscus Philippus Florinus, *Der kluge und rechtsverständige Hausvater*, Berlin/Ost 1988, 15f.
33 Seckendorff 1711, 82 (Anderer Theil, Cap. V.).
34 In Mosers *Teutschem Hof=Recht* werden (im II. Buch des ersten Bandes) neben Passagen aus Zinckes *Grund=Riß* auch Florinus' *Regeln zu Haushaltung* übernommen.
35 Vgl. hierzu Florinus 1719, 14f.
36 »Also hat auch ein Fürst ehe und bevor er seinen Staat einrichtet / seine Einkünffte gründlich zu examiniren und dann / wann dieses geschehen / selbigen dergestalten nach denenselben zu reguliren / daß All=Jährlich von seinen Revenuen noch etwas überschieße / damit er in dem Fall eines von GOtt verhengten Unglücks sich helfen könne« (ebenda, 46).
37 Vgl. Kurt G. A. Jeserich, Hans Pohl und Georg-Christoph von Unruh (Hgg.), *Deutsche Verwaltungsgeschichte*, Bd. I: *Vom Spätmittelalter bis zum Ende des Reiches,* Stuttgart 1983, 389-418.
38 Foucault, in: Vogl 1994, 86ff.

Feld der direkten Regierungstätigkeit ausgegliedert, um fortan neben der »guten Ordnung« auch die »Handhabung der Justitien und Gerechtigkeit« zu besorgen. Nicht nur, dass die Polizey damit eine Regelung des Justizwesens und Justizverfahrens selbst anstrebte; bis Ende des 17. Jahrhunderts hatte sie sich ein ganzes Terrain injustiziabler »Polizeysachen« erobert, um deren »arkane« Besorgung dann den traditionellen Verwaltungsbehörden zu entziehen, weil diese über den *status publicus* nicht ausreichend unterrichtet seien.[39] Damit konnte sich die Polizeywissenschaft – unterhalb der politischen Ebene und ihren Rechtsgrundlagen – neuen Entitäten wie der Bevölkerung und ihrer Gesundheit oder dem Geld und seinen Zirkulationsformen zuwenden, um einerseits das Leben und Überleben des Gemeinwesens zu sichern, andererseits seine produktiven Vermögen zu stimulieren.

Die Polizey ist ein konfessionsunabhängiges Steuerungs- und Regulierungsinstrument[40], das auf städtischer Ebene zuerst in Anschlag gebracht wurde und sich auch dort am besten bewähren sollte. Selbst wenn ihre »gute Ordnung« nur negativ, als Abwesenheit von Störungen begriffen wird, ist sie doch der Zweck eines Gemeinwesens, das sich lokal und dezentral realisiert. Insofern die Polizey nicht als Repräsentations-, sondern als Verwaltungssystem funktioniert, hat sie sich von der Person des Herrschers und vom alten Ständesystem gelöst und wird, wie es bei Nicolas Delamare heißt, von *magistrats* und *officiers* praktiziert – von Agenten einer zusehends autonomen und immer schrankenloseren *administration*.[41] Dem Anspruch nach genießt sie »Generalzuständigkeit für die Bekämpfung aller Mißstände«[42], weshalb sie sich auch und gerade im rechtlich ungeregelten Bereich ansiedeln konnte, zugleich aber den technischen Möglichkeiten staatlicher Administrationsmaßnahmen unterworfen blieb. Zu deren Optimierung wurde das polizeyliche Wissen zunächst »gelehrt« und schließlich »verwissenschaftlicht«. Georg Obrecht, Pionier und Visionär dieser Verwaltungslehre, konzipierte sie mit seinen *Fünff Underschiedlichen Secreta Politica von Anstellung, Erhaltung und Vermehrung guter Policey* (1644) zunächst noch als arkane Disziplin mit dem postulierten Endzweck, das fürstliche Einkommen zu maximieren. Dabei bestimmte er als Zielscheibe polizeylicher Maßnahmen die Bevölkerung, der sich eine eigene Präventions- und Versicherungstechnik zuzu-

---

39 Vgl. Simon 2004, 111-117, 356-368.
40 Vgl. Michael Stolleis, »Religion und Politik im Zeitalter des Barock. ›Konfessionalisierung‹ oder ›Säkularisierung‹ bei der Entstehung des frühmodernen Staates?«, in: Dieter Breuer (Hg.), *Religion und Religiösität im Zeitalter des Barock*, Wiesbaden 1995, (23-42), 39.
41 Vgl. Gerhard Oestreich, »Strukturprobleme des europäischen Absolutismus«, in: Oestreich 1969, (179-197), v. a. 185, und »Das persönliche Regiment der deutschen Fürsten am Beginn der Neuzeit«, in: ebenda, (201-234), v. a. 233. – Vgl. auch Hans Maier, *Die ältere deutsche Staats- und Verwaltungslehre (Polizeiwissenschaft)*, Neuwied am Rhein/Berlin 1966, 108. Bereits Osse stellte die »Ehre und Majestät« der Landesfürsten ausdrücklich unter den Schutz der Polizey (vgl. ebenda, 145). – Vgl. zudem Andrea Iseli, »*Bonne police*«, Epfendorf am Neckar 2003, 68, 362.
42 Gerhard Oestreich, »Policey und Prudentia civilis in der barocken Gesellschaft von Stadt und Staat«, in: Albrecht Schöne (Hg.), *Stadt, Schule, Universität, Buchwesen und die deutsche Literatur im 17. Jahrhundert*, München 1976, (10-21), 11.

wenden habe.[43] Er empfahl geregelte Inspektionsmaßnahmen, spezielle Fragebögen und befürwortete den Erlass einer Auskunftspflicht sowie die statistische Benachrichtigung der Regierungsorgane, womit er eine systematische Datenverarbeitung von Staats wegen projektierte, die der effizienzorientierten Steuerung sämtlicher Ressourcen zuarbeitet.

Will man diese Sozialtechnik mit den klassischen politischen Programmen in Beziehung setzen, geht sie weniger mit den Souveränitätslehren als mit der machiavellistischen Staatsräson konform, die auf jedwede fundamentale und essentielle, juridische oder natürliche Bindung von Fürst und Fürstenamt verzichtet, die die Machtausübung immerzu gefährdet sieht, die eine pädagogische und präventive Absicherung vornimmt und die schließlich Maßnahmen im Bereich der Ökonomie ergreift, um das System des Regierens als Ganzes zu optimieren. Foucault nennt eine Regierungstechnik diesen Typs »gouvernemental«. Die Gouvernementalität ist Staatsräson in dem keineswegs abfälligen Sinne, dass der Staat seine eigene Vernunft gebiert, wobei diese Herrschaftsform nicht mehr über das Gesetz herstellbar ist, da sie weniger auf das Territorium und die darin situierten Untertanen als auf Vermögen und ihre Sicherung, auf »versicherte« Dinge, Menschen und Populationen zielt.[44] In diesem Verwaltungsmodus wird der Fürst, auch wenn er noch nominell das absolute Regiment für sich beansprucht, zu einem bloßen Posten jener »statistischen« Aufstellungen herabgestuft, die den souveränen Zugriff auf den Tod zugunsten der Erfassung und Regulierung des Lebens und seiner Ressourcen, seiner Gesundheit und Produktivität überflüssig machen. Gerade die Statistik als eine »gelehrtlehrende Sozialmachenschaft«[45] zeugt vom Gelehrtwerden des Staates und vom Staatswerden des Wissens. Die Staatsräson machiavellistischer Prägung, das tacitistische Politikverständnis und die enzyklopädischen Ansprüche des Späthumanismus bereiten jener empirisch fundierten, polizeylich betriebenen Staatswissenschaft den Boden, die sich gerade nicht mit den großen Ereignissen der Historie oder einer allgemein besten Staatsform beschäftigt. Was die Staatswissenschaft bislang nicht zu beobachten brauchte, weil es bloß »natürlich« war und außerhalb des Politischen stand, wird nun zu deren vordringlichstem Operationsgebiet: der tatsäch-

---

43 Berthold Holzschuher hatte bereits 1565 eine Art Zwangssparen mit versicherungsähnlichem Charakter zu fiskalischen und sozialen Zwecken geplant, wobei Verzinsung, Kapitalanlage, Risiko und Wahrscheinlichkeit dem Prinzip nach bereits mitgedacht wurden. Obrecht unterbreitete dann, obgleich ohne den Grundsatz obrigkeitlichen Zwanges, Vorschläge zu einer ländlichen Versicherung, zu Aussteuerkassen und zu einer Feuerversicherung mit dem Staatsschatz als Reservefonds. Von Becher stammt das konkrete Projekt einer Sterbegeldversicherung für bayerische Beamte, Paul Jakob Marpeger schließlich sollte zahlreiche Werke vom Versicherungswesen, etwa zur Einrichtung der Tontinen und der *Montes Pietatis*, zur Seeversicherung, zum Feuerschutz sowie zu den ersten Ansätzen einer Individual- und Sozialversicherung publizieren. (vgl. Koch 1998, 44-49, 53.)
44 Vgl. Michel Foucault, »La gouvernementalité«, in: Foucault 1994ff./III., (635-656), 657 und 638ff. (zu Machiavelli).
45 Walter Seitter, *Menschenfassungen. Studien zur Erkenntnispolitikwissenschaft*, München 1985, 75.

liche Zustand, die physische Konstitution eines Staatsgebildes zu einem bestimmten Zeitpunkt. John Graunt, der zwischen »political« und »natural observations« schon nicht mehr prinzipiell unterscheiden will, hat anlässlich seines projektierten Frühwarnsystems für künftige Pestepidemien eine umfassende Medizinal- und Bevölkerungsstatistik auf den Weg gebracht und nebenbei auch einen »Accompt of *Casualties*«[46] skizziert, ein Erfassungsraster für Seuchen-, Mord- und Unfallopfer sowie für »besondere Opfer«, nämlich sozial Randständige. Deren Positivierung unterstellt sie selbstredend sogleich der polizeylichen Order, ihre Existenz zu regulieren, d. h. sie körperlich zu kurieren und sie, je nach Eignung, zur produktiven Tätigkeit zu stimulieren.[47] Erst an diesem Punkt kann von einer »guten« Politik, von einer wissenschaftlich fundierten »Polizierung« die Rede sein: »Now, the Foundation or Elements of this honest harmless *Policy* is to understand the Land, and the hands of the Territory, to be governed according to all their intrinsick and accidental differences«.[48]

Hermann Conring, der zeit seines Lebens an einer frühen Pesterkrankung laborierte und später als Leibarzt ostfriesischer und schwedischer Souveräne beamtet wurde, konzipierte fast zeitgleich mit Graunt seine *Notitia reipublicae singularis* als empirisch gesättigte Staatenkunde – empirisch in dem Sinne, dass sämtliche Daten nach Möglichkeit durch eigene Erforschung, zumindest aber durch verlässliche Zeugenschaft zu gewinnen seien. Die *prudentia* besteht somit nicht mehr im Umgang mit universalhistorischen Exempla: »Die Staatenkunde ist für den Erwerb der Staatsklugheit weitaus wichtiger als die Ereignisgeschichte«[49], weil sie zu den kontingenten staatlichen Realien hin- und vom bei Pufendorf[50] so bezeichneten *imaginarium* des repräsentativ Politischen wegführt. Johann Peter Süßmilchs *Göttliche Ordnung* (1741) sollte dann neben den Geburten- und Sterbeziffern erstmals auch die Fertilität berücksichtigen, ehe die von Conring begründete Lehre als Göttinger Universitätsstatistik Schule machte. Deren qualitative und idiographische Ausrichtung stand mittelfristig im Gegensatz zur quantitativ-nomothetischen politischen Arithmetik im Sinne Graunts, ehe sich nach der Wende zum 19. Jahrhundert die skandinavische Tabellenstatistik gegen die diskursive Statistik überhaupt durchsetzen sollte. Zu diesem Zeitpunkt war auch der auf Petty zurückgehende Gedanke statistischer Büros und Zentralämter

---

46 Petty 1899, 347.
47 Vgl. ebenda, 353.
48 Ebenda, 395f.
49 Übersetzung von: Hermannus Conringius, *Examen Rerumpublicarum totius orbis. Prooemium*, in: Rassem/Stagl 1994, 248.
50 Zum scheinhaften und wahren Wissen vom Staate heißt es bei Pufendorf, »daß man sothane Interesse füglich kan abtheilen in imaginarium & verum. Durch jenes verstehe ich / wann einer vermeinet / die Wohlfahrt seines Staats bestehe in solchen Dingen / die sich ohne injurie und Verunruhigung vieler andern Staaten nicht lassen ins Werck stellen / und dargegen sich andere nothwendig setzen müssen. Worunter man rechnen kan Monarchiam Europæ, universale monopolium, & c.« (Samuel Pufendorf, *Einleitung zu der Historie der Vornehmsten Reiche und Staaten so itziger Zeit in Europa sich befinden*, Frankfurt am Main 1682, in: Rassem/Stagl 1994, 312f.)

in ganz Europa realisiert worden. Das »Gesetz der großen Zahl« hatte vom Staat Besitz ergriffen, um sein Schicksal weitgehend berechenbar zu machen.

Unter ihm stehen die späteren polizeywissenschaftlichen Entwürfe, wie sie etwa von J. H. G. Justi zur »Verbindung der Feuerassekuranzanstalten mit einer Leihebanco auf die Häuser«, zu einer »Braut-Casse« oder zur Soldatenversorgung erarbeitet wurden. Gerade an letzterem Vorhaben wird ersichtlich, wie wenig polizeyliche Handlungen künftig mit der repräsentativen Politik eines absolutistischen Souveräns gemein haben sollten: Ludwig XIV. baute den *Hôtel des Invalides* »vermuthlich da er vor seinen Ruhm sehr besorgt war, weil ein prächtiges Gebäude und die darinnen befindlichen Invaliden mehr Aufsehens in der Welt machen, als wenn noch einmal so viel im Lande hin und wieder vertheilet Leben, und jährliche Gehalte bekommen, die eben so grosse und noch grössere Summen erfordern.« In Sachsen dagegen wurden Kasernen zu Erziehungsanstalten für Soldatenkinder umgewidmet, womit zugleich »eine vortrefliche Pflanzschule vor das Kriegsheer«[51] geschaffen war. Das alte Thema des staatsmännischen Gärtners zeugt hier einerseits von der Ferne zur repräsentativen Politik, andererseits von »der Bevölkerung als dem Haupt-Augenmerke«[52] aller kameralistisch und polizeylich elaborierten Regierungskunst. Wie im Falle der grassierenden Desertionsseuche wendet sich diese eben nicht mehr dem Individuum zu, das dem souveränen Imperativ zuwider handeln könnte und daher mit repräsentativem Nachdruck bestraft (oder auch bei vorbildlichem Handeln exemplarisch belohnt) werden müsste, sondern der Population, die eigenen, jeweils zu ermittelnden Gesetzmäßigkeiten untersteht und nicht nur überwacht, sondern unter dem Imperativ der gesamtstaatlichen Vermögensmehrung gesteuert und stimuliert werden muss.

Die Ursache der Desertion, liegt also nicht an denen Soldaten, sondern an denen Staate selbst. Denn zu erwarten, dass ein Soldat vor einen so geringen Sold, den er allenthalben findet, Blut und Leben vor den Staat aufopfern [...] werde, ohne dass man ihm hierzu einen besondern Bewegungsgrund verschaffet, und ihn mit engern Banden an den Staat verknüpfet, das ist die eitelste Hoffnung, die man jemals fassen kann. [...] Das einzige brauchbare Band zwischen denen Soldaten und dem Staate, dem sie dienen, ist die Versicherung ihres künftigen Unterhalts, wenn sie alt und untüchtig sind, oder gewisse festgesetzte Jahre gedienet haben.[53]

---

51 »Von der Versorgung der unvermögenden Soldaten, und der Kinder der verstorbenen Soldaten«, in: *Johann Heinrich Gottlobs von Justi gesammelte Politische und Finanzschriften über wichtige Gegenstände der Staatskunst, der Kriegswissenschaften und des Cameral= und Finanzwesens*, 3 Bde., Koppenhagen und Leipzig 1761-1764, Bd. I., (336-340), 337, 340.
52 Vgl. »Von der Bevölkerung als dem Haupt-Augenmerke weiser Finanz=Collegiorum«, in: Justi 1761ff./III., 379-408. – Vgl. auch: Johann Heinrich Jung-Stilling, *Lehrbuch der Staats-Polizey-Wissenschaft*, Leipzig 1788, 17: »Die erste Pflicht der Polizey geht auf die Erhaltung und Vermehrung der Bürger selbsten, oder auf ihre *physischen Kräfte*.« – Zum Kontext vgl. Gunnar Heinsohn, Rolf Knieper und Otto Steiger, *Menschenproduktion. Allgemeine Bevölkerungstheorie der Neuzeit*, Frankfurt am Main 1979, 60ff.
53 »Ein sehr brauchbarer Vorschlag, die Desertion unter den Soldaten zu verhindern, und dadurch zugleich die Länder besser zu cultiviren«, in: Justi 1761ff./III., (248-256), 250f. – Jene »Versicherung« soll sich Justis Vorschlag zufolge jedoch nicht schon in erhöhten Pensionen

Es ist die Versicherung, die die »Aufopferung« und mit ihr jedes kultische »Band« der Gemeinschaft überflüssig macht. Das gouvernementale Dispositiv der Prävention, der Absicherung und Versicherung arbeitet mit statistischen und verwaltungstechnischen Verfahren, und es minimiert die Zahl der »Opfer« durch seine ökonomischen und allgemein polizeylichen Vorkehrungen.

2. Utopien und Adventures

So wie Zeremonialwissenschaft, Kameralismus und Polizeywissenschaft ineinander übergehen, um dabei einerseits ein ökonomisches und systemisches Konzept des Staatskörpers zu entwickeln, andererseits aber die vormals repräsentativ sanktionierten »thörichten« Zeremonien und Rituale in ihrer Funktion oder Funktionslosigkeit zu positivieren, ließe sich auch ein Funktionswechsel künstlerischer Darstellungsmittel rekonstruieren. Summarisch gesprochen, sollten gerade zu Zeiten höfischer Repräsentation, da man auf die Homologie von repräsentativer und politischer Ordnung baute, Verhaltensregularien mit poetologischen, allgemein »ästhetischen« Vorschriften[54] konvergieren, so dass die Umstellung von der Verhaltensreglementierung zur »guten Ordnung« eines gouvernemental verstandenen, komplexeren »Staatskörpers« auch im Bereich der Kunst durchschlagen musste. »Pointiert kann man die ›Policey‹ als Choreographie des Untertanenverbandes (qua subhöfischer Sphäre), das ›Ceremoniel‹ hingegen als Choreographie des Hofstaates (qua binnenhöfischer Sphäre) bezeichnen. Literaturphänomenologisch gewendet heißt dies, daß die Schulpoetik der Opitz und Nachfolger als polizey-konformes, polizey-analoges Regelmodell zu deuten wäre, während die literarischen Ambitionen der höfischen Gesellschaft und zumal die ihrer idealischen Subjekte, der Fürsten, ceremonielkonform zu sein hatten.«[55] Freilich verläuft jene Konjunktion wohl nicht nur entlang ständischer Differenzen. Der Wechsel vom Repräsentationssystem hin zum Aufbau polizeylicher Steuerungssysteme verwandelt den vormaligen Untertanenverband in die statistische und versicherungstechnische Entität »Bevölkerung«, so dass nun die Regulation multipler Steuerungszusammenhänge

---

erschöpfen, vielmehr sollen die ausgedienten Soldaten als privilegierte Kolonisten gezielt in den bevölkerungsschwachen Landesteilen angesiedelt werden. »Die Armee wird die beste Pflanzschule zur Bevölkerung und zur Cultur des Bodens abgeben.« (Ebenda, 253.)

54   »Die literarische Ästhetik organisiert sich in der Anlehnung an die ordnungssymbolische und konfliktlösende Ästhetik des gesellschaftlichen Verhaltens. Beide Bereiche interferieren im Doppelbezug des ›decorum‹-Begriffs [...]: noch diesseits einer erzwungenen Legalität ist in der Semantik des Decorum eine Individual- und Sozialethik formuliert, die als vom einzelnen zu leistende Steuerung des Verhaltens jenen ›ordo parendi et jubendi‹ unterstützt, durch den allein die auch vom Bürgertum im Hinblick auf öffentliche ›Sicherheit‹ akzeptierte Neuordnung der altständischen Gesellschaft zu leisten war.« (Wilhelm Kühlmann, *Gelehrtenrepublik und Fürstenstaat*, Tübingen 1982, 319f.)

55   Jörg-Jochen Berns, »›Princeps Poetarum et Poeta Principum‹: Das Dichtertum Anton Ulrichs als Exempel absolutistischer Rollennorm und Rollenbrechung«, in: Jean-Marie Valentin (Hg.), *Monarchus Poeta*, Amsterdam 1985, (3-30), 7f.

sowie die Positivierung und Kontrolle bislang unrepräsentierbarer »Kontingenzen« in den Vordergrund tritt.

Diese Kontingenzen hatte man gerade zu den Zeiten, da sich der Absolutismus ungefährdet dünkte, mit den Mitteln einer heilsgeschichtlichen Rhetorik zu integrieren versucht. In Bossuets *Sermon sur la Providence* etwa wird der Zufall, die heidnische Fortuna und das empirische Chaos im »royaume de Dieu« und im irdischen »ordre supérieur qui rappelle tout à soi par une loi immuable« einfach aufgehoben. Sie wirken dort als »eschatologisches Stimulans«.[56] Universalgeschichtlich gewendet verschwindet die Kontingenz in »les secrets de cette céleste politique qui régit toute la nature, et qui, enfermant dans son ordre l'instabilité des choses humaines, ne dispose pas avec moins d'égards les accidents inégaux qui mêlent la vie des particuliers que ces grands et mémorables événements qui décident de la fortune des empires.«[57] Indes macht sich die wachsende Gefährdung des providentiell geschlossenen Repräsentationssystems nicht zuletzt in den damals repräsentabelsten Kunstgattungen, in der Malerei und Dichtung, geltend. Zwar beglaubigt Gryphius mit seiner Lyrik zum Motiv des Schiffbruchs noch ein emblematisch verbürgtes Vertrauen in die providentielle Errettung.[58] Im *Carolus* jedoch geht mit Steuermann und Staatsschiff eine ganze Repräsentationsordnung zu Grunde, weshalb Papinian in Gryphius' letztem Drama keine heilsgeschichtliche Erwartung mehr, sondern den Beamtentypus einer abstrakteren Staatsordnung verkörpert.

Das Motiv des *naufragium* liefert auch im Bereich der Malerei genügend ikonographische Indizien für die repräsentatorische Brisanz der Kontingenz: Spätestens mit der »Marine«, der Meeresmalerei des 17. Jahrhunderts, war das Meer aus allen sakral und repräsentativ motivierten Landschaftszusammenhängen herausgetreten. Ein Maler wie Joseph Vernet, der im Auftrag Ludwigs XV. die wichtigsten französischen Häfen malen sollte, konnte nun seinen Auftrag dahingehend erfüllen, dass er das immer gleiche Thema des Schiffbruchs nicht mehr im Sinne eines repräsentativen Geschehens und einer heroischen Pose, sondern nach Maßgabe von Serie und Variation durchführte. Der Schiffbruch selbst, jener Unfall *katexochen*, besteht somit in den kleinsten Ereignissen und erscheint in den kleinsten Perzeptionen. Er ist das Resultat einer singulären Verkettung von Kontingenzen,

---

56 Bossuet 1882, 159f. und Werner Frick, *Providenz und Kontingenz,* Tübingen 1988, 86.
57 Bossuet 1882, 160.
58 Vgl. das Sonett »Andencken eines auf der See ausgestandenen gefährlichen Sturms« aus dem Nachlaß 1698, V. 12ff.: »Wir missen Glaß / Compaß / und Tag / und Stern / und Nacht // Todt war ich vor dem Todt. Doch HErr du hasts gemacht // Daß ich dir lebend und errettet Lob kan singen.« (in: Gryphius 1963, 107.) – Vgl. hierzu Gabriel Rollenhagen, *NVCLEVS / EMBLEMATVM SE=/LECTISSIMORVM, QVAE / ITALIVVLGO IMPRESAS, [...],* Arnheim 1611, Nr. 37, mit dem König als Steuermann eines Schiffes: »Solange ich das Steuer gerade halte und das Schiff lenke, kann ich alles übrige dem einen Gott überlassen.« = »DVM CLAVVM RECTVM TENEAM nauimque gubernem, Vni Committam, caetera cuncta, Deo.« (Verg. Aen. X 218) (in: Henkel/Schöne 1967, Sp. 1454) sowie komplementär Lehmann 1637, 657: »Es ist nicht allzeit deß Schiffmanns Schuld / wenn das Segel reisset / der Mastbaum bricht / und das Schiff anstöst / sondern ist auch GOttes verhängnuß und straff.«

nicht aber eine Etappe providentieller Geschehensabläufe. Und als solcher ist der Schiffbruch zu einem genuin narrativen Gegenstand geworden: Nicht nur, dass er der theatralen und repräsentativen Darstellung rein technisch Schwierigkeiten bereitet, schon sein versicherungsstatistisch serieller und ereignisförmiger Charakter legt erzählerische Darstellungsverfahren nahe, weshalb im Laufe des 17. Jahrhunderts ein regelrechtes Genre des Schiffbruchromans entstanden ist. Dieses Genre kann sich mit der Wende zum 18. Jahrhundert nicht mehr, wie noch der heroisch-galante Roman, auf die überkommenen providentiellen Gewissheiten stützen. Mittlerweile scheint die Sphäre des Historischen ebenso wie die des Poetischen von Kontingenzen durchdrungen, nur dass der »Satz vom zureichenden Grunde« in der Historie zu einer streng kausalen, zufallsfreien Begründung allen Geschehens verpflichtet, während die Dichtung diese Form verhohlener Poetik erst auszutragen hat: »dieses ist das Los der Menschen; das gegenwärtige Leben muß sich mit der Wahrscheinlichkeit zufrieden geben«, heißt es bei Bodmer. »Darum kan ich nicht gutheissen, daß man so wenig Fleiß auf die Kunst der wahrscheinlichen Dinge wendet«.[59]

Das widersprach bereits deutlich den ersten Romanpoetiken, die von repräsentativ-personalem Politikverständnis ausgehend den Roman als eine Art Komplementärgattung zum Fürstenspiegel konzipiert hatten, damit, wie es in der Vorrede zur opitzschen Argenis-Übersetzung heißt, »die darinnen begriffene stattliche Exempla Fürstlicher Sitten vnd Tugenden, Freund- vnd Feindschaften, Glücks vnd Vnglücks, mit einer besondern Ergetzligkeit zeitlich eingebildet, Sie zur hochrühmlichen Nachfolge in dem geziemenden erwecket, von dem wiedrigen abgeleitet, vnd also von Ihnen darinnen gleich als in einem güldenen Spiegel ersehen werden möchte, wordurch nicht allein die Ehr Ihrer hochgepriesenen Vorfahren zu erreichen, sondern auch, ob es Gottes Wille, glücklich zu vbersteigen.«[60] Um »Klugheit und eine gute *Conduite* daraus zu erlernen«, sind Erdmann Neumeister zufolge »die erdichteten *Historien* viel geschickter«[61] als die exemplarische Geschichte, denn nicht nur lässt sich im Modus des Gedichteten der repräsentative Wert des Exemplarischen steigern. Solche Romanlektüre schult im Vorgang der Lektüre selbst die Klugheit, das Vermögen, mit bloßen »Wahr-

---

59 »Johann Jacob Bodmer, »Von den Charactern in dem prosaischen Gedichte von der Syrischen Aramena« (1741), in: Hartmut Steinecke und Fritz Wahrenburg, *Romantheorie. Texte vom Barock bis zur Gegenwart*, Stuttgart 1999, 111. – Vgl. zudem Klaus-Detlef Müller, »Der Zufall im Roman«, in: *Germanisch-romanische Monatsschrift*, 28 (1978), (265-290), 267f., 285.
60 David Müller (Buchhändler), *Widmungsvorrede zur ›Argenis‹-Übersetzung von Opitz*, Breslau 1626, in: Dieter Kimpel und Conrad Wiedemann (Hgg.), *Theorie und Technik des Romans im 17. und 18. Jahrhundert*, Bd. I.: *Barock und Aufklärung*, Tübingen 1970, 2. – Dies gilt, wie an Johann Beers Einleitung zu den *Teutschen Winternächten* von 1682 deutlich wird, selbst noch für pikareske Romane, wird hier doch das »gleichsam / als auf einem Theatro« präsentierte Geschehen »zu dem menschlichen Leben viel tauglicher und nothwendiger / als die Logic und alle andere definitionen« erklärt. (W 17, 441, 439, in: Eberhard Lämmert, Hartmut Eggert u. a. (Hgg.), *Romantheorie. Dokumentation ihrer Geschichte in Deutschland 1620-1880*, Köln/Berlin 1971, 29.)
61 Erdmann Neumeister, *Raisonnement über die Romanen*, (o. O.), 1708, 22, in: Steinecke/Wahrenburg 1999, 95.

scheinlichkeiten« umzugehen und diese nochmals in einen providentiellen Horizont zu stellen. Sobald indes der »Zufall« innerhalb des providentiellen Universums nicht mehr allein durch »Klugheit« aufzuheben ist, verliert auch der frühe Roman die Selbstverständlichkeit einer exemplarischen Demonstration und wird auf seine ihm eigenen Möglichkeiten verpflichtet.[62] Die Theodizee wird wie in den 1744 anonym publizierten *Gedanken und Regeln von den deutschen Romanen* zum Kunstgriff des Romanciers:

Die Handlungen der in den Romanen erdichteten Personen müssen also zwar einen ziemlichen Theil des zureichenden Grundes von ihren darauf folgenden Zustande in sich enthalten; aber der Romanschreiber muß auch seine Leser zu überreden suchen, daß Gott die Welt also eingerichtet habe, daß auch die Dinge in derselben, welche nicht von unsern freyen Handlungen abhangen, etwas zur Belohnung der Frommen, und zur Bestrafung der Gottlosen beytragen. [...] Hiezu ist aber ein bequemes Mittel, wenn der Dichter im Anfange und in der Mitte seines Gedichtes einige zur Vorhersehung des Ausganges nothwendige Umstände verschweiget, und dieselben am Ende bey der Auflösung des Knotens entweder selbst erzählet, oder den erdichteten Personen die Erzählung zueignet. Aber diese Verknüpfung muß nicht ungewöhnlich seyn, daß man nicht ein ähnliches Beyspiel unter den Begebenheiten in der Welt aufweisen könnte. Noch vielweniger muß sie dem Zusammenhange der Dinge auf unserer Erdkugel offenbar wiedersprechen.[63]

Dass, obwohl es kontingente Dinge gibt, »welche nicht von unsern freyen Handlungen abhangen«, dass dennoch eine göttlich sanktionierte, »gute« Ordnung in Geltung bleibe: dazu zu »überreden« wird notwendig geworden sein. Denn die gute Ordnung, innerhalb derer es zumindest sehr wahrscheinlich sein muss, dass »die Frommen« belohnt und die »Gottlosen« bestraft werden, ist ihrerseits äußerst unwahrscheinlich. Andernfalls bedürfte es nicht der überredenden oder verschweigenden Mittel und der Anleitung zu denselben. Diese »unwahrscheinliche Wahrscheinlichkeit« herzustellen und damit die gute Ordnung der Providenz als wirkliche darzustellen, ist eine Aufgabe, der der höfisch-historische Roman nicht gewachsen oder wenigstens nicht angemessen sein kann: das Wunderbare, Allegorische oder Exemplarische seiner Helden und Taten befindet sich in fester repräsentativer Ordnung. Dass aber die gute und unwahrscheinliche Ordnung selbst durch einen ordnenden Zugriff von außen als wahrscheinliche erscheint, ermöglicht erst der Roman – Bodmers »Kunst der wahrscheinlichen Dinge«. Diese stellt, wie es die Romananleitung nahe legt, keine abbildliche Beziehung oder Adäquation zu vorgegebenen Wirklichkeiten oder gar Topoi her, sondern eine Strukturentsprechung. »Wirklichkeit« versteht sich, wie Blumenberg mit Blick gleich auf die ganze Gattung sagt, hier von vornherein als sprachlich, historisch und künstlerisch bearbeitete – oder auch mathematisch berechenbare – Natur, als »Syntax von Elementen«, an die der Roman funktional

---

62 »Durch die Unmöglichkeit, ihn weiterhin in einem transzendentem Reflexionsakt buchstäblich aus der Welt zu schaffen, wird der Zufall zum existentiellen Risiko und zum ästhetischen Skandalon« (Frick 1988, 240).

63 Anonym, *Einige Gedanken und Regeln von den deutschen Romanen (1744)*, in: Kimpel/Wiedemann 1970, 72.

anschließen kann, insofern er »seine eigene Möglichkeit nicht als Fiktion von Realitäten, sondern als *Fiktion der Realität von Realitäten* zum Thema« versteht.[64]

Einerseits wird exakt an diesem Punkt der »Schein des Wahren« seinen Ort finden, ein ästhetischer Schein, der, wenn er ohnehin nur Fiktionen von Wirklichkeiten aufeinander beziehen kann, mit der »unwahrscheinlichen Wahrscheinlichkeit« keine Wirklichkeitseinbußen hinzunehmen hat. Da Begriffe für diese Strukturentsprechung nicht mehr Sache der Rhetoriken und Poetiken sind, eine entsprechend universalpoetische Roman*theorie* aber noch bis zur Romantik auf sich warten lässt, ist es die »kunstlose« und formal ungebundene Gattung der Romane selbst, die diese Strukturentsprechungen innerhalb ihrer Wahrheits- und Wirklichkeitsstrukturen, im Beziehungsfeld ihrer programmatischen Vorreden, Herausgeberfiktionen und mehrstufigen Narrationen zur Sprache bringt. Dieses Modell der »Rahmungen« und »mehrstufigen« Beobachtungen ist nicht nur romantechnischer Kunstgriff, sondern zugleich für die mathematische Statistik das Modell, nach dem »Wahrscheinlichkeit« aus bloßem »Zufall« hervorgehen kann.[65]

Andererseits gehört die »Kunst der wahrscheinlichen Dinge« zu jener umfassenden *logica probabilium*, die Leibniz zumindest angekündigt und sogleich auf unterschiedliche Fragestellungen – sozialpolitische wie chancentheoretische oder theologische – bezogen hat. Damit etwa die Daten eines sozialstatistisch inspizierten Staates in ihrer Gesamtheit auf evidente Weise (als »Staats-Tafel«) erscheinen können und nicht im bloßen Nebeneinander zahlloser Inventare und Registraturen verschwinden, ist eine eigene Darstellungspraxis für kontingente oder Tatsachenwahrheiten vonnöten; und damit nicht etwa die klassizistische *vraisemblance*, sondern das (von Souverän, Kirche und Polizey ehedem verdammte) Glücksspiel und eine entsprechende *doctrine of chances* die Wirklichkeit der Wahrscheinlichkeit zur Darstellung bringt, ist eine eigene Modellierung objektiver Kontingenzen erforderlich. Im Horizont der Theodizee schließlich arbeiten fiktionale und göttliche Schöpfung, obschon auf verschiedenen Niveaus, gemeinsam an einer Wirklichkeit, die zum Projekt der Perfektibilität geworden ist. Wenn mithin Darstellung und Verwirklichung darin übereinkommen, etwas ins Werk zu setzen, »so kan«, wie Leibniz an Anton Ulrich schreibt, »Unser Herr Gott auch noch ein paar tomos zu seinem Roman machen, welche zulezt beßer lauten möchten. […] Und niemand ahmet unsern Herrn beßer nach als ein Erfinder von einem schöhnen Roman.«[66] Die Wirklichkeit ist der beste, von Gott fortlaufend verfasste Roman, von Dichterhand geschriebene Romane sind hingegen dessen irdische, von Menschenaugen unmittelbar entzifferbare Lesart. Den wirklichkeitshomologen Roman zeichnet zugleich Konsistenz und Offenheit aus, denn zeitlich gesehen muss er für künftige Ereignisse offen, modal

---

64 Hans Blumenberg, »Wirklichkeitsbegriff und Möglichkeit des Romans«, in: Hans Robert Jauß (Hg.), *Nachahmung und Illusion*, München 1969, (9-27), 21, 27.
65 Zur Figur der »unwahrscheinlichen Wahrscheinlichkeit« und zum ästhetischen Schein als Modell statistischer Wahrscheinlichkeit vgl. Rüdiger Campe, *Spiel der Wahrscheinlichkeit. Literatur und Berechnung zwischen Pascal und Kleist*, Göttingen 2002, 309ff.
66 Leibniz an Anton Ulrich, 26. April 1713, in: Kimpel/Wiedemann 1970, 67f.

betrachtet für das Kontingente zugänglich und doch in sich und im Strukturverhältnis zur Wirklichkeit stimmig sein. Somit kann er niemals den Möglichkeitssinn erschöpfen, zumal er sich ja *per definitionem* nicht auf der Höhe göttlicher Intelligibilität befindet. Doch beglaubigt er die Realität jener Realitäten, die als solche in den Horizont der Providenz gar nicht erst eintreten durften oder bloß als Musterbeispiele »curiöser Kontingenz«[67] rubriziert wurden.

»Der Ort, wo wir leben, auch Klima, Luft und Sitte, tun vieles«, heißt es in Robert Burtons *Anatomy of Melancholy* (1621); »drei Grad Polhöhe kehren die ganze Jurisprudenz um, ein Meridian entscheidet über die Wahrheit«, schreibt Pascal.[68] Was für Burtons Konstitutionslehre gilt, trifft in der Optik von Pascals Zeremonialkritik mit besonderer Schärfe für die Konstitution des Staatskörpers zu: Repräsentative und juristische Systeme sind auf dem unsicheren Grund der Kontingenz gebaut. Ein unmerklicher Wandel der äußeren Umstände, schon ein Wechsel der Gewohnheiten oder Moden vermag es, einem ganzen Repräsentationssystem den Boden seiner autoritären Geltung zu entziehen.[69] Von daher rührt das seit Boecler über Petty bis hin zu Linné verfolgte Unternehmen, eine Anatomie der historisch jeweiligen Staatswesen zu entwerfen, die empirisch verfährt und das Politische als Spektrum unbegrenzter Möglichkeiten versteht. Nachdem die »Außen- und Gegenwelten« erst einmal das Stadium des bloß Kuriosen überschritten haben, arbeitet das Wissen gegen seinen vormals repräsentativen Auftrag.[70] Doch müssen es nicht unbedingt authentische Reiseberichte und deren Ertrag an beigebrachten statistischen Daten sein, die vom Kontingentwerden dieses Systems zeugen.

Auch eine Fiktion wie der Staatsroman kündigt die Realität nicht-providentieller und nicht-repräsentativer Realitäten an, selbst wenn er, wie bei Morus und

---

67 Stefan Rieger, *Speichern/Merken. Die künstlichen Intelligenzen des Barock*, München 1997, 39.
68 Pascal 1997, 60/294/59 und Robert Burton, *Die Anatomie der Melancholie*, Mainz 1995, 286. – Vgl. hierzu den Originaltext: »Aire is a cause of great moment [...] Such as is the Aire, such be our spirits, and as our spirits, such are our humors.« (Robert Burton, *The Anatomy of Melancholy*, Bd. I: Text, Oxford 1989, 233f.
69 Spiegelverkehrt zu Burtons Klimatheorie besteht im Fall von Pascals bekannter Feststellung diese grundlegende Kontingenz und diese repräsentationsstiftende Konventionalität in den *amity lines* der zeitgenössischen Seemächte: in der machtpolitisch bedingten Demarkation, die rein kartographisch »einen Abgrund zwischen der Freiheit, d. h. Rechtlosigkeit eines Naturzustandes und dem Bereich eines geordneten ›zivilen‹ Zustandes aufgerissen hat.« (Schmitt 1997, 64.)
70 Michael Harbsmeier, *Wilde Völkerkunde. Andere Welten in deutschen Reiseberichten der Frühen Neuzeit*, Frankfurt a. M./New York 1994, 292, nennt »Naturgeschichte, Botanik und Zoologie, Kunstgeschichte, Altertumskunde und Archäologie, Statistik und ›Policeywissenschaft‹, Anthropologie und Ethnographie, Volkskunde, Folkloristik, vergleichende Literaturwissenschaft und Soziologie, Völkerpsychologie und Rassenkunde, Orientalistik, Regionswissenschaft und Theologie« als Disziplinen, die von der Reiseliteratur methodisch oder empirisch geprägt oder gar initiiert worden seien. – Zur Kontingenz der Neuen Welten vgl. die Semantik des lateinischen *contingere*: »berühren«, »benetzen«, »beflecken« und »anstecken«; »an etwas stoßen« oder »grenzen«; »erfassen«, »ein Ziel erreichen«, »finden«. Die unpersönliche Wendung *contingit* bedeutet: »es ereignet sich« bzw. im positiven Sinne: »es gelingt, es glückt«.

Campanella, zunächst eine »*Utopie der Zufallslosigkeit, der Situationslosigkeit*«[71] propagiert. Beider Utopie geht zwar von einem providentiellen Kosmos mit fester topographischer Fügung aus, baut selbst aber auf dem Bruch (narrativ: auf dem Schiffbruch) der faktischen Repräsentation auf und sieht sich erst dann etabliert, nachdem sie allen denkbaren künftigen Zufällen vorgesorgt hat. Die Utopie ist ein paradoxes Unternehmen, insofern sie ihre Staatsentwürfe auf der Grundlage des *naufragium* in aller deduktiven Strenge durchzuführen sucht. Sie gründet ihre Möglichkeit auf die »Unwissenheit in der geographischen Wissenschaft« und ist nur wahrscheinlich, »bis man dermahleins, wenn es anders möglich, eine genaue *Revision* in allen vier Theilen der Welt angestellet, und folglich auch erforschet hat, ob das Land der Zufriedenheit unter der grossen Menge derer Insuln anzutreffen sey.«[72] Die utopisch erweiterte Raumordnung vollzieht den Bruch mit der Topologie Alteuropas an einem unbestimmbaren Ort und im kontingenten Ereignis des Schiffbruchs, und doch steuert sie auf kein anderes Projekt zu, als dasjenige, eine Ordnung der Zufallslosigkeit unter den nun manifesten Bedingungen der Kontingenz zu errichten.

In der »Raumutopie«[73] erscheint die geschlossene Einheit von Ordnung und Ortung zunächst hinfällig; sie wird gewissermaßen zentripetal revolutioniert. Denn die »Insel wurde«, wie Carl Schmitt resümiert, »der Träger des Raumwandels zu einem neuen Nomos der Erde, potenziell sogar schon zum Absprungfeld für den späteren Sprung in die totale Entortung der modernen Technik. Das kündet sich in einer Wortprägung an, von der ich glaube, daß sie nur damals und nur auf der englischen Insel entstehen konnte, um von dort zur Signatur eines ganzen Zeitalters zu werden«.[74] Die »Utopie« bricht mit dem alteuropäischen Ordnungsgefüge, und die Bruchstelle an den »Grenzen der alten und neuen Welt«[75] markiert das *naufragium*, jenes Ereignis, das in seiner Zufälligkeit die Idealität dieser Staatsentwürfe überhaupt erst ermöglicht. Wie in Bacons *Nova Atlantis* (1627) ergreifen die projektierten Staatswesen nachgerade allerlei Präventionsmaßnahmen, um Unfällen wie dem Schiffbruch künftig entgegenzusteuern: Sie entwickeln »Schiffe und Nachen, die unter Wasser fahren und so die Stürme des Meeres leichter aushalten können, ferner Schwimmgürtel und Tauchausrüstungen.«[76] Der systematische Ausschluss der Kontingenz und die unablässige Arbeit an einer intakten Repräsentationsordnung verbindet die Polizey und Utopie des 16. Jahrhunderts. Nicht umsonst wurde Morus' *Utopia* (1516), die man als Fortschreibung des *Libell of Englishe Policye* (1436) bezeichnet

---

71   Ernst Bloch, *Das Prinzip Hoffnung*, Bd. II., Frankfurt am Main 1973, 619.
72   Ludwig Ernst von Faramund, *Die glückseeligste Insul auf der gantzen Welt [...]*, Frankfurt/Leipzig 1728, 1 $^{v/r}$.
73   Vgl. Sven-Aage Jørgensen, »Utopisches Potential in der Bibel. Mythos, Eschatologie und Säkularisation«, in: Wilhelm Voßkamp (Hg.), *Utopieforschung*, Frankfurt am Main 1985, Bd. I., (375-401), 379.
74   Schmitt 1997, 149.
75   Francis Bacon, Neu-Atlantis, in: Klaus J. Heinisch (Hg.), *Der utopische Staat*, Reinbek 1960, (171-215), 181.
76   Ebenda, 212.

hat, 1524 erstmals von Claudius Cantiuncula, Basler Ratssyndikus, Juraprofessor, Berater in Polizeyfragen und Mitarbeiter bei der Reichsreform, ins Deutsche übersetzt.[77] Bereits Morus befürwortet präventive statt repräsentativer Strafmaßnahmen und empfiehlt eine Reihe von »öffentlichen Arbeiten«, um zwischen Täter und Geschädigtem einen Ausgleich zu schaffen.[78] Bacon geht über Morus noch hinaus, indem er nicht nur die »Liturgie der Strafe«[79] abschafft, sondern im Gegenzug eine regelrechte Liturgie der produktiven und von höchster Stelle gesteuerten Arbeit ins Leben ruft.[80] Die Reorganisation der Arbeitsabläufe geht bei ihm überdies deutlicher als bei Morus mit einer institutionellen Umordnung des Wissens einher[81], war doch bereits bei Andreæ die Einrichtung wissenschaftlicher Steuerungszentralen gefordert worden.[82]

Bei Andreæ noch providentiell abgesichert und mit dem sittlich guten Leben verklammert[83], sollen die Präventionsmaßnahmen seit Bacon im geregelten Zusammenspiel mit den weltlichen Steuerungsinstanzen zu höchster Effizienz gebracht werden. Zu dieser Koordination sind in *Nova Atlantis* eigens beamtete »Wohltäter« abgestellt, ist doch hier bereits das Vertrauen in die gütige Vorsehung zentral gestellten Prognosen und Vorbeugeanweisungen gewichen.[84] Das utopisch konzipierte Medizinalwesen zeichnet sich erstens dadurch aus, dass die Medizin Teil der generellen Naturerforschung wird; dass zweitens das Gemeinwohl in medizinischen Belangen den Einzelinteressen prinzipiell vorangeht; und dass drittens die ganze Palette an Behandlungsmethoden, Präventionsvorschriften und medizinischen Einrichtungen einer längerfristigen Gemeinschaftsplanung zuarbeitet.[85] Unter allen drei Aspekten ist das Medizinalwesen immer auch mit bevölkerungspolitischen Strategien verknüpft; bei Campanella kann gar von einer platonischen Zuchtwahl und einer gezielten Geburten- und Sterbeplanung

---

77 Dass sie dabei um das virtuose Namenssignalement und die Quellenfiktion, ja um den ganzen ersten Teil des Originaltextes verkürzt wurde, spricht für eine eingeschränktere Perspektive der früheren Polizeywissenschaft; schließlich wurden zu diesem Zeitpunkt die Utopien gattungstypologisch noch unter Staatswissenschaftlichem, nicht unter Poesie rubriziert. (vgl. hierzu Jörg Jochen Berns, »Utopie und Polizei. Zur Funktionsgeschichte der frühen Utopistik in Deutschland«, in: Hiltrud Gnüg (Hg.), *Literarische Utopie-Entwürfe*, Frankfurt am Main 1982, (101-116), 104f., 108.)
78 Vgl. Thomas Morus, *Utopia*, in: Heinisch 1960, (7-110), 24, 31, 32.
79 Foucault 1992, 65.
80 »Wir haben auch bestimmte Hymnen und liturgische Formeln, die wir täglich singen und wiederholen […]; ferner haben wir bestimmte Gebetsformeln, mit denen wir Gottes Hilfe und seinen Segen erflehen, damit er unsere Arbeit zu lenken und zu leiten, zu erleuchten und zu gutem und heiligem Nutzen zu wenden geruhe.« (Bacon, in: Heinisch 1960, 215.)
81 In *Utopia* wird eher noch eine Art Vernunftreligion praktiziert, während bei Bacon eigene Institutionen die ständige Expansion des Wissens zu befördern haben. (Vgl. hierzu Robert P. Adams, »Die gesellschaftliche Verantwortung der Wissenschaft in ›Utopia‹, ›New Atlantis‹ und späteren Werken«, in: Rudolf Villgradter und Friedrich Krey (Hgg.), *Der utopische Roman*, Darmstadt 1973, (161-185), 170.
82 Vgl. Johann Valentin Andreæ, *Reise nach der Insul Caphar Salama […]*, Hildesheim 1981, v. a. 89ff.
83 Vgl. ebenda, 78, 184.
84 Vgl. Bacon, in: Heinisch 1960, 213, 215.

von Staats wegen gesprochen werden, von einem Balancemodell, das zur Optimierung der gemeinschaftlichen Gesamtkonstitution genetische Ausgleichsmaßnahmen ergreift.[86] Und während die projektierte Bevölkerungspolitik der künftigen Gemeinschaftserhaltung dient, schafft sich jedes utopische Gemeinwesen eine Art rituelles Memorialsystem, mit dem regelmäßig der Ursprünge und Entstehung des Gemeinwesens gedacht wird. In den klassischen Texten werden diese Rituale der Gemeinschaftsbildung unter dem Vorbehalt eingesetzt, dass kein blutiges Opfer dargebracht wird.[87] Dieser Vorbehalt und das Verbot, Bevölkerungspolitik und Kultsystem zu vermengen, werden noch im 18. Jahrhundert gegen die überkommene repräsentative Herrschaft ins Feld geführt: gegen die Dynastien und deren rituell sanktioniertes Erbfolgesystem. Auf sie zielen nicht zuletzt die »dystopischen« Satiren, die nach der Entdeckung kannibalischer Inselgesellschaften entstehen und in denen Fruchtbarkeitsrate und Menschenopfer nach Art eines Versuchslabors korreliert werden.[88]

Auch im Schiffbruchroman des 18. Jahrhunderts wird der präventiven und polizeylichen Ordnung halber der gesamtgesellschaftliche Raum in die Pflicht genommen, dies aber – exemplarisch in den »Robinsonaden« – erst, nachdem der bürgerlichen Initiative und dem unternehmerischen Wagnis das Feld bereitet ist.[89] Utopien und Schiffbruchromane verhalten sich zueinander wie die ältere reglementierende zur neuen Polizey des 18. Jahrhunderts, die für eine zusehends selbsttätige und autonome Gesellschaft nur mehr regulative oder Steuerungsfunktionen übernimmt.

85 Vgl. Jörg Jochen Berns, »Utopie und Medizin. Der Staat der Gesunden und der gesunde Staat in utopischen Entwürfen des 16. und 17. Jahrhunderts«, in: Udo Benzenhöfer und Wilhelm Kühlmann (Hgg.), *Heilkunde und Krankheitserfahrung in der frühen Neuzeit*, Tübingen 1992, (55-93), 61.
86 Vgl. hierzu Tommaso Campanella, *Sonnenstaat*, in: Heinisch 1960, (111-170), 122, 131.
87 Vgl. hierzu Morus in: ebenda, 104f. und Campanella in: ebenda, 154.
88 George Psalmanaazaars *Description de l'Ile de Formosa en Asie* von 1705 setzt fingierte sozialstatistische Aufstellungen und Ritualbeschreibungen gegen die Eucharistielehren und gegen die jesuitische Missionsarbeit in Übersee. Eine theokratische und anthropophage Gesellschaft ohne Inzesttabu, ein »barbarous and bloody Massacre«, wie es in Formosa (Taiwan) und in der Heimat des Jesuitenorden veranstaltet wird, erlaubt eben keine Unterscheidung von polizeylichen und rituellen Institutionen und damit auch weder eine bevölkerungspolitische Steuerung noch eine wirksame Seuchenprävention. Solch eine Gesellschaft ist dem Untergang geweiht. (George Psalmanaazaar, *An Historical and Geographical Description of Formosa [...]*, (englische Ausgabe), London 1926, 282.) Vor dem Hintergrund von Psalmanaazaars Pseudo-Formosa und William Pettys sozialstatistischer *Anatomy of Ireland* publizierte 1729 Jonathan Swift seinen satirischen *Modest Proposal for preventing the Children of Poor People in Ireland, from Being a Burden to Their Parents or Country; and for Making Them Beneficial to the Public* (EA: 1729, Columbus, Ohio 1969, 11, 13-16), dem zufolge der sozialstatistisch festgestellte Geburtenüberschuss durch Schlachtung, Verzehr und Kadavervresteverwertung in den Wirtschaftskreislauf eingebracht werden soll.
89 »Die Robinsonade ist der Glücksversuch eines Subjektes, das aber nicht autonom-intentional von vornherein gedacht wird: der Spielraum, sich selbst als Subjekt zu denken, liegt zwischen der Annahme transzendenter Geschichte wie individuelles Leben lenkender Mächte einerseits und normativen Forderungen zur inneren Naturbeherrschung andererseits. Dieser Spielraum ist über die Diskurse, die beide Determinationspunkte konstituieren, genau zu beschreiben.« (Jürgen Fohrmann, *Abenteuer und Bürgertum*, Stuttgart 1981, 186.)

1722, drei Jahre nach dem ersten Band des *Robinson Crusoe*, veröffentlichte Daniel Defoe sein *Journal of the Plague Years*. Defoe war zum Zeitpunkt des Londoner Pestzugs, im Jahre 1665, bestenfalls im Kindesalter gewesen, weswegen es sich um einen fingierten Augenzeugenbericht *post festum* handelt[90], der mit statistischen Aufstellungen und einem regelrechten Manual von Präventionsmaßnahmen gespickt ist. Das mit »H. F.« gezeichnete *Journal* zeigt am Ausnahmezustand der Pest, dass Fiktion dokumentierbar sein kann, Dokumente aber fingiert sein müssen. In Echtzeit sozusagen demonstriert der Erzähler, wie Kontingenzen als Providenzzeichen zu lesen wären, denn die Erzählzeit der Eintragungen droht immerzu von der erzählten (oder statistischen) Zeit des Pesttods eingeholt zu werden: »I mention this Story also as the best Method I can advise any Person to take in such a Case, [...] namely, that he should keep his Eye upon the particular Providences which occur at that Time, and look upon them complexly, as they regard one another«.[91] Als providentielles Zeichen gilt nur am Rande, dass die reinthronisierten Stuarts und mit ihnen die Repräsentanten der Restaurationsordnung sogleich wieder den Seuchenzug zu weichen haben – mittlerweile ist entscheidender, dass das Irrepräsentable schlechthin nur mehr im Zusammentreten von unmittelbarer Beobachtung, fortgeschriebener Narration und sozialstatistischer Tabelle darstellbar scheint.

Wie seit John Graunt deutlich geworden, repräsentieren die Tabellen nicht nur die Seuche und ihre Opfer: »die Pest« existiert nur in der Evidenz des *tableaus*. Providenzzeichen wären ohne Sozialstatistik nicht mehr lesbar; ihre Sichtbarkeit aber hat (solange die Statistik noch keine Verlaufskurven zeichnet) der Erzähler zu besorgen.[92] Das *Journal* selbst wiederum, das Medium der diskursiven, aber narrativ unbearbeiteten Registratur, steht in beider Mitte: H. F. beobachtet, wie Sterbefälle vertuscht oder entdeckt werden, wie »die Pest« innerhalb der Bevölkerung, der noch keine amtlichen Zahlen zugänglich sind, als gleitender und rasch »ansteckender« Signifikant fortwuchert, wie sie von den Obrigkeiten in statistische Zahlen transformiert wird, diese aber der zuletzt unzählbaren, weil zahllosen Opfer wegen nicht stimmig sein können. Man kann darin einen Bericht von den Fatalitäten einer massenmedial unbewaffneten Gesellschaft sehen oder, zumal der *journalist* H. F. nach Auskunft eines unvermittelten Exkurses zuletzt selbst unter die Toten gezählt wird, auch eine Kritik des Publizisten Defoe an einer Obrigkeit des Arkanums. Entscheidend jedoch ist, dass der Erzähler, auch nachdem er das Fiktive der amtlichen Dokumente eingesehen hat, dennoch nicht das Providenzvertrauen verliert. Und dieses Vertrauen gilt nichts anderem als der Tabelle, von der sich alle Providenzfiktion herschreibt. Das Ende der Seu-

---

90 Mit dem Pestzug fiel auch der Londoner Großbrand zusammen, der zur ersten Gründung einer Feuerversicherungs-Gesellschaft führte (vgl. Deutsche Angestelltengesellschaft (Hg.), *Die Geschichte der Versicherung. Ein Vortragsentwurf*, Nr. BV/3 als Manuskript gedruckt, Berlin 1935, 7). – Wahrscheinlich reagierte Defoe mit seinem Journal auf die 1720 nochmals in Südfrankreich ausgebrochene Pest, die natürlich gerade in London Befürchtungen weckte.
91 Daniel Defoe, *A Journal of the Plague Year [...]*, London 1974, 12. – Zur Flucht der Königsfamilie vgl. ebenda, 18f.
92 Vgl. hierzu Campe 2002, 245ff.

che ist deswegen auch kein Wunderzeichen, das sich der Souverän als großer Thaumaturg zugute halten dürfte. Es ist das providentielle Zeichen eines Epochenwechsels, seit dem jene »secret invisible Hand«[93] die öffentlichen Geschicke leitet, die Defoe noch als denknotwendige Schreibinstanz fingiert und die Nationalökonomie bald als regulative und Kontrollinstanz der »gesamtgesellschaftlichen« Belange postulieren wird.

Doch hatte Defoe bereits im *Robinson* eine andere Genealogie dieses Epochenwechsels gegeben: den Weltenwechsel der *adventurer*. Die unablässigen Spekulationen über Robinsons *original sin*, die er selbst nicht weniger als seine künftigen Exegeten anstellt, sind so müßig wie notwendig, weil sie immer nur in jenen Ursprung zurücklaufen, der im unablässigen Widerstreit zwischen Religion und Ökonomie verloren geht. Was in der Epoche Adam Smiths als *moral sense* den schönen und produktiven Einklang von Moral und Produktivität, von Individuum und Gesellschaft besorgen wird, ist hier erst im Entstehen, weshalb es für Robinson gleichermaßen sündig erscheint, seinem religiösen *calling* oder seiner ökonomischen Berufung zu folgen: Mit dem einen wird immer noch gegen das andere verstoßen. Auf Ebene der Diegese ist es Robinsons lebensgeschichtliche Aufgabe, auf dem Niveau der literarischen Anthropologie aber seine epochale Funktion, die ursprüngliche Spaltung von *homo religiosus* und *homo oeconomicus* ein für allemal, d. h. (nochmals) repräsentativ, exemplarisch oder auch allegorisch zu überwinden. Nur dadurch, dass Defoes Roman-Trilogie diese Ursprungsfiktion auf mehreren Ebenen durchführt, kann sich die puritanische Vorsehung zu einer zukunftsträchtigen Providenz unter »bürgerlichen« Konditionen verwandeln.

Nach Rechtskategorien, wie sie etwa Pufendorf in *De Jure Naturae et Gentium* (1672) entwickelt hat, befindet sich Robinson während seines Inseldaseins in einem dreifachen Naturzustand: im *status naturalis in se*, im Zustand der bloßen »Geworfenheit«, als er sich nach seinem Schiffbruch zu Lande wiederfindet; im *status naturalis in ordine ad alios homine*, als er die Anwesenheit »Anderer«, zunächst die der Ureinwohner, dann die zivilisierter Seefahrer bemerkt; und schließlich – bzw. von Anfang an – im *status naturalis in ordine ad Deum Creatorem*, im Zustand eines Geschöpfs, das sich vor Gott und in dessen Ordnung bewähren soll. Nachdem schon in Robinsons Heimat das Stimmrecht, Freiheit und gesellschaftliche Existenz überhaupt mit Landbesitz verknüpft war, liegt es nur nahe, ein offenkundig herrenloses Land für sich selber zu beanspruchen. Die Demarkation des Landbesitzes, die Befestigung des Wohnsitzes, seine vorsorgliche Absicherung gegen künftige Gefahren und die Hortung einstweilen wertloser Geldwerte können nur deshalb in zusehends beschleunigtem Tempo vorgenommen werden, weil sie offensichtlich unter Gottes Auspizien stehen. Robinson muss sich nicht lange mit Ursprungsfragen auseinandersetzen, er hat vielmehr rasch zur Tat zu schreiten. Eine ganze Serie providentieller Zeichen verpflichtet ihn dazu: Robinsons bloßes Überleben, die Gelegenheit, aus dem Schiffswrack noch Werkzeuge und Waffen zu bergen, oder die unvermutet aufgegangene Saat – gerade weil diese Ereignisse, präzise nach den Begriffen des Glücksspiels gerech-

---

93 Defoe 1974, 300.

net, extrem »unwahrscheinlich« sind, lassen sie sichere Rückschlüsse auf Robinsons providentiellen Auftrag zu. Der calvinistische Gott überlässt nichts dem Zufall; dem Menschen aber ist es überlassen, die Vorsehung, die ihm immer wieder als Zufall erscheinen muss, auch als solchen aufzufassen – ihm vorzusorgen und ihn einzukalkulieren.[94]

Dass dem Mittelstand »the fewest desasters« blühen, wie Vater Crusoe seinem Sohn zur Warnung vor allen »adventures« eingeschärft hatte[95], wird sich Robinson erst im Laufe einer Lebensgeschichte bestätigen, die von zahllosen (Schiff-) Brüchen gekennzeichnet ist. Zwar kann er im Vergleich zu den ziellosen Desperados und zum unproduktiven Stand der Adligen und Höflinge erst nach allerlei Unglück und Zufällen eine positive Heilsbilanz ziehen. Doch ist sein Leidensweg eben singulär repräsentativer Natur: Künftig wird er aus- und vorgesorgt haben, und künftig wird auch er dem Mittelstand angehören – einem Mittelstand wohlgemerkt, den er erst begründet hat.[96] Robinson musste den Appell seines Vaters überhören, um ihm auf Umwegen und auf höherer Stufe zu folgen. Indem er allen Warnung zum Trotz zur See geht, entspricht er der paradoxen Konstitution eines Mittelstandes, dessen Status nicht genealogisch garantiert, sondern durch riskante Unternehmungen allererst und immer wieder zu erobern ist. Robinsons Reise führt deswegen keineswegs in utopische Gefilde humanistischer Provenienz, sondern an den Rand des bürgerlichen Commonwealth, um dieses in seiner Überschreitung immer weiter auszudehnen.

Dadurch, dass Robinson einerseits das Urbild des frühkapitalistischen *homo oeconomicus* abgibt, andererseits aber den bürgerlichen *double-bind* zunächst auf Ebene der Familienökonomie, dann bei der Ersterziehung Freitags austrägt, konnte Defoes Buch in den Kanon der aufklärerischen (in Deutschland besonders der philanthropischen) Pädagogik Eingang finden. In ihm gewinnen puritanische Providenzvorstellungen und die Klugheitsregeln eines nun mittelständischen Ethos prägnante Gestalt: Dem Schiffbrüchigen hilft nicht mehr die *prudentia* des Hofmannes und dessen *constantia*[97], die standhafte und duldsame Bewährung im unbedingten Gottvertrauen, wohl aber unternehmungslustige *prudence, foresight*

---

94 Vgl. hierzu Campe 2002, 30, 189ff.
95 »He told me it was for men of desperate fortunes on one hand, or of aspiring, superior fortunes on the other, who went abroad upon adventures, to rise by enterprise, and make themselves famous in undertakings of a nature out of the common road; that these things were all either too far above me, or too far below me; that mine was the middle state […]; that kings have frequently lamented the miserable consequences of being born to great things […]; but that the middle station had the fewest disasters.« (Daniel Defoe, *Robinson Crusoe*, London 1994, 9.)
96 Somit gilt für das, was aus Perspektive des Privatiers zunächst als »the most unfortunate of all enterprises« erschien, von öffentlicher, ja weltpolitischer Warte: »If ever the story of any private man's adventures in the world were worth making public, and were acceptable when published, the editor of this account thinks this will be so.« (Ebenda, 21, 7.)
97 Robinson nimmt die Eintragungen in sein Journal im Jahre 1659 auf, nachdem er 1651 in See gestochen ist und acht Jahre später Schiffbruch erlitten hat. 1649 wurde Karl Stuart hingerichtet, 1665 London durch Pest und Feuersbrunst zerstört, so dass Robinsons 35-jährige Abwesenheit in den Zeitraum zwischen Auflösung des alten und Etablierung des neuen Gemeinwesens fällt. (Zur Datierung vgl. ebenda, 12, 44, 72, 272.)

und *circumspection*, die der Vorsehung, ihrer scheinbaren Kontingenz, ihren wunderbaren Wegen und Abwegen stets auf der Spur zu bleiben haben. Solange noch auf heimischer Erde unterwegs oder als bloßer Passagier vaterländischer Schiffe, wandelt Robinson als verlorener Sohn oder Heilsuchender nur auf den Pfaden jener allegorischen Lebensreise, die seit Bunyans *Pilgrim's Progress* zum Standardrepertoire puritanischer Erlösungsdichtung gehörte. Sobald er jedoch das Kommando eines Schiffs übernimmt, kommt dies einer ersten Neugeburt gleich. Als wagemutige, zugleich aber kluge, umsichtige, vorausschauende, kurzum: risikobewusste Praktik ist das *piloting* zum Musterfall eines ökonomisch *und* religiös erfolgsversprechenden Handelns geworden.[98]

Robinson Crusoe soll einen religiösen *homo oeconomicus* zur Welt bringen, indem er dessen Handeln letztbegründet. Damit Prädestinationslehre und Rationalisierung, protestantische Ethik und der Geist des Kapitalismus zueinander finden, muss die providentielle Regelhaftigkeit der Kontingenz anthropologisch demonstriert werden. Was die Historie methodisch nicht leisten soll und die Ökonomie noch nicht leisten kann, übernimmt die »Fiktion der Realität von Realitäten«. Ist im Horizont der puritanischen Providenz die letzte aller Interpretationen stets Gott vorbehalten, so erscheint dieser bei Defoe seinerseits als fiktiver Interpret, dessen Interpretationen fortwährend zu interpretieren sind[99], ja als eine Art regulative Idee. Die Allegorie von Providenz verlangt deswegen nach einem realistischen oder »circumstantial style« (Sir Walter Scott): nach einer Art buchhalterischen Schreibweise. Robinson kümmert sich nicht nur um die kartographische Verortung der Insel und die taxonomische Ordnung der Dinge. Penibel führt er seinen Kalender, um den Zeitverlauf seiner Existenz, ihre Überschüsse, Rückstände und Lücken übersehen zu können; und gewissenhaft führt er sein *Journal*, um sämtliche Posten seiner Haushaltung registrieren, verbuchen und bilanzieren zu können. Zugleich kaufmännische und Heilsbilanz, überträgt diese Buchhaltung die Kontingenz ins Kalkül der Providenz. Der zweite und dritte Teil des *Robinson Crusoe* bringen deswegen nicht nur die von den Buchhändlern geforderte Fortsetzung des Initialerfolgs. Die *Further Adventures* wiederholen auf höherstufiger Ebene Robinsons Ursprungsabenteuer, indem sie den Realismus der Allegorie und die Providenz der Kontingenzen einer Art Kontrollexperiment unterwerfen und Robinson deren unwahrscheinliche Wahrscheinlichkeit von außen beobachten und vorrechnen kann. Die bloß ausgezählte und allegorisierte *chance* ist hier als *probability* erzählbar und zur Romantechnik geworden.[100] Die *Serious Reflections* schließlich bestimmen die vorangegangen Bände als Handels- und Heilsartikel (als Bericht vom real unwahrscheinlichen und providentiell wahrscheinlichen Überleben), sich selbst aber als deren allegorisches Steuerprogramm. Unter der Prämisse, zukunftsträchtiges Handeln und Erzählen seien überhaupt nur möglich, insofern eine provi-

---

98 Vgl. hierzu ebenda, 20, 27, 138f.
99 Vgl. Leopold Damrosch, Jr., »Myth and Fiction in Robinson Crusoe«, in: Harold Bloom (Hg.), *Daniel Defoe's Robinson Crusoe*, New York/New Haven/Philadelphia 1988, (81-109), 107.
100 Vgl. hierzu Campe 2002, 205f.

dentielle Steuerungsinstanz als existent gedacht wird, präsentiert sich *Robinson Crusoe* zuletzt als Allegorie des Steuerns in einem Handeln namens Schreiben.[101]

Im Gegensatz zur britischen Insel, dem von Schmitt so bezeichneten »Absprungfeld für die spätere Entortung«, blieb man in deutschen Landen von überseeischen Kontakten weitgehend ausgeschlossen. Wohl nicht zuletzt deshalb gewann in der hiesigen Reiseprosa die Authentizitätsfrage höchste Brisanz, ehe im späteren 18. Jahrhundert mit den nun planmäßig, nämlich wissenschaftlich und kommerziell betrieben Reisen auch standardisierte Beschreibungs- und Objektivierungsmittel geschaffen wurden. Justus Möser zufolge galt noch bis ins Jahr 1781: »indem der Deutsche schreiben muß, um Professor zu werden, geht der Engländer zur See, um Erfahrungen zu sammeln.«[102] Deshalb dienten die deutschen Schiffbruchromane weniger als politisch-theoretische denn als Erfahrungsschule, die auf die noch entbehrten riskanten Unternehmungen vorbereitete.[103] Dieser Verspätung wegen werden Schnabels *Wunderliche Fata* (1731-43 in vier Bänden) zur seelenbildenden Lektüre noch von Moritz' *Anton Reiser* gehören und gerade ihrer statistischen Präzision wegen sein Spiel der Einbildungskraft in Gang setzen.[104] Schulmäßig verhandelt auch Schnabel zunächst das prekäre Wechselverhältnis von Fiktion und Dokument, von bloßer Zeugenschaft und objektiv belegbarem Faktum, markiert doch gerade das *naufragium* die Bruchstelle jedweder Tradition, jenen Ort, an dem sich die feste Textur der Dokumentation öffnet, um dem geregelten Spiel der Einbildungskraft Raum zu verschaffen. »Warum soll denn eine geschickte Fiction, als ein *Lusus Ingenii*, so gar verächtlich und verwerfflich seyn?«[105], fragt der Herausgeber, nicht ohne auf die mittlerweile methodisch gewordenen bibelkritischen Konjekturen der Theologen zu verweisen. Hier wie dort gilt, dass »die Fiction« durchaus nicht sein muss, nicht aber überhaupt nicht sein kann.

---

101 Vgl. Daniel Defoe, *Serious Reflections during the Life and Surprising Adventures of Robinson*, London 1899, ix, 179.
102 Justus Möser, »Über die deutsche Sprache und Literatur«, in: *Friedrich II., König von Preußen, und die deutsche Literatur des 18. Jahrhunderts. Texte und Dokumente*, Stuttgart 1985, (122-140),135.
103 In diesem Sinne heißt es in *Des seltsamen Avanturiers sonderbare Begebenheiten* (1724), es sei »der Endzweck meiner Bemühungen gewesen, meine Begebenheiten zu sammeln, und der fürwitzigen und unerfahrnen Welt mit zu theilen, der ich in meinem Exempel, bey allen Unfällen, wozu ich durch Übereilung und Fahrlässigkeit, oder auch wohl Bosheit, gebracht worden, die Überschrifft führe: / Glückseelig ist der Mann, den / fremder Schaden bessert« (Anonym, *Des seltsamen Avanturiers sonderbare Begebenheiten*, Lübben 1724, 197f., in: Ernst Weber (Hg.), *Texte zur Romantheorie*, Bd. I (1626-1731), München 1974, (521-526), 525f.).
104 Hierauf hat besonders Arno Schmidt hingewiesen: »Gerade an so überzeugend=Exaktem kann sich die kombinierende Fantasie entzünden; das heißeste Feuer kommt aus Trockenstem; Karten, Zahlenkolonnen, Namenslisten von Staatshandbüchern!« (Arno Schmidt, »Herrn Schnabels Spur. Vom Gesetz der Tristaniten« sowie »Die Schreckensmänner. Karl Philipp Moritz zum 200. Geburtstag«, in: ders., *Nachrichten von Büchern und Menschen*, Bd. I., Frankfurt am Main 1980, (28-57), (147-167), 49, zum Verhältnis Schnabel – Moritz vgl. ebenda, 47, 151.)
105 Johann Gottfried Schnabel, *Wunderliche FATA einiger See=Fahrer [...]*, Nordhausen 1731, Neuausgabe als: *Insel Felsenburg*, Stuttgart 1998, Vorrede, 7.

In der Forschung wurde die Welt der Insel Felsenburg als »Flucht-« und »Sozialutopie« beschrieben.[106] Damit ist zum einen gesagt, dass sie den Fluchtpunkt der unterschiedlichsten alteuropäischen »wunderlichen Fata« bezeichnet, eine Art Asyl, das letztlich weniger dem barocken Ideal der Weltflucht und Einsiedelei gleichkommt als einer neuen, freien, aber zufälligen Assoziation.[107] Andererseits wird sie damit als bürgerlich-pietistischer Entwurf inmitten einer noch feudal-absolutistischen Umwelt beschrieben. In beiden Fällen ist jedoch die Voraussetzung nicht mehr gegeben, um von »Utopie« im überlieferten Sinne zu sprechen: Es handelt sich nicht um das fiktionale Experiment einer humanistischen Elite, die von den europäischen Machtzentren aus agiert[108], sondern um ein bürgerliches Projekt in Wort und Tat, das höchstwahrscheinlich von Schnabel selbst im pietistischen Biotop der Stadt Stolberg erprobt wurde.[109] Überdies ist Felsenburg gerade keine Außen- oder Gegenwelt auf der Entwicklungshöhe eines klassischen Utopia, sondern eine Neugründung, die nach Maßgabe sozialer Verträglichkeit oder Kompossibilität immerzu erweitert werden muss. Fluchtpunkt ist nicht die zum alteuropäischen Verhängnis komplementäre Utopie der Zufalls- und Situationslosigkeit. Ging es beim Felsenburger Urahn Don Cyrillo in erster Linie um die Entfernung von »den Ländern der falsch-gesinneten Könige«, sind sich seine Nachfahren durchaus bewusst, dass Preis der Flucht nichts anderes als das Risiko ist: »Kommen wir aber ja im Sturme um, oder werden ein Schlacht-Opffer vieler Menschen, was ists mehr?«[110] Denn beides bezeichnet den unwiderruflichen Bruch mit der Machtordnung der alten Souveräne, der als kleinster gemeinsamer Nenner das buntscheckige Volk der Flüchtlinge, der Piraten oder cromwellschen Parteigänger zusammenhält.[111]

---

106 Vgl. Fohrmann 1981, 235.
107 Vgl. Don Cyrillo de Valaro, Einsiedler und mythische Gründungsfigur des Gemeinwesens, zum Glücksfall menschlicher Gesellschaftbildung in: Schnabel 1998, 169f.
108 Vgl. hierzu Jørgensen, in: Voßkamp 1985, v. a. 379.
109 Soweit Schnabels Biographie überhaupt rekonstruiert werden konnte, war er zunächst Balbier und Wundarzt, später dann Krankenpfleger der Frankeschen Stiftungen und Hof-Chirurg in Querfurt. 1724 gab er plötzlich seine Stellung auf und wurde Hof-Agent in Stolberg, in jener Stadt, die unter Christoph Friedrich zu einer Hochburg des spenerschen Pietismus und zu einer Art sozialem Experimentierfeld geworden war. Aus jener Zeit rührt auch Schnabels Bekanntschaft mit Johann Friedrich Penther, einem seinerzeit maßgeblichen Geodäten und Kartographen, Mathematiker und Ökonomen, und mit dem Zeremonialwissenschaftler Julius Bernhard von Rohr. (vgl. Gert Schubert, »Die wunderliche Fata des Johann Gottfried Schnabel aus Sandersdorf. Eine Übersicht zum gegenwärtigen Stand der Forschung zur Biographie des Verfassers der Insel Felsenburg«, in: *Bitterfelder Heimatblätter*, Heft XVII, 1994/95, 109-138, sowie Hanns H. F. Schmidt, »Noch einige Mutmassungen über Johann Gottfried Schnabel – zum einen den Buch-Händler ROBINSON (1728), zum anderen Julius Bernhard von Rohr (1688-1742) betreffend«, in: *Jahrbuch der Johann-Gottfried-Schnabel-Gesellschaft 1992-1995*, St. Ingbert 1995, 47-60.)
110 Schnabel 1998, 506.
111 Zur Delegitimation bisheriger Autoritäten im Falle des Schiffbruchs vgl. ebenda, 492, zum seeräuberischen Kampf gegen die alte Territorialmacht Spanien vgl. ebenda, 73, zur fernen Kunde von Karl Stuarts Enthauptung und zur Einschätzung Cromwells vgl. ebenda, 264f., 311.

Die Umstände ihres Zusammentreffens sind nicht willkürlich, sondern providentiell angewiesen. Doch beseitigt die Felsenburger Vorsehung, jene Providenz unter bürgerlichen Konditionen, trotz ihres verehrten Patriarchen die souveräne Ordnung des Befehls, um ihre Bürger zur Selbstorganisation zu ermächtigen.[112] Sind die Ausgangsbedingungen noch gewissermaßen providentiell gegeben und durch göttlichen Eingriff bewerkstelligt worden, stellt sich rasch die bürgerlich-rationale Autonomie jenes Gemeinwesens her, das die göttliche Lenkung durch Einreisebestimmungen und die Providenz durch die Polizey ersetzt hat. Die Autarkie der Insel geht so weit, dass man auf die regelmäßige Einfuhr von Waren und auf gezielte Einwanderung auch gut verzichten könnte, da man das Treibgut und die Überlebenden aller künftigen Schiffbrüche als materiellen und bevölkerungspolitischen Nachschub einzukalkulieren weiß.[113] Der dermaßen konsolidierte Inselstaat hat mithin aus den kontingenten Ausgangsbedingungen die bestmögliche, nämlich selbstregulative Ordnung hergestellt. Er präsentiert seine Ordnung als *secundum Statum naturalem*[114], dessen gleichzeitige Ursprünglichkeit und Perfektion durch Gründungszeremonielle und Verwaltungsakte beglaubigt wird.

Von daher versteht sich die doppelte Optik, in der die Insel Felsenburg erscheint: zwischen Erzählung und Beschreibung, genealogischer Selbstversicherung und sozialpolitischer Vorsorge, Zeremoniell und Statistik. An europäischen Maßstäben gemessen, entspricht sie noch am ehesten der sozialpolitischen Zwischenlösung einer kameralistischen »Pflantz-Stadt«[115]. Die Ehe zwischen Julius und Concordia etwa ist erklärtermaßen eine Versicherungsgemeinschaft, die nicht durch einen kirchlichen, sondern den kontraktuellen Ritus der gegenseitigen Verpflichtung zustande kommt, damit aber zugleich wieder exemplarischen Charakter gewinnt und für das weitere Heirats- und Besiedlungsprogramm Pate steht.[116] Die Dopplung aus Gründungszeremoniell und sozialpolitischem Formalismus setzt sich fort in der Veröffentlichung der sozialstatistischen Tabellen, die wie ein kirchlicher oder staatlicher Ritus begangen wird. Die Tabellen wiederum dokumentieren – wie Süßmilchs *Göttliche Ordnung* von 1741 – die Produktivität, Stabilität und Gottgefälligkeit der Staatsordnung, dies aber wohlgemerkt als statistisches Dokument: im Register bloßer Anschauung. Die genealogischen und sozialstatischen Tabellen, die Karten und Planentwürfe, die in die vier Teile der *Wunderlichen Fata* aufgenommen wurden, geben als beschreibende, aber stumme Dokumente der Erzählung den Rahmen ihrer Möglichkeit. Sie dokumentieren, was das Ritual der Erzählung (und damit die Ursprünglichkeit des Staates, die Genealogie der Gründer, die Pluralität von wunderlichen Fata und schließlich die gänzlich un-utopische Individualisierung)

---

112 Vgl. ebenda, 408.
113 Vgl. ebenda, 243, 260. Erst im dritten Band wird – aus freien Stücken – ein regelmäßiger Tauschhandel zwischen Felsenburg und Europa aufgenommen werden.
114 Ludwig Stockinger, *Ficta Respublica*, Tübingen 1981, 435.
115 Schnabel 1998, 149.
116 Vgl. ebenda, 239, 372f., 415.

Utopien und Adventures

überhaupt ermöglicht: eine befreite Kontingenz, die mit der Statistik in Providenz aufgegangen ist.

Die Insel Felsenburg ist nur deshalb ein Ort der Vergesellschaftung *und* Kompensation für all diejenigen, die damit rechneten, »daß das Glück den Wage-Hälsen öffters am geneigtesten sey«, die es in Kauf nahmen, »daß man auf der Schiffahrt nach Ost-Indien, die Gefährlichkeiten von Donner, Blitz, Sturmwind, Regen, Hitze, Frost, Sclaverey, Schiffbruch, Hunger, Durst, Kranckheit und Tod zu befürchten habe«[117], und die alle dem einen oder anderen Ereignis »zum Opfer gefallen«, aber letztlich doch in Felsenburg angekommen sind. Bereits Eberhards Vater Frantz Martin Julius, von dessen Schicksal aus die *Wunderlichen Fata* ihren Ausgang nehmen, hatten »das falsche Glück« und »allzustarcker hazard« ruiniert und aus der Alten Welt getrieben. Er wurde somit zum *adventurer* im doppelten Wortsinn: Zum einen verpflichtete er sich als »adherent to a venture« zur geschäftlichen Kooperation und gegenseitigen Haftung mit einem »Compagnon« (der prompt »Banquerott« ging). Er wagte es, in den Ost-Indischen Fernhandel einzusteigen (woraufhin sein Schiff von Piraten geplündert wurde), und ließ sich zudem auf Spekulationen an der Börse ein, die mittlerweile vom Sammelpunkt aller Geschäftswilligen zum Experimentierfeld eines komplexen Preis- und Wertekalküls geworden war, nach dessen Vorgabe jedes »Risikogeschäft« getätigt, d. h. ein abstrakter Handel mit Risiken und Gewinnchancen betrieben wurde.[118] Da er auch hier keine *fortune* hatte, wurde er zum *adventurer* im Sinne eines »Wage-Halses«: Er ging »mit einem wenigen von hier ab, um in Ost- oder West-Indien, entweder mein verlohrnes Glück, oder den todt zu finden.«[119] Dieser *hasard* zahlte sich nicht nur insofern aus, als damit Eberhard Julius zu eigenen Unternehmungen gezwungen war, an deren Ende sein verloren geglaubter Vater wiedergefunden und reichlich entschädigt werden sollte.[120] Nur weil der Vater trotz seines Bankrotts auf seine künftige *fortune* gesetzt hat, konnte die Insel Felsenburg als Asyl sämtlicher Hasardeure entdeckt werden. Diese Insel ist die beste aller möglichen Welten für diejenigen, die dem Risiko stand- und an ihrer »Glückserwartung« unbeirrbar festgehalten haben. Dies zu dokumentieren, benötigt der deutsche *adventurer* Schnabel allerdings noch zwei ganze Bände.[121] Erst im dritten nämlich wird das »Asyl« allmählich zu einem unternehmungsfreundlichen Terrain werden, erst dann muss nicht mehr nur von Erzählungen und Statistiken, sondern kann nun auch von Ereignissen berichtet werden, die sich beim Procedere der Kontingenzbewältigung selbst zutragen. So gesehen sind Fortsetzungen der *Wunderlichen Fata* nicht nur möglich, sondern nötig – damit die bloß erzählte »Erwartung« endlich zum Ereignis der Erzählung werde.

---

117 Ebenda, 70, 142.
118 Vgl. Chaunu 1989, 745. – Die erste Welle wichtiger Börsengründungen ging fast parallel mit dem Aufbau von Seeversicherungen. Der Handel mit Staatsanleihen, Aktien und Pfandbriefen sowie der Ostindienhandel sollten im 17. Jahrhundert den allgemeinen Aufschwung des Börsenwesens bewirken.
119 Schnabel 1998, 19.
120 Ebenda, 418.

3. Leibniz und die poetisierte Kontingenz

Auf exakt jener Grenzlinie, die die utopistischen Staatsentwürfe und den höfisch-historischen Roman von den Robinsonaden und »Abenteuer-Romanen« trennt, entstand zur Jahrhundertwende Fénelons *Avantures de Télémaque* (1699), ein Werk, dessen Brisanz schon in seiner Konzeption als Fürstenspiegel *ad usum Delphini* (nämlich für den Herzog von Burgund, den Enkel Ludwigs XIV.) lag und das anlässlich des Quietismusstreits mit Bossuet zur Entlassung Fénelons als Erzbischof von Cambrai und Präzeptor des Herzogs führte. Ausschlaggebend für diese Eskalation war wohl nicht zuletzt die ökonomische und polizeyliche Fundamentalkritik, die in dem Roman am Regiment Ludwigs XIV. in Form eines utopischen Gegenentwurfs und eines sozialstatistischen Reformentwurfs geübt wurde. Der rechtmäßige Regent ist nach Fénelon nur dazu Regent, »damit er für sein Volk sorge, wie ein Hirte für seine Herde oder ein Vater für seine Familie«.[122] Er füllt das Amt des Pastorats aus, sein Staat ist ein Beamtenstaat, dessen Regeln er unbedingt untersteht. Der *Télémaque* buchstabiert ein Szenario ubiquitärer Kontrolle aus, auf welchem dem Souverän die Rolle des obersten Staatsdieners zugewiesen ist – ein beamteter Funktionsträger, der freilich nur unter Voraussetzung ungetrübter Übersicht die Tätigkeit der Bürger und unteren Beamten zu lenken versteht.[123]

Für Leibniz bestand keinerlei Veranlassung, den *Télémaque* als Angriff auf die – nominell noch sakrale – Herrschaftsordnung aufzufassen[124], sei doch jedwede Sorge um die irdischen Güter als Staats- *und* Gottesdienst definiert: »ein ungefärbter Eifer zu Beförderung des allgemeinen Besten [...] ist eine Nachahmung Gottes, so viel an uns; weil Gott alles wohl und aufs beste gemacht, wollen wir auch, so viel wir können, alles bestmöglichst einrichten.«[125] Der wahre Glaube

---

121 Wie bei Defoes Fortsetzungen seines Robinson-Romans sind die Fortsetzungen von Schnabels Inselroman auf einer höherstufigen Ebene angesiedelt: Nicht mehr die (Un-)Wahrscheinlichkeit des Berichts von der Insel Felsenburg, sondern die, diesen fortzusetzen, die Manuskript- und Autorfiktion und schließlich den buchhändlerischen Erfolg aufrechtzuerhalten sind nun das Thema einer Fiktion, in der der Schreibprozess von den Machenschaften der Buchhändler und Leserschaft eingeholt wird und sich der *lusus ingenii* gegen diese behaupten muss. (Vgl. hierzu Johann Gottfried Schnabel, *Insel Felsenburg. Wunderliche Fata einiger Seefahrer*, Teil III. und IV., Frankfurt am Main 1997 (EA: Nordhausen 1736/1743), III., 10, IV., 6, 584.)
122 Mothe-Fénelon 1984, 24. Buch, 438.
123 »Die vorzüglichste Art zu regieren besteht darin, die Staatsdiener zu lenken: man muß sie beobachten, prüfen, mäßigen, zurechtweisen, aufmuntern, in höhere oder niedere Stellen rücken lassen, ihnen andere Ämter geben und immer in scharfem Zügel halten. [...] Ihm obliegen nur diejenigen Pflichten, welche kein anderer unter ihm verrichten kann, und er soll nur auf das sein Auge richten, was auf wichtige Dinge von entscheidendem Einfluß ist.« (Ebd., 22. B., 404, 408.)
124 Vgl. Gottfried Wilhelm Leibniz, *Versuch in der Theodicée über die Güte Gottes, die Freiheit des Menschen und den Ursprung des Übels*, Hamburg 1996a, §. 261, 284.
125 Gottfried Wilhelm Leibniz, »Von der Glückseligkeit«, in: *Philosophische Schriften*, Bd. I.: *Kleine Schriften zur Metaphysik*, Darmstadt 1985, (391-401), 396. – Vgl. auch Leibniz brieflich: »je souhaitterois dis-je, ou qve les vrais Ecclesiastiqves et qve les personnes veritablement devotes fussent maistres des biens de la terre, ou bien que les maistres du Monde fussent animés d'une veritable devotion.« (Leibniz 1923ff./I. 4, 335.)

und Gehorsam ist auf Opfer und Lobsprüche für den Gott und Souverän nicht angewiesen, allem voran steht die praktische, d. h. moralische und politische, vor allem aber die im weitesten Sinne staatswissenschaftliche Arbeit an der vollkommenen irdischen Ordnung – am zusehends perfektionierten Staatswesen.[126] »Derowegen ist die dritte Art Gottes Ehre zu suchen, deren nehmlich so ihm dienen als *Moralistæ*, als *Politici*, als *Rectores Rerum publicarum*, die vollkommenste«.[127] Die irdischen Staaten sind »perfektibel«, sie sind als unendliches Projekt einer Durchdringung von Vernunft und Wirklichkeit definiert, weshalb es für Leibniz nicht nur unterschiedliche Perfektionsgrade des Politischen, sondern auch ein Optimum, einen Fluchtpunkt allen politischen Wirkens gibt: die *respublica optima* oder *Cité de Dieu*, wie es in der *Monadologie* heißt[128], der Gott als der *sapientissimus et potentissimus monarcha* vorsteht. Entscheidend ist nicht mehr die *imitatio* im dogmatischen oder »politisch-theologischen« Verstand, sondern die Gottesnachfolge unter den systemischen Bedingungen der *oeconomia divina*.[129]

Fürsten haben, wie bei Fénelon, nicht jedes einzelne Datum zu erfassen, sich aber sehr wohl einen staatsmännischen, einen – im Wortsinne – statistischen Überblick zu verschaffen.[130] Als begnadeter Politiker bewährt sich Leibniz' Fürst nur in Gestalt eines *statista*, eines Souveräns sozialstatistischen Datenmaterials. In diesem Sinne sind auch Standes- und Erbansprüche nicht mehr mit den Mitteln der alten zeremoniellen Geschichtsschreibung zu erheben. Sie werden vielmehr zu einer Frage des quellenkritisch erworbenen historischen Wissens. Leibniz nutzte seinen Forschungsauftrag für eine Geschichte des Welfenhauses dazu, auch methodisch mit den Prämissen einer fiktiven Überlieferung zu brechen.[131] Bei Leibniz unterliegt die Historie nicht mehr einer heilsgeschichtlich abgesegneten Topik, sondern vielmehr den Maßgaben der Probabilitätslogik. Für diese könnte die juristische Wissenschaft der Beweise *(preuves)* und Beweisgründe *(probations)* als Ausgangspunkt dienen, ehe eine strenge Wahrscheinlichkeitstheorie

---

126 »Verstand nun und Macht kan zur Ehre Gottes auff dreyerley weise hauptsächlich, gebrauchet werden. […] Bey Gott heists erstlich *laudes et sacrificia*, dann *spes cum fide*, und endtlich *bona opera, vel obedientia vel caritas efficax*. *Caritas est melior fide nuda*, gehorsam ist beßer denn opfer, *fides melior fictis sacrificiis laudibusqve*, deren die Gott nur mit den Lippen ehren. *Unde Deum colimus vel ut oratores et sacerdotes, vel ut philosophi naturales, vel ut morales seu Politici*.« (Gottfried Wilhelm Leibniz, »Grundriß eines Bedenckens von aufrichtung einer Societät in Teütschland zu auffnehmen der Künste und Wißenschafften«, in: Leibniz 1923ff./IV. 1., (530-543), §. 13, 533.)
127 Ebenda, §. 21, 53.
128 Vgl. Gottfried Wilhelm Leibniz, *Monadologie*, Frankfurt am Main 1996b, §. 85, 64.
129 Zum Begriff der *imitatio* etwa ebenda, §. 83/S. 64, §. 90/S. 68. – Zu Leibniz' Ablehnung fiktiver Ableitungen wie der der Gottesgnadentums vgl. sein ironisches Pamphlet »Mars christianissimus« gegen Ludwig XIV. in: Gottfried Wilhelm Leibniz, *Politische Schriften*, 2 Bde., Frankfurt/Wien 1967, Bd. I., 171.
130 Über Fénelons Konzeption hinaus sind »besondere Regeln für die Fälle aufzustellen, die nichts mit Moral und Politik zu tun haben. Gerade das wird häufig vorkommen, weil diese Maximen nur beschränkt sind und die Fälle in der Mannigfaltigkeit der Umstände, die in ihnen zusammentreffen, überaus zahlreich.« (Leibniz, »Das Porträt des Fürsten«, in: ebenda, (104-126), 107).
131 Vgl. Waldemar Voisé, »La modernité de la conception leibniziene de l'histoire«, in: *Studia leibnitiana*, Sonderheft 10 (1982): *Leibniz als Geschichtsforscher. Symposion des Instituti di Studi Filosofici*, Wiesbaden 1982, (68-78), v. a. 69.

der Argumente und eine probabilistische Erkenntnistheorie ausgearbeitet wird.[132] Jedenfalls ist damit die alte rhetorische Historie nach dem Muster der ciceronianischen Topik überwunden. Veränderungen sind nun nicht mehr nur die *quantités négligeables* eines topisch festgeschrieben Geschichtsverlaufs; sie fallen nicht mehr unter das im alten Verstande »historische« oder bloß empirische Wissen von den Singularien und damit aus dem philosophischen Wissen vom Allgemeinen, sondern sie liegen nun als kontingente oder Tatsachenwahrheiten in der Logik der Theodizee beschlossen. Einerseits müssen diese Veränderungen regelrecht erzählt werden, wenn sie nicht als unvernünftig und »inkompossibel« verworfen werden sollen. Andererseits befördern sie den »Wechsel von der Dispositionslogik einer Geschichte zum Bildungskonzept von Geschichte«[133], in dessen Zuge schließlich Wissenschaft und Kunst, Dichtung und Sprache überhaupt dem Prozess historischer Veränderung unterworfen werden, anstatt als unverwüstliche Grundfesten des historischen Schauplatzes zu dienen.

Unter diesen Prämissen und weil die natürlichen Sprachen weder auf der Ebene des Wortschatzes noch auf der der Grammatik durch Eindeutigkeit gekennzeichnet sind, postulierte Leibniz einen reinen Sprachursprung, was ihn wiederum zu Forschungen führte, die die spätere Hypothese von einer indogermanischen Ursprache vorbereiteten. Der unvollkommene *status quo* der Sprachen veranlasst einerseits zur Sprachursprungsforschung, andererseits aber zum spezifisch deutschen Projekt der Sprachverbesserung.[134] Deren Optimum ist die *characteristica universalis*, in der – ohne eine zusätzliche Denkoperation – aus den Wörtern und Zahlen selbst sämtliche Folgerungen ersichtlich wären. Sie wäre ein Entdeckungs- und Darstellungsinstrument, und nicht wie die früheren Kunstsprachen ein bloßes Kommunikationsmittel für gelehrte Geister.

Sind nun die charakteristischen Zahlen einmal für die meisten Begriffe festgesetzt, so wird das Menschengeschlecht gleichsam ein neues Instrument besitzen, welches das Leistungsvermögen des Geistes weit mehr erhöhen wird als optische Gläser die Sehschärfe der Augen fördern, und das die Mikroskope und Teleskope in dem gleichen Maße übertreffen wird, wie die Vernunft dem Gesichtssinn überlegen ist. Größeren Nutzen, als die Ma-

---

132 Vgl. hierzu den Brief an Thomas Burnett de Kemney (1697), in: Gottfried Wilhelm Leibniz, *Die philosophischen Schriften*, hg. v. C. Gerhardt, Bd. III., Berlin 1887, 193f.
133 Wilhelm Schmidt-Biggemann, »Polyhistorie und geschichtliche Bildung. Die Verzeitlichung der Polyhistorie im 18. Jahrhundert«, in: Jürgen Fohrmann und Wilhelm Voßkamp (Hgg.), *Wissenschaft und Nation*, München 1991, (43-55), 50.
134 Während man »von den Italiänern die gute Vorsorge gegen ansteckende Krankheiten, also von den Franzosen eine bessere Kriegs-Anstalt erlernet« hat und »die Teutschen sich über alle andre Nationen in den Würklichkeiten der Natur und Kunst so vortreflich erwiesen [haben], so würde ein Teutsches Werk der Kunst-Worte einen rechten Schatz guter Nachrichten in sich begreifen, und sinnreichen Personen, denen es bisher an solcher Kunde gemangelt, oft Gelegenheit zu schönen Gedanken und Erfindungen geben.« (Gottfried Wilhelm Leibniz, »Unvorgreiffliche Gedanken, betreffend die Ausübung und Verbesserung der deutschen Sprache«, in: ders., *Hauptschriften zur Grundlegung der Philosophie*, Bd. II., Hamburg 1966, (519-555), Abschn. 27, 40/S. 528, 533.)

gnetnadel jemals den Schiffern gebracht, wird dieses Sternbild denen bringen, die das Meer der Forschung befahren.[135]

Das *mare academicum* war schon bei Andreæ Ausgangspunkt zur utopischen Institutionalisierung einer akademischen Steuerungszentrale mit polizeylicher Exekutive. Der »Körper der Wissenschaften« lässt sich nun bei Leibniz einem gefahrvollen »Ozean vergleichen, der überall stetig und ohne Unterbrechung oder Einteilung ist. […] Und wie es unbekannte Meere gibt oder Meere, auf denen nur einzelne Schiff gesegelt sind, die der Zufall dorthin verschlug«[136], wie der Handel, der Staat und seine Polizey das stetige und ununterbrochene Meer nach und nach einer »Einteilung« unterworfen haben[137], ist auch und gerade der Raum des Wissens ein unerschlossener Raum der Entdeckungen, aber ebenso der Risiken und Kontingenzen, die in der *characteristica* berechenbar gemacht und somit nicht nur weitergehend vermieden, sondern in die praktischen Projekte zur Verbesserung des Irdischen integriert werden können. Wissenschaftliche und technische Verbesserungen sollen bei Leibniz mit der Umsetzung bislang (wie bei Andreæ noch) bloß utopischer Gesellschaftsreformen einhergehen, Stiftungsmodelle, Präventionskonzepte und die ökonomisch vernünftige Verteilung das Politische so fundieren, dass die nominelle Theokratie zur Technokratie und das gottgefällige Regieren zur angewandten Wissenschaft geworden sein wird.[138] Statt wie Ludwig XIV. auf das thaumaturgische Wunder und auf eine ärztliche Religion der Medizin zu bauen[139], hat sich der leibnizianische Souverän der Reorganisation des medizinischen Wissens zuzuwenden: »Ohne Schwierigkeit könnte in vielen Fällen unseren Leiden abgeholfen werden, wenn nur erst einmal – von anderen Künsten will ich hier schweigen – eine Physik oder Medizin von sozusagen vorsorgender Art begründet ist. Inzwischen gehen wir aber, von allerlei Unwissenheit gelähmt, mitten in den Wellen unter«.[140]

In der Gewissheit, »daß der juristen ins gmein zu viel, der Medicorum aber zu wenig seyn«, und »daß vermittels zusammensezung der bereits vorhandenen wißenschafft, Erfindungen, Experimenten und guther gedancken viele Kranck-

---

135 Gottfried Wilhelm Leibniz, »Anfangsgründe einer allgemeinen Charakteristik«, in: ders., *Philosophische Schriften*, Bd. IV., Darmstadt 1992, (39-57), 53.
136 Gottfried Wilhelm Leibniz, »Zur Characteristica«, in: Leibniz 1951, (204-208), 204.
137 Zur allmählichen kaufmännischen, staatlichen und polizeylichen Regulierung des Meeres, d. h. zur »Einkerbung« dieses »glatten Raums« vgl. Deleuze/Guattari 1992, 665: »Es ist, als ob das Meer nicht nur der Archetypus aller glatten Räume gewesen ist, sondern der erste dieser Räume, der eine Einkerbung erdulden mußte, die ihn in zunehmendem Maße unterwarf und ihn hier oder da, erst von der einen und dann von der anderen Seite mit Rastern überzog. Die Handelsstädte haben an dieser Einkerbung Anteil gehabt und oft neue Erfindungen beigesteuert, aber nur Staaten konnten sie zuende führen und sie auf die globale Ebene einer ›Wissenschaftspolitik‹ erheben.«
138 Vgl. Werner Schneiders, »Sozietätspläne und Sozialutopie bei Leibniz«, in: *Studia leibnitiana*, 7 (1975), 58-80, v. a. 63ff., 67.
139 Vgl. Leibniz im *Mars christianissimus*: »Ich weiß, daß es Ärzte gibt, die ohne Zweifel das Wunder, das der König vollbringt, genauso oft bei der Heilung von Skrofeln bewirken; doch muß man sich nicht um den Unglauben dieser Leute kümmern, der ebenso groß ist, als die Religion der Ärzte sprichwörtlich geworden ist.« (in: Leibniz 1967/I., 169.)
140 Leibniz1951, 186 und Leibniz 1923ff./6. IV. A, 716.

heiten gesteüert werden köndte«, schlägt Leibniz ein Registratur- und Informationssystem vor, das in Verbindung mit einer geregelten behördlichen Aufsicht und einer eigenen »Historiam Morborum Popularium« auch der Pest Herr zu werden vermag.[141] Einerseits wird somit der enzyklopädische Zugriff aufs Wissen zur Bedingung von Herrschaft überhaupt; andererseits wandert die Geschichte nicht nur ins Archivwesen ein, sondern auch vom deduktiv gegründeten »Empire de Raison« aus, um sich fortan nur mehr auf empirischem Grunde anzusiedeln: »weil die erfahrung darin noch zur Zeit mehr thun mus, als die Vernunfft«, ist im Bereich der Prävention Wissen vordringlicher als Verstehen.[142] Unter diesen Bedingungen fordert Leibniz ein Amt, das über das eines beschränkt befugten fürstlichen Beraters oder nur akademisch kompetenten Gelehrten weit hinausreicht: den »Generalanwalt des öffentlichen Wohls«.[143] Dieser hat mit konkreten Reformplänen aufzuwarten; dem Effizienzprinzip zufolge hat er sich bei diesen Entwürfen um die technische Optimierung ihrer Darstellung zu kümmern, die ja die Voraussetzung zu einer entsprechend implementierten Ordnung ist; zur argumentativen Optimierung ist ihm die philosophische Grundlegung des neuen Dispositivs aufgetragen; und schließlich hat er die Darstellungsmodi selbst zu optimieren, und dies weniger im Verstande einer *techne* der Überwältigung, wie sie die höfische Sinnen- und Repräsentationslehre auszuarbeiten versuchte, als im Sinne einer möglichst weitgehenden Strukturentsprechung zwischen perfektionierter Darstellung und perfektibler Wirklichkeit. Zur darstellerischen Optimierung tritt deswegen neben die Techniken und Codes der Typographie (des »inventaire general«) und Zentralperspektive (der »Staats-Tafel«) die Infinitesimalrechnung mit ihren Funktionsgraphen und eine Probabilitätsrechnung, die das Spiel des Zufalls ebenso wie den Zufall der Affekte (der Furcht oder Hoffnung) als Teil ein und derselben vernünftigen Weltordnung demonstriert. Was dadurch darstellbar und evident wird, ist die Vernünftigkeit des Kontingenten.[144]

Leibniz' konkrete Reformprojekte umfassen neben den Akademieschriften, den historiographischen, den sprach- und medizinalpolitischen Entwürfen solche zu einer Versicherung gegen Feuer- und Flurschäden, zu einer kameralistisch ausgerichteten Kreditanstalt, zu einer Art Sozialversicherung, zu einem *Bureau d'Adresse* und zu öffentlichen Werkstätten nach Art John Grauntsss. Als Schöpfer der Zinseszinsrechnung, des »Barwertes« und eines jährlichen Geburten- und

---

141 »Vorschlag zur Bildung einer Medizinalbehörde« (1680), in: Leibniz 1923ff./IV. 3, 371f., 375.
142 Ebenda. – Vgl. zudem den »Discours de Métaphysique«, in: *Philosophische Schriften*, Bd. I.: *Kleine Schriften zur Metaphysik*, Darmstadt 1985, §. 30, S. 142: »c'est assez de le sçavoir sans le comprendre.«
143 Leibniz an Th. Burnett of Kemney, 12. Feb. 1700, zit. nach: *Studia leibnitiana*, Sonderheft 10 (1982), 123.
144 »Ein Funktionsgraph ist eine formalisierte Anschreibung einer Serie von infinitesimal – oder zumindest um einen Punkt – voneinander abweichenden *descriptiones*.« (Bernhard Siegert, *Passage des Digitalen. Zeichenpraktiken der neuzeitlichen Wissenschaften 1500-1900*, Berlin 2003, 165.) – Zum Symbolismus der Hoffnung und zur Evidenz der Wahrscheinlichkeit bei Leibniz vgl. Campe 2002, 108f.

Sterberegisters für eine Personenversicherung, das über eine Reservekasse Witwen und Waisen einen »Nothpfennig« verschaffen sollte, setzte Leibniz für die Förderung des Versicherungswesens ebenso Marksteine wie mit der Entwicklung des dyadischen Zahlensystems, der Konstruktion einer praktikablen Rechenmaschine und mit seinen Entwürfen zu einem mathematisierten Konditionalrecht.[145] Das Projekt einer technisch und organisatorisch optimalen Verarbeitung des immens gestiegenen Datenaufkommens setzt selbstredend bei der Speicherung an, soll doch »die wunderbare Möglichkeit der Druckpresse, Bücher zu vervielfältigen, zur Erhaltung des größten Teils unseres Wissens dienen.« Um diesen stetig wachsenden Bestand des Wissens zu nutzen, schlägt Leibniz eine präventive Datenverarbeitung von Staats wegen vor, damit »die Quintessenz der besten Bücher exzerpiert und verbunden werde mit den besten, noch nicht aufgezeichneten Beobachtungen der größten Experten in jedem Fach, um so Systeme gesicherten Wissens zu errichten, geeignet, die Wohlfahrt der Menschen zu befördern.«[146] Weil die menschliche Speicherkapazität durch derlei Quantitäten bei weitem überschritten wird, muss ein solcher »inventaire general« erstellt werden, um etwa die Daten der politischen Historie für den geregelten Ausgleich von Herrschaftsansprüchen, die der Seuchengeschichte zur Prävention oder die der Wirtschaft zu kameralistischen Maßnahmen ventilieren zu können.[147]

Regierungskunst definiert sich mithin als »Kunst des Auffindens«[148] und zweckmäßigen Entscheidens, die sich auf der Höhe der soziëtar betriebenen Wissenschaften hält. Einerseits soll das Registratur-System die Daten für den Souverän disponieren, d. h. für den kundigen Entscheidungsträger zusammenfassen und als Zusammenhang aller Zusammenhänge, als »Katalog der Kataloge« sichtbar machen. Andererseits soll »Dergleichen Communication der Nachrichtungen«[149] nicht nur die bereits bestehende politische Topographie befestigen, sondern auch bislang unbehelligte Räume erschließen: »alle ordnungen dieser Lande«[150], wie es Leibniz formuliert, wozu eben nicht nur die landesherrlich umgrenzten Territorien rechnen, sondern auch und gerade die Bereiche eines erhöhten Risikos.[151] Unterrichten die Datenflüsse in erster Linie von der immerwährenden

---

145 Vgl. hierzu Koch 1998, 59ff. und Campe 2002, 170ff.
146 Gottfried Wilhelm Leibniz, »Regeln zur Förderung der Wissenschaften«, in: Leibniz 1992, (93-129), 101, 103.
147 Leibniz zur »Einrichtung einer Bibliothek«, in: Leibniz 1923ff./IV. 3, (349-353), 350. Vgl. zudem ebenda, 351 sowie ders., »Von nüzlicher Einrichtung eines Archivi«, in: ebenda, (332-340), v. a. 336f., 340 und ders., »Bestellung eines Registratur-Amts«, in: ebenda, (376-381), 378.
148 »Regeln zur Förderung der Wissenschaften«, in: Leibniz 1992, 129 und »Abhandlung über die Methode der Gewissheit und die Kunst des Auffindens«, in: ebenda, 203-213.
149 Leibniz, »Bestellung eines Registratur-Amts«, in: Leibniz 1923ff./IV. 3, 378.
150 Gottfried Wilhelm Leibniz, »Gedanken zum Archivwesen«, in: Leibniz 1967/II., 77.
151 Vgl. hierzu und zum Begriff der »Heterotopien« im Gegensatz zum »Ortungsraum« und zur Utopie: Michel Foucault, »Andere Räume«, in Karlheinz Barck u. a. (Hgg.), *Aisthesis. Wahrnehmung heute oder Perspektiven einer anderen Ästhetik*, Leipzig 1990, 36, 38f., 45f

Gefährdung der politischen Ordnung, ist letztlich »die ganze Republick gleichsam ein schiff zu achten, welches vielen Wetter und unglück unterworffen« und deshalb gemeinschaftlich versichert werden sollte, wäre es doch »ohnbillig, daß das unglück nur etliche wenige treffen [,] die andern aber frey ausgehen sollen.«[152] Das leibnizianische Nachrichtensystem öffnet den Blick auf ein Feld unablässiger Bedrohung, die leibnizianische Polizey aber kalkuliert das Risiko, sorgt den Schäden vor oder kompensiert sie nach Maßgabe eines landesweit geltenden Äquivalenzprinzips. Im Idealfalle wäre sie »blind« oder bloß »symbolisch« tätig, weniger mit Visitationen als mit der Mathematisierung des Kontingenten beschäftigt – mit irrationalen, »tauben« Zahlen, die die unendlichen Reihen seiner Umstände anschreiben.

Weil politische Souveränität sich erst dann als solche bewährt, sobald sie die unvermeidlichen Kontingenzen ihres Verfügungsbereichs in eine *harmonia mundi* zu integrieren vermag, kommt der leibnizianische Staat einer einzigen öffentlichen, jurido-mathematisch operierenden Assekuranz gleich. Anders gesagt: er steht im Zentrum jener kompensatorischen Ökonomie, die kontinuierlich von den Versicherungsgesellschaften bis zum Weltsystem als Ganzem hinaufreicht. Er gründet sich damit weniger auf ein tiefreichendes genealogisches Fundament oder auf unumstößliche (metaphysische oder mathematische) Vernunftwahrheiten. Vielmehr hat er vor dem zu bestehen, was in der leibnizianischen Theodizee als Feld der kontingenten oder Tatsachenwahrheiten abgesteckt wird. Letztere sind dadurch definiert, dass ihre Nicht-Existenz logisch nicht unmöglich ist, dass sie also nicht gegen den Satz des Widerspruchs verstoßen. Zugleich entsprechen sie dem Satz des Grundes, der die Zufälligkeit der empirischen Welt von schierer Beliebigkeit unterscheidet, sind doch die Gründe nicht ihrerseits *ad infinitum* kontingent, sondern in Gott, der ersten und vollkommenen Instanz, fundiert. Nach dem Grundsatz der Kompossibilität entscheidet diese göttliche Instanz über die Privilegierung der nachgerade realisierten Möglichkeiten, um so die beste aller möglichen Welten zu schaffen.[153] »Radix contingentiae, Grund des Seins, ist einzig Gottes Dekret, das Optimum zu wählen. Grund des Nichtsein-Könnens ist allein Gottes Freiheit, der gemäß eine andere Welt als diese von Gott

---

152 Gottfried Wilhelm Leibniz, »Öffentliche Assekuranzen«, in: Leibniz 1923ff./ IV. 3., (421–432), 424.
153 Der Rahmen der leibnizianischen Kontingenzkonzeption ist *de jure* selbst kontingent, vom göttlichen Willen her aber *de facto* fundiert. Von daher kann man – neben einer logischen und epistemologischen Ebene – eine theologische Ebene des Kontingenzbegriffs bei Leibniz ansetzen: »Der göttliche Willensentscheid ist primär für die Kontingenz der *Existenz* dieser unserer Welt unabdingbar, während der Unterschied zwischen notwendigen und kontingenten Wahrheiten, resp. Sachverhalten dieser unserer Welt ein *logischer* ist. Der Willensentscheid Gottes scheidet Welten (faktisch versus nicht-faktisch), das logische *Principium contradictionis* dagegen einzelne Sachverhalte als Teilmengen von Welten (kontingent versus notwendig). Die *epistemologische* Konzeption schließlich ist diesen beiden Konzeptionen nachgeordnet, insofern die Art und Weise (apriori, resp. aposteriori), sowie der Grad der Erkenntnis mit der logischen und theologischen Differenzierung gekoppelt ist« (Josef Estermann, *Individualität und Kontingenz*, Bern u. a. 1990, 200).

hätte geschaffen werden können.«[154] Somit wird das bloß Mögliche ebenso wie das Falsche zum Nicht-Seienden herabgestuft, es ist nicht möglich, da inkompatibel. Insofern Nichtsein-Können bei Leibniz eine völlig andere Modalität als das Nicht-Seinkönnen darstellt, rechnet das Kontingente gleichermaßen wie das Wahre zum Seienden. Das Kontingente ist somit unabkömmliches Mittel zum Zweck der Theodizee, innerhalb deren Ordnung die Vorrangstellung des Wirklichen niemals angetastet wird. Weil aber alles kontingente – und dennoch begründete – Geschehen von unendlich vielen Umständen abhängt und nur vermittelst unendlich vieler Einzelfeststellungen berechnet werden kann, verlangt die Darstellung seiner Bedingtheit und Faktizität besonderer – juridischer, mathematischer und literarischer – Darstellungsverfahren. Und weil die Welt der Theodizee als Totum *und* Ordnung fungiert, nähern sich die metaphysischen, polizeylichen und poetischen Prinzipien der Weltverwirklichung bis zur Ununterscheidbarkeit an.[155]

Deshalb »sind die jenigen bey Menschen hoch zu halten, und bey Gott außer zweiffel in gnaden die, mit guther intention d e n S c h ö p f e r z u l o b e n und d e m N e c h s t e n z u n u z e n, ein herrliches wunder der *Natur* oder Kunst, es sey nun eine *Experienz*, oder wohlgegründete *Harmoni* entdecken, und gleichsam *ipsis factis* Gott zu ehren *perori*ren und *poeti*siren.«[156] Die Schlusspassage der *Theodizee* geht in diesem Sinne in den Modus einer poetischen »Fiktion« über, »und dies weniger aus Gründen einer angenehmeren Darstellung des Gegenstandes«[157], wie Leibniz schreibt, sondern um deren »wohlgegründete *Harmoni*« zu »poetisieren«. Gottes freie Wahl des Besten, die dadurch hergestellte Harmonie und dadurch geschaffenen idealen Wachstumsbedingungen für die beste aller möglichen Welten gehen auf eine entscheidende Szene, gewissermaßen auf den Ursprung aller Darstellung zurück: auf die göttliche Übersicht, den Blick über alle mögliche Welten. Hierbei ist nicht das göttliche Wort (der Befehl des allerhöchsten Souveräns) entscheidend, sondern die Vorsehung, von der aus irdischer Perspektive nur durch Einsicht in das Reich der Kontingenz überhaupt etwas

---

154 Heinrich Schepers, »Zum Problem der Kontingenz bei Leibniz. Die beste der möglichen Welten«, in: *Collegium Philosophicum*, Basel/Stuttgart 1965, (326-350), 338. – Leibniz' Kontingenzbegriff ist somit auf der Grenze zwischen Logik und Ontologie situiert. In Leibniz' Theodizee gehen notwendige Wahrheiten auf Gottes Verstand, kontingente Wahrheiten aber auf Gottes Willen zurück. (Vgl. ebenda, 340.)
155 Vgl. hierzu Joseph Vogl, »Leibniz. Kameralist«, in: Bernhard Siegert/Joseph Vogl (Hg.), *Europa: Kultur der Sekretäre*, Berlin/Zürich 2003, 97-109. – Zum Algorithmus des Kontingenten vgl. Siegert 2003, 171: »Die Differenz zwischen Vernunftwahrheit und Tatsachenwahrheit ist die zwischen Satz und Algorithmus [...]; der erste verarbeitet nur rationale, der zweite auch reelle Werte. An die Stelle der Evidenz eines vollständigen Beweises, einer vollständigen Erläuterung eines Signifikanten, tritt die Evidenz des Algorithmus, der eine unendliche Folge von Sätzen und einen unendlichen Aufschub der Wahrheit produziert.«
156 Gottfried Wilhelm Leibniz, »Grundriß...«, in: Leibniz 1923ff./V. 1, §. 18/534f.
157 Leibniz 1996a, Teil III., §. 405/378.

sichtbar werden kann.[158] Deswegen sind für die *Theodizee* »die Darstellungen nicht nur des Geschehenden, sondern auch alles Möglichen«[159] ihrerseits ein Darstellungsproblem, das Leibniz durch die Extrapolation eines Dialogs Lorenzo Vallas und durch seine Erzählung von Theodorus' Traum im Athener Tempel zu lösen versucht.

Der athenische »Palast der Schicksalsbestimmungen« enthält zahlreiche Gemächer, in denen die Welt auf klassische Weise repräsentiert scheint. Als der schlafende Theodorus von der Göttin Pallas initiiert wird, weitet sich der Repräsentationsumfang auf das Zukünftige und Mögliche, so dass die alten Darstellungsregeln außer Kraft gesetzt werden.[160] Die Flucht der Gemächer wird zu einer Serie virtueller Welten, und jedes einzelne der unendlich zahlreichen Gemächer enthält nicht nur bestimmte Repräsentationen der Welt, sondern jeweils »eine Welt«.[161] Einerseits kommen diese »wie in einer Theatervorstellung« zur Anschauung, andererseits ist dieser theatrale Repräsentationsraum einem göttlichen Registratursystem oder »inventaire general«, dem »Buch der Schicksalsbestimmungen« nämlich unterstellt. Dieses enthält sämtliche Einzeldaten und ihre umstandsbedingten Verknüpfungen und sorgt somit, wie es Leibniz in seinem Apokastasis-Fragment beschrieben hat, für die Wiederkehr oder Rettung aller Dinge.[162] Die beste aller virtuellen Welten, die an der Spitze einer nach unten offenen pyramidalen Ordnung der Gemächer steht, erfasst somit nur ein darstellerisches und statistisches Optimum, unbegrenzter Überblick und ein unendlich großer Datenspeicher – mithin die göttliche Auffassung selbst. Einerseits werden deren imaginäre und symbolische Register über einen eigenen Index koordiniert. Andererseits ist selbst die göttliche Instanz auf die Repräsentation ihrer möglichen Welten angewiesen: Trotz ihrer Allwissenheit kann sie

---

158 »Es handelt sich ja gar nicht darum, was Gott voraussagen wird, sondern was er voraussieht. [...] Ich habe die Götter Apollo und Jupiter auf der Bühne erscheinen lassen, um dir den Unterschied zwischen dem göttlichen Vorherwissen und der göttlichen Vorsehung klarzumachen. Ich habe gezeigt, daß Apollo, daß das Vorherwissen der Freiheit keinen Abbruch tut, aber ich vermag dir über die Willensbeschlüsse Jupiters, d. h. über die Gesetze der Vorsehung keine zureichende Auskunft zu geben. [...] Hat Apollo das göttliche Wissen aus Anschauung (welches auf Seiendes geht) gut repräsentiert, so hat Pallas, wie ich hoffe, nicht schlecht das sogenannte Wissen aus einfacher Einsicht (das auf alles Mögliche geht) personifiziert: hierin aber muß schließlich der Quell der Dinge gesucht werden.« (ebenda, 379, 382, 387.)
159 Ebenda, §. 414/384.
160 »Als du jung warst, hast du, wie alle gut erzogenen Griechen, auch Unterricht in der Geometrie erhalten und weißt daher, daß, im Falle die Bedingungen für einen gesuchten Punkt ihn nicht deutlich genug bestimmen, daß es dann unendlich viele solcher Punkte gibt und daß sie alle in den sogenannten geometrischen Ort fallen; denn dieser Ort (der häufig eine Linie ist) wird wenigstens bestimmt sein. So kannst du dir eine regelmäßige Folge von Welten denken, die sämtlich für sich den Fall enthalten, um den es sich handelt, während sie die Umstände und Folgen dieses Falles variieren lassen.« (ebenda.)
161 Vgl. ebenda, 384f.
162 »Auf der Stirn des Sextus sahst du eine Zahl, schlage in diesem Buch die Stelle auf, die sie angibt. Theodorus suchte sie und fand dort die Geschichte des Sextus weit ausführlicher, als er sie im Abriß gesehen hatte. Zeige mit dem Finger auf irgendeine beliebige Stelle, sprach Pallas zu ihm, und du wirst tatsächlich in allen Einzelheiten finden, was sie im Großen angibt.« (ebenda, 385.)

nicht von vornherein wissen, welcher Rang jeder einzelnen der unendlichen vielen möglichen Welten zukommt. Gott muss sie selbst betrachten, trotz seiner unbegrenzten Rechenleistung ist er noch der Repräsentation verpflichtet, oder besser: einem repräsentativen Perspektivismus.[163]

Leibniz' *Theodizee* ist erklärtermaßen nicht nur eine Darstellungstheorie der bestehenden Welt, sondern auch eine Rechtfertigungsschrift – schließlich dokumentiert das Archiv des *Palais des déstinees* nichts anderes als die Gründe für Gottes Wahl. Um aber auch auf Erden zu zeigen, »daß es unvergleichlich mehr Gutes in dem Ruhme aller Geretteten gibt als Übel bei dem Elend aller Verdammten, obgleich die letzteren in der Mehrzahl sind«[164], wird jeder Philosoph und Poet zum Anwalt Gottes bestellt. Als solcher darf er nicht nur vernunftgemäß argumentieren, er muss ebenso sehr mit Wahrscheinlichkeiten rechnen – obwohl oder gerade weil er nur unvollkommen Einsicht in die Ordnung der Kontingenz erhält. Dass die beste aller möglichen Welten zugleich die »schönste von allen«[165] ist, dass die virtuellen Welten nur unter den Vorzeichen des Traums, der Fiktion und Poesie sichtbar werden, dass überdies die »wohlgegründete *Harmoni*« der optimalen Weltordnung nie ohne das leibnizianische *je ne sais quoi* erkennbar wird – dies alles spricht dafür, Leibniz' Begriff der Schönheit als »polizeyliche« und, wie man bald sagen sollte, »ästhetische« Einheit in der kontingenten Vielheit zu bestimmen. Solche gute Ordnung kompensiert die Kontingenzen und deren Folgen für die, wie es Graunt nannte, »Opfer« des allumfassenden Optimierungsvorhabens. Schließlich sind es »teilweise Unordnungen, welche die Schönheit des Ganzen auf wunderbare Art erhöhen, wie bestimmte Dissonanzen, am rechten Platze verwandt, die Schönheit der Harmonie vergrößern.«[166] Weltordnung und künstlerische, insbesondere narrative Ordnung stehen in Strukturentsprechung[167], weshalb die Erzählung von Sextus Tarquinius auch zur Probe auf die gelungene göttliche Schöpfung werden kann. »Des Sextus' Verbrechen dient zu großen Dingen; es macht Rom frei, und daraus wird es als großes Reich hervorgehen und große Beispiele abgeben.«[168] Die Figur des Sextus hat ihren funktionalen Sinn innerhalb des göttlichen Zusammenhangs. Entscheidend ist nicht mehr, wie etwa noch bei Madeleine de Scudéry, dass sie ein negatives Beispiel abgibt und so das Gemeinwesen mit einem epidemischen Zwang zur Nachahmung überziehen könnte.[169] Exponiert ist sie nur dadurch, dass sie eine unver-

---

163 Vgl. hierzu Blumenberg 1983, 126f. – Zum Folgenden vgl. auch ebenda, 149.
164 Ebenda, »Vorrede«, 30.
165 Ebenda, §. 416/386.
166 Gottfried Wilhelm Leibniz, »Kurzer Abriß der Streitfrage auf schulgerechte Beweise gebracht«, in: ebenda, (389-403), 399..
167 Gérard Genette hat für den Barock ein narratives Dispositiv herausgearbeitet, in dem die göttlich-natürliche Ordnung als erzählte Ordnung erkennbar geworden ist. Vgl. Gérard Genette, »D'un récit baroque«, in: *Figures II*, Paris 1969, (195-222), v. a. 221f. – Als exemplarische Fälle von Arbeit an der Perfektion nennt Leibniz die Tätigkeit eines Geometers, Baumeisters, eines Familienvaters und Maschinenbauers und zudem einen »gelehrten Autor, der die meisten Gegenstände im geringstmöglichen Umfang zusammenfaßt.« (Gottfried Wilhelm Leibniz, *Metaphysische Abhandlung*, Darmstadt 1985b, 67.)
168 Leibniz 1996a, Teil III., §. 416/387.

hoffte Einheit des kontingent Verschiedenen sichtbar macht[170], ist doch »eine von der Roman-Macher besten künsten, alles in verwirrung fallen zu laßen, und dann unverhofft herauß zu wickeln. Und niemand ahmet unsern Herrn beßer nach als ein Erfinder von einem schöhnen Roman«, wie Leibniz an Anton Ulrich schreibt.[171]

Deswegen kann sich Leibniz weder Scudérys Einschätzung des Falles Tarquinius noch dem heideggerschen Verdikt über die »Pest« der Romane anschließen. In seiner Rezension zur *Mythoscopia Romantica* wird er vielmehr zum Anwalt des Romans im Dienste der Theodizee: »es scheinet / daß solches eben nicht ungereimt / wenn unter erdichteten Beschreibungen und erzehlungen / schöne ideen / so sonst in der Welt mehr zuwünschen als anzutreffen seyn / vorgestellet werden: davon in den Scuderischen Romanen selbst einige nicht geringe proben anzutreffen. Wie dan auch dergleichen in denjenigen Büchern zu ersehen / die eine erwünschte Regierung gedichts=weise vorgestellet.«[172] Allerdings ist das Thema der zeremoniellen Neuerschaffung eines Staatswesens und politischen Körpers nun den Modalitäten des leibnizianischen Möglichkeitssystems unterstellt. Der mystische Grund der Autorität, dem die politischen und allgemein gesellschaftlichen Konventionen aufruhen, wurde ja bereits von Pascal als ein Grund der Kontingenz identifiziert, als eine »infinité de hazards«, die der Ordnung von Geburt, Eigentum und Macht voransteht. Im pascalschen Denkbild des Schiffbrüchigen, der zufälligerweise zum König gekürt wird, war bereits eine Spaltung im Denken und in der Seele des scheinbar Erwählten, in Wirklichkeit aber Gestrandeten diagnostiziert worden. Für Leibniz stünde ein solcher – durch das System repräsentativer Herrschaft verschuldeter – Bruch der Erinnerung, ja der ganzen betreffenden Person als illegitimer Gewalteingriff einer vernünftigen Weltordnung entgegen: »Nehmen wir an, daß irgendein Individuum plötzlich König von China werden sollte, unter der Bedingung jedoch, das zu vergessen, was es gewesen ist, so als ob es ganz von neuem geboren wäre – ist das nicht in der Praxis oder hinsichtlich der Wirkungen, die man wahrnehmen kann, genau

---

169 Vgl. Madeleine de Scudéry, *Clélie. Histoire Romaine*, Paris 1660, T. 4, Buch 2, Bd. VIII., S. 1144, in: Weber 1974/I., (31-60), 57.
170 In den virtuellen Welten der Theodizee taucht deswegen nicht immer »der nämliche Sextus« auf, sondern »ähnliche, die von dem wirklichen Sextus alles dir [Theodorus] Bekannte besitzen, aber nicht alles, was sich jetzt schon in ihm vorgebildet findet, ohne daß man es bemerkt, und infolgedessen auch nicht alles, was ihm noch geschehen wird.« (Leibniz 1996a, Teil III., §. 414/385.) Es ist solch eine »Variabilität der Individualideen […], die für Leibniz das Grundelement und Agens einer Expansion des Möglichen« ist und laut Pape sein Möglichkeitssystem gegenüber der »modernen Möglichkeitswissenschaft« auszeichnet. (Ingetrud Pape, »Von den ›möglichen Welten‹ zur ›Welt des Möglichen‹. Leibniz im modernen Verständnis«, in: *Studia Leibnitiana Supplementa*, Bd. I., Wiesbaden 1968, (266-287), 285.)
171 Leibniz an Anton Ulrich, 26. April 1713, in: Kimpel/Wiedemann 1970, 67f.
172 Rezension zur »Mythoscopia Romantica, oder Discurs von den so benamten Romans…«, in: *Monathlicher Auszug aus allerhand neu=herausgegebenen / nützlichen und artigen Büchern*, (Hannover), Dezember 1700, S. 885f., in: Lämmert/Eggert 1971, 57.

dasselbe, als ob es vernichtet werden sollte und ein König von China sollte an seiner Stelle im gleichen Augenblick geschaffen werden? Dieses Individuum hat aber gar keinen Grund, das zu wünschen.«[173]

Der utopische Weltenwechsel *qua* Schiffbruch, der zugleich einen fiktiven Bruch in der Ordnung der Dinge markiert, ist mithin den Kriterien von Leibniz' Theodizee-Entwurf und Probabilitätslogik zu unterstellen. Einerseits ist davon auszugehen, »daß sich nichts durch Zufall oder von ungefähr (casu aut per accidens) ereignet – außer von dem eingeschränkten Standpunkt bestimmter Einzelsubstanzen aus«; andererseits eröffnet eben diese irdisch unvermeidliche Perspektive »die Betrachtung derjenigen Möglichkeiten, die weder sind, noch sein werden, noch je gewesen sind [...]. Nun werden doch aber unleugbar manche Erdichtungen, wie wir sie in Romanen finden, an sich für möglich gehalten, obwohl sie in dieser bestimmten Reihe des Universums, die Gott erwählt hat, keinen Platz finden«.[174] Insofern sind Romane, und die Schiffbruchromane zumal, perfektible Mittel, durch die das kontingent Seiende zur Darstellung gelangen, aber auch verfehlt werden kann. Im schlimmsten Fall sind sie unvernünftig und bloß konventionell[175], im optimalen Fall sind sie ein Schritt auf dem Weg zur politischen, polizeylichen und poetischen Vervollkommnung, an dessen Ende, gleichsam als Grenzwert aller romanesken Darstellung, die perfekte Darstellung aller möglichen Welten stünde.

Deshalb verfehlt auch Voltaires romanesker Gegenentwurf *Candide* den leibnizianischen Optimismus an seinen poetologisch entscheidenden Konsequenzen. Magister Pangloss, der bei Voltaire die »leibnizianisch-wolffsche« beste aller Welten *ad absurdum* führt, ist theoretischer Narr im obigen Sinne, weil seine »Metaphysico-Theologo-Kosmolo-Nigologie«[176] wider alle Erfahrung ein bloß konventionelles und insofern unvernünftiges System begründen will. Es sind gerade Epidemien und Schiffbrüche, die im *Candide* die Grenzen der Deduktion

---

173 Gottfried Wilhelm Leibniz 1985b, 157.
174 Gottfried Wilhelm Leibniz, »Über die Freiheit«, in: *Leibniz*, hg. v. Thomas Leinkauf, München 1996, 200f.
175 Sind Utopien in der Art Bacons nach Leibniz' Maßstäben »zu theoretisch« und »Rosenkreuzersche Illuminationen« in erster Linie »Narrenwerk« (Gottfried Wilhelm Leibniz, »Bedenken von Aufrichtung einer Akademie oder Sozietät in Deutschland, zu Aufnehmen der Künste und Wissenschaften«, in: Leibniz 1967/II., (48-59), 52), gilt beides erst recht für völlig kontingente und bloß konventionelle, sprich: unvernünftige und unmögliche Neugründungen wie im Falle der zwei Veiras': Gemeint ist der Hugenotte Denis Veiras, ein Freund Pepys' und Lockes, der am englisch-holländischen Seekrieg teilgenommen hatte und in dessen Roman *Eine Historie der Neu=gefundenen Völcker SEVARAMBES* genannt (Tübingen 1990, vgl. v. a. Teil II., Cap. V., Teil IV., Cap. I.) die utopistische Neugründung auf einen »Priesterbetrug«, auf eine sinnliche Täuschung der Ureinwohner, einen arglistig eingeführten Opferkult und ein entsprechendes Zeremonialwesen zurückgeht. Henri, ein Sohn der Familie Veiras, versuchte dann in den achtziger Jahren, auf der Insel Bourbon eine Idealrepublik für protestantische Franzosen zu gründen. Sein utopischer Bericht von dem Unternehmen wurde publiziert als *Recueil de quelques mémoires servans d'instruction pour l'établissement de l'isle d'Éden*, Amsterdam 1689.
176 Voltaire, *Candid oder die Beste der Welten*, Stuttgart 1971, I./3.

und der besten Welt sprengen[177], während bei Leibniz derlei »utopische« (oder »dystopische«) Bereiche eines gesteigerten Risikos gerade zur versicherungstechnischen Berechnung und polizeylichen Prävention veranlassen. Bei Voltaire aber ist die alte Welt nichts als eine ungebrochene Verkettung von Unglücksfällen, angesichts derer nur eine vollends utopische Welt retten (oder die zumindest bessere, weil bescheidenere und begrenztere Welt des Kleingärtners trösten) könnte. »Sicherlich ist die Neue Welt die beste der möglichen«[178], stellt Candide fest, und doch ist das candidsche Eldorado unvernünftig, weil fiktiv im Sinne von unmöglich. »Weshalb aber brauche ich eine Fiktion?«, fragt Leibniz in den *Regeln zur Förderung der Wissenschaften*. »Weshalb auf eine fernliegende Nachwelt beziehen, was unvergleichlich leichter in unserer Zeit wäre, da die Konfusion den Höhepunkt, den sie dann erreichen wird, noch nicht erreicht hat? Welches Jahrhundert könnte geeigneter sein als das unsere, das vielleicht eines Tages den Beinamen des Jahrhunderts der Erfindungen und der Wunder tragen wird?«[179] In Leibniz' Zeitrechnung hat weder eine statische Utopie im klassischen Sinn noch eine Zukunftsutopie modernen Zuschnitts ihren Platz. Doch eignet den »polizeylichen« Romanen nicht minder als den realen polizeylichen Einrichtungen schon allein ihrer Perfektibilität wegen eine projektive Dimension.[180]

Vom Stand des »Abenteuer-Romans« gesehen, der mit Schnabel erreicht wurde, lassen sich zwei unterschiedliche Fortsetzungsvarianten benennen, die beide das Problem der utopischen und Schiffbruchfiktion auf ihre Weise lösen werden: Zum einen ein staatliches Perfektibilitätsmodell, die sogenannte »Zukunftsutopie«, die, historisch gesehen, erst dann eine vollendet »glückliche« Zukunft zu extrapolieren vermochte, als auf dem Seewege kaum mehr Entdeckungen erwartet werden konnten, als der Meeresraum kartographisch erschlossen, die Navigation autonom geworden war und schließlich die Risikovorsorge zu Wasser weitgehend implementiert schien[181]; zum anderen ein bürgerlich-humanistisches Perfektibilitätsmodell, das, 35 Jahre nach Schnabel, politische Theorie und Vermögenslehre als ein und dasselbe Projekt der Vervollkomm-

---

177 »All dieses ist unerläßlich«, entgegnete der einäugige Doktor, ›das Unglück des einzelnen begründet das Wohl der Gesamtheit, so daß es ums allgemeine Wohl desto besser steht, je mehr privates Unglück es gibt.‹ Während er dergestalt philosophierte, verfinsterte der Himmel sich, aus allen vier Ecken der Welt bliesen die Winde, und angesichts des Hafens von Lissabon wurde das Schiff vom fürchterlichsten Unwetter überfallen. […]Er will sich ihm nach ins Meer stürzen – der Philosoph Pangloss hindert ihn daran und beweist ihm, daß die Reede von Lissabon eigens dazu erschaffen worden sei, damit jener Widertäufer dort ertrinke. Während er ihm dies a priori beweist, geht das Schiff aus den Fugen« (ebenda, IV. und V./13f.). – »Die im ›Candide‹ ins Bild gesetzte schlechteste aller möglichen Welten […] ist keine wahrscheinliche Welt. Sie schließt beides, Zufälligkeit und Notwendigkeit, aus, aber nur, um sie desto besser kommentieren zu können.« (Dietrich Harth, »Schatten der Notwendigkeit«, in: Rüdiger Bubner, Konrad Cramer und Reiner Wiehl (Hgg.), *Kontingenz*, Göttingen 1985, (79-105), 81f.)
178 Voltaire 1971, X./27. Zu Eldorado vgl. ebenda, XVII. und XVIII./49ff.
179 Leibniz 1992, 103.
180 Vgl. Peter Uwe Hohendahl, »Zum Erzählproblem des utopischen Romans im 18. Jahrhundert«, in: Helmut Kreuzer (Hg.), *Gestaltungsgeschichte und Gesellschaftsgeschichte*, Stuttgart 1969, 79-114, 81.

nung darstellte. Christoph Martin Wielands *Geschichte des Agathon* (Erstfassung 1766/67, dritte Fassung 1794) schlägt die Brücke zwischen politischer und individueller Perfektibilität, um auf die Implementierung von äußerer *und* innerer Polizey zuzusteuern.[182] Nach Christian Friedrich von Blanckenburg erfüllt der *Agathon* mustergültig die Aufgabe des Romans, »die *möglichen Menschen der wirklichen* Welt« mit der Zielsetzung darzustellen, »seine Leser mit ihren Empfindungen, zu ihrer Glückseligkeit, haushalten zu lehren, oder, mit andern Worten, [...] zur Vervollkommnung des menschlichen Geschlechts etwas bey[zu]tragen«.[183] Wieland zufolge gilt für den Roman im Gegensatz zum Epos und zur repräsentativen Dichtung der absolutistischen Epoche: »Unsere Pflicht ist *zu erzählen*, nicht *zu dichten*«.[184] Nicht mehr die exemplarische Repräsentation heroischer Charaktere, sondern die protokollarische, ja fast statistisch exakte Bestandsaufnahme der individuellen Entwicklungsbedingungen und -stadien ist das narrative Problem. Einerseits sind der jeweilige Kausalnexus, der zureichende Grund, und die jederzeit zufälligen Wirkungen, die Kontingenzen, einzukalkulieren, andererseits ist der charakterliche Bildungsprozess dokumentarisch zu objektivieren und über das Konzept der psychologischen Wahrscheinlichkeit zu erfassen. Um das Kontingente als Wahrscheinlichkeit erzählen zu können, entwickelt auch Wielands Roman jene mehrstufige Narration, die einer vermeintlichen Bildungspoetik immer schon voraus ist.[185]

181 Louis Sébastien Merciers *L'An deux mille quatre cent quarante* von 1770, diese europaweit vielplagiierte erste »Zukunftsutopie« (als deren einziges historisches Vorbild eine anonyme Schrift von 1644 über die Rückkehr Karl Stuarts gilt) berichtet im Modus des *futurum exactum* vom Schicksal der großen providentiellen und utopischen Entwürfe: Nicht die Universalgeschichte des »courtisan souple et ambitieux« Bossuet, nicht dieses »pauvre squelette chronologique« und diese »science imaginaire« wird die Zukunft gestaltet haben, wohl aber der *Télémaque* seines Gegenspielers Fénelon, »parce qu'on y trouve l'accord rare et heureux de la raison et du sentiment.« (Louis Sébastien Mercier, *L'An deux mille quatre cent quarante suivi de l'Homme de Fer*, Bd. I.-III., Genf 1979, I. 325f, 328.) Unter der Herrschaft einer naturrechtlich verbürgten Gleichheit, die nur mehr ökonomische und moralische Unterscheidungskriterien veranschlagt, ist der Monarch endgültig von der Last des sakralen Königtums befreit (vgl. ebenda, II. 126, vgl. zudem ebenda, II. 131 und 93f., Anm. a). Doch fällt mit dem Stand der Arbeitsproduktivität des Jahres 2440 nicht nur das Repräsentationssystem der alten Souveränität; auch die überseeischen *adventures* verschwinden zugunsten des weltumspannenden Projekts einer allgemeinen Zivilisationstheorie.
182 Vgl. hierzu Christoph Martin Wieland, *Geschichte des Agathon*, in: *Wielands Werke*, Erste Abteilung: Werke, Bd. VI., Berlin 1937, II. 9. 7/268f., III. 16. 4/511f.
183 Christian Friedrich von Blanckenburg, *Versuch über den Roman*, Stuttgart 1965, 257, 439.
184 Wieland 1937, III. 13. 6/422.
185 Zu Dokument und psychologischer Wahrscheinlichkeit vgl. ebenda, Vorbericht von 1766/67, 4f. und I. 1. 6/35. Zum zureichenden Grund und zu den zufälligen Wirkungen vgl. ebenda, I. 1. 2/24f. und I. 1. 6/37f. – Dabei stehen, wie Rüdiger Campe gezeigt hat, Wirklichkeits- und Wahrscheinlichkeitsbegriff von Herausgeber und Agathon überkreuz: Für jenen sind die singulären Ereignisse wirklich, ihr Zusammenhang ein Produkt der Dichtung; für diesen ist das Unverbundene oder Zufällige nur Indiz des Traums oder des Poetischen, während der Zusammenhang der Dinge wirklich, nur eben als Wirklichkeit zu erschließen ist; zur »unwahrscheinlichen Wahrscheinlichkeit« schießen beide (in der Erstfassung, nicht mehr in der letzten) auf einer Zwischenstufe des Schreibens zusammen, die im narrativen Gefüge die Handschrift eines »griechischen Verfassers« darstellt. (Vgl. Campe 2002, 333f.)

Diese narrative Struktur gestattet es zugleich, dass der Roman die historischen Stadien seines eigenen Möglichwerdens enthält: das Epos, der heroisch-galante Roman, der Fürstenspiegel, die Utopie, der Schiffbruch-Roman – sie alle sind Etappen jenes zuletzt unwahrscheinlich wahrscheinlichen Prozesses der Bildung oder Menschwerdung, der immer schon ein Prozess der Dichtung ist. Zwei Herrschaftsmodelle dienen als biographische Eckdaten Agathons, zwischen denen sich seine »innere Entwicklung« vollzieht.[186] Ertrag beider Reise- und Lebenserfahrungen ist die Einsicht, dass im Politischen wie Persönlichen nichts so uneingeschränkt waltet wie der Zufall, hinter diesem aber eine unsichtbare Hand den Verlauf der Dinge immerzu korrigiert und steuert.[187] »Er hatte gelernt, wie viel man oft den Umständen *nachgeben* muß; daß der vollkommenste Entwurf an sich selbst oft der schlechteste unter den gegebenen Umständen ist – [...] kurz, daß das Leben einer Schiffahrt gleicht, wo der Steuermann sich gefallen lassen muß, seinen Lauf nach Wind und Wetter einzurichten; [...] und wo alles darauf ankommt, mitten unter tausend unfreiwilligen Abweichungen von seiner vorgesetzten Richtung, endlich dennoch, so bald und wohlbehalten als möglich, an dem vorgesetzten Ort *anzulangen*.«[188] Unter Bedingung einer kontingenzerprobten Steuerung sind die deduktiven Entwürfe der älteren Staatsliteratur unzureichend geworden.

Und wie könnte es anders seyn, da sie gewohnt sind, in ihren Utopien *und* Atlantiden *zuerst die* Gesetzgebung *zu erfinden, und erst wenn sie damit fertig sind, sich so genannte* Menschen *zu schnitzeln, welche ebenso richtig nach den Gesetzen handeln müssen, wie ein Uhrwerk durch den innerlichen Zwang seines Mechanismus die Bewegungen macht, welche der Künstler haben will? Es ist leicht genug zu sehen, daß es in der wirklichen Welt gerade umgekehrt ist. Die Menschen in derselben sind nun einmal* wie *sie* sind; *und der große Punkt ist, diejenigen, die man vor sich hat, nach allen Umständen und Verhältnissen so lange zu studieren, bis man so genau als möglich weiß,* wie sie sind.[189]

Letztlich ist der Bildungsroman, als welchen man vor allem die Drittfassung des *Agathon* bezeichnet hat, angewandte »Menschwissenschaft«, eine Schule und Kritik der Einbildungskraft. Er stellt die »ästhetische« Polizierung der inneren Vermögen dar und nimmt sie dadurch auch bei der gebildeten und zu bildenden Leserschaft vor. Dem »gefahrvollen Ozean des politischen Lebens«[190] ist hingegen das Schicksal beschieden, sich wieder zu einem Topos verfestigt zu haben, der

---

186 Einerseits das Athener Modell, demgemäß Agathon die Herrschaft durch die intensive Pflege von Wissenschaft, Schifffahrt und den Künsten zu befestigen versucht, selbst aber dem extremen Statuswechsel zwischen heldenhaftem Souverän und verdammtem Märtyrer unterliegt; andererseits das postplatonische Projekt eines Syrakuser Idealstaats, bei dem pragmatische, d. h. strategische und statistische Klugheit und der Wahlspruch »NIL ADMIRARI« allem voranstehen. – Zu Athen vgl. ebenda, II. 8. 2/210-212 und II. 8. 3/215; zu Syrakus vgl. ebenda, III. 12. 4/354 und III. 12. 7/365.
187 Vgl. Wieland 1937, II. 9. 6/260.
188 Ebenda, III. 12. 1/338.
189 Ebenda, II. 10. 3/292f.
190 Ebenda, II. 8. 1/207.

das Kontingenzprinzip der bürgerlich-empfindsamen Welt nicht mehr abzudecken vermag und somit auch kein Darstellungsproblem mehr sein kann.[191] Mit dem Agathon tritt ein anderer Gegenstand ins Zentrum poetisch-polizeylicher Anstrengungen: »Natur und Kunst, und was in beiden für den Menschen das wichtigste ist, der *Mensch*, waren die Gegenstände seiner aufmerksamen Beobachtung.«[192]

---

191 Vgl. ebenda, III. 13. 3/428.
192 Ebenda, III. 16. 4/511. – Als Beispiele für eine polizeylich inspirierte Vermögenslehre im *Agathon* vgl. etwa den Konnex zwischen Ansteckung und regelloser Empfindung (I. 6. 5/161) oder etwa die verstreuten Ausführungen zu einer »Ökonomie der Liebe« (III. 15. 2/474). Zum motivischen Zusammenhang zwischen Leidenschaften und »Schiffbruch mit Zuschauer« vgl. ebenda, II. 9. 3/245. – Bereits anderthalb Jahrzehnte vor der Erstfassung des *Agathon* hatte Wieland seine »anthropologische Wende« vollzogen: Anfangs noch der leibnizianischen Kompensationslogik und (wie in *Die Natur der Dinge*) einer neuplatonischen Kosmologie verpflichtet, orientiert sich Wieland seit 1752 neu. Er entleiht sich Hartleys *Observations on Man,* steht mit dem Arzt Zimmermann in regem Briefkontakt und beherzigt schließlich dessen empiristischen Überlegungen, so dass der vormalige Metaphysiker mit *Don Sylvio und Rossalva* eine – wie es im Untertitel heißt – »Geschichte worin alles Wunderbare Natürlich zugeht«, verfassen kann und im *Agathon* dann dessen Entwicklungsgeschichte »nicht auf abgezogene Ideen, sondern auf die Natur und wirkliche Beschaffenheit der Dinge gründet« (Wieland 1937, III. 5, 85. – Vgl. auch Hans-Jürgen Schings, »Der anthropologische Roman. Seine Entstehung und Krise im Zeitalter der Spätaufklärung«, in: Bernhard Fabian u. a. (Hg.), *Deutschlands kulturelle Entfaltung*, Bd. II./III., München 1980, (247-275), 249ff. sowie Horst Thomé, *Roman und Naturwissenschaft*, Frankfurt am Main/Bern/Las Vegas 1978, 118-120, 212.) – Die cartesianische Kluft zwischen Körper und Geist versucht Wieland somit nicht mehr im Sinne einer prästabilierten Harmonie oder nach Art des Okkasionalismus zu überbrücken, vielmehr wird der *influxus physicus* zum Einfalltor der Kontingenz.

ZWEITER TEIL

VERMÖGENSBILDUNG –
DAS OPFER IM HORIZONT DER ÖKONOMIE

Aus den dunkeln Labyrinthen der Politick aber entfernen wir uns; wir kehren leise zurück in uns selbst, und gehen (wenn es seyn kann) auf einige neue Entdeckungen aus – über die innere Beschaffenheit unserer eigenen Fähigkeiten, über die Natur ihrer herrschenden Grundkraft, über ihre verschiedenen Triebfedern und ihre mehr oder weniger regelmässige Bewegung.
                    Johann Ehrenreich Maaß, *1. Brief über die Einbildungskraft*

Viertes Kapitel

Verzicht und Menschlichkeit – Rituale der Empfindsamkeit

1. Übertragungen

An die Stelle der exklusiven und repräsentativen Teilhabe höfischer Gesellschaften, die immer am Paradigma einer rituellen »Kommunion« abgeglichen war, tritt im 18. Jahrhundert eine *societas sine imperio* und ein System kommunikativer Übertragungen. Dieses soll sämtliche Menschen, solange sie sich als solche ausweisen und mitteilen können, miteinander vereinen. Besonders die Empfindsamkeit propagiert diese universelle Vereinigung, kann sie jedoch nur durchsetzen, indem sie sich inmitten der »Öffentlichkeit« einen Freiraum schafft: die Sphäre einer intimen und privaten Verständigung zwischen Liebenden und Freunden. Allgemeinheit und Exklusivität als Kehrseiten ein und derselben idealen Gesellschaftsordnung zusammenzuhalten, erfordert besondere kommunikative Anstrengungen: Das zwischenmenschliche »Kommunizieren« übt unablässig die individuelle »Aufopferung« für die Sache der Empfindsamkeit ein, denn nur damit ist Verzicht *und* Verbindlichkeit zu besiegeln, nur dadurch kommt Versagung und Distanz mit Erfüllung und Berührung, reale Trennung mit imaginärer Kontaktnahme überein. Längerfristig jedoch zeitigt das Procedere empfindsamer »Aufopferung« für die empfindsam-bürgerlichen Seelen pathologische und ruinöse Wirkungen.

Diese Exzesse zu kompensieren und die »Opfer« der »Empfindeley« zu kurieren, ist einerseits Aufgabe einer Erziehung der menschlichen Gemütsvermögen, in deren Zuge Mit-Leidensfähigkeit und praktische Wohltätigkeit Hand in Hand gehen sollen; andererseits ist es Aufgabe einer geregelten Haushaltung, eines beständigen Ausgleichs zwischen menschlichen und gesellschaftlichen »Vermögen«. Nur so ist die pathologische Opferbereitschaft, die die Gesellschaft in der Art einer Epidemie heimzusuchen scheint, einzudämmen und der empfindsame Mensch für eine umfängliche Vermögensbildung zu gewinnen. Um das Projekt dieser allgemeinen Ökonomie zu implementieren, muss die Parallelaktion von innerer und äußerer Polizierung »menschliche« wie »gesellschaftliche« Belange als solche positivieren, bevor sie im Sinne einer guten und schönen Ordnung zu formieren sind. Gerade die »innere Polizey« ist, solange sich eine experimentell und empirisch ausgerichtete Anthropologie noch nicht etabliert hat, auf Praktiken angewiesen, wie sie die Dichtung mittlerweile auf der Grundlage eines expandierenden Kommunikationssystems des Schreibens und Lesens ausgebildet hat. Somit markiert die Entstehung der »empfindsamen Kultur« eine Zäsur, an der sich der Übergang von der exklusiven und repräsentativen Herrschaft der großen Herren zur allgemeinmenschlichen Vergesellschaftung sämtlicher schöner Seelen und tätiger Bürger ausbuchstabieren lässt.

Bezeichnenderweise ist es kein Schauspiel, sondern ein Erzähltext, der diesen Umbruch noch zu Hochzeiten des Absolutismus ankündigt. Madame de La Fayettes *La Princesse de Clèves* (1678) schließt nicht nur an die jansenistische Konventionalitätskritik an, sondern treibt deren »Dialektik von sozialer Verkleidung und ›nackter Wahrheit‹« bis zum Fluchtpunkt einer »natürlichen Natur«[1] des Menschen: die Innerlichkeit zweier Liebender, die gerade, weil sie auf keinem repräsentativen Schauplatz zueinander finden, umso leidenschaftlicher lieben können. Am Hof Heinrichs II. ist die Liebe strategischen Planspielen und rhetorischen Auseinandersetzungen um das Verhältnis von Schein und Wahrheit unterworfen[2], für Madame de Clèves und Monsieur de Nemours jedoch versteht sie sich als intimer und selbstgenügsamer Akt der »Kommunikation« – in erster Linie als ein Kommunizieren über sich selbst und die gemeinsame Kommunikation. Als solche hat sie bereits bei La Fayette Umwege zu gehen, sie kann das (rhetorisch) Unsagbare nur sagen, indem sie es nicht sagt und dabei das Wissen um die Liebe des Anderen nicht als gewiss offenbart: »Soll ich sie merken lassen«, fragt Nemours, »daß ich weiß, daß sie mich liebt, und habe ihr doch noch nicht einmal zu sagen gewagt, dass ich sie liebe? [...] Aber darf ich überhaupt daran denken, mich ihr zu nähern? Darf ich es wagen, sie in die Verlegenheit zu bringen, meinen Anblick zu ertragen?«[3]

Diesen Anspruch der Innerlichkeit auf eine imaginäre Reinheit preiszugeben, ist schon ein Wagnis, wenn es in Anwesenheit des anderen Liebenden geschieht; das intime Wissen vom Wissen des Anderen aber irgendwelchen anderen kundzutun, muss die kommunikative Grundbedingung der Liebe und damit auch diese selbst zerstören. Insofern gibt Madame de Clèves nicht nur »ein Beispiel unnachahmlicher Tugend«, wenn es zu guter Letzt trotz des Todes ihres Mannes nicht zur Heirat mit Nemours kommt. Vielmehr hatte Nemours' Geheimnisverrat, als er sich vor Dritten ihrer Zuneigung brüstete, eine Liebesheirat im neuen Sinne unmöglich gemacht.[4] Dass Madame de Clèves über das Ende ihrer Kommunizierbarkeit hinaus der Liebe (und nicht so sehr über dessen Tod hinaus ihrem Gatten) die Treue hält, macht ihr beispielloses und bis dato unerklärliches »Verzichtopfer« aus. Über die »Aussprache«, das erste und letzte bedingungslose Gespräch mit Nemours, ist nicht mehr das Gesetz des Nicht-Sagens verhängt, weshalb ihre Weigerung – und damit ihre Liebe – ein für alle Mal auf den Begriff des Imaginären zu bringen ist: »›Sie allein unterwerfen sich einem Gesetz, das ihnen weder Tugend noch Vernunft jemals auferlegen könnten.‹ ›Es ist wahr‹, entgegnete sie, ›ich bringe einer Pflicht, die nur in meiner Einbildung Bestand hat, ein großes Opfer.‹«[5] Was weder Tugend noch Vernunft sein kann, wird zum »Opfer« an eine imaginäre Pflicht, dessen reale Konsequenzen über die einer rituell veranstalteten »Aufopferung« hinausgehen. Denn selbst wenn das »rühren-

---

1 Hans Blumenberg, *Paradigmen zu einer Metaphorologie*, Frankfurt am Main 1999, 65.
2 Vgl. Marie Madeleine de la de La Fayette, *Die Prinzessin von Clèves*, Stuttgart 1983, 18, 34f.
3 Ebenda, 150.
4 Ebenda, 207, als Ende und angebliches Resümee des Romans. Vgl. hierzu Niklas Luhmann, *Liebe als Passion. Zur Codierung von Intimität*, Frankfurt am Main 1995, 124.
5 La Fayette 1983, 199f.

de« Schicksal der Prinzessin von Clèves zuletzt in klösterlicher Askese aufgehoben scheint, ist sie in Wirklichkeit »frommen Werken ergeben, wie sie die strengsten Orden nicht vorschreiben«.[6]

Dass die Opfer, die die kommunikative Selbstbezüglichkeit oder »Einbildung« der Liebenden fordert, den Rahmen religiöser oder providentieller Heilsgewissheiten sprengen können, dass gerade »reine« Kommunikation unkontrollierbare Kontingenzen oder Pathologien hervorzubringen vermag, zeigt das Schicksal des Chevalier des Grieux und seiner Geliebten Manon Lescaut. Abbé Prévosts Roman aus dem Jahr 1731 versteht beider leidenschaftliche Liebe – ganz im Sinne der Abenteuerromane – als *hasard* und baut auf die »Homonymie von *Fortune* als launischer Glücksgottheit und *fortune* im Sinne von Geld und Vermögen.«[7] Die Psychologisierung von Kontingenz geht – wie in den ersten wahrscheinlichkeitstheoretischen Versuchen zum Glückspiel – mit einem ökonomischen Kalkül einher, so dass das Thema der »Vermögen« in einer Doppeloptik erscheint: Zu ordnen und zu mehren sind gleichermaßen die ökonomischen Güter wie die Gemütsvermögen, wobei beider Produktivität und Destruktivität am Ausnahmefall der leidenschaftlichen Liebe und des Bankrotts geradezu experimentell zu erkunden sind. Hatten die Moralisten zu La Fayettes Zeiten noch den zeremoniellen Zeichenvorrat als gleichsam geldwertes System interpretiert[8], ist beim Abbé Prévost die höfische Währung gänzlich entwertet. Die Ökonomie von Affekt und Wert ist auf intime Semiosen, nicht auf ein repräsentatives Zeichensystem angewiesen.

Von der Universität über das Spielermilieu, das Arbeits- und Zuchthaus bis hin zu den nordamerikanischen Kolonien verläuft des Grieux' und Lescauts riskanter Werdegang, an dessen Ende weniger die robinsonsche Konsolidierung als »der Schiffbruch meines Vermögens und meines Ansehens«[9] steht. »Das Anwachsen unserer Reichtümer verdoppelte unsere Zuneigung; Venus und Fortuna hatten keine glücklicheren und zärtlicheren Sklaven«, berichtet des Grieux und wird sich dabei der Konvertierbarkeit von Leidenschaft und Geldwert um so mehr bewusst, als er in den Avancen seines einstigen Rivalens, des Steuereintreibers Monsieur de B…, das vernünftige Gegenstück zu seiner eigenen fatalen Wirtschaftung erkennt: »die Liebeserklärung habe er im Stil eines Steuerpächters gemacht, das heißt, er habe ihr in einem Brief zu verstehen gegeben, die Bezahlung werde im Verhältnis zu den Gunstbezeigungen erfolgen«.[10] Letztlich ist es die gestörte Balance zwischen des Grieux' leidenschaftlicher Opferbereitschaft und Lescauts mangelnder ökonomischer Rationalität, die der wechselseitigen Übertragung von Affekt und Wert, auf der ja beider Beziehung gründet, eine dauerhafte Grundlage entzieht.[11] Dass die riskante Kommunikation namens

6 La Fayette 1983, 207.
7 Frick 1988, 184.
8 Vgl. La Rochefoucauld 1995, 134.
9 Abbé Antoine-Franois Prévost d'Exiles, *Geschichte des Chevalier des Grieux und der Manon Lescaut*, Stuttgart 1977, 14.
10 Ebenda, 59, 41.

Liebe und das Spiel des Zufalls in ihrer Kopplung immer nur »Glück« hervorbringen, ist eben hochgradig »unwahrscheinlich«. Mit starren Blick auf dieses Glück, dabei aber umso blinder für die gemeinsame *contingentia futura*, hat das Liebesspiel von Liebendem und Spielender einfach keine Zukunft.

Beruht die Liebe und ihr Wechselspiel von Leidenschaft und Versagung auf nichts anderem als kommunikativen Übertragungen, so gilt dies nicht minder für die bare Münze, deren symbolische Wertübertragung einen realen Mangel zugrunde legt. »›Geld redet‹, weil Geld eine Metapher ist, eine Überweisung, eine Brücke.«[12] Geld und Liebe sind gleichermaßen gesellschaftsbildend, beide stützen sich auf ein System des Kredits und der Substitution, in dem Zeichen allgemein, Schriftstücke und Bilder, Briefe und Wechsel im Besonderen zum Zirkulieren gebracht werden. Nicht zuletzt von dieser doppelten Wertigkeit rührt die rasche Expansion des empfindsamen Kommunikationsverbunds her, denn gerade dessen vermeintlich nur rührselige »Briefe sind es, die die Abwesenheit versüssen, und das Postgeld so gut werth sind, als ein Pack Acten«.[13]

Gerade das Verfahren von Metapher und Brief, die symbolische Herstellung einer imaginären Anwesenheit in der realen Abwesenheit ist es, die dem »Sentimentalismus« oder der »Empfindsamkeit« zum Aufbau eines Kommunikationsverbunds verholfen hat. Eine *Sentimental Journey* wie die Laurence Sternes (1768) ist da nur ein Sonderfall jener Übertragungstechnik, die nach Lichtenberg das *Reisen zu Wasser und zu Lande* durch jenes im *zu Hause Sitzen*[14] ersetzt und die, wie es in Jacobis Frauenzeitschrift *Iris* heißt, die Gefahren der Schifffahrt zum Wagnis brieflicher Korrespondenz gemildert hat:

War es doch nicht weniger die Liebe, welche das erste Schiff erfand! (Der erste Schiffer, von Geßner) Beyde, Schiff und Brief sind Werke des Verlangens und des Bedürfnißes; beyde sollen mit Abwesenden uns vereinigen; uns selbst, oder unsre Gedanken, Empfindungen und Kenntniße zu ihnen hinbringen; und was wir Eigenthümliches haben gegen das ihrige vertauschen. Immer lassen sie uns, wenn wir können, anstatt Geiz und Ehr-

---

11 Vgl. ebenda, 47, 62f.
12 McLuhan 1995, 209.
13 Anonym (d. i. vermutlich Georg Friedrich Meier und / oder Samuel Gotthold Lange), *Der Gesellige, eine moralische Wochenschrift,* Teil II./ 72. Stück, in: Angelika Ebrecht u. a. (Hgg.), *Brieftheorie des 18. Jahrhunderts,* Stuttgart 1990, (35-37) 37. – Vgl. zudem zur Konversion von Geldwert, Liebe und Dichtung den Verführer Derby in Sophie von La Roche, *Geschichte des Fräuleins von Sternheim,* Stuttgart 1997, 230: »Meine Gelder wurden seltner geschickt, und dieser närrische Roman war ein wenig kostbar; [...] Ihre Briefe, ihr Bildnis hab ich zerrissen wie sie meinen Wechsel.«
14 Der Untertitel des wohl 1768 oder 1769 entstandenen, bloß in der »Vorrede des Übersetzers« erhaltenen Fragments lautet *Schreiben des Herrn $\sqrt{x^3}+dx^5$ ddy Trullrub, Ältesten der Akademie zu Lagado, das Empfindsame im Reisen zu Wasser und zu Lande und im zu Hause Sitzen betreffend. Aus dem Hochbalnibarbischen übersetzt von M. S.* (in: Georg Christoph Lichtenberg, *Schriften und Briefe,* Bd. III., Frankfurt am Main 1998, 610f.) – Zu Sternes Urbild einer »quiet journey of the heart in pursuit of NATURE«, zum Kommunikationsmodus der »consanguinity« und »family likeness« zwischen Reisendem und fremden Völkern und zur Möglichkeit, »to spy the nakedness of their hearts« vgl. Laurence Sterne, *A Sentimental Journey through France and Italy,* London 1986, 92, 108f.

furcht das zärtliche Verlangen, das angenehmste Bedürfniß ihnen zum Ursprung geben. | In diesem ihrem Ursprunge war die Schrift, so wie die Erfindung des Schiffes, höchst unvollständig. [...] Gefahr und Unbequemlichkeit wurden nicht geachtet; [...] man wollte landen, oder den Mangel der Unterredung ersetzen. [...] Nach und nach bemühte man sich die Fahrt sicherer zu machen und bequemer. Das schwimmende Ding bekam eine bessere Form, [...] und Palmblätter wurden mit mehreren, verständlicheren Figuren bemahlt [...]; und wenn der erste Schiffer mit Lebensgefahr dem Wasser sich anvertraute, so steigen ietzt die furchtsamsten Schönen, an der Hand ihres Liebhabers, zum Scherz in eine Gondel.[15]

Die ästhetische Theorie der Epoche schreibt den Metaphern eine eigentümliche »ästhetische Kraft« zu, durch welche ihre Re-Präsentationen »nicht mehr als willkührliche Zeichen, sondern als Bilder erscheinen, an denen man die Beschaffenheit der Sachen lebhaft und anschauend erkennt.«[16] Stellten die barocken Metaphern (Harsdörffer nannte sie »Fernegläser«) auf einen Schauraum und auf ein zunehmend technisiertes Sichtbarkeitspostulat ab[17], stützt sich die empfindsame Übertragung primär auf ihr Schrift- und Kommunikationssystem und das imaginative Vermögen seiner vereinzelten Adressaten. Ihre Fernwirkung ist paradoxerweise rein innerlich, und doch beansprucht sie die getreue Re-Präsentation der »Natur«. Briefe dienen dabei als Übertragungsmedium und haben als solches, wie Stockhausen schreibt, »einen grossen Einfluß in das gesellschaftliche Leben, und sie geben das bequemste Mittel, solches auch mit den entferntesten Personen zu unterhalten.« Mit ihnen wird im bürgerlichen Leben wirklich, was den *adventurers* und Hasardeuren und den Lesern von Abenteuer- und Liebesromanen jeweils nur zur Hälfte möglich schien: »Die entlegensten Weltheile mit einander zu vereinigen, den entferntesten Personen seine Gedanken zu sagen, und dis alles ohne Reisen zu thun«.[18]

15 J. G. J., »Vom Briefschreiben«, in: *Iris. Vierteljahresschrift für Frauenzimmer*, III. Band, 3. Stück, Düsseldorf 1774 (Reprint Bern 1971), 193-196.
16 Johann Georg Sulzer, *Allgemeine Theorie der Schönen Künste und Wissenschaften [...]*, Leipzig 1786, Bd. III., 318.
17 Zum Begriff des »Sichtbarkeitspostulats« vgl. Blumenberg 1996, 425-436 und ders., *Die Genesis der kopernikanischen Welt*, Frankfurt am Main 1975, 717ff. – Gleichnisse im Sinne Harsdörffers sind spezifisch codierte Konjunktionen, die über Anschaulichkeit hergestellt werden können; »sie sind die Merk- und Denkzettul / welche alles leichter unsern Sinnen fürtragen und einbilden; Sie sind die Fernegläser und hellscheinende Christall / vermittelst welcher wir alles eigentlicher ansehen« (Georg Philipp Harsdörffer, *Frauenzimmer Gesprächspiele*, Nürnberg 1645, Neudruck hg. v. Irmgard Böttcher, Teil V., Tübingen 1969, 357f./377f.). Obzwar unter den Vorzeichen des harsdörfferschen Sichtbarkeitsverständnisses das Dramatische, poetologisch gesehen, noch einen Vorrang genießt, ist Anschaulichkeit in der Praxis bereits zu einem Problem der sinnlichen Recodierung geworden, wie Harsdörffers Optimierung der Blindenschrift von 1651 oder seine akustische Codierung des vollständigen Alphabets zwei Jahre später untermauern. Zur Verbindung des Fernrohrs mit der Voraus-, Durch- und Vorsicht des klugen Hofmannes vgl. Georg Philipp Harsdörffer, *Mr. DU REFUGE Kluger Hofmann [...]*, Frankfurt und Hamburg [...] 1655 (insbesondere das Frontispiz und seine Erklärung auf S. 363).
18 Johann Christoph Stockhausen, *Grundsätze wohleingerichteter Briefe. Nach den neuesten und bewährtesten Mustern der Deutschen und Ausländer [...]*, Helmstedt 1751, in: Ebrecht 1990, (38-55), 41f.

Das Postsystem der frühen Neuzeit erledigte noch Brief- und Personenbeförderung in einem Zuge und vermittelte damit zwischen den Verkehrs- und Informationswegen der sich reorganisierenden Staaten. In Europa wurden seit 1490 im Habsburgerreich Poststrecken betrieben, die den kaiserlichen (d. h. den genealogischen und diplomatischen) Belangen unterstellt und an den Reichsgrenzen und am jeweiligen Aufenthaltsort des Souveräns ausgerichtet waren. »Was auf einer Reichspost wie dieser ›Nachricht‹ hieß, war kein ›Miteinander verkehren‹, sondern im mittelhochdeutschen Wortsinn eine Meldung zum ›Danachrichten‹.«[19] Zum einen musste, insbesondere in Krisenzeiten, die politisch brisante Information im Postkanal zugleich abgeschirmt und gesichert, d. h. kryptographisch codiert und mehrfach versandt werden; zum anderen bot der Postkanal der Obrigkeit die Möglichkeit, den Informationsfluss im Reich zu kontrollieren und den Nachrichtenverkehr bei Bedarf zu interzipieren. An der Wende zum 17. Jahrhundert wurde dann durch die »Postreformation« gestattet, Portogebühren für private Sendungen zu erheben. Damit weitete sich der vormals exklusive Beförderungsweg repräsentativer Nachrichten zu einer »öffentlichen« Zirkulationssphäre aus, die auf dem absolutistischen Territorium die Entität Bevölkerung überhaupt erst schuf, um sie als solche durchherrschen und adressieren zu können. Mit dem Briefgeheimnis des 18. Jahrhunderts diente der Postkanal dann nicht mehr in erster Linie als Nachrichtendienst der Souveränität, sondern zur Bahnung der Kontakte zwischen empfindsamen und geschäftstüchtigen Subjekten, in deren Zuge weniger politische *arcana* als intime oder kommerzielle Geheimnisse befördert wurden.

»Es giebt nur zweierlei Arten wahrer Briefe, nehmlich freundschaftliche und Geschäftsbriefe«[20], stellte Karl Philipp Moritz 1783 fest, was nur die Präambeln früherer Postordnungen wie der sächsischen von 1713 wiederholt: dass nämlich die Post sich der Bahnung des Seelenkontakts in der »Correspondenz und des gmein-nützlichen Commercii« zu widmen habe.[21] Die Verknüpfung von intimem Schriftstück und Wert sollte, wie im Falle des interzeptionsgeschädigten Karl von Knoblauch, besonders dann augenscheinlich werden, wenn gegen die Regel des Postgeheimnisses verstoßen wurde, ist doch ein Brief, wie er an die gebildete Öffentlichkeit schrieb, »das Eigenthum dessen, der ihn schreibt. Denn er schreibt auf sein Papier, mit seiner Feder, seine Gedanken. — Dieses sein Eigenthum ist so heilig, d. h. so unverlezlich, als jedes andere Eigenthum, welchem der Grundbegrif des Eigenthums nicht mehr und nicht minder zukömmt, als dem Briefe.«[22] Handelt es sich nun beim Briefverkehr um eine Angelegenheit

---

19 Bernhard Siegert, *Relais. Geschicke der Literatur als Epoche der Post. 1751-1913*, Berlin 1993, 13.
20 Karl Ph. Moritz, *Anleitung zum Briefschreiben*, Berlin 1783, in: Ebrecht 1990, (143-163), 145.
21 *Sächsische Postordnung vom 27. Juli 1713*, (Reprint), Leipzig 1992, A 1.
22 Karl von Knoblauch, »Etwas über das Recht eines Staats, Briefe, die an ihn nicht geschrieben sind, zu erbrechen und zu unterschlagen«, in: *Der Neue Teutsche Merkur aus dem Jahre 1791*, Bd. III., Weimar 1791, in: Ebrecht 1990, (173f.), 173. – Zum Begriff des geistigen Eigentums unter dem Titel der Autorschaft, so wie er im Rahmen einer Produktionsästhetik des Zweckfreien und zugleich einer Produktionsökonomie des Nutzen entsteht vgl. Thomas Wegmann, *Tauschverhältnisse*, Würzburg 2002, 154ff.

individueller und gesamtwirtschaftlicher Produktion, die angemessen reguliert werden muss, ist er Polizeysache.²³ Unter diesem Aspekt folgt der postalisch tätige Staat, wie es noch im Preußischen Allgemeinen Landrecht heißt, dem Modell des Schifffahrtsunternehmers, der sich um die Effizienz seines Betriebs ebenso zu kümmern hat wie um die Prävention und versicherungstechnische Abwicklung von Schadensfällen.²⁴

Optimierbar ist das Postunternehmen indes nur, wenn der Kanal poliziert *und* sauber ist, was im Klartext heißt: »Briefe muessen gehoerig addressirt und versiegelt; abzuschickende Sachen gehoerig bezeichnet, verpackt und verwahrt seyn«, und: »Die Postbedienten muessen die ankommende und abgehende Correspondenz verschwiegen halten, und mit wem Jemand Briefe wechsele, keinem Andern offenbaren.«²⁵ Doch auch wenn das Briefgeheimnis von Rechts wegen gewahrt bleiben sollte, geben immer noch Mit- und Nachwelt potentielle Leser ab. Deshalb unterlaufen in der Epoche des Briefgeheimnisses nur Chiffrieren und – besser noch – Verbrennen dessen eigentümliches Wechselverhältnis mit »der Öffentlichkeit«.²⁶ Schließlich liefern Briefe eben jener Macht, der sie ihren Kommunikationskanal verdanken, *per se* eine umfassende und exakte Dokumentation über dessen Kommunikanten. Sie sind nach Zimmermann »Billete [...], wie sie dem Herzen entschlüpfen, so schnell geschrieben als die Feder läuft, und die der Verstand nicht wiegt.«²⁷

Spätestens seit Schnabels *Wunderlichen Fata*, die ihrerseits von einem postalischen Zufall ausgehen, zeigen Romane, wie Briefe das Inkommunikable *par excellence*, die Kontingenz, kommunikabel machen, um so »ein Schicksal, das wir nicht erforschen können«²⁸, wenigstens schriftlich zu fixieren. Gerade vermeintlich informelle Aufschreibesysteme²⁹ wie der neuzeitliche Brief sind alles andere als Hervorbringungen einer freischwebenden Menschlichkeit. Im Gegensatz zum Buch setzen sie Adressierbarkeit und damit eine rechtmäßig gebildete und

---

23 Vgl. hierzu Johann Heinrich Gottlob von Justi, »Von der wirthschaftlichen oder Finanzverwaltung des Postwesens«, in: Justi 1761/I, (573-614), 573.
24 »Der Staat hat die ausschließende Befugniß, Posten und Marktschiffe anzulegen«, zugleich aber die Verpflichtung, »diese Anstalten zum gemeinen Besten [zu] unterhalten«. Weiterhin gilt: »Postmeister und Postwaerter stehen gegen diejenigen, welche sich zur Fortschaffung ihrer Personen oder Sachen der Post bedienen, in eben dem Verhaeltnisse, als die Schiffer gegen Reisende und Befrachter. [...] Sie sind aber von der Vertretung frey, wenn ausgemittelt werden kan, daß der Schade oder Verlust durch bloßen Zufall oder ungewoenliche Begebenheit entstanden sey, welche vorherzusehen und zu verhueten den Postbedienten nicht moeglich gewesen.« (*Preußisches Allgemeines Landrecht*, Paderborn 1972, §§. 141f., 157, 187.)
25 Ebenda, §§. 170, 204.
26 Vgl. Cornelia Bohn, »Die Beredtsamkeit der Schrift und die Verschwiegenheit des Boten«, in: Jürgen Fohrmann und Harro Müller (Hgg.), *Systemtheorie der Literatur*, München 1996, (310-324), v. a. 322.
27 Johann Georg Zimmermann, *Ueber die Einsamkeit*, Leipzig 1784-85, Bd. II., 232.
28 Christian Fürchtegott Gellert, *Leben der schwedischen Gräfin von G***, Stuttgart 1985, 65.
29 Vgl. Friedrich A. Kittler, *Dichter – Mutter – Kind*, München 1991, 95.

ausgewiesene Personalität voraus, der ihrerseits erst stattgegeben zu werden hat.[30] Andererseits nutzt das Buch und insbesondere der Briefroman die universelle Adresse »Mensch«, um jedermann, der postalisch oder durch Bildung irgendwie erreichbar ist, um also jeden »Menschen« über den Weg seiner fortgesetzten Menschwerdung zu erreichen. Auch wenn Post- und Personenbeförderung organisatorisch künftig getrennte Wege gehen, expediert jede postalische Zustellung mit dem Brief immer auch »den Menschen«. Deshalb ist die postalische Erwartung im Briefroman ein universelles Thema: Sie ist die kommunikative Erwartungshaltung, zu der sich jeder Mensch gegenüber dem anderen Menschen berechtigt sieht.[31] Und deshalb wird zu Zeiten der Empfindsamkeit nicht nur im Roman, sondern auch realiter briefliche Kontaktnahme selbst dann favorisiert, wenn Menschen, die als solche immerzu empfindsame Autoren und Adressaten sein sollen, sich in nächster Nähe befinden.[32] Die Empfindsamkeit versagt sich die »direkte« und sichtbare körperliche Interaktion. Sie ist ein »menschliches« Kommunikationssystem, das mit individuierten Innerlichkeiten, einer kontingenzerprobten Ökonomie der Zeichen, mit intimen Übertragungen und zugleich mit den öffentlichkeitskonstitutiven Effekten dieser Übertragungen operiert.

Nach Goethes Bericht in *Dichtung und Wahrheit* herrschte in dieser Epoche »überhaupt eine so allgemeine Offenherzigkeit unter den Menschen, daß man mit keinem einzelnen sprechen, oder an ihn schreiben konnte, ohne es zugleich als an mehrere gerichtet zu betrachten. Man spähte sein eigenes Herz aus und das Herz der andern, und bei der Gleichgültigkeit der Regierungen gegen eine solche Mitteilung, bei der durchgreifenden Schnelligkeit der Taxisschen Posten, der Sicherheit des Siegels, dem leidlichen Porto griff dieser sittliche und literarische Verkehr bald weiter um sich.«[33] Was aus Perspektive des Autors neben dem allgemein Postalischen und Offenherzigen als Möglichkeitsbedingung solcher Kommunikation verschwiegen werden muss, sind die Prämissen des eigenen Schreibens und Menschwerdens. Damit »die Sprache des Herzens und der Vertraulichkeit, an statt der Sprache des Zwangs und der Schmeichelei, unter den Correspondenten unsers Vaterlandes einzuführen«[34] ist, muss – erstens – das

---

30 Friedrich der Große etwa bekannte sich freimütig zum begrenzten Analphabetismus als paradoxer Steuerungsstrategie der Exklusion, sei es doch »auf dem platten Lande genug, wenn sie ein bisgen lesen und schreiben lernen, wissen sie aber zu viel, so laufen sie in die Städte und wollen Secretairs und so was werden« (Kabinettsschreiben an den Minister v. Zedlitz vom 5. September 1779, in: *Friedrich der Große und die Philosophie. Texte und Dokumente*, Stuttgart 1986, 150).
31 Vgl. als zwei Beispiele unter vielen: Friedrich Heinrich Jacobi, *Eduard Allwills Papiere*, Stuttgart 1962, 20, 24, 36 und Johann Martin Miller, *Siegwart. Eine Klostergeschichte*, Stuttgart 1971, 764, 867, 888.
32 Vgl. ebenda, 899ff. und Lothar Müller, »Herzblut und Maskenspiel. Über die empfindsame Seele, den Briefroman und das Papier«, in: Gerd Jüttemann, Michael Sonntag und Christoph Wulf (Hgg.), *Die Seele. Ihre Geschichte im Abendland*, Weinheim 1991, (267-290), 282.
33 Johann Wolfgang von Goethe, *Aus meinem Leben. Dichtung und Wahrheit*, in: *Werke*, Hamburger Ausgabe, Bd. IX., München 1988, Teil III., 13. Buch, 558.

exklusive rhetorische und repräsentative Raster des barocken Briefstellers durch das inklusive Modell des »natürlichen« und »menschlichen« Stils abgelöst werden; zweitens kann diese vermeintlich voraussetzungslose und »wahre« Schreibart rhetorische und repräsentative Voraussetzungslosigkeit nur dadurch prätendieren, dass sie über das Thema des »Opfers« und der »Aufopferung« Verzicht auf das Rhetorische und Repräsentative, nämlich menschlichen Verzicht beglaubigt[35]; schlussendlich zeitigt diese Diskursproduktion nur dann ihre inklusiven Effekte, wenn sie Frauen systematisch von der Autorschaft ausschließt, sie unter dem Titel der »Natur« als »oikos der Briefschrift«[36] aber wieder integriert. (Dass etwa Wieland der widersinnige »Gedanke, Sie in eine Schriftstellerin zu verwandeln«, dennoch nicht zur Unmöglichkeit geriet, verdankt sich zuvorderst seinem erzieherischen Verfahren, den Text seiner ehemaligen Verlobten Sophie von La Roche gleichsam als dokumentarischen Anhang seines leutseligen Vorworts und seiner belehrenden 17 Fußnoten »herauszugeben«.[37])

Dem poetischen Verfahren imaginärer Repristination gemäß gilt die Frau als reine »Natur« und zugleich als Objekt unablässiger pädagogischer Beeinflussung. Nur weil sie auf jeden Fall Natur ist, kann sie, den paradoxen, weil zwanglosen Vorschriften des Brieftheoretikers zufolge, keinen Fehler machen, solange sie (in ihrer Bewusstlosigkeit) Fehler macht. Nach Maßgabe dieser diskursiven Anordnung wird mit der Frau die unmögliche Gleichung zwischen Kunst und Natur zur Wirklichkeit.[38] Diese Gleichung wiederum bedingt eine ganze Reihe weiterer Gleichsetzungen: Die Frau ist Natur, insofern mit ihr die Kunst zu sich selbst kommt; als Zustand reiner Natürlichkeit, so wie er sich in der brieflich korrespondierenden Frau manifestiert, gilt die zarte und lebhafte, mithin nicht weiter depravierte Empfindsamkeit[39]; Natur ist somit der ungezwungene, durch

34   Anonym (d. i. Johann Wilhelm Ludwig Gleim und Daniel Gottlob Lange), *Freundschaftliche Briefe*, Berlin 1746, Vorwort, o. S., in: Ebrecht 1990, (32-34), 33.
35   Vgl. dazu Manfred Schneider, *Liebe und Betrug. Die Sprachen des Verlangens*, München 1994, 31, wo Postsystem und »das Opfer« als »Bedingungen für die Stiftung einer neuen Sprache der Wahrheit« apostrophiert werden.
36   Siegert 1993, 35.
37   La Roche 1997, 10.
38   »Sie hat, als ein Frauenzimmer, das Recht, sich in ihrer Schreibart aller Freyheiten zu bedienen, und indem sie nicht besorgt seyn darf, keine Fehler zu vermeiden, so wird sie auch leicht keine begehen. Fehlet sie aber ja, so macht auch dieses eine Schönheit ihres Briefs aus, denn es ist ein sicherer Zeuge von dem natürlichen und lebhaften ihrer Gedanken.[…] Da die Gedanken allemal aus den Empfindungen entstehen, so ist kein Mittel vorhanden, einem die Kunst zu denken zu lehren. […] Nichts ist an der elenden Einrichtung unserer Briefe schuld, als ein falscher Begriff von der Kunst. Wir setzen dieselbe der Natur entgegen, und müssen also diese nothwendig beleidigen, wenn wir jene beobachten.« (Anonym (vermutlich Johann Christoph Rost), »Von den deutschen Briefen«, in: *Dreßdnische Nachrichten von Staats- und Gelehrten-Sachen. Auf das Jahr 1743*, XXI. Stück, o. S., in: Ebrecht 1990, (28-31), 30f.)
39   »Aus diesem Grunde kann man sich sagen, woher es kömmt, daß die Frauenzimmer oft natürlichere Briefe schreiben, als die Mannspersonen. Die Empfindungen der Frauenzimmer sind zarter und lebhafter, als die unsrigen. Sie werden von tausend kleinen Umständen gerührt, die bey uns keinen Eindruck machen. Sie werden nicht allein öfter, sondern auch leichter gerührt, als wir.« (Christian Fürchtegott Gellert, *Briefe, nebst einer Praktischen Abhandlung von dem guten Geschmacke in Briefen*, Leipzig 1751, in: Ebrecht 1990, (56-98), 83f.)

keinerlei Exempel verstellte, eigentlich künstlerische Ausdruck – sie bewirkt die Individualisierung des Kommunikanten, offenbart »eine gewisse Art zu denken und sich auszudrücken, die ihn von andern unterscheidet.«[40]

Ist nun den empfindsamen Kommunikationsprämissen gemäß zuallererst die Frau als *und* zur Natur zu bilden, geht der Briefroman von einem Widerspruch aus: Natur ist reine Unschuld, Erziehung aber Verbesserung der Natur und mithin Reinigung einer depravierten Natur. Seit Samuel Richardson löst der Briefroman diesen Widerspruch in der Figur der »verführten Unschuld« auf. Galt bis zur Frühneuzeit auch die wider Willen Verführte als schuldig, entschuldet sie die Empfindsamkeit mit Hinweis auf ihre Natürlichkeit[41], was aber voraussetzt, dass sich gerade im Zuge der Verführung ihre Empfindsamkeit ausgebildet hat. Die Empfindsamkeit findet die Natur in einer Umgebung korrupter Künstlichkeit vor (verkörpert durch die Figur des heimtückischen Höflings und Verführers). Überleben kann diese Natur im empfindsamen Ausdruck, weshalb Richardsons *Pamela* (1740) über weite Strecken monologisch angelegt ist. Die tagebuchartige, stets aber brieflich adressierte Selbstaussprache hat nur Sinn, wenn sie die Bildung der Natur zur Natur dokumentiert. Diese Bildung besteht im immerzu gesteigerten Verzicht auf die eigene gesellschaftliche Denaturierung, im »Self-denial«[42] als paradoxer Form der Individualisierung. Solch – im neuen Sinne – tugendhaftes »Verzicht-« oder »Selbstopfer«, wie es die empfindsame Epoche hindurch gebetsmühlenartig heißen wird, ist schon als solches »Virtue Rewarded«. Es ist exemplarisch und doch »Nature herself«. Dem empfindsamen Leser, und nur ihm, offenbaren sich deshalb »the Letters being written under the immediate Impression of every Circumstance which occasioned them«, denn »Nature may be traced in her undisguised Inclinations with much more propriety and Exactness, than can possibly be found in a Detail of Actions long past«.[43] Noch Mendelssohn rühmte mit Blick auf Richardson »die ächte Sprache der Leidenschaften, die in dem Herzen des Lesers ein sympathetisches Feuer anzündet, und nicht eher schwärmet, als bis die Einbildungskraft des Lesers vorbereitet ist, mit zu schwärmen«[44], und Georg Friedrich Meier sah mit dem Buch die besten Bedingungen für seine pädagogisch-poetologische Polizey geschaffen, die erst dann von erzieherischen Erfolgen sprechen will, wenn Verzicht und Rührung augenscheinlich zueinander gefunden haben: »Ein Verständiger giebet der Jugend die Pamela in die Hände, und merket auf alle Veränderungen der Gesichtszüge; er untersucht die Stellen, welche dem jungen Leser entweder lang-

---

40 Christian Fürchtegott Gellert, *Praktische Abhandlung von dem guten Geschmacke in Briefen*, in: *Gesammelte Schriften*, Bd. IV.: *Roman, Briefsteller*, Berlin/New York 1989, 135.
41 Vgl. Hans Rudolf Picard, *Die Illusion der Wirklichkeit im Briefroman des 18. Jahrhunderts*, Heidelberg 1971, 58f.
42 Samuel Richardson, *Pamela or, Virtue Rewarded [...]*, Oxford 1929, Bd. I., XVIII.
43 Ebenda, XVIII., III.
44 Moses Mendelssohn, »Rezension zu Jean-Jacques Rousseau, ›Julie, ou la nouvelle Héloïse‹«(1761), in: Steinecke/Wahrenburg 1999, (150-153), 152.

weilig gewesen, und daher von ihm überhüpfet worden sind, oder die ihn beweget und aus den Augen Thränen gelocket haben.«[45]

Pamela ist ein Roman und zugleich ein pädagogisches Kompendium mit zahlreichen Fußnoten und Querverweisen. Als Drucker und Verleger war Richardson von englischen Buchhändlern dazu gedrängt worden, einen Briefsteller für auf dem Lande lebende junge Damen zu verfassen. Nach *Pamela* erschien dann zwischen 1747 und 1751 seine *Clarissa*, in der er die Form des polyphonen Briefwechsels einübte, um die unterschiedlichen Schreibsituationen der empfindsamen Kommunikanten – den geistvollen, aber schuldigen Verführer und die geistlose, aber natürliche Unschuld – zu reflektieren.[46] »To renounce«, lautet Clarissas Maxime, »can give but a temporary concern, which time and discretion will alleviate. This is a sacrifice which a child owes to parents and friends«[47], so dass sie nach ihrer gewaltsamen Schändung durch Lovelace tatsächlich ihrer empfindsamen Verpflichtung nachkommt und allmählich aus Leben und Briefverkehr dahinschwindet. Die Korrespondenz der reuigen oder gerührten Hinterbliebenen hat letztlich keine andere Funktion, als den pädagogisch exemplarischen Wert dieses Opfergangs vielstimmig bezeugen zu lassen.

2. Die Opfer der Empfindsamkeit

Die empfindsame Kommunikation kann, obwohl sie mit der Figur des Natürlichen unablässig über das Bewusstlose reflektiert, ihrer selbst unmöglich bewusst werden. Eine solcherart »unbewusste« Schreibart ist in Leibniz' Vermögensbegriff, in seiner Monadologie und Theorie der möglichen Welten fundiert. Leibniz hatte mit seinen »dunklen Vorstellungen« die geistige Tätigkeit unterhalb der Bewusstseinsschwelle an ein monadologisches Vermögen gebunden. Die Seele ist somit als spezifisch tätige Kraft bestimmt. »Kraft« geht dabei weit über den Status des Potentiellen hinaus, sie wirkt nicht auf Vorgängiges ein, sondern entspricht einer eigentümlichen Virtualität, die unter dem Vorzeichen des Fiktionalen Leibniz' mögliche Welten konstituiert.[48] Obschon die Empfindsamkeit Leibniz' Doktrin von der prästabilierten Harmonie nicht mehr folgte, sondern diese Harmonie als Aufgabe einer wiederholten imaginären Restitution verstand, übernahm sie doch seine Gleichsetzung von Reflexion und Darstellung: Das Subjekt (bei Leibniz die fensterlose Monade) reflektiert und begreift sich dabei

---

45 Georg Friedrich Meier, »Ob es erlaubt sey, die so genannten Romainen oder erdichteten Geschichte zu lesen?« (1750), in: Steinecke/Wahrenburg 1999, (127-132), 131.
46 Und dies, wie das Vorwort ankündigt, »in a double yet separate correspondence; Between two young Ladies of virtue and honour [...] And Between two Gentlemen of free lives; one of them glorying in his talents for Stratagem and Invention, and communicating to the other, in confidence, all the secret purposes of an intriguing head and resolute heart.« (Samuel Richardson, *Clarissa or, The History of a Youg Lady. Comprehending the most Important Concerns of Private Life*, Oxford 1930, Bd. I, Preface, XII.)
47 Ebenda, Bd. II., 15. Brief, 100.
48 Vgl. hierzu Deleuze, 1995, 195, 183ff. und Martin Heidegger, »Aus der letzten Marburger Vorlesung« (1928), in: *Wegmarken*, Frankfurt am Main 1996, (79-101), 80.

zugleich als Spiegel, Spiegelbild und Betrachter des Spiegels. Diese »Weltdarstellungskraft von Wahrnehmungsapparaten, die er ›individuelle Substanzen‹ nannte«[49] wurde nicht zuletzt deswegen von der empfindsamen Ästhetik reklamiert, weil »im Sinne der Leibniz'schen Monadenlehre auch Empfindungen als Aeusserungen der selbstthätigen Vorstellungskraft aufgefasst werden konnten«.[50] Baumgarten, der das Gemütsvermögen als »vis animae repraesentativam universi« definierte, gründete schließlich seine *Aesthetica* auf dem Satz, dass »wir weit mehrere Vermögen der Seelen besitzen, die zur Erkenntnis dienen, als die man bloß zum Verstande oder der Vernunft rechnen könne.«[51] Die empfindsame Dichtung suchte diese sinnliche Erkenntnistätigkeit in einer fiktiven Kommunikation von Seelen anzustoßen, die ihrer Körper verlustig gegangen und doch immer begehrlich sein sollen, und zugleich schuf sie Szenographien einer monadologischen Isolierung des Subjekts, das seiner imaginären Befriedigung halber immerfort der brieflichen Rede des Anderen harren muss. In diesem Sinne ließe sich resümieren: »Seit Leibniz gibt es keine Vorstellung ohne Zustellung.«[52]

Die wichtigste antike Definition des Briefes beschrieb diesen als Gespräch zwischen getrennten Partnern, das durch die Illusion beider Anwesenheit aufrecht erhalten wird. Bis zum 18. Jahrhundert beriefen sich die Briefsteller jedoch zumeist auf die schriftliche, also stumme Rede, ehe man (seit Gottsched und Gellert) den Briefkontakt wieder als Gespräch und »Dialog zwischen Abwesenden« erklärte.[53] Gerade die gemeinsame Beförderung von Personen und Briefen und die genaue Kalkulation der jeweils anfallenden Gebühren (nach Briefgewicht, nach Beförderungsweg) garantierten die Substituierbarkeit von Subjekt und Zeichen, von Natur und Schrift. Darauf wiederum fußt die phantasmatische Konvertibilität der Vermögen: Kann die Einbildung den Absenten in der Schreib- und Lesesituation als anwesend erscheinen lassen, kommt es zu einer Verkettung pekuniärer und psychischer Re-Präsentationsvermögen. Diese Wiedererstattung steht allerdings unter dem Verdikt, nur insgeheim vollzogen werden zu können. »Literarisierung als ›Einbildung‹ vormalig singulärer Außenreferenzen in den Brief fällt zusammen mit Intimität und Geheimhaltung des Briefs.«[54] Die – gesetzlich garantierte – Geheimhaltung ist es, die jedem – privaten, geschäftlichen und auch amtlichen – Brief unterstellt, Unsägliches und Exklusives zu enthalten. Deshalb kommuniziert die Empfindsamkeit in erster Linie Inkommunikables, nämlich »unsagbares« Sinnerleben, Anwesenheit in der Abwesenheit,

---

49   Campe 1990, 97. – Vgl. zudem zur Reflexion als Darstellung Willen van Reijen, »Darstellungen und Reflexionen. Leibniz – Kant – Lyotard«, in: Nibbrig 1994, (139-151), 143.
50   Robert Sommer, *Grundzüge einer Geschichte der deutschen Psychologie und Ästhetik von Wolff/Baumgarten bis Kant/Schiller*, Würzburg 1892, 14.
51   Alexander Gottlieb Baumgarten, *Metaphysica*, §. 631 und ders., »Philosophischer Briefe zweites Schreiben«, in: ders., *Texte zur Grundlegung der Ästhetik,* Hamburg 1983, (67-72), 69.
52   Siegert 1993, 10.
53   Johann Karl Wezel, »Vorrede zu ›Hermann und Ulrike‹«, in Steinecke/Wahrenburg, 1999, (202-207), 206f. Vgl. zudem, ausgehend von Artemon im Vorwort zu Aristoteles' Briefen: Wilhelm Voßkamp, »Dialogische Vergegenwärtigung beim Schreiben und Lesen. Zur Poetik des Briefromans im 18. Jahrhundert«, in: *DVjS*, 45 (1971), (80-116), 82-84.

belebt Lebloses oder vergeistigte Natur. Dies wiederum macht unter der epochenspezifischen Voraussetzung, »daß poetische Worte die Liquidation sinnlicher Medien sind«[55], den Diskurs der Dichtung zum eigentlichen Medium menschlicher Kommunikation. Abhängig von Druckerpresse und postalischer Zustellung, aber unbeirrbar von überkommenen ontologischen oder moralischen Bestimmungen als »Simulation« oder »Täuschung«, ist gerade in der Empfindsamkeit »Erzählen, vorab im Roman, psychotechnisches Medium geworden«.[56]

Solche Psychotechnik gebiert »eine Seele, die lauter Liebe und Verläugnung ist«.[57] Insofern folgt sie der pietistischen Maxime, »daß man *die weltlichen Lüste verleugnen solle*«[58], nur dass hier eben im Kontext der Lesepraxis, und nicht in dem der Religion und Repräsentationskritik, der Befehl ergeht: »Wir müssen uns gewöhnen, unsern Körper als ein Instrument zu betrachten, das der Geist bloß zur Ausführung seiner Zwecke braucht«.[59] Mortifikation wird zur Beseelung, indem sie metonymische Allianzen zwischen dem und den Getrennten schafft, diese semiotische Technik aber – metaphorisch – als zweite Natur poetisch abbildet und als Seelenberührung den monadenhaften Innerlichkeiten einbildet. Es liegt in der Poetik einer derartigen Ersetzung begründet, dass sie viel von Ursprüngen, nichts aber vom Weg zu diesen zu sagen hat. »Schön« ist nur das imaginäre Szenario selbst, keineswegs aber das Wissen um die symbolische Vermittlung und reale Verzichtleistung, das, wenn überhaupt theoretisch expliziert, dann vornehmlich zu idealistischen Metaphysiken des Schönen umgeschrieben wird.[60] Die Briefkultur gibt insofern metaphysische Fragen auf, als jede ihrer Zustellungen der »Abdruck dessen ist, was in unsrer Seele vorgeht«, in der Seele

---

54 Siegert 1993, 43. – So gesehen besteht, wie in Jacobis *Woldemar*, auch eine potenzierte Form der Substitution und Intimität darin, im stillen Einverständnis die Position eines Abwesenden in dessen Korrespondenz zu übernehmen: »Wenn er verreist war, erbrach sie alle Briefe, ohne Ausnahme, die an ihn kamen, und beantwortete viele davon, auch die von dem vertrautesten Inhalt, an ihres Freundes Statt.« (Friedrich Heinrich Jacobi, *Woldemar. Eine Seltenheit aus der Naturgeschichte*, Stuttgart 1969, 59.)
55 Friedrich Kittler, *Aufschreibesysteme 1800/1900*, München 1987, 121.
56 Campe in Neumann 1997, 221. – Vgl. zudem zum Körperverlust in neuzeitlicher literarischer Kommunikation: Hans Ulrich Gumbrecht, »Beginn von ›Literatur‹ / Abschied vom Körper?«, in: Gisela Smolka-Koerdt u. a. (Hgg.), *Der Ursprung von Literatur*, München 1988, (15-50), v. a. 21 und 32.
57 Jacobi 1971, 44f.
58 August Hermann Francke, »Vom weltüblichen Tanzen« (1697), in: *Werke in Auswahl*, Berlin 1969, (383-391), 386.
59 Johann Adam Bergk, *Die Kunst, Bücher zu lesen. Nebst Bemerkungen über Schriften und Schriftsteller*, Jena 1799 Reprint o. O. [Berlin/Ost] 1971, Vorrede, VI.
60 »Die Lust verschwindet, wenn wir unsre Empfindung allzu sorgfältig aufzuklären versuchen. […]Hüte dich anstatt feuriger Augen, die Beschaffenheit der Säfte im Auge, und anstatt reitzender Minen, eine leichte Bewegung der Gesichtsmuskeln zu gedenken.« (Moses Mendelssohn, »Ueber die Empfindungen«, in: *Gesammelte Schriften*, Bd. I., Stuttgart/Bad Canstatt 1971, (41-125), 46.)

oder Seelenschrift aber nichts als reine Gegenwärtigkeit erscheint.[61] Steht ihr Versagung voran, so ermächtigt sie doch gerade im Substitutionsakt zur Ein- und Ausbildung des Schönen, um schließlich im ästhetischen Genuss zu münden: »Was das Absterben der Freunde Trauriges mit sich bringt, dem suchen wir zuvor zu kommen, indem wir einander, so viel möglich, ist, genießen: und die Entfernung machen wir durch die Freude der freundschaftlichen Reisen und Briefe ganz erträglich.«[62] Dieses Genießen, das auf Ersetzung beruht, vermag das Ersetzte nicht mehr als solches zu artikulieren, sondern nur mehr als Ursprung zu beschwören. Unter dem Titel des »Unsagbaren« wird es umkreist, um es letztlich der vermeintlich reinen Empfindung zu übereignen. »Es giebt keine Sprache für gewisse Dinge, aber wer sie fühlen kann, versteht sie ungesagt«, und somit schreibt man seinen Korrespondenten als »einen aufrichtigen und ungefärbten Sentimentalisten an, weil Sie ihre Gefühle mit Worten auszureden sich unvermögend bekennen«.[63]

Kommuniziert wird mithin nicht mehr über den Gegenstand, sondern über die Empfindung. Solche »Poesie arbeitet hauptsächlich durch eine Ersetzung«, wie Edmund Burke mit Blick auf das Ende der abbildlichen Repräsentation feststellt, »ihre Sache ist es, eher durch Sympathie als durch Nachahmung zu affizieren, eher die Wirkung der Dinge auf das Gemüt des Redenden oder das Gemüt Dritter darzustellen, als eine klare Idee der Dinge selbst zu bieten.«[64] Die vollendete Repristination der mortifizierten Natur vorausgesetzt, kann Adam Smith sagen: »Unsre Sympathie erstreckt sich sogar auf die Todten«[65], ist »die Natur« doch zum ersten und letzten Phantasma semiotischer Prozesse geworden, die einen Raum der Innerlichkeit aufspannen und das Äußere nur mehr durch die Fuge des Imaginären eindringen lassen: »Wir leben in Mauren, und empfinden nur in der Einbildung, was ausser ihnen ist«[66], lautet die Subjekttheorie des empfindsamen Lesers auf ihren kleinsten Nenner gebracht. Der erste Lehrsatz der bergk-

---

61 Adolph Freiherr von Knigge, *Ueber den Umgang mit Menschen*, Hannover 1788, Kap. X., in: Ebrecht 1990, (164f.), 165. Vgl. zudem Gottsched: »Wie geht es immermehr zu, oder wie ist es möglich, daß wir Menschen vergangene, verhandene, künftige, abwesende, gegenwärtige, mögliche und unmögliche Dinge in einem so untheilbaren Puncte als unsre Seele ist, abschildern, gegeneinander halten, verknüpfen, und absondern können!« (Johann Christoph Gottsched, *Die Vernünftigen Tadlerinnen*, Erster Jahr=Theil/1725, XLV. Stück, 7. November 1725, in: ebenda, (5-12), 6f.)
62 Vermutl. Meier/Lange, in: ebenda, 37. Zur imaginären Verschönerung des Substituierten vgl. Joseph Addison, »The Pleasures of the Imagination«, in: *Works*, Bd. III., London 1872, (393-430), 418f.
63 Adolf Freiherr von Knigge, *Der Roman meines Lebens. In Briefen herausgegeben*, Teil I.-II., 20, in: *Sämtliche Werke*, Bd. I., Abt. 1: *Romane*, Nendeln/Liechtenstein 1978 (EA: Riga 1781), 20. Brief, 236, und Johann Carl August Musäus, *Physiognomische Reisen, voran ein physiognomisches Tagebuch*, 4 Hefte (2. Bde.), Altenburg 1778/79, in: Wolfgang Doktor und Gerhard Sauder (Hgg.), *Empfindsamkeit*, Stuttgart 1976, (147-151), 151.
64 Edmund Burke, *Philosophische Untersuchung über den Ursprung unserer Ideen vom Erhabenen und Schönen*, Hamburg 1989, 216f.
65 Adam Smith, *Theorie der moralischen Empfindungen*, Braunschweig 1770, 13.
66 Anonym, »Frauenzimmer-Bibliothek«, in: *Iris. Vierteljahresschrift für Frauenzimmer*, Bd. I. (1774), 3. Stück, (53-77), 72.

schen Pädagogik des Lesers konstatiert entsprechend: »Durch die Versinnlichung des Abwesenden und Vergangenen übt und vervollkommt er die Phantasie.«[67] Schließlich ist die Empfindung oder die Disposition zu ihr, die Empfindsamkeit, noch vor der Einbildungskraft die Grundlage aller menschlichen Welterschließung. Sie ist, wie es bei Tetens heißt, »ein positives, reelles und absolutes Vermögen, und dieß Vermögen ist ein wirksames Vermögen. Es ist nicht blos Receptivität; es ist schon selbstthätig und mitwirkend«.[68] Es ist gewissermaßen das Grundkapital des beschriebenen Kommunikationsverbundes, speist sich doch aus der Empfindung alle Einbildungskraft und aus dieser, als höchstes Vermögen, alle Dichtungskraft.[69]

Als Schule der Vermögensbildung tritt die Dichtung der Epoche thematisch immer wieder, mit ihren Darstellungsmitteln zumindest ausnahmsweise über die Grenzen einer »guten« Ordnung. In Werthers Fall etwa ist Entfernung und Annäherung nicht nur ein Problem erzählerischer Objektivierung, sondern in die Schreibsituation selbst eingegangen: Annäherung kommt Nicht-Schreiben gleich, Schreiben aber dem immerwährenden Versuch, Präsenz nicht nur auf dem Schriftwege herzustellen, sondern die Schrift selbst des unvermittelten Genusses halber hinter sich zu lassen. Anstatt sich in den bürgerlichen Hort der leisen Lektüre, der selbsttätigen Bildung und glücklichen Menschwerdung zu flüchten, hängt Werther der – zu seiner Zeit paradoxen – Maxime an: »ich will das Gegenwärtige genießen«.[70] Dies heißt nichts anderes, als dass der Text und das Schreiben, wie Werther schriftlich zu betonen nicht müde wird, abgebrochen werden soll oder, im Klartext: dass er den Bildungsimperativ und damit die Zuflucht ins Paradies der Polizierten verschmäht, dass er sich selbst aus der inklusiven, postalischen und psychischen Ökonomie von Zustellung, Versagung und imaginärer Wiedererstattung, dass er sich also aus der Menschwerdung begibt – und dies einer Fülle zuliebe, die nicht einmal imaginär zu re-präsentieren wäre.

Bildung und kommunikative Polizierung sind jedoch notwendigerweise auf den Wechselprozess von Versagung und Erfüllung angewiesen. Bezeichnet die Metapher Geld nichts anderes als den gegenwärtigen Mangel, der als solcher schon die Wiedererstattung des mortifizierten Gutes verspricht und damit Werte überträgt, übertragen die sprachlichen Zeichen nichts anderes als die Botschaft, dass eine Versagung stattgehabt hat, damit eine Erfüllung ermöglicht worden sein wird. Den »Subjekten, die sich in dem Doppelprozeß einer äußeren und inneren

---

67 Berk 1971, 124. Zur »Imagination« als Gedächtnis oder Speicher der Empfindung vgl. Johann Ehrenreich Maaß, *Briefe über die Einbildungskraft*, Zürich 1794, 15. Brief, 186.
68 Johann Nikolaus Tetens, *Philosophische Versuche über die menschliche Natur und ihre Entwicklung*, Bd. I., Hildesheim/New York 1979, 157.
69 Vgl. ebenda, 159f. sowie Sulzer 1786, 459f., wo die Dichtungskraft auf Basis der Empfindung als bevorzugtes Erkenntnisinstrument für das Kontingente fungiert, für das, »was geschehen könnte.«
70 Ebenda, 7 sowie 14: »wer da sieht wie artig jeder Bürger, dem es wohl ist, sein Gärtchen zum Paradies zuzustutzen weiß [...] – ja, der ist still und bildet auch seine Welt aus sich selbst und ist auch glücklich, weil er ein Mensch ist.«

Abschließung bilden, muß ein Ungenügen eingepflanzt werden, das sie exzentriert und aus sich heraustreibt.«[71] Diese »Ökonomie«, wie man mit gutem Recht sagen könnte, reicht vom Seelischen und Körperlichen über den Bereich der Sprache und Schrift bis hin zum postalischen Medium. Sie schlägt eine Brücke zwischen Vermögenswert und Gemütsvermögen. Letzter Begriff war deshalb besonders in der Pionierzeit ästhetischer Theoriebildung so konstitutiv wie paradox. Schließlich beruht das Schöne, wie Ernst Cassirer zu Mendelssohn feststellt, »nicht sowohl auf einem Vermögen, als auf einem Unvermögen der menschlichen Seele«[72] – nur die Defizienz der Gemütskräfte löst jenen Prozess aus, der die zweite Natur des Schönen entstehen lässt. Gerade der sprachlich und poetisch schöne Ausdruck der Empfindungen hat das Unsagbare zur Bedingung, gerade die Tatsache, dass das Körperliche aller Bezeichnung entgleitet, setzt einen Prozess in Gang, der Körperliches und Seelisches reflektiert und dabei ein ganzes Spektrum körpersprachlicher Bezüge entwickelt, den Körper also mehr denn je zum Sprechen bringt. Die Schrift wiederum arbeitet nicht als (chrono)logisch nachgeordnete Stellvertretung eines Ursprungs oder Entäußerung einer Innerlichkeit, vielmehr wird sie als beider Supplement wirksam, vielmehr konstituiert sie Ursprung und Subjekt erst nachträglich, um sie im selben Zuge zu dislozieren.[73] So gesehen fördert angesichts der »unaussprechlichen« Empfindungen nicht sowohl das Sprechen als gerade die Schrift ein Ungenügen zutage, welches den einzig möglichen Beweis dafür anzutreten hat, dass die »unschreibbaren« Empfindungen überhaupt bestehen.[74]

Kontrapunktisch zur nachträglichen Konstitution eines natürlichen Ursprungs ist das Schreiben in einem unbeendbaren Prozess der Vorgängigkeit befangen, wenn es darum geht, die gewaltsame Rückkehr zur Natur, den Tod, schriftlich einzuholen. Es wird zum Protokoll eines allmählichen Dahinschwindens, das nach dem Vorbild von Richardsons *Clarissa* die sukzessiv entkörperte Frau betrifft, oder aber eines lange erwarteten, dann aber unvermittelten Abbruchs, wie er im Falle Werthers den männlichen Selbstmörder erreicht. Für den Schreibprozess in Briefen, so lange er auch aufgeschoben worden sein mag, gibt es auf jeden Fall »keinen Sinn für das Wort: der letzte!«[75] Schließlich enthält der Brief keine andere Botschaft, als die, dass ein Verlust stattgefunden hat, der durch seine Mitteilung, d. h. durch Teilhabe des Senders und Adressaten am gemeinsamen Ungenügen, kompensiert worden sein wird. Der Brief, »der leer (codiert) und zugleich expressiv ist (von dem Bedürfnis getragen, das Verlangen mitzutei-

---

71 Albrecht Koschorke, *Körperströme und Schiftverkehr. Mediologie des 18. Jahrhunderts*, München 1999, 86.
72 Ernst Cassirer, *Die Philosophie der Aufklärung*, Tübingen 1932, 474.
73 Zum Begriff des Supplements und zum Freudschen Terminus der Nachträglichkeit mit Blick auf die Theorie der Schrift vgl. allgemein Jacques Derrida, *Grammatologie*, Frankfurt am Main 1983, 119 und Jacques Derrida, *Die Schrift und die Differenz*, Frankfurt am Main 1994, v. a. 302-350.
74 Vgl. hierzu etwa La Roche 1997, 235.
75 Goethe 1988/VI., 116.

len)«[76], beglaubigt zugleich »sozialen« Mangel und Überschuss: Er teilt mit, dass sich nur ein Vereinzelter mitzuteilen vermag, dass aber keine andere als diese Mitteilung dazu imstande ist, Vereinigung entstehen zu lassen, besteht doch dieses Vermögen zur Gesellschaftsbildung in nichts anderem als im Mitteilungsvermögen. »Liebe«, schreibt Zimmermann, »Liebe fühlt man nicht nur nirgends so stark, sondern nirgends drückt man sie auch so gut aus, wie in der Einsamkeit.«[77]

Besonders in der Figur des Genies scheinen die Seelenvermögen im höchsten Grade ausgebildet. Im Genie und in den von ihm geschaffenen »Originalwerken« soll die Natur selbst tätig geworden sein, so dass in diesem Idealfall »das Buch der Natur und das Buch des Menschen« ineinander enthalten sind.[78] Dass die Gemütsvermögen und der menschliche Weltbezug als Musterbeispiele einer *natura naturans* apostrophiert werden, verdankt sich in erster Linie derlei poetologischen Überlegungen. »Darstellung« ist eben seit der Epoche Klopstocks und Lessings nicht mehr die repräsentativ codierte Bezeichnung einer gegebenen Gegenständlichkeit und erst recht nicht der rein mentale Kognitionsakt in Absetzung vom Bereich des Körpers und der *res extensa*.[79] Sie ist vielmehr semiotischer *und* körperlicher Prozess, ein konstruktives Spiel gegenseitiger Ersetzungen, das weder als Kognition noch als Verkennung zu bestimmen wäre und das sich nicht dies- oder jenseits einer Grenze zwischen Äußerem und Inneren ansiedelt, sondern umgekehrt diese allererst erscheinen lässt. Es wird nicht mehr die Natur nachgeahmt, sondern der Darstellungsprozess, in den die Gemüter von Natur aus verwickelt werden, auf erklärtermaßen natürliche Weise ästhetisch wiederholt.[80]

---

76 Roland Barthes, *Fragmente einer Sprache der Liebe*, Frankfurt am Main 1988, 65.
77 Zimmermann 1784/85, I. 164. Vgl. zudem Wezels Wilhelmine Arendt und Webson: »Zum Trost für Beide hatte der Himmel das Briefschreiben erfinden lassen: ihre Umstände gaben ihnen reichlich Anlaß dazu: denn der Eine mußte sich alle Tage entschuldigen, daß er nicht kommen konnte, und die andre mußte bitten, daß er sie heute mit dem Besuche verschonen möchte; und ob sich gleich beides mit drey oder vier Zeilen verrichten ließ, so wurden doch die Briefe allemal so außerordentlich lang, daß jeder unter dem Incognito der Freundschaft alles Süße und Empfindsame enthielt, was sich zwey trunkene Verliebte sagen können.« (Johann Carl Wezel, *Wilhelmine Arend, oder die Gefahren der Empfindsamkeit*, Karlsruhe 1783, Bd. II, 5. Theil, 32f.)
78 Edward Young, *Gedanken über die Original-Werke*, Heidelberg 1977, 69.
79 Vgl. zur Karriere des deutschen Darstellungsbegriffs nach dem Ende des »klassischen Zeitalters«: Winfried Menninghaus, »›Darstellung‹. Friedrich Gottlieb Klopstocks Eröffnung eines neuen Paradigmas«, in: Nibbrig 1994, 205-226.
80 Vgl. hierzu etwa Sulzer 1786/II., 409, Art. »Natur«: Um »vermittelst lebhafter Vorstellung gewisser mit ästhetischer Kraft versehener Gegenstände, auf eine vortheilhafte Weise auf die Gemüther der Menschen zu wirken«, ist dem Künstler »eine genaue und ausgebreitete Kenntniß der in der körperlichen und sittlichen Natur vorhandenen Dinge, und der in ihnen liegenden Kräfte höchst nothwendig.« Vgl. zudem, populärphilosophisch gewendet: »Weil uns nun die Empfindungskraft natürlich ist, so muß die Art, Empfindungen zu erregen, auch nach den Regeln der Natur eingerichtet seyn. Also muß ein Dichter natürlich schreiben, und die Natur nachahmen« (Samuel Gotthold Lange und Georg Friedrich Meier (Hgg.), *Der Mensch. Eine Moralische Wochenschrift*, Hildesheim [u.a.] 1992, Theil I, 31. Stück, (273-279), 278).

Nur so lässt sich von einer äußeren *und* inneren Natur sprechen[81], auf der die Anthropologie und Psychologie als empirische und experimentelle Wissenschaften, als »Naturwissenschaften« aufbauen werden.

Deren »Aufschreibesysteme« finden sich gerade im »dialogierenden« Briefroman präformiert, ist dieser doch Darstellung eines erst in der Darstellung Entstehenden und kommuniziert dieser doch weniger das Gesagte als den Prozess des Sagens, so wie er zwischen »Äußerem« und »Innerem« oszilliert. »Der logische Satz, oder der bloße allgemeine Sinn, aus den Worten herausgezogen, ist immer das Wenigste; die ganze Bildung des Ausdrucks, die uns genau die bestimmte Fassung der Seele bey dem Gedanken zu erkennen giebt, ist alles«, heißt es in Engels Traktat *Über Handlung, Gespräch und Erzählung* (1774). Wenn nur »das was gesagt, und das was verschwiegen wird, die Verbindungen, die gemacht, und die nicht gemacht werden, das plötzliche Abbrechen eines Gedankens«[82] den Seelenkontakt und damit auch den Werde- und Bildungsgang der Kommunikanten erschließen, ist im Vergleich zu traditionell erzählenden Texten »mehr Handlung in dialogirenden Werken. Denn worauf kommt es sonst bey der Handlung an, als zuerst auf eine vollständige Kenntniß von jedem Zustande der Seele? und dann auf den nähern und innigern Zusammenhang ihrer Verbindungen?«[83]

In Rousseaus *Nouvelle Heloïse* zeigt der Opfergang, die Läuterung der inneren Natur, auch seinen ökonomischen Sinn. Saint-Preux erklärt Julie im Klartext, dass er »ausschweifende Wünsche wage«, diese aber imaginär, »nur noch in Ihrer Abwesenheit« und »an Ihr Bild« gerichtet befriedige, um nach der einmaligen körperlichen Verausgabung nicht mehr den Bestand ihrer Liebe zu gefährden. Diese Haushaltung mit dem Begehren, diese Entsagung macht, wie Frau Orbe in Form einer Haushaltsprüfung bestätigen wird, eine gewisse Autarkie der empfindsamen Liebe möglich: »Eure Liebe hat, ich gestehe es, die Prüfung des Besitzes, der Zeit, der Trennung und der Leiden aller Art überstanden; sie hat alle Hindernisse überwunden, außer dem mächtigsten unter allen, welches darin besteht, daß sie keine mehr zu überwinden hat und sich einzig und allein aus sich selbst nährt.«[84] Freilich kann gerade diese Ausbildung einer empfindsamen Autarkie ihrerseits gewisse Pathologien zeitigen, die dann als fehlkalkulierte oder auch unkalkulierbare Vermögensleistungen – insbesondere der Einbildungskraft – beschrieben werden. »Wenn die Empfindung bei der Abwesenheit des Gegenstandes ebenso stark wäre wie bei seiner Anwesenheit«, diagnostiziert Diderot,

---

81 »Wir kommen zum Grundsatze der poetischen Nachahmung zurück. Wenn in dieser das Abbild mehr als das Urbild enthält, ja sogar das Widerspiel gewährt – z. B. ein gedichtetes Leiden Lust -: so entsteht dies, weil eine doppelte Natur zugleich nachgeahmt wird, die äußere und die innere, beide ihre Wechselspiegel.« (Jean Paul, *Vorschule der Ästhetik*, in: *Sämtliche Werke*, 10 Bde., Frankfurt am Main 1996, I. Abt., Bd. V., 43.)

82 Johann Jakob Engel, *Über Handlung, Gespräch und Erzählung*, Stuttgart 1964, 233f.

83 Ebenda, 246.

84 Jean-Jacques Rousseau, *Julie oder die Neue Heloise. Briefe zweier Liebenden aus einer kleinen Stadt am Fuße der Alpen*, München 1978, I. 10, 53, I., 32, 101, III. 7, 332f.

»so würde man unaufhörlich sehen, fühlen, empfinden: man wäre dann verrückt.«[85] Werthers von ihm selbst für pathogen erklärte imaginäre Fixierung auf Lotte[86] und mehr noch Wilhelmine Arendts Werdegang sind Gegenstand dichterischer Fallstudien zu den »Gefahren der Empfindsamkeit«, wie Wezels Werk untertitelt ist. Nach Eskalation ihrer Gemütskrankheit hat Wilhelmine »keinen einzigen Gegenstand, worauf sich ihre abwechselnden Empfindungen heften konnten, als sich selbst und ihre Einbildungen [...]: sonst gaben [ihr] zuweilen die kleinen Begebenheiten des häuslichen Lebens eine andere Richtung und zertheilten ihre trüben Vorstellungen; doch izt waren diese allein Gesezgeber und Herrscher.«[87] Sie radikalisiert zu guter Letzt die empfindsame Ökonomie, zieht sich zurück in ein vollends anachoretisches Dasein, richtet einen Friedhof mit Statthaltern für absente Freunde ein, gräbt ihr eigenes Grab und führt in empfindsamen Briefen, die zwar adressiert, aber nicht mehr abgeschickt werden, genau Protokoll über ihr Dahinschwinden. Verlangen geht, wie sie notiert, mit Vereinsamung einher, Liebe mit Entsagung. Einerseits kommt ihr – geistiger wie körperlicher – Tod der Ausgliederung aus der schriftlichen Kommunikation gleich, andererseits aber ist es die Radikalisierung der Mortifikation, die sie nach der Diagnose des »Herausgebers« und Anthropologen Wezel »in Bildern, Gedanken und Ausdruck immer mehr zur Dichterin« werden lässt.[88]

Es waren nicht umsonst dichterische, im Sinne Engels »dialogierende« Texte, die die Analyse der empfindsamen, d. h. allgemein »menschlichen« Vermögenskrankheiten überhaupt erst auf den Plan riefen. Der Pathologisierung der Dichtung und ihrer Kommunikanten wurde schon dadurch der Weg geebnet, dass beide als reine, wenn auch kontingente Natur beschrieben wurden und die Wissenschaften vom Menschen dem Anspruch nach als »Naturwissenschaften« antraten. »Da sind Briefe«, heißt es eingangs von Leonhard Meisters *Sammlung romantischer Briefe* (1768), die man auch als Vorlage für Goethes *Werther* apostrophiert hat. »Die Paradoxen sind nicht von mir, sie sind von Wulmoth, Fryman, Ormon, so wie die Ungeheuer, die Erdbeben, die Überschwemmungen, die Pesten nicht von dem, der dieselben beschreibet, sondern vom Lauf der Natur selbst herkommen.«[89] Die immer wieder beklagten »Opfer der Empfindsamkeit« unterliegen so gesehen einem naturkatastrophischen Verhängnis, das durch die »Humanwissenschaften« erfasst und nach Möglichkeit berechenbar gemacht werden soll.

---

85 Denis Diderot, *Elemente der Physiologie (1770)*, in: *Philosophische Schriften*, Berlin 1961, Bd. I, (591-771), 684.
86 Vgl. Goethe 1988/VI., 55.
87 Wezel 1783, 301.
88 Ebenda, 303. Vgl zudem aus ihren Briefen: »Mein Verlangen nach der Gesellschaft der Menschen wächst beinahe mit jedem Federzuge«, »Ich muß meinem Manne entsagen, weil ich ihn liebe« und: »Mein Körper zerstäubt, der Geist verfliegt, und ich bin ausgetilgt aus der Schöpfung, wie ein verloschener Buchstabe in einer Schrift, ausgetilt bis auf den Namen.« (ebenda, 319, 310, 315).
89 Zit. nach Wolfgang Doktor, *Die Kritik der Empfindsamkeit*, Bern/Frankfurt a. M. 1975, 273.

Die »menschwissenschaftliche« Intervention ist indes weniger von streng naturwissenschaftlichen als ökonomischen Maßgaben geprägt. Wie sich besonders in der deutschen Empfindsamkeit zeigt, sind Mangel und Fülle die Kehrseiten einer Ökonomie der Vermögensbildung, die sowohl Gemüts- als auch Kapitalvermögen umfasst. Die ökonomischen Funktionsbedingungen empfindsamer Kommunikation können dabei allerdings nicht expliziert werden. Wie etwa in Schillers frühen ästhetischen Schriften verschwinden sie hinter einer prätendierten »Aufopferung« und Selbstlosigkeit, in deren Folge sich das Selbst überhaupt erst zu bilden hat. Die Liebe hat somit »Wirkungen hervorgebracht, die ihrer Natur zu widersprechen scheinen. Es ist denkbar, daß ich meine eigne Glükseligkeit durch ein Opfer vermehre, das ich fremder Glükseligkeit bringe [...]. Zwar ist es schon Veredlung einer menschlichen Seele den gegenwärtigen Vortheil dem ewigen aufzuopfern – es ist die edelste Stuffe des Egoismus – aber Egoismus und Liebe scheiden die Menschheit in zwei höchstunähnliche Geschlechter, deren Gränzen *nie* in einander fließen.«[90] Die Rede vom wahren Menschen gründet sich auf Verleugnung ihrer ökonomischen Möglichkeitsbedingung, ist doch auch er nur »lauter Liebe und Verläugnung«.

In weitergehender kulturtheoretischer Perspektive wurde die Verbindung von Opfer und Schrift, wie sie mit dem Schriftreligionen möglich wurde, als Schritt vom realen zum metaphorischen und vom blutigen zum geistigen Opfer beschrieben.[91] Was die konkrete Sprachentwicklung für den deutschen Begriff des *Opfers* und *Opferns* im 18. Jahrhundert angeht, resümiert Grimm: »der sinnliche begriff tritt zurück vor dem innerlichen und geistigen«. Der Ausdruck taucht nun »mannigfaltig in übertragener bedeutung mit gänzlichen zurücktreten des religiösen begriffes« auf, er gilt für Personen so gut wie für Sachen und Abstraktionen.[92] Entscheidend ist überdies die Verschiebung von einem hierarchischen, obrigkeitsfixierten Begründungsverhältnis ins Solidarische: »man opfert nun sich, sein Wohl, sein Vergnügen statt Gott dem Nächsten, oder dem geliebten Menschen auf.«[93] Der empfindsame Opfergang, der Voraussetzung des Kommunizierens mit Seinesgleichen ist, dabei aber in eine zweite, »Mensch« genannte Natürlichkeit mündet, kann seine semiotischen Voraussetzungen seiner Natürlichkeit halber nicht positivieren und sakralisiert sie deshalb regelrecht.[94] »Was ist heilig? Das ist's, was viele Seelen zusammenbindet«, lautet ein Distichon Goethes, das Hegel später in seinen sogenannten »Vorlesungen zur Ästhetik« anfüh-

---

90 Friedrich Schiller, »Philosophische Briefe«, in: Friedrich Schiller, *Nationalausgabe*, 43 Bde., Weimar u. a. 1943ff., Bd. XX.: *Philosophische Schriften 1*, (107-129), 122f.
91 Vgl. etwa Jack Goody, *Die Logik der Schrift und die Organisation der Gesellschaft*, Frankfurt am Main 1990, 88.
92 Jacob und Wilhelm Grimm, Art. »Opfer«, in: *Deutsches Wörterbuch*, Bd. XIII., Gütersloh 1991, 1295.
93 August Langen, *Der Wortschatz des deutschen Pietismus*, o. O. 1968, 223.
94 »Wahrscheinlich kommt kein kulturelles Zeichensystem ohne solche Konversionsstellen aus, an denen es bestimmte zeichenhafte Gegebenheiten in einen sakralen Bestand oder eine zweite Natur überführt, die der Zeitlichkeit der Semiose enthoben sind, weil sie in einem sich fortwährend erneuernden Apriori ihren Rand und ihre Einlaßmöglichkeiten markieren.« (Koschorke 1999, 347.)

ren sollte, um das Sakrale »mit dem Zweck dieses Zusammenhalts und als diese[n] Zusammenhalt« zu definieren.[95] Von daher versteht sich der poetische Opferkult der Epoche: Die Kommunikationsgemeinschaft hat bestimmte Funktionsbedingungen, die zunächst nicht »kritisch« abzuklären, sondern ihrerseits in eine ästhetische Begrifflichkeit zu übersetzen sind. In dieser wird »das Opfer« zum Prüfstein einer allgemeinen Darstellungstheorie, muss dabei allerdings dem ersten Gesetz der Ästhetik, dem Gesetz der Schönheit, unterstehen. Lessing bezeichnet deswegen mit Blick auf Timanthes' Gemälde von Iphigenies Opferung die Verhüllung des trauernden Vaters als »ein Opfer, das der Künstler der Schönheit brachte.«[96]

Die Empfindung wird als Möglichkeitsbedingung des Schönen nicht weniger kultisch verehrt als der Dichter selbst, der im Falle Klopstocks, dieses Fürsten eines poetischen Patriotismus, passionshafte Szenarien einer allgemeinmenschlichen »Aufopferung« aller Kommunizierenden entwirft.[97] Die Vorstellung, religiöse Kommunion habe sich in ästhetischer Kommunikation säkularisiert, drängt sich schon dadurch auf, dass die Leserschaft bei ihr dem Namen (des Opfers) nach rituellen Partizipation als *congregatio* zwischen Weltlichem und Spirituellem, der Dichter aber mit seiner gottgleichen Schöpferkraft und seiner künstlerischen Passion als Christusfigur erscheint. Doch ist dieser Homologisierungseffekt nur möglich, weil einerseits mit der Bibelkritik, der Konventionalitätskritik und den Zeremonialwissenschaften die »ästhetische Kraft« des Rituellen reflektierbar geworden ist; und weil andererseits das interaktiv-rituelle Kommunikationssystem nicht minder als das schriftliche der Empfindsamkeit auf, wie es Luhmann nennt, »symbiotische Mechanismen« abstellt: Beide kommunizieren immer auch den kommunikativ unterbundenen Bezug zum Körperlichen durch dessen imaginäre Restitution (im ersten Falle der Körper der Souveränität, im zweiten der einer zweiten Natürlichkeit), womit die Kommunikationsgemeinschaft »sich ihrer nichtsymbolisierbaren Grundlagen symbolisch versichert.«[98]

So gesehen markiert das Opfer die Gelenkstelle zwischen absentiertem Körper und apostrophierter Seele auch und gerade dann, wenn nur die Seelendisposition zur Rede zu stehen scheint: »man muß die Seele in eine Situation versetzen, um sich zu rühren, man muß sie erhitzen, um sich aufzuschließen, und zur Schwär-

---

95 Georg Wilhelm Friedrich Hegel, *Vorlesungen über die Ästhetik*, Teil II., Bd. XIV. der Werke, Frankfurt am Main 1995, 276.
96 Gotthold Ephraim Lessing, *Laokoon oder über die Grenzen der Malerei und Poesie*, in: *Werke in drei Bänden. Nach den Ausgaben letzter Hand*, Bd. II., München 1995, 19.
97 Vgl. hierzu etwa Anonymus, »Töchter-Erziehung«, in: *Iris* 1774/Bd. IV., 1. Stück, (5-16), 7: »hie und da versammelt sich allmählig eine kleine Gemeinde, welche der Empfindung Tempelchen weiht, im Stillen opfert, und geheime Thränen ihr bringt.« Zu Klopstock vgl. Gerhard Kaiser, *Pietismus und Patriotismus im literarischen Deutschland*, Frankfurt am Main 1973, 269, passim. – Zum allgemeinmenschlichen und seelisch kommunizierten Patriotismus vgl. Thomas Abbt, *Vom Tode für das Vaterland*, Berlin 1761, v. a. Vorbericht A 3 $^{v/r}$, 60f., 89.
98 Luhmann 1996, 57, Anm. 82. – Vgl. zur Naturalisierung der Vermögenslehre: Charles Bonnet, *Essay analytique sur les facultés de l'âme*, Kopenhagen 1769 (EA: 1760), Préface, XXVI, XLI.: »Les Substances ne nous sont connues que dans leurs Rapports à nos Facultés: [...] La Vertu perdroit-elle de son prix aux yeux du Philosophe, dès qu'il seroit prouvé qu'elle tent en partie à certaines Fibres du Cerveau?«.

merei bringen, um alles aufzuopfern«, schreibt Justus Möser über die Frage, »Wie man zu einem guten Vortrage seiner Empfindungen gelange«.[99] Die kommunikativ angeschlossene und erhitzte Seele und der darstellerisch mortifizierte Körper sind Bedingung der empfindsamen Aufopferung, und diese ermöglicht es, wie Lessing exemplarisch vorführt, das Schöne gerade in der Verschleierung zu enthüllen. »Es scheint nichts Höheres zu geben, dem die Aufopferung selbst wieder müßte aufgeopfert werden«[100], schreibt Moritz über die *bildende Nachahmung des Schönen*. Die schöne, nicht maßlose und nicht unverschleierte Liebe der Empfindsamen ist Muster »des innigsten Opferdiensts«; ihrer Schönheit wegen ist sie dauerhafter als jeder nicht mittelbare Besitz, und insofern ihr Verlust stets mit Wiedererstattung einhergeht, ist dieser schmerzhafte Opferdienst auch »angenehm«.[101]

In dieser Konstellation wird auch die semantische Differenzierung zwischen »Aufopferndem« oder »Aufopfernder« und dem »Schlachtopfer«[102] erklärbar. Die Aufopferung geht regelhaft, innerhalb der beschriebenen Ökonomie vonstatten, das Schlachtopfer jedoch wird im Zuge kommunikativer Pathologien aus ihr exkludiert. Darin klingt die ritual- und bibelkritische Interpretation des christlich tradierten Ritualsystems nach: Den spiritualisierbaren Opferakt, das *sacrificium*, konnte man unter repräsentativen Bedingungen dogmatisch integrieren und somit gutheißen, die blutige *victima* indes bezeichnete als solche eine bedauerliche Kontingenz, einen Schaden oder Verlust.[103] Die dem Verlauten nach allgemeinmenschliche und »sympathetische« Kommunikation der Empfindsamen gründet allerdings keineswegs auf »Gleichheit«.[104] Befindet sich die Frau *a priori* in der Position der Natur, die widersinniger Weise zur wahren Natur erst noch gebildet werden muss, trägt innerhalb dieser diskursiven Anordnung hauptsächlich sie die Bürde der beschriebenen »Opferökonomie«: Zum einen wird ihre »Aufopferung« ohnehin vorausgesetzt und somit nicht weiter als Wert-

---

99 Justus Möser, *Patriotische Phantasien. Ausgewählte Schriften*, Leipzig 1986, 196 (und *Justus Mösers sämtliche Werke*, Histor.-krit. Ausgabe in 14 Bänden, Oldenburg (u.a.) 1943ff., IV., 7).
100 Karl Philipp Moritz, »Über die bildende Nachahmung des Schönen« (1788), in: *Schriften zur Ästhetik und Poetik*, Tübingen 1962, (63-93), 87.
101 Maaß 1794, 16. Brief, 201. Vgl. zudem Rousseau 1978, I. 11, 54: »Einem wahren Liebhaber ist es angenehm, Opfer zu bringen, die ihm alle angerechnet werden, und deren keines in der Geliebten Herzen verloren ist.«
102 Vgl. hierzu den Verführer Derby über das Fräulein von Sternheim: »Ich habe ihre Großmut erregt, da ich mich für sie aufopfern wollte; dafür war sie, um nicht meine Schuldnerin zu bleiben, so großmütig, und opferte sich auf.« Vgl. zudem Letztere im Tagebuch nach ihrer Entführung: »ich werde das Schlachtopfer sein, welches die Bosheit des Derby hier verscharret« (La Roche 1997, 193, 307).
103 Vgl. hierzu und zum Hervortreten der zweiten Begriffskomponente im Opferdiskurs der Neuzeit: Wolfgang Stegemann, »Die Metaphorik des Opfers«, in: Bernd Janowski und Michael Welker (Hgg.), *Opfer. Theologische und kulturelle Kontexte*, Frankfurt am Main 2000, 191-216.
104 Vgl. hierzu Maaß, 16. Brief, 199: »Tausendmal sagte man uns, die Liebe strebe nach Gleichheit; nur nach derjenigen aber, die ihr eigen Werk ist. [...] nur von Niederlagen und Siegen, von Huldigungen und Auflehnungen, von Anbethungen und Lästerungen, von Martern und Schlachtopfern lebt die Liebe.«

schöpfung in Betracht gezogen[105]; zum anderen ist sie als »empfindsame Natur« schlechthin zum »Schlachtopfer« prädestiniert – sie wird zum Opfer jener kommunikativen Pathologien, die in Gestalt des Höflings oder rasenden Verführers die machtpolitische und anthropologische Grenze der Empfindsamkeit markieren.

3. Sympathien und die neue Vermögensordnung

Der immerzu beschworenen Maßhaltung, Verinnerlichung und Vergeistigung liegt eine ganz bestimmte, im 18. Jahrhundert vollends ausgereifte Praktik zugrunde: die Alphabetisierung der zu bildenden Subjekte. Diese sollen sich zur intimen und stillen Lektüre isolieren. Hatte das laute Lesen die Aufgabe, Geist und Körper für den Auftritt auf der Bühne rhetorischer Interaktion zu stärken, schwor das leise Lesen auf die diätetische Ökonomie von Mangel und Fülle ein. Es tut »ein Wesentliches«, stellt Hegel fest, um »den Boden der Innerlichkeit im Subjekte zu begründen und rein zu machen«, schließlich entwickelt es den »inneren Sinn«, jenes Vermögen also, das die »unermessene Mannigfaltigkeit und Ausdehnung« von Gesichtssinn und Imagination koordiniert.[106] Ein solcher Leser, heißt es in einer empfindsamkeitskritischen Schrift der Zeit, »gefällt sich selbst in diesem ungewöhnlichen Zustande, und seine Seele, zeither vielleicht immer noch in enge Würkungskreise eingeschlossen, [...] überhüpft mit nie gefühlter Freude diese Schranken, und schweift in höheren Regionen umher.«[107] Es sind die Gemütskräfte des stillen, vereinsamten und verzichtbereiten Individuums, die es zur inneren Gemeinschaft mit den anderen isolierten Lesern disponieren. »Dadurch«, schreibt Sulzer als federführendes Mitglied solch einer Kommunikationsgemeinschaft, »dadurch erschaffen wir uns mitten in einer Wüste paradiesische Scenen von überfließendem Reichthum und von reizender Annehmlichkeit; versammeln mitten in der Einsamkeit diejenige Gesellschaft von Menschen, die wir haben wollen, um uns, hören sie sprechen, und sehen sie handeln.«[108]

Dichtung, das wird auch an dieser Stelle deutlich, dient im 18. Jahrhundert als Ersatz sinnlicher Medien und nach der Epoche von Repräsentation, Inszenierung und optischer Simulation um so mehr als Introjektionsmedium. Galt schon die *camera obscura* als Muster reflexiver Introspektion, die zugleich Selbstdisziplinierung bewirkt, bildet die *laterna magica*, jene Apparatur aus Lichtquelle, Bild und Schirm, das technische (und metaphysische) Modell zur poetischen »Schei-

---

105 Vgl. hierzu etwa Jacobi 1962, 81f.: »Die Männer verdienen so wenig das Opfer unsers Daseyns, daß sie nicht einmahl anzunehmen wissen, was wir ihnen geben. [...] Man ist verschwunden unter den Lebendigen; getilget mit Schande aus ihrer Zahl«.
106 Georg Wilhelm Friedrich Hegel, *Enzyklopädie der philosophischen Wissenschaften im Grundrisse III*, in: Hegel 1995/X., 276, sowie Maaß 1794, 15. Brief, 190.
107 Johann Christoph Bährens, *Ueber den Werth der Empfindsamkeit besonders in Rücksicht auf die Romane*, Halle 1786, 9.
108 Sulzer 1786/Bd. II., 10.

dung der Vermögen«.[109] Nicht umsonst führte die Aufklärung die Dichtung als ihre stärkste Waffe ins Feld, um der Gegenreformation und ihren verunklärenden optischen Mitteln die Vorherrschaft über die Seelen streitig zu machen. Wenn aber Dichtung als *techne* der fundamentalen inneren gegen eine *techne* der bloß äußeren Sinne in Anschlag gebracht werden soll, darf sie letzterer auch in Sachen Präzision nicht nachstehen. Deshalb wird sie auch auf dem Feld der Optik zum Gegenstand einer exakten, seit Lambert »Phänomenologie« getauften Wissenschaft vom Transzendenten und von der Wahrscheinlichkeit sinnlicher Erkenntnis.[110]

Es ist also die Introjektion des Sichtbaren im Akt der stillen Lektüre, die der Innerlichkeit den Boden bereitet. In ihrem Zuge kann selbst die Religion – in Gestalt des »konvulsionären« Jansenismus oder des Pietismus – zu einer Psychotechnik werden, die über den Umweg der Schriftlichkeit zu ihrem verborgenen Gott findet.[111] Zwar entbehrt die Gleichsetzung von Empfindsamkeit und »säkularisiertem« Pietismus einer tragfähigen Materialgrundlage, doch arbeitet dieser jener in dem Sinne vor, dass er die *pietas* verinnerlicht, somit aus dem zeitintensiven Regularium mönchischer Askese löst und mit einer effizienten weltlichen Lebensführung synchronisierbar macht.[112] Die »christliche Religion bewachet die innere Bewegungen des Herzens, und setzet auch die Gedancken unter den Gehorsam der Obrigkeit«[113], insgeheim aber wirkt sie mit der Polizierung von Gemütsvermögen auf die der Geldvermögen hin. Fungiert sie mitsamt ihrer Codes als eine Art Nachrichtendienst zwischen den Seelen und der höchsten Obrigkeit, so besorgt zwischen den Seelen selbst der empfindsame Briefverkehr die Kommunikation von Geheimnissen und die öffentliche Kommunion der Bildung.

»Der Empfindsame mögte seine Gefühle gern verbergen«, dies aber »vor aller Menschen Augen«.[114] Briefe beglaubigen die geheime Tugend und das Entste-

---

109 Hans Staub, *Laterna magica. Studien zum Problem der Innerlichkeit in der Literatur*, Zürich 1960, 7. – Vgl. zudem Jonathan Crary, *Techniken des Betrachters. Sehen und Moderne im 19. Jahrhundert*, Dresden/Basel 1996, 52 und Friedrich Kittler, *Optische Medien. Berliner Vorlesung 1999*, Berlin 2002, 118.
110 Vgl. hierzu Johann Heinrich Lambert, *Neues Organon oder Gedanken über die Erforschung und Bezeichnung des Wahren und dessen Unterscheidung vom Irrtum*, Bd. II., Berlin 1990, §. 1/645, §. 4/647, §§. 246/810-812.
111 Zum »zweiten Jansenismus« im Frankreich des 18. Jahrhunderts vgl. Ulrike Krampl, »Par ordre des convulsions«. Überlegungen zu Jansenismus, Schriftlichkeit und Geschlecht im Paris des 18. Jahrhunderts«, in: *Historische Anthropologie*, 7. Jg /H. 1 (1999), 33-62, und zum Pietismus: Hans R. G. Günther, »Die Psychologie des deutschen Pietismus«, in: *Deutsche Vierteljahrsschrift für Literaturwissenschaft und Geistesgeschichte*, Bd. IV. (1926), 144-176, v. a. 150f.
112 Vgl. hierzu Rolf Grimminger (Hg.), *Hansers Sozialgeschichte der deutschen Literatur, Bd. III: Deutsche Aufklärung bis zur französischen Revolution 1680-1789*, München 1980, S. 837, Anm. 23, sowie Luhmann 1996, 261.
113 Der Einsiedler (1740/41), 29, zit. nach: Wolfgang Martens, *Die Botschaft der Tugend. Die Aufklärung im Spiegel der deutschen Moralischen Wochenschriften*, Stuttgart 1968, 331.
114 Johann Heinrich Campe, »Von der nöthigen Sorge für die Erhaltung des Gleichgewichts unter den menschlichen Kräften. Besondere Warnung vor dem Modefehler die Empfindsamkeit zu überspannen«, in: Doktor/Sauder 1976, (77-91), 82.

hen einer Öffentlichkeit von Menschen, für jeden einzelnen unter ihnen dokumentieren sie »*seine innere Geschichte,* die eigenthümlichsten Heiligthümer seines Geistes und Herzens, die alle Kräfte und Springfedern verrathen, deren er sich, und die sich seiner bedienten zu mancherley Zwecken.«[115] Deswegen können sie auch als eine Instanz gelten, die die Funktion des vormaligen Gewissens übernimmt, ja nur sie können das »gute Gewissen« herstellen und beweisen. Mit dem 18. Jahrhundert hat sich der Begriff des Gewissens von den kosmologischen und biblischen Strafinstanzen gelöst, um einen Reflexionsprozess freizusetzen, der sich einerseits in der unablässigen Introspektion jedes Einzelnen entspinnt, der andererseits zwischen den Mitgliedern einer beseelten und nunmehr menschlichen Gesellschaft vermittelt. Diese haben sich wechselseitig im Blick, und was die menschliche Natur eigentlich ist, wo sie anfängt und aufhört, wozu sie letztlich dient, können sie nur ermitteln, wenn sie das »Unmenschliche« und Krankhafte bei sich selbst und beim anderen gewissenhaft beobachten, die Beobachtung der anderen aber ihrerseits beobachten und den ganzen Prozess gegenseitiger Beobachtung gemeinsam reflektieren. »Die Stärke, das Vermögen und der Eigensinn können uns keine rechte Ordnung vorschreiben. Die Gränzen und Schranken unserer Natur, unsere eigentliche Bestimmung, unsere Würde, lehren uns, nebst unsern Bedürfnissen, diese Ordnung. Nunmehr erkläre ich das Gewissen für *das Bewustseyn dieser Ordnung*«, heißt es in der Wochenschrift *Der Mensch*.[116] Das Gewissen ist also zu einer Beobachtung der Beobachtung von Ordnung, zu einer Beobachtung »zweiter Ordnung« geworden.

Die Instanz der Innerlichkeit, die im 18. Jahrhundert Lesepraxis und Gewissensprüfung wie selbstverständlich beherrschte, warf, sobald sie theoretisch visiert wurde, sogleich die anthropologischen Grundfragen der Epoche auf. Lavater etwa legte seinen Physiognomischen Fragmenten semiotische und kommunikative Prozesse zugrunde, die der alten Unterscheidung von *simulatio* und *dissimulatio* entgehen mussten. »*Der würdigste Gegenstand der Beobachtung – und der einzige Beobachter – ist der Mensch*«[117], lautet eine der Prämissen seiner Physiognomie, und es sind letztlich nur derlei Beobachtungsschleifen, die mit der Figur des Menschen auch für die Theorie eine Art Tiefeneindruck erzeugen.[118] Dass Lavater nun diesen semiotischen Effekt in seiner Ausdruckstheorie naturalisierte, moralisierte und schließlich mit seiner Vererbungstheorie verband, forderte Lichtenbergs Widerspruch heraus. Gerade ein semiotischer Ansatz wie der der Physiognomie müsse den Menschen in bis dahin ungekanntem Maße individualisieren,

---

115 Wilhelm Körte, *Briefe zwischen Gleim, Wilhelm Heinse und Johann von Müller. Aus Gleims litterarischem Nachlasse herausgegeben,* Bd. I., Zürich 1806, Vorrede, in: Ebrecht 1990, (192-196), 194. Vgl. zudem Heinz-Dieter Kittsteiner, *Die Entstehung des modernen Gewissens,* Frankfurt am Main 1992, 216, 220, 277, 385.
116 Lange/Meier 1992/V., 180. Stück, (49-56), 51.
117 Johann Caspar Lavater, *Physiognomische Fragmente zur Beförderung der Menschenkenntniß und Menschenliebe,* Leipzig 1968, Bd. I., 1. Fragment, 33.
118 Vgl. ebenda, Bd. II., IV. Fr, 37: »»Die Physiognomik entdeckt in ihm würkliche und mögliche Vollkommenheiten, die ohne sie immer verborgen bleiben könnten. Je mehr der Mensch beobachtet wird, desto mehr Kraft, positives Gutes wird an ihm beobachtet.« Zum folgenden vgl. ebenda, Bd. I., IX. Fragment, 63ff.

weshalb ein Projekt wie die *Physiognomischen Fragmente* nur im Maßstab 1:1 zu bewältigen und mithin sinnlos sei. Überdies sei die anthropologische Positivierung des Menschen, zumal des angeblich beseelten, kein Leichtes, ist es doch bei diesem Subjekt-Objekt gut möglich, »daß man sich durch allzu große Näherung, etwa mit dem Mikroskop wieder *selbst* von dem entfernte, dem man sich nähern kann.«[119] Hegel sollte sich Lichtenberg in dieser Frage anschließen.[120] Die Innerlichkeit bezeichnet er als ein Problem der Vermittlung zwischen Innen und Außen einerseits, zwischen Subjekt und Allgemeinem andererseits. Zunächst als Sphäre des reflektierten geistigen Seins und des Gemüts bestimmt, wird sie in seinen späteren Schriften als Verhaltensform des Rückzugs verworfen, wohl aber im Rahmen seiner »Vorlesungen zur Ästhetik« analysiert. Denn eben dort, in der imaginären Gemeinschaft der vereinzelten Leser, in der empfindsamen Kommunikation über das Opfer und seine Re-Präsentation und – von hier ausgehend – in der vermögenstheoretischen Selbstbeschreibung liegt ihr »Ursprung«.

Diese ursprüngliche Innerlichkeit nachträglich vorzustellen und den Lesern als Fluchtpunkt ihrer Erziehungs- und Leseanstrengungen »einzubilden«, ist die Aufgabe empfindsamer Dichtungen. Gerade diejenigen genossen den größten Erfolg, die wie Millers *Siegwart* die Palette bewährter Kommunikationsszenarien am besten abdeckten. Millers Texte propagieren, wie er selbst versichert, stets die »keusche, reine Liebe, die mehr auf Vereinigung der Herzen als der Leiber zielt«[121], und damit eine Anthropologie, die in der asketischen Innerlichkeit, im frommen Klosterleben und in der altväterlichen Haushaltung am reinsten erhalten ist, die allenfalls durch sündhafte Verfehlung, keineswegs aber durch Pathologien oder Umordnungen in der Vermögensökonomie gefährdet werden könnte.[122] Wielands *Sympathien* (1756) hingegen stellen den Versuch einer poetischen Selbstreflexion »sympathetischer Kommunikation« dar. »As Soul approaches Soul«, lautet das Motto dieses Frühwerks, in dem die getrennten Seelen ein »Gute, das ihnen fehlt«, genießen, mithin gerade durch ihre Trennung zur Berührung begabt werden. Freilich ist diese polizierte Ordnung des Schönen nicht mehr providentiell garantiert, »und wenn dieses nicht ist, so möge der erfindsame Wiz auf Mittel denken, sie immer näher zusammen zu bringen und dadurch einander nüzlich zu machen!«[123] Mittel dieser »nüzlichen« Seelenvereinigung sind nicht mehr natürliche Anlagen oder Vermögen, sondern vielmehr

---

119 Georg Christoph Lichtenberg, *Sudelbücher*, Heft L, 10, in: Lichtenberg 1998/I., 852. Vgl. zudem zur Auseinandersetzung mit Lavater: »Über Physiognomik; wider die Physiognomien. Zur Beförderung der Menschenliebe und Menschenkenntnis«, in: ebenda/III., 256-296.
120 Hegel zufolge ist »dieses, was Ausdruck des Innern sein soll, zugleich *seiender* Ausdruck und fällt hiermit selbst in die Bestimmung des Seins herunter, das absolut zufällig für das selbstbewußte Wesen ist.« (Georg Wilhelm Friedrich Hegel, *Phänomenologie des Geistes*, in: Hegel 1995/III., 239.)
121 Johann Martin Miller, *Geschichte Karls von Burgheim und Emiliens von Rosenau*, o. O. 1778, Vorrede, 24, in: Weber 1974/II., (482-508), 497.
122 Miller 1971, 118. Vgl. zudem ebenda, 102f.
123 Ebenda, 448.

»Engel« oder neuere »Erfindungen« der Übertragungstechnik: »Das erste ist eine Gabe der Natur, das lezte wird dein eigenes Werk seyn.«[124]

In Wielands Text wird deutlich, dass es mittlerweile die »Sympathie« genannte Seelentechnik ist, mit der die »schändliche Conspiration«[125], die erklärtermaßen künstliche und (dis)simulative, exklusive und auf semiotische Abschöpfung getrimmte Repräsentationstechnik des Hofs überboten werden soll. Weniger soziologisch (das Widerspiel von Hof und Bürgertum) als semiotisch begründet ist damit dieser Gegensatz, denn erstens wurde das Programm der Empfindsamen zunächst von Adeligen (wie Shaftesbury) artikuliert; zweitens brachte das 18. Jahrhundert mehrere Spielarten der Empfindsamkeit hervor, eine »antibürgerlich« akzentuierte so sehr wie die sogenannte angepasste; drittens ist das Bürgertum ohnehin »eine in sich diffuse, an den Rändern offene Konfiguration.«[126] Und schlussendlich hat der »englische Gleichklang von bürgerlicher Innerlichkeit und bürgerlicher Öffentlichkeit […] keine deutsche Entsprechung. In Deutschland charakterisieren eine pietistische und eine bürgerliche Innerlichkeit zwei Ebenen repräsentativer Öffentlichkeit.«[127]

Entscheidend ist allein, dass sich die Empfindsamen in ihrem »menschlichen Umgang« von den »Höflingen« absetzen und deren Eitelkeit nichts mehr »aufopfern«.[128] Doch baut diese Konzeption der Gesellschaft, auch in ihren kritischen Varianten, nicht mehr auf eine Monopolisierung der Repräsentationsmittel oder auf Ausschließung – und sei es die der Höflinge –, sondern auf die Menschwerdung aller und die »sympathetische« Teilhabe an den Vermögen. Karl Stuarts »sympathetisches« Martyrium wäre also nicht von vornherein verworfen, sondern nach dem Muster von Miltons philologischer Kritik an seiner menschlichpoetischen »Ursprünglichkeit« gemessen worden. Diese Entwicklung entspricht, funktional gesehen, einer doppelten Ausdifferenzierung: einerseits der des »Gesellschaftlichen« selbst, andererseits der des Intimen, welches seinerseits weder ständische noch nationale oder »rassische« Kriterien kennt. Einzig und allein die positive Affektnatur des Menschen, eine Natur, die von seinen produktiven Vermögen und nicht mehr von mangelnder Selbstbeherrschung oder korruptem Distinktionswillen zeugt, konstituiert die »apokryphe Gesellschaftstheorie« der

---

124 Ebenda, 456.
125 Ebenda, 447.
126 Klaus P. Hansen, »Neue Literatur zur Empfindsamkeit«, in: *DVjS*, H. 64 (1990), (514-528), 517. Zu den vorherigen Punkten vgl. ebenda, 517f.
127 Gerhart v. Graevenitz, »Innerlichkeit und Öffentlichkeit. Aspekte deutscher ›bürgerlicher‹ Literatur im frühen 18. Jahrhundert«, in: *DVjS – Sonderheft 18. Jahrhundert*, H. 49 (1975), (1-82), 82.
128 Vgl. hierzu Knigge: »Opfre ihnen also nichts auf! […] Rede auch mit den Großen der Erde ohne Noth nicht von Deinen häuslichen Umständen, von Dingen, die nur persönlich Dich und Deine Familie angehen! […] Sie fühlen ja doch kein warmes Interesse dabey, haben keinen Sinn für freundschaftliche Theilnahme« (Adolf Freiherr von Knigge, *Ueber den Umgang mit Menschen*, Nendeln/Liechtenstein, Theil III., 13, 22f., 66f.).

Empfindsamkeit.[129] Der »Gemeinschaft der Gefühle und Zustände« steht gewissermaßen als Präambel voran: »Die Empfindung quillt aus dem Herzen. Sie ist kein Vorrecht der Geburth und des Standes, und ihr Ausdruck ist beym Unterthan wie beym Monarchen einfach und groß.«[130] Die allgemeinmenschliche »Mitempfindung« ist der Nährboden des Gesellschaftlichen. Religion und Patriotismus, das Rückgrat der alten Souveränität, mögen aus ihr erwachsen sein, ihr natürliches Vorrecht können sie ihr jedoch nicht mehr streitig machen. Im besten Falle ist der König selbst ein Mensch, und Souverän ist er nur als »Fürst der Herzen«.[131]

Auch adelige Autoren, die sich wie Johann Michael von Loen als ungefragte politische Ratgeber an Friedrich den Großen wandten, bekannten sich zu den »Empfindlichen« und forderten, »daß alle unnöthige und peinliche Ceremonien, durch ein allgemeines Reichsgesetz abgeschafft würden.«[132] Loens *Redlicher Mann am Hofe* (1740) wurde als Sozialutopie (nach dem Muster der *Christianapolis* und von Zinzendorfs Herrnhuter Brüdergemeinde) und Bildungsroman *avant la lettre* aufgefasst: Schließlich durchläuft dessen adliger Held einen steten Prozess der Vermenschlichung, indem er Entsagung, subjektive Neigung und staatsbürgerliche Pflicht exemplarisch zur Deckung bringt. »Die göttliche Vorsehung [...] hatte den Grafen von Rivera zu einem Werkzeug bestimmet, einen lasterhaften Hof zu verbessern und ein ganzes Reich glücklich zu machen. [...] Wer ihn sahe, der fand sich von etwas gerühret«.[133] Die spätere, »radikale« Empfindsamkeit jedoch verschärft bewusst nochmals den Widerspruch zwischen Mensch und Repräsentation, um ihre eigenen kommunikativen Pathologien auf die vermeintlich höfische Außenwelt zu delegieren. Für Werther etwa, der aus einer Gesellschaft höheren Standes verwiesen wird, ist nicht nur der Antipode Albert ein unsympathischer Höfling, sondern sind Menschen nur Menschen, wenn sie naturgemäß dichten – und Unmenschen, wenn ihr »Dichten und Trachten«, wenn ihre »ganze Seele auf dem Zeremoniell ruht«.[134]

---

129 Nikolaus Wegmann, *Diskurse der Empfindsamkeit. Zur Geschichte des Gefühls in der Literatur des 18. Jahrhunderts*, Stuttgart 1988, 63.
130 Karl Heinrich Heydenreich, *System der Ästhetik*, Hildesheim 1978, 51, zudem [Mistelet], *Über die Empfindsamkeit in Rücksicht auf das Drame, die Romane und die Erziehung,* Altenburg 1778, 30, in: Doktor/Sauder 1976, (115-117), 117. Vgl. zudem zur Ableitung von Religion und Patriotismus aus dem »Mitgefühl«: Christian Ludwig Willebrand, *Etwas für Mütter In Zwo Erzählungen, Welchem Eine Abhandlung von Romanen [...] vorgesetzt ist*, Breslau, 1774, LXIV, LXVIII, in: Weber 1974/II., (353-381), 363, 367.
131 Zum Patriotismus Friedrichs des Großen, der im Falle des Herrschers wie der Untertanen auf natürlichem Mitleid basieren soll, vgl. Friedrich der Große, Brief an den Marquis d'Argens vom 28. Oktober 1760, in: *Friedrich der Große* 1986, (97f.), 97. Vgl. zudem *Briefe über die Vaterlandsliebe (1779)*, in: ebenda, (110-120), 113.
132 Johann Michael von Loen, »Abbildung des Verfassers in der Jugend«, in: *Der redliche Mann am Hofe [...]*, Stuttgart 1966 4*.
133 Ebenda, 1. Buch, 3f.
134 Goethe 1988/VI., 64.

In diesem Sinne kann Dichtung, und dies betrifft auch die dramatische Dichtung, nur »menschlich« sein, wenn sie sich von den Bedingungen zeremonieller Repräsentation freimacht. Bei Gottsched etwa ist das Trauerspiel noch eine »allegorische Fabel«, die »die stärksten Leidenschaften ihrer Zuhörer, als Verwunderung, Mitleiden und Schrecken, zu dem Ende erreget, damit sie dieselben in ihre gehörigen Schranken bringen möge.«[135] Dieses klassizistische Arrangement der Affekte widerspricht der empfindsamen Maxime, sich emotional bis ins universal Menschliche zu entgrenzen, ebenso sehr wie die repräsentative Stellung, die Gottsched noch den Fürsten vor der ganzen Menschheit zuerkennt. Gellerts *Pro Comoedia Commovente Commentatio* (1751) brachte dann bereits »die Stimme der Natur« gegen die »der Regeln« zur Geltung, während Diderots Thesen zum Theater und deren Fortschreibung durch Mercier die Schaubühne vollends zum Forum empfindsamer Menschwerdung erkoren. »Was ist die dramatische Kunst?«, fragt Mercier in *Du Théâtre ou Nouvel essai sur l'art dramatique* (1773). »Es ist diejenige, welche vorzüglich vor allen andern unsre ganze Empfindbarkeit rege macht, diese reichhaltigen Vermögenskräfte, die wir von der Natur erhalten haben, in Bewegung setzt, die Schätze des menschlichen Herzens offen darlegt, sein Mitleiden, seine Theilnehmung befruchtet«.[136] Somit gründet das Theater auf denselben Prinzipen, die die empfindsame Kommunikation in ihren Erzähltexten unablässig exekutiert. Als »Supplement der Gesetze«[137], wie Lessing sagt, implementiert es das, was auf dem Rechtsweg nur festzuschreiben, nicht aber durchzusetzen ist: den »schönen« und gesellschaftsbildenden Gleichklang der Vermögen. Gemessen an diesem »gemeinschäftlichen Endzweck« sind die Schauspielregeln durchaus »nüzlich«, nicht aber unbedingt »nothwendig«. Schließlich hat mit den nunmehr durchgesetzten Diskurspraktiken Lesen und Schreiben die Körpersprache zugunsten seelischer und geistiger Mitteilungen zurückzustehen, so dass auch auf dem Schauplatz des Theaters jeder Körper der universalen und universalisierenden Einbildungskraft untersteht.[138] Über die frühaufklärerische Einsicht, »daß *keine Gesellschaft ohne Liebe / aber wohl*

---

135 Johann Christoph Gottsched, »Die Schauspiele, und besonders die Tragödien sind aus einer wohlbestellten Republik nicht zu verbannen« (1729 gehalten), in: *Ausgewählte Werke,* Bd. IX., 2. Teil: *Gesammelte Reden,* Berlin / New York 1976, (492-500), 494. – Vgl. zum folgenden ebenda, 497f.: »daß die Trauerspiele Königen und Fürsten nützlich und erbaulich seyn können. Mit dem übrigen wird sichs schon von sich selbst geben. [...] Sind denn nicht die meisten Begebenheiten und Zufälle dieses Lebens allen Menschen gemein?«
136 Christian Fürchtegott Gellert, »Pro Comoedia Commovente Commentatio« (1751), in: *Gesammelte Schriften,* Bd. V.: *Poetologische und moralische Abhandlungen. Autobiographisches,* Berlin/New York 1994, (145-174), 161, zudem Louis-Sébastien Mercier, *Neuer Versuch über die Schauspielkunst,* Heidelberg 1967, I. 10f.
137 Gotthold Ephraim Lessing, *Hamburgische Dramaturgie,* in: Lessing 1995, (276-698), Siebentes Stück, 304. Zum folgenden: Karl Friedrich Troeltsch, *Von dem Nuzen des Schauspiels-Regeln bei den Romanen (1753),* in: Steinecke/Wahrenburg 1999, (144-150), 150.
138 »Gerade die Übersetzung anderer Künste in ein unsinnliches und universales Medium macht Dichtung aus. Dieses Medium führt den Namen Phantasie oder Einbildungskraft. Einbildungskraft ist zugleich generisches Definiens aller verschiedenen Künste und spezifisches einer höchsten Kunst.« (Kittler 1987, 120.)

ohne Befehl und Zwang seyn könne«[139], verständigt sich die neue Gesellschaft vor der Schaubühne so gut wie bei der vereinsamten Lektüre. Doch dass mit der Liebe und dem Geld Eingebildetes zu Natürlichem werden soll, dass dasjenige »kommuniziert« zu werden hat, was der Sichtbarkeit entzogen und doch anwesend, was geheim und doch der Kernbestand des Gesellschaftlichen ist – dies kann in seiner Unsagbarkeit nirgendwo so gut gesagt werden wie im Brief und Briefroman.

Im Gegensatz zu den Passionen, die, exemplarisch im barocken Trauerspiel, nur eine begrenzte (wenn auch repräsentative) Szene beherrschen, zeichnet sich das »Mitleid« des bürgerlichen Trauerspiels und die »Sympathie« der Empfindsamen durch eine *idealiter* unbegrenzte Fernwirkung aus. Nicht umsonst wurde der sympathetische Seelenkontakt immer wieder mit der Elektrizität oder dem Magnetismus verglichen: In beiden Fällen handelt es sich um ein Übertragungsphänomen, das zwar präpariert zu werden hat, trotzdem aber ohne weiteres in Natürlichkeit, in Natur- oder Gemütskräfte, rückübersetzbar scheint.[140] Als Übertragungsbedingung des Seelenkontakts wurde mithin ein »natürliches« Vermögen angesetzt, das von Shaftesbury über Francis Hutcheson bis hin zu dessen Schülern Thomas Reid und Adam Smith einen eigentümlichen, zwischen Moralphilosophie, Ästhetik und Ökonomie schwebenden Diskurs beschäftigen sollte. Shaftesbury zufolge liegt dem moralischen Empfinden und der ästhetischen Erfahrung ein und derselbe Sinn für Ordnung zu Grunde. Dieses als »moral sense« bezeichnete Vermögen soll »in einer wahren Antipathie oder Verabscheuung gegen Unbilligkeit oder Unrecht und in einer wahren Zuneigung und Liebe gegen Billigkeit und Recht, um zwar um ihrer selbst, ihrer eignen natürlichen Schönheit und Würde willen, bestehen.«[141] Hutcheson folgert aus dieser Bestimmung, dass eine moralisch gute und gesellschaftlich segensreiche Handlung nicht auf dem utilitaristischen Kalkül des Egoisten beruhen könne, sondern nur auf »an inward undissembled desire of another's happiness«[142], dass es also einen sozial vermittelten *moral sense* voraussetze. Adam Smith reinigt dann den *moral sense* von

---

139 Christian Thomasius, *Ausübung der Sittenlehre*, Hildesheim 1968, 356f.
140 Vgl. etwa »Des Westphälingers Schreiben von der Electricität der Seelen«, in: Lange/Meier 1992/VII., 282. Stück, (225–240), 227: »Aber eben diese Electricität der Cörper, und das Vermögen, dieselbe andern mitzutheilen, hat uns auf die Gedanken gebracht, ob etwas ähnliches in Absicht auf unsere Seele und das Vermögen derselben möglich sey.« Vgl zudem Maaß 1794, 5. Brief, 63, 15. Brief, 185: »Ich kenne keine Erscheinung des Magnetismus oder der Elecktritität [sic], die sich nicht sehr natürlich auf irgend eine Erscheinung in dem Kraise unserer Ideen oder Empfindungen anwenden lasse. [...] Jene plötzlichen Bewegungen des Hasses und der Liebe, des Mitleidens und des Abscheus, jene sympathetischen Anziehungskräfte, die kain aufrichtiger Beobachter läugnet, sind nichts anders und können nichts anders seyn, als elektrische Schläge; bald aber würde ihr Funke verlöschen, würde ihn nicht die Imagination unterhalten.«
141 Anthony Earl of Shaftesbury, *Der gesellige Enthusiast. Philosophische Essays*, zit. nach: Stollberg-Rilinger 2000, 339. – »Wie ist es daher möglich, nicht zuzugeben, daß, da diese Unterschiede ihren Grund in der Natur haben, auch das Vermögen, diese Unterschiede zu bemerken, natürlich ist und bloß von der Natur herrühren kann?« (Ders., *Ein Brief über den Enthusiasmus. Die Moralisten*, Einl. v. Max Frischeisen-Köhler, Leipzig 1909, 192.)
142 Francis Hutcheson, *A System of Moral Philosophy*, New York 1968, 42.

Sympathien und die neue Vermögensordnung 175

seinen letzten moralphilosophischen Komponenten. Seiner *Theory of Moral Sentiments* zufolge arbeitet, ganz nach dem empfindsamen Modell zirkulärer Kommunikation, das Begehren des Einzelnen immer schon der gesamtgesellschaftlichen Vermögensbildung zu, wobei die Sympathie allerdings als Beobachtung oder Affekt zweiter Ordnung zu fungieren hat. »Die Sympathie entsteht demnach nicht so wol aus dem Anblick der Leidenschaft selbst, als vielmehr aus der Vorstellung des Zustandes, der sie erreget.« Erst vermittelst seiner Selbstaffizierung und Selbstbeobachtung stößt der Mensch bis auf den Grund der eigenen Seelenvermögen vor und kann somit seine subjektive Maßhaltung zur Bildung volkswirtschaftlicher Vermögenswerte in Anschlag bringen: »Jedes Vermögen eines Menschen ist das Maaß, nach welchem er das gleiche Vermögen eines andern beurteilet.«[143]

Der Begriff der Sympathie bot sich zur Beschreibung dieses zugleich natürlichen, psychischen und sozialen Systems schon seiner Vorgeschichte wegen an: Er wurzelt in der griechischen Naturphilosophie, Physik und Medizin, wurde nicht zuletzt durch die magischen und mystischen Traditionen des Mittelalters geprägt und diente noch der vitalistischen Medizin und allgemein den Naturwissenschaften des 18. Jahrhunderts als Erklärungskonzept, wenn bestimmte Wechselwirkungen (wie etwa der »sympathetische Reflex« Hallers) experimentell nicht nachzuweisen waren. In Luthers Bibelübersetzung wurde er mit dem Begriff des Mitleids gleichgesetzt, was insbesondere für den Diskurs der deutschen Empfindsamkeit Folgen haben sollte.[144] Nicht nur, dass die zunächst humoralpathologische, später dann assoziationstheoretische Psychologie des 18. Jahrhunderts durch die Erforschung der Sympathie deren Naturalisierung Vorschub leistete; schon in der Theorie des *moral sense* war Sympathie und Mitleid zum anthropologischen Spezifikum geworden, zur »Voice of NATURE, understood by all nations […] by which we are dispos'd to study the Interest of others, without any Views of private Advantage.«[145] Als Vermögen, das aller Sitte, Erziehung und Gesellschaft voransteht, galt es noch bei Rousseau, und auch in der experimentell ausgerichteten Psychologie wurde die anthropologische Trias von Sensibilität, Mitleid und natürlicher Soziabilität nachzuweisen versucht.[146] In der naturmagisch grundierten Populärphilosophie schließlich folgerte man aus ihr ein kosmisches, daher auch sozial wirksames System unbewusster Wechselwirkungen. Hufeland etwa apostrophiert »das unsichtbare Band, welches alle, auch die entferntesten Körper, als Glieder Einer Kette, mit einander

---

143 Smith 1770, 11, 29.
144 Vgl. Jürgen Richter, *Die Theorie der Sympathie*, Frankfurt am Main u. a. 1996, 148, 289, 360, 377, passim.
145 Francis Hutcheson, *An inquiry into the Original of Our Ideas of Beauty and Virtue in two treatises […]*, o. O. 1738, II. Sect., V., 239f.
146 Vgl. hierzu ebenda, I. Sect., VII., 84ff. sowie Jean-Jacques Rousseau,»Discours qui a remporté le prix à l'académie de Dijon en l'année 1750«, in: *Über Kunst und Wissenschaft – Über den Ursprung der Ungleichheit unter den Menschen*, Hamburg 1955, 2-61. – Vgl. zudem David Hartley, *Observations on Man. His Frame, his Duty, and His Expectations*, Bd. I., London 1810, 484ff. (zu den Klassen sympathetischer Affektion) und 488f. (Irritabilität und Mitleid) sowie Pierre Jean George Cabanis, *Œuvres philosophiques*, Paris 1956, Rapport X, v. a. 578.

verknüpft und in gegenseitige Relationen setzt. [...] Deshalb herrscht in der ganzen Natur, neben dem Streben sich zu individualisieren, ein entgegengesetztes Streben, diesem egoistischen Leben zu entsagen, und sich mit dem Ganzen zu vereinigen«.[147]

Sympathetische Dichtung befleißigt sich dieser Konzeption, um sie in weitergehenden Entwürfen einer kommunikativen Semiose auszuschreiben. Werthers zwischenzeitlich sympathetischen Bande mit Lotte etwa sind nicht auf – ohnehin unmögliche – Gegenwärtigkeit, sondern auf ein abwesendes *tertium comparationis* angewiesen: Einmal ist es eine »wechselseitige Neigung zu diesem Plätzchen«, die beider »geheimer sympathetischer Zug« erweckt, einmal die »Stelle eines lieben Buches, wo mein Herz und Lottens in einem zusammentreffen«.[148] »Medium« einer solchen sympathetischen Vereinigung ist, wie Blanckenburg schreibt, einerseits das Seelenvermögen, »das Herz, diese ganze Geists= und Gemüthsverfassung der Person, auf welche gewirkt wird«, andererseits der Bestand geldwerter »Reichthümer«, den der Sympathetische nach Mistelet »durch so viel Hände, als er nur kann, circuliren zu lassen« hat.[149] Eingedenk dieses Zusammenhangs rechnete Johann Jacob Duschs *Sympathie. Ein Gedicht zur Unterstützung einer unglücklich gewordenen Familie* keineswegs umsonst mit der freiwilligen »Wohlthätigkeit eines jeden Käufers«.[150] Schließlich war es mittlerweile zur natürlichen Pflicht eines jeden lesenden Menschen geworden, nicht nur der Dichtung ein angemessenes Opfer darzubringen, sondern vor allem den sympathetischen Banden. Diese nämlich betreffen, wie Burke festgestellt hatte, nicht nur das Schöne und Angenehme, sondern auch die Selbsterhaltung des Einzelnen und mit ihm der gesamten Gesellschaft. »Sympathie beruht auf übereinstimmender Organisation und Bildung«, schreibt Knigge, und sie ist, wie Herder feststellt, eine real wirksame gesellschaftliche Einbildung, »ein Band, das von keiner Mechanik abhängt, das sich nicht weiter erklären läßt, indes geglaubt werden muß, weil es da ist«.[151] Als Psychotechnik und ökonomisches Steuerungsinstrument *par excellence* ist die trotz allem »natürliche« Sympathie dazu prädestiniert, das Bildungsunternehmen »Ästhetik« längerfristig zu beschäftigen.

Dessen Begründer Baumgarten hatte in Absetzung von seinem Lehrer Wolff den Stellenwert des Individuellen durch Aufwertung der »unteren Seelenkräfte« stark gemacht. Darauf konnte dann eine Vermögenslehre fußen, die schon bei Meier, mit Nachdruck dann bei Tetens, Sulzer und dem frühen Herder ins Psy-

---

147 Christoph Wilhelm Hufeland, *Über Sympathie*, Weimar 1811, 2f.
148 Goethe 1988/VI., 56, 75.
149 Blanckenburg 1965, 260 und Mistelet 1778, in: Doktor/Sauder 1976, (115-117), 116.
150 Johann Jacob Dusch, *Sympathie. Ein Gedicht zur Unterstützung einer unglücklich gewordenen Familie*, Altona 1774, »An den Leser«: »daher ich es der Wohlthätigkeit eines jeden Käufers überlasse, den Preiß ihres Exemplars selbst zu bestimmen.«
151 Knigge 1978, 30f. und Johann Gottfried Herder, »Vom Erkennen und Empfinden der menschlichen Seele«, in: *Werke in Zehn Bänden*, Frankfurt am Main 1985f., Bd. IV., (327-394), I. Versuch, 335. – Vgl. zudem Burke 1989, 72, 78.

chologische, in eine Wissenschaft der Empfindung gewendet wurde.[152] Sulzer und Lessing leiteten aus den damit eröffneten Möglichkeiten einer sympathetischen Mitleidsästhetik schließlich die pädagogische Maxime ab, »harte und unempfindliche Seelen [...] allmählig empfindsam zu machen«, denn gerade der »*mitleidigste Mensch ist der beste Mensch*«.[153] Gellert etwa hatte noch strikt zwischen der »Erlernung der schönen Künste« und der »Tugend«, die durch jene bestenfalls »angenehmer« werde, unterschieden, doch bereits für die Moralischen Wochenschriften der zweiten Jahrhunderthälfte war das Gute »nichts anders, als das Schöne in der Ausübung. Beyde sind unzertrennlich, und haben in der Natur einen gemeinschaftlichen Ursprung. Eine Seele, auf welche der Reiz der Tugend Eindruck macht, muß gegen alle andere Arten der Schönheit fühlbar seyn«, sind doch die schönen Künste »von jeher das allgemeine Mittel gewesen, Recht und Ordnung zu erhalten«.[154] Ist also – nach dem Muster des *moral sense* – der »Empfindlichkeit« *per se* moralische Positivität abzugewinnen, kann von ästhetischer Polizierung die Rede sein.

Wie bei Lessing ist »Mitleid« – zuweilen auch als »Rührung« oder Sympathie bezeichnet – nicht allein in moralischen Begriffen zu erfassen. Es ist keine Philanthropie, sondern deren Möglichkeitsbedingung, oder genauer: es fungiert als Übertragungsbedingung aller imaginär-sympathetischen Kommunikation. Es aktiviert ein allgemeinmenschliches Vermögen und wirkt deshalb weitaus effizienter und extensiver als jeder Ausnahmefall von *admiratio*. Die Bewunderung nämlich »bessert vermittels der Nacheiferung, und die Nacheiferung setzt eine deutliche Erkenntniß der Vollkommenheit, welcher ich nacheifern will, voraus. Wie viele haben diese Erkenntniß? Und wo diese nicht ist, bleibt die Bewunderung nicht unfruchtbar? Das Mitleiden hingegen bessert unmittelbar; bessert, ohne daß wir selbst etwas dazu beytragen dürfen; bessert den Mann von Verstande sowohl als den Dummkopf.«[155] Damit gibt Lessing nicht nur ein Plädoyer gegen die repräsentative Ästhetik der heroischen oder Märtyrertragödie ab, sondern erhebt den Gleichklang der Vermögen zum Charakteristikum des Ästhetischen. Das in empfindsamen Schriften immer wieder angeführte Gleichnis der schwingenden Saiten präzisiert er insofern, als es der Mitleidsästhetik weniger um die berührte als um die von sich aus bebende Saite zu tun ist: Ohne auf einen bestimmten Gegenstand oder den realen Ursprung ihrer Empfindung angewiesen zu sein, empfinden die Empfindsamen ihren Affekt *als* Affekt. Dieser Affekt zweiter Ordnung besorgt von sich aus die Kommunikabilität unter den Sympathetischen. So gesehen ist es die gegenseitige und die Selbstbeobachtung (und

---

152 Vgl. Klaus R. Scherpe, *Gattungspoetik im 18. Jahrhundert. Historische Entwicklung von Gottsched bis Herder*, Stuttgart 1968, 265.
153 Art. »Mitleiden«, in: Sulzer 1786/Bd. III., 329 sowie Lessing in: Gotthold Ephraim Lessing, Moses Mendelssohn und Friedrich Nicolai, *Briefwechsel über das Trauerspiel*, München 1972, 55f.
154 Christian Fürchtegott Gellert, »Von dem Einflusse der schönen Wissenschaften auf das Herz und die Sitten. Eine Rede, bey dem Antritte der Profession« (1751), in: Gellert 1991ff./ V., (175-194), 183, sowie *Die Meinungen des Babet 1774*, Vorrede und *Der Hypochondrist 1762*, 3, zit. nach: Martens 1968, 453f.
155 Lessing/Mendelssohn/Nicolai 1972, 66.

keineswegs der intervenierende Akt gleich welcher Souveränität), die die mitleidigen Wurzeln sämtlicher Menschen offen legt und sie damit »dem unendlichen Felde unserer Einbildungskraft«[156] eingliedert. Nicht der theatralische »Jammer« über »die kleinen wimmernden Schlachtopfer«[157], sondern der moderierte, weil reflektierte und übertragbare Affekt ist das Ziel der lessingschen Übertragungsästhetik.

Als Schule des naturgemäßen und produktiven Vermögensgebrauchs fungiert die Ästhetik von Baumgarten bis zu Lessing als eine quasi-anthropologische Disziplin, in der sich das neue Wissen vom Menschen organisiert, so wie es von der Assoziationstheorie und den ersten disziplinären Anläufen empirischer Psychologie bis hin zur Medizin und frühen Kulturtheorie erarbeitet wird. Unter dem Vorzeichen einer sympathetischen Vergesellschaftung der vereinzelten, aber empfindsamen Subjekte stellt diese »Gemütererregungskunst« zuletzt ihre theoretische Basis, die wolffsche Metaphysik, vom Kopf auf die Füße, wie man sagen könnte: nämlich vom logischen Begriff auf die Empfindung.[158] Leibniz' Monadologie und prästabilierter Harmonie lag nicht zuletzt der Versuch zugrunde, die im Gefolge des Cartesianismus zerbrochene anthropologische Einheit von geistigen und materiellen Prozessen vermögenstheoretisch wiederherzustellen.[159] Die Erforschung der *gemina natura*, seit erstmaligem Auftauchen einer »anthropologia« genannten »doctrina humanae naturae« Ende des 16. Jahrhunderts deren Hauptproblem, wurde durch die wissenschaftlich-experimentelle Ausrichtung der Cartesianer zwar angestoßen, durch die strikte Dichotomisierung von *res cogitans* und *res extensa* aber zugleich gehemmt. Mit dem Assoziationismus John Lockes rückten dann Seele und Verstand in ihrer Wechselwirkung mit den organischen *powers* des Menschen ins Blickfeld, so dass die Vermögenstheorie allmählich eine empirisch psychologische Richtung einschlagen konnte und mehr auf Funktionsprinzipen denn ontologische Bestimmungen abhob. Lockes Kritik der *ideae innatae* hatte überdies den Weg für eine Geschichte der Vermögen freigemacht.

In der deutschen Psychologie war freilich zunächst noch Wolffs Unterscheidung zwischen einer *psychologia rationalis* und einer *psychologia empirica* maßgeblich. Nur auf Umwegen konnte es hier zum Siegeszug des psychologischen Empirismus kommen. Bis dahin nahm die Ästhetik eine Art Stellvertreterposi-

---

156 Lessing 1995, 46.
157 Ebenda, 601.
158 Novalis in seinen *Fragmenten und Studien von 1799-1800*, in: Novalis 1987, (519-567), 544. Laut Meier sind »sind die Empfindungen unsere ersten Begriffe, aus denen wir nach und nach alle unsere übrigen Begriffe, und also auch die logischen, erschaffen [...]Und da wir Menschen keinen einzigen deutlichen Begrif haben, der ganz und gar deutlich wäre, so besteht der deutliche Begrif endlich aus sinnlichen, als aus seinen allerersten Theilen. [...]Die Aesthetik bereitet also der Vernunftlehre die Materialien, woraus sie die deutliche Erkentniß zusammensetzt.« (Georg Friedrich Meier, *Anfangsgründe aller Schönen Wissenschaften*, Hildesheim/New York 1976, Theil III., §. 544/7f.)
159 Vgl. Mareta Linden, *Untersuchungen zum Anthropologiebegriff des 18. Jahrhunderts*, Bern/Frankfurt am Main 1976, 38, und zur frühen Anthropologie: ebenda, 2f.

tion wahr, wenn auch nicht so sehr innerhalb des von Wolff abgesteckten Rahmens, in dem etwa Gottsched verblieb, als er ästhetische Urteile noch gut rationalistisch als bloße Verstandesurteile aus Anlass einer sinnlichen Empfindung konzipierte. Vielmehr war es zunächst – und mit Rekurs auf das gesamteuropäische Projekt der Empfindsamkeit – die Gattungslehre, die durch »Übertragung psychologischer Methoden auf die Poetik [...] die verwandte Disposition beider Disziplinen nahegelegt«[160] hatte. Mercier etwa schlug in seiner Theatertheorie vor: »Man könnte die Seele eines jeden Menschen nach dem Grade der Rührung, die er im Schauspiel blicken läßt, ausmessen.«[161] Vor allem aber der empfindsame Roman konnte einem derartigen Projekt der Seelenvermessung dienstbar werden: Einerseits verlangte er seinen Figuren und Lesern die bewusste Steigerung ihrer Empfindungs- und Imaginationskräfte ab, andererseits operierte er mit dem Unbewusstwerden dieser Vermögensleistungen, um in einem dritten Schritt gerade die (unsagbare) Differenz von Bewusstem und Unbewusstem reflektier- und kommunizierbar zu machen. Damit wurde der Roman »zum ausgezeichnete Exerzierfeld und Medium der neuen Anthropologie.«[162]

Lamberts »psychophysischen« Forschungen und Gleichungen zum Verhältnis von Imaginärem und Realem, anhand derer sich die Einheit des intakten und »vollständigen Bewußtseins, und dessen Teile erkennen und ausmessen ließen«[163], die Hinwendung zum *influxus physicus*, der anders als der *influxus animae* nicht nur spekulativ, sondern empirisch zu bestimmen ist, Albrecht von Hallers Versuchsreihen zur Irritabilität und Sensibilität[164] und schließlich der Wechsel von der Humoralpathologie, einem noch auf die Antike zurückgehenden Balancemodell der Körpersäfte, zur Assoziationspsychologie, der ja gerade die empfindsame Ästhetik mit ihren metonymischen und metaphorischen Substitutionsreihen von Tränen und verpönteren Körperflüssigkeiten einerseits und von Empfindungen und imaginären Ursprüngen andererseits geprägt hatte[165] – all diese Entwicklungen beförderten die naturwissenschaftliche Neuausrichtung ästhetischer Theorie, weshalb nun auch auf ihrem Felde gelten sollte, dass »keine *Psychologie*, die nicht in jedem Schritte bestimmte *Physiologie* sei, möglich« ist.[166]

Romane wie Sternes *Tristram Shandy* (1759-1767) stehen unter dem Verdikt, dass die (psychologische) Geschichte der Charakterbildung eine Geschichte von (physiologischen) Kontingenzen ist, weshalb die Handlung die Bahnung zufälliger Assoziationen nimmt, das gelehrsame Erzählen selbst aber die Unabschließ-

---

160 Scherpe 1968, 140.
161 Mercier 1967, I. 17.
162 Schings in: Fabian 1980, 266.
163 Lambert 1990, §. 26, 820, vgl. zudem ebenda: V. Hauptstück und §. 66, 678.
164 Besonders an diese Untersuchungen knüpfte sich die Hoffnung, dass »es nicht unmöglich seyn wird, die Strenge des Calkuls eben so auf die Bewegung der moralischen Kräfte anzuwenden, wie itzt auf die physischen.« (Maaß 1794, 6. Brief, 73f.)
165 Zu diesem Wechsel vgl. Johann Ernst Gruner, »Ueber den Zweck der Thränen«, in: *Magazin zur Erfahrungsseelenkunde als ein Lesebuch für Gelehrte und Ungelehrte*, Bd. VIII., 1., Berlin 1791, 20f., in: Gerhard Sauder, *Empfindsamkeit. Quellen und Dokumente*, Bd. III., Stuttgart 1980, 76f.
166 Herder 1985ff./IV., 340.

barkeit und Unwahrscheinlichkeit anthropologischer Positivierung und Individualisierung demonstriert, sich mithin in Digressionen erschöpft.[167] Die experimentelle Entregelung und statistische Erfassung der Einbildungskraft, so wie sie künftig in der naturwissenschaftlichen Psychologie versucht werden wird, hat in Romanen wie *Wilhelmine Arendt* ihr poetisches Vorbild. Wezels Studie zu den »Gefahren der Empfindsamkeit« setzt nicht nur Dichtung mit pathogener Kommunikation gleich, sondern supplementiert die Erzählung mit editorischen Fußnoten zu Wilhelmines letzten und unabgesandten Briefen: Wie empfindsame Romane überhaupt sind diese im strikten Sinne unlesbare Dokumente einer kommunikationsvernichtenden übermäßigen »Stärke der Imagination«, und insofern die ziellose Empfindung eigentlich keine Adressaten hat, sind sie überhaupt an nichts Reales und niemand Realen gerichtet. Der Kommentar des Herausgebers oder Autors entspricht deswegen einem ärztlich-graphologischen Gutachten, das die reale Zerrüttung einer imaginär Todgeweihten diagnostiziert: »Die Schrift ist äusserst zitterhaft, und sie scheint das Blatt in einem der schwärzesten melancholischen Anfälle ergriffen zu haben, wie es sich darbot, blos um ihre Empfindungen auszuschütten.«[168] Die empfindsame Dichtung fungiert als Aufschreibesystem der entstehenden normalisierenden Menschwissenschaften. Die Inklusion aller »Menschen« und die präzise Registratur sämtlicher Devianzen, nicht zuletzt der bislang namenlosen, gehen hierbei Hand in Hand. »Aus den vereinigten Berichten mehrerer sorgfältiger Beobachter des menschlichen Herzens könnte eine *Experimentalseelenlehre* entstehen«, schreibt Moritz zum Magazin seiner avisierten Erfahrungsseelenkunde. »Es soll die Geschichte von den Krankheiten der Seele aufbewahren [...]. Auf diese Weise entwerfe ich mir zuweilen Tabellen von einigen der abstechendsten Charaktere«.[169]

Während nun die Anthropologie der Zeit den Begriff der Seelen- und Gemütskrankheit mit großem Aufwand theoretisch entwickelte, um ihn dann mit einer – wie auch immer ausgemittelten – Norm in Beziehung zu setzen, hob die philanthropische und »restaurativ« genannte Empfindsamkeit auf die alten moralphilosophischen und theologischen Leitsätze ab. Ihre stereotypen Diagnosen betrieben nur insofern Ursachenforschung, als sie von krankhafter »Empfindeley« auf eine vorausgegangene Verfehlung, zumeist die Lektüre empfindsamer Dichtung, schlossen.[170] Dass es sich dabei um eine höherstufige Diskurskritik *innerhalb* des empfindsamen Diskurses handelt, wird durch die zunächst einzig zu Gebote stehende »Arzenei« erkennbar: Jugend- und Erziehungsbücher sowie praktische

---

167 Vgl. hierzu Laurence Sterne, *Leben und Ansichten von Tristram Shandy, Gentleman*, Frankfurt am Main 1998, etwa 159. Vgl. zudem David Wellbery, »Der Zufall der Geburt. Sternes Poetik der Kontingenz«, in: v. Graevenitz/Marquard 1998, (291-318), v. a. 304, 308.
168 Wezel 1783, 313, Anm. Vgl. zudem ebenda, 338 und 327, Anm.
169 Karl Philipp Moritz, »Ansichten zu einer Experimentalseelenlehre«, in: *Werke*, Bd. III.: *Erfahrung, Sprache, Denken*, Frankfurt am Main 1981, (85-100), 88, zudem ders., *Magazin zur Erfahrungsseelenkunde*, in: ebenda, (101-168), 167, 115.
170 Vgl. Anonymus, *Das in Deutschland so sehr überhand genommene Uebel der sogenannten Empfindsamkeit oder Empfindeley [...]*, o. O. 1782, 8f.

Sympathien und die neue Vermögensordnung 181

Anleitungen zur richtigen Maß- und Haushaltung. Die normalisierende Zielsetzung, sämtliche Gesellschaftsmitglieder »die Extreme vermeiden zu lehren«, wurde nur gelegentlich zur Forderung nach Einlieferung in Arbeits-, Haft- und Heilanstalten verschärft. Wichtiger, weil tatsächlich im Möglichkeitsbereich der empfindsamen Kritik, war die Maxime, ihres »möglichsten Gleichgewichts« halber sämtliche Gemütsvermögen zu »ökonomisieren«.[171] Campe zielt in dieser Sache insbesondere auf die von ihm als »abgeleitet« und »unnatürlich« bezeichneten Kräfte, die durch Hybridisierung der natürlichen Seelenvermögen entstanden sind und auf keiner funktionalen Realitätsbasis aufbauen können, die also ihre imaginäre Ursprungssetzung nicht mit den Maßgaben ökonomischer und polizeylicher Vernunft zu vereinbaren vermögen. Wie Carl Theodor Beck konstatiert, sind Empfindungen, die, »ohne eigentlich von außen determinirt zu werden«, also auf ökonomisch inkonvertibler Selbstaffektion beruhen, krankhafte *und* wertlose Gefühle. »Empfinde nie, ohne was Empfindenswerthes zu denken; sonst bist du ein Empfindler«, lautet die verbindliche Schlussfolgerung, pervertiert doch ein Empfindler, wie der Arzt Zimmermann feststellt, jede Gemütsökonomie: »Sich selbst und alles Gute opfert er seinen Hirngespinsten auf«.[172]

Diese Kritik der »Empfindeley« durchdringt zwar die systematische Konversion von Zeichen und Wert, weiß aber wenig auszurichten gegen ihre Eigenart: gegen jene Willenskrankheit, die dem Betroffenen nicht nur das Vermögen zur Genesung raubt, sondern auch das Bewusstsein um seine Lage, so dass er »nicht einmal in den Zwischenräumen der Krankheit weis, daß er wirklich krank sey, noch weniger davon zu überzeugen ist.«[173] Die krankhafte und humoralpathologisch unheilbare Selbstregulation dieses Syndroms, deren Unbewusstwerden und die systemische Abschließung von aller Außenwelt ist für Philanthropen unverständlich, sie verlangt nach »anthropologischen« Romanciers wie Wezel. Der Fall Wilhelmine Arendt, jene »unglückliche Frau, die zum Opfer ihrer Empfindsamkeit bestimmt war«, ist nur vor dem Hintergrund ihrer poetischen Krankheitsgeschichte, einer Art negativem Bildungsroman, zu bewerten.[174] Auch Jacobis empfindsame Romane reflektieren diesen moralisch undurchdringlichen Zusammenhang: Gegen die rekursiv gesteigerte »Willenskrankheit«, gegen deren unablässigen Zwang zur »Aufopferung« der Vermögen muss, wie es im *Woldemar* heißt, unbedingt die Freiheit der Vermögen, d. h. *das* menschliche

---

171 Campe 1785, 294, 316.
172 [Carl Theodor Beck], *Ernst, Gefühl und Laune,* München 1784, 167f., in: Sauder 1980, (45-48),46f. sowie Zimmermann 1784/85, Bd. II., 3.
173 *Das in Deutschland...* 1782, 6.
174 Wezel 1783, 287. Vgl. zur systemischen Schließung, zur vergeblichen humoralpathologischen Kur und zum Unbewusstwerden: ebenda, 91, 120ff., 291. Vgl. zudem zur unverzichtbaren Individualisierung: ebenda, Vorrede, 2ʳ, wo es heißt, die Empfindsamkeit »ist verschiedner Schattirungen fähig, die aus Temperament, Organisation, Erziehung, Beispiel, Angewohnheit, Lektüre, Empfindungsart, Stärke oder Schwäche der Imagination und des Verstandes, und vorzüglich aus dem Verhältnisse dieser beyden Seelenkräfte gegen einander entstehen [...]: sie ist bey jedem Menschen anders und äussert sich bey Jedem anders, weil Jeder einen andern Charakter hat.«

Vermögen schlechthin, verteidigt werden: »Freyheit läßt sich nicht aufopfern: es ist eine Sache, die nur im freyesten Tausch gewechselt werden kann.« Jacobis *Allwill*, von ihm in einen Brief an Hamann als Beitrag zur Naturgeschichte des Menschen bezeichnet, denunziert denn auch die dem Namen nach »ursprüngliche« und »natürliche« Selbstaffektion der Empfindsamen als artifizielle »Unmäßigkeit, welche alle Bedürfnisse vervielfältiget und gränzenlosen Mangel schafft, mit seinen unendlichen Nöthen«.[175]

Doch wurden gerade poetische Studien über die »unendlichen Nöthe« zur Zielscheibe restaurativer Empfindsamkeitskritik. Im Falle Werthers ist entscheidend, dass seine »Krankheit zum Tode« tatsächlich zum Selbstmord führt und nicht, wie noch in Gellerts Schwedischer Gräfin, der gestörten Ökonomie der Gemütskräfte durch Zuschuss eines bestimmten Geldbetrags abgeholfen werden kann. Hieß es schon in Nicolais Werther-Parodie, »daß mehr Stärke des Geistes dazu gehöre, *bürgerliche* unvermeidliche *Verhältnisse* ertragen, als, wenn *tobende endlose Leidenschaft* ruft, einen gähen Berg (ohn' Absicht) klettern«, wurde dem Helden und damit dem Roman selbst vorgeworfen, der Willenskrankheit freien Lauf zu lassen und damit jener »Pest der Menschheit« Vorschub zu leisten, die bereits Millers *Siegwart* in die Welt gesetzt habe.[176] Angesichts der umfassenden Mobilmachung gegen diese »Krankheit«, die man »fast als epidemisch ansehen« musste, blieb Lenz' Verteidigungsschrift unbeachtet.[177] Weil sie die unablässig kommunizierte, die seuchenartige Pathologie der Willenskrankheit nicht in den Griff bekommen konnte, setzte die Kritik der Empfindsamkeit auf eine doppelte Prävention: einerseits die Unterbrechung empfindsamer Kommunikation durch Druckverbote oder Bücherverbrennungen, andererseits ein fast rituelles Reinlichkeitsgebot,[178] das in Form einer hausväterlich grundierten Diätetik Inneres wie Äußeres purgieren sollte.

---

175 Jacobi 1969, 43 und Jacobi 1962, 100. Vgl. zudem ebenda, 192f.: »Sie verglichen den großen Haufen unsrer Studierenden mit Leuten, die gar emsig hin und her liefen, um zu suchen – was sie nicht verlohren hätten, wessen sie auch weiter nicht bedürften. [...] Aber sagen Sie mir, lieber Eduard, ist es eine reellere Sache um das müßige Sammeln von *Empfindungen*, um das Bestreben, *Empfindungen -- zu empfinden*, *Gefühle -- zu fühlen*; findet nicht hier eine eben so ungereimte Absondrung statt, wie dort bey'm Wissen?«

176 Vgl. Gellert 1985, 138 und Friedrich Nicolai, *Freuden des jungen Werthers. Leiden und Freuden Werthers des Mannes. Voran und zuletzt ein Gespräch*, Berlin 1775, 41f., faksimiliert in: Klaus Scherpe, *Werther und Wertherwirkung. Zum Syndrom bürgerlicher Gesellschaftsordnung im 18. Jahrhundert*, im Anhang: Vier Wertherschriften aus dem Jahre 1775 in Faksimile, 2. Aufl., Wiesbaden 1975. Zudem Bergk zu Siegwart in: Bergk 1971, 264.

177 Möser 1986, 55 und Jakob Michael Reinhold Lenz, »Briefe über die Moralität der Leiden des jungen Werthers«, in: *Werke und Schriften*, Stuttgart 1966, (383-402), 393: »Eben darin besteht Werthers Verdienst daß er uns mit Leidenschaften und Empfindungen bekannt macht, die jeder in sich dunkel fühlt, die er aber nicht mit Namen zu nennen weiß. Darin besteht das Verdienst *jedes Dichters*.«

178 Vgl. hierzu etwa »Von der Reinlichkeit«, in: *Iris 1774*, Bd. IV, 1. Stück, (133-142), 141f.: »Ueberhaupt bin ich versichert, daß äusserliche Reinlichkeit auf das Innere grossen Einfluß habe [...]. Daher die Unschuld im weißen Gewand', unter Lilien; das Baden vor den Opfern, das Verbot, keinen Altar mit unreinen Händen zu berühren, und nichts beflecktes in den Tempel zu bringen. Die gesitteten Völker alle kommen hierinn überein.«

»Kann man seine müßige Stunden nicht auf das Leben, auf seine Haushaltung, auf die Vorbereitung zu seinen Geschäften, auf vernünftige Unterredungen, Spaziergänge u. [?] mit besserem Anstande, und Vortheile verwenden?«, heißt es in Halles *Encyclopédie*.[179] Neben der »Vorbereitung auf Geschäfte« meinte aber gerade aus der Perspektive einer hausväterlich verstandenen Ökonomie »Verwendung für das Leben« nichts anderes als eine geregelte »Ökonomie der Liebe«.[180] Einen »Band vom *Grandison*, oder eine[n] von der *Clarissa*, mit einer großen Feyerlichkeit auf einem der Klugheit geheiligten Altare« zu verbrennen und »einem Hause klüglich vorzustehen, und ein Kind vernünftig zu erziehen«[181] folgt dabei ein und derselben Zielsetzung: den Empfindsamen ihren Opfergeist auszutreiben, indem ihre korrupten Vermögen in die normalisierende Familienökonomie investiert werden. Schließlich diente die bürgerliche Kleinfamilie des 18. Jahrhunderts als Hauptagent der Medikalisierung und Normalisierung *des Menschen*, weshalb alle heilsame Ökonomie und alle nötigen »Anstalten […], welche seinem eigenen Vermögen zuvorlaufen«, hier ihren Anfang zu nehmen haben.[182]

Zu diesen »Anstalten« rechnete zunächst das Programm einer Diätetik der Vermögen. Bereits Leibniz hatte eigene Reihenuntersuchungen zur Evaluierung unterschiedlicher Diäten vorgeschlagen, ehe die Diätetik bis zum Ende des 18. Jahrhunderts als eine spezifische Form der »medizinischen Polizey«, als Selbstmedikalisierung und protokollarisch genaue Selbstbeobachtung durchgesetzt werden sollte.[183] Wie in Hartleys *Observations on Man* war zwischenzeitlich das Konzept einer Ansteckung der Vermögen assoziationspsychologisch unterbaut worden, so dass auch von wissenschaftlicher Warte aus betont werden konnte, »how watchful every person, who desires true chastity and purity of heart, ought to be over his thoughts, his discourses, his studies, and his intercourses with the world in general, and with the other sex in particular. […] To which must be added great abstinence in diet, and bodily labour, if required.«[184] Wenn, wie in Hallers Physiologie, »thierische Haushaltung« und Anthropologie gleichgesetzt werden, »gränzt Physiologie an Diätetick«; und wenn für Philippe Pinel, den Begründer der modernen Psychiatrie, die Diätetik einer »police intérieur« gleichkommt, schießen Anthropologie, Vermögensbildung und gute Ordnung zu ein und demselben Projekt zusammen.[185] Gute Diät »mäßigt und regelt das

---

179 *Kleine Encyclopedie oder Lehrbuch aller Elementarkenntnisse*, Bd. II., Berlin/Leipzig 1780, 616.
180 Wieland 1937, III. 15. 2/474.
181 Isaak Iselin, »Väterliche Warnungen« (1770), in: Doktor/Sauder 1976, (42-47), 46f.
182 Johann Daniel Salzmann, *Kurze Abhandlungen über einige wichtige Gegenstände aus der Religions- und Sittenlehre*, Stuttgart 1966, 141. Vgl. zudem Michel Foucault, *Les Anormaux. Cours au Collège de France (1974-1975)*, Paris 1999, 238.
183 Vgl. hierzu Christian Barthel, *Medizinische Polizey und medizinische Aufklärung*, Frankfurt am Main/New York 1989, 76, 114.
184 Hartley 1810, 251f.
185 Albrecht Haller, *Grundriß der Physiologie. Teil I.: Die Grundstoffe des menschlichen Körpers, seine Lebens= und thierischen Verrichtungen*, Erlangen 1795, 2f. sowie Pinel, zit. nach: Wolfgang Riedel, *Die Anthropologie des jungen Schiller. Zur Ideengeschichte der medizinischen Schriften und der ›Philosophischen Briefe‹*, Würzburg 1985, 57.

Leidenschaftliche«, wie Hufeland in seiner populären *Makrobiotik* schreibt. »Sie bildet gesellschaftliche und Staatenverbindungen, wodurch gegenseitige Hilfe, Polizei, Gesetze möglich werden, die mittelbar auch auf die Erhaltung des Lebens wirken«. Der in diesem Sinne mit seinen Vermögen Maßhaltende »entwirft und prüft, er räth und tröstet, er berechnet Nutzen und Schaden, sieht Schwierigkeiten vorher und hebt sie, und diese Geschäftigkeit zieht ihn so ausser sich selbst, daß ihm seine Gefühle nicht so stark mit sich fortreissen können«.[186] Damit ist der Doppelschritt vom »Ganzen Haus« der klassischen Ökonomie in die kaserniert empfindsame Sphäre der Kleinfamilie hinein und von dort wieder in die gesamtgesellschaftliche Ökonomie hinaus gemacht. Mikro- und Makroökonomie kommen zur Deckung im sympathetischen »Verhältniß meiner Besitzthümer zu den Bedürfnissen – meiner Bedürfnisse zu den Besitzthümern des andern – Je geistiger, innwohnender, je tiefer gewurzelt in meiner und des andern Natur diese Besitzthümer und diese Bedürfnisse sind – desto inniger, fester, unzerstörbarer, physiognomischer die Freundschaft [...] das ist sie so unzertrennlich wie die Vereinigung der Glieder Eines Leibes – das ist, nur zertrennbar durch Tod und äußere fremde Gewaltthätigkeit.«[187]

Fortan wird der Mensch darum bemüht sein, seine inneren wie äußeren Vermögen zu bilden, indem er deren Einsatz moderiert und deren Verluste kompensiert, oder besser: indem er die vormals providentielle Kompensation dieser Verluste selbst in die Hand nimmt. »Wenn ich die Summe meines häuslichen Glücks als Kapital in Anschlag bringe«, heißt es in Musäus' *Stillager*, dann wird »begreiflich, wie negative Attribute Ihres häuslichen Glücks, als Trennung und Abwesenheit, die Summe desselben eh' mehren als mindern.« Der Empfindsame ist der »Kaufmann« seiner eigenen Empfindungen, und dieses Kapital mehrt er durch Übertragungen – »das ist der imaginäre Umgang mit meinen Lieben«.[188] Insofern verkennt es die Zielrichtung der Empfindsamkeit, wenn Goethes *Werther* »schlechte Haushaltung« vorgeworfen oder sein Selbstmord auf die »pestilenzialische Sucht der Lotterien« zurückgeführt wird. »Lieben ist menschlich, nur müßt ihr menschlich lieben! Teilet Eure Stunden ein [...] Berechnet Euer Vermögen«[189], lautet Werthers Lektion. Wenn er zu guter Letzt die Armen im voraus freihält, seine Bücher zurückgeben und seine Konten begleichen lässt, folgt Werther – und mit ihm eine ganze Generation – noch bis zum Tode dieser Logik der Vermögen.

---

186 Christoph Wilhelm Hufeland, *Makrobiotik oder Die Kunst das menschliche Leben zu verlängern*, Recklinghausen 1932 (nach der 3. Aufl. 1805), 151 sowie Johann August Eberhard, »Nachschrift über den sittlichen Werth der Empfindsamkeit«, in: Bährens, 1786, (117-142), 124.
187 Lavater 1775, Bd. III., 35. Zum Balancemodell vgl. Corinna Wernz, *Sexualität als Krankheit. Der medizinische Diskurs zur Sexualität um 1800*, Stuttgart 1993, 214f., 290.
188 Musäus 1778/79, 136ff., in: Doktor/Sauder 1976, (147-151), 147ff.
189 Nicolai 1775, 49 und Goeze 1775, 10, in: Scherpe 1975 sowie Goethe 1988/VI., 16.

Fünftes Kapitel

System der Vermögen – Der polizierte Mensch

1. Bildungspolizey

Aus polizeylicher Perspektive ist das Ethos der reinen »Aufopferung« idealistisch, was heißt: kontraproduktiv. Der Wiener Kameralist und Polizeywissenschaftler Josef von Sonnenfels, neben Justi der damals wohl prominenteste Vertreter seiner Disziplin, stellt deswegen im Anhang seines Bildungsromans *Der Mann ohne Vorurteil* klar: »Alle diese hochtrabenden Wortkrämereyen von *Selbstverlägnung* [sic], von *Aufopferung, Uneigennutz*, und wie die Schallwörter imer heissen mögen, laufen dahinaus, das *Unmögliche* zu fodern, und daher auch *Nichts* zu erhalten«. Die »reinen« Opferrituale der Empfindsamen sind, kameralistisch gesehen, eine leere und bloß imaginäre Tätigkeit. »Selten sind unsere Aufopferungen tätig«, wird es später in Goethes *Wilhelm Meister* heißen, »wir tun gleich Verzicht auf das, was wir weggeben.«[1] Sonnenfels hatte bereits 1761 aus Anlass von Maria Theresias Geburtstag *Das Opfer. Ein Schäferspiel von einem Aufzuge* verfasst. Als Rokokostück zu fürstlichen Ehren ging somit über die höfische Bühne, was zuletzt den empfindsamen Lesern und Liebenden zu ihrer Heilung gereichen sollte: eine Initiation in den wahrhaft gottgefälligen Opferdienst, eine Lehrstunde in Sachen polizeylicher Regulierung. Die Opfergaben sind nicht mehr privatim und für ein »Nichts«, sondern nach einem vernünftigen Regularium auf dem Altar des Gemeinwesens darzubringen. Sie sind entsprechend ihres Nutzwertes für die »Glückseligkeit« möglichst aller zu verteilen. »Bring das Kleid der armen Bewohnerinn der Hütte, die heut' ihre tugendhafte Tochter ausstatten soll! […] Ein unbehülflicher Greis liegt in der Höhle verlassen darnieder. Stelle deine Kirschen ihm vor! […] Und du Knabe, dein Vogel soll nicht geschlachtet werden! Schenk' ihm die Freyheit!«[2] An die opferwilligen Subjekte ergeht von höchster und polizeylicher Stelle der pädagogische Imperativ zur *epoché* der Aufopferung. Doch wer sind diese polizierten Subjekte, die nicht mehr einem repräsentativ und kultisch begründeten System der Aufopferungen unterstehen sollen, die in Sonnenfels' Schäferspiel als schwärmerische »Opferjünglinge« mitsamt ihrer Schwestern zur polizeylichen Räson gebracht werden und denen Sonnenfels' »Mann ohne Vorurteil«, ein »Wilder« nämlich, die eigene Menschwerdung vorexerziert?

---

1   Josef von Sonnenfels, »Anhang zum Mann ohne Vorurteil«, in: *Gesammelte Schriften*, Wien 1783ff., Bd. IV., (1-98), 19 sowie Johann Wolfgang von Goethe, *Wilhelm Meisters Lehrjahre*, in: Goethe 1988/VII., VII. 3, 432.
2   Josef von Sonnenfels, »Das Opfer. Ein Schäferspiel von einem Aufzuge. Auf die Geburtsfeyer Marien Theresiens 1761«, in: Sonnenfels 1783ff./IX., (141-160), 157.

Die Subjekte der Bildungspolizey sind Individuen, die sich ihre Biographien nur mehr in einem Handeln namens Schreiben verdienen. Die »unvorhergesehenen Stockungen«[3], die den Erzähler in Sternes *Tristram Shandy* (1759-1767) immer wieder ereilen, verraten es schon – in der Epoche der Polizey münden autobiographische Narrationen in einen unbeendbaren Aktenvorgang. Lebensdaten und Lebensumstände sind nicht in einem Selbstbewusstsein, in Erinnerungen und Assoziationen aufgehoben, sondern in zahllosen Dokumenten und Akten festgehalten und diese in ebenso zahllosen Archiven eines Verwaltungsstaates verstreut, der überdies nur beschränkte Zugangsberechtigungen zu seinem System schriftlicher Datenverarbeitung erteilt. Der empfindsamen Dichtung war es noch weniger darum zu tun, die Archive zu durchforsten und die abgelegten Akten und Dokumentationen zum Leben zu erwecken und sprechen zu machen, als umgekehrt den Menschen allererst zur Sprache oder, besser, zu Papier und damit in die Archive zu bringen.

Nach den Maßgaben der späteren empfindsamen Kommunikation sind einerseits die kommunizierenden Seelen einer allgemeinmenschlichen, einer idealen Ordnung verpflichtet, andererseits wird jeder Kommunikant *realiter* individuiert, indem sein Körper als eine Art Schwarzbuch fungiert, das penibel und selbständig sämtliche Pathologien und lebensgeschichtlichen Devianzen dokumentiert.[4] Zugleich verpflichtete der »Postzwang«, 1715 von Preußen als erstem deutschen Staat eingeführt, das »Publikum« oder die Kommunikanten dazu, sich an die polizeylich regulierten Wege und Diskurse zum körperlichen und seelischen Menschverkehr anzuschließen.[5] Das hatte, wie die zeitgenössischen Briefsteller wortreich einbekennen, den »Nutzen, *daß man dadurch zur Selbstprüfung veranlaßt wird«*, enthalten die Briefe eines Menschen doch *»seine innere Geschichte*, die eigenthümlichsten Heiligthümer seines Geistes und Herzens, die alle Kräfte und Springfedern verrathen, deren er sich, und die sich seiner bedienten zu mancherley Zwecken.«[6] So gesehen leistet der Briefverkehr von Menschen, zumal er auf aktentauglichem Papier vonstatten geht, dem Staate und seinen Archiven einen unschätzbaren Dienst. Er veranlasst zur Beobachtung seiner selbst, seiner zunächst körperlichen und zuletzt seelischen Vermögen, seiner subjektiven Kräfte und »Springfedern«, er vindiziert deren Objektivierung und dokumentiert somit jene »innere Geschichte« eines Menschen, die sich schon von Rechts wegen substaatlich, dabei aber zu Staatszwecken abzuspielen hat. »Im menschlichen Leben wird uns dieser Anblick nie, aber höchst selten nur, an uns zu Theil«,

3 Sterne 1998/I, 83. Vgl. Ebenda, 82: »In Summa; an allen Ecken und Enden gilt's Archive einzusehen und Akten, Annalen, Dokumente und Bandwurm-Genealogien, zu deren Lektüre ihn die Billigkeit immer wieder anhält: ---- Kurzum, ein Ende ist nicht in Sicht; ----- ich für meinen Teil erkläre, daß ich seit sechs Wochen drübersitze und mich nach Kräften spute, – und noch nicht einmal geboren bin«.
4 Vgl. Wernz 1993, 71-73.
5 Dem expliziten Wortlaut nach handelt es sich um die »Verpflichtung des Publikums, sich bei Reisen oder bei Versendung von Sachen der Posten des Staates oder des Reiches zu bedienen.« (Zit. nach: Siegert 1993, 60.)
6 Karl Philipp Moritz, Berlin 1793, in: Ebrecht 1990, 154, zudem: Wilhelm Körte, 1806, Vorrede, in: ebenda, 194.

stellt Blanckenburg anlässlich von Goethes *Werther* fest, sind dort doch Briefe für Dritte laut Postgesetz Verschlusssache. Im Roman und Briefroman jedoch, und nur dort, sind Menschen und ihre Geschichten eines idealen Dritten, des Lesers, wegen *en detail* zu offenbaren.[7]

Wo Menschen denken und empfinden, wuchern mitteilungswerte Informationen. Die älteren Dokumentationssysteme, die noch auf Topik und »repetitiver Auswendigkeit«[8] gründeten, reichen jedoch für die kreativen Vermögen und die unerschöpfliche Innerlichkeit solcher Menschen nicht mehr hin. Registerwerke können deswegen keine barocken Wissensspeicher mehr sein, an denen die gelehrte Rhetorik der repräsentativen Affektbeherrschung halber zu drillen ist. Als »Seele der Bücher« verbinden sie die Seelen der Leser mit der Seele des Autors, um somit beider inniges Kommunizieren, das »Verstehen«, anzubahnen.[9] Umgekehrt rufen die *»unzähligen Register über unsre Litteratur«* immer neue Meta-Register auf den Plan. Der eigentliche, im Zuge endloser Datensammlung freilich verfehlte Zweck dieser Datenverarbeitung wäre, wie Moritz sagt, die Entstehung einer *»Bibliothek für den Menschen«* – eines tatsächlich brauchbaren Archivs, das sich nicht im Objektiven verflüchtigt, sondern das Subjekt-Objekt Mensch dazu ermächtigt, »die Betrachtung seines eignen subjektivischen Daseyns« zu intensivieren und zu extensivieren.[10] Gerade die Dichtung ist für die umfassende Aufzeichnungsapparatur, die der Bildungsstaat in Stellung bringt, eine unverzichtbare Schaltstelle zwischen Subjektivem und Objektivem. Ob in Gestalt von elementaren Notationssystemen und Tabellierungstechniken, von statistischen und Visitationsberichten, von rechtsgültigen Dokumenten, personenbezogenen Conduitenlisten oder eben von »persönlichen« Briefen – zunächst ist es der neuen »Schriftmacht« darum zu tun, ihre Menschen zu individualisieren, d. h. sie als Objekt des Wissens dokumentierbar zu machen und dieses Wissen immer weiter zu verfeinern. Sodann versucht sie, den individualisierten Menschen in Beziehung zur »Bevölkerung« zu setzen, ihn also innerhalb eines statistisch erstellten Bezugs- und Kräftefeldes zu platzieren, um ihn schließlich, gerade im Namen des Menschen und auf Grundlage seiner doppelten Objektivierung, zu subjektivieren, d. h. ihn zur Selbständigkeit und Spontaneität zu bilden. Sie benötigt nicht nur schriftliche Registratursysteme, sondern ebenso sehr eine »bildende« Dichtung, die zur Selbstbildung bildet.

7   Christian Friedrich von Blanckenburg, »Rezension zu Goethe, Werther«, in: *Neue Bibliothek der schönen Wissenschaften und freyen Künste*, Bd. XVIII., 1. St., 1775, 46f., in: Weber 1974/II., (392-441), 392f. Vgl. auch ebenda, wo jeder Brief ein »Glied der Kette« darstellt, die dokumentiert, »daß unsre Art zu denken und zu empfinden, nur die Wirkung aller der Zufälle und Begebenheiten seyn kann, vermöge welcher wir vielmehr so, als anders gebildet worden sind«. Gerade Briefe dienen damit zur Positivierung jenes Geflechts von »Begebenheiten, von welchen der junge Werther ein so mitleidenswürdiges Opfer wird«.
8   Rieger 1997, 38.
9   Vgl. den zwischen barocker Rhetorik und hermeneutischer Selbstermächtigung stehenden »Biblophilus« in: Johann Jacob Bodmer und Johann Jacob Breitinger, *Der Mahler der Sitten*, Bd. I., Hildesheim/New York 1972, 437.
10 Karl Philipp Moritz, »Die Bibliotheken«, in: Moritz 1962, (312-314), 313f.

Novalis zufolge sind Schriftstücke »die Gedanken des Staats – die Archive sein Gedächtnis«.[11] Was beim Menschen als vermeintlich naturgegebenes Vermögen (des Denkens, des Erinnerns) gilt, ist beim Staat ganz offensichtlich das Resultat eigens beauftragter Datenverarbeitungstechniken. Bis ins 16. Jahrhundert hinein waren in Brandenburg nur Angelegenheiten von höchster staatlicher Priorität schriftlich fixiert worden; seit 1599 wurden dann die Schriftstücke in einem besonderen, »Archiv« genannten Raum gesammelt und aufbewahrt, ehe der Archivarius Christoph Schönbeck 1641 damit begann, »Indices über die Kästchen zu machen und endlich die untüchtige Numerirung der Kasten zu verbessern, die ganz unterlassen, zu besorgen. [...] Mit Erlaubnis der Geheimen Räthe habe er diese [Convolute] einigermaßen zu ordnen angefangen, nicht nach den Jahren, sondern nach dem Alphabet mit Bezugnahme auf die Materie, [...] dann wolle er diese mit Buchstaben bezeichnen und hernach über ein jedes derselben ein Directorium verfertigen«.[12] Einerseits sind die Akten der staatlichen Archive »die umfassenden Aufzeichnungsapparate, die im Medium der Schrift alles aufnehmen, auch das, was nicht Schrift ist.«[13] Andererseits ist weder ihre längerfristige, mit allen Eventualitäten rechnende Aufbewahrung noch ihre Registratur, ohne die die Akten (und damit auch die Personen der Personalakten) nicht adressierbar wären, eine Selbstverständlichkeit.[14] So gesehen sind Speichern und Übertragen die beiden Elementaroperationen des Archivs. Werden unterschiedliche Zeichensysteme wie die alphabetische und numerische Ordnung kombiniert, führt dies zur Beschleunigung der Datenverarbeitung und gestattet es dem Staat, neue (automatisierte) Zuordnungs- und (statistische) Korrelationsverfahren ins Werk zu setzen, mithin den fraglichen Objektbereich durch Vergleiche und Berechnungen auch über die einfache Registratur hinaus anzuschreiben.[15]

Leibniz führt in seinem Staats-Tafel-Entwurf das Breviarium Imperii, das der Kaiser Augustus seinen Nachfolgern hinterlassen hat, als registraturtechnisch zu implementierendes Modell für alle künftige Herrschaftsverwaltung an, sei dieses doch »zu dem ende angestellet worden, dass er die kräffte und das vermögen seines Reichs gründtlich erfahren möchte.«[16] Sobald, wie in Preußen spätestens Mitte des 18. Jahrhunderts geschehen, die Administration nach den Regeln des Archivs operiert, gelangt das Wissen des Staats auf die Höhe seiner eigenen »Vermögen«, vermag er also nicht nur, die ihm unterstehenden »Kräffte« und ihre

---

11 Novalis, »Vermischte Bemerkungen (Blütenstaub) 1797-1798«, in: Novalis 1987, (323-352), 338.

12 Zit nach: Carl Wilhelm Cosmar, *Geschichte des Königlich-Preußischen Geheimen Staats- und Kabinettsarchivs bis 1806*, Köln/Weimar/Wien 1993, 20-22.

13 Cornelia Vismann, *Akten. Medientechnik und Recht*, Frankfurt am Main 2000, 26.

14 Zu den Bedenken, die preußische Archivare Ende des 18. Jahrhunderts gegen weitere Aktenvernichtung zum Ausdruck brachten, vgl. Cosmar 1993, 47f.

15 Dem Verfahren nach stellt Joseph-Marie Jacquards lochkartenbasierte Webstuhlsteuerung eine Innovation in diesem Sinne dar, obgleich sie verwaltungstechnisch ebenso verzögert zum Einsatz kommt wie etwa Ralph Wedgewoods »Apparat zur Verdopplung von Schriftstücken« (vgl. hierzu Hiebel 1999, 567, 149).

16 Gottfried Wilhelm Leibniz, »Entwurff gewißer Staats-Tafeln«, in: Leibniz 1923/IV. 3, (340-349), 343.

Entwicklung, sondern auch seine eigene Verwaltung zu verwalten. Solche »Bürokratie« wird zu einem geschlossenen und selbstreferentiellen System: Einerseits ist, wie eine Order Friedrich Wilhelms lautet, »niemandem, wer das auch sey, das Durchsuchen des Archiv [zu] verstatten« und zudem seit 1700 den Archivbedienten jeder Kontakt mit Außenstehenden untersagt: Es »sollen sich auch die obbemelte Cantzeley- und Archiv-Bediente so wol selbst als auch die Ihrige aller Conversation und Umganges mit denen an Seiner Churfürstlichen Duchlauchtigkeit Hofe subsistirenden frembden Ministris, Residenten, Correspondenten, Deputirten und Sollicitanten, auch derselben Familie und Domestiquen gäntzlich enthalten, zu denselben weder in ihre Logimenter oder ad locum tertium keines weges kommen noch selbige zu sich kommen lassen, an dieselbe nicht schreiben noch Briefe und Billette von ihnen annehmen oder sonst einig Commercium mündlich und schrifftlich mit ihnen haben«.[17] Andererseits sind sämtliche Zugriffe, Herausgaben, Expeditionen und Veröffentlichungen zu registrieren, und dies zunächst durch Empfangsquittungen, seit 1685 durch ein fortlaufendes Journal und seit 1785 durch ein sorgfältig indiziertes Manual. Jede kleinste Abweichung vom regulären Verwaltungsweg und jede systemische Öffnung (durch Verschickung von Schriften oder Personen) kann genauestens protokolliert und somit zurück in den Verfügungsbereich der Verwaltung gebracht werden.[18]

Es gibt keine Beamtentätigkeit, die nicht mit Schreiben zusammenfiele, und wenn seit der Empfindsamkeit Menschsein und Schreiben ein und dasselbe sind, wird die Gleichung von Mensch, Bürger und Beamtem medienhistorisch gesehen zu einer Selbstverständlichkeit. Jeder Bürger ist sein eigener Beamter, insofern er Protokoll über seine Menschwerdung zu führen hat, die sich allererst in dieser Selbstbeobachtung und Selbstregistratur vollzieht. Ein Beamter wiederum ist Mensch, insofern seine Tätigkeit vornehmlich in selbstreferentiellen Schreibakten besteht, die die Beobachtung und Ausbildung der eigenen (d. h. allgemein bürgerlichen und insbesondere verwaltungstechnischen) Vermögen gestatten. Auch wenn an die zum Menschsein beamteten Bürger der paradoxe Befehl zur Autonomie, zur Selbstverantwortlichkeit und eigenständigen Bildung ihrer Vermögen ergeht, sind diese von Staat und System abhängig, nicht umgekehrt. Verfassungsrechtlich verbürgt ist der Grundsatz, »daß niemand in dem Genuß seines Eigentums [...] weiter einzuschränken sei als zur Beförderung des allgemeinen Wohls nötig ist«, und dass »einem jeden innerhalb der gesetzlichen Schranken die möglichst freie Entwicklung und Anwendung seiner Anlagen,

---

17 »Reglement für die Geheime Kanzlei, Cölln an der Spree, 2. December 1699« (veröffentlicht 1700), in: Cosmar 1993, 106. Zudem Friedrich Wilhelm: in: ebenda, 25. Zum Folgenden vgl. ebenda, 44f.
18 Aus dem Neu-Cöllner Reglement: »In denen Fällen aber, wenn jemand der oberwehnten Archiv- und Cantzeley-Bedienten von einem Churfürstlichen Ministro an einen Frembden expresse abgeschicket wird, muß solches per modum protocolli in eine absonderliche Registratur gebracht, von erwehntem Ministro eigenhändig unterschrieben und ad acta geleget werden.« (in: ebenda, 106, vgl. auch ebenda, 115.)

Fähigkeiten und Kräfte zu gestatten« sei.[19] Doch gilt, wie es dem Preußischen Allgemeinen Landrecht unverhohlen voransteht, für ausgewiesene Beamte – und damit letztlich auch für Privatleute und Menschen überhaupt –, dass »die geringste eigenmaechtige Abweichung«, und bewege sie sich »auf den Grund eines vermeintlichen philosophischen Raisonnements«, mit »schwerer Ahndung« zu rechnen hat.[20] Im philosophischen Beamtenstaat ist auch und gerade die höchste Manifestationsform der Bildung, die freie, autonome und weltsetzende Reflexion, Verwaltungssache. Der garantierte Schutz und bewilligte freie Gebrauch der menschlichen Vermögen benimmt dem Grundsatz nichts, alles gehöre dem Staate zu. Und dieser gilt prinzipiell auch für geldwerte Vermögen, deren »privatem« Besitz erst nach dokumentierter Individualisierung stattgegeben werden kann. »Im Staat muß alles Privatrecht und Eigentum historisch dokumentiert werden können«, resümiert Novalis. »Was nicht *ausdrücklich* jemand gehört, gehört dem Staate.«[21]

In Bildungsstaaten sind Subjekte keine bloßen Untertanen mehr. Sie sind auch nicht mehr entsprechend der älteren anthropologischen Richtlinien zu individualisieren. Es gilt nicht länger die Reihe: Lebewesen, Mensch, Angehöriger einer Schicht, Landesbewohner, Mitglied einer Berufsgruppe und einer Familie. Einerseits benennen die Verwaltungsakten individuelle und individualgeschichtliche Merkmale, so dass das Subjekt der Möglichkeit nach als das Allerkonkreteste fungiert; andererseits vermag jedes Subjekt, das als ein solches überhaupt gelten darf, sich zum Allgemeinen schlechthin, zum Menschsein zu erheben. Unter dem Bildungsimperativ zur Freiheit befohlen, hat sich ein jedes Subjekt im Zuge seiner unabgesetzten Selbst- und Fremdbeobachtung zugleich zu vermenschlichen und zu individualisieren. Das Individuum ist weder ursprünglich noch bloße Erfindung. Es ist das Korrelat beherrschender *und* produktiver, eben »subjektivierender« Machtpraktiken, die als solche zu propagieren bereits die spätere Empfindsamkeit versuchte. In deren pädagogischen Richtlinien wurde umrissen, was für die frühere Empfindsamkeit noch nicht auszudenken war: ein kommunikativer Selbstbezug, der auf keine Substanzbestimmung und nicht einmal auf einen allgemeinmenschlichen *moral sense* rekurrieren muss, der einerseits einer grundsätzlichen anthropologischen Unterbestimmtheit, dem Selbstbildungsprozess der Gemütsvermögen, andererseits der Intervention »humanwissenschaftlicher« Experten Raum verschaffen sollte.[22] »Das Studium des Menschen muß sein ganzes Leben hindurch, und in allen Verhältnissen seines Lebens seine Hauptbeschäftigung sein«, heißt es in Moritz' *Ansichten zu einer Experimentalseelenlehre*, und diese »*Aufmerksamkeit aufs Kleinscheinende*« zeichnet im Falle verantwortlicher und bildungsbeflissener Subjekte die Selbstbeobachtung, im Falle von »Personen [...], die nicht zur lesenden Welt gehören«, und

---

19 Preußisches Edikt vom 9.10.1807, zit. nach: Jeserich 1983/Bd. II.: *Vom Reichsdeputationshauptschluß bis zur Auflösung des Deutschen Bundes,* 308f.
20 PAL 1972, Präambel, XVIII., 40.
21 Novalis 1987, 533.
22 Vgl. hierzu Wegmann 1988, 45, 117.

im Falle der »Missetäter und Selbstmörder« die Fremdbeobachtung aus.[23] Diese systematische Selbstbildung arbeitet nicht nur im Schriftmedium, sondern wird durch dieses erst in Gang gebracht. Die Schule, das Verwaltungsorgan, das in erster Linie Schreiben, Lesen und Verstehen verwaltet, bringt als Grundoperation aller Bildung das Lesen bei. »Das Lesen wird ein Lernen des Lernens«, und an diesen einen kommunikativen »Regelkreis« schließt sich ein zweiter, die sogenannte »Berechtigungskette« an, die beamtenrechtlich festschreibt, dass die vom Lesenlernen zum Lernenlernen Gebrachten ihrerseits das Lesenlernen lehren werden.[24]

Ihren Programmen nach zeichnet sich die Pädagogik des 18. Jahrhunderts (vom Spätpietismus über die aufklärerische bis hin zur philanthropischen und humanistischen Erziehung) zum einen dadurch aus, dass sie den Leseunterricht ins Zentrum aller Erziehungsmaßnahmen stellt; zum anderen dadurch, dass sie die Gemütsvermögen der Zöglinge immer weniger durch Strafen und Züchtigungen maßregelt, sondern sie vielmehr durch ein ausgeklügeltes System der Belohnungen und Anreize stimulieren, lenken und schließlich exakt bilanzieren will. Insbesondere Ernst Christian Trapp wies dem Pädagogen die Rolle eines anthropologischen Beobachters zu, der über die statistischen Mittel der fortentwickelten empirischen Experimentalpsychologie verfügen kann:

Diese [sic] Beobachter müßte nun auf jede auch die allerkleinste Bewegung der Kinder, auf ihre Ursachen und Folgen Acht geben, und sie alle gezählt in ihr Protokoll tragen. […] Andere Erfahrungen zur künftigen Verbesserung des Unterrichts müßte man so sammeln, daß man die Zeit und die Kräfte berechnete, die die Jugend und ihre Lehrer auf Lesen, Schreiben, Rechnen, Zeichnen, Orthographie, Latein, Französisch, Geographie, Historie u. s. w. verwandt haben, und diese Zeit und Kräfte nun mit dem Erfolg zusammenhielte, berechnete, wie wenig oder wie viel sie gelernt haben, wie viel schlechte oder gute Sitten sie zugleich angenommen haben, und endlich zusähe, ob der Gewinn der angewandten Zeit und Kraft, und des aus obigen Protokoll erhellenden tausendfältigen Verdrusses werth sei.[25]

23 Moritz 1981, 93f., 89.
24 Friedrich Kittler, »Das Subjekt als Beamter«, in: Manfred Frank, Gérard Raulet und Willem van Reijen (Hgg.), *Die Frage nach dem Subjekt*, Frankfurt am Main 1988, (401-420), 405 und 411f. – »Die Lehrer bey den Gymnasiis und andern hoehern Schulen werden als Beamte des Staats angesehen«, heißt es im Preußischen Allgemeinen Landrecht, II. Theil, 12. Titel: »Von niedern und hoehern Schulen«, §. 65, in: *PAL* 1972,118. – Dass die Frau, in der Empfindsamkeit als Erziehungsobjekt und Natur zugleich gesehen, aus dem regelkreisartigen Bildungssystem ausgeschlossen bleibt, hat seinerseits systematische Gründe. »Gerade der Ausschluß von Ämtern beruft die Frauen zu dem Amt, als Mütter Diskurs überhaupt hervorzurufen und in Natur zu verzaubern.« (Kittler 1987, 63f. und vgl. zum Folgenden ebenda, 66-73.) Damit stehen, wie Friedrich Kittler gezeigt hat, zwei pädagogische Regelkreise nebeneinander, die erst in einem bildenden *und* natürlichen Medium, wie es die Dichtung darstellt, zueinander finden können. Dichtung als natürliche Bildung ist die Lösung aller pädagogischen Aporien.
25 Ernst Christian Trapp, *Versuch einer Pädagogik*, Paderborn 1977, §. 29, 70f. – Trapp selbst gliedert seinen Maßnahmenkatalog, der auf das Sinnliche, das Intellektuelle und Moralische anzuwenden sei, folgendermaßen: »1) *Der Tätigkeit freien Spielraum und zweckmäßigen Anlaß geben;* 2) *Verhüten;* 3) *Gewöhnen;* 4) *Unterrichten.*« (ebenda, §. 68, 246.)

Dieses Kalkül, das eine regelrecht ökonomische Bilanz der Gemütsvermögen und ihrer Bildung aufstellt, ist nicht ohne Grund nach den Richtlinien der aufkommenden Nationalökonomie angelegt. »Schulen und Universitaeten sind Veranstaltungen des Staats«, heißt es lakonisch im Preußischen Allgemeinen Landrecht. »Ihm kommt es zu, fuer Anstalten zu sorgen, wodurch den Einwohnern Mittel und Gelegenheit verschafft werden, ihre Faehigkeiten und Kraefte auszubilden, und dieselben zur Befoerderung ihres Wohlstandes anzuwenden.«[26] Insofern dient das Projekt der »Humanität« und »Menschenbildung«, das die klassischen Pädagogiken am emphatischsten propagieren, zu nichts anderem als zur Vermittlung zwischen individuellem Gemütsvermögen und gesamtstaatlichem Geldvermögen. Konnte bei Campe noch vom gottgeschaffenen und von vornherein natürlichen Menschen die Rede sein, dem seine Rolle »als Bürger, als Mitglied der menschlichen Gesellschaft« gewissermaßen anzulernen sei, versteht Herder seine Zöglinge, wie er eigens betonen muss, »nicht nur als künftige Bürger des Staats, sondern auch und vorzüglich als Menschen. [...] Humanität ist der *Charakter unsres Geschlechts*; er ist uns aber nur in Anlagen angebohren, und muß uns eigentlich angebildet werden.«[27] Der Mensch ist nur zuallerletzt »natürlich«.

»Von wo fangen wir nun aber an, die menschlichen Anlagen zu entwickeln?«, fragt Kant in seinen pädagogischen Schriften. »Der Mensch kann nur Mensch werden durch Erziehung. Er ist nichts, als was die Erziehung aus ihm macht. Es ist zu bemerken, daß der Mensch nur durch Menschen erzogen wird, durch Menschen, die ebenfalls erzogen sind.« Für Kant ist Erziehung »eine Kunst«, die die »menschliche Natur so entwickeln soll, daß sie ihre Bestimmung erreicht.«[28] Somit steht am unbeschriebenen Anfang der pädagogischen Berechtigungskette eine menschliche Bestimmung, die aus seiner Natur zu deduzieren wäre.

»Allein der Mensch hat eine Wirkungskraft bekommen, die nicht an eine einzige Art, auch nicht an unzählige Arten der Beschäftigungen gebunden ist«, heißt es in der Wochenschrift *Der Mensch*. »Wir können kein besseres Wort, um [...] diese Wirkungskraft auszudrücken, finden, als das Wort Arbeit: [...] Ein Mensch,

---

26   12. Titel: »Von niedern und hoehern Schulen«, in: *PAL* 1972, 112, 132.

27   Johann Heinrich Campe, *Von der nöthigen Sorge für die Erhaltung des Gleichgewichts unter den menschlichen Kräften [...]*, in: ders. (Hg.), *Allgemeine Revision des gesamten Schul- und Erziehungswesens von einer Gesellschaft praktischer Erzieher*, (291-434), 336, sowie Johann Gottfried Herder, *Briefe zur Beförderung der Humanität*, in: *Sämtliche Werke*, 33 Bde., Berlin 1877ff., Bd. XVII./XVIII., Berlin 1881, 115f., 138. Vgl. zudem Wilhelm von Humboldt, »Der königsberger und der litauische Schulplan«, in: *Gesammelte Schriften*, Bd. XIII., Berlin 1920, (259-282), 276: »Alle Schulen aber, deren sich nicht ein einzelner Stand, sondern die ganze Nation, oder der Staat für diese annimmt, müssen nur allgemeine Menschenbildung bezwecken.«

28   Immanuel Kant, *Über Pädagogik*, Einleitung, A 15, A 7, A 16. – Nach Helvétius »beschränkt sich die Erziehungswissenschaft darauf, die Menschen in eine Lage zu versetzen, die sie dazu zwingt, die von ihnen erwünschten Fähigkeiten und Tugenden zu erwerben.« (Claude Arien Helvétius, *Vom Menschen, seinen geistigen Fähigkeiten und seiner Erziehung*, Frankfurt am Main 1972, 448. – Vgl. zudem ebenda, VII.1, 346, 348, 479 sowie Claude Arien Helvétius, *Discurs über den Geist des Menschen (De l'ésprit)*, mit einer Vorrede Herrn Joh. Christoph Gottscheds, Leipzig/Liegnitz 1760, 134, 168.)

der weder mit seiner Seele, noch mit seinen Gliedern arbeitet, ist ein Unmensch«.[29] Solange das »Grundvermögen des Staats in denen Menschen besteht, die zu einem Staat gehören«, laufen die Unterabteilungen der »Personal=Polizey«, d. h. die »Erziehungs=Polizey«, die »Aufklärungs=Polizey«, die »Volksbildungspolizey« und natürlich auch die »Literaturpolizey« auf ein und dasselbe Unternehmen hinaus: auf die »gute Nationalbildung«[30], die immer auch eine zureichende Bildung von Vermögenswerten auf gesamtstaatlichen Niveau bedeutet. Der Bildungsstaat hat deswegen jederzeit darauf bedacht zu sein, dass nicht »der Mensch dem Bürger geopfert wird«. Bürgerliche »Mitglieder eines gemeinschaftlichen Staatskörpers« können nur *natürliche Menschen«*, nicht mehr bloße Untertanen sein.[31] Werden Menschen nicht weiter poliziert oder gebildet, sind sie aus polizeylicher und nationalökonomischer Sicht keine solchen, ja sie sind weniger als nichts: Sie »sind für den Staat eben sowol verlohren, als die so ohne Zucht in der Wildheit aufwachsen, denn da sie weder Geschicklichkeit erwerben, noch zu einem ehrbaren Wandel erzogen werden, so kommen sie niemals in den Stand Familien zu stiften, und ehrlich zu ernähren; Sie tragen also zur ferneren Bevölkerung nichts bey, und sind schon an und für sich dem Staate zur Last.«[32] Der Staat ist zu einem Kräftefeld geworden, in dem die Menschen sich und ihre polizierten Gemütsvermögen zu entwickeln, zu situieren, zu adaptieren und schließlich selbsttätig zu regulieren haben, damit sich das Nationalvermögen in Gestalt der »Bevölkerung«, ihrer Arbeitsamkeit und des Geldwerts immer weiter bilden möge.

2. Haushaltung

Wirtschaftlich gesehen, hat sich in den führenden Staaten Europas mit dem späteren 18. Jahrhundert die Wende von der Subsistenzökonomie und vom merkantilistischen und protektionistischen Dirigismus hin zur kapitalistischen Marktökonomie vollzogen. Je weiter dieser Wechsel voranschreitet, desto weitgehender kann die »Polizey« auch auf ihre direkten Interventionen verzichten und sich in die Defensive zurückziehen. Damit sie sich indes auf jene Schutzfunktion beschränken kann, welche die moderne Polizei charakterisieren wird, müssen sich ihre Schutzbefohlenen durch Eigenverantwortlichkeit und Selbsttätigkeit bewähren. Die Epoche der Polizey kulminiert insofern tatsächlich in einer *epoché*, sobald sich die Vermögen erst einmal selbständig reproduzieren und

---

29 Lange/Meier 1992/IV., 134. Stück: »Von den Ueberbleibseln der ursprünglich dem Menschen anerschaffenen Hoheit«, (9-16), v. a. 14f.
30 Gottfried Achenwall, *Die Staatsklugheit nach ihren ersten Grundsätzen*, Göttingen 1774, 148, Jung-Stilling 1788, 9 sowie Karl Gottlob Rößig, *Encyclopädie der Cameralwissenschaften im eigentlichen Verstande*, Leipzig 1792, 117f.
31 Humboldt 1948, 72 sowie Gottfried Achenwall, *Statsverfassung der heutigen vornehmste Europäischen Reiche und Völker im Grundrisse*, Göttingen 1781, §. 16/13.
32 Johann Friedrich von Pfeiffer, *Natürliche, aus dem Endzweck der Gesellschaft entstehende allgemeine Polizeiwissenschaft*, Aalen 1970 (Neudruck der Ausgabe Frankfurt a. M. 1779), 68.

fortbilden. Bereits in einigen polizeylichen und staatsrechtlichen Entwürfen des späteren 17. Jahrhunderts war die Frage des Vermögens zum *nervus rerum* der bürgerlichen Gesellschaft erklärt worden. Bei Pufendorf etwa stützt sich die körperschaftliche Repräsentation von Souveränität auf ein fein austariertes Gleichgewicht der individuellen und gesellschaftlichen Vermögensleistungen.

Es ist gnug / daß alle sich verbinden / ihre Krafft Stärcke und Vermögenheit so anzuwenden / wie es einem / der alle vertreten und darstellen soll / gefallen wird / welcher alsdenn allein aller Stärcke zu haben und zu besitzen geachtet wird. Aus der solcher Gestalt geschehenen und beschaffenen Vereinigung oder Zusammensetzung des Willens und des Vermögens / entstehet die Bürgerliche Gesellschafft / oder ein gemeines Wesen / welches da unter allen Moral-Gesellschafften und Personen die allermächtigste ist. Dieses alles desto besser zu verstehen / darff man nur wohlbedencken daß / wenn Unterthanen ihren Willen der Obrigkeit unterwerffen / bey ihnen dadurch keines Weges die natürliche Freyheit des Willens außgetilget / mithin das Vermögen benommen werde / wieder zu nehmen was sie einmahl weggegeben[33].

Auch wenn die – souveränitätslogisch unabdingbare – Subordination durch den eigentlich mächtigsten Körper, durch die bürgerliche Gesellschaft, seiner konkurrenzlosen Vermögen wegen allezeit zu widerrufen ist, fungiert hier noch die repräsentative Obrigkeit als Bindemittel. Die Polizey des 18. Jahrhunderts hingegen entfernt sich, schon ihres offenen Zuständigkeitsbereiches wegen, immer mehr von Gesetz und Recht, um gerade ihre juridische Unterbestimmtheit zum Zwecke der Vermögenssteigerung einzusetzen – eine Steigerung wohlgemerkt, die immer mehr zur Steuerung werden wird, die eher integriert als subordiniert, die das Vertretungs- und Darstellungsvermögen nicht beim repräsentativen Körper des Souveräns monopolisiert, sondern innerhalb eines funktional ausdifferenzierten Körpers der Gesellschaft multipliziert, die es zur Bedingung der »Zirkulation« und letztlich zu der seiner »Lebendigkeit« macht.[34]

Deswegen liefert die Polizey des 18. Jahrhunderts nicht nur Produktionsanreize, sondern sie vermittelt in erster Linie das Vermögen, sich selbst zu helfen. »Die *Policey* verschaffet, daß jederman Mittel und Wege finde sein Brodt zu verdienen«, schreibt Marpeger. Selbst ein »jedes Armen=Haus muß eine kleine

---

33 Samuel von Pufendorf, *Acht Bücher vom Natur- und Völkerrecht / Anderer Teil [...]*, Hildesheim/Zürich/New York 2001, Bd. II., VII. Buch, Kap. II.: »Von der inwendigen Einrichtung Bürgerlicher Gesellschaften«, (451-504), §. 5, 460f.

34 Von der Warte der zeitgenössischen sozialwissenschaftlichen Regulationstheorie operiert eine derartige Steuerung über »eine kommunikativ-beeinflussende Einwirkung, ohne daß eine streng einseitige Gerichtetheit und ein fixiertes Programm vorausgesetzt werden kann, die das zu steuernde System zielsicher in einen entsprechenden Zustand überführen. [...] Es geht darum, auch dann noch von politischer Steuerung sprechen zu können, wenn anerkannt ist, daß die Politik nicht oder vergleichsweise selten als Steuerungssubjekt, von außen und souverän, die Probleme gesellschaftlicher Teilbereiche löst, sondern sich hierfür Kooperationsmuster und Beziehungsgeflechte herausgebildet haben, in denen das ›Subjekt der Entscheidung‹ und damit inzidenter die Unterscheidung von Steuerungssubjekt und -objekt in einem ›Verbund‹ sich abstimmender Steuerungssubjekte ›transformiert‹ wird.« (Christoph Sandforth, *Prozeduraler Steuerungsmodus und moderne Staatlichkeit*, Baden-Baden 2002, 47f.)

Republic præsentiren, und dergestalt ordentlich eingerichtet seyn, daß es in sich selbst bestehen könne, und keiner frembden Hülffe nöthig habe.«[35] Womit die Polizey bis zu dem Punkt, da sie sich zurückziehen kann, zu rechnen hat, ist die wechselseitige Steigerung von Wohlstand und Vermögen. Damit es zum »wohlthätigen Kreislauf« der Vermögen und zum wechselseitigen Austausch unter den Menschen kommen kann, ist ein *homo oeconomicus* vonnöten, so wie er bereits von der Empfindsamkeit dazu erzogen wurde, mit dem Mangel zu haushalten und ihn in Begehren umzumünzen. »Die Begihrde reich zu werden ist also, so verhaßt die Philosophie dieselbe abschildert, als die unumgängliche Bedingniß, wie jeder wirthschaftlichen also auch jeder sittlichen Tugend anzusehen«, heißt es in Iselins *Versuch über die Geselligkeit*. »Alles was der Mensch auf eine gerechte Weise thut, um sich zu bereichern, bereichert auch zugleich diejenigen, mit denen er im Verkehre stehet und kein Mensch kann mit Gerechtigkeit seinen Wohlstand vermehren, ohne daß auch dadurch die Wohlfahrt aller derer vermehrt werde, welche nähere oder entferntere Verhältnisse mit ihm vereinigen, das ist, wenn wir es genau einsehen, der ganzen Menschheit.«[36] Die Bildung produziert den zur Vermögensbildung vermögenden Posten »Mensch«, und die Statistik liefert die Bestandsaufnahme der vorhandenen (oder verlorenen) Ressourcen, auf deren Grundlage dann die neue Entität »Bevölkerung« polizeylich geschützt und reguliert werden kann: »*alles was die zum einzelnen und allgemeinen Besten sich beschäftigende Bevölkerung vermehrt, ist nüzlich, und was sie vermindert, schädlich*«, lautet Jung-Stillings einprägsame Formel.[37]

Sonnenfels verpflichtet die Bürger in diesem Sinne auf den Zusammenschluss ihrer Kräfte und Vermögen.[38] Bei ihm liegt allen Entwürfen und konkreten Vorschlägen eine Kräftelehre zugrunde, von der sich gleichermaßen der faktische soziale Zusammenhalt, seine ideelle Aufhebung im Patriotismus und sämtliche Präventionsmaßnahmen ableiten: »Die *einzelnen* Kräfte der Bürger müssen mit den allgemeinen Kräften stäts dergestalt im *Verhältnisse* stehen, daß auf alle Fälle das *Maaß der Kräfte der Widersetzung* von Seiten der Bürger kleiner, als das Maaß der *Zwangkräfte* von Seiten des Staates ist.«[39] Letztlich steht bei Sonnenfels der polizeyliche Sicherheitsaspekt im Vordergrund, während Johann Heinrich Gottlob von Justis Entwürfe eher auf die umfassende Vermögensbildung abheben. Zwar hängt Justi noch der merkantilistischen Lehre an, das Vermögen sei auf jeden Fall im Lande zu halten, doch dies weniger aus protektionistischen

---

35 Paul Jacob Marpeger, *Wohlmeynende Gedancken über die Versorgung der Armen [...]*, Leipzig 1977, 2f.
36 Isaak Iselin, *Versuch über die gesellige Ordnung*, Hildesheim 1969, 98, 91f.
37 Jung Stilling, 1788, 6.
38 Vgl. etwa Josef von Sonnenfels, *Grundsätze der Staatspolizey, Handlung und Finanzwissenschaft*, München 1804, §. 5/3
39 Ebenda, §. 136/66f. Vgl. zudem ders., *Ueber die Liebe des Vaterlandes*, Wien 1785, 180f. – Kurz zuvor, nämlich 1778, war von der Patriotischen Gesellschaft in Hamburg die Hamburgische Allgemeine Versorgungsanstalt gegründet worden: das erste deutsche, ja kontinentale Versicherungsunternehmen auf mathematischer Grundlage. (vgl. Koch 1998, 34ff.)

Beweggründen als dazu, in den Grenzen der Nation einen Regelkreis der Vermögen und Bedürfnisse zu errichten, der sich fürderhin selbst erhält, ja steigert und erst in zweiter Linie auf polizeyliche Sicherungsmaßnahmen angewiesen ist. Die Bevölkerung ist Gegenstand von Justis ingeniösen polizeylichen Maßnahmen, von »Berechnungen, allerley Inventaria und dergleichen«[40], weil gerade in ihr menschliche und wertbildende Vermögen so offenkundig aufeinander wirken. Das ältere *corpus morale et politicum*, das seine repräsentative Festigkeit längst verloren hat, wird so nach Art »natürlicher Cörper« in seinen spezifischen Gesetzmäßigkeiten, Tendenzen und reproduktiven Abläufen erforschbar. Hierbei stellt sich die bürgerliche Gesellschaft als ein funktional ausdifferenziertes, aber integriertes System der »Selbsterhaltung« dar, woraus zweierlei Folgerungen zu ziehen sind: Jenes »Bestreben, wodurch ein jedes Mitglied zur Selbsterhaltung des Staats etwas beyträgt, kann aber auf gar verschiedene Art und Weise statt finden. Sie können durch Dienste, durch Arbeit, durch Entsagung gewisser allgemeiner Nutzungen und Rechte, durch wirklichen Beytrag eines Theils von ihren Gütern oder der vorstellenden Zeichen derselben, des Geldes, dem Staat die Mittel zu seinem Unterhalt an die Hand geben.«[41] Das Gemeinwesen bildet und erhält sich also auf verschiedenen Ebenen, auf denen die unterschiedlichen Vermögen in unterschiedlichsten Aggregatsformen in Anschlag und zum Umlaufen gebracht werden. Daraus folgt jedoch, dass sämtliche Vermögen nach polizeylichen oder nationalökonomischen Begriffen samt und sonders unverzichtbar, weil konvertibel sind:

Das Vermögen des Staats besteht eigentlich in allen Güthern, die dem Staate oder den Unterthanen zugehören, und sich in den Gränzen derer zu der Republik gehörigen Länder befinden. Ja die Geschicklichkeiten und Fähigkeiten aller Unterthanen, und in gewissem Betracht ihre Personen selbst, gehören zu dem Vermögen des Staats. Denn die Verbindung der einzelnen Mitglieder des Staats ist so enge und unzertrennlich, daß dadurch nur ein einziger moralischer Körper wird, dem alles zugehöret, was die einzelnen Mitglieder an Vermögen und Fähigkeiten besitzen.[42]

Was rechtlichen Bestimmungen nach vom Staate geschützt und umsorgt zu werden hat[43], vergütet diese seine Möglichkeitsbedingung zuletzt in barer Münze, in Steuern nämlich, deren Kreislauf erst Staat und Gesellschaft dauerhaft am Leben erhält – Steuern und Besteuern gehen Hand in Hand.[44] In der roman-

---

40 Justi 1761ff./I., §. 114, S. 558. Vgl. auch ebenda, III., 318: »Die Bedürfnisse eines Volkes vermehren sich allemal nach dem Wachsthum seiner Erkenntnis.«
41 Ebenda, III.: »Betrachtungen über die verschiedenen möglichen Arten, Einkünfte und bereitestes Vermögen vor den Staat zusammen zu bringen, nach Maaßgebung des verschiedenen Zustandes der Völker und der Regierungsformen«, (310-338), 311.
42 Ebenda, II., »Kurzer systematischer Grundriß aller öconomischen und Cameralwissenschaften. Fortsetzung«, (303-377), §§. 251f/350f. – Vgl. zudem ders., *Grundsätze der Polizeiwissenschaft [...]*, Düsseldorf 1993, §. 5/6.
43 Vgl. PAL 1972, 17. Titel: »Von den Rechten und Pflichten des Staats zum besondern Schutze seiner Unterthanen«, §. 1./165.
44 Vgl. Luhmann 1993, 215. – Zu Justis systematischer Weiterführung des Steuerrückflussgedankens und allgemein zur Steuer als Steuerungsinstrument der Staatsmaschine bereits bei Zincke vgl. Simon 2004, 527ff., 559ff.

tischen Staatstheorie, die auf solches Leben bereits sicher rechnen kann, wird dann nicht mehr von Kodifikationen, Steuern und Präventionsmaßnahmen die Rede sein, wenn es um das »Wesen« des Staates, um seine »Eigentümlichkeit« und »Geistgemeinschaft« geht. Der Staat ist hier, wie Adam Müller sagt, »mehr als die neutrale, armierte Handels-, Gewerbs- und Sicherheits-Kompanie, die der gemeine Bürger oder vielmehr Aktionär im Auge hat, wenn er seine bürgerlichen und moralischen Abgaben, Zölle und Prästationen überschlägt. Die inneren Güter, die Gedanken und Gefühle der Einzelnen müssen dem Staate vindiziert werden: die Pachtzeit ist zu Ende, wir werden wieder Eigentum des Staats«.[45]

Dabei ist solch ein geistig durchdrungenes Gemeinwesen von einer körperschaftlichen Vorstellung abhängig, die zwar den paulinisch-christlichen Geistleib und das *corpus mysticum* Alteuropas im Sinne, konkret vor Augen aber die Entität »Bevölkerung« hat. Und diese löst sich besonders sinnfällig in den Sphären, die schon immer Domäne polizeylicher Einflussnahme waren, aus den traditionellen Bezügen politischen Handelns: im Bereich der Wirtschaft, des Strafsystems und der Gesundheitsfürsorge. Das vormals beherrschende Thema der Epidemie und Kontagiösität transformiert sich allmählich zum Problem der Endemie und der Konstitution: Stellte die Epidemologie des 17. Jahrhunderts noch in erster Linie Beziehungen zwischen der Häufigkeit und dem Verlauf von Krankheiten zu den klimatischen, ökonomischen und politischen Verhältnissen her und beschrieb sie die Krankheit idealtypisch entlang einer *historia naturalis morborum*, konstituiert sich die Endemie innerhalb der Bevölkerung, mithin innerhalb einer eigengesetzlichen Entität, deren Morbidität bestimmten Bedingungen unterliegt und deren dringlichstes Problem in einer Haushaltung besteht, in der so vorausschauenden wie effizienten Sorge um ihre Vermögen und Kräfte. Das Projekt einer umfassenden »Medikalisierung« ging deswegen von der Annahme aus, weniger »die Krankheiten« *per se* als die krankhaften Dispositionen, so wie sie sich in der Bevölkerung ausbilden, seien zu bekämpfen.[46]

Wie der Berliner Medizinalrat Johann Benjamin Erhard forderte, sollte der Staat seine »Aktiv-Bürger«, seine gebildeten und selbständigen Menschen gewähren lassen, dafür aber umso eindringlichere Sorge für die in diesem Sinne Nachlässigen tragen. Bereits Johann Peter Franks *System einer vollständigen medizinischen Polizey* hatte dieselbe zu einem gouvernementalen und biopolitischen Modell für das gesamte Gemeinwesen konzipiert, das etwa zur »Wiederherstellung der bey [...] unvorhergesehenen Zufällen verunglückten Bürger« interveniert und seine Maßnahmen auf ein Kalkül gründet, das »den Werth eines

---

45 Adam Müller, *Kritische, ästhetische und philosophische Schriften*, Berlin/Neuwied 1967, Bd. I., 99.
46 Nachdem in Preußen zunächst ein *Collegium medicum* eingerichtet worden war, bemühte man sich seit 1762 um eine *gesundheitspolizeyliche Totalregistratur* und richtete 1808 im Ministerium des Innern eine Unterabteilung für das Medizinalwesen ein, eröffnete Infektionshospitäler und erließ eine Anzeigepflicht für jeden erkrankten Bürger. – Vgl. Ruffié/Sournia 1987, 182, Barthel 1989, 31, 33, 92f. (zu Erhard) sowie Vasold 1999, 216f.

Menschen, und die Vortheile der Bevölkerung zu berechnen« sucht.[47] An diesem Punkt ist jenes Projekt der Prävention zu sich gekommen, das angesichts der Pest (und anders noch als im Falle der Lepra, wo mit pauschalen Prozeduren der Ausschließung gearbeitet wurde) die Gefährdung des Gemeinwesens ihres repräsentativen Werts zu entledigen versuchte, das sie nicht mehr als Einbruch einer providentiellen oder fatalen Transzendenz, sondern als Feld einer geregelten Immanenz auffassen wollte, das sie schließlich positivierbar, kalkulierbar und prognostizierbar zu machen suchte und in diesem Zuge den Ausnahmezustand zum Normalbetrieb stetiger Prävention, Korrektion und Beeinflussung umstellte. Die Mediziner wurden zu »programmateurs d'une société bien régie«, sie betrieben eine regelrechte »noso-politique« und arbeiteten nunmehr weniger zum Wohle eines höfischen *santo*, *sabio* und *sano* als vielmehr an den drei Sollzuständen eines biopolitisch optimierten Gemeinwesens: »ordre, enrichissement, santé«.[48]

Im Bereich der Strafrechtspflege setzte sich das Credo durch, der Straffällige dürfe nicht mehr den altsouveränen Prozeduren der Vergeltung und Ausschließung unterworfen sein und so zu einem »unglücklichen Schlachtopfer der Gerechtigkeit« werden. »Strafe darf nicht Rache sein«[49], und sie ist es immer weniger, je mehr das Kriminalsystem auf die Polizey abstellt. »Bei der Ausübung der Polizei straft mehr die Behörde als das Gesetz«, heißt es bei Montesquieu mit Blick auf den Geltungsverlust des vormals absoluten Gesetzes. »Die von ihr abhängigen Leute sind ständig unter den Augen der Obrigkeit, es ist also der Fehler der Obrigkeit, wenn sie Ausschreitungen begehen.«[50] Die Straffälligen werden somit in ein Feld intensiver Einflussnahme integriert, das unter dem Namen der »Delinquenz« einen Kreis von devianten Subjekten umschreibt und die neueren Menschwissenschaften zu Rate zieht. Die Strafe wird nicht mehr in erster Linie an der Tat (oder der durch die Tat *allgemein* charakterisierten Täterpersönlichkeit), sondern am individuellen Täter, an seiner Bildungsgeschichte und Vermögenskonstitution ausgerichtet.[51]

Damit wird auch das Strafsystem zu einem tragenden Bestandteil jenes Präventionsprojekts, das die jüngere Polizey in Gang bringt und der Liberalismus voll-

---

47 Johann Peter Frank, *System einer vollständigen medizinischen Polizey*, 4 Bde., Frankenthal 1791, Bd. I., 44f.

48 Michel Foucault, »La politique de la santé au XVIIIe siècle«, in: *Dits et Écrits. 1954-1988*, Bd. III.: 1976-1979, Paris 1994, (13-27), 23, 14, 17. Vgl. hierzu auch Jean-Bernard Wojciechowski, *Hygiène mentale et hygiène sociale. Contributions à l'histoire de l'hygiènisme*, Bd. I., Paris 1997, 32, passim.

49 Johann Jakob Cella, »Ueber Todesstrafen, und ob es zweckmäßig und erlaubt ist, selbige durch quaalvolle Arten der Hinrichtung zu schärfen?«, Giessen 1794, (36-44), 38f., in: Sauder 1980, (85-87), 86.

50 Charles-Louis de Secondat Montesquieu, *Vom Geist der Gesetze*, Bd. II., Tübingen 1992, XXVI, 24, 236.

51 Vgl. Gerd Kleinheyer, »Wandlungen des Delinquentenbildes in den Strafrechtsordnungen des 18. Jahrhunderts«, in: Fabian 1980, (227-246), 240, sowie exemplarisch für das Täterbild der Empfindsamkeit: Maaß 1794, 6. Brief/80.

Haushaltung

enden wird. Nachdem Sonnenfels' Schrift *Über die Abschaffung der Tortur* (1775) von Maria Theresia bereits im Jahre 1776 beherzigt worden war, wurde Cesare Beccaria 1791 vom Kaiser Leopold II. zum Doppelmitglied in der Sonderkommission zur Reform des Straf- und Polizeisystems ernannt. In seinem Traktat *Dei delitti e delle pene* (1764) hatte auch er sich gegen die Folter und ihre metaphysische Prämisse gewandt, die »Wahrheit« sei »in den Muskeln und Nerven eines elenden Menschen zu finden«. Sinnvoll sei die Folter eigentlich nur im Falle restloser, also unmöglicher Individualisierbarkeit aller ihr Unterworfenen und im Falle optimaler Berechenbarkeit ihrer jeweiligen Vermögen, weshalb für sie auch »eher ein Mathematiker denn ein Richter« zuständig sei.[52] Für das Strafsystem ist damit eine dreifache programmatische Ausrichtung vorgezeichnet: Erstens bilden weniger die Körper als die Gemütsvermögen oder »Seelen der Menschen«[53] die Zielscheibe der reformierten Strafpraxis; in einem zweiten Schritt sollen eben diese Vermögen und ihre Wirkungen berechenbar gemacht werden, so dass letztlich nicht die Absicht des Straffälligen entscheidend ist, sondern, wie man zu zeigen hofft, »der einzige richtige Maßstab der Verbrechen in dem der Nation zugefügten Schaden besteht«[54]; schließlich führt ein derartiges Kalkül unweigerlich zu der Einsicht, dass präventive Maßnahmen der Vermögensbildung ungleich förderlicher sind als punitive: »Besser ist es, den Verbrechen vorzubeugen als sie zu bestrafen.«[55]

Diesem Wahlspruch folgt auch Jeremy Benthams Entwurf eines »Panopticon Penitentiary« (1791). Für das Panopticon ist nicht nur kennzeichnend, dass es das Modell einer umfänglichen Überwachung und Normalisierung erprobt, dass es, »so to speak, transparent« ist und seine »delinquents« durch »perpetual superintendance« und »unremitted inspection« umzieht.[56] Entscheidend ist seine ökonomische Funktion, wird das Panopticon doch in Gestalt eines insgesamt profitablen »Management by Contract« betrieben, bei dem der Manager für das Leben der Delinquenten verantwortlich zeichnet. Einerseits werden Berechnungen zur regulären Mortalitätsrate angestellt und übernimmt der Manager die Rolle der obersten Vorsorgeinstanz: »He is, therefore, constituted the assurer of the lives and safe custody of his prisoners; but to assure their lives is, at the same time, to secure the multitude of cares and attentions, on which their health and well-being depend.«[57] Andererseits werden diese präventiven Maßnahmen dadurch optimiert, dass die inhaftierten Subjekte zu eigenständigen, »freien« Menschen fortgebildet werden, die sich durch das Vermögen zur Selbst- und Fremdbeobachtung bewähren und zu einem autonomen Gemeinwesen zusammenschließen können. »These little societies present an additional security, arising from their mutual responsibility. [...] Thus the prisoners would be converted into guardians and inspectors of each other.«[58]

52 Cesare Beccaria, *Über Verbrechen und Strafen*, Reinbek 1966, 82, 86.
53 Ebenda, 74.
54 Ebenda, 64.
55 Ebenda, 148.
56 Jeremy Bentham, *The Rationale of Punishment*, London 1830, 352, 354.
57 Ebenda, 351f.

Das Problem, wie gesellschaftsimmanente Kontingenzen zu regulieren seien, bringt die Aufgaben der Polizey des 18. Jahrhunderts auf den kleinsten gemeinsamen Nenner. In Frankreich, England und Deutschland sollte die Steigerung sozialer und kommunikativer Komplexität obrigkeitliche Interventionen in die gesamtstaatliche Ökonomie und Vermögensbildung immer weiter zurücktreten lassen. Auf Ebene der politischen Ikonographie und Metaphorik hieß dies, dass der einfache und direkt wirksame Mechanismus der Staatsmaschine durch systemische oder rückgekoppelte Abläufe abgelöst wurde, die die Staatsmaschine nicht nur am Laufen halten, sondern letztlich *sind*. Bezog sich der Begriff des *Governours* bis ins 17. Jahrhundert allein auf Gott und den König, verband er sich seit Cudworths *Intellectual System of the Universe* von 1678 mit dem technischen *Regulator*.[59] Von daher versteht sich der technologische Einschlag gouvernementaler Maßnahmen: eine weder juridische noch kriegerische, sondern auf Erhebungen, Analysen, Kalkülen und auf effizienter Verwaltung basierende Operationsweise, die mittels Reglements, disziplinierender und normalisierender Praktiken wirksam wird. Das Basisprogramm eines Wirtschaftens in diesem Sinne erarbeiteten die französischen Physiokraten, als sie die Bevölkerung als ein Subjekt-Objekt zwischen (moralischem) *Ordre naturel* und (physikalischem) *Orde de la nature* konzipierten, dessen Begehren einerseits zu stimulieren, andererseits planmäßig zu befriedigen sei. Auf dieser Basis konnte der Arzt Quesnay in seinem *Tableau économique* »die Reichtümer in ihrer Beziehung zu den Menschen und die Menschen in ihrer Beziehung zu den Reichtümern« darstellen, um das System der Vermögen erfassbar und steuerbar zu machen.[60]

Der (britische) Liberalismus konnte hieran anknüpfen, als er die Gesellschaft als freie Assoziation selbstverwalteter Subjekte entwarf, die einerseits durch ein inneres, sympathetisches Band verknüpft seien, die andererseits dadurch eine höhere Rationalität des Marktes herstellen sollten, dass sie sich jener Natur gemäß verhalten, die sie selbst auf künstlichem, kommunikativem Wege erzeugt haben. Wie in Bernard Mandevilles satirischer und zunächst noch skandalträchtiger *Fable of the Bees* (1714) vorgezeichnet, ist dieser Markt autonom, seiner Erscheinungsform nach »natürlich« und zugleich von jedem moralischen Kriterium dispensiert. Er ist das Feld, auf dem sich die neuen sozialen Beziehungsformen ausbilden, wo die zirkuläre soziale Referenz nicht nur eingeübt, sondern auch in bare Münze konvertiert wird. In seinem *Enquiry into the Nature and Causes of the Wealth of Nations* (1776) erklärt Adam Smith »the propensitiy to truck,

---

58 Ebenda, 356. – An diese utilitaristische Logik des Strafens kann dann ohne weiteres Benthams *The Rationale of reward* (London 1825) anschließen.
59 Vgl. Bernhard J. Dotzler, *Papiermaschinen. Versuch über COMMUNICATION & CONTROL, in Literatur und Technik*, Berlin 1996, 277 sowie zu Cudworth bei Leibniz: ebenda, 279.
60 François Quesnay, »Ökonomisches Tableau, 3 Entwürfe«, in: *Ökonomische Schriften*, Bd. I.: *1756-59*, Berlin 1971, Brief an Mirabeau vor der »2.« Ausgabe des Tableau, 355. – Vgl. auch ebenda, »3.« Ausgabe, 447. – Freilich verblieben die Physiokraten letztlich noch weitgehend im Rahmen der Souveränität, des Naturrechts und einer als natürlich vorgestellten Natur. Gegen Ende des Jahrhunderts war ihr Stern ebenso im Sinken wie der der Kameralisten.

barter, and exchange one thing for another« zum menschlichen Wesensmerkmal, sind die nationalökonomisch umschriebenen Formen des Wirtschaftens doch »the necessary consequences of the faculties of reason and speech«.[61] Eine spezifische Zurechnung von Verantwortlichkeit und Pflicht für die Vermögenderen gibt es hier nicht, es sei denn, dass sie überhaupt ihre Vermögen einzusetzen haben. In diesem Falle werden sie »durch eine unsichtbare Hand geleitet [...]. Ohne es zu wissen, befördern sie die Vorteile der Gesellschaft, und erleichtern die Bevölkerung.«[62] Für Smith gibt es keine Vorsehung mehr, keine transzendente Instanz, die in den Lauf, oder besser: Umschlag der Dinge eingreifen würde, nur mehr eine systemimmanente Autoregulation, die dann als »unsichtbare Hand« vorgestellt werden mag. Deswegen kennt der Liberalismus auch nicht mehr die Konvergenz von Darstellung und Wirklichkeit, wie sie noch bei Leibniz und bis hin zu den Physiokraten in Geltung war. Die Hand des Regulators ist so unsichtbar wie er selbst in letzter Konsequenz unpersönlich zu werden hat.

Die deutschen Territorien verzeichneten in dieser Epoche eine steigende Geburten- und sinkende Mortalitätsrate, mithin einen immensen Bevölkerungsanstieg, der allerdings erst zum Ende des Jahrhunderts von einer entsprechenden Umstellung in den Produktionsverhältnissen begleitet wurde. Die hiesige ökonomische Theorie entwickelte währenddessen im jüngeren Kameralismus eine Art Keimform der volks- und betriebswirtschaftlichen Wissenschaft, sie baute die Bevölkerungslehre und Sozialpolitik weiter aus und setzte den Versicherungsgedanken gegen die überkommenen karitativen Einrichtungen durch.[63] Obwohl der Kameralismus dem politischen Handeln gerade als systematische Wissenschaft ein unbeschränktes Feld des Empirischen eröffnete, wurde er längerfristig vom volkswirtschaftlichen Liberalismus abgelöst, und dies nicht zuletzt, weil der Liberalismus subjektive und volkswirtschaftliche Vermögensbildung besser zusammenzudenken vermochte. Für statistisch orientierte Staatsrechtler wie Schlözer galt der Staat als »eine *Maschine*, aber darinn unendlich verschieden von allen andern Maschinen, daß dieselbe nicht für sich fortlaufen kan, sondern immer von Menschen, leidenschaftlichen Wesen, getrieben wird, die nicht maschinenmäßig gestellt werden können.«[64] Die beschriebene Doppelperspektive, mit der die Grenzen des mechanistischen Paradigmas rasch erreicht waren, wurde in idealistischen und romantischen Staatsentwürfen aufgegriffen und zu der politisch-pädagogischen Maxime formuliert, Empirisches und Transzendentales miteinander zu vermitteln. Bei Kant ist es ein faktisch zugrundegelegter, wenn auch nur als Vernunftidee existierender ursprünglicher Gesellschaftsvertrag

---

61 Adam Smith, *An Enquiry into the Nature and Causes of the Wealth of Nations*, Buch I-III., London 1970, 117f.
62 Smith 1770, 174.
63 Vgl. Hans Schmitt-Lermann, *Der Versicherungsgedanke im deutschen Geistesleben des Barock und der Aufklärung*, München 1954, 84 sowie Gerald Schöpfer, *Sozialer Schutz im 16.-18. Jahrhundert*, Graz 1976, 169.
64 August Ludwig Schlözer, *Allgemeines StatsRecht und StatsVerfassungsLere*, o. O. 1970, 157.

und die transzendentale Freiheit des subjektiven Handelns, die jede soziale Verkehrsform immer schon supponiert, während die romantischen Gesellschaftsentwürfe einerseits »einen selbstregulativen Organismus, dessen Produktionen und Reproduktionen ein innewohnender neurosensorischer Apparat koordiniert«, konzipieren, andererseits paulinische und mittelalterliche Vorstellungen des Kollektivkörpers und der spirituellen Leibeinheit zu reaktivieren suchen.[65] Fungierte schon die jüngere Polizeywissenschaft als ein »Verbindungsstück von Staatstheorie und Staatspraxis im kameralistischen Verwaltungsstaat« und legte schon die autoregulative Organisation der preußischen Bürokratie den Gedanken nahe, die Akten seien hier aufgestiegen »zum transzendentalen Signifikant des Staates«[66], suchte das avancierteste politische Wissen an der Schwelle um 1800 gerade derlei transzendentalpolitische Konstellationen kritisch zu befragen.

Fichtes *Geschlossener Handelsstaat* (1800) ist ein spekulativ konzipierter, gewissermaßen juridisch-präventiver Staat, der souveränitätslogische Demarkationen gegen die politisch destruktiven Handelsbeziehungen wenden will, um so alles irgend Berechenbare statt dem Zufall dem Gang der reflektierenden Begriffsbildung zu übereignen.[67] Der geschlossene Handelsstaat steht insofern innerhalb eines systemischen Horizonts, als er die Beobachtung der Beobachtung und die indirekte Herstellung einer ökonomischen Homöostase zum Gesetz seiner Gesetzgebung und Schließung macht, dies freilich unter der optimistischen Voraussetzung, somit nichts mehr »dem blinden Zufall zu überlassen«.[68] In erster Linie richtet sich Fichtes Konzeption gegen die Maxime der *adventurers*: »Der Erwerb, und aller menschlicher Verkehr soll einem Hazard=Spiele ähnlich seyn«. Stattdessen ist ein »Organismus« ins Leben zu rufen, ein autonomer und autarker Zusammenhang der Vermögen, der in letzter Konsequenz die empirische Stabilisierung zur transzendentalen Freiheit des unbegrenzten geistigen Austauschs weiterbildet.[69] In diesem Sinne wenden sich Fichtes *Reden an die deutsche Nation* (1807/1808) gegen die »Ausländerei« der mechanizistischen Staats-

---

65 Ethel Matala de Mazza, *Der verfaßte Körper*, Freiburg/Breisgau 1999, 42, vgl. zudem ebenda, 40f., 271.
66 Maier 1966, 231, Wolfgang Ernst und Cornelia Vismann, »Die Streusandbüchse des Reiches«, in: *Tumult. Schriften zur Verkehrswissenschaft*, 21 (1995), (87-107), 96.
67 »Den juridischen Staat bildet eine geschloßne Menge von Menschen, die unter denselben Gesetzen, und derselben höchsten zwingenden Gewalt stehen. [...] Sie würde dann einen Handelsstaat, und zwar einen geschloßnen Handelsstaat bilden, wie sie jetzt einen geschloßnen juridischen Staat bildet. [...] In der Regierung eben sowohl als anderwärts muß man alles unter Begriffe bringen, was sich darunter bringen läßt, und aufhören, irgend etwas zu berechnendes dem blinden Zufalle zu überlassen, in Hofnung, daß er es wohl machen werde.« (Johann Gottlieb Fichte, *Der geschlossene Handelsstaat* [...], Bd. I. 7 der *Werke: 1800-1801*, Stuttgart/Bad Cannstatt 1988, 38, 51.)
68 Ebenda, 131, vgl. zudem ebenda, 79. – »Die Regierung kann wie oben gesagt, den ersten Erbauer, oder Verfertiger nicht unmittelbar beobachten; aber der auf ihn zu rechnen berechtigte Kaufmann kann es, und vermittelst dessen die Regierung. Wiederum den Kaufmann unmittelbar zu beobachten bedarf die Regierung nicht, auch wenn sie es könnte. Sobald eine Stockung im Handel entsteht, wird der dadurch gefährdete Bürger ohne Zweifel die Regierung benachrichtigen.« (ebenda, 64.)
69 Ebenda, 140, vgl. zudem ebenda, 141.

lehre, gegen jene »feste und tote Ordnung der Dinge«, gegen jenes bloße »Rechenexempel«, dem zwar die quantitative Erfassung systeminterner Vorgänge möglich sei, nicht aber, deren »Triebfeder selbst in Bewegung zu bringen«, geschweige denn, ein regelkreisartiges, »organisches« und »lebendiges« System der Vermögensbildung hervorzubringen. »Anders die echt deutsche Staatskunst. [...] So wie der Staat an den Personen seiner erwachsenen Bürger die fortgesetzte Erziehung des Menschengeschlechts ist, so müsse, meint diese Staatskunst, der künftige Bürger selbst erst zur Empfänglichkeit jener höheren Erziehung heraufgezogen werden.«[70] Mithin sind es die transzendentalphilosophisch erschlossenen Vermögen selbst, die das Vermittlungsproblem der Transzendentalpolitik lösen sollen.

In seinen *Ideen zu einem Versuch, die Grenzen der Wirksamkeit des Staates zu bestimmen* (1792 entstanden, 1851 veröffentlicht) beschränkt Wilhelm von Humboldt die Transzendentalpolitik auf Bildungspolitik und Prävention. Prinzipiell »alles erhält Leben und Lenkung vom Staat«, doch hat dieser die Option, durch Zwang, Beeinflussung oder Bildung wirksam zu werden. »Im ersten Falle bestimmt er zunächst nur einzelne Handlungen; im zweiten schon mehr die ganze Handlungsweise; und im dritten endlich, Charakter und Denkungsart.« Im Falle der Bildung wirkt er also auf die »Quellen« selbst, »aus welchen mehrere Handlungen entspringen«.[71] Er bildet die Vermögen, von denen der weitere Bildungsgang abhängt. Danach muss sich die staatliche Aktivität auf rein präventive Aufgaben beschränken. Der Staat darf »auf keine Weise für das positive Wohl der Bürger sorgen«, und seine Wirksamkeit darf nur mehr »das Äußere des Menschen« tangieren.[72] Denn nur dann ist eine Vergesellschaftung möglich, in der »sich die Selbständigkeit der Verbundenen zugleich mit der Innigkeit der Verbindung erhält«. Nur in Absetzung vom faktisch existenten Verwaltungs- und Wohlfahrtsstaat sei es überhaupt denkbar, »wie keiner dem andern gleichsam aufgeopfert würde, wie jeder seine ganze, ihm zugemessene Kraft für sich behielte, und ihn eben darum eine noch schönere Bereitwilligkeit begeisterte, ihr eine, für andere wohlthätige Richtung zu geben«.[73]

Fordern sowohl Fichte als auch Humboldt eine zusehends höhere Form der geistigen Selbstreproduktion, steuert die romantische Staatslehre auf geistige Transzendenz zu, die dem Staat weniger zugrunde liegt, als ihn erst vollendet. Für Schlözer war der Staat noch eine bloße, wenn auch wohltätige »*Erfindung*« nach Art von »BrandCassen«, bei Adam Müller bildet er jedoch »nicht eine bloße Manufactur, Meierei, Assekuranz-Anstalt, oder merkantilistische Sozietät; *er ist die innige Verbindung der gesammten physischen und geistigen Bedürfnisse, des gesammten physischen und geistigen Reichthums, des gesammten inneren und äußeren Lebens einer Nation, zu einem großen energischen, unendlich bewegten und lebendigen Gan-*

---

70 Johann Gottlieb Fichte, *Reden an die deutsche Nation*, Hamburg 1978, 110f., 113.
71 Humboldt 1948, 23, 32.
72 Ebenda, 126, 124.
73 Ebenda, 24, 52.

zen.«[74] Einerseits obliegt es der Regierung, auf dem Wege der Regulation »die Produktion und das Begehren […] wechselwirkend«[75] in Anschlag zu bringen, um damit das lebendige Ganze dieses Organismus in Gang zu halten. Andererseits ist es aber erst die »Innigkeit«, die intensive Durchdringung sämtlicher physischer und geistiger Vermögen, die den Staat zum Staat macht. Befinden sich Inneres und Äußeres, Gemüts- und Kapitalvermögen in unbegrenzter Wechselwirkung, ist der Staat – so er durch seine Transzendentalität definiert ist – als »vergeistigter« erst geworden und – empirisch gesehen – schon wieder vergangen.

Novalis' Fragmenten zufolge ist es »das Innre des Menschen«, sind es die weitgehend unerforschten Gemütsvermögen, die in ihren zahllosen Vermischungen und Übergangszuständen »neue, ungenannte Kräfte« freisetzen. Diese Kräfte sind transformierbar, sie gestatten es, die Triebkräfte des Inneren und Äußeren, der Poesie und Politik untereinander auszutauschen.[76] Politik, so wie sie vom Staatskörper zur Staatsseele und von da aus zum Staatsgeist übergehen sollte, ist somit in der einen Hinsicht eine Frage von Poesie und »wahrer Kultur im allg[emeinen]«.[77] In der anderen Hinsicht untersteht sie selbst einer Art »Bio-Logik« nach Muster der brownschen Physiologie, welche soziale Regelkreise ohne weiteres in die organischen Kreisläufe der Natur integrieren lässt.[78] »Die Vernunftgesetze der Rechts- und Sittenlehre in Naturgesetze verwandelt gibt die Grundsätze der Physiologie und Psychologie.« Ein Gesetz stellt deswegen keine göttliche oder juridische Grenzziehung und auch kein Mittel souveränitätslogischer Bewährung dar, es legiert vielmehr physische und geistige Vermögen und dient als »ein kausaler Begriff – Mischung von Kraft und Gedanken.«[79] Das Gesetz ist eine Angelegenheit des Organismus und des Systems, es zielt steuerungstechnisch wie steuerpolitisch auf die »einzelnen Kräfte« und »Vermögen«, auf »Abgabe« und »Gewinn«, und dies innerhalb eines organischen Zusammenhangs, der die »zweckmäßige, *systematische* Beschäftigung der Menschenmasse« einerseits, »Mensch zu werden« andererseits ermöglicht.[80]

Wenn bei Novalis der Hof wieder als Muster aller Haushaltungen gilt, wenn monarchische Herrschaft genealogisch fundiert und theatral realisiert wird, wenn sich schließlich die Polizey durch ihre offensiven Mittel der Einflussnahme auszeichnet, enthalten seine Schriften offenkundig restaurative Elemente.[81] Doch sollen diese weniger einer nostalgischen Wiederbelebung dienen, als dem Projekt, politisches *und* poetisches Leben in ein und dasselbe System zu integrieren.

---

74 Schlözer 1970, 3, sowie Adam Müller, *Die Elemente der Staatskunst. Sechsunddreißig Vorlesungen*, Meersburg am Bodensee/Leipzig 1936, II. Vorlesung, 27.
75 Ebenda, IXX. Vorlesung, 233.
76 Novalis 1987, 535.
77 Novalis, »Allgemeines Brouillon« (1798-1799), in: Novalis 1987, (445-498), 456.
78 Matala de Mazza 1999, 166, vgl. zudem zu Brown ebenda, 171.
79 Novalis, »Vermischte Bemerkungen (Blütenstaub) 1797-1798«, in: Novalis 1987, (323-352), 342.
80 Novalis 1987, 457, 464.
81 Vgl. Novalis, *Glauben und Liebe (1798)*, in: Novalis 1987, (353-374), 362, 367.

Unter der Kautel der preußischen Bildungs- und Verwaltungseinrichtungen gilt nach wie vor: »Jeder Staatsbürger ist Staatsbeamter«, nur dass dem König insofern eine Ausnahmestellung zukommt, als sein »repräsentatives« Amt die Bildung jenes »Idealmenschen« zu demonstrieren erlaubt, zu dem sich jeder empirische Mensch immer schon hinzubilden hat.[82] Dem Monarchen kommt so innerhalb des Staats die Stellung eines transzendentalen Signifikanten zu, und die »Monarchie ist deswegen ein echtes System, weil sie an einen absoluten Mittelpunkt geknüpft ist; an ein Wesen, was zur Menschheit, aber nicht zum Staate gehört.«[83] Der König hat innerhalb dieses Systems keinen repräsentativen Wert, wohl aber einen Stellenwert, gelten doch die älteren Rechtssätze und Körperschaften immer weniger, der ausgeglichene »Haushalt« und – transzendental verstandene – »Handelsgeist« aber alles.[84] Gibt es also bei Novalis ein transzendentalpolitisches System, dann ein solches, das über physiologische und allgemein »bio-logische« Steuerkreise die Menschen innerlich wie äußerlich, als gebildete Approximationen an den transzendentalen Fürsten und als vermögende und tätige Masse, zur doppelten Vermögensbildung integriert.

3. Regulation

Gerade in den deutschen Territorien konnte man gegen Ende des Jahrhunderts behaupten, Staat und System aufs engste miteinander verquickt, ja den Staat zum System *katexochen* gestaltet zu haben.[85] Dieses System ist einerseits die Erfüllung des polizeylichen Vorhabens, in allen Belangen des Gemeinwesens eine gute Ordnung herzustellen, es entspricht andererseits einer künstlich geschaffenen, »zweiten« Natur, die an die Stelle der älteren Leitmotive des Regierens eine eigene Kunst des Regulierens treten lässt. Damit rückt auch das Problem der Kompensation, die sich seit der mittelalterlichen Scholastik durch ihren »ärgerlichen amphibischen Status zwischen Metaphysik und Empirie«[86] ausgezeichnet hatte, in einen neuen Kontext. Bis ins 18. Jahrhundert hinein waren moralisch zurechenbare Übel durch strafende Vergeltung und sonstige Übel im providentiellen Maßstab zu kompensieren. Nicht zuletzt durch den Geltungsverlust des Theodizeegedankens und durch die Erweiterung des Kontingenzbegriffs auf kommunikative und systemische Zusammenhänge wurde der Rahmen einer

---

82 Ebenda, 357.
83 Ebenda, 358.
84 »Fürsten sind Nullen – sie gelten an sich nichts, aber mit Zahlen, Die sie beliebig erhöhn, neben sich gelten sie viel.« (Novalis, *Dialogen und Monolog (1798)*, in: Novalis 1987, (415-427). 423.) Vgl. zudem ders., »Fragmente und Studien«, in: ebenda, 529, und ebenda, 495.
85 Vgl. etwa Johann Jakob Engels *Lobrede auf den König* von 1781 (in: Friedrich II. 1985, (155-170), 162f.): »Wo ist das Reich, das, als System mit System, mit dem unsrigen könnte verglichen werden? Wenn je ein Staat war, der einen tief durchdachten, überall verbundnen, auf die höchste durch ihn nur mögliche Wirkung berechneten Plan hatte: so ist's der unsrige.«
86 Odo Marquard, »Homo compensator. Zur anthropologischen Karriere eines metaphysischen Begriffs«, in: Gerhard Frey und Josef Zelger (Hgg.), *Der Mensch und die Wissenschaften vom Menschen*, Bd. I.: *Anthropologie der Gegenwart*, Innsbruck 1983, (55-66), 55.

providentiellen Heilsvorstellung und *oeconomia divina* gesprengt. Hatte man früher eine göttlich garantierte natürliche Kompensation erwarten können, musste man nun – der Systemoptimierung halber – Entschädigungsleistungen erbringen.[87] Was juristisch als »Collision« der individuellen und gemeinschaftlichen Rechte reguliert werden muss, fällt nicht mehr in die Zuständigkeit des göttlichen oder souveränen Rechts, es verlangt nicht mehr nach der strafrechtlichen »Kompensation« eines Unrechts, das dem Recht, der souveränen und göttlichen Ordnung selbst angetan wurde. Juristisch betrachtet handelt es sich um zivil- oder staatsrechtliche Angelegenheiten, systemisch gesehen um die Abfederung von objektiven Kontingenzen und Pathologien und von subjektiven »Entsagungen« oder »Übertragungen« (etwa die von Rechten und Vermögen). In diesem Sinne ist der Staat, wie es im Preußischen Allgemeinen Landrecht heißt, *»denjenigen, welcher seine besondern Rechte und Vortheile dem Wohle des gemeinen Wesens aufzuopfern genoethigt wird, zu entschaedigen gehalten.«*[88]

Deswegen sind nun nicht mehr so sehr Justizopfer, jene »unglücklichen Schlachtopfer der Gerechtigkeit«, zu beklagen als die Opfer systemischer Fehlentwicklungen. Das vermeintlich lückenlose Netzwerk der Geheimpolizei und ihrer Spitzel, die intensive Überwachung bis »in die Familienzirkel« hinein, die endlose Registratur und Archivierung führte sinnfällig vor Augen, dass die Polizey von »keiner rechtlichen Form beim Einziehen ihrer Schlachtopfer gebunden« ist. Gerade dieser Bedeutungsverlust juristischer Prozeduren wurde als eine neue Gefahr empfunden, die zu regulieren zunächst durch öffentlichkeitswirksame Berichte über die »durch diese Polizei verfolgten Schlachtopfer«[89], bis zu Condorcet dann auch in Form eines Risikokalküls versucht wurde. Was der Staat als zivil- oder staatsrechtliche Entschädigung leisten sollte, war dem Prinzip nach versicherungstechnische Regulierung – ganz wie in Leibniz' Staatsmodell einer einzigen umfassenden und öffentlichen Assekuranz.

Die »Aufopferungen« sind hingegen von vornherein in ein komplexes systemisches Kalkül integriert, sie sind Teil des allgemeinwirtschaftlichen Disponierens, des Systems der Übertragungen und Kredite, des Mangels und Begehrens, das gesellschaftliches »Handeln« im doppelten Sinne erst möglich macht, dazu aber immer schon »die Bildung von Humankapital durch ›Arbeit der Person an sich selbst‹«[90] supponiert. »Alle menschliche Wirksamkeit besteht«, wie Adam Müller schreibt, »in dem Hingeben eines wirklich bereits Gewonnenen oder Erworbenen für ein noch Unsichtbares, Künftiges und in gewisser Hinsicht Geistiges. […] Bei allen alten Religionen war das Opfer die Haupthandlung, aber getrennt von den Geschäften und den Taten des gewöhnlichen Lebens. Das Verhältnis

---

87 Vgl. hierzu die Umkehrung der Theodizee bei Rousseau, nach der individuelle Vorteile aus gemeinschaftlichen Nachteilen abzuleiten sind (Rousseau 1955, 110-112).
88 *PAL* 1972, »Einleitung«, §. 75, 49.
89 *Neueste Staats-Anzeigen,* 4. Band, IV. Stück, Göttingen 1798, 473ff. sowie ebenda, 409-472: »Geheime Polizei zu Wien (›aus den Briefen eines Franzosen‹)«, 436, 444, sowie 437f.
90 Gérard Gäfgen, »Verzicht und Belohnung. Das Opfer in ökonomischer Perspektive«, in: Richard Schenk (Hg.): *Zur Theorie des Opfers*, Stuttgart/Bad Canstatt 1995, (127-149), 128f.

des Göttlichen zu den Menschen blieb unverstanden: denn der lebendige Staat, der Ausdruck göttlicher Ordnung in menschlichem Stoffe, war noch unerkannt«.[91] Seitdem jedoch »Aufopferungen« nicht mehr für rein kultische Zwecke vollzogen werden, seitdem sie nicht mehr von den »Geschäften« des »gewöhnlichen Lebens« isoliert sind und diese Geschäfte im Staat selbst aufgehen, sind Gesellschaften *und* Subjekte entstanden, die sich im gemeinsamen Wirtschaften und in der wechselseitigen Übertragung ihrer Vermögen am Leben erhalten, ja zu einer Geisteinheit zusammentreten. Ist die »Aufopferung«, wie Müller sagt, in diesem Sinne vergeistigt und aufgehoben worden, kann der Einzelne »für das Ganze, den Staat und die Menschheit leben«[92] – immer unter der Voraussetzung, dass er nicht selbst zum »Schlachtopfer« unvorhergesehener Umstände geworden ist.

»Er straft und segnet. Einem Dämon gleich / Vorsehung spielt er, und wir müssen's tragen. […] / Doch Zufall nennt sich das geheime Spiel, / Von Ursachen, das im Verborgnen waltet, / Nie oder doch zu spät sich uns entfaltet / Und irrführt, bis man ihm zum Opfer fiel.«[93] So wie der Zufall vom Dichter und Privatmann Friedrich dem Großen zum »heiligen Vater«, zur providentiellen und metaphysischen Instanz gekürt wurde, ging zunächst überhaupt die »Logisierung des Wahrscheinlichen mit der unbefangenen Ausschöpfung seiner metaphorischen Implikation«[94] einher. Doch ist es nicht ein bloß rhetorischer oder repsychologisierender Rückgang hinter mittlerweile mathematisch formalisierte Begriffe, etwa den der Erwartung oder Hoffnung, der für die sozialpolitische – und romanästhetische – Praxis von Bedeutung sein kann. Dass die berechenbare Wahrscheinlichkeit erst durch den Eintritt des Chancenkalküls in den Horizont poetologischer Fragen entstehen konnte und umgekehrt die poetische Wahrscheinlichkeit nur durch das Wirken kommunikativer Kontingenzen in der Dichtung, fördert beider tieferliegende Verknüpfung zutage. Im deutschen Sprachraum geht die Identifikation von Zufall und Kontingenz auf die Schulphilosophie, nämlich auf Christian Wolffs methodische Verdeutschung lateinischer Termini zurück.[95] Innerhalb der gesellschaftlichen Sphäre sind nun, worauf bereits die jüngere Polizeywissenschaft hinweist, Zufälle oder Kontingenzen auf

---

91 Müller 1936, XXXV. Vorlesung, 415.
92 Ebenda, 418.
93 Friedrich der Große, »Über den Zufall. An meine Schwester Amalie« (September 1757), in: Friedrich der Große 1986, 92, zum folgenden Zitat: ebenda, 51 (Aus einem Gespräch mit de Catt im April 1759).
94 Blumenberg 1999, 130.
95 Unter der Ausgangsbedingung, dass nicht mehr Finalursachen innerhalb eines theologisch-kosmologischen Kontinuums, sondern Naturgesetze, Kausalwirkungen und bestimmte Ausgangsbedingungen anzusetzen seien, stand die Theorie des Zufalls vor folgenden Alternativen: Gesetze und Anfangsbedingungen können – wie bei Spinoza – beide notwendig sein, beide können – wie bei Leibniz – als kontingent gedacht werden, oder aber die Naturgesetze sind – wie im Falle Kants – als notwendig und die empirischen Zustände als kontingent anzunehmen. (Vgl. Hans Poser und Hermann Deuser, »Kontingenz«, in: Gerhard Müller (Hg.), *Theologische Realenzyklopädie*, Bd. XIX., Berlin/New York 1990, (544-559), 546.)

einer zweifachen Ebene zu bewältigen: Einerseits ist hier »alles *Zufall*, dessen *Ereignung* oder *Nichtereignung von dem Willen und Zuthun der Menschen nicht abhängig ist*«, woraus nur die Maxime folgen kann: »die *wichtigsten Folgen* aller Zufälle zum voraus *denken*.« Andererseits zeitigt gerade der Kommunikationsmodus doppelter Beobachtung spezifische Kontingenzen, die systemimmanente Auswirkungen haben können. Somit ist, wie Sonnenfels folgert, die Polizey »Vertheidigung gegen Ereignungen, aus welchen, von was immer für einer Seite, für die *innere Sicherheit* Gefahr zu besorgen wäre. *Ereignungen* dieser Art werden entweder von *menschlichen Handlungen* oder von *Zufällen* herbeygeführet.«[96] Eine derartige Verteidigung der Gesellschaft gegen gesellschaftliche oder rein zufällige »Ereignungen« ist es, die immer wieder neue »Projektemacher« auf den Plan gerufen hat.

Es war Daniel Defoe, der, nachdem er 1692 Bankrott erklären musste und sich erst 1697 wieder saniert sah, noch im selben Jahr das »*Projecting Age*« ausrief. »The Losses and Casualties which attend all Trading Nations in the World« sind Ausgangspunkt von Defoes Untersuchungen, in denen er den Umgang mit den Kontingenzen des Handelssystems an dessen Exponenten zurückverweist – an die »Merchants« nämlich, seien diese doch dazu berufen, »New Ways to live« zu projektieren und letztlich auch ökonomisch zu implementieren.[97] Die Präventions- und Entschädigungsprojekte bilden Defoe zufolge eine Serie stetiger Verfeinerungen, die sich durch die gesamte Menschheitsgeschichte zieht, und an deren Anfang die Arche Noah, an deren Ende die *Assurances*, die Handelsassekuranzen, und die *Friendly Societies*, die Versicherungsvereine auf Gegenseitigkeit, stehen. Jene können – besonders in ihrer Frühform als Seeversicherungen – für ein Modell des Handelssystems gelten, da sie auf wirtschaftlichem Wege Risiko und Gewinn konvertibel machen: »they offer to bear part of the Hazard for part of the Profit«. Diese hingegen sollen, wenn sie sich erst einmal zur Absicherung der immerzu gefährdeten Seeleute bewährt haben, zum Vorbild gesamtgesellschaftlicher Schadensregulation erhoben werden, denn: »All the Contingences of Life might be fenc'd against by this Method«.[98] In jedem Fall ist es eine rechtlich geregelte und versicherungstechnisch regulierte Kontingenzkontrolle, die in Defoes Essays und späteren Romanen die Rolle einer puritanisch verstandenen Providenz übernehmen soll. Eine Gesellschaft, die darauf Verzicht täte, würde »less Prudence than Brutes« an den Tag legen.[99] Defoes Dichtungen und sein theoretisches Werk, seine Biographie im Stile eines *adventurers* sowie seine unstete Tätigkeit als Unternehmer und Steuerbeamter konvergieren, wie man sagen könnte, alle in der Figur des Projektemachers.

Die deutsche Tradition der »Projektemacher« reicht zurück bis ins 16. Jahrhundert, etwa zu Berthold Holzschuher, der 1565 den Plan eines Zwangssparens mit

---

96 Sonnenfels 1804, §. 417/202f., §. 44/23.
97 Daniel Defoe, *An Essay upon projects*, New York 1999 (EA: 1697), 1, 9.
98 Ebenda, 46, 49.
99 Ebenda, 65.

versicherungsähnlichem Charakter fasste und dabei Risiko und Wahrscheinlichkeit als eigenständige Faktoren mit einberechnete, und sie setzt sich über Obrecht, Becher und Marpeger fort bis zu den jüngeren Polizeywissenschaftlern.[100] Der Feldprediger und Pastor Johann Peter Süßmilch, später Mitglied der Königlichen Akademie der Wissenschaften in Berlin, projektierte in den 1740er Jahren für Friedrich den Großen Leibrenten, Tontinen und eine Witwenpensionsanstalt, und dies alles auf der Grundlage verbesserter Geburts-, Trauungs- und Sterbelisten und einer statistisch untermauerten Bevölkerungstheorie. Da »außer den vielen Krankheiten auch die mancherley Unglücksfälle« zu beobachten sind, fordert Süßmilch, ein differenziertes »Verzeichniß« derselben anzulegen und statistisch zu bearbeiten.[101] Erst dann könne man eine »bessere Vorsorge«[102] in Angriff nehmen. Entscheidend ist nun für Süßmilch, dass bei statistischer Analyse der gewonnenen Daten Gott »in Absicht auf unsere Zeugung, Dauer und Erhaltung des Lebens, sich als einen so unendlichen und genauen Arithmeticus beweiset, der alles Zeitliche und Natürliche nach Maaß, Zahl und Gewicht bestimmet«.[103] Obschon auf individueller Ebene »der Tod zu allen Zeiten möglich« ist, und wenn auch generell für alles Irdische – im Gegensatz zum Himmlischen oder Astronomischen – gilt, »daß diese ganze Ordnung zufällig sey« und hier »nicht ein Schatten einer Nothwendigkeit«[104] existiert, so bleibt doch unbenommen, dass die Bevölkerung als solche einer Regelmäßigkeit unterliegt, die von der Geburt, der Fortpflanzung bis in den Tod hinein reicht. Der Tod ist »ein recht bewundernswürdiger Schauplatz der schönsten Ordnung«[105], die von Gott geschaffen, von der Statistik zu positivieren und von der Polizey zu regulieren ist. In diesem Sinne stützt sich Herrschaft nicht mehr wie ehedem auf die Macht zur tödlichen Vergeltung oder zum repräsentativen Tod, sie greift vielmehr mittels Fertilitäts-, Krankheits- und Sterbeziffern auf das berechenbare Leben zu – auf ein Leben, das, wie Novalis später formulieren wird, »die menschliche Unsterblichkeit *en masse*« darstellt.[106]

---

100 Vgl. hierzu Koch 1998, 44ff.
101 Johann Peter Süßmilch, *Die göttliche Ordnung in den Veränderungen des menschlichen Geschlechts, aus der Geburt, dem Tode und der Fortpflanzung desselben*, 2 Bde., 4. Aufl., Berlin 1775, Bd. II., §. 24, 432. Neben den »Haupt=Kranckheiten […] müßten auch die besondern Zufälle angemerckt werden, wenn einer zu Tode gefallen, erschlagen, ermordet, ingleichen die von der Obrigkeit hingerichtete.« Süßmilch nennt unter anderem: »20) die durch allerley unvermuthete Zufälle umgekommene angezeichnet werden. Ferner 21) die vom Blitz getödtete. Dieser Punct scheinet vor andern merckwürdig zu seyn. 22) Selbstmörder. Diese sind zwar auf dem Lande selten, doch giebt es dergleichen. 23) Ermordete; und endlich 24) von der Obrigkeit executirte. Jedoch es stehet einem jeden frey, die besondern Zufälle eintzeln aufzuzeichnen.« (Johann Peter Süßmilch, *Die göttliche Ordnung…*, Tokyo 1967 (Reprint der 1. Aufl., Berlin 1741, 351-356 (fehlerhafte Paginierung im Original), in: Rassem/Stagl 1994, (392-398), 395, 397.)
102 Süßmilch 1775/I., §. 13, 520.
103 Ebenda, §. 1, 63.
104 Ebenda, Bd. II., §. 21, 363 und Bd. I., §. 16, 58.
105 Ebenda, §. 18, 66.
106 Novalis 1987, 53.

Deswegen kann, wie Süßmilch sagt, John Graunt mit seinen *Observations Mentioned in a following Index and made upon the Bills of Mortality* auch als Columbus der neuen Epoche gelten.[107] Er hat als erster jenen neuen Kontinent erschlossen, der die Populationen beherbergt, der sie und ihre Krisen berechenbar, regulierbar und somit zu einer Sache der Vermögensbildung macht. An der Schwelle zum 19. Jahrhundert war es dann wieder ein Engländer, der der Bevölkerungspolitik neue Impulse geben sollte. Nachdem er bereits 1796 eine Schrift mit dem Titel *The Crisis* verfasst hatte, veröffentlichte Thomas Robert Malthus 1798 mit seinem *Essay on the Principles of Population* eine Krisentheorie der Bevölkerung. »Notwendig« für die Existenz eines jeden Menschen ist »Nahrung« so sehr wie »Leidenschaft«, doch gilt für die Gesamtheit der Population das Gesetz, »daß die Vermehrungskraft der Bevölkerung unbegrenzt größer ist als die Kraft der Erde, Unterhaltsmittel für den Menschen hervorzubringen. Die Bevölkerung wächst, wenn keine Hemmnisse auftreten, in geometrischer Reihe an. Die Unterhaltsmittel nehmen nur in arithemischer Reihe zu.«[108] Matthew Hale hatte bereits 1683 in seinem *Discourse touching Provision for the Poor* eine ähnliche Krisentheorie formuliert, nur dass dort, gleichsam von außen, Kriege, Massaker, Epidemien und Hungersnöte auf den Plan treten, sobald die Bevölkerung eine gewisse Größe erreicht. Bei Malthus indes gehen die Krankheitsperioden der Bevölkerung nicht nur auf epidemische Faktoren zurück, sondern auch und gerade auf massenhafte Zusammenballungen und mangelhafte Ernährung, mithin auf intrinsische Ursachen, die die Bevölkerung als autonome Entität charakterisieren. Malthus weist die englische Armengesetzgebung und karitative Praxis und überhaupt jedwede Intervention zurück, weil die »Übel« der menschlichen Gesellschaft nicht in erster Linie schuldhaftem Handeln zurechenbar sind, sondern aus internen, gewissermaßen systemischen Abläufen hervorgehen. »Leid und Not des Lebens stellen eine andere Art von Anreiz dar, der notwendig zu sein scheint [...] das Übel gibt es in der Welt, nicht um Verzweiflung hervorzurufen, sondern Tätigkeit.«[109]

Dieser Prämisse folgte die polizeyliche Praxis von jeher: In das Feld der Bevölkerung soll nicht durch bloße Fürsorge eingegriffen, vielmehr sollen »tausenderley Mittel und Triebfedern in Bewegung gebracht werden«.[110] Insofern das

---

107 Vgl. Süßmilch 1775/I., §. 15, 57, über Graunt als ein Columbus, »der in den Registern der Todten und der Krankheiten in *Londen* zuerst eine Ordnung wahrnahm, und dadurch auf den glücklichen Schluß geleitet ward, daß dergleichen Ordnung auch in andern Stücken des menschlichen Lebens seyn dürfte.«
108 Thomas Robert Malthus, *Das Bevölkerungsgesetz (An Essay on the Principles of Population)*, München 1977 (EA: 1798), 18. – Die 2. Auflage des Werks reicherte Malthus dann statistisch an.
109 Ebenda, 161, 170. Malthus' berühmte Empfehlung, man solle sich enthaltsam zeigen, versteht sich deswegen weniger als Vorschrift denn bestenfalls als Richtlinie für subjektives Verhalten, das seine Beweggründe ohnehin selbstständig erschließt.
110 Justi 1993, §. 392/290, §. 396/293, §. 394/291f.

Versicherungsmodell, was etwa Jung-Stilling nachzuweisen bemüht war[111], keine Kräfte- oder Vermögenseinbußen, keine Stockung der Tausch- und Zirkulationsprozesse nach sich zieht, ist auch aus polizeylicher Sicht nichts gegen die statistische Erfassung und Regulierung der gesamtstaatlichen Vermögen einzuwenden. Eine von Staats wegen betriebene umfassendere Verwaltungsstatistik war in Preußen noch bis Mitte des Jahrhunderts »unmöglich, weil es unter Friedrich I. wohl einen Hof, aber keinen Staat gab«, wie man pointiert, unter Gleichsetzung des Staats mit seiner Verwaltung, sagen könnte.[112] Wohl aber existierte die Statistik bereits auf universitärer Ebene, wenn auch als disziplinär äußerst heterogener Sektor der allgemeinen Realienkunde, der zunächst eher topisch und deskriptiv betrieben wurde. Was in England nach dem Vorbild Graunts und Pettys als politische Arithmetik firmierte, setzte sich bis Ende des 18. Jahrhunderts in ganz Europa als Statistik durch, ehe die skandinavische Tabellenstatistik während der napoleonischen Kriege auf breiter Front ihren Siegeszug antrat. Besonders im Göttingen des späten 18. Jahrhunderts wurde mit der Zielsetzung, Staatsbeamte sachhaltig auszubilden, die »Statistik« begrifflich wie disziplinär zu einer Institution. Schlözer wollte sie zwar wieder als Unterabteilung in die politische Wissenschaft eingliedern, entwickelte aber gleichzeitig eine einheitliche Methodik auf Grundlage einer gesamtstaatlichen Vermögenssystematik.[113] Während Achenwall die Gegenstandsbereiche von Geschichte und Statistik (oder »Statskunde«) als unterschiedliche Aggregatszustände ein und desselben Phänomens fasste[114], kamen auch die Objektfelder von Anthropologie und Statistik in zwei entscheidenden Fragen zur Deckung: in der des Vermögens und der Individualisierung.

Bis zur Mitte des 18. Jahrhunderts wurden Berechnungen zur Wahrscheinlichkeit sozialstatistischer Belange zunächst noch am universellen Vermögen des *good sense* abgeglichen. Dieser Ansatz verschmolz eine erkenntnistheoretisch verstandene »art of conjecture« (die Urteile der Wahrscheinlichkeit, Wissen der Gewissheit zuordnete) mit einer häufigkeitsbasierten »doctrine of chances« (die vom Glücksspiel ausgehend eine Art berechenbarer Gerechtigkeit versprach). Doch fasste er die Gesellschaft als ein Aggregat von Individuen und noch nicht als

---

111 Vgl. Jung-Stilling zur gesamtstaatlichen Implementierung des Versicherungsmodells: »Da die Cammer selbst den Schaden garantirt, so sind die Verunglückten immer sicher, und sie haben nicht zu befürchten, daß die Casse etwa nicht bey Geld seyn möchte. [...] Trägt das Land nur dann eine Abgabe, wenn ein Unglück entsteht, es kommt also gar kein Geld aus dem Kreislauf; sind die Brand=Anstalten gut, entstehn keine Feuersbrünste, so hat man auch nichts zu bezahlen; und endlich [...] verliert die Cammer im geringsten nichts dabey, im Gegentheil, sie bringt ein ruhendes Capital in Kreislauf, und geniest dafür die Interessen.« (Jung-Stilling 1788, 380f.)
112 Otto Behre, *Geschichte der Statistik in Brandenburg-Preussen bis zur Gründung des Königlichen Statistischen Büros*, Berlin 1905, 165.
113 Vgl. hierzu Robert Horváth, »Statistische Deskription und nominalistische Philosophie«, in: Mohammed Rassem und Justin Stagl (Hgg.), *Statistik und Staatsbeschreibung in der Neuzeit*, Paderborn u. a. 1980, (37-52), 44.
114 »*Statskunde* ist eine stillstehende Statsgeschichte; so wie diese eine fortlaufende Statskunde.« (Achenwall 1781, §. 4f./4f.)

eigenständiges Bezugsfeld auf.[115] Von praktischer Relevanz war die Wahrscheinlichkeitstheorie bis dahin vor allem bei Risikogeschäften, für das juristische Problem der *partial proofs* oder bei der Berechnung von Gewinnerwartungen, doch letztlich zeitigte das Problem der Probabilität bis dahin »less a theory than a set of applications«.[116] Erst als sich die Allianz von Statistik und Wahrscheinlichkeitstheorie anbahnte, die Versicherungen nicht mehr unter die »aleatorischen Verträge« subsumiert, sondern an die Absterbeordnungen und Quantifikation von Zeugenaussagen und Dokumenten gebunden und somit auf die mathematische Berechnung von Regularitäten umgestellt wurden, konnte man auch in der Praxis eine weiterreichende Risikokonzeption beherzigen.

Gerade die Mathematisierung führte längerfristig zu einer Ablösung des Probabilitätsbegriffs von der Vermögenslehre, wozu auch die gesteigerte Messgenauigkeit von Beobachtungsapparaturen ihren Teil beitrug.[117] Es setzte schon eine reflexive, nicht nur systematische Unterscheidung zwischen einer apriorisch und aposteriorisch sowie einer subjektiv und objektiv verstandenen Wahrscheinlichkeit voraus, als Condorcet (etwa in seinem *Tableau général de la science qui a pour objet l'application du calcul au sciences politiques et morales* (1793)) die Wahrscheinlichkeitsrechnung als probates Mittel propagierte, wenn es darum ging, den zusehends aufgeklärten Gemütsvermögen ihre letzten Pathologien auszutreiben. Hatte man bis dahin in den sogenannten *sciences morales* (wie der Jurisprudenz oder der politischen Ökonomie) hauptsächlich das Instrumentarium der Gerichtsverhandlung (Beweismittel und Urteile) zu Rate gezogen, um gesellschaftliche Beziehungen zu durchdringen, und war man hier hauptsächlich von individualistischen Prämissen und solchen der Vermögensphilosophie ausgegangen, forcierten Positionen wie diejenigen Condorcets, Poissons oder Cournots mit ihren mathematischen Analysen von Massenphänomenen die Wende zu den *sciences sociales*. Dadurch wurden »gesellschaftliche Risiken«, etwa die Gefahr, zum »Opfer« einer gerichtlichen Fehlentscheidung zu werden, wahrscheinlichkeitstheoretisch quantifizierbar[118], zugleich aber die gesellschaftlich *und* theoretisch bedingten Defizite der Vermögensordnung sichtbar. Im Lichte von Condorcets *mathématique sociale* war nicht zu übersehen, »combien l'analyse des facultés intellectuelles et morales de l'homme est encore imparfaite«.[119] Deshalb hatte die Probabilitätsrechnung regulativ einzugreifen, zumal noch bis zu Laplace

---

115 Lorraine Daston, *Classical Propability in the Enlightenment*, Princeton 1988, 189.
116 Ebenda, 48.
117 Vgl. hierzu Ivo Schneider, »Mathematisierung des Wahrscheinlichen und Anwendung auf Massenphänomene im 17. und 18. Jahrhundert«, in: Rassem/Stagl 1980, (53-74), 63.
118 Vgl. hierzu Daston 1988, 343ff., die drei Variablen nennt: die Zahl der zu Gericht Sitzenden; die zu einem Urteil notwendige Mehrheit; und die Wahrscheinlichkeit, mit der jeder Einzelne richtig urteilen werde. Condorcet fasste in diesem Zuge die individuelle Freiheit als das Risiko, unschuldig verurteilt und bestraft zu werden.
119 Jean Antoine Nicolas Caritat de Condorcet, *Esquisse d'un tableau historique des progrès de l'esprit humain. Fragment sur l'Atlantide*, Paris 1988, 283. – Vgl. auch ebenda: »L'application du calcul des combinaisons et des probabilités à ces mêmes sciences promet des progrès d'autant plus importants qu'elle est à la fois le seul moyen de donner à leurs résultats une précision presque mathématique, et d'en apprécier le degré de certitude ou de vraisemblance.«

der Grundsatz galt, »daß die Wahrscheinlichkeitstheorie im Grunde nur der der Berechnung unterworfene gesunde Menschenverstand ist«.[120] Der Berechnung unterworfen, verschaffen die menschlichen Vermögen anderen, komplexeren Entitäten Raum: dem ganzen Menschen und der Bevölkerung, deren statistische Analyse erst regelkreisartige Wirkungen wie die der Sympathie erklärlich macht. »An den Grenzen der Physiologie des Sichtbaren beginnt eine andere Physiologie, deren Phänomene, viel mannigfaltiger als die der ersteren, wie diese Gesetzen unterworfen sind, die zu kennen von großer Wichtigkeit ist.«[121]

Mit Blick auf die Wahrscheinlichkeitsrechnung und Theorie der Kontingenz darf letztlich nicht übersehen werden, dass die Zeit ihrer praktischen Implementierung keineswegs mit der ihrer Konzeption zusammenfällt.[122] Der Übergang von der deskriptiven Statistik, der »Staatsbeschreibung«, zur numerischen Analyse, zu einem Kalkül, das mit unbegrenzten Datenmengen und mit einer dynamischen Zeitauffassung zu rechnen hat, vollzog sich nicht zuletzt deswegen so schleppend, weil mit der Präzisierung des Wissens auch der Anspruch auf totale Erfassung und Überschau aufgegeben werden musste. Es sind im 18. Jahrhundert Statistik und Wahrscheinlichkeitstheorie, die erstens »das Nicht-Wissen aus seiner Starrheit befreien und in einen operablen Raum verwandeln«[123], die zweitens die Statistik zu einem positiven Unbewussten der Humanwissenschaften machen, die zuletzt aber auch ihr eigenes »Unvermögen«, das Auseinanderklaffen von Möglichkeit und Verwirklichung, in Kauf zu nehmen haben.

Süßmilch war durch seine Korrelierungs- und Berechnungsverfahren auf die Einsicht gestoßen, »Daß in der Geburt, Vermehrung, Fortpflanzung, im Leben, Tode und in den Ursachen des Todes eine beständige, allgemeine, grosse, vollkommene und schöne Ordnung herrsche«. Diese regelhafte, allgemeine und schöne Ordnung konnte, wie er sagt, nur deshalb so lange »verborgen bleiben, da dem äusserlichen Anblick nach in unserer Geburt und Tode nichts weniger als Ordnung zu herrschen scheinet.«[124] Insofern arbeiten die statistischen und ästhetischen Darstellungen mit derselben Zielsetzung: die »schöne«, weil autonome und autoregulative Ordnung innerhalb der menschlichen Angelegenheiten zutage zu fördern; und sie dadurch, wie man am Anfang des Jahrhunderts

---

120 Pierre Simon Laplace, *Philosophischer Versuch über die Wahrscheinlichkeit*, Leipzig 1986, 170.
121 Ebenda, 136. Vgl. zudem ebenda, 137f.: »Diese Wirkungen, deren wohlbekannte Ursachen der Berechnung unterworfen worden sind, geben einen richtigen Begriff von der Sympathie, die aber von weit komplizierteren Ursachen abhängt. [...] Die sympathetischen Gefühle, die in einer großen Zahl von Individuen gleichzeitig erregt werden, verstärken sich durch ihre gegenseitige Rückwirkung, wie man bei einer Vorstellung im Theater beobachten kann. [...] Der Hang zur Nachahmung besteht sogar in Hinsicht auf die Gegenstände der Einbildung.«
122 Erst im Jahre 1810 wurde in Preußen die »Große Statistische Tabelle« erstellt, vor 1860 hatten die meisten deutschen Territorien noch keine statistischen Büros, und zum endgültigen Siegeszug der mathematischen Statistik kam es eigentlich erst im letzten Drittel des 19. Jahrhunderts.
123 Wolfgang Schäffner, »Nicht-Wissen um 1800. Buchführung und Statistik«, in: Vogl 1999, (123-144), 127, vgl. zudem ebenda, 136.
124 Süßmilch 1775, Bd. I., §. 12, 49, §. 15, 56.

gesagt hatte, »verbessern« oder, wie es später hieß, »lenken« zu können. Sollte die von Zincke apostrophierte Sphäre einer »innern Schönheit« »das äusserliche Schöne«[125] erst vollenden, wurden im 18. Jahrhundert beide dem polizeylichen Aufgabenbereich zugeschlagen – ein Bereich, der bei Zincke noch utopistisch umschrieben, bei den jüngeren Polizeywissenschaftlern dann aber systematisch angegangen wurde. Die Polizey steht hier unter dem Druck unablässiger Optimierungsanstrengungen, sie hat Vermittlungsleistungen zu erbringen, die einerseits das liberalistische Modell einer bürgerlichen Privatautonomie und Selbststeuerung für sich reklamieren wird, die andererseits die polizeylich informierte Kunst, so wie sie das Bildungs-Subjekt und die produktive Bevölkerung im Blick hat, *idealiter* immer schon vorexerziert hat. Künstler sind deswegen idealtypische Polizisten. Sie sind, wie Sonnenfels sagt, »Männer, die mit Adlersaugen jede, auch die kleinsten Reize, entdecken, jede, auch die kleinste Abweichung von der unwandelbaren Linie des Schönen bemerken«.[126]

Poesie und Ästhetik dienen so gesehen nicht nur als eine Klammer, die die noch heterogenen und bruchstückhaften anthropologischen Programme zusammenhält, sondern auch als Klammer zwischen empirischen und transzendentalen sowie menschlichen und gesellschaftlichen Vermögen, und dies unter dem pädagogischen und regulativen Titel der »Schönheit«. Letztere verstand sich seit der Wende zum 18. Jahrhundert auch als eine verwaltungstechnische Zielsetzung, waren doch, wie es in einem Berliner Reglement von 1700 heißt, »separate Registraturen und vielleicht auch die Expeditiones selbst in ein gemeines Corpus zu bringen und also desto bessere Ordnung, Harmonie und uniformitaet darunter zu halten«.[127] Im Verwaltungs- und Bildungsstaat Preußen wurden Archivare ihrer Tätigkeit nach immer auch zu Dichtern, die selbstverständlich unter der Order und Ordnung der Staatsverwaltung standen. Eine Berliner Dienstinstruktion des Geheimen Staats- und Kabinettarchivs von 1812 machte daher für den Fall, dass Dichtung und Geheimhaltung archivarischer Staatssachen kollidieren sollten, den poetisch produktiven Verwaltern »zur Pflicht [...], alle schriftstellerischen Arbeiten, wozu sie die Materialien aus dem Archive geschöpft haben, ehe sie solche zu Druck und ins Publikum befördern, unserm Staatskanzler zur Prüfung und Genehmigung vorzulegen.«[128]

Stehen auch sie allein im Dienste des Staates, gilt es als »Hauptabsicht der schönen Künste«, wie Sulzer schreibt, »die Lenkung des Gemüths« mit »den Gesetzen der Weisheit und der allgemeinen philosophischen Policey« abzugleichen.[129] Der

---

125 Georg Heinrich Zincke, *Cameralisten-Bibliothek [...]*, 4 Teile, Leipzig 1751/52, 479. Vgl. hierzu auch: Reiner Schulze, *Policey und Gesetzgebungslehre im 18. Jahrhundert*, Berlin 1982, 131. Vgl. zudem etwa Rößig 1792, 105, 107, 118.
126 Josef von Sonnenfels, »Von der Urbanität der Künstler«, in: Sonnenfels 1783ff./VIII., (297-324), 302.
127 »Reglement für die Geheime Kanzlei, Cölln an der Spree« (veröffentlicht 1700), in: Cosmar 1993, 109.
128 »Dienstinstruktion und Reglement für das Personal des Geheimen Staats- und Kabinettarchivs«, Berlin, 2. Juli 1812, in: ebenda, 148.
129 Johann Georg Sulzer, Art. »Ästhetik« in: Sulzer 1786/I., 36, sowie Art. »Empfindung«, in: Sulzer 1786/II., 44.

Künstler kann dabei zum einen auf seine Empfindsamkeit, die immer auch Selbstbeobachtung ist, zum anderen auf eine spezifische »Kraft *(Energie)* in den Werken der schönen Künste« rechnen. So kommt ihm die Aufgabe zu, zusammen mit den staatlich-polizeylichen Einrichtungen und den Institutionen des Wissens für die »Glückseligkeit« des Menschen zu sorgen. Bestehen jene in »Anordnungen, welche ihm den ruhigen Besitz und Genuß dessen, was zu seinen natürlichen Bedürfnissen gehöret, versichern«, so vermitteln diese »Kenntnisse und Einsichten, welche ihn von seinen moralischen Bedürfnissen, von dem Grade der Glückseligkeit, dessen er fähig ist und von dem Wege, der dahin führet, unterrichten.« Die schönen Künste schließlich sind »Veranstaltungen, um sich diese Einsichten zu Nutze zu machen und die nöthigen Kräfte, um denselben gemäß zu handeln.«[130] Bei Novalis, der eine weitergehende Implementierung dieses Programms bereits voraussetzen kann, der deswegen eine umfassende, physiologisch, ökonomisch und ästhetisch verstandene Vermögenstheorie zugrunde legt und in einer höheren Reflexion vollendet sieht, wird es schließlich heißen: »Kunst ist: Ausbildung unsrer Wirksamkeit«.[131] »Dichtung« bildet unter diesen Bedingungen nicht nur »die schöne Gesellschaft« und »die schöne Haushaltung des Universums. […] Durch Poesie entsteht die höchste Sympathie und Koaktivität, die innigste *Gemeinschaft* des Endlichen und Unendlichen.«[132] Sie übernimmt in der Romantik, was vormals die *persona ficta* des *body politic* besorgen sollte: eine Synthese der verstreuten Einzelnen in der höheren Ordnung, die, obschon sie auf einem komplexen Kommunikationssystem beruht, Natürlichkeit, Geist und nun auch »Schönheit« für sich beanspruchen darf.

Freilich ist dieser Anspruch nur nach den Maßgaben einer poetischen Selbstbeschreibung des polizeylichen Bildungsstaats zu erheben. Die »deutsche Klassik« hatte in ihren dramatischen und Prosadichtungen mehrere Modi dieser Selbstbeschreibung erprobt, ehe sich die Romantik an unverhohlen restaurative Repräsentationsentwürfe wagen konnte. Wie Schiller 1789 in einem Brief an Körner schrieb, trug er sich mit dem Plan einer Frideriziade, in der »Statistik, Handel, Landeskultur, Religion, Gesetzgebung […] lebendig dargestellt werden« sollte.[133] Anlässlich einer Unterhaltung Schillers mit Goethe zum Unterschied der Gattungen Roman und Drama schrieb Körner 1795 an Schiller: »Der *Zufall*, wenn ich ihn [Goethe] recht verstehe, ist bloß ein Mannichfaltiges von Begebenheiten, das sich aus keiner gemeinschaftlichen Ursache erklären lässt. Im *Schicksal* hingegen ist Einheit, und gleichsam Persönlichkeit.«[134] Während Goethe an seinem *Wilhelm Meister* arbeitete, verfasste Schiller die Entwürfe zu seinem

---

130 Johann Georg Sulzer, »Von der Kraft *(Energie)* in den Werken der schönen Künste«, in: *Vermischte philosophische Schriften*, 2 Teile (in einem Bd.), Hildesheim/New York 1974, Teil I., (122-145), 123.
131 Novalis, »Fragmente und Studien bis 1797«, Novalis 1987, (293-321), 314.
132 Novalis, »Fragmente und Studien 1797-1798«, in: Novalis 1987, (375-414), 378.
133 Brief vom 10. März 1789 an Christian Friedrich Körner, in: Friedrich II. 1985, (193-195), 195.

niemals vollendeten Drama *Die Polizey*. Mit der Wahl der Gattung stand Schiller, wenn er vom beschriebenen Unterschied zwischen »Zufall« und »Schicksal« ausgehen wollte, vor zwei Alternativen: Sollte das Drama, wie zunächst konzipiert, eine Komödie werden, musste es einen überschaubaren Personenkreis, ein begrenztes Szenario und »lustige Verwicklungen«[135] ansetzen, die den bloß scheinhaften Zufall zu guter Letzt einer komischen Lösung zuführen. Im Falle eines Trauerspiels musste das Zufällige und Mannigfaltige eher ausgebreitet als aufgelöst werden, und gerade mit der (bis 1802 konzipierten) »Polizey« sollte besagte schicksalsartige Instanz, wie Körner später schrieb, »gleich einem Wesen höherer Art, emporschweben, dessen Blick ein unermessliches Feld überschaut, und in die geheimsten Tiefen dringt, so wie für dessen Arm nichts unerreichbar ist.«[136]

Dieses unermessliche Feld stellt in Schillers Entwurf das vorrevolutionäre »Paris in seiner Allheit« dar. Unter dem durchdringenden Blick der Polizey wird es zu einem geschlossenen erkennungsdienstlichen Raum, zu einem zur Bewährung offenen »Gefängniß«, in dem einerseits die Bevölkerung, andererseits jedes Individuum beobachtet werden kann.[137] Wenn das Polizeydrama überhaupt einen figuralen Fixpunkt haben kann, dann nur im Comte d'Argenson, seines Zeichens Kriegsminister, Minister für das Pariser Departement und *spiritus rector* der Pariser Polizei, der zwar »ungläubiger gegen das Gute und gegen das Schlechte toleranter geworden« sei, dabei aber nie »das Gefühl für das Schöne« verloren habe. Als Polizeyminister kann er sich, wie vormals nur »der Beichtvater«, seiner »Discretion« und gleichzeitigen »Allwißenheit« rühmen[138], denn das unbegrenzte Feld der Handlung wird allein durch die Polizey (und ihre Kundschafter) erfasst. Es wird durch ihr unsichtbares und unbesehenes Tätigwerden bis hin zur intimsten Regung penetriert und in der tabellarischen Synopsis überschaubar. Mangelnde Individualisierbarkeit macht verdächtig, sie bewirkt die Registratur *ex negativo* und leitet stets neue Fahndungsmaßnahmen ein, bis wieder gelten kann: »Das Signalement eines Menschen, den die Polizey aufsucht, ist bis zum Unverkennbaren treffend.«[139] Somit garantiert die Polizey ein geschlossenes System der Beobachtungen (sämtliche Bürger und »Polizeyspionen werden wieder durch andre beobachtet«).[140] Doch damit sich ein solches System, das sich selbst

---

134 Brief von Körner an Schiller, 15. Juni 1795, in: Schiller 1943ff./XXXV.: *Briefe an Schiller 1794-1795*, 220.
135 Friedrich Schiller, *Die Polizey*, in: Schiller 1943ff./XII.: *Dramatische Fragmente*, (89-108), 100.
136 Körner zu dem von ihm herausgegebenen Nachlass, zit. nach: Ludwig Stettenheim, *Schillers Fragment ›Die Polizey‹ mit Berücksichtigung anderer Entwürfe des Nachlasses*, Berlin 1893, 2. Vgl. zu Datierungs- und Quellenfragen ebenda, 34ff.
137 Schiller 1943ff./XII., 92, 97. – Zur Geburt der »modernen«, ordnungshütenden Polizei im Frankreich des späteren 18. Jahrhunderts vgl. Iseli 2003, 358-360.
138 Ebenda, 92, 95.
139 Ebenda, 98. Vgl. zum Verdacht beim »Unsichtbarwerden« ebenda, 107.
140 Ebenda, 98 und 105: »Die Frage entsteht, *wie* werden mehrere voneinander unabhängige Handlungen, die (1) durch ein gemeinschaftliches (2) in einem gemeinschaftlichen / Denouement zulezt verbunden werden, in der Exposition eingeleitet und fortgeführt, ohne dass zu große Zerstreuung entsteht?«

als poliziertes Gemeinwesen, die Polizey aber als allmächtige, geradezu »idealische« Schicksalsinstanz erfährt, überhaupt bilden kann, ist die »Gegeneinanderstellung des [...] idealen mit dem realen« zu bewältigen. Auf der Ebene des dramatischen Geschehens ist es der Polizey aufgegeben, hierzu die »Ueberlegenheit des Realisten über den Theoretiker« zur Geltung zu bringen.[141] Auf dem Niveau poetisch-polizeylicher Darstellung ist es aber allein das System wechselseitiger Beobachtungen, das Schillers transzendentalpolitisches Projekt zu implementieren vermag.

Mit diesem Fragment hat Schiller nicht nur die Grenzen einer dramatischen Darstellung der Polizey und polizeylichen Ordnung ausgelotet, zugleich reflektierte er die polizeyliche Ordnung in der Darstellung und die (polizeylichen) Bedingungen der Möglichkeit von (schöner) Darstellung überhaupt.[142] Das Fragment *Das Schiff*, das die Darstellung eines Schiffbruchs und einer Kolonistengeschichte erprobt, steht vor einem ähnlichen Vermittlungsproblem wie das Polizeydrama: »Die Aufgabe ist ein Drama, worinn alle interessanten Motive der Seereisen, der außereuropäischen Zustände und Sitten, der damit verknüpften Schicksale und Zufälle geschickt verbunden werden. Aufzufinden ist also ein Punctum saliens aus dem alle sich entwickeln, [...] ein Punkt also, wo sich Europa, Indien, Handel, Seefahrten, Schiff und Land, Wildheit und Kultur, Kunst und Natur, etc darstellen läßt.« Schillers Feststellung, schon das Schiff selbst sei jenes »einzige Instrument des Zusammenhangs«[143], fordert aber keineswegs eine Rückkehr zur abbildlichen Repräsentation. Wie die Polizey ist hier auch das Schiff kein bloßer Darstellungsgegenstand (es hinterlässt ja wenig mehr als »seine spurlose Bahn«). Das »Schiff« bringt, wie man polizeylich sagen könnte, die Erkenntnisweise auf den Prüfstand und stellt damit die Möglichkeitsbedingung von Darstellung dar. Nur das »Theater kann das Schiff selbst seyn«.[144]

Jenes »Mannigfaltige von Begebenheiten«, dessen Polizierung er vor Schiller als romanästhetische Aufgabe bezeichnet hatte, verarbeitete der Dichter und Beamte Goethe im Modus von Autoregulation und Selbstverwaltung. Gerade beim Autor, Bibliothekar und Geheimen Rat dokumentierte die fachmännisch betriebene Selbstverwaltung eine so produktive wie polizierte Lebensform. »Das eigene Archiv beherbergt die *vita activa* im Aggregatzustand aufgeräumter Akten.«[145] In seiner Doppelfunktion verkörperte Goethe gewissermaßen die polizeylichen Möglichkeitsbedingungen für jene »allgemeine Circulation des

---

141 Ebenda, 93f.
142 Im *Agrippina*-Fragment, das wohl zwischen 1800 und 1804 entstanden ist, wird ein schlechthin repräsentativer Stoff unter anthropologische Bedingungen gebracht und hält sich so »mehr innerhalb des Physischen Kreises als des Moralischen auf« (Friedrich Schiller, *Agrippina*, in: Schiller 1943ff./XII., (149-157), 152).
143 Friedrich Schiller, *Das Schiff* (entst. wohl um 1798), in: ebenda, (303-309), 305, 307.
144 Friedrich Schiller, *Seestück* (entst. um 1803), in: ebenda, (315-320), 318 (vgl. hierzu auch die Randnotiz in *Das Schiff*, 308). Zudem ders., *Die Flibustiers*, in: ebenda, (310-314), 312.
145 Vismann 2000, 239. – Vgl. hierzu Goethe: »es liegt nun einmal in meiner Natur, ich will lieber eine Ungerechtigkeit begehen als Unordnung ertragen.« (»Die Belagerung von Mainz« (1822), in: *Werke*, Weimarer Ausgabe, I. Abt., Bd. XXXIII., Weimar 1898, 316.)

Wissens und Arbeitens«, über die er in seinen statistischen Berichten zu Weimar Rechenschaft ablegen musste.[146] Ungeachtet der wiederholten Klagen des Autors Goethe war es gerade sein Posten als Geheimer Rat, der ihm immer wieder »anschauliche Begriffe von fast allen notwendigen Dingen und kleinen Verhältnissen gab«, so dass der Dichter Goethe sich aus eigener Anschauung die Frage beantworten konnte, »Welche Regierung die beste sei? Diejenige, die uns lehrt, uns selbst zu regieren.«[147] Polizeylich wie archivarisch am Möglichkeitsgrund aller Kultur tätig, kam es ihm als Beamten, Archivar und dann erst als Dichter zu, der Nation ihren Bildungsbegriff regelrecht einzuschreiben.

Zu Goethes großem Romanprojekt *Wilhelm Meister* verhalten sich die *Wahlverwandtschaften* und die *Novelle* wie Fallstudien zu einem umfassenden Entwurf der Vermögensbildung.[148] Wilhelm Meisters Entwicklungslinie nimmt vom Theater – im 18. Jahrhundert bereits der Ort, an dem Kommunikation im Modus doppelter Beobachtung vorgeführt werden konnte – ihren Ausgang, um auf das Feld einer umfassenden Vermögensbildung zu gelangen: über die Bildung einer polizeylich guten und schönen Ordnung, über Kolonisations- und Handelsprojekte bis hin zu einem zunehmend selbstgesteuerten Bildungsgang. »Sonderbar,« notierte Novalis zu *Wilhelm Meister*, »daß ihm seine Zukunft, in seiner Lage, unter dem Bilde des *Theaters* erschien. Wilhelm soll ökonomisch werden«[149], und solche Ökonomie menschlicher wie gesellschaftlicher Vermögen setzt an die Stelle von Regeln und Regelverletzungen Regelkreise, die im Falle des Subjekts Wilhelm von einer Instanz oder Agentur namens »Turm« zunächst in Gang gebracht und dann nur mehr beobachtet werden. Mit Wielands *Agathon* noch auf eine Schönheit und Polizey im Sinne individueller und politischer Perfektibilität verpflichtet, kommt der Bildungsroman erst dann zu sich selbst, wenn seine Regelkreise den blinden Fleck einer Ersterziehung überschreiben, wenn sie also über die personalisierbare pädagogische Berechtigungskette hinaus gehen, wenn sie rein systemisch und selbstreferentiell funktionieren, das Lektüre-

---

146 Statistischer Bericht an den französischen Intendanten Villain vom 22.11.1806, in: Johann Wolfgang von Goethe, *Amtliche Schriften*, Weimar 1950-1987, Bd. II., 742.
147 Zit. nach ebenda/I., Einleitung, LXXXII. Zudem Goethe 1988/XII., 378.
148 Setzt die *Novelle* einer sozialen Gefährdung durch Zufallsverkettungen im Sinne einer gleichnishaft »guten«, ästhetisch-polizeylichen Ordnung selbstregulative Kräfte entgegen, sind mit Goethes *Wahlverwandtschaften* und Johann Wilhelm Ritters *Versuch einer Geschichte der Schicksale der chemischen Theorie in den letzten Jahrhunderten* (1808) Roman wie chemische Theorie »dort angelangt, wo die Gleichnisrede aufhört« – am Punkt einer systemischen Deregulierung, der ökonomisch und anthropologisch als Krise und Irritation, naturwissenschaftlich als Chemie der Elektrizität und Verbrennung, romanpoetisch aber nur als Prozess eines sich immerzu selbstüberholenden Wissens und Darstellens diskursiviert werden kann. (Joseph Vogl, *Kalkül und Leidenschaft. Poetik des ökonomischen Menschen*, München 2002, 304.)
149 Novalis 1987, 544. – Anders dagegen Habermas zu *Wilhelm Meister*: »Goethe legt der ›öffentlichen Person‹, die im Sprachgebrauch seiner Zeit bereits die jüngere Bedeutung eines Dieners der öffentlichen Gewalt, des Staatsdieners, angenommen hatte, wiederum den traditionellen Sinn öffentlicher Repräsentanz unter.« (Jürgen Habermas, *Strukturwandel der Öffentlichkeit*, Neuwied/Berlin 1976, 26.) Auch wenn Goethe Meisters Beamtenwerdung typisiert, ist darin gerade keine Repräsentativfunktion mehr gemeint.

programm des Romangeschehens in den Roman selbst einspeisen und somit »den Schaltkreis ihres (word) processing« schließen.[150]

Was *Wilhelm Meister* etwa von Tiecks *William Lovell* unterscheidet, ist der »freie Gang der Natur« – das Programm der Selbstbildung, das umso natürlicher wirkt, je weitgehender es zur Selbstanwendung kommt und sich seine Zielsetzung selbständig setzt, die programmatische »Bestimmung, die Menschen kennen zu lernen und sie zu meistern«.[151] Wilhelms reflexives Vermögen besteht, wie Schiller besonders mit Blick auf die *Wanderjahre* schreibt, im Vermögen der Selbstbildung: darin, selbständig hervorzubringen, diese Hervorbringung als Bildungsprozess zu verstehen, sie dadurch zu optimieren »und so weiter«.[152] Insofern zielen »die Entsagenden« in Goethes *Wanderjahren* nicht mehr auf »Aufopferungen«, sondern vielmehr auf die unabgesetzte, zirkuläre und selbständige Regulierung der eigenen Vermögen. Und insofern kann der »Turm« eigentlich nicht mehr als oberste Steuerungsinstanz fungieren. Besser ließe er sich wohl als Archiv verstehen, dessen Verwaltung besagte unabgesetzte, zirkuläre und selbständige Regulierung der eigenen Vermögen darstellt – Vermögen, die im Falle des Archivs Schriftstücke darstellen, die wiederum menschliche und gesellschaftliche Vermögen beschreiben und durch ihre Verwaltung allererst zur Bildung und Selbstbildung disponieren.

Goethes Roman beschreibt durch Selbstbeschreibung ein Archiv. Ein Archiv wiederum ist ein selbstreferentielles und »autopoetisches« System, in das Außenreferenzen nur aktenmäßig eingehen können, ja als Akten allererst bestehen, als Akten aber auch jederzeit verfügbar sind. Die »sonderbaren Verpflichtungen der Entsagenden«, die auf der Höhe von »Makariens Archiv« zu leben versuchen, kommen zwar einer geregelt kultischen Ordnung gleich.[153] Ihre »Entsagung« dem Irdischen gegenüber hat jedoch weniger mit »Aufopferungen« als mit einer fest institutionalisierten Verwaltungspraxis zu tun: Das Archiv ist die transzendente oder transzendentale Instanz schlechthin; es »disponiert«, es bedingt die Möglichkeit aller Polizierung und Regulierung, aller innern und äußeren Vermögensbildung – es ist von höchster Mächtigkeit und dadurch »heilig«, wie es 1807 in einer Berliner Notiz »in Ansehung der Königlichen Archive« heißt: »Wenn in den Archiven die wichtigsten, nothwendigsten und kostbarsten Urkunden, Documente und Verhandlungen des Staats überhaupt und jedem

---

150 Dotzler 1996, 598, vgl. zudem ebenda, 599 zum »Verzicht auf Rückkopplung überhaupt« im *Agathon*, der deswegen kein Bildungsroman im strengen Sinne sei.
151 Vgl. hierzu Ludwig Tieck, *William Lovell*, Stuttgart 1986, 643: Lovell an Rosa: »Es war nicht meine Bestimmung, die Menschen kennen zu lernen und sie zu meistern, ich ging über ein Studium zugrunde, das die höheren Geister nur noch mehr erhebt.«
152 Schiller unterscheidet die *Lehrjahre* von den *Wanderjahren* mit Blick auf Wilhelms reflexives Vermögen: »Sie verstehen unter den ersten bloß den Irrthum, dasjenige außer sich zu suchen, was der innere Mensch selbst hervorbringen muß; unter der zweyten die Überzeugung von der Irrigkeit jenes Suchens, von der Nothwendigkeit des eignen Hervorbringens und so weiter.« (Friedrich Schiller, Brief an Goethe vom 8. Juli 1796, in: Schiller 1943ff./XXVIII.: *Briefe 1795-1796*, 255.)
153 Johann Wolfgang von Goethe, *Wilhelm Meisters Wanderjahre oder Die Entsagenden*, in: Goethe 1988/VIII., I. 4. Vgl. zudem Dotzler 1996, 623.

einzelnen Individui insbesondere, aufbewahret werden, [...] wenn also die innere und äußerliche Staats-Verfassung daselbst, und zwar in allen Theilen, beruhet, so mögen die Archive nicht ohne Grund heilige genannt und als eine briefliche Schatz-Kammer angesehen werden.«[154]

Die Selbstbeschreibung des tätigen Bildungsstaats ist, insofern dieser tatsächlich einen papiernen Verwaltungsstaat darstellt, nur als »Beschreibung« im Wortsinne möglich. Sie ist eine schriftliche Praktik, die im Falle der Dichtung solche Selbstreferenz zur poetisch-polizeylichen »Schönheit« auszuschreiben vermag, im Falle philosophischer Begriffsbildung aber unweigerlich zur zirkulären Selbstbegründung von Beamten- und Bildungswesen gerät. Die Theorie der Vermögensbildung legt einen unbestimmten Begriff von »*Kraft*« immer schon zugrunde, so als sei diese die Möglichkeitsbedingung allen systematischen Operierens und Philosophierens: »ich habe noch keine Philosophie gekannt, die, was Kraft sei, erkläre«, schreibt Herder. »Was Philosophie tut, ist *bemerken*, unter einander *ordnen, erläutern*, nachdem sie Kraft, Reiz, Würkung schon immer *voraussetzt*.« Die einzigen beständigen Merkmale der Kraft findet Herder in ihrer »*Innigkeit* und *Ausbreitung*«[155], in ihrer Durchdringung des menschlichen und Gesellschaftskörpers, wie man von bildungsamtlicher Warte sagen könnte. Diese – ihrer Möglichkeit nach unbegrenzte – Ausbreitung »inniger« Kräfte ist auch ein Basissatz der englischen Vermögensphilosophie. »A wide field here opens to our view, whose boundaries no man can ascertain« schreibt Reid 1785 in seinen *Essays on the intellectual powers of man*. »It would be wrong to estimate the extent of human power by the effects which it has actually produced. For every man had power to do many things which he did not, and not to do many things which he did«.[156] Gerade das ist es, was die *power*, die »Kraft« und das »Vermögen« als eine Art virtuellen Vorhof aktueller Kräfte charakterisiert: als »Können« *und* »Nichtsein-Können«, als leibnizianische »Kontingenz«.

Neben der philosophischen war es die naturwissenschaftlich orientierte Anthropologie, die Ende des Jahrhunderts die sogenannten »Fakultäten« eines Individuums mit dessen physischer Disposition zu korrelieren versuche – zunächst physiologisch oder neurologisch, später auch mit Blick auf die individuellen gehirnanatomischen Merkmale, den Kortex und die Schädelwölbung. Um seine »wundervolle Sammlung materieller Vorrichtungen für die seelischen Vermögen«[157] erstellen zu können, war Galls Beobachtung indes bei lebenden

---

154 (Von der Hand des Geheimen Staats- und Kabinettsarchivars) Klaproth, »Über den Geschäftsgang in Ansehung der Königlichen Archive« (Berlin April/Mai 1807), in: Cosmar 1993, 138. Vgl. hierzu auch Friedrich Kittler, »Die Heilige Schrift«, in: Dietmar Kamper und Christoph Wulf (Hgg.), *Das Heilige. Seine Spur in der Moderne*, Bodenheim 1997, (154-162), 157.
155 Herder 1985ff./IV., I. Versuch, 337f. sowie II. Versuch, 390.
156 Thomas Reid, *Essays on the intellectual powers of man*, in: *Works*, 2 Bde., Bristol 1994, Bd. I., (215-680), 334, 527.
157 Franz Joseph Gall und Johann Caspar Spurzheim, *Recherche sur le système nerveux en général et sur celui du cerveau en particulier [...]*, Paris 1809, 272, zit. nach: Michael Hagner, *Homo cerebralis. Der Wandel vom Seelenorgan zum Gehirn*, Berlin 1997, 10.

Menschen auf ihr Verhalten und ihre äußere Schädelstruktur eingeschränkt – ein epistemologisches Dilemma der empirischen Anthropologie allgemein, das dem einer philosophischen *petitio principii* in nichts nachsteht. Hegel machte gegen jedwede Spekulation zu den *Vermögen* geltend, »daß der Ausdruck Vermögen die schiefe Bedeutung einer bloßen Möglichkeit«, zugleich aber »die *fixierte Bestimmtheit eines Inhalts*« habe, was ihn als im strengen Sinne vernunftlos disqualifiziere.[158] Wenn die Vermögen bei Fichte nicht mehr zugrunde gelegt, sondern im Sinne einer »Tathandlung« gesetzt und in Wechselwirkung gebracht wurden, wenn hier »gerade ein Vermögen das formale Schema des Lebens« darstellen sollte, galt Fichtes subjektiver Idealismus seinen Zeitgenossen erst recht als »eine wissenschaftliche *Fiktion*« im Sinne der Robinsonade: als ein poetischer Entwurf, der die Vermögen rein zirkulär beschreibt, der sie immer schon voraussetzen muss, damit er ihre Selbstbildung darstellen kann.[159] Die Vermögen waren eine Frage der Bildung und damit in erster Linie der Dichtung, nicht der Philosophie oder Naturwissenschaft.

Das Vermögen ist im Bildungsstaat die Schaltstelle zwischen Polizieren und Regulieren, zwischen innerer und äußerer Formierung und Wertschöpfung. Dies tritt schon in der doppelten Bedeutung des Begriffs zutage. Bei Grimm wird das Verb *vermögen* einerseits mit »*zu stande bringen, kraft haben zu etwas*« definiert, andererseits mit »*macht haben, besitzen*«, das Substantiv Vermögen einerseits mit »*fähigkeit, können*«, andererseits mit »*geld, besitzthum, die gesamtheit der geldwerthen güter einer person*«, oder, abstrakter im Begriff der *Vermögenheit*, mit »*macht, fähigkeit […] facultas, potestas*«.[160] Adelung spricht hinsichtlich der weiteren Bedeutung vom »Bestreben, sein Vermögen zu äußern, das Vermögen in der Anstrengung, in der Thätigkeit betrachten. […] In der engsten Bedeutung ist das Vermögen, oder, wie es auch zuweilen heißt, zeitliches Vermögen, derjenige Vorrath an Geld und Geldeswerth, welchen jemand eigenthümlich besitzt, als die große Triebfeder aller menschlichen Unternehmungen.«[161] Damit sind die Stichworte einer systemischen Vermögensbildung genannt: Vermögen ist Nichtsein-Können, eine virtuelle Kraft oder Tätigkeit und als solche ein Kapital, das längerfristig in Geld und Besitz konvertierbar, insofern selbständig aktiv ist. Konkret kann diese Definition unter den Bedingungen einer »zweckfreien« Produktionsästhetik auch und gerade Dichtung subsumieren.[162] Auf abstrakterer

---

158 Hegel 1995/ X., §. 445, 245, 241.
159 Johann Gottlieb Fichte, *Die Wissenschaftslehre, in ihrem allgemeinen Umrisse (1810)*, in: *Sämmtliche Werke*, hg. v. Immanuel Hermann Fichte, Bd. II., Leipzig 1844, 697 sowie Novalis 1987, 485.
160 Jacob und Wilhelm Grimm, Art. »Vermögen«, in: Grimm 1991/XXV., 882-893.
161 Johann Christoph Adelung, *Grammatisch-kritisches Wörterbuchs der Hochdeutschen Mundart mit beständiger Vergleichung der übrigen Mundarten, besonders aber der Oberdeutschen*, Bd. V., Hildesheim/ New York 1970, 1096f.
162 »Kunst und damit auch Literatur kann demnach die Ökonomie des Geldes als eine ihr nicht eigene beobachten und gestalten und am Ende dennoch an ihr partizipieren, nämlich über das urheberrechtlich festgelegte geistige Eigentum, das den Autor vor Plagiaten schützt und ihn finanziell entlohnt, auch wenn Erfolg auf dem Feld der Literatur keineswegs gleichzusetzen ist mit möglichst hohen finanziellen Einkünften.« (Wegmann 2002, 269.)

Ebene aber gilt das Vermögen schlichtweg als »Macht« oder, weniger politisch denn wirtschaftlich gesprochen, als »Triebfeder aller menschlichen Unternehmungen«.

In diesem System hat wiederum »das Opfer« einen doppelten Stellenwert: Über ein Vermögen, eine Kraft oder »eine Sache, deren Eigenthumes man sich um eines andern willen begibt«, ermöglicht die »Aufopferung« Darbringung und Tausch. Andererseits heißt Opfer »ein jedes Ding, welches der Gegenstand eines von einem andern ihm zugefügten Übels ist, wo die Figur von einem Schlachtopfer oder blutigen Opfer entlehnet worden.«[163] Ein »Schlachtopfer«, eine *victima*, deutet auf systemische Schieflagen hin, auf Unfälle, zufällig ungünstige Umstände oder sonstige Kontingenzen.[164] Für die Polizey gelten nun die poetischen »Aufopferungen« keineswegs mehr als vermögensbildend; sie sind vielmehr ein Nichts, ein Nicht-Seinkönnen, und deswegen der polizierten »Tätigkeit« und »Glückseligkeit« halber zu unterlassen. Diese *epoché* der »Aufopferung« ist bei Müller, im Stadium polizeylicher *epoché*, zu ihrer Aufhebung und Vergeistigung geworden. Mit dem transzendentalpolitisch gebildeten Gesellschaftskörper geht die individuelle Aufopferung im »Ganzen«, in Staat und Menschheit auf. Wird sie weiterhin praktiziert, bezeugt dies nach Schiller nur »mangelhafte Bildung«. Mittlerweile sind die »Schlachtopfer«, die vom System der Vermögensbildung selbst hervorgebrachten »Opfer« das Problem. Auch wenn Skeptiker des Bildungsstaats diese »Schlachtopfer« mit den *victimae* repräsentativer und »wilder« Opferkulte gleichsetzen und als Vorboten eines systemischen Kollapses bezeichnen[165], sind sie zu einem verwaltungstechnischen und statistischen Gegenstand geworden. Nachdem es sich mit der Korrelierung von subjektiven und objektiven Vermögen beschäftigt hat, zielt das Wahrscheinlichkeitskalkül längerfristig auf massenstatistische Phänomene. Es ermöglicht damit eine Entwicklung, in deren Zuge der Staat die Funktion einer allgemeinen Assekuranz übernehmen kann, die die Regulierung von Schadensfällen übernimmt und in das System der Vermögensbildung integriert. Wurden »Opfer« vormals durch strafrechtliche Vergeltung und transzendente Interventionen »kompensiert«, ermöglicht die Vermögensbildung nun die systematische Entschädigung. Sie reguliert im Sinne einer Systemoptimierung. Polizieren und Regulieren werden letztlich zur Autoregulation.

---

163 Ebenda, 606.
164 Vgl. Schlözer als ein Beispiel unter unzähligen, bei dem Unfallopfer oder bestimmten Umständen erliegende Personen als »Schlachtopfer« bezeichnet werden (August Ludwig Schlözer, »Reisegeschichte der Mad. des Odonais in Süd=Amerika«, in: *Briefwechsel meist statistischen Inhalts. Gesammlet, und zum Versuch herausgegeben*, Göttingen 1775, (156-180), 168).
165 Vgl. hierzu Johann Karl Wezel, *Belphegor oder Die wahrscheinlichste Geschichte unter der Sonne*, Frankfurt am Main 1978, 144, 388f.

Sechstes Kapitel

Kult in der Kultur –
Die Kehrseite menschlicher Ökonomie

1. Zivilisationsgeschichte des Kults

Kritik, zumal solche an repräsentativen Reglements, ist seit Mitte des 18. Jahrhunderts Maxime einer Aufklärung, die sich schon bald mit polizeylichen Programmen verbindet. Zugunsten »gesellschaftlicher Ausdifferenzierung« wurden bis dahin jene Unterscheidungen transformiert, die vormals die Integration des Gemeinwesens garantiert hatten. Dies betrifft auch die Unterscheidungen des repräsentativen Kultsystems. Für die theologische Dogmatik lag die *differentia specifica* des Neuen Testaments, des Christentums allgemein und christlicher Sozialphilosophie im Besonderen noch bis zur Frühneuzeit auf der Ebene des Kultsystems und Opferbegriffs. Hierbei konnte sich die Dogmatik auf die Kirchenväter berufen. Insofern die Eucharistie überhaupt als »Opfer« verstanden wurde, musste eine heilsgeschichtlich sukzessive Spiritualisierung der vormals blutigen Kulte in Christus, der *victima perfectissima*, zu ihrem Abschluss gelangt sein, und daran hatte sich jede heidnische Opferpraktik messen zu lassen.[1] Wie es in Zedlers *Universal-Lexikon* von 1740 heißt, wird das »Opffer« allein im Licht des jüdisch-christlichen Kultsystems zum Begriff. Dieses wiederum ist an den biblisch beschriebenen Opferbräuchen abzugleichen und entsprechend der aristotelisch-thomistischen Ursachenlehre zu klassifizieren – immer unter der Prämisse, dass »die Opffer ein Fürbild auf CHristum, den Sünden=Büßer, waren«.[2] Dieses typologische Schema und der heilsgeschichtliche Primat jüdisch-christlicher Opferpraktiken wurde indes schon bald zur Zielscheibe der aufklärerischen Religionskritik, die ihren Angriff auf die Dogmatik nicht selten als »Opferkritik« führte, etwa als Entlarvung des »Priesterbetrugs« hinter den heiligen Kultpraktiken.

Nachdem er sich – entsprechend der Reichspolizeyordnung – wegen seines Buchs *Moses mit Aufgedecktem Angesichte* (1740) ein Verfahren wegen Gotteslästerung eingehandelt hatte, wurde Johann Christian Edelmann vom Neuwieder Konsistorium zu einem vertraulichen Glaubensbekenntnis gezwungen. Besorgt, seine dogmenkritischen Auffassungen könnten von den kirchlichen Würdenträgern verfälscht werden, machte er sie sogleich publik. Mit der Schrift

---

1 Erst bei dem Apologeten Justinus ersetzt die Eucharistie ausdrücklich die älteren Opfer, wobei von den Kirchenvätern für das christliche Opfer zumeist der Ausdruck *oblatio* im Gegensatz zu den älteren *sacrificia* gebraucht wird. (Vgl. hierzu A. Siegfried, S. Lorenz und W. Schröder, Art. »Opfer«, in: Joachim Ritter und Karlfried Gründer (Hgg.), *Historisches Wörterbuch der Philosophie*, Bd. VI., Darmstadt 1984, (1223-1238), 1226.)
2 Johann Heinrich Zedler, *Grosses vollständiges Universal-Lexikon*, Graz 1995, Bd. XXV., Art. »Opffer«, 1529.

Abgenöthigtes Jedoch Andern nicht wieder aufgenöthigtes Glaubens-Bekenntniß (1746) schloss Edelmann an die Bibel- und Zeremonialkritik nach Art Simons oder Spinozas an und verband diese mit der neueren Vermögenslehre. Nicht an die lutheranischen, reformierten oder katholischen Parteien im Streit um die Geltung des Bibeltexts, sondern an eine aufgeklärt-menschliche Leserschaft erging sein Appell, der christliche Gott, »diß vortrefliche Wesen wäre noch wohl werth, daß ihr einmahl alle eure *Kräffte* anwendetet, es etwas näher, als aus den *todten Buchstaben* alter und *ungewisser* Bücher kennen zu lernen.«[3] Das vermeintlich fromme Festhalten nicht nur am kirchlich sanktionierten Bibeltext, sondern auch an den tradierten Kultpraktiken komme einem Mangel an Vernunft gleich, zumal die einzig maßgebliche, aber notgedrungen unsichere Überlieferung, die Heilige Schrift mit ihren Berichten über die Person und das Wirken Jesu, keineswegs eine Aufhebung oder Versöhnung der alten Kulte in einem neuen nahe lege. Im Gegenteil, Jesus habe die Kultpraktiken überhaupt zerstört, indem er durch seine exzeptionellen Gaben als erster Aufklärer ein für allemal gezeigt hat, »daß das gantze *Opffer=Wesen/* so wohl unter *Juden* als *Heyden/* der *leichtfertigste Pfaffen=Betrug* von der Welt sey.«[4]

Anders als Edelmann hielt Hermann Samuel Reimarus seine dogmenkritischen Thesen zurück, so dass es Lessing in seiner Auseinandersetzung mit Johann Melchior Goeze überlassen war, sie der gebildeten Öffentlichkeit zugänglich zu machen: etwa die (auf Anthony Collins zurückgehende) Feststellung, die vermeintlich präfigurativen Stellen des Alten Testaments könnten bei exakter Textkritik in keinem Fall mit Jesus in Verbindung gebracht werden; oder die (bereits bei Pierre Bayle erfolgte) moralische Prüfung der biblischen Offenbarungszeugen, die es nach Lessing »ebenfalls gemacht, wie es alle Gesetzgeber, alle Stifter neuer Religionen und Staaten zu machen für gut befunden«.[5] Reimarus' *Apologie oder Schutzschrift für die vernünftigen Verehrer Gottes,* seit den 1730er Jahren entstanden, bis zu seinem Tod 1768 immer wieder umgearbeitet und schließlich 1774 und 1777 von Lessing unter Pseudonym und in Auszügen herausgegeben, spricht wider die Offenbarungstheologie unverhohlen aus, dass der kanonisierte Schriftsinn »durch die communication« und »durch zufällige ursachen« zustande gekommen, mithin durch das aufgeklärte Vernunftvermögen unablässig zu korrigieren sei.[6] Gerade mit Blick auf Opferpraktiken stehe die These der Präfiguration auf tönernen Füßen, liege aber deren Nutzen für die Priester klar zutage. Opfer sind, wie Reimarus schreibt, eine »menschliche Erfindung« und eine »alte bekannte Gewohnheit«, sie zeugen lediglich für die »menschliche Schwachheit, Einfalt und falsche Vorstellung« und stehen mithin im Widerspruch zur vernünf-

---

3   Johann Christian Edelmann, *Abgenöthigtes Jedoch Andern nicht wieder aufgenöthigtes Glaubens-Bekenntniß,* in: *Sämtliche Schriften in Einzelausgaben,* Bd. IX., Stuttgart/Bad Canstatt 1969, Vorrede, 20. – Zur Überlieferungskritik vgl. ebenda, 69.
4   Ebenda, 90f.
5   Gotthold Ephraim Lessing, *Anti-Goeze,* in: Lessing 1995/II., (1010-1071), 1037.
6   Hermann Samuel Reimarus, *Apologie oder Schutzschrift für die vernünftigen Verehrer Gottes,* Bd. II., Frankfurt am Main 1972, 565. – Vgl. ebenda, 563: »Alle Urtheile für und wieder die Bücher des N. T. sind also von den Nachfolgern der Apostel, und sind alle menschlich.«

tigen Religion.⁷ Besonders die altestamentliche Episode mit Abraham, die für die Aufklärung immer wieder Anlass zur Opferkritik gab, stelle diesen als »lieblos, unnatürlich und grausam« bloß. Sie zeige den »Carakter eines unsinnigen Fanatici«⁸, der eben nicht auf eine christliche Versöhnung der Opferpraxis vorausweise, sondern unter dem Gewirr einer kontingenten Überlieferungsgeschichte den Bodensatz eines blutigen, vernunftlosen und unmenschlichen Opferkultus durchschimmern lasse. »Wer kann die Garstigkeit solcher That mit einem göttlichen Befehl zusammen reimen? Ich halte es aber in einer andern Betrachtung noch scheußlicher, daß ein Mensch in der Hinrichtung seines eigenen Kindes einen Gottesdienst sucht. Denn dadurch wird das stärkste Band der Liebe, das zwischen Menschen seyn kann, zerrissen, und das Gemüth gehärtet, noch viel unempfindlicher gegen fremde Menschen zu seyn«.⁹

Vom 17. bis zum 18. Jahrhundert hatte in Deutschland das Medium Druckerpresse und das pietistische Erziehungsprogramm die Bibel zu einem Volksbuch und die Gläubigen zu Lesern werden lassen. Sie waren nun nicht mehr nur Mitglieder einer christlichen *communitas*, sondern auch und vor allem Subjekte der Religion.¹⁰ Den lesenden und schreibenden Subjekten wurde es immer selbstverständlicher, die Bibel als Dichtung aufzufassen und biblische Stoffe poetisch zu verarbeiten, ohne sich dabei an den reinen Wortlaut eines kanonisierten Urtextes gebunden zu fühlen.¹¹ Nur deshalb konnte Wieland *Der gepryfte Abraham* (1753) als eine Art bildungspolizeyliches »Gedicht in vier Gesængen« verfassen. Geprüft wird hier mit der so unerforschlichen wie blutigen göttlichen Forderung weniger die Unerschütterlichkeit von Abrahams Glauben.¹² Wielands Abrahamiade stellt die Gemütsvermögen der Glaubenssubjekte und damit ihre Kommunikationsfähigkeit untereinander, mit der Natur und Gott auf die Probe.

---

7   Ebenda, 196. Vgl. zudem ebenda, 406: »daß Moses allen äusserlichen Gottesdienst, auf Kosten des Volks, zu der Priester Vortheil und Wohlleben eingerichtet«. – Vgl hierzu auch ebenda, 199f.
8   Ebenda, 236-238.
9   Ebenda, 239.
10 Vgl. hierzu Bernhard Lang, Art. »Buchreligion«, in: Hubert Cancik, Burkhard Gladigow und Matthias Laubscher (Hgg.), *Handbuch religionswissenschaftlicher Grundbegriffe*, Bd. II., Stuttgart/Berlin/Köln/Mainz 1990, (143-165), 150, 154.
11 Vgl. hierzu etwa Christian Ludwig Liscow, *Der sich selbst entdeckende X. Y. Z.* […], in: *Schriften*, Bd. I., Frankfurt am Main 1972, (235-312), 289: »Ich halte es für eine gar zu grosse Beschwerlichkeit, allezeit, wenn man etwas reden oder schreiben will, die Nase in die Concordanz zu haben, um zu sehen, ob die Redensarten, der man sich bedienen will, auch in der Bibel stehen. Meine heiligen Richter müssen dieses thun, falls man nicht muthmassen soll, daß es mit ihrem engen Gewissen nicht viel zu bedeuten habe.«
12 Wie man sich unter den Kommentatoren zur biblischen Abraham-Episode einig geworden ist, handelt es sich bei ihr um eine ursprünglich kultätiologische Erzählung, die vom sogenannten Elohisten mit Hilfe der Kategorie ›Prüfung‹ redaktionell entschärft worden ist. (Vgl. Hartmut Rosenau, »Die Erzählung von Abrahams Opfer (Gen 22) und ihre Deutung bei Kant, Kierkegaard und Schelling«, in: *Neue Zeitschrift für systematische Theologie*, 27 (1985), (252-261), 254.) – Die enthusiastische Opferbereitschaft des wielandschen Isaak ist von der Bibelstelle nicht gedeckt.

In »ihrem wahren verhæltniß zu dem menschlichen herzen«, mit ihren »sinnlichen schœnheiten und angenehm ryhrenden bildern« soll die Poesie, wie es im Vorbericht heißt, »in uns selbst diese der Natur nachahmende harmonie der neigungen und kræfte hervorbringen [...], welche die ewigdaurende schœnheit und glyckseligkeit des moralischen Menschen ausmacht.«[13] Dabei grenzt sich die Dichtung zwar gegen die kultische Ekstase der heidnischen Dionysien ab, sucht aber mit Blick auf Gott, den »Kœnig der kræfte«, die Gemütskräfte bis zu ihrer Selbsttranszendierung zu treiben, um erst in einem zweiten Schritt ein ausgewogenes Verhältnis zwischen dem »elend [...] und dem hellesten glycke« herzustellen.[14] An die Engel, von jeher Agenten göttlicher Kommunikation, ergeht dabei der präzise polizeyliche Auftrag, das Spiel der Gemütskräfte zu beobachten: »Sei ein zeuge der frommen that, laß keine bewegung / Seiner brust dir entfliehn, kein wort und keinen gesichtszug / Der die Seele verræht«.[15] Die Seelen der Irdischen sind in diesem Szenario nicht zur Kommunikation mit Gott – und dadurch mit der Natur und ihresgleichen – disponiert, ehe die Empfindungen bis zur höchster Rührung gesteigert worden sind. An diesem Punkt erst, da sich die intensivierte Empfindsamkeit zum eigenmächtigen Opferritual zu verselbständigen droht, interveniert ein »Gœttlicher bot«, um die bewährte Menschlichkeit zu bestätigen.[16] Damit der Mensch in die göttliche – und irdisch polizeyliche – Heilsökonomie eintreten kann, hat er also zuletzt kein blutiges Opfer zu erbringen, sich wohl aber seinem »erdichteten tod«[17] auszusetzen.

Wird das biblische Abrahamsopfer beim jungen Wieland nach den Richtlinien empfindsamer Kommunikation gedeutet, versteht es Kant als mustergültigen Ausdruck eines pathologischen Glaubens, weil hier die täuschende Stimme eines äußerlichen Gottes die unmissverständliche innere Stimme der Moral übertöne.[18] Dieser moralphilosophische Akzent geht in Goethes »Zivilisationsdramen«[19] dann mit einer Hinwendung zum humanistischen Programm der Menschenbildung einher. In Goethes *Iphigenie auf Tauris* (Endfassung von

---

13 Christoph Martin Wieland, *Der gepryfte Abraham. Ein Gedicht in vier Gesængen*, in: *Wielands Werke*, Bd. I.: *Poetische Jugendwerke*, Teil I., Berlin 1909, (103-166), Vorbericht, 103.
14 Ebenda, 109, 113.
15 Ebenda, 132.
16 »Denn der Seraphim zeit ist nicht wie der Menschen; sie kœnnen / Jene unmerkliche zeit, die den Menschen zwischen empfindung / Und empfindung verfliesst mit grossen thaten erfyllen. [...] Plœzlich erhebt der vater sein antlitz, Sieht Eloa, und schauerte zurycke, das opfermesser / Zittert ihm aus der hand. [...] Gott hat seinen gehorsam gepryft und lauter befunden« (ebenda, 146).
17 Ebenda, 162.
18 Vgl. hierzu Immanuel Kant, *Der Streit der Fakultäten*, in: Kant 1956/IX., (265-393), A 102f., Anm.: »Abraham hätte auf diese vermeinte göttliche Stimme antworten müssen: ›dass ich meinen Sohn nicht töten solle, ist ganz gewiß; dass aber du, der du mir erscheinst, Gott sei, davon bin ich nicht gewiß, und kann es auch nicht werden, wenn sie auch vom (sichtbaren) Himmel herabschallete‹. – Vgl. zudem ders., *Die Religion innerhalb der Grenzen der bloßen Vernunft*, in: Kant 1956/VII., 649-879, A 273/B 289f.
19 Theodor W. Adorno, »Zum Klassizismus von Goethes Iphigenie«, in: *Noten zur Literatur*, Frankfurt am Main 1989, (495-514), 499.

1786), schon stofflich das humanistische Gegenstück zur Abrahamsepisode, bewahrt vor dem blutigen Opfer alleine die paradoxe Erziehung zur Freiheit – zur Freiheit des moralischen Gesetzes.[20] »Glaube ist Liebe zum Unsichtbaren«, heißt es in Goethes *Maximen und Reflexionen*, was zugleich die darstellerische Crux seiner *Iphigenie* umschreibt: Es handelt sich hier um eine Art »Seelendrama« der Verinnerlichung, das nach Schillers Worten »ganz nur sittlich« zu nennen wäre.[21] Und doch ist auch dem Schauspiel der reinigenden und reinen Menschenbildung ein unverkennbar kultischer Ursprung zu eigen, wie Goethe mit Blick auf die aristotelische Katharsis klarstellt: »In der Tragödie geschieht sie durch eine Art Menschenopfer, es mag nun wirklich vollbracht oder unter Einwirkung einer günstigen Gottheit oder durch ein Surrogat gelöst werden, wie im Falle Abrahams und Agamemnons«.[22]

Der ästhetische Imperativ des Humanitätsideals, der zuletzt auf einen moralischen zuzulaufen hat, bezeichnet zugleich den epochalen Unterschied zwischen der Weimarer und Versailler Klassik. Walten in Racines *Iphigénie* die Gesetze der *bienséance* und der *vraisemblance*, die zum einen die Opferung Iphigenies, zum anderen ihre Errettung durch eine transzendente Intervention untersagen, löst sich das Drama Goethes von allen repräsentativen Kodizes, um ohne Chor und abseits aller politischen Schauplätze zu einem Punkt der Innerlichkeit zu gelangen, der die »reine Seele« offenbart.[23] Bei Racine ist es die Souveränitätsordnung, die sich des Ausnahmezustandes zu erwehren hat, die sich überdies auf eine sakrale, daher doppeldeutige *cérémonie* stützt und sich zuletzt mittels topologischer Ordnungsleistungen und sichtbarer Symbolisierungen konsolidiert. Goethes Iphigenie hingegen hat sich von der mythischen Verstrickung des Atridengeschlechts, von der mörderischen »ewgen Wechselwut«, dadurch zu befreien, dass sie einen Zivilisations- und Bildungsprozess in Gang setzt, der das doppelsinnig Sakrale auf den einen, nämlich inneren Sinn bringen wird. Nicht die Kulthandlung, wohl aber Humanität lässt mit den Göttern kommunizieren, denn: »Sie reden nur durch unser Herz zu uns«, und solcher »Götter Worte sind nicht doppelsinnig«.[24] Wenn, wie Goethe sagt, Orests (des Vater- und Gesetzlosen) Heilung als Achse des Dramas dient, dann bezeichnet Iphigenies keineswegs heilige, in ihrer Reinheit aber heilsame Humanität seinen Fluchtpunkt. Sobald sich diese Menschlichkeit ausbildet, können sich staatliche und familiale Sphäre konstituieren und gegenseitig implementieren – als öffentlicher wie privater, staatlicher wie intimer Vollzug von Macht. Bildet sich *privatim* ein Bereich wechselseitiger intimer Übertragungen, ist im öffentlichen Raum nun »mein

---

20 Insofern ist Iphigenie, wie Adorno konstatiert, »dem kategorischen Imperativ der damals noch ungeschriebenen Kritik der praktischen Vernunft« hörig (ebenda, 509).
21 Goethe 1988/XII., 377, zudem: Brief von Friedrich Schiller an Christian Gottfried Körner vom 21. Januar 1802, in: Schiller 1943ff./XXXI.: *Briefe 1801-1802*, 89-91.
22 Johann Wolfgang von Goethe, »Nachlese zu Aristoteles' Poetik«, in: Goethe 1988/XII., (342-345), 343.
23 Johann Wolfgang von Goethe, *Iphigenie auf Tauris. Ein Schauspiel*, in: Goethe 1988/V.: *Dramatische Dichtungen* III., V. 1874/59.
24 Ebenda, V. 973/33, V. 494/20, V. 613/24.

Dienst willkommner, als mein Tod.«[25] Racines souveräner Familienverband ist dagegen immerzu einer doppelten Gefährdung ausgesetzt: Von außen her drohen die Naturgewalten und das Kriegsgeschehen, von innen her arbeiten die eigenmächtigen Affekte und die genealogischen Verunklärungen am Zusammenbruch der Hierarchie – an einer Entwicklung also, der Agamemnon nur durch die »parole-action«[26], durch die souveräne Rhetorik des Befehls Herr werden kann. Dieser unüberbrückbaren und immer wieder neu bestätigten Distanz zwischen Herrscher und Untertan steht die Gleichwerdung der moralischen, weil zur innerlichen Gesetzeshörigkeit befreiten Subjekte bei Goethe entgegen. Die Gemütskrankheit des bindungslosen Orest, die pathologische Natur seiner Verkennung wird ebenso sanft überwunden wie Thoas' Bindung an das tradierte Kult- und Herrschaftssystem.

Iphigenie entledigt sich des Opferdienstes über das Gesetz, und das Gesetz gibt nur der Souverän. Von Anfang an aber gilt für Iphigenie: Der eigentliche Vater ist der Souverän, was zu guter Letzt heißt: Der eigentliche Souverän ist der Vater.[27] Thoas wird zum Vater und Souveränität zur Vaterschaft, so dass von ihr nun keine Vergeltung mehr zu befürchten steht. Dass Thoas Iphigenie zuletzt das moralische Gesetz gibt, macht ihn zum menschlichen Vater, das väterliche Gesetz aber ist das innere, das moralische Gesetz (des deutschen Idealismus), die reine Menschlichkeit zwischen verfügtem Schicksal (der Despotie) und prometheischer Freiheit (der »pathologischen« Pflichtvergessenheit). Die Humanität bewährt sich in Iphigenies angeblich transzendentaler, insgeheim aber performativ gewonnener Reinheit: In einem singulären Akt kann sie nämlich Thoas als wahren Vater gewinnen und ihn zugleich als Souverän bestätigen, kann sie sich als Subjekt setzen und überdies in ihrer damit hergestellten Autonomie den sie Beherrschenden zu ihrer »Freiheit«, nicht bloß zu ihrer Freilassung zwingen. In der Frage der Vergesellschaftung hat für Goethe das ästhetische Programm der Menschenbildung den Kult, die Liturgie und das Zeremoniell abgelöst. Diese mögen ruhig ältere Rechte für sich beanspruchen – die Zusammenbildung der Vermögen ist faktisch zur Domäne humanistischer Ästhetik geworden.[28]

---

25 Ebenda, V. 527/21.
26 Barthes 1963, 66.
27 Zur Vater- und Mutterrolle in der *Iphigenie* vgl. Helga Gallas, »Antikenrezeption bei Goethe und Kleist: Penthesilea – eine Anti-Iphigenie?«, in: Linda Dietrick und David G. John (Hgg.), *Momentum dramaticum. Festschrift für Eckehard Catholy*, Waterloo/Ont. 1990, (209-220), v. a. 210f.
28 Zu Goethes Auffassung von »politisch-theologischen« Souveränitätsritualen vgl. abermals Beetz, in: Berns/Rahn 1995, 585: »Aus der postumen Sicht des Reichsendes deckt der Erzähler das Unzeitgemäße einer bedeutungslos gewordenen *Repraesentatio* auf. Weil die politische und religiöse Bedeutung der Zeremonien sich verflüchtigt hatte, rezipiert sie Goethe konsequent ästhetisch.« – Goethe zufolge kommt reine Menschlichkeit dem geläutert Heiligen gleich, und »heilig« ist dasjenige, »was viele Seelen zusammen / Bindet; bänd es auch nur leicht, wie die Binse den / Kranz«; heilig ist das, »was heut und ewig die Geister, Tief und tiefer gefühlt, immer nur einiger macht.« (Johann Wolfgang von Goethe, *Werke. Vollständige Ausgabe letzter Hand*, Stuttgart/Tübingen 1827-1842, Bd. I., 383, und ders., *Xenien*, in: Goethe 1988/I.: *Gedichte und Epen I.*, (208-234), 227.)

Goethes *Iphigenie* ist schon deswegen als »Zivilisationsdrama« zu bezeichnen, weil sie hinter dem humanistischen Ideal der Menschenbildung das Drama eines tiefergreifenden Prozesses der Zähmung und Polizierung erscheinen lässt. Beide Komponenten sind im französischen Begriff der *civilisation* enthalten. Sprachgeschichtlich von juristischer Provenienz, bezeichnete der Ausdruck zunächst die Umwandlung einer Vernehmung in eine Untersuchung und die einer peinlichen Strafe in eine rechtliche Auseinandersetzung zwischen Bürgern. Zwischenzeitlich wurde er der Geselligkeit, der *sociabilité*, angenähert, wobei die Religion als erste Triebfeder der Zivilisation diente.[29] Als »Zivilisieren« galt schon bald das Unternehmen, die Neigung eines Volkes, seine Sitten und Gebräuche zu verfeinern oder zu »verbessern«. Damit umfasste die »Zivilisation« die äußeren Bedingungen eines Gemeinwesens so sehr wie die innere Natur des Menschen, wovon wiederum die zusehends engere Verbindung mit den verwandten Begriffen *poli* und *police* zeugt.[30] So betrachtet liegt es keineswegs nahe, den Begriff der Zivilisation mit dem der Integration zu verknüpfen und ihn deswegen einem exklusiven Kulturbegriff entgegenzustellen.[31] »Civilisation« zielt auf die Vermittlung zwischen Mensch und Gesellschaft und legt, um die erbrachten Vermittlungsleistungen auf einen kontinuierlichen Geschichtsprozess zu projizieren, polizeyliche Maßstäbe an. Der Kulturbegriff wiederum setzt (besonders bei Herder) an der selbsttätigen Bildung eines individuellen und doch allgemeinen Volks an. Sein Maßstab ist (besonders bei Goethe) ein Bildungsimperativ, dem die Vermögen *eigenständig* zu folgen haben und der – in der Apotheose des Humanitätsideals – die gesamte Menschheit erreichen soll. Herder spricht in diesem Sinne von einer selbständigen Bildung des Menschengeschlechts: Von einer Aufopferung der individuellen Vermögen, in deren Zuge die Gesellschaften mit ihren Wissenschaften und Künsten »den Unmenschen oder Halbmenschen zum Menschen« machen können.[32]

---

29 Vgl. Jean Starobinski, »Das Wort Zivilisation«, in: *Das Rettende in der Gefahr. Kunstgriffe der Aufklärung*, Frankfurt am Main 1992, (10-37), 10f.

30 In diesem Zuge entsteht schließlich »ein Inventar ›zivilisierender‹ Instanzen (die Zeit, die Wissenschaften, der Hof, die Kunst, die Unterhaltung der Damen)« und »gleichzeitig auch eine Liste der Kandidaten für die Verwandlung ins Feine: Barbaren, Provinzler, junge Leute, kurz: die ›Wilde‹ und ›grobe‹ Natur, bevor die Kunst es auf sich genommen hat, sie zu vervollkommnen, d. h. sie in einem Verfahren der Milderung, Verschönerung und Erziehung zu verändern.« (ebenda, 26.)

31 Vgl. hierzu die bekannte Unterscheidung bei Norbert Elias, *Über den Prozeß der Zivilisation*, Bd. I., Frankfurt am Main 1993, 4, passim.

32 Johann Gottfried Herder, *Schriften*, hg. v. Karl Otto Conrady, Reinbek 1968, 217. – »Da unser Geschlecht selbst aus sich machen muß, was aus ihm werden kann und soll, so darf keiner, keiner, der zu ihm gehört, dabei müßig bleiben. Er muß am Wohl und Weh des Ganzen teilnehmen und seinen Teil Vernunft, sein Pensum Tätigkeit mit gutem Willen dem Genius seines Geschlechts opfern.« (ebenda, 216.) – Vgl. hierzu auch Lessings Parallelisierung von Offenbarung und Erziehung: »Erziehung gibt dem Menschen nichts, was er nicht auch aus sich selbst haben könnte: […] nur geschwinder und leichter. Also gibt auch die Offenbarung dem Menschengeschlechte nichts, worauf die menschliche Vernunft, sich selbst überlassen, nicht auch kommen würde: sondern sie gab und gibt ihm die wichtigsten dieser Dinge nur früher.« (Lessing, *Die Erziehung des Menschengeschlechts*, in: Lessing 1995, (1110-1132), § 4, S. 1111.)

Erst in dieser doppelten polizeylichen Perspektive konnten auch nichtchristliche Kulte als Religionen und als Etappen auf dem Gang der Zivilisierung oder Menschenbildung erscheinen.[33] Nicht nur beförderte sie – in Form der Zeremoniallehren – schon vor dem 18. Jahrhundert die geregelte Erfassung des älteren und jüngeren Kultwesens[34], sie arbeitete auch einer allgemeinen »enzyklopädischen« Systematik des Wissens vor. In Bayles *Dictionnaire historique et critique* von 1697, nach dem *Grand dictionnaire historique* das zweite umfängliche Lexikon Europas in einer lebenden Sprache, findet sich allerdings noch kein gesonderter Eintrag zum Opfer, im *Zedler* von 1740 dann der erwähnte Artikel, der sich noch ganz im Rahmen der theologischen Dogmatik hält, während Diderots und d'Alemberts *Encyclopédie* bereits Kontroversen zum Opferbegriff innerhalb und außerhalb der Theologie ausführt, das Opfer also als einen Gegenstand benennt, der allererst in die Ordnung des Wissens eingebracht werden muss.[35] Die enzyklopädische Ordnung des Wissens verzichtet nämlich auf die feste Fügung einer repräsentativen Gelehrsamkeit, um ihre eigene normative, selektive und hierarchische Systematik zu entwickeln. Diese soll einerseits neben dem positiven Wissen auch erstmals das Können, das Vermögen aufnehmen, weshalb sie eine Art vorläufige, auch das Prozessuale und Unterschwellige erfassende Beschreibungssprache entwickelt. Andererseits soll sie der Emergenz epistemischer Irregularitäten, von Kontingenzen auf dem Feld des Wissens also, vorsorgen.[36] Die Enzyklopädie fungiert, wie Foucault festgestellt hat, »comme police disciplinaire des savoirs«.[37] Sie »duldet – streng genommen – überhaupt keine Auslassung«,

---

33 Hierfür stellte Constants Verbindung von Religionsphilosophie und religionsgeschichtlicher Komparatistik einen wichtigen Schritt dar. (Vgl. hierzu Benjamin Constant, *De la Religion, considéré dans sa source, ses formes et ses développements*, 2 Bde., Bd. I., Paris 1824, v. a. 160, 227, 250-252, 259, 367.)
34 Bernard Picarts voluminöse *Ceremonies et Coutumes religieuses de tous les Peuples du monde* stellt bereits der Geschichte der zivilen und sakralen Zeremonielle Europas die der »wilden« oder »barbarischen« Menschenopfer überseeischer Völker beiseite. – Zu beider Unterscheidung vgl. Bernard Picart, *Ceremonies et Coutumes religieuses de tous les Peuples du monde [...]*, 9 Bde., Amsterdam 1739ff., Bd. I., »Dissertation sur le culte religieux«, 8, vgl. zudem ebenda, 11, Bd. VII., Teil II., 109f.
35 Die Definition zum *sacrifice* lautet: »culte qu'on rend à la divinité par l'oblation de quelque victime, ou par quelque autre présent«, das Menschenopfer wird unter der Kategorie des religiösen Aberglaubens geführt. (*Encyclopédie*, Bd. XIV., Stuttgart/Bad Canstatt 1967, 478, zudem ebenda, Bd. XVII., Art. »Victime humaine«.)
36 »Möge die Enzyklopädie ein Heiligtum werden, in dem die Kenntnisse der Menschen vor Stürmen und Umwälzungen geschützt sind«, lautet das Fazit von Diderots »Prospekt der Enzyklopädie« (1750), das ganz in der Metaphorik der Schiffbruchromane gehalten ist. Der »Vorteil der enzyklopädischen Ordnung oder Verkettung« sei es, dass man mit ihr »eine literarische Reise um die Welt machen kann, ohne sich zu verirren.« (Denis Diderot, »Prospekt der Enzyklopädie«, in: Diderot 1961, (111-140), 122, 115.) Die »allgemeine enzyklopädische Ordnung ist gleichsam eine Weltkarte, auf der man nur die großen Gebiete findet«, heißt es im enzyklopädischen Artikel »Enzyklopädie«, und das entsprechende »Wörterbuch ist gleichsam die Erdkunde, die ausführliche Beschreibung aller Orte, die wohldurchdachte allgemeine Topographie all dessen, was wir in der intelligiblen Welt und in der sichtbaren Welt kennen«. (Ebenda, Art. »Enzyklopädie«, (149-234), 190.)
37 Foucault 1997, 162.

obwohl oder weil sie, wenn sie das Wissen in der genetischen wie systematischen Gestalt eines Stammbaumes versammelt, die »fruchtbare Einteilung«[38] der Vermögenslehre zugrunde legt. Das Opfer kann vor diesem Hintergrund nur Gegenstand einer unablässigen empirischer Erforschung sein. Diese folgt der Systematik der Vermögensbildung, einer Systematik, die in Frankreich »Zivilisierung« und in Deutschland bald »Bildung« heißt.

Als die Enzyklopädie als Speerspitze dieses großen Unternehmens der Wissensdisziplinierung in Anschlag gebracht wurde, mussten auch die tradierten Daten der Historie mit den neu gewonnenen Daten abgeglichen werden, die bei den kolonisatorischen Projekten in Übersee anfielen. In seinen *Moeurs des sauvages américains comparées aux moeurs des premier temps* (1724), einer Art Gründungsurkunde wissenschaftlicher Ethnographie, betrieb der jesuitische Missionar Joseph-François Lafitau bereits regelrechte Feldforschungen, stellte Vergleichsstudien an und gelangte zu einer ersten Klassifikation der Verwandtschaftssysteme. Lafitau war es, der die religiösen Gebräuche und Opferriten der Wilden als eine »Triebfeder« und als ein »Band der Vereinigung« bezeichnete, weshalb sie nicht auf einen Priesterbetrug zu reduzieren seien. Vielmehr sei bereits bei den Urvölkern die »Notwendigkeit und Wirklichkeit einer Religion« eindringlich zu studieren.[39] Unter diesen Bedingungen war die Religion der »Unzivilisierten« nicht mehr nur als pathologische Verkennung zu verstehen, oder besser: misszuverstehen; sie trat allmählich in einen zivilisationsgeschichtlichen Horizont ein. Wilde Kulte wie der westafrikanische »Fetischismus« konnten seither – 1760 etwa durch Charles de Brosses – als Urform aller Religion und damit auch aller gesellschaftlichen Ordnung bezeichnet werden. Zugleich wurden jene »mœurs« oder »usages sans motifs« für Zivilisationstheorien wie die Boulangers und Castilhons zum ersten Anhaltspunkt, wenn es darum ging, den »génie« eines Volks oder den »esprit des établissements« zu ermitteln.[40] Im Zuge dieser Systematisierung waren

---

38 Diderot 1961, 117. »Von unseren Fähigkeiten haben wir unsere Kenntnisse abgeleitet. Die Geschichte verdanken wir dem Gedächtnis, die Philosophie der Vernunft und die Poesie der Einbildungskraft.« (Ebenda, 117.)

39 Joseph-François Lafitau, *Les Moeurs des sauvages américains comparées aux moeurs des premier temps*, Leipzig 1987, 3. Vgl. zudem ebenda, 209f.: »Die Religion hatte vor Zeiten in alle menschliche, insbesondere aber in öffentliche Handlungen einen Einfluß, und war beinahe die Triebfeder von allem. [...] Es ist den Wilden in America durch das Vorurtheil, als ob sie lauter Barbaren wären, die ohne Gesetze und Policey lebten; ingleichen, daß sie nicht die geringste Neigung zu einer Religion hätten, auch davon bey ihnen keine Spur angetroffen würde, kein geringes Unrecht geschehen. [...] Jede Völkerschaft hat ihre Beherrschungsart.« Vgl. überdies ebenda, 8, wo es mit Blick auf alle »zur Gesellschaft geschaffene[n] Menschen« heißt, dass »die Religion gewis das stärkste Band ist, so zu ihrer Vereinigung das meiste beitragen kan.« – Vgl. hierzu auch ders., *Histoire des découvertes et conquestes du Portugal dans le nouveau monde*, 2 Bde., Paris 1733, Bd. I., 4. Zum Folgenden vgl. Jacques Waardenburg, *Classical Approaches to the Study of Religion*, Berlin/New York 1999, 5ff. und Charles de Brosses, *Du Culte des Dieux Fétiches, ou Parallèle de l'ancienne religion de l'Egypte avec la religion actuelle de Nigritie*, (EA: 1760), hg. v. Madeleine V.-David, Paris 1988, 95ff.

40 Nicolas Antoine Boulanger, *L'Antiquité dévoilée par ses usages [...]*, 3 Bde., Paris 1978, Bd. I., 7 sowie Louis Castilhon, *Considérations sur les causes physiques et morales de la diversité du génie, des mœurs et du gouvernement des nations [...]*, 3 Bde., o. O. 1770, Bd. II., 408 und Bd. I., 22.

es schlussendlich immer weniger Seeleute, Ärzte, Geistliche und Naturforscher, die quasi nebenbei ihre Beobachtungen zu Papier brachten, als vielmehr institutionell beauftragte Entdecker, deren Reisen und Untersuchungen einer strengen Methodik unterworfen wurden, um die Erforschung »wilder« Gesellschaften ihrerseits auf Linie zu bringen.[41] Georg Forster konnte auf eigene praktische Erfahrungen zurückblicken, als er die frühe Völkerkunde ein Forschungsunternehmen nannte, das von Anbeginn nach den Maßgaben der Politik, des Handels, der medizinischen und anthropologischen Forschung betrieben worden sei.[42]

Volney, der die Opferpraktiken als niedere »Lebenskunst« unter dem »Gebot der Selbsterhaltung« auffasste, ging über vormalige Zivilisationstheorien mit der Behauptung hinaus, dieses Gebot müsse auch für »zivilisierte« Praktiken gelten – mithin auch für die Theorie der Zivilisation.[43] Vielleicht ist es diese historisch selbstreferentielle Wendung, die die neuere Kulturtheorie von den älteren Zivilisationstheorien trennt. Jedenfalls geht die Tradition selbstbezüglicher Kulturhistorie auf Giovanni Battista Vicos *Scienza nuova* (1725) zurück, in der erstmals jenes epistemologisches Feld erschlossen wurde, auf dem die spätere ethnographische Forschung ihre Gegenstände ansiedeln sollte.[44] Wie die Kulturtheorie des 18. Jahrhunderts überhaupt läuft auch Vicos Entwurf auf eine Theorie der Vermögensbildung hinaus. »Die Geschichte ist das Produkt aller Vermögen bzw. aller möglichen Formen des menschlichen Geistes oder der menschlichen Seele«, schreibt Kondylis zu Vico, »und das Geheimnis ihrer spezifischen Beschaffenheit kann nur in ihnen allen gefunden werden.«[45] Darin liegt auch die Möglichkeit, ja Notwendigkeit zu ihrer Selbstreferenzialisierung beschlossen: Nur durch jene Vermögen, die sie selbst entwickelt, kann die Geschichte erkannt werden. Sämtlichen Vermögen, ja selbst den Leidenschaften kommt eine eigene Rationalität oder Logik zu, die sich in den historischen Machtgefügen niedergeschlagen hat, ehe sie in der Neuen Wissenschaft, die immer auch eine *filosofia dell'autorità* ist, entziffert werden konnte.[46] Einerseits ist es der Kollektivsingular »des Menschen«, der es Vico in Absetzung zu Descartes' Mathematisierung der Philoso-

---

41 Vgl. Urs Bitterli, *Die ›Wilden‹ und die ›Zivilisierten‹*, München 1991, v. a. 32f.
42 Vgl. Georg Forster, »Erinnerung des deutschen Herausgebers zu: ›Geschichte des Schiffbruchs und der Gefangenschaft des Herrn von Brisson‹« (datiert auf 17. März 1790), in: ders., *Kleine Schriften zur Völker- und Länderkunde*, Bd. V. der Werke. *Sämtliche Schriften, Tagebücher, Briefe*, Berlin 1985, 374f., zudem ders., »Fragment einer Vorrede zu: ›Neue Beyträge zur Völker- und Länderkunde‹«, Th. 1/1790, in: ebenda, 375-377.
43 Constantin-François Chasseboeuf Volney, *Die Ruinen. Betrachtungen über den Auf- und Niedergang der Reiche*, Berlin 1876, 213, 218.) Vgl. zudem ebenda, 208 sowie Friedrich Kittler, *Eine Kulturgeschichte der Kulturwissenschaft*, München 2000, 84.
44 Peter Burke, *Vico. Philosoph, Historiker, Denker einer neuen Wissenschaft*, Berlin 1987, 66: »Es handelte sich um eine ›poetische Denkweise‹ (maniera poetica di pensare), die sich auf ganz natürliche Weise in Mythen ausdrückte. Kennzeichen dafür waren Fetischismus, Animismus und Ethnozentrismus, Begriffe, die Vico natürlich nicht benutzte, da sie noch gar nicht existierten; dennoch war sich Vico dieser drei Eigenschaften des archaischen Denkens völlig bewusst.«
45 Panajotis Kondylis, *Die Aufklärung im Rahmen des neuzeitlichen Rationalismus*, Stuttgart 1981, 439.

phie gestattet, Theorie und Praxis in einem – historischen – Zuge zu denken.[47] Andererseits bestimmt Vicos »poetische Metaphysik« gerade die »Dichtung« als jene Einheit von Theorie und Praxis, von Schreiben und Machen, Vorstellen und Gründen. »Dichtungen« in diesem emphatischen Sinne, mit denen Sprachen geschaffen und Nationen gegründet werden, mit denen eine neue Ordnung der Dinge und mithin auch ein neuer *mondo civile* zur Welt gebracht wird, bringt nur ein »Autor« hervor – der Mensch im Kollektivsingular.[48] Die *filosofia dell'autorità* erhebt deswegen im selben Zuge die Philologie zur historischen Wissenschaft, wie sie eine kulturhistorische Ursprungstheorie der »Dichtung« anbahnt. Diese nimmt nämlich Ausgang von den Opfern, von der Praxis der Weissagung unter den Auspizien einer mystischen Theologie. Bilden deren Zeichen schon als solche eine Sprache der Vorsehung, ist die spätere, zunächst heroische, dann monarchische und demokratische Form der Dichtung durch einen immer elaborierteren Umgang mit den sinnlichen Vermögen charakterisiert.[49] Vicos *Scienza nuova* steht insofern auch mit den historischen Richtlinien der Polizeywissenschaft in Einklang, ist doch dort der »vernünftige Gebrauch des Vermögens«[50] nicht nur zur Leitvorstellung jeder künftigen Regierungsweise, sondern zu einem Raster geworden, mit dem Geschichte überhaupt zu entschlüsseln wäre. Was mithin zur Vollendung einer allgemeinen Geschichte in polizeylicher Absicht zu schreiben bleibt, ist nach Justi die »Geschichte des Menschen als Bürger«.[51]

Es lag nahe, dass sich die Geschichtsschreibung hierzu der Mittel der englischen Nationalökonomie bediente. Nach Adam Fergusons *History of Civil Society* (1767) markiert die bürgerliche Gesellschaft die historische Zäsur schlechthin, weil mit ihr – und nicht mit der »wilden« oder repräsentativen Gesellschaft – die Vermögensbildung überhaupt ermöglicht und ein autonomer Raum spontaner Regulationen geschaffen wurde, der erstmals ökonomisches Disponieren und regelrecht menschliches Handeln erlaubt. Der Mensch ist ein *homo oeconomicus*, er fasst »die Beziehung zwischen seiner Person und seinem Eigentum in einer Weise auf, die das, was er sein Eigen nennt, gewissermaßen zu einem Teil seines Selbst macht«.[52] In dieser Doppelperspektive auf die Vermögensbildung von Gesellschaften und Menschen versucht Ferguson, die »Unterschiede zu erklären, wie sie in ungleichem Besitz oder in der ungleichen Anwendung von Anlagen und Kräften bestehen, die der gesamten Menschheit in gewissem Maße gemein-

---

46 Vgl. hierzu Karlheinz Barck, *Poesie und Imagination*, Stuttgart/Weimar 1993, 40-45 und Giovanni Battista Vico, *Prinzipien einer neuen Wissenschaft über die gemeinschaftliche Natur der Völker*, 2 Bde., Bd. II., Hamburg 1990, 153, 164f.
47 Vgl. Kittler 2000, 24f.
48 Jürgen Trabant, *Neue Wissenschaft von alten Zeichen. Vicos Sematologie*, Frankfurt am Main 1994, 36f.
49 Vgl. Vico 1990/I., 11 sowie Vico 1990/II., 162, 171, 177.
50 Johann Heinrich Gottlob Justi, »Kurzer Systematischer Grundriß aller Oeconomischen und Cameralwissenschaften«, in: Justi 1761ff./ I., (504-572), 560.
51 Justi 1761ff./I., Vorrede, b 3 ʳ.
52 Adam Ferguson, *Versuch über die Geschichte der bürgerlichen Gesellschaft*, Frankfurt am Main 1988, 110f.

sam sind.«[53] Dabei sind es die – in Adam Smiths Sinne[54] zweckmäßigen *und* freien – Künste, die die historisch jeweilige Logik der Vermögensbildung aufdecken. Sie offenbaren, wie der Einklang von ökonomischer und individueller Vermögensbildung auch außerhalb der historiographisch dokumentierten Tradition gesellschaftlicher Eliten zustande kommt.[55] »In dieser Weise kann der Dichtung zugestanden werden, Zeugnis für das Genie der Völker abzulegen, während die Geschichte nichts vorbringen kann, das Anspruch auf Glaubwürdigkeit hätte«.[56] Mit seiner ökonomischen Geschichtstheorie entwirft Ferguson zugleich eine Kulturpoetik nach dem Vorbild Vicos. Doch ist es hier der Übergang vom religiös oder repräsentativ organisierten Gemeinwesen, in dessen Mittelpunkt Opferpraktiken stehen, zu einem selbstregulativen System der Arbeitsteilung mit zentrifugalen oder »zerstreuenden« Tendenzen, in dem das Genie der »bürgerlichen« Nationen am klarsten zutage tritt.[57]

Vicos Kulturpoetik war noch nach dem Vorbild repräsentativer Dichtung konzipiert, weshalb in ihrem Horizont lediglich gesellschaftliche Eliten, nicht aber »gemeine Menschen« und ihr kultureller Alltag auftauchen.[58] Ähnlich wie Vico verfolgte Herder die Menschenbildung auf einer Achse, die vom Unvermögen bis hin zum voll entfalteten Vermögen reicht. Anders als dort kann dieser Bildungsprozess aber nicht auf die »autoritäre Dichtung« der Eliten beschränkt werden, ist doch »jede menschliche Vollkommenheit *National, Säkular* und, am genauesten betrachtet, *Individuell.*«[59] Universalisierung und Individualisierung lautet Herders doppelte Bestimmung des Menschen und der Völker.[60] Der kulturhistorische Imperativ, eine anthropologisch und polizeylich ermittelte Menschennorm zu verallgemeinern, Unmenschen zu zivilisieren und, wie Forster

---

53 Ebenda, 109.
54 Vgl. Adam Smith, *Lectures on Rhetoric and Belles Lettres*, Carbondale, Edwardsville 1971, 132. Vgl. zudem Smith 1770, 372, 359-361, 375f.
55 »Der Bauer oder das Kind können denken, urteilen und ihre Sprache sprechen, mit einer Unterscheidungskraft, mit einer Konsistenz und einer Rücksicht auf Analogie, daß die Logiker, die Moralisten und die Grammatiker nur verblüfft sein können, falls sie das Prinzip entdecken sollten, auf dem solches Vermögen beruht«. (Ferguson 1988, 140.)
56 Ebenda, 198. Vgl. zum Folgenden ebenda, 134f.
57 »Solange sich die Menschen in ihrem rohen Zustand befinden, sind ihre Sitten recht einförmig. Sobald sie jedoch zivilisiert sind, lassen sie sich auf eine Vielzahl von Bestrebungen ein. Sie betreten ein weiteres Tätigkeitsfeld und geraten in stärkere Trennung und in größere Entfernung voneinander.« (Ebenda, 347.) Vgl. auch ebenda, 338.
58 Ähnlich wie die *Scienza nuova* isoliert auch Humes *Natural History of Religion* (1757) die religiöse Erfahrung der Elite von der des Volkes. Doch im Gegensatz zu Vico bezeichnet bei Hume das Opfer nicht die Keimzelle aller gesellschaftlichen Ordnungspraktiken, sondern fungiert es vielmehr als ein Symptom epistemischer Krisenlagen. (Vgl. hierzu David Hume, *The Natural History of Religion*, in: ders., *Philosophical Works*, Bd. IV.: *Essays moral, political and literary*, Aalen 1992, (309-363), 312, 315, 335.)
59 Johann Gottfried Herder, *Auch eine Philosophie der Geschichte zur Bildung der Menschheit*, in: Herder 1877ff./V., (475-594), 505.
60 Vgl. Johann Gottfried Herder, *Ideen zur Philosophie der Geschichte der Menschheit*, in: Herder 1985ff./VI., Frankfurt am Main 1989, II. 9, V, 379.

sagt, einer »ästhetischen sowohl, als sittlichen Vollkommenheit«[61] zuzuarbeiten, wird bei Herder zum selbständig wirksamen Bildungsideal, »das in alle Weltheile hinschwimmet und alles policiren will, zu seyn, was wir sind – Menschen«.[62] Menschen wie Völker sehen sich durch ihre Imperfektion auf jenes Bildungsideal verpflichtet, das freilich noch keinen ruhigen Fortgang kontinuierlicher Höherentwicklung garantiert. Biblisch gesprochen, handelt es sich um einen Sprung aus der paradiesischen Selbstgenügsamkeit, polizeylich um »das Risquo, das der Mensch auf sich nahm, außer seinen Schranken sich zu erweitern, Erkenntn. zu sammeln«.[63]

Doch gerät Herder, sobald er sich Ursprungsfragen stellt, unweigerlich in jenen infiniten Regress, der auch den Regelkreis der zeitgenössischen Pädagogik charakterisierte, »eben weil jeder Mensch nur durch Erziehung ein Mensch wird und das ganze Geschlecht nicht anders als in dieser Kette von Individuen lebet.«[64] Herders Kulturtheorie wird deswegen durch eine Vermögenstheorie im Sinne der Physiologie und empirischen Anthropologie supplementiert. Sie unterstellt eine »Lebenskraft«, einen unerforschlichen Grund aller Kräfte und Vermögen, und schreibt den Neigungen und Dispositionen eine gewisse Vererbbarkeit zu.[65] Die »Lebenskraft« entäußert sich bei Herder – deutlicher als in der »vitalistischen« medizinischen Anthropologie der Zeit – »historisch«, sie verbindet sich mit den zeitlichen und örtlichen Umständen zu unterschiedlichen Lebensweisen, die wiederum durch Sympathie und Einfühlung miteinander korrespondieren. Einbildungs- und Willenskraft sind letztlich nur Aggregatsformen dieser elementaren Energie, und die kulturellen Ordnungen, insbesondere die sprachlichen, sind deren Artikulationsmittel, so dass – in Anlehnung an Vico – hinter den menschlichen und nationalen Lebensformen eine kulturgeschichtlich entzifferbare Poetik am Wirken ist.[66] Diese allerdings ist mittlerweile nicht mehr nur philologisch zu erforschen, sondern in einer erweiterten Bildungsgeschichte und Kulturkritik auf die Physiologie der Vermögen und deren technische Erweiterung zu perspektivieren: »neue Methoden *entübrigten* Kräfte, die voraus nötig waren, sich aber jetzt (denn jede ungebrauchte Kraft schläft!) mit der Zeit *verlohren*. *Gewisse Tugenden* der *Wissenschaft*, des *Krieges*, des *bürgerlichen Lebens*, der *Schiffahrt*, der *Regierung* – man brauchte sie nicht mehr: es ward *Maschiene*«.[67]

---

61 Georg Forster, »Über lokale und allgemeine Bildung« (Feb. 1791), in: *Kleine Schriften zu Kunst und Literatur. Sakontala*, Bd. VII. der *Werke. Sämtliche Schriften, Tagebücher, Briefe*, Berlin 1963, (45-56), 48.
62 Herder 1877ff./V., 539
63 Johann Gottfried Herder, *Briefwechsel*, zit. nach: Schmidt-Biggemann, in: Fohrmann/Voßkamp 1991, 53. – Zum Folgenden vgl. Jürgen Fohrmann, »Deutsche Literaturgeschichte und historisches Projekt in der ersten Hälfte des 19. Jahrhunderts«, in: ebenda, (205-215), 205f.
64 Herder 1877ff./XIII., 9. Buch, I, 345.
65 Vgl. Herder 1877ff./XIII., 7. Buch, IV, 275f. – Vgl., zudem ebenda, 165.
66 Vgl. hierzu etwa Johann Gottfried Herder, »Von Ähnlichkeit der mittleren englischen und deutschen Dichtkunst« (1777), in: Herder 1877ff./IX., Berlin 1893, (522-535), 532.
67 Herder 1877ff./V., 534.

All diese Anläufe zu einer umfassenden Zivilisationsgeschichte: die Erforschung religiöser und ziviler Institutionen, die Analyse ökonomischer Beziehungen und Determinationen, die psychologische und physiologische Konzeption der menschlichen Vermögen, schließlich die Theorie der Zeichensysteme und poetischen Produktion, all diese Anläufe sollten Ende des Jahrhundert zum Projekt einer empirisch und historisch ausgerichteten Anthropologie zusammentreten. Dabei veranlasste allerdings der schwierige Begriff des Vermögens von Anfang an zu zwiespältigen Folgerungen. »Nos facultés sont en partie naturelles, et en partie acquises«, schreibt de Gérando. »Comme dispositions, puissances, elles sont naturelles. Comme habitudes, elles sont acquises. La nature plaça le germe en nous; l'art le développe et le féconde.«[68] Es ist die vermögenstheoretische Hypothek, die zum paradoxen, zugleich natur- und menschheitsgeschichtlichen Begriff einer »kulturellen Entwicklung« veranlasst, eine Hypothek, die gerade die anthropologische Forschung der »Ideologen« um de Gérando und Jauffret abzutragen hatte.

Die *Société des Observateurs de l'homme*, zu deren Gründungsmitgliedern Philosophen wie de Tracy, Naturforscher wie Cuvier, Mediziner wie Cabanis, Archäologen wie Volney, schließlich Historiker oder Universalgelehrte wie de Gérando rechneten, spekulierte nicht mehr über die Beziehung von Leib und Seele, sondern erforschte empirisch-experimentell den *homme physique* und den *homme moral*. In Sicards Taubstummenschule oder an Victor, dem »Wilden von Aveyron«, konnten Vergleiche darüber angestellt werden, wie sich die menschlichen Vermögen in unberührten oder natürlichen und in geselligen oder menschlichen Milieus entwickeln. Nun konnte man, wie es de Brosses schon lange gefordert hatte, endlich über die Szenarien der »hypothetischen Romane« hinaus in einen tatsächlich experimentellen Rahmen eintreten.[69] De Gérando forderte, sich »positive Informationen über die Körperkräfte des wilden Individuums« und über deren Erwerb bei Kindern zu verschaffen, was Péron mit dem (von Régnier erfundenen) Dynamometer und einer tabellarischen Aufbereitung der Ergebnisse dann auch tat.[70] Währenddessen stellte Jauffret Richtlinien für eine statistisch korrekte Auswahl der Untersuchungsobjekte auf und erarbeitete sprachwissenschaftliche Konzepte, um auch die in den wilden Kulten entdeckten Symbole und die »Ansammlung sichtbarer, von der menschlichen Hand gemalter oder geritzter Zeichen« zu analysieren. Von der physischen Kraft bis hin zur Sprache, dem in der Perspektive der *Société* menschlichen Spezifikum schlecht-

---

68 Joseph Marie de Gérando, *De la génération des connaissances humaines*, Paris 1990, 143.
69 »Nicht im Möglichen, sondern im Menschen muß der Mensch erforscht werden; es handelt sich nicht darum, auszudenken, was er hätte tun können oder müssen, sondern zu beobachten, was er getan hat.« (zit. nach: Sergio Moravia, *Beobachtende Vernunft. Philosophie und Anthropologie in der Aufklärung*, Frankfurt am Main/Berlin/Wien 1977, 124.)
70 Joseph-Marie de Gérando, »Erwägungen über die verschiedenen Methoden der Beobachtung der wilden Völker«, in: Moravia 1977, (219-250), 232. Vgl. zudem ebenda, 186 (zu François Péron, »Expérience sur la force physique des peuples sauvages«, in: François Péron und Louis Freycinet, *Voyage de découvertes aux Terres Australes*, Paris 1807-1816, 3 Bde., Bd. II., 446-475) sowie ebenda, 210, 77-79 und Louis-François Jauffret, »Des différents genres d'écritures«, in: *Revue de l'École d'Anthropologie de Paris*, 19 (1909), 241-44.

hin, arbeitete man somit an einer wissenschaftlichen Objektivierung der menschlichen Vermögen innerhalb eines umfassenden kulturgeschichtlichen Horizonts.

Diese empirische Anthropologie muss, wie Jauffret schreibt, »den so sicheren Weg der Beobachtung auch dann nicht verlassen, wenn sie die psychischen Vermögen untersucht, deren Erforschung jahrhundertelang so unfruchtbar und so aussichtslos war«. Zugleich ist die »Zeit der Systeme« überwunden, wie es bei de Gérando heißt, hat man mit dieser anthropologischen Forschung doch »endlich den Weg der Beobachtung eingeschlagen. [...] Auch die Wissenschaft vom Menschen ist eine Naturwissenschaft, eine Wissenschaft der Beobachtung, und zwar die edelste von allen.«[71] Wenn nun, wie de Gérando fortfährt, die Naturwissenschaften »nichts anderes als eine Reihe von Vergleichen« sind, laufen ihre Vergleiche innerhalb eines zivilisationsgeschichtlichen Rahmens auf die Enthüllung von Ursachen und Ursprüngen, auf eine Urgeschichte hinaus. Ihre unentwegte Reflexion auf Ursachen und Gründe stößt zuletzt auf die »wilden« Völker, stellen diese doch unter allen zivilisationsgeschichtlich denkbaren »Vergleichspunkten« den exponiertesten dar.[72] Die Wilden gelten nicht mehr als Endpunkt eines Degenerationsprozesses, sondern als Anfangspunkt von Gesellschaft, ja von Menschsein überhaupt. In ihnen hat das Dilemma zivilisationsgeschichtlicher und anthropologischer Reflexion überhaupt Gestalt gewonnen. Deswegen gilt das, was der »ideologische« Anthropologe Lacépède vom Menschen allgemein sagt, von jenem »Lebewesen, das von der schöpferischen Kraft erzeugt ist«, auch und besonders für »den Wilden«: »Was ist interessanter, als ihn zu beobachten? Was ist schwieriger, als ihn kennenzulernen? Welches Objekt steht uns näher? Wir sehen es, berühren es, wir fühlen es in unserm Innern: dieses Objekt sind wir, und dennoch entzieht sich sein Wesen unserm Geist; es entgeht unserer Intelligenz.«[73]

Die empirische Anthropologie war durch jene Abwendung von der älteren *science morale* möglich geworden, die auch die moderne *science sociale* ins Leben rufen sollte. Hat, wie die Jahr für Jahr erhobenen Daten exakt belegten, auch der Staat seine Geschichte, nämlich die Bildungsgeschichte seiner statistisch anschreibbaren Vermögen, mussten nur die einzelnen Posten der Statistik genannten »Staatszustandswissenschaft« (Butte) zu einer Serie ausgeschrieben werden, um die »stillstehende Geschichte« (Schlözer) zu einer fortlaufenden

---

71 Louis-François Jauffret, »Einführung in die ›Mémoires‹ der ›Société des Observateurs de l'homme‹«, in: Moravia 1977, (209-219), 214, zudem de Gérando, »Erwägungen«, in: ebenda, 220.
72 Ebenda, 221, zudem zum Folgenden ebenda, 239.
73 Zit. nach: Moravia 1977, 61. – Vgl. hierzu auch Bernard Germaine-Étienne de Lacépède, *Histoire naturelle de l'homme*, Paris 1827, 74. – An diesem Punkt erscheint also, wie Foucault sagt, »hinter der Geschichte der Positivitäten die radikalere des Menschen selbst.« (Foucault 1990, 443.) – Zur naturgeschichtlich perspektivierten Anthropologie des 18. Jahrhunderts mit ihrer eigentümlichen Kreuzung aus Materialismus und Providenzglauben vgl. Fred W. Voget, *A History of Ethnology*, New York/Chicago u. a. 1975, 42, 48, 54.

Staatsbildungsgeschichte zu extrapolieren.[74] Deswegen war es auch von Condorcets *mathématique sociale*[75] zur *Esquisse d'un tableau historique des progrès de l'esprit humain* (entstanden 1793) nur ein kleiner Schritt – ein Werk überdies, das nicht nur eine Geschichte der statistischen oder mathematischen Vernunft enthält, sondern historisch selbstreferentiell den Fortschritt derselben als Möglichkeitsbedingung dieser Kulturgeschichte, ja von Geschichtsfortschritt überhaupt benennt.[76] An die Stelle der älteren Staatswissenschaft konnte nur deshalb längerfristig eine »Sozialwissenschaft« treten, weil diese zum einen nicht mehr deduktiv, sondern statistisch, als *cognitio ex datis*, zum anderen aber als Wissenschaft von realen Entwicklungen betrieben wurde.

Im Zuge dieser Wende entstand schließlich auch die »Ethnographie«. Es war August Ludwig Schlözer, der in seiner *Vorstellung der Universal-Historie* von 1772 die »Ethnographie« oder »Völkerkunde« als historiographische Abteilung und Methode vorstellte, ehe sie Johann Christoph Gatterer als eigenständige Disziplin in das System der Wissenschaften einführte.[77] Im Rahmen seines *Allgemeinen StatsRechts* definiert Schlözer den Staat als Resultat mannigfaltiger, aber (durch »StatsVerwaltung«) zusammenwirkender Kräfte oder Vermögen. Die einzelnen Staaten oder Gemeinwesen unterscheiden sich historisch durch die jeweilige Quantität, Qualität und Konstellation (durch ihre »Verfassung« und »Verwaltung«) dieser Kräfte (Land, Produkte, Geld, Menschen). »Der Mensch ist von Natur nichts«, ergänzt Schlözer, doch kann er »durch Conjuncturen alles werden: die *Unbestimmtheit* macht den zweiten Teil seines Wesens aus.«[78] Eine Weltgeschichte wäre nun als Aggregat sämtlicher »Spezialhistorien« zu schreiben,

---

74   Vgl. hierzu etwa den Entwurf Friedrich Wilhelm v. Steins vom 1. November 1805 für ein statistisch-geographisches Archiv, in: Behre 1905, 382f., zudem allgemein: Arno Seifert, »Staatenkunde – eine neue Disziplin und ihre wissenschaftstheoretischer Ort«, in: Rassem/Stagl 1980, (217-248), 230. – Seit Mitte des 18. Jahrhunderts ist überdies eine diskursive Verbindungslinie vom Genre der Reiseliteratur zur Statistik und von da aus zur ethnographischen Forschung zu ziehen (Vgl. hierzu Justin Stagl, »Die Apodemik oder ›Reisekunst‹ als Methodik der Sozialforschung vom Humanismus bis zur Aufklärung«, in: Rassem/Stagl 1980, (131-204), v. a. 136f., 144f.)
75   Zu deren methodischen Grundprämissen vgl. Jean Antoine Nicolas de Caritat de Condorcet, *Arithmétique politique. Textes rares ou inédits (1767-1789)*, Paris 1994, 483, 491ff.
76   Zu den historischen Formen und Folgen dieser statistischen Vernunft vgl. Condorcet 1988, 91, 105ff, 175ff., 187, 203, 221, 251f.
77   Gemeint ist Johann Christoph Gatterers *Abriss der Geographie* (datiert auf 1775, erschienen aber erst 1778). Der Ausdruck ›Ethnologie‹ wurde erstmals 1787 von Johann Ernst Fabri gebraucht, 1808 dann in seiner *Encyclopädie der Historischen Hauptwissenschaften* und deren *Hülf-Doctrinen* theoretisch begründet (Vgl. Justin Stagl, »August Ludwig Schlözers Entwurf einer ›Völkerkunde‹ oder ›Ethnographie‹ seit 1772«, in: *Ethnologische Zeitschrift Zürich*, 2 (1974), (73-91), 73).
78   August Ludwig Schlözer, *Vorstellung der Universal-Historie*, 2. Aufl., Göttingen 1775, 223. Vgl. zudem Schlözer 1970, 10: »Alle Staten der Welt, Marocko wie Sina und Hannover, kommen darinn überein, daß *1. Kräfte 2. vereint 3. wirken*. Aber sie sind unendlich verschieden, /1. in den Kräften, ihrer *Quantität* sowol als *Qualität* nach. Dieser Kräfte sind im cultivirten Stande 4: *Leute, Land, Producte,* und *Geld* (auch ein Product, aber von eigner Art und Wirkung, und daher einer eignen Rubrik werth). – GrundMacht. / 2. im *Verein* dieser Kräfte. – *StatsVerfassung*. / 3. im *Gebrauch* derselben, und der Art, wie sie wirklich agiren. – *StatsVerwaltung*.«

»oder als ein *System*, in welchem Welt und Menschheit die Einheit ist«.[79] Zu gliedern sind die historischen Fakten hierbei entsprechend eines Zeit- oder eines Realzusammenhangs, woraus Schlözer neben dem »chronographischen« und »geographischen« Ansatz zwei weitere Methoden ableitet: eine »technographische« Methode, für die gilt, dass die Stufen, »auf denen der menschliche Verstand unter ganzen Nationen bald auf= bald niedersteigt, in weitläufigster Bedeutung *Künste* und Erfindungen heißen« (zu welchen auch die Religion zählt); und eine »ethnographische« Methode, für die gilt: »Man teilt die Bewohner des Erdkreises in große und kleine Haufen, nach gewissen mer oder weniger zufälligen Aehnlichkeiten, in denen eine Menge von Menschen unter sich übereinkommen. Wegen dieser Aehnlichkeit denkt man sich die ganze Menge als eine Einheit, und man nennt sie Ein Volk.«[80]

In diesem historiographischen System einer fortgesetzten Vermögensbildung, das den Systemen naturwissenschaftlicher Klassifikation in nichts nachstehen soll, verhalten sich die vier Methoden zueinander komplementär. »Allein zum Anfange und zur Grundlegung ist die letzte Methode unstreitig, die ungezwungenste, die faßlichste, und die brauchbarste.«[81] Einerseits wird die Ethnographie – neben der Technikhistorie – als Wissenschaft des »Realzusammenhangs«, als historische Grundlagenwissenschaft eingeführt, andererseits bricht sich mit ihr ein Volksbegriff Bahn, der die politischen, nationalistischen und revolutionären Strömungen gegen den Monarchenstaat diskursiv aufrüstet. Was für die anthropologische Theorie der *Société*, was für die Dichtung, für die »Kulturpoetik« von Vico bis Volney langsam zur Selbstverständlichkeit wurde, war in Göttingen eine Konsequenz des Unternehmens, die Statistik ins Historische zu transformieren: die Selbstanwendung der kulturhistorischen Erkenntnis auf die eigene Gegenwart, die schon bald zur Gegenwart der französischen Revolution geworden sein sollte. Von daher verstehen sich auch die Warnungen, die besonders in Deutschland an die französischen Revolutionäre ergingen: Dass für ein Volk keine Freiheit ohne die gleichzeitige Befreiung aus dem Stande der Wildheit und aus den Fängen des Kults möglich sei, und dass diese Befreiung nie eine bloße Angelegenheit der Vernunft und vernünftigen Gesetzgebung sein könne.[82]

---

79 Schlözer 1775, 230.
80 Ebenda, 293f. Vgl. zur Situierung der Religion auch ebenda, 4, Anm. und Schlözer 1970, 162.
81 Ebenda, 295. – Zur geographischen, genetischen und politischen Dimension des Volksbegriffs vgl. ebenda, 295-302.
82 Vgl. hierzu Georg Forster brieflich aus Paris, 26. Juni 1793, in: Claus Träger (Hg.), *Die Französische Revolution im Spiegel der deutschen Literatur*, Leipzig 1979, 494, vgl. zudem Müller 1936, 437f.

2. Regizid als Revolution

Nach Ansicht des späten Wieland zeugten die »Unordnungen, Ungerechtigkeiten, Torheiten, Verbrechen und Greueltaten« der Revolution für die Stimmigkeit der im *Agathon* entworfenen Polizey- und Bildungsprogramme und brachten ihn zu der festen Überzeugung, es handle sich hier um eine »*Mißgeburt von Republik*, die das Princip ihrer baldigen Auflösung gleich mit auf die Welt brachte«.[83] Maß man die französische Revolution an den deutschen Standards einer »guten Polizey«, musste sie nicht von Anbeginn, wohl aber im Moment ihrer Radikalisierung als gescheitert, ja verbrecherisch und entsetzlich gelten. Polizeyliche Vordenker wie Johann Benjamin Erhard arbeiteten noch Mitte der 1790er Jahre an einer kantisch akzentuierten Revolutionstheorie und forderten eine Gesellschaft von »Aktiv-Bürgern«. Menschenrechte verbürgen hier die Freiheit eines inneren Tätigwerdens, sie unterstehen weniger einer gesetzlichen Intervention als polizeylicher Regulation, denn als Mensch wird der selbständige Bürger zuallererst vor den Gerichtshof seiner inneren Stimme zitiert.[84]

Wilhelm von Humboldt schrieb der polizeylichen Zwanglosigkeit seines liberalen Bildungsstaats eine Erhabenheit zu, die die des revolutionären Geschehens sogar noch in den Schatten stellt: »Wenn es nun schon ein schöner, seelenerhebender Anblick ist, ein Volk zu sehen, das im vollen Gefühl seiner Menschen- und Bürgerrechte seine Fesseln zerbricht; so muß – weil, was Neigung oder Achtung für das Gesetz wirkt, schöner und erhebender ist, als was Not und Bedürfnis erpreßt – der Anblick eines Fürsten ungleich schöner und erhebender sein, welcher selbst die Fesseln löst und Freiheit gewährt, und dies Geschäft nicht als Frucht seiner wohlthätigen Güte, sondern als Erfüllung seiner ersten, unerläßlichen Pflicht betrachtet.«[85] Dass er sich in dieser Einschätzung mit Goethes Bildungsauffassung einig war, zeigt schon seine Anlehnung an das Versöhnungsszenario zwischen Iphigenie und Thoas. In den *Unterhaltungen deutscher Ausgewanderten* beklagen die Revolutionsflüchtlinge, dass nunmehr »jede gesellige Bildung verschwunden« sei. Und Goethe stellt in seinen *Maximen und Reflexionen* fest: »Vor der Revolution war alles Bestreben; nachher verwandelte sich alles in Forderung.« Gleichheit sei ein legitimer Anspruch an die Gesellschaft, Freiheit aber, die nur in der bildenden und daher schon gesetzeshörigen Selbsttätigkeit zu bestehen vermag, könne kein Gegenstand von Forderungen sein.[86] Adam Müller lastete der Revolution deshalb an, sie sei aus dem unüberschreitbaren Horizont des Staates und der Gesellschaft herausgetreten, habe den unvermittelten Bezug zum Menschen gesucht und somit die entscheidende, nämlich die transzendentalpolitische Frage umgangen.[87]

---

83   Wieland 1937, III. 11.6, 333, Anm.
84   Vgl. Johann Benjamin Erhard, *Ueber das Recht des Volks zu einer Revolution*, Jena/Leipzig 1795, 33, 35, 39.
85   Humboldt 1948, 18.
86   Johann Wolfgang von Goethe, *Unterhaltungen deutscher Ausgewanderten*, in: Goethe 1988/VI., (125-209), 137. – Zudem Goethe 1988/XII., 380.

Regizid als Revolution

Dieser spektakuläre revolutionäre Handstreich, mit dem nach Fichte erst die »freie ungehinderte Selbsttätigkeit«[88] möglich wurde, stützte sich freilich auf die statistischen und polizeylichen Projekte des *Ancien régime*. Die eigentliche Zäsur hat, wie Tocqueville rückblickend feststellen sollte, nicht auf der Bühne der Revolution stattgefunden, sondern mit den verwaltungstechnischen Umbrüchen der ihr vorangegangenen Jahre.[89] Der revolutionär inszenierte Bruch habe dagegen versucht, die Menschen durch einen singulären Akt der Universalisierung in ein »gemeinsames geistiges Vaterland« einzubringen – »ohne zu berücksichtigen, inwiefern die Gesetze, Gebräuche und Traditionen eines Landes das Allgemeinmenschliche in besonderer Weise modifiziert haben mögen.«[90] Diesen transzendentalpolitisch und kulturhistorisch unvermittelten, rein imaginären Zugang zum Menschsein identifiziert Tocqueville als Ausnahmezustand »abstrakter literarischer Politik«:

Täglich hörte man sie sprechen über den Ursprung der Gesellschaft und deren primitive Formen, über die ursprünglichen Rechte der Bürger und der Staatsgewalt, über die natürlichen und künstlichen Beziehungen der Menschen untereinander, über den Irrtum oder die Berechtigung des Herkommens und über die Prinzipien der Gesetze. [...] Welche verschiedenen Wege sie auch einschlagen mochten, so haben sie alle doch folgenden Ausgangspunkt: sie sind alle der Ansicht, man solle an die Stelle der komplizierten traditionellen Gebräuche und Vorschriften, welche die damalige Gesellschaft regierten, schlichte und einfache, aus der Vernunft und aus dem Naturrecht abgeleitete Gesetze treten lassen.[91]

Im Gegensatz zur englischen Revolution, wo Gesetzgebung und Verwaltungspraxis wenn nicht zur Deckung kamen, so doch zumindest Schritt hielten, beschied sich die französische Revolution, wie Tocqueville sagt, mit einem bezugslosen Nebeneinander von laufend novellierten, aber stets abstrakten Gesetzesentwürfen und einer routinierten, unbeirrt wirksamen Verwaltungstechnik. »Über die wirkliche Gesellschaft [...] baute sich so allmählich eine imaginäre Gesellschaft auf, in der alles einfach und koordiniert, gleichförmig, gerecht und vernunftgemäß erschien.«[92]

Brachte die englische Revolution noch die »Macht der alten mündlichen Überlieferung des Gewohnheitsrechts zur Geltung, gestützt von der mittelalterlichen Institution des Parlaments«, erhob die französische Revolution das Medium

---

87 »Unser Zeitalter hat zur Genüge gelehrt, was dabei herauskommt, wenn der einzelne Mensch sich in direkte Beziehung zu der Menschheit überhaupt setzen will, wenn er sich aller näheren politischen und vaterländischen Gemeinschaft überheben zu können glaubt« (Müller 1936, XXXIV., 408).
88 Johann Gottlieb Fichte, »Zurückforderung der Denkfreiheit von den Fürsten Europens, die sie bisher unterdrückten« (1793), in: Träger 1979, (303-308), 307.
89 Vgl. Alexis de Tocqueville, *Der alte Staat und die Revolution*, Bremen o. J., Vorwort, 1. Vgl. hierzu ebenda, 4, 82-84.
90 Ebenda, 25.
91 Ebenda, 173-175. Vgl. zum Folgenden ebenda, 178, 184. – Zur literarischen Herausbildung einer politisch wirksamen »öffentlichen Meinung« im vorrevolutionären Frankreich vgl. Robert Darnton, *Poesie und Polizei*, Frankfurt am Main 2002, v. a. 131-147, zudem (mit weniger Nachdruck auf der Bedeutung poetischer Kommunikation) Habermas 1976, 39ff.
92 Tocqueville (1856), 183.

Buchdruck und damit die Literaten zur Herrschaft.[93] Hegel zufolge handelte es sich dabei um eine »abstrakte, unlebendige« Vermittlung innerhalb einer »Papierwelt«, die eine lebendige Allgemeinheit vereitelt und einen »Despotismus [...] der Freiheit und Gleichheit« entstehen ließ.[94] Letzterer wurde auf die Machtübernahme derer zurückgeführt, die das vermeintlich natürliche Vermögen der Vernunft unmittelbar in Geltung setzen wollten: die Philosophen. Bereits in der *Encyclopédie* war angekündigt worden, dass »die Philosophie mit großen Schritten vorwärtsschreitet und ihrer Herrschaft alle Gegenstände in ihrem Bereich unterwirft«[95] – ein Anspruch, der nun zu zahlreichen legitimistischen Verschwörungstheorien veranlasste.[96] Gegen die These einer länderübergreifenden Konspiration, die an die Jesuiten- und Tyrannizidkritik des 16. und 17. Jahrhunderts angelehnt war, sprach indessen, dass die *philosophes* immerzu an eine »kritische Öffentlichkeit« appellierten. Es war die unablässig fordernde Rigorosität einer Vernunft, die sich unter dem so öffentlichkeitswirksamen wie allgemeinmenschlichen Titel der Kritik immerzu selbst zu überbieten hatte, die nach Reinhart Koselleck von der Bibelkritik über die politische Kritik bis zur Selbstkritik gelangte, um sich in einer letzten Krise als hypokritische Superkritik schließlich selbst zu zerstören.[97] Wird die Kritik selbst souverän, besiegelt dies den Tod des Königs. Und sobald die reine Vernunft nicht nur die vormalige Souveränität, sondern jedwede Form der Staatsräson als nackte Gewalt enttarnt, prozessiert die Gesellschaft immerzu gegen sich selbst. Fortwährend kritisch inspiziert, kann der Gesellschaftskörper gar nichts anderes als seine »Krise« enthüllen. Einerseits ist er Gegenstand eines besorgten nosographischen Blicks, andererseits das *corpus delicti* eines öffentlich tagenden und dem Gemeinwohl verschriebenen Gerichtshofs der Vernunft.

Auch wenn die Gesellschaft *per definitionem* gar nicht über die *volonté générale* verfügen kann, muss sie ihr die Kritik schon ihrer öffentlichen Geltung wegen zuschreiben. Dies initiiert einen ständigen Widerstreit zwischen dem unfehlbaren Allgemeinwillen und dem, bei rigoroser Kritik, immer wieder fehlerhaften Verhalten der Einzelnen. Ihn zu beenden, gelingt der Revolution nur in Form schlagenden Rechts. Deswegen wird die terroristische Korrektur der *volonté de tous* auf der Bühne repräsentativer Vergeltung exekutiert. Und deswegen sieht sich die revolutionäre Gesellschaft, in einer ultimativen Zuspitzung, vor die prinzipielle Alternative gestellt: Selbstmord oder Tod des Herrn. Verwandelt aber diese Gesellschaft die Geschichte selbst in einen forensischen Prozess, fällt sie hinter die Einsicht ihrer unmittelbaren Vorvergangenheit zurück: dass mit jedem politischen Handeln notwendig auch ein gewisses historisches Risiko verbunden

---

93 McLuhan 1995, 32.
94 Georg Wilhelm Friedrich Hegel, *Vorlesungen über die Philosophie der Geschichte*, in: Hegel 1995/XII., Kap. III. (»Das politische Kunstwerk«), 312.
95 Denis Diderot, Art. »Enzyklopädie«, in: Diderot 1961, 158f.
96 Vgl. etwa Abt Proyarts Pamphlet *Der entthronte Ludwig XVI. ehe er König war*, o. O. 1804, Vorrede, XXIIIf.
97 Vgl. Reinhart Koselleck, *Kritik und Krise. Eine Studie zur Pathogenese der bürgerlichen Welt*, Frankfurt am Main 1997, 88–90, 102, 154.

Regizid als Revolution

ist.⁹⁸ Beantwortet also die Revolution »das Bedürfnis der Sicherheit« mit dem »Prinzip der Gewißheit«, ist sie, wie Hegel sagt, alles andere als ein »konkretes Begreifen der absoluten Wahrheit«.⁹⁹ Was bei Montesquieu noch »Geist der Gesetze« hieß und dort als Korrelat einer zivilisationsgeschichtlich komplexen Objektivierung fungierte¹⁰⁰, wird in der Philosophen- und Prinzipienherrschaft einfach als Subjekt allen Handels und Entscheidens hypostasiert. Nur so kann möglich werden, dass es nicht die zivilisationsgeschichtlichen Zusammenhänge, sondern »daß es die Philosophen sind, die den König töten«.¹⁰¹

Hegel zufolge drehte sich die Revolution um die eine entscheidende Frage: »[W]ie kommt der Wille zur Bestimmtheit?«¹⁰² Hatte Rousseau in seinem *Contract social* (1762) gefordert, eine im strikten Sinne ursprüngliche Repräsentation, nämlich eine solche der freien Vermögen, nicht nur wiederherzustellen, sondern allererst ins Leben zu rufen¹⁰³, verlangte er damit, »daß die Wirkung zur Ursache werde, daß der Gemeinsinn, der das Werk der Errichtung sein soll, der Errichtung selbst vorausgehe und dass die Menschen schon vor den Gesetzen wären, was sie durch sie werden sollen.«¹⁰⁴ Den Souverän bestimmte Rousseau als irrepräsentabel, insofern Souveränität weder veräußerlich noch vertretbar ist, und doch könne er, der ja nichts anderes als die *volonté générale* ist, nur durch Repräsentation zur Bestimmtheit gelangen.¹⁰⁵ Obwohl von Rechts wegen unmöglich, ist die Repräsentation also in doppelter Hinsicht unverzichtbar. Sie ist »in einem bessernden Sinne«¹⁰⁶, ja als das revolutionäre Vermögen *par excellence* zu verstehen.

Um den reinen Willen zum Vernunftgesetz überhaupt in die Welt zu bringen, um ihn in einem natürlich-vernünftigen Gesellschaftskörper immer wieder auferstehen zu lassen, regrediert die Revolution auf überkommene Repräsentationsverfahren.¹⁰⁷ Die Revolutionäre und ihre Institutionen repräsentieren die Gesellschaft nicht nur im Sinne einer Stellvertretung, sondern bringen – im Sinne einer Realpräsenz – sie und ihre Vermögen erst zur Wirklichkeit. Deswe-

---

98 Vgl. ebenda, 144, 156f.
99 Hegel 1995/XII., 527f. – Vgl. auch Georg Wilhelm Friedrich Hegel, Art. im *Morgenblatt 1827, Liter. Bl. N. 89*, in: Hegel 1995/XI.: *Berliner Schriften*, 566.
100 Vgl. Montesquieu 1992/I., Buch I, Kap. III., 16 und ebenda/II., Buch 24, Kap. I., 160. – Vgl. hierzu Forsters Vermutung, es komme »auf ein paar Köpfe nur an, daß ein Staat die Verfaßung erhält, welche die größte Entwicklung der Anlagen und Kräfte möglich macht« (Georg Forster, »Versuch einer Naturgeschichte des Menschen«, in: *Kleine Schriften zur Philosophie und Zeitgeschichte*, Bd. VIII. der *Werke. Sämtliche Schriften, Tagebücher, Briefe*, Berlin 1974, 158).
101 Albert Camus, *Der Mensch in der Revolte*, Reinbek 1953, 117. Vgl. zudem Bernhard Groethuysen, *Philosophie der Französischen Revolution*, Neuwied/Berlin 1971, 49f.
102 Hegel 1995 /XII., 525.
103 Vgl. hierzu Jean-Jacques Rousseau, *Vom Gesellschaftsvertrag oder Grundsätze des Staatsrechts*, Stuttgart 1986, I. 6, 17. – Zum Folgenden vgl. auch ebenda, 32 sowie Cassirer 1932, 350.
104 Rousseau 1986, II. 7, 46.
105 Vgl. hierzu ebenda, II. 1, 28, III. 10, 93, III. 15, 103, 105, III. 1, 66.
106 Herbert Krüger, *Allgemeine Staatslehre*, Stuttgart 1964, 239.
107 Rousseaus Konstruktion legte nahe, die alte Ständegesellschaft in gleichberechtigte Individuen aufzuspalten und diese dann wieder zu einer Korporation sämtlicher Bürger zusammenzu-

gen wendet sich Danton an den Konvent mit den Worten: »vous êtes une Convention nationale, vous n'êtes pas un corps constitué, mais un corps chargé de constituer tous les pouvoirs, de fonder tous les principes de notre République«.[108] Dass nach Alfieris Beobachtung im April 1789 sämtliche Pariser Bürger Solon spielten, macht das von Franz von Baader später monierte »Sich-widersprechende im Begriffe der Volksrepräsentation« nur sinnfällig.[109] Genauso wenig, wie sich die Legislatur auf die Selbstgesetzgebung eines jeden Bürgers beschränken (oder ausweiten) konnte, durften die Abgeordneten der Nationalversammlung bloß entscheidungsbefugte Repräsentanten sein. Sie sollten Bevollmächtigte sein, die den souveränen Volkswillen verkörpern und verwirklichen.[110]

»Die großen revolutionären Momente sind Episoden einer *Fleischwerdung*«, wie Starobinski schreibt.[111] Sie appellieren an das Zusammenwirken sämtlicher Vermögen, um damit den Körper der freien Gesellschaft erstehen zu lassen, oder anders gesagt: Sie befehlen kategorisch diese Geburt. Das elaborierte Zeremonial- und Symbolsystem der Revolution verdeckte und enthüllte mit ihren »zentralen Fiktionen« die wirklichen und wirkenden Kräfte im selben Zuge.[112] Gerade Polizeybeamte und Mediziner, jene »programmateurs d'une société bien régie«, wie sie Jacques Louis David und Jean-Paul Marat darstellten, sorgten sich um die repräsentative Fiktion eines *Offrande à la patrie* (Marats Rede vor den Generalständen von 1789)[113] und um »das republikanische Sakrament der menschgewordenen Menschlichkeit«[114] (Davids Gemälde *Marat assassiné*). Burke hatte diese Allianz von Künstlern, Politikern, Ärzten und Philosophen vor Augen, als er der Revolution die politische und moralische Legitimität ab-, wohl aber eine ungemeine (und korrupte) ästhetische Schlagkraft zusprach: »In that stupendous work, not one principle by which the human mind may have it's faculties at once invigorated and depraved, was left unemployed«.[115] In seinen Betrachtungen und Abhandlungen zur französischen Revolution räumt Burke zwar ein, »daß wir im ganzen eine Nation von ungebildeten Gefühlen sind«, gibt aber einer Revolution, die sich ganz und gar auf eine repräsentativ veranlasste

---

setzen, während Sièyes im dritten Stand solch einen Körper bereits vorzufinden meinte. (Vgl. hierzu Emmanuel Joseph Sièyes, »Qu'est-ce que le tiers etat? / Was ist der Dritte Stand?«, in: *Politische Schriften 1788-1790*, Darmstadt/Neuwied 1975, (117-196), 123.)

108 Georges-Jacques Danton, *Rede vor dem Konvent am 11. März 1793*, in: *Œuvres*, Paris 1867, 146.

109 Franz von Baader, *Evolutionismus und Revolutionismus* (1834), in: Träger 1979, (368-370), 368f. Vgl. zudem zu Alfieris Schreiben an André Chénier in: Jean Starobinski, *1789. Die Embleme der Vernunft*, München o. J., 37.

110 Zum programmatischen Dissens zwischen Montagnards und Girondisten vgl. Keith Michael Baker, Art. »Souveränität«, in: François Furet und Mona Ozouf (Hgg.), *Kritisches Wörterbuch der Französischen Revolution*, Bd. II., Frankfurt am Main 1996, (1332-1353), 1345-1347.

111 Starobinski, 1789, 39.

112 Vgl. hierzu Lynn Hunt, *Symbole der Macht, Macht der Symbole*, Frankfurt am Main 1989, 112.

113 Vgl. zudem Jean-Paul Marat, *Ausgewählte Schriften*, Berlin 1954, 106f, 47, 54ff.

114 Jörg Träger, *Der Tod des Marat. Revolution des Menschenbildes*, München 1986, 163. – Vgl. ebenda, 154-156 zu den Bilddetails der Badewanne (als Blutkelch) und der Assignate (als dahingegebenem letzten Stück Brot).

115 Edmund Burke, *Two Letters addressed to A Member of the Present Parliament*, London 1796, 164.

Regizid als Revolution 245

Umordnung der Vermögen verlässt, keine großen Chancen. Wer hier Erfolg erwartet, »der muß nach allen andern Umwandlungen und Regenerationen auch. noch eine Total-Revolution in der menschlichen Natur stiften«.[116] Selbst unter den Monarchisten hätte man diese Aufgabe schwerlich dem personalen Souverän anvertraut. Das von »gebildeten Völkern und wohleingerichteten Staaten« freigesetzte Kräftefeld, jene »gute Konstitution« im Doppelsinn des Begriffs, überstieg, wie Wilhelm Heinse in seinem Tagebuch zur Revolution notierte, längst die Vermögen und Wirkungskraft eines jeden Fürsten, so dass man die Monarchen nur mehr als »Überbleibsel der Barbarei« zu bedauern, »ihnen den leeren Namen der Repräsentation zu lassen und sie standesgemäß zu füttern« habe.[117]

Im Schatten der radikalen »Literaten« und Philosophen sind es die Mediziner, die sich um den Zustand des Gesellschaftskörpers sorgen. Dies spiegelt nicht nur der hohe Anteil der Ärzte unter den Volksdeputierten wider. Seit Anbeginn der Revolution gelten die Mediziner als »Schutzgeister der Unversehrtheit unserer Kräfte und Empfindungen«, sie sind nicht die ersten Repräsentanten, wohl aber die wahren Regulatoren der Gesellschaft.[118] Auch wenn der vorrevolutionäre Mesmerismus sich seinen Verlautbarungen nach gerade gegen die »Tyrannei der Ärzte« stellte, hing er doch einer Kräftelehre an, die von natürlichen Phänomenen ausgehend über die individuellen physischen und moralischen Vermögen bis in die soziale und politische Sphäre hinein Gültigkeit beanspruchte.[119] Von derlei parawissenschaftlichen Spekulationen ausgehend, entsprachen dieser allgemeinen Kräftelehre auch etliche revolutionäre Kulte und Gebräuche. Die Freiheitsbäume, die nach Jeffersons Diktum von Zeit zu Zeit mit Blut zu bewässern waren, um die Wiedergeburt oder das Gedeihen der Nation zu befördern, versinnbildlichten als wichtigstes Kultobjekt der Revolution zugleich den harten Schnitt, den die Kräftelehre zwischen der revolutionären Zukunft und einer Vergangenheit der genealogischen Stammbäume setzte.

Die jakobinische Rhetorik kündigte deswegen unverhohlen den symbolischen und nachgerade den realen Ausschluss des Königs an: Das französische Volk

---

116 Edmund Burke und Friedrich Gentz, *Über die französische Revolution. Betrachtungen und Abhandlungen*, Berlin 1991, 178f., 344.
117 Johann Jakob Wilhelm Heinse, *Tagebuchaufzeichnungen*, in: Träger 1979, (130-139), 133f.
118 Sabarot de L'Avernière, *Vue de Législation médicale adressée aux Etats généraux* (1789), 3, zit. nach: Foucault 1988, 49. – Einer Institution wie der königlichen Gesellschaft für Medizin kommt hierbei eine geradezu paradigmatisch polizeyliche Bedeutung zu: Statt fester Gegenständlichkeiten kontrolliert sie die gouvernemental erforderliche Art des Handelns, Kommunizierens und Wirkens, »aus einem Kontrollorgan für die Epidemien wird sie allmählich zu einem Zentralisationspunkt des Wissens, zu einer Registrierungs- und Beurteilungsinstanz für die gesamte ärztliche Tätigkeit« (ebenda, 44).
119 Vgl. etwa zu Carras Atmosphären-Theorie: »Moralische Ursachen, wie z. B. ungerechte Gesetzgebung, beeinträchtigten die Atmosphäre und somit die Gesundheit, genauso wie physische Ursachen Krankheit hervorriefen; und umgekehrt konnten physische Ursachen moralische Wirkungen hervorbringen, sogar in breitem Umfang.« (Robert Darnton, *Der Mesmerismus und das Ende der Aufklärung in Frankreich*, Frankfurt am Main/Berlin 1986, 96.)

durfte in der allgemeinen Sprachregelung »nur eine Familie von Brüdern sein, die alle gleichermaßen von ihrer gemeinsamen Mutter geliebt und geschützt werden«, wobei neben der Mutter Liberté ausdrücklich kein Platz für einen Vater sein konnte.[120] Überdies beschwor die demiurgische Rede des Terrors nicht nur die genealogisch-historische Zäsur, sondern im Sinne der Mediziner auch das Wohlergehen des Gesellschaftskörpers. »Ce qui produit le bien général«, heißt es bei Saint-Just, »est toujours terrible, ou paraît bizarre lorsqu'on commence trop tôt.«[121] Mit Ludwigs Guillotinierung wollten die Revolutionäre mithin nicht nur die dynastische Herrschaft der Kapetinger (und ihrer Seitenlinie, der Bourbonen) beenden. Mit ihr sollte auch und vor allem der Körper der Gesellschaft in einem halb kultischen, halb medizinischen Sinne purgiert werden. Nach Entdeckung von Ludwigs verräterischem Schriftwechsel mit dem ausländischen Feind konstatierte Danton: »s'il avoue, certes, il est criminel. À moins qu'on ne le répute imbécile. Ce serait un spectacle horrible à présenter à l'univers, si ayant la faculté de trouver un roi criminel, ou un roi imbécile, nous ne choisissions pas ce dernier parti.«[122] War dieser Fall historisch beispiellos, konnte über ihn, wie Saint-Just bei seinem ersten Auftritt vor dem Konvent argumentierte, auch nicht am Leitfaden bestehender Gesetze und vor ordentlichen Gerichten, sondern nur entsprechend des allgemeinen Volkswillens und im Konvent geurteilt werden. Paradoxerweise führte er für diese historische Singularität prominente historische Beispiele an: »Il n'y avait rien dans les lois de Numa pour juger Tarquin; rien dans le lois d'Angleterre pour juger Charles Ier: on les jugea selon le droit des gens; on repoussa la force par la force, on repoussa un étranger, un ennemi.«[123]

Joseph de Maistre hat rückblickend darauf hingewiesen, dass mit dem lateinischen *hostis* ursprünglich der Fremde und der Feind bezeichnet worden sei, ehe er dann – vor dem Hintergrund des ambivalenten Begriffs *sacer* und manifest im Begriff der *hostia* – zum Opfer ausersehen wurde, um somit das besudelte Gemeinwesen zu reinigen und zu entsühnen.[124] Der König ist, wie Saint-Just sagt, »un étranger parmi nous: il n'était pas citoyen avant son crime; il ne pouvait voter; il ne pouvait porter les armes; il l'est encore moins depuis son crime«. Als König ist er *per se* ein Usurpator, Verbrecher und Monster, dem ein geregeltes Rechtsverfahren schwerlich Herr werden könnte. »*On ne peut point régner innocemment*: la folie en est trop évidente.«[125] Michelet zufolge wurden mit der Durchsetzung des Nationalitätsprinzips die Völker zu Persönlichkeiten, wohingegen die Könige ihre Bindung zum Vaterland verloren und »eine besondere

---

120 Verlautbarung einiger Radikaler im Departement Gers, in: Hunt 1989, 47.
121 Louis-Antoine-Léon Saint-Just, *Œuvres complètes*, Paris 1984, 979.
122 Danton 1867, 16.
123 Louis Antoine Léon Saint-Just, »Discours concernant le jugement de Louis XVI.« (13. Nov. 1792), in: *Œuvres*, Paris 1946, (120-127), 125f.
124 Vgl. Joseph de Maistre, *Über das Opfer*, Wien/Leipzig 1997, 18f., 45.
125 Saint-Just 1946, 124. Vgl. zudem Saint-Just, »Second discours concernant le jugement de Louis XIV« (27. Dez. 1793), in: ebenda, (134-141),138.

Rasse bildeten außerhalb der Menschheit«.[126] Damit markierten sie die Grenze des Volkes und seine immerwährende Bedrohung, derer man sich am nachdrücklichsten durch eine Opferung entledigte. Diese kultische Wendung jedoch ließ, wie Michelet schreibt, die Monarchisten »das für die Republik Unheilvollste begründen: den Kultus eines König-Märtyrers.«[127] Nur ein erster Schritt ihrer öffentlichen Gegenkampagne war es, »la mostruosité du tribunal« anzuprangern und von einer demokratischen Usurpation des Staates zu sprechen.[128] Nicht nur, dass man zwischen dem Märtyrerschicksal Karl Stuarts und demjenigen Ludwigs eine direkte Verbindung herstellte[129], ein Autor wie Limon berief sich zugleich auf »les loix divines et humaines«. Dass Ludwig – anders als Karl Stuart – die Rechtfertigung vor seinen Richtern nicht verweigerte, sollte erst recht sein *menschliches* Martyrium belegen. Während Limon eine Genealogie der krankhaften und monströsen Königsmörder entwarf, ja sogar die unmittelbare Verwandtschaft Robespierres mit Damiens behauptete, berichtete er in aller Breite von der Menschlichkeit Ludwigs.[130] Denn wenn mittlerweile überhaupt noch irgendein Sakrament von unbestrittener Geltung war, dann eben das der »menschgewordenen Menschlichkeit«.

In der repräsentativen Leere, die das Revolutionsregime mit seinen widersprüchlichen Grundsätzen und Verlautbarungen weniger gefüllt als erst geschaffen hatte, schien zunächst die promonarchistische Strategie aufzugehen. »Der Prozeß machte einen Menschen aus ihm«[131], und dieses Menschlichwerden des »Bürgers Louis Capet«, wie Ludwig zunächst polemisch tituliert wurde, zwang seine Ankläger zu einer paradoxen Wendung: Gerade als Mensch war Ludwig anzuklagen, weil er in seiner Menschlichkeit die Unmenschlichkeit der vernunftlosen Souveränitätsrepräsentation perpetuierte und sich damit zum Feind der gesamten Menschheit machte.[132] In seiner 1789 erschienenen (und 1777 entstandenen) Schrift *Della tirannide* hatte Vittorio Alfieri diejenigen als Tyrannen definiert, »(sie mögen nun Fürsten oder auch nur Bürger sein), die auf was immer für eine Weise eine unbegrenzte Macht zu schaden haben; denn wenn sie dieselbe auch nicht mißbrauchen, so ist doch schon die Art ihrer Stellung an sich selbst so wahnwitzig und naturwidrig, daß kein verhaßter, entehrender Name je hinreichen wird, die Besitzer solcher Macht hinlänglich verabscheuungswürdig zu machen.«[133] In seiner zwiespältigen Lage, in die ihn der Prozess, der keiner

---

126 Jules Michelet, *Geschichte der Französischen Revolution*, Bd. III./Buch 5/6, Frankfurt am Main 1988, Buch 6, Kap. XV., 249. – Vgl. zum Folgenden ebenda, Kap. XX., 311: »Der König schien wie der alte Grenzgott, die Grenze und Barriere. Viele glaubten, daß man nur über seinen Leib hinweg die Grenze überschreiten könne, daß es eines Menschenopfers bedürfe«.
127 Ebenda, Kap. XXV., 369.
128 Limon 1793, 79, 52.
129 Vgl. hierzu ebenda, 63 und 74. – Vgl. zudem Martin 1829/I., 307.
130 Vgl. Limon 1793, VIf., 79f., 81, Anm., 6ff.
131 Michelet 1988, 391.
132 Vgl. hierzu Koselleck 1997, 99.
133 Vittorio Alfieri, *Von der Tyrannei*, Mannheim 1845, 11f. Vgl. zudem ebenda, 319, wo es vom Tyrann heißt, »daß er weit weniger als ein Mensch ist.« – Vgl. zudem zum vermenschlichenden Blutopfer einer Revolution ebenda, 343-345.

sein sollte, gebracht hatte, musste Ludwig XVI. tatsächlich als Ausgeburt solchen Wahnwitzes und solcher Naturwidrigkeit gelten. Er wurde zum »monstre humain«, wie Foucault sagt, angesiedelt in einem Niemandsland zwischen dem Unmöglichen und Untersagten. Ist ihm schon keine regelrechte Gesetzesverletzung nachzuweisen, so ist ihm doch eine halb krankhafte, halb verbrecherische Konstitution zu eigen – es ist der Vorbote »de cette notion d'individu ›dangereux‹ à laquelle il est impossible de donner un sens médical ou un statut juridique […]. Tous les monstres humains sont les descendants de Louis XVI.«[134]

Nicht nur, dass derlei »Monster« oder »gefährliche Individuen« keinerlei Bürgerrechte und damit auch keinen gesellschaftlichen Schutz genießen können. Tragen sie, wie man rein vernünftig deduzieren kann, die Schuld an der Verderbnis der natürlichen Sitten, müssen sie schleunigst dem Nationalkörper amputiert werden. Die Gesellschaft ist zudem berechtigt, sie in ihrer depravierten und gemeingefährlichen Konstitution anthropologischen Forschungen zu überlassen. Bereits Diderot hatte in der Encyclopédie die Vivisektion unter dem Titel des Fortschritts *und* der Menschlichkeit gefordert.[135] Dieselben Ziele rechtfertigten die Einführung der Guillotine. Zweifel an deren Humanität sollten von der anthropologischen Forschung zerstreut werden. Wenn, wie Sue und Soemmerring vermuteten, die Physis und das Bewusstsein der Hingerichteten nicht gleichzeitig zerstört wurden, musste dieses »Unding eines erlebten Totseins«[136] weitaus inhumaner als jegliche Form der Marter sein. Pierre Jean Cabanis löste dieses Dilemma auf, indem er das Bewusstsein als Zusammenwirken aller organischen Funktionen definierte.[137] Diese systemische Konzeption von Bewusstsein und Körperlichkeit konnte, noch bevor sie etliche psychophysiologische Forschungsprogramme anstieß, ohne Umschweife ins Politische übertragen werden.

Das Studium abnormer Psychen, die ethnologische Psychologie, die genetische und Sozialpsychologie bis hin zur Kriminalanthropologie des späteren 19. Jahrhunderts – sie alle nehmen, wie man sagen könnte, Ausgang vom Monstermenschen Ludwig und von der Säuberungsmaschine Guillotine. Im rituellen Schauspiel einer Hinrichtung durch das Schwert hätte Ludwig noch im Tode das traditionelle Privileg der königlichen Repräsentation genossen. Mit der Guillotine wurde er hingegen dem allgemeinen Gesetz unterworfen. Die Exekution vollzog sich anonym, selbst die Henker verschwanden hinter einer Apparatur,

---

134 Foucault 1999, 307f., 87. – Grégoire zufolge galt: »Die Könige sind im Reiche der Moral, was die Mißgeburten im Reiche der Natur.« (zit. nach: Daniel Arasse, *Die Guillotine. Die Macht der Maschine und das Schauspiel der Gerechtigkeit*, Reinbek 1988, 69.)
135 »Was ist Menschlichkeit anderes als die stete innere Bereitschaft, unsere Fähigkeiten in den Dienst der Menschheit zu stellen?«, verteidigte Diderot das Vorhaben gegen den Vorwurf der Inhumanität. Zudem sei damit ein rationaler Fortschritt im Vergleich zur Marter garantiert. (zit. nach: ebenda, 11.)
136 Ebenda, 55.
137 Der »moi central« bilde zahlreiche vom Nervensystem gebildete Zentren nur im Kleinen ab, was auch die relativ selbständige Aktivität der Nervenganglien erkläre. (Vgl. George Sidney Brett, *A History of Psychology*, Bd. II., Bristol 1998, 377ff.) Vgl. Zum Folgenden auch ebenda, 381.

die die Vernunftgesetze von Geometrie und Mechanik gegen den sakralen Königskörper richtete. Doch erst dadurch, dass sie das Königtum repräsentativ beseitigte, konnte die Guillotine für die neue Souveränität zum repräsentativen Instrument *par excellence* werden: Sie übernahm eine gleichsam totalitäre Funktion, indem sie das Feld der Technik, der Kunst und des Sakralen besetzte und schließlich die Einbildungskraft der gesamten Gesellschaft um den einen Sinn der vernunftgemäßen Säuberung versammelte.[138] Die Guillotine radikalisierte das theatrale Arrangement, das die bessernde Kraft der Vernunft-Repräsentation immer wieder zur Anschauung und damit schließlich zur Wirkung bringen sollte. Nicht nur *auf* der Bühne des »théâtre révolutionnaire«[139] – in Dramen wie der *Guillotine d'amour* (1793) – übernahm die Guillotine die Hauptrolle; sie wurde zum Inbegriff des Theatralen und der Repräsentation, hatte in ihr doch das dauernde Wirklich- und Wirksamwerden der revolutionären Vernunft Gestalt gewonnen.

War der ehemalige Fürst von Gottes Gnaden und das jetzige Monster Ludwig *sacer* im Doppelsinn von de Maistres »politischer Theologie«, so sollte die maschinelle Vernunft der Guillotine diese Form der Heiligkeit in einer letzten Offenbarung auf ihren zivilisationsgeschichtlichen Un-Sinn reduzieren. »Ludwigs Tod durfte bestenfalls insofern etwas Besonderes sein, als er vor den Augen aller das Gesetz des Gesetzes demonstrierte.«[140] Doch obschon mit dieser exemplarischen Anwendung die unerbittliche Serialität der Vernichtungsmaschinerie erst richtig zum Laufen gebracht wurde, scheiterte die Demonstration, die ja das unzerstörbare Vernunftprinzip im selben Zuge exekutieren und auf immer und ewig beglaubigen wollte. Noch am Ort der Hinrichtung entstand ein aus Vernunftgründen unerklärlicher Reliquienkult, und die royalistische Hagiographie hatte wenig Mühe, ein in ihrem Sinne martyrologisches Szenario publik zu machen. Wider die lauteren Absichten ihrer Fürsprecher hatte die Apparatur eine Körperkonzeption wiederbelebt, die mit jeder Hinrichtung ein purifizierendes Opfer in Aussicht stellte[141], ja mehr noch, sie hatte einen zivilisatorischen Rückschlag ausgelöst. Zugleich die Verkörperung des höchsten Gesetzes und des erbarmungslosen Vernichtungswillens, in einem der ständige Angriff auf den Volkskörper und dessen endlose Wiedergeburt, war sie selbst sakral geworden. Mit Blick auf die philosophische Aporie der Revolution glaubte man in ihr das Wirksam- und Wirklichwerden der reinen Vernunft gefunden: »*die Heilige Guil-*

---

138 Zur Verbindung dieser drei Funktionen vgl. Michelets Bericht von einem geplanten Leichenverbrennungsofen in: Jules Michelet, *Histoire de la Révolution française*, Paris 1952, Bd. II., Livre XXI., Chapitre I., 928.
139 Paul Bourdin, *Correspondance inédite du marquis de Sade et de ses proches et de ses familiers*, Genf 1971, 375.
140 Arasse 1988, 76.
141 Als etwa der zur Guillotinierung verurteilte Journalist Durosoy ganz im Sinne Diderots sein Blut zu Transfusionsversuchen bereitzustellen vorschlug, provozierte er damit keine Begeisterung, sondern vielmehr Empörung. Anstatt den Volkskörper vernunftgerecht zu reinigen hätte ihn dies – um in der dominanten Bildsprache zu bleiben – infiziert. (vgl. hierzu ebenda, 103f.)

lotine ist in strahlendster Aktivität«, berichtete Gateau, Verwalter der militärischen Verpflegung, »und der *wohltätige Schrecken* produziert hier, auf eine wunderbare Weise, das, was man vor einem Jahrhundert nur von der Philosophie und der Vernunft erhoffte.«[142] Unter religiösen Gesichtspunkten hatte man mit ihr den heiligen Vater ersetzt, weshalb während der zahlreichen kultgerecht zelebrierten Hinrichtungen Guillotine-Litaneinen als eine Art Mutterunser angestimmt wurden.

Die Guillotine rückte damit unversehens in die Mitte jenes quasi-religiösen Systems, das nicht erst Tocqueville als solches benennen sollte. Im November 1793 wurde die Nôtre Dame zum »Tempel der Vernunft« umgewidmet, den die Inschrift »À la philosophie« zierte und der durch Büsten der *philosophes* flankiert wurde.[143] Die Vernunft übernahm die Stelle Gottes, weshalb für den Vernunftglauben auch eine eigene Dogmatik entwickelt wurde; Repräsentant des neuen Gottes war kein Fürst, wohl aber das Volk, so wie es in der *volonté générale* zu sich selbst gekommen war; Rousseaus *Contract social* fungierte als neue Bibel, und zur *communitas* verband sich das Volk innerhalb eines »*philosophischen Kultus*« mit jedem neuen »Schlachtopfer« – wobei der epochalen Opferung des Monsters Ludwig XVI. unablässig gedacht und sie in der Art der Eucharistie immer wieder erneuert wurde.[144] Hatten die französischen Könige im Volksglauben spätestens mit Ludwig XVI. ihre sakrale und wundertätige Kraft eingebüßt, wollte die Revolution diese für sich gewinnen.

Dass Ludwigs Hinrichtung in die Niemandszeit zwischen gregorianischem und revolutionärem Kalender fiel und mit letzterem dann eine neue Zeitrechnung in Geltung trat, machte seinen Tod schon formell zu einem Ereignis. Dass jedoch im Protokoll der Exekution zwei Minuten unbeschrieben blieben, ermöglichte es ihren Befürwortern wie Gegnern, diesen Nullpunkt mit ihren Berichten, Szenarien und Bildern zu besetzen.[145] Damit hatte die revolutionäre Regie die Macht über das Ereignis verloren, das den zivilisationsgeschichtlichen Stellenwert der »Re-volution« zum Ausdruck bringen sollte – jener paradoxen, weil singulären Rückkehr zu den gewaltsamen, aber heilenden Ursprüngen.

In der Nachhut der Revolution war es vielmehr eine programmatisch reaktionäre »politische Theologie«, die den revolutionären Opferkult für ihre Doktrin zivilisationsgeschichtlicher Brüche nutzen konnte. Einerseits sind Opfer, wie de Maistre sagt, von historischer Notwendigkeit. Die Macht, und die einzig legitime, weil souveräne zumal, bedarf notwendigerweise einer gewissen kultischen

---

142 Gateaus Brief vom 27. Brumaire des Jahres II, zit. nach: Guy Lenôtre, *Die Guillotine und die Scharfrichter zur Zeit der französischen Revolution*, Berlin 1996, 176. Als Beispiel für die Litaneien vgl. ebenda, 178: »Heilige Guillotine, Beschützerin der Patrioten, bete für uns. / Heilige Guillotine, Entsetzen der Aristokraten, beschütze uns. / Geliebte Maschine, hab' Erbarmen mit uns. / Verehrte Maschine, hab Erbarmen mit uns. / Heilige Guillotine, befreie uns von unseren Feinden.«

143 Vgl. Hunt 1989, 83. Zum Folgenden vgl. auch Camus 1953, 118f.

144 Ernst Ludwig Posselt, »Inneres Frankreich« (1795) in: Träger 1979, (756-762), 760f. – Zum Folgenden vgl. Bloch 1998, 421-425.

145 Vgl. zu den unterschiedlichen Repräsentationsstrategien Arasse 1988, 90-96.

Aura, weil erst diese die Kraft des Repräsentativen zu voller Geltung kommen lässt. Kulte offenbaren, was keinem Räsonnement über die souveräne Gesellschaft zugänglich sein kann: dass Gesellschaft und unbegrenzte Souveränität gleichursprünglich sind.[146] Andererseits ist die »Opferung« Ludwigs XVI. ein Angriff auf den zivilisationsgeschichtlich erreichten Stand von Ordnung: auf die repräsentativ ausgebildete Souveränität. Dieser Angriff stellt das höchste Verbrechen gegen die menschliche, gegen die natürliche und schließlich auch göttliche Ordnung dar.[147] Schließlich ist der Souverän, »politisch-theologisch« gesprochen, nicht nur der irdische Statthalter der himmlischen Herrschaftsordnung; in ihm wird historische Repräsentation allererst möglich, weshalb er – und nur er – die Geschichte eines Volkes, einer Zivilisation, ja den Geschichtsprozess überhaupt legitimiert. Saint-Justs – im Namen des Volkes ausgesprochene – Verurteilung jedweder repräsentativen Herrschaft kehrt deswegen de Maistre einfach um: »tout attentat commis contre la souveraineté, au nom de la nation, est toujours plus ou moins la faute de la nation«.[148]

3. »Aufopferung« und »Entsetzung« der Vermögen

Von Hegel stammt das Wort, die deutsche Philosophie im Anschluss an Kant sei »die Revolution als in der Form des Gedankens niedergelegt und ausgesprochen«.[149] Freilich bewertete Kant selbst die Revolution vor und nach dem Königsmord auf völlig unterschiedliche Art und Weise: Hieß er sie bis dahin formal (als Reformprozess) und inhaltlich (als humanistisches Projekt) gut, verdammte er sie seither formal wie inhaltlich: als vermittlungslose Umsetzung von Vernunftprinzipien und als terroristisches Verbrechen. Im *Streit der Fakultäten* (1798) führte er zwar rückblickend noch einmal die erste revolutionäre Phase als Beweis für die »moralische Tendenz des Menschengeschlechts« an, habe sie »doch in den Gemütern aller Zuschauer (die nicht selbst in dem Spiele mit verwickelt sind) eine *Teilnehmung* dem Wunsche nach« bewirkt, »die nahe an Enthusiasm grenzt, und deren Äußerung selbst mit Gefahr verbunden war, die also keine andere, als eine moralische Anlage im Menschengeschlecht zur Ursache haben kann.«[150] 1793 hatte er jedoch auf exakt jenen Punkt gezielt, den Hegel als Crux des revolutionären Programms ausgemacht hatte: auf die Verwirklichung des Willens. Es sei hier mit besonderer Brutalität offenbar geworden, »was das Prinzip der Glückseligkeit (welche eigentlich gar keines bestimmten Prinzips fähig ist) auch im Staatsrecht für Böses anrichtet, so wie es solches in der Moral tut, auch selbst bei der besten Meinung, die der Lehrer des-

---

146 Vgl. Comte Joseph de Maistre, *Pensées*, Bd. II.: *Sur la Religion, la Philosophie, la Politique, l'Histoire et la Littérature,* Toulouse o. J. [1864], 99, 114, 231f.
147 Vgl. ebenda, 118, 277.
148 Ebenda, 119.
149 Hegel 1995/XX., 314.
150 Kant 1956/IX., A 144.

selben beabsichtigt«[151]: Es wird als Faktum gesetzt, und nicht als bloßes Vernunftprinzip, welches einer transzendentalpolitischen Ordnung gemäß in der Praxis lediglich regulative Funktion haben kann.

Nur durch die unvermittelte Prinzipienherrschaft konnte demjenigen, der als Verkörperung des Gesetzes selbst gelten muss, dessen Überschreitung schon seiner bloßen Existenz wegen beigelegt werden. Mit ihm richtete das Volk seinen eigenen Konstituenten hin. Kant bezeichnet deshalb die »formale Hinrichtung« des Monarchen als *crimen inexpiabile*, welches – im Gegensatz zum »materialen«, noch justiziablen Königsmord – das Gesetz im Namen des Gesetzes abschafft.[152] Das eigentlich Entsetzliche an der Hinrichtung Ludwigs XVI. liegt für Kant an oder jenseits der Grenze rechtlicher Argumentation: dass ein Verbrechen vorliegt, das gar nicht als solches geahndet werden kann, weil es im Namen und nach Maßgabe des Gesetzes *gegen* das Gesetz begangen wurde. »Die formale *Hinrichtung* ist es, was die mit Ideen des Menschenrechts erfüllte Seele mit einem Schaudern ergreift [...]. Wie erklärt man sich aber dieses Gefühl, was hier nicht ästhetisch (ein Mitgefühl, Wirkung der Einbildungskraft, die sich in die Stelle des Leidenden versetzt), sondern moralisch, der gänzlichen Umkehrung aller Rechtsbegriffe, ist?«[153] Kants Antworten sind notgedrungen paradox: Er spricht von einem absolut Bösen im rechtlichen Bereich und wertet, ganz konträr zu den Bestimmungen seiner Transzendentallehre, hier gerade einen formalen Akt, nicht aber einen eigentlich »pathologischen« ab.[154] Mit der Hinrichtung wird das Volk nicht nur zur bloßen Masse, sondern es begeht, ganz anders als die Revolutionäre mit ihrem Säuberungs- und Opferspektakel erhofften, Selbstmord. Das moralische Gefühl, das jenseits aller empirischen Empfindung eine Überschreitung des Rechtlichen und Moralischen verspürbar macht, weist auf etwas Undarstellbares und Unbegriffliches hin, auf etwas Inexponibles und Indemonstrables. Mit dem Schaudern oder Entsetzen über den Regizid hat für Kant das Erhabene und, wie man sagen kann, eine »Entsetzung« der Vermögensbildung konkrete Gestalt gewonnen.

---

151 Immanuel Kant, *Über den Gemeinspruch: Das mag in der Theorie richtig sein, taugt aber nicht für die Praxis*, in: Kant 1956/IX., (125-172), A 261.
152 Vgl. Immanuel Kant, *Metaphysik der Sitten* (EA: 1797), in: Kant 1956/VII., (303-634), »Allgemeine Anmerkung von den rechtlichen Wirkungen aus der Natur des bürgerlichen Vereins«, A. 173ff./ B 203ff, v. a. Anm. A 178f./B 208f. Kant führt zur Beurteilung des Regizids nur ein einziges regelrecht juristisches Argument ins Feld: Dass ein Monarch, sobald er entthront wird, in den Stand eines Bürger zurücktrete und als solcher eben nicht für die Handlungen als Souverän zur Rechenschaft gezogen werden könne.
153 Ebenda, A 178, Anm. – Vgl. hierzu zudem Alenka Zupancic, *Die Ethik des Realen. Kant, Lacan*, Wien 1995, 84, 88f.
154 Schließlich ist doch »selbst die *Ermordung* des Monarchen noch nicht das ärgste; denn noch kann man sich vorstellen, sie geschehe vom Volk aus *Furcht*, er könne, wenn er am Leben bleibt, sich wieder ermannen und jenes die verdiente Strafe fühlen lassen, und solle also nicht eine Verfügung der Strafgerechtigkeit, sondern bloß der Selbsterhaltung sein.« (Kant 1956/VII., A 178, Anm.)

Die enge Verknüpfung, die bei Kant das Politische zwischen Rechtlichem und Moralischem herstellt, weist bereits auf den problematischen Charakter der Repräsentation hin. Wenn der revolutionäre Diskurs der Epoche immer wieder auf die Institution eines moralischen Gerichtshofs zu sprechen kommt, dann nicht ohne dessen Transformation ins Innerliche. Was in der Theologie traditionellerweise als »Gewissen« an der *lex aeterna*, dem Wort der Offenbarung ausgerichtet war, ist bei Kant in die transzendental verstandene Vermögenslehre von Verstand, Vernunft und Urteilskraft, in ein *forum internum* also, eingewandert.[155] Dabei wird das Innerliche entweder auf den Status einer bloßen Erscheinung zurückgestuft, die somit dem Äußerlichen in seiner Kontingenz nichts voraus hat, oder es zieht sich auf die unbestimmbare, vorkategoriale Selbstpräsenz des Gemüts zurück. Nicht *wie* ich bin, sondern bloß, *dass* ich bin, weiß das Bewusstsein von der transzendentalen Einheit seiner selbst. So gesehen bedingt das Innerliche die Vorstellungskraft des Gemüts überhaupt, selbst wenn es nur im Zuge eines infiniten Regresses objektivierbar sein kann.[156] In diesem Kontext spricht Kant in Absetzung von einer äußeren oder juristischen von einer »*innern* Gesetzgebung«, vom »Bewusstsein eines *inneren Gerichtshofes* im Menschen« und von einem »uns doch innigst gegenwärtigen heiligen Wesen (der moralisch-gesetzgebenden Vernunft)«.[157]

Nichtsdestotrotz stellt Kants Transzendentallehre in einem ersten Schritt auf das pädagogische Entwicklungsprogramm der vorrevolutionären Epoche ab. »Wildheit« heißt der Zustand moralischer Gesetzlosigkeit. Erst von dem ursprünglichen Punkt an, da die Vermögen, die transzendentalen Status genießen sollen, im Sprung von der empirischen zur sittlichen Freiheit überhaupt konstituiert worden sind, kann von einer gebildeten und zivilisierten Menschheit die Rede sein. Dieser Punkt, an dem sich die pathologischen und transzendentalen Vermögen berühren, bezeichnet die Vermögen als Möglichkeitsbedingung aller Sittlichkeit – bei Kant heißen sie deshalb gleichzeitig Fakultäten, Kräfte und Triebfedern, die trotz ihrer Transzendentalität ein Gegenstand der Repräsentation und Übung sind.[158] Erst im Stadium dieser Vermögensbildung sind Gefühle

---

155 Vgl. hierzu Kittsteiner 1992, 278
156 Vgl. hierzu Zdravko Kobe, »Das Problem des inneren Sinnes. Das Innere, das Äußere und die Apperzeption«, in: Mladen Dolar, Zdravko Kobe u. a. (Hgg.), *Kant und das Unbewußte*, Wien 1994, (53-84), v. a. 60, 77-80. – »Ich habe also«, folgert Kant in der *Kritik der reinen Vernunft*, »nichts Schlechthin-, sondern lauter Komparativ-Innerliches, das selber wiederum aus äußeren Verhältnissen besteht.« (Immanuel Kant, *Kritik der reinen Vernunft*, in: Kant 1956/III.-IV., B 333/A 277.) Weil sich andererseits sämtliche Prädikate des inneren Sinns auf das Ich als Subjekt beziehen lassen und dieses nicht als Prädikat eines ihm nochmals zugrundeliegenden Subjekts denkbar ist, scheint das Subjekt als Gegenstand objektivierbar. Doch ist solch ein Subjekt letztlich kein Begriff, vielmehr bezeichnet es lediglich »die Beziehung der innern Erscheinungen auf das unbekannte Subjekt derselben.« (Immanuel Kant, *Prolegomena zu einer jeden künftigen Metaphysik die als Wissenschaft wird auftreten können*, in: Kant 1956/V., (109-264), A 136.) – Zum entsprechenden Übergang von einer Logik der Zeichen zu einer solchen der Signale vgl. Bernhard Siegert, »Das trübe Wasser der reinen Vernunft. Kantische Signaltechnik«, in: Vogl 1999, (53-68), v. a. 56, 60, 63.
157 Kant 1956/VII., AB 17, A 99, A 102.
158 Vgl. ebenda, Tugendlehre, A 33.

möglich, die mehr als die pathologische Lust oder Unlust darstellen, sondern als Gefühle *a priori* auf der Höhe der Moral angelangt sind. Die empirischen Vermögen müssen also ihrer *regellosen*, d. h. nicht vom Gesetz regulierten Freiheit beraubt werden, und das Pathologische muss »aufgeopfert« werden, weil dies »den Menschen seine eigene Würde fühlen lehrt, dem Gemüthe eine ihm selbst unerwartete Kraft giebt, sich von aller sinnlichen Anhänglichkeit, so fern sie herrschend werden will, loszureißen und in der Unabhängigkeit seiner intelligibelen Natur und der Seelengröße, dazu er sich bestimmt sieht, für die Opfer, die er darbringt, reichliche Entschädigung zu finden.«[159] Alle Menschlichkeit ist auf das Vermögen zur innerlichen Freiheit gegründet, und dazu fordert das Gesetz – im Gegensatz zur perhorreszierten Sympathie – die Apathie.

Was ist das in mir, welches macht, daß ich die innigsten Anlockungen meiner Triebe und alle Wünsche, die aus meiner Natur hervorgehen, einem Gesetze aufopfern kann, welches mir keinen Vorteil zum Ersatz verspricht und keinen Verlust bei Übertretung desselben androht; ja das ich nur um desto inniglicher verehre, je strenger es gebietet und je weniger es dafür anbietet?[160]

Es ist das moralische Gefühl der Erhabenheit, das die in der Revolution vergeblich gesuchte »bessernde« Kraft aufbringt, das den Menschen zugleich zur empirischen Vervollkommnung seiner Vermögen wie zur reinen sittlichen Freiheit nötigt. »Die Freiheit, in Beziehung auf die innere Gesetzgebung der Vernunft, ist eigentlich allein ein Vermögen; die Möglichkeit, von dieser abzuweichen, ein Unvermögen.«[161] Heiligkeit kommt deshalb *stricto sensu* nur dem durch Freiheit zum Gesetz schlechterdings guten Willen zu, sie ist dem moralischen Gesetz und damit *der* Menschheit zuzusprechen, nicht dem empirischen Menschen. Sie nötigt diesen vielmehr zur »Aufopferung alles dessen, was für die innigste aller unserer Neigungen nur immer einen Wert haben mag«.[162]

Ist die Freiheit in der Vernunft die *conditio sine qua non* allen Menschseins, rechnet die Religion aber zum Kernbestand aller pragmatischen Anthropologie, muss auch sie an der transzendentalen Vermögensordnung gemessen werden. Kant setzt deswegen einen strikt moralischen Glauben, dessen Darstellungsformen und Praktiken den Bedingungen der transzendentallogischen Freiheit – und »Aufopferung« – unterliegen, dem »Afterglauben« und »Religionswahn« entgegen, der sich in bloß empirisch bedingten Kulthandlungen und einer leeren Vorstellung von Transzendenz erschöpft. Auch wenn die reine Moral als solche der Religion nicht bedarf, ist diese doch ein Mittel zum letzten Zweck der sittlichen Vermögensordnung, eine Richtschnur auf dem Weg vom Kirchen- zum Ver-

---

159 Immanuel Kant, *Kritik der praktischen Vernunft*, in: Kant 1956/VI., (103-258), A 271f.
160 Immanuel Kant, *Von einem neuerdings erhobenen vornehmen Ton in der Philosophie (1796)*, in: Kant 1956/V., 375-398, A 418f.
161 Kant 1956/VII., Rechtslehre, Einleitung, AB 28. Vgl. auch Kant 1956/V., A 153. – Zum Folgenden: Immanuel Kant, *Träume eines Geistersehers, erläutert durch die Träume der Metaphysik*, in: Kant 1956/II., (919-990), A 26, Anm.
162 Vgl. Immanuel Kant, *Grundlegung zur Metaphysik der Sitten*, in: Kant 1956/VI., (7-102), BA 86, zudem Kant 1956/VI., A 58, 153ff. sowie ebenda, A 282f.

nunftglauben, obschon sie ein »der Gefahr der Mißdeutung gar sehr unterworfenes Mittel ist, uns unsere Pflicht im Dienste Gottes nur vorstellig zu machen, durch einen uns überschleichenden *Wahn* doch leichtlich für den *Gottesdienst* selbst gehalten und auch gemeiniglich so benannt wird.«[163] Selbst die Eucharistie der Christen, die *idealiter* »die Vereinigung dieser Glieder zu einem ethischen Körper« bewirkt, fällt unter das Verdikt des Fetischglaubens und Religionswahns, insofern sie sich von ihrer kritizistischen *raison d'être*, dem Vernunftgesetz, entfernt. Der reine Glaube wäre letztlich in einer »unsichtbaren Kirche« zu praktizieren, deren Darstellungsformen der theologisch-politischen Repräsentation entgegenstehen: Er gründet auf einer nicht erfahrbaren Idee und erhebt die Pflichten in den Rang göttlicher Gebote, während die Offenbarung vom »Gott in uns« gegeben wird. Dieser Gott entspricht dem höchsten Vermögen, das unerklärlicherweise über alle anderen Triebfedern Herr zu werden vermag. Heilig ist schließlich an uns Menschen, »daß wir auch das *Vermögen* dazu haben, der Moral mit unserer sinnlichen Natur so große Opfer zu bringen, dass wir das auch *können*, wovon wir ganz leicht und klar begreifen, dass wir es *sollen*, diese Überlegenheit des *übersinnlichen Menschen* in uns über den *sinnlichen*«.[164] Die erste Maxime betrifft mithin »die Aufopferung alles dessen, was für die innigste aller unserer Neigungen nur immer einen Wert haben mag«.[165]

Wenn aber »der Mensch sich von der obigen Maxime nur im mindesten entfernt: so hat der Afterdienst Gottes (die Superstition) weiter *keine Grenzen* [...] Von dem Opfer der Lippen an, welches ihm am wenigsten kostet, bis zu dem der Naturgüter, die sonst zum Vorteil der Menschen wohl besser benutzt werden könnten, ja bis zu der Aufopferung seiner eigenen Person« mündet dieser kultische Religionswahn immer nur in dem einen »herzlichen Wunsch, dass jene Opfer für die letztere Zahlung möchten aufgenommen werden«.[166] Indessen fordert der reine Wille kategorisch, dass ihm Opfer »ohne Hoffnung der Wiedervergeltung« dargebracht werden. Auf der Höhe des Gesetzes kann somit eigentlich überhaupt keine Opferhandlung stattfinden, da diese ja immer der Annäherung an das Gesetz und damit einem Interesse dienen würde. In diesem Sinne ist für Kant die »Aufopferung« des Pathologischen Pflicht und das moralische Opfer doch unmöglich. Dennoch drängt es, wenn nicht zur Verwirklichung, so doch zur Darstellung, ja es ist geradezu die Crux einer im strengen Sinne menschlichen »Darstellung«[167], ordnet diese doch nicht empirischen, aber auch nicht leeren Begriffen eine Anschauung zu, um das von Rechts wegen Undarstellbare, einen Begriff der reinen Vernunft nämlich, in seiner Undarstellbarkeit sinnlich darstellbar zu machen. Auf dieser höchsten Ebene der Darstellung tritt, wie Kant feststellt, zum Symbolischen oder zur Hypotypose ein weiteres Moment hinzu: das der »Nötigung«, die die Vermögen über ihre sitt-

---

163 Ebenda, B 299f.
164 Kant 1956/IX., A 92.
165 Vgl. Kant 1956/VI., BA 86, Kant 1956/VI., A 58, 153ff. sowie ebenda, A 282f.
166 Kant 1956/VII., 649-879, B 263f., A 248, zudem Kant 1956/VII., Tugendlehre, A 26. – Vgl. auch Bernard Baas, *Das reine Begehren*, Wien 1995, 124.
167 Vgl. hierzu Menninghaus, »Darstellung‹...«, in: Nibbrig 1994, 216f.

lich-angenehme Verfassung hinausführt. Diese Sphäre der Darstellung bezeichnet Kant als das Erhabene.

Während das bei Kant so bezeichnete Mathematisch-Erhabene das Erkenntnisvermögen affiziert, zielt das Dynamisch-Erhabene auf das Begehrungsvermögen, womit beide Male eine Gemütsstimmung entsteht, die dem moralischen Gefühl entspricht. Drückt dieses die Achtung für die Menschheit als Gesetz aus, beruht jene auf Unlust ob der Unangemessenheit und Erschütterung der eigenen sinnlichen Vermögen, führt aber zugleich zu einem Gefühl der Lust, weil die Überschreitung der pathologischen Sinnlichkeit die Reinheit unserer vernünftigen Vermögen offen legt. »Diese Selbstschätzung verliert dadurch nichts, daß wir uns sicher sehen müssen, um dieses begeisternde Wohlgefallen zu empfinden«, schreibt Kant zum problematischen, empirisch-transzendentalen Status dieser erhabenen Selbstversicherung. »Denn das Wohlgefallen betrifft hier nur die sich in solchem Falle entdeckende *Bestimmung* unseres Vermögens, so wie die Anlage zu demselben in unserer Natur ist; indessen daß die Entwickelung und Übung desselben uns überlassen und obliegend *bleibt*.«[168] Das reine Gesetz verlangt als solches nichts, lediglich das Erhabene, das die Nähe zum Gesetz spürbar machen soll, fordert seine Opfer, um das Undarstellbare als solches darstellbar zu machen. Das erhabene Gefühl ist »ein Gefühl der Beraubung der Freiheit der Einbildungskraft durch sie selbst, indem sie nach einem anderen Gesetze, als dem des empirischen Gebrauchs, zweckmäßig bestimmt wird. Dadurch bekommt sie eine Erweiterung und Macht, welche größer ist, als die, *welche* sie aufopfert, deren Grund aber ihr selbst verborgen ist, statt dessen sie die Aufopferung oder Beraubung, und zugleich die Ursache *fühlt*, der sie unterworfen wird.«[169]

So wie die unbedingte Notwendigkeit des moralischen Imperativs und das praktische Wirken der reinen Vernunft unbegreiflich sind, ihre Unbegreiflichkeit aber von den freien Subjekten begriffen werden kann[170], ist das Übersinnliche *per definitionem* undarstellbar, als Erhabenes aber in seiner Undarstellbarkeit sinnlich darstellbar geworden.[171] Das heißt zum einen, dass die Vermögen durch das Erhabene »in die Transzendentalphilosophie *hinüberzuziehen*« sind, zum anderen aber auch, dass Erhabenheit lediglich unserem Verhältnis zur Natur in uns zuzusprechen ist, »insofern wir der Natur *in uns*, und dadurch auch der Natur (sofern sie auf uns einfließt) außer uns, überlegen zu sein uns bewußt werden können.«[172] Im Gegensatz zum Geschmacksurteil über das Schöne, das ein subjektives Urteil als allgemeingültig vorstellt und daher aus dem Zusammenspiel der Vermögen auf eine Veranlagung zur Universalität, auf einen Gemeinsinn schließt, nötigt das Erhabene zum Exzess der Vermögen, damit sich diese im gemeinsamen Horizont, in der Idee des Guten treffen mögen. Freilich ist diese Idee im Bereich der Ästhetik inexponibel, in dem der Ethik indemonstrabel, so

---

168 Ebenda, B 105f.
169 Kant 1956/VIII., B 117.
170 Vgl. Kant 1956/VI., BA 124f., BA 128.
171 Vgl. Kant 1956/VIII., B 76f.
172 Ebenda, B 112f./A 111f., B 109/A 108.

dass sich die Vermögen nur auf dissonante Weise, nicht als vermögensphilosophisch oder pragmatisch gesetzte, sondern nur als gleichsam »ent-setzte« im Horizont des Übersinnlichen zu vereinigen vermögen. »Es ist keinem der Vermögen möglich, seine Grenze mit den ihm eigenen Mitteln zu denken«, schreibt Lyotard in seinen Kant-Lektionen. »Doch daß es versuchen muß, sie zu denken, ist das Zeichen des Übersinnlichen.«[173] Damit hat Kant – über seine »pragmatische« Anthropologie hinaus – das Wissen vom Menschen an die Grenzen der begrifflichen Explikation und ästhetischen Exposition gebracht. Mit seinem Kritizismus hat er das System menschlicher Vermögensbildung überschritten, den Menschen durch die Reinheit des Gesetzes und die von ihm geforderte notwendige, aber unmögliche Aufopferung bestimmt.

Kants Kritizismus zieht mit unerbittlicher Schärfe die letzten begrifflichen Konsequenzen aus jener Konstellation, die die empfindsame Anthropologie mit ihrer Maxime zur Reinigung der Gemütsvermögen vorbereitet hatte. Die späte Empfindsamkeit pervertierte dieses Programm, indem sie die psychohygienischen Maximen überging, das System von Restitution und Re-Präsentation zerstörte und mit der Gewalt gesteigerter Rationalität eben die Leidenschaften freilegte, denen die Subjekte machtlos ausgeliefert sind und die gerade in ihrer Undarstellbarkeit zur Darstellung drängen.[174] Mit ihr wurde, wie man summarisch sagen kann, der Begriff der Glückseligkeit allmählich aus der Verbindung mit inneren moralischen und äußeren materiellen Gütern gelöst, sie wurde an ein Begehren und Genießen gekoppelt, das sich reflexiv verstand.[175] Die Ökonomie der Substitution wird mit jenem Schritt zunichte, der die »Aufopferung« zu einer höheren, reinen Natur führt und das »Schlachtopfer«, zumeist in Gestalt der verführten Unschuld, gerade in seiner Bewusstlosigkeit und Reinheit als Bedingung höchster Moralität und zugleich als Objekt höchster Leidenschaft erkennt. Was vormals nur besonders schändliche Verführer wie La Roches *Lord Derby* zur Sprache bringen konnten, wird nun zur Prämisse allen anthropologisch informierten Schreibens: »daß wenn die Tugend in sichtbarer Gestalt erschiene, niemand der Gewalt ihrer Reizungen würde widerstehen können.«[176]

Solches Sichtbarwerden der reinen, mithin notgedrungen verborgenen Tugend ist das Phantasma der empfindsamen Verführer und sadeschen Libertins. Besonders letztere machen sich die unmögliche Verwirklichung dieses Phantasmas zur Pflicht. Mit allen Mitteln wollen sie das von Rechts wegen Verborgene ans Licht zerren und das Undarstellbare zur Not auch in seiner Zerstörung zur Darstellung bringen. Dass sie trotz der Gewaltsamkeit ihres Vorhabens sich völlig im Einklang mit der Tugend wissen, bedingt ihre eigentümliche Moralität. Die Achtung für die Person ist laut Kant in Wirklichkeit eine solche fürs Gesetz, und sittlichen Gehalt gewinnt eine Handlung nur aus ihrem Pflichtbewusstsein, nie-

---

173 Jean-François Lyotard, *Die Analytik des Erhabenen. Kant-Lektionen*, München 1994, 237f.
174 Vgl. Picard 1971, 118.
175 Vgl. hierzu Wegmann 1988, 87.
176 La Roche 1997, 172.

mals aus Neigung oder Sympathie. Was Kant als rätselhafte, weil nicht kausale Wirkung des völlig pflichtgemäßen Handelns benennt, ein höchstes, von keiner pathologischen Sensibilität affiziertes Gefühl, wird bei den Libertins zum Gesetz selbst. Hinter dieses Gesetz des reinen Begehrens tritt alle Verbundenheit zu den Mitmenschen, ja jedwede pathologische Lust zurück. Gerade die Unmöglichkeit, dem reinen Gesetz – sei es Kants, sei es der Libertins – gerecht zu werden, ist die Bedingung seiner Wahrheit, weshalb Sades Romane die hypotypotische oder »als-ob«-Verwirklichung des unmöglichen moralischen Opfers darstellen. Diese für Sades Zeitgenossen empörenden Szenarien waren die radikale Konsequenz aus jenem umfassenden Unternehmen der Menschenbildung, das in der rigorosen Pflichtethik Kants nur auf die Spitze getrieben worden war. Mit Blick auf den inkriminierten Erfolg derlei »psychologischer« Romane stellte Friedrich Schlegel denn auch lapidar fest, es sei »sehr inkonsequent, und klein, auch die langsamste und ausführlichste Zergliederung unnatürlicher Lüste, gräßlicher Marter, empörender Infamie, ekelhafter sinnlicher oder geistiger Impotenz scheuen zu wollen.«[177] Letztlich gilt für Sades Werk dasselbe, was im Streit um die neuere Anthropologie ins Feld geführt wurde: Henrik Steffens etwa erklärte zu Galls Lehre, man müsse sie »als einen Versuch ansehen, das Wesen der Vernunft aus Unvernunft, den Sinn aus dem Wahnsinn, die Gesundheit aus der Krankheit, das Leben aus dem Tode zu erklären.«[178]

Bei Richardson und bei dessen Gegenspieler Fielding hatte der Romancier Sade gelernt, »que la morale quelque belle qu'elle soit, n'est pourtant que l'ouvrage de l'homme, et que le roman doit être le tableau de la nature.«[179] Wenn im Widerspruch zur sympathetischen Empfindsamkeit keine »comparaison entre ce qu'éprouvent les autres et ce que nous ressentons« besteht, müssen wir, wie Sade folgert, »à quel prix que ce soit, préférer ce léger chatouillement qui nous délecte à cette somme immense des malheurs d'autrui, qui ne saurait nous atteindre.«[180] Die autonome Ordnung der Natur, ihr Kreislauf von Zerstörung, Wandlung und Entstehen, macht Verbrechen, Leid und Opfer zu natürlichen Phänomenen, die keineswegs zu korrigieren, wohl aber zu erforschen wären.[181] Deswegen versteht sich der »philosophische Roman« Sades als eine Methode der Naturerforschung, die die Mittel und Wege des Schicksals auf Naturgesetze zurückführt. Sades Roman *Justine* etwa analysiert nichts anderes als den empirischen Sachverhalt, dass »le malheur persécute la vertu et que la prospérité accompagne le crime«.[182] Sades Prämisse lautet: Die einzigen Naturgesetze sind unsere Leiden-

---

177 Friedrich Schlegel, »Athenäums-Fragmente«, in: ders., *Kritische und theoretische Schriften*, Stuttgart 1978, (76-142), 93.
178 Henrik Steffens, *Drei Vorlesungen über Hrn. D. Gall's Organenlehre*, Halle 1805, 29.
179 Graphie originale, zit. nach: Hans-Ulrich Seifert, *Sade: Leser und Autor*, Frankfurt am Main /Bern/New York 1983, 152.
180 Donatien Alphonse François Marquis de Sade, *La Philosophie dans le Boudoir*, in: *Œuvres complètes*, Paris 1986, Bd. III., (375-561), 478.
181 Vgl. hierzu Donatien Alphonse François Marquis de Sade, *Justine ou les Malheurs de la vertu*, in: ebenda, (7-313), 87f.
182 Ebenda, 24.

»Aufopferung« und »Entsetzung« der Vermögen

schaften, weshalb die Grausamkeit einerseits ein natürliches Phänomen, andererseits ein Mittel zur naturwissenschaftlichen Objektivation des Menschen darstellt.[183] Von daher der doppelte Nutzen jeder Mordtat: sie verschafft Genuss und wissenschaftlichen Aufschluss. »Der Gang der Wissenschaft« macht auch nicht Halt vor der Vivisektion am Menschen, weil besonders diese das Begehren in seiner eigentümlichen Doppelnatur enthüllt: Das Begehren ist vernichtend und die eigentliche Manifestationsform des Lebens, es ist natürlich, und doch kommt es bedingungslos wie ein Gottesgericht von oben. Physiologisch erklärt dies »la commotion violente qui résulte dans le fluide électrique de l'irritation produite par la douleur sur l'objet qui sert nos passions.«[184] In die Schicksalssemantik und die Vorstellung eines Gottesgerichts übersetzt, belegt der Blitzschlag, dem Justine im 18. Kapitel der dritten Fassung erliegt, dass die Kontingenz der empfindsamen Tugend der Zwangsläufigkeit des – nur vermeintlich pathologischen – Begehrens unterliegen muss, dass also die übersinnliche Reinheit des apathischen Begehrens ihre zwangsläufige, absolute und restlose Vernichtung garantiert.

Wird in Gellerts *Schwedischer Gräfin* für Steely der Verlust seiner tugendhaften Frau durch Blitzschlag zum erbaulichen Anlass, sich in seiner eigenen Tugendhaftigkeit zu bewähren, belegt er bei Sade nur die These seiner Libertins, die Providenz sei nichts anderes als eine satanische Wirkungsstätte.[185] Diente die Wette Pascals noch dazu, mit dem angeblich geringsten Einsatz, dem der weltlichen und repräsentativen Ungewissheiten, zur höchsten Glückseligkeit, zur Gewissheit über das Dasein des verborgenen Gottes zu gelangen, so ist die Wette des Freidenkers bei Sade zur libertinären Methode geworden, sich im Blick auf die Notwendigkeit des tugendhaften Leidens die höchste Lust zu verschaffen – nämlich die Gewissheit, dass ein transzendenter Gott nicht existiert, dass lediglich das Begehren insistiert. Somit lautet das höchste, weil natürliche Gesetz: Mit allen Mitteln zum reinen Genießen zu gelangen. Jedweder Verstoß gegen diesen kategorischen Imperativ ist in seinem Sinne zu ahnden, was heißt: durch möglichst grausame Bestrafung. Eine empfindsame, also niemals reine Tugend richtet sich insofern selbst, als sie sich notwendigerweise in empirische Pathologien verstrickt und auch bei einer Rigorosität, wie sie Kant vorgeschrieben hat, unweigerlich faktische Verbrechen nach sich zieht.[186]

Sades eigentümliche anthropologische Grundlagenforschung ist nur dadurch möglich, dass er von den durch die positive Moral verbotenen Leidenschaften

---

183 Vgl. aus den »Cent onze notes pour la Nouvelle Justine«: »Rodin avoue avoir, lui et son professeur, fait des expériences sur des corps humains vivants« (ebenda, (563-602), 597).
184 Ebenda, 600.
185 Vgl. hierzu Gellert 1985, 77 sowie Ernst Köhler, *Der literarische Zufall, das Mögliche, die Notwendigkeit*, München 1973, 39f.
186 Ein sinnfälliges Beispiel ist Justines Dilemma, fliehen zu dürfen und damit zur Anzeige der libertinären Praktiken ihrer Peiniger verpflichtet zu sein, was wiederum die Opferung der verbliebenen Unglücklichen nach sich zöge. Vgl. hierzu auch Kants kategorisches Verbot, zu lügen, auch wenn man damit einen bei sich versteckten Freund seinem mörderischen Häscher ausliefern müsste, und Kants Auseinandersetzung mit Benjamin Constants Entgegnung in Immanuel Kant, *Über ein vermeintes Recht aus Menschenliebe zu lügen* (von 1797).

ausgeht, um von dorther zur reinen Moral und zur Natur des Menschen zu gelangen. Bei Sade kann sich eine Handlung gegen das Gesetz keinesfalls gegen die Natur vergehen, ja sie kann nicht einmal ein Verbrechen darstellen. Das, was die empirische Moral als Verbrechen disqualifiziert, ist in Wirklichkeit die naturgemäße Überschreitung der Grenzen, die das Gesetz der Natur zieht. Sade gelangt, wie man sagen könnte, zu einer empirisch-transzendentalen Kontraposition von Gesetz und Natur: Dem empirischen Gesetz steht die reine Natur entgegen, dem reinen Gesetz aber die pathologische Natur. Sade folgt nicht nur dem kantschen Gebot der Apathie, jedweden empirischen Genuss um eines höheren Genießens willen zu verschmähen, er spezifiziert es im Sinne der menschlichen Natur, insofern er die Überschreitung des (empirischen) Gesetzes als Bedingung dieses reinen Begehrens bestimmt. »Ce n'est pas dans la jouissance que consiste le bonheur, c'est dans le désir, c'est à briser les freins qu'on oppose à ce désir.«[187] Ob der Unmöglichkeit dieses nicht-pathologischen Begehrens springt die dichtende Einbildungskraft ein, um das im kantschen Verständnis Erhabene und Undarstellbare darstellbar zu machen. Im Zuge der Überschreitung des pathologischen Gesetzes durch die reine Natur gilt deshalb: Die Einbildungskraft »est ennemie de la règle, idolâtre du désordre et de tout ce qui porte les couleurs de crime«.[188] In einem zweiten Schritt jedoch stellt sie nicht nur die Überschreitung dar, sondern überschreitet ihrerseits die Mittel der Realisierung, die Grenze des Darstellbaren und die vernunftgemäße Ordnung der Gemütsvermögen. Und solche Überschreitung stellt sich als Perversion dar, die ihrerseits nicht positivierbar ist, sondern sich nur durch die Normen, die sie transgrediert, zeigen kann. Die Überschreitung kommt, wie Pierre Klossowski festgestellt hat, einer unaufhörlichen Rückgewinnung des Möglichen selbst gleich, der Wiedererlangung jener menschlichen Vermögen, die die positive Ordnung der Dinge als Existenzform für inexistent erklärt.[189] Diese rein sprachliche Verwirklichung ist die einzige Möglichkeit, die gleichzeitige Unmöglichkeit *und* Wahrheit des reinen Begehrens darzustellen.

Der Roman soll, schreibt Sade in seiner *Idée sur les romans*, »nous faire voir l'homme, non pas seulement ce qu'il est, ou ce qu'il se montre, c'est le devoir de l'historien, mais tel qu'il peut être, tel que doivent le rendre les modifications du vice, et toutes les secousses de passions. Il faut donc connaître toutes, il faut donc les employer toutes, si l'on veut travailler ce genre«.[190] Deswegen kann es bei Sade, weder auf dem Niveau der Autorschaft noch in den Werken selbst, so

---

187 Donatien Alphonse François Marquis de Sade, Les cent vingt journées de Sodome, in: Sade 1986/I., (11-449), 8ième journée/181. – Vgl. hierzu zudem Horst Albert Glaser, »Sades ›Les 120 journées de Sodome‹«, in: Peter Gendolla und Carsten Zelle (Hgg.), *Schönheit und Schrecken*, Heidelberg 1990, (211-226), 220: »Insofern die Überschreitung als Prinzip gefaßt wird, entgleitet sie ins Irreale, da die Realien aus der reinen Negation herausfallen. Aus Philosophie wird literarische Fiktion.«
188 Sade 1986/III., 429.
189 Vgl. hierzu Pierre Klossowski, »Der ruchlose Philosoph«, in: Tel Quel (Hg.): *Das Denken von Sade*, München 1969, (7-38), 15, 20f.
190 Donatien Alphonse François Marquis de Sade, »Idée sur les romans« (1799/1800), in: Sade 1986/X., (61-80), 70.

etwas wie eine anthropomorphe Individualisierung geben. Was sich hier zum Ausdruck bringt, ist nicht der Mensch, wie er zugleich als Bedingung und Norm der Vermögensbildung gesetzt wurde, sondern vielmehr ein autonomes sprachliches Regelsystem, das die Überschreitung aller guten und schönen Beziehungsformen zur Pflicht und die unmögliche Pflichterfüllung zum transsubjektiven Genießen erhebt – »le langage et la sexualité, un langage sans personne qui le parle, une sexualité anonyme sans un sujet qui en jouisse.«[191].

Anstatt die empirisch unverständliche Stimme des reinen Gesetzes oder auch nur die Rede des von seinem pathologischen Begehren getriebenen Menschen zu Gehör zu bringen, enthüllt Sades Sprache das überpersönliche, aber radikal endliche Begehren, das die Reinheit des Gesetzes im Menschen entfesselt. Sie enthüllt das, was Kant nicht denken kann: dass bereits im Bereich des Begehrens ein bestimmter Idealismus am Werk ist, dass die Aufopferung der pathologischen Objekte ihrerseits ein gewisses Begehren freisetzt, es also an einem bestimmten Punkt zu einer Art Kurzschluss zwischen Begehren und Gesetz kommt. Kants Rätsel, wie das unbedingte Gesetz allen Triebfedern Herr zu werden vermag, löst Sade mit Verweis auf dieses reine Begehren. Jacques Lacans Diktum, Sade stelle die Wahrheit Kants dar, bedeutet in dieser Hinsicht so viel, wie dass es Sade zukommt, die Unmöglichkeit des kantschen Gesetzes, das die Aufopferung des Pathologischen befiehlt und doch jedes reine Opfer für unmöglich erklärt, als Wahrheit des begehrenden Menschen dargestellt zu haben. Es bahnt den Zugang zum reinen Wissen, Tun und Ding, bannt diesen Bereich aber zugleich als Feld einer empirisch uneinholbaren Vorgängigkeit.

Die Pflicht zum reinen Genießen steht gegen das dünne gesellschaftliche Band der Empfindsamen, Wohltätigen und Frommen, und wenn es ein höchstes Gemeinsames, ein menschlich Allgemeingültiges geben sollte, dann nur das Gesetz des reinen Begehrens und eine menschliche Natur, die vermögend im strikten Sinne ist, die zur immerwährenden Überschreitung drängt. Nur darauf gründen die sadeschen Mikrostaaten, die Gesellschaften der Wüstlinge, die perversen Klöster und Diktaturen *en miniature*. In einer sadeschen Republik hätte ein jeder dem kategorischen Imperativ des Genießens zu folgen, hätte also – in Umkehrung einer Formulierung Wilhelm von Humboldts – jeder »mit den Kräften, oder dem Vermögen eines andern, ohne oder gegen dessen Einwilligung zu schalten«.[192] Über die höchste Vernunft, die vom kulturgeschichtlichen Entwicklungsschema her dem Kult der Wilden und Barbaren nicht ferner stehen könnte, gelangt Sade zur immerwährenden »Aufopferung«, die vom reinen Gesetz dauernd gefordert wird und doch nie zutage kommen soll.

191 »Interview avec Michel Foucault« (1968), in: Michel Foucault, *Dits et Écrits. 1954-1988*, Bd. I.: *1954-1969*, Paris 1994, (651-668), 661. – Zum Folgenden vgl. auch Slavoj Zizek, *Der erhabenste aller Hysteriker. Psychoanalyse und die Philosophie des deutschen Idealismus*, Wien 1992, 136, 146.
192 Vgl. hierzu Humboldts Axiom, daß »niemand jemals und auf irgend eine Weise ein Recht erlangen kann, mit den Kräften, oder dem Vermögen eines andern, ohne oder gegen dessen Einwilligung zu schalten.« (Humboldt 1948, 201.)

Saint-Just, der wichtigste revolutionäre Fürsprecher des reinen Gesetzes, hatte dieses in allen seinen Konsequenzen durchdacht, nicht aber ins Kalkül gezogen, dass das Gesetz seine Reinheit nur durch den Anreiz zu seiner Überschreitung aufrecht erhalten kann – dass es, mit de Maistre gesprochen, heilig, *sacer*, sein muss. Nach Saint-Just boten die Institutionen für Regierung wie Volk den besten Schutz gegen die Korruption der Gegenseite.[193] Nicht gerechnet hatte er indes damit, dass, wie bei Sade, auch die institutionalisierte Verderbnis der Sitten und politischen Praxis denkbar, ja dass sie eine »natürliche« Folge ist. Vom Volk forderte Saint-Just in seinem Programm der Säuberung, der terroristischen Herstellung einer unbedingten Reinheit des Gesetzes: Stellt Eure Tugenden unter Beweis oder geht in die Gefängnisse. Sade hingegen sah in den politischen und disziplinierenden Institutionen das Verbrechen am Werk und forderte mit jeder seiner Schriften von den Revolutionären: Öffnet die Gefängnisse oder beweist, das Eure Tugenden keine Verbrechen sind.[194] Für Sade ist der Ort des höchsten Guts unweigerlich evakuiert, er umschreibt eine Leere, die von empirischen Machthabern lediglich auf pathologischem Wege usurpiert zu werden vermag.[195] Das höchste Gut, das schlechthin Heilige, kann nur die unmögliche, weil absolute Entsprechung des Willens zum moralischen Gesetz sein. Kant spricht von einem unbeendbaren Progressus ins Unendliche, zu dem die Idee der Unsterblichkeit der Seele den Leitfaden gibt. Von daher versteht sich auch die Unsterblichkeit der sadeschen Opfer, die, weil sie die reine Tugend verkörpern, gegenüber den Martern der Aufopferung eine unmögliche Widerstandskraft an den Tag legen. Die Unsterblichkeit dieser Leiber stellt in ihrer Unmöglichkeit zugleich die triftigste Kritik der reinen Vernunft wie auch Sades eigene Konzeption einer unmöglichen Souveränität dar.

Ist schon Justine eine – immerzu widerlegte – »Märtyrerin des Sittengesetzes«[196], rechtfertigte sich Sade vor dem Justizminister als »die verfolgte Unschuld«. Sich selbst sah er, wie es im »Epitaph auf D.-A.-F. SADE« heißt, als »den Gefangenen aller Regime«, als einen Kämpfer gegen den »Despotismus mit schrecklichem Haupte«, dessen »Opfer« er zu allen Zeiten gewesen sei und sein werde.[197] Und tatsächlich war Sade nicht nur ein »Opfer« aller ständischen und politischen Regime, sondern auch und vor allem das aller herrschenden Repräsentations- und Zeichenregime. Wie Foucault sagt, ist Sade »le symptôme d'un curieux mouvement qui se produit au sein de notre culture au moment où une pensée qui est fondamentalement dominée par la représentation, par le calcul, par l'ordre, par la classification cède la place au moment de la Révolution française, à un élément qui jusqu'alors n'avait jamais été pensée de cette façon-là, c'est-à-

---

193 Vgl. Saint-Just 1984, 967.
194 Vgl. Camus 1953, 128.
195 Vgl. hierzu Slavoj Zizek, *Grimassen des Realen. Jacques Lacan und die Monströsität des Aktes*, Köln 1993, 130f.
196 Max Horkheimer und Theodor W. Adorno, *Dialektik der Aufklärung. Philosophische Fragmente*, Frankfurt am Main 1988, 101.
197 Sade, *Notizhefte (1803-1804)*, in: Donatien Alphonse François Marquis de Sade, *Kurze Schriften, Briefe und Dokumente*, Hamburg 1989b, (340-370), 350.

dire au désir, à la volupté...«[198] Als Autor bezeugt Sade die Distanz, in der der moderne Mensch in seiner radikalen Endlichkeit, mit seiner unbedingten Selbstbezogenheit, seinem unpolizierbaren Begehren und seiner intransitiven Sprechweise zum Programm eines vernünftigen Gesellschaftsvertrags und einer polizeylichen Vermögensordnung steht.

Sades Schreiben ist einerseits Wirkung seiner längerfristigen Hospitalisierung, andererseits stellt es seinen bewussten Einspruch gegen die polizeylichen Bildungsmaßnahmen dar, die in Sades Augen gerade an der Normalisierung, Selektion und Korrektion, kurz: an der Objektivierung ihrer Subjekte, und nicht an deren souveräner Selbstkonstitution arbeiten. »Quant à moi, je discerne en toute clarté mon destin: après m'avoir déshonoré, séquestré, ruiné, transformé en bouffon irresponsable, on essaiera de me faire passer pour fou. J'irai de la prison à l'asile, à moins d'être saigné avant. [...] On me *tolère*. Jusqu'à quand?«[199] Diesen Toleranzspielraum, der ihm das Überleben in der Selbsteinschließung ermöglicht, ermisst Sade durch die exakte Beobachtung der offiziellen Sprachregelungen. Und während die Polizey gerade mittels ihrer Zeichenregime wirksam und allgegenwärtig wird, während die herrschende Sprachordnung das Rederecht mit Ermächtigung identifiziert, dienen Sades Schriften, diese Dokumente einer verbrecherischen Existenz, als Konterbande zwischen Anstalt und bürgerlicher Welt und als Statthalter einer souveränen Menschlichkeit.[200] Mit seinen verbotenen und unkommunizierbaren Büchern adressiert Sade immer auch die oberste Redeinstanz – den Staat. »Und was teilt er dem Staat mit? Daß er kein *homme moyen* ist.«[201] Wer kein *homme moyen* ist, hat freilich mit dauerhaften erkennungsdienstlichen Maßnahmen zu rechnen. Von daher rührt Sades Paranoia als polizeylich Verfolgter und sein »Zahlenwahn«, sein *système chiffral*, dem entsprechend er jede brieflich oder amtlich zugestellte, numerische oder sprachliche Information als codierte Geheimbotschaft von oberster Stelle zu entziffern versucht, um zu guter Letzt Aufschluss über das existentielle Datum schlechthin, über das Datum seiner Freilassung zu erhalten.[202]

Als Beobachter polizeylicher Beobachtung hatte Sade eine gewisses Interesse an der anthropologischen Klassifikation der Leidenschaften und Perversionen, die er auf dem linnéschen Klassifikationssystem gründen und in seinen literarischen Texten *en detail* ausführen wollte. Schließlich war spätestens mit dem *Code pénal* von 1790/91 »une pathologie de la conduite criminelle« in Geltung, die das Verbrechen nicht mehr als Krankheit des Gesellschaftskörpers, sondern als Attribut eines *per se* kranken Kriminellen verstand, die also dasjenige, was bei Sade phan-

---

198 Michel Foucault, »Les problèmes de la culture. Un débat Foucault-Preti«, in: Foucault 1994ff./II., (369-380), 375.
199 Sade, *Contre l'Être Suprême,* Paris 1989a, 33f.
200 Vgl. Roland Barthes, »Der Baum des Verbrechens«, in: Tel quel 1969, (39-61), 53f. – Vgl. zudem Georges Bataille, *Die Erotik*, München 1994, 186.
201 Schneider 1994, 355.
202 Vgl. hierzu Seifert 1983, 64. – Vgl. zudem Sades »Aufzeichnungen über meine Inhaftierung (und das Werk ›Justine‹)«, in: Sade 1989b, 357f. und Sades Testament, in: ebenda, (651-654), 653f.

tasmatisches Korrelat einer geregelten Überschreitung, eines im emphatischen Sinne menschlichen Exzesses der Vermögensordnung ist, als Monstrosität des Verbrechermenschens objektivierte.[203] Sades Texte schließen an ein diskursives Feld der anthropologischen Klassifikation an, das seit der zweiten Jahrhunderthälfte eine regelrechte Flut pornographischer (und ethnologischer) Werke hervorgebracht hatte, nur dass er derlei Formen devianter Vermögensbildung mit einer verbrecherischen Vernunft verband, die eine regelrechte Kombinatorik der Transgression innerhalb eines abgeschlossenen und autonomen Systems der Leidenschaften und Bedürfnisse entwickelt.[204] Die Einschließung hat hier Methode und zeitigt ganz wie im Kloster, als *claustrum* der Ort der Verschlossenheit schlechthin, ein detailliertes Regelwerk, ein Regularium für die geringsten Verrichtungen des Alltags.

Einerseits erneuert Sade damit das Szenario unbedingt souveräner Gewalt, nur dass die Souveränität hier nicht mehr repräsentativ eingebettet, sondern in der Figur des Henkers ebenso zur anthropologischen Bestimmung geworden ist wie das nackte, durch solche Souveränität erst ans Tageslicht gebrachte Leben, das bei Sade in der Gestalt des Opfers oder der reinen und aufgeopferten Tugend figuriert.[205] Andererseits bringt Sade damit geheimpolizeyliche Methoden, die ja hinter dem Feld der Darstellungskonvention angesiedelt sind, zur Darstellung: etwa die in Schlözers *Neuesten Staats-Anzeigen* beschriebene Methode der kombinatorischen Erfassung und Einsperrung, die die Subjekte »blos nach ihren numerirten Käfigen beurtheilt«, Methoden jedenfalls, die Schlözer zu dem Fazit nötigen: »Ein Staatsgefangener ist und bleibt für die moralische Welt abgestorben«[206], Sades Libertins aber zu der Ankündigung: »vous êtes soustraites à vos amis, à vos parents, vous êtes déjà mortes au monde, et ce n'est plus que pour nos plaisirs que vous respirez«.[207]

Sades Anthropologie markiert im 18. Jahrhundert die größtmögliche Distanz zum System einer fixen und geregelten Vermögensökonomie des Menschen und der Gesellschaft. So wie sie in einem die radikale Kritik und perverse Erfüllung der überkommenen Souveränitätstheorien darstellt, pervertiert sie das christliche Opfer- und Kultsystem, um zu den kritischen oder krisenhaften Fundamenten des *anthropos* und der menschlichen Gesellschaft vorzudringen. Der Preis dieser Radikalisierung ist der Verzicht auf die Kommunizierbarkeit von Sades Werken. Im Wechselspiel von biographischer Ent- und literarischer Ermächtigung erschließt Sades »unmögliche« Souveränität der Dichtung das Feld eines völlig autonomen Diskurses. Dieser Diskurs ist einerseits bloßes Phantasma, andererseits Ausdruck der pathologischen und kriminellen, ja »monströsen« Konstitution

---

203 Foucault 1999, 95. Vgl. auch ebenda, 93. – Zum Folgenden vgl. Iwan Bloch, *Der Marquis de Sade und seine Zeit. Ein Beitrag zur Kultur- und Sittengeschichte des 18. Jahrhunderts*, Hanau 1970, 89, 268ff., zudem Kondylis 1981, 516.
204 Vgl. Roland Barthes, *Sade. Fourier. Loyola*, Frankfurt am Main 1986, 23, 35f., 81f.
205 Vgl. hierzu Agamben 2002, 143f., der allerdings ohne historische Differenzierung von einer Einheit des »Sadomasochismus« handelt.
206 Schlözer 1798/IV., 445f.
207 Sade 1986/I., 75.

des Autors Sade. In seiner eigentümlichen Verbindung von Fiktionalität und diskursiver Triftigkeit dementiert dieser Diskurs, der wohl besser als eine Art des Schreibens denn der Dichtung zu benennen wäre, seinen kommunikativen Bildungsauftrag. Das System der Setzung und Vermittlung der Vermögen, das philosophisch Kant eingeführt und spätestens Fichte expliziert hat, unterläuft Sade, um hinter der Reinheit einer moralisch regulierten Vernunft das nackte Kräftespiel der entfesselten Gesellschaft und den Menschen in seinen absonderlichsten, aber doch natürlichen Lebensäußerungen zu positivieren. Die Vermögen von Mensch und Gesellschaft werden gewissermaßen »entsetzt« – sie werden einerseits befreit, andererseits fallen sie aus dem Rahmen jedweder humanistischen und institutionellen Vermögenslehre.

Hat Kants epistemischer Umsturz die ältere Repräsentationsordnung von innen her zerschlagen, ohne dabei die anthropologischen Konsequenzen bis ins Letzte auszubuchstabieren, ließ Sade diese Ordnung intakt, um in ihre leere Formen die freigesetzte Sprache und das reine Begehren eindringen zu lassen. Insofern stehen Kant und Sade auf den beiden Seiten ein und derselben Schwelle: »De Sade gelangt ans Ende des Diskurses und des Denkens der Klassik. Er herrscht genau an ihrer Grenze. Von ihm an werden Gewalt, Leben und Tod, Verlangen, Sexualität unterhalb der Repräsentation eine immense, schattige Schicht ausbreiten, die wir«, wie Michel Foucault mit Blick auf die Aktualität Sades schreibt, »die wir jetzt so, wie wir können, wieder in unseren Diskurs, in unsere Freiheit, in unser Denken aufzunehmen versuchen.«[208] Freilich hat Sade diesen Raum eines radikal endlichen Denkens nur erreicht, indem er bei der Wahrheit des Gesetzes, bei der Verbindung von Begehren und Gesetz stehen geblieben ist.[209] Diese stellt eine letzte Verknüpfung zwischen Repräsentationselementen und Kräften her, welche im Gefolge der kritizistischen Wende eigentlich keinen gemeinsamen Ordnungsraum mehr finden können. Hat Kant nach den Möglichkeitsbedingungen der Repräsentation gefragt, so übernehmen nun technische und vermeintlich ursprüngliche, aber eigentlich präkritische und »ideologische« Setzungen[210] die Funktion der Transzendentalien, nicht jedoch, ohne im Zuge ihrer eigenen Historizität immerzu »ent-setzt« zu werden. Wie der Revolutionskritiker Burke festgestellt hat, etablierten bereits die revolutionären Institutionen ihren kommunikativen Gemeinsinn, indem sie »a kind of electrick communication every where«[211] auslösten – eigengesetzliche soziale Energien, die im Rahmen der überkommenen Vermögensordnung weder poliziert noch

---

208 Foucault 1990, 264.
209 »Die Apologie des Verbrechens treibt ihn nur auf dem Umweg dazu, sich zum Gesetz zu bekennen. Im Malefiz wird das Höchste Wesen restauriert.« (Jacques Lacan, »Kant mit Sade«, in: *Schriften*, Bd. II., Weinheim/Berlin 1991, (133-163), 162.)
210 Vgl. hierzu Foucault 1990, 301ff.
211 Edmund Burke, »On the Genius and Character of the French Revolution as it regards other Nations«, in: *Works*, London 1815, Bd. VIII., (211-264), 260. Vgl. hierzu J. G. A. Pocock, »Edmund Burke and the Redefinition of Enthusiasm. The Context as Counter-Revolution«, in: Furet/Ozouf 1996/III., (19-43), 33f.

reguliert werden konnten. Die Frage der Konstitution wurde seither zu einer solchen der Technikgeschichte und, davon abhängig, des Lebens und Überlebens von »Menschen« und »Kulturen«.

DRITTER TEIL

GESELLSCHAFTSKONSTITUTION – OPFER UND GEMEINSCHAFT

Everything is prolonging its existence by denying that it exists.
Gilbert Keith Chesterton, *The Return of Don Quixote*

Siebtes Kapitel

Kulturevolutionismus – Begriffslose Urgeschichte

1. Kierkegaard und die Medien-Anthropologie

Mit dem Namen Hegels verbindet sich der Versuch, abstraktes oder formelles Recht mit der Sphäre der Moralität zu vermitteln, ohne dabei bei jenem transzendentalphilosophischen Rigorismus Halt zu machen, der auch bei Kant »Aufopferung« geheißen hatte.[1] Medium des Transzendentalen war – zumindest in den philosophischen Schriften Kants – ein eigentlich begriffslos Synthetisches, das philosophisch als »Vermögen« schlechthin zu begreifen sein sollte: als »Freiheit, in Beziehung auf die innere Gesetzgebung der Vernunft«. Nach Hegel hat aber gerade »der Ausdruck *Vermögen* die schiefe Bedeutung einer bloßen Möglichkeit«. Er ist kein Begriff, und schon gar nicht der Begriff des Begriffs, insofern allein der hegelsche Begriff die transzendentale Synthesis übernimmt. Es ist das Sein der Sprache selbst, in dem der Begriff bloßer Möglichkeit ebenso wie das Begriffslose seine Möglichkeitsbedingung findet. In der Bewegung des Begriffs ist alle Selbstbestimmung, Selbstreflexion und Selbstregulation aufgehoben. Und nur in ihr kann somit auch »die Aufopferung« – unterhalb wie innerhalb der Sphäre reiner Vernunft – ihren historisch-systematischen Stellenwert bekommen. Das Opfer wird zum Prüfstein eines freien und zusehends reinen Werdens der Vernunft, das bei Hegel den Namen der Geschichte trägt. Und dabei ist es der »Endzweck« der vernünftigen Freiheit, »worauf in der Weltgeschichte hingearbeitet worden, dem alle Opfer auf dem weiten Altar der Erde und in dem Verlauf der langen Zeit gebracht worden.«[2]

Solche Opfer beglaubigen – nicht minder als bei Kant und Sade – allererst die Menschlichkeit des Menschen, enthüllen sie doch seine Endlichkeit und die Negativität seines Handelns als Bedingung historischen Werdens.[3] Die Negativität aber über »das Aufgeben einer unmittelbaren Endlichkeit« hinaus zu ertragen, sie einem Bildungsprozess des Geistes zuzuführen, ist »schon ein tieferes Opfer und ein Fortschritt gegen das Opfer«[4] im bloß kultischen Sinne. Nach Hegel ist es also die Negativität, die den Abgrund zwischen Pathologischem und

---

1 Zu Hegels verkürzender Kritik an der Kantschen Ethik vgl. Manfred Baum, »Hegels Kritik an Kants Moralprinzip«, in: *Hegel-Jahrbuch* 1987, (235-244), passim, v. a. 241. – Zur Periodisierung des hegelschen Vermittlungs- und Gemeinschaftsbegriffs vgl. Gabriel Amengual, »Vom Ideal der Volksgemeinschaft zum Begriff des Geistes. Zur politischen und Religionsphilosophie beim jungen Hegel«, in: *Hegel-Jahrbuch* 1984/85, 361-374.
2 Hegel 1995/XII., 33.
3 Vgl. hierzu Alexandre Kojève, *Hegel. Kommentar zur Phänomenologie des Geistes*, Frankfurt am Main, 1988, 250f.
4 Georg Wilhelm Friedrich Hegel, *Vorlesungen über die Philosophie der Religion*, Bd. I., in: Hegel 1995/XVI., 229.

Transzendentalem ermisst, diesen Abgrund aber nicht nur im Zuge einer moralischen »Aufgabe«, einer vernunftgemäßen Pflichterfüllung überschreitet, sondern das »Aufgeben« historisch als »Aufheben« bestimmt.[5] Das Opfer ist somit die Anerkennung der allgemeinen Macht oder der Macht des Allgemeinen, und nur eine erste Form dieser Anerkennung stellen die kultischen Opfer dar. Bei Hegel stehen sämtliche (in der Religion, Politik und Kunst vollzogenen) »Aufopferungen« in ein und demselben weltgeschichtlichen Zusammenhang. Sie sind ephemere Gestalten des absoluten Geistes[6], und dessen vernünftige Vermittlung ist ihrerseits geistig zu begreifen oder begrifflich zu vermitteln. Dass sich die Endlichkeit und Negativität des menschlichen Seins und Handelns historisch zur vernünftigen Freiheit ausbilde, ist alleinige Sorge des Denkens, nicht aber die polizeylicher Prävention und Vermögensbildung. Obwohl formal richtig, tendiere diese in ihrer historischen Begriffslosigkeit zur Vernichtung von Freiheit und Staat, denn wenn

einerseits der Mensch sich auch weiter aus keinem anderen Triebe einem Staate unterwirft, als um so frei als möglich sein Vermögen zu gebrauchen und zu genießen, so gibt es doch auf der andern Seite schlechterdings keine Handlung, von der nicht der konsequente Verstand dieses Staats einen möglichen Schaden für andere berechnen könnte, und mit dieser endlosen Möglichkeit hat es der vorbeugende Verstand und seine Gewalt, die Pflicht der Polizei, zu tun[7].

Angesichts dieser »endlosen Möglichkeit« werden sich Mensch und Gesellschaft niemals zu einer geistigen Gemeinschaft zusammenbilden. Die Polizey ist auf die Äußerlichkeit und Zufälligkeit ihres Verfügungsbereichs beschränkt, kann immer wieder nur die Schädlichkeit einer jeden Handlung feststellen und muss jeden jederzeit eines Verbrechens am Staate verdächtigen. Historisch vernünftige Freiheit realisiert sich deswegen weniger durch Kontrolle und Berechnung als durch die Synthese von Gemeinschaft und Staat – durch die »Verbindung der Verbindung und Nicht-Verbindung«.[8] Dass seine historische Freiheit und sein vernünftiger Zweck nur darin bestehen kann, seine Mannigfaltigkeit zu erhalten, diese aber in der Einheit seines geistigen Lebens aufzuheben, das erkennt ein »Volk« erst dann, wenn es sich selbst als Staat begreift. Staatsbildung ist gleichursprünglich mit dem Eintritt eines Volks in das historische Sein, der philosophische Begriff aber vollendet erst den Staat, der

die Grundlage und der Mittelpunkt der andern konkreten Seiten des Volkslebens ist, der Kunst, des Rechts, der Sitten, der Religion, der Wissenschaft. Alles geistiges Tun hat nur

---

5   Vgl. hierzu Georg Wilhelm Friedrich Hegel, *Vorlesungen über die Philosophie der Religion*, Bd. II., in: Hegel 1995/XVII., 92 und Zizek 1993, 51, 54.
6   Vgl. etwa Georg Wilhelm Friedrich Hegel, *Vorlesungen über die Ästhetik*, Teil I., in: Hegel 1995/XIII., 139ff.
7   Georg Wilhelm Friedrich Hegel, »Darstellung des Fichteschen Systems«, in: *Jenaer Schriften 1801-1807*, in: Hegel 1995/II, 84f. – Zum Folgenden vgl. auch ders., *Grundlinien der Philosophie des Rechts*, in: Hegel 1995/VII., Teil III., 2. Abschnitt, C. Die Polizei und Korporation, a. Die Polizei, §§. 231, 234, 236 (Zusatz), 382f., 38.
8   Georg Wilhelm Friedrich Hegel, »Systemfragment von 1800«, in: *Frühe Schriften*, in: Hegel 1995/I., 422. – Zum Folgenden vgl. auch Hegel 1995/XVII., 294f., 304f.

den Zweck, sich dieser Vereinigung bewußt zu werden, d. h. seiner Freiheit. Unter den Gestalten dieser gewußten Vereinigung steht die Religion an der Spitze. [...] Die zweite Gestalt der Vereinigung des Objektiven und Subjektiven im Geiste ist die Kunst: sie tritt mehr in die Wirklichkeit und Sinnlichkeit als die Religion; in ihrer würdigsten Gestaltung hat sie darzustellen, zwar nicht den Geist Gottes, aber die Gestalt des Gottes; dann Göttliches und Geistiges überhaupt. [...] Das Wahre gelangt aber nicht nur zur Vorstellung und zum Gefühl, wie in der Religion, und zur Anschauung, wie in der Kunst, sondern auch zum denkenden Geist; dadurch erhalten wir die dritte Gestalt der Vereinigung – die Philosophie.[9]

Die Philosophie schließt die Geschichte der Kunst in deren begrifflicher Reflexion ab, ebenso wie sie die Religion und das Opfer in einem Zuge denkt und geschichtlich überholt.[10] Nach Hegel kann kein historisches Denken der Religion, ja kein im strikten Sinne philosophisches Denken mehr um deren absonderlichste Gestalten umhin: »Die Philosophie expliziert daher nur sich, indem sie die Religion expliziert, und indem sie sich expliziert, expliziert sie die Religion.«[11] Hegels System fundiert damit einerseits die Religionswissenschaft als empirische Religionsgeschichte.[12] Andererseits jedoch schreibt es das Christentum noch im Zeitalter seiner »säkularisierten« Metamorphosen als absolute Religion fest. Deren geistige und historisch endgültige Form aber ist die Vermittlung im philosophischen Begriff. Die Philosophie ist die höchste, weil letzte, und reinste, weil spekulative Gestalt des Gottesdienstes. Sie ist eine Religion des absoluten Wissens, in der »der menschliche Geist alle Formen des Opfercultus durchgemacht hat«[13], sie ist der Kult absoluter Vermittlung, als Kult zugleich aber auf etwas Unvermittelbares angewiesen. Obwohl sie also die Religion in der Vernunft aufhebt, ist diese Versöhnung, solange über Religion noch ein Wort zu verlieren bleibt, »selbst nur eine partielle, ohne äußere Allgemeinheit; die Philosophie ist in dieser Beziehung ein abgesondertes Heiligtum, und ihre Diener bilden einen isolierten Priesterstand, der mit der Welt nicht zusammengehen darf und das Besitztum der Wahrheit zu hüten hat.«[14]

Es war Sören Kierkegaard, der das Verhältnis von Vernunft oder vernünftigem Begriff und Religion oder religiöser Erfahrung nochmals als das Unausdenkliche schlechthin bestimmt hat. Wenn noch Worte zu verlieren sind, dann einzig und

---

9 Hegel 1995/XII., Einleitung, 68f. – Vgl. Hegel 1995/X., Teil III., 2. Abt., C. Die Sittlichkeit, c. Der Staat, »Die Weltgeschichte«, §. 549.
10 Vgl. hierzu Heinz Kimmerle, »Das Verhältnis von Macht und Gewalt im Denken Hegels«, in: *Hegel-Jahrbuch* 1988, (199-211), 205, 208.
11 Hegel 1995/XVI., 28.
12 Vgl. mit Rekurs auf Schlatter und Straubinger: Walter Jaeschke, *Die Religionsphilosophie Hegels*, Darmstadt 1983, 24f., zudem zu Hegels heterogener Materialgrundlage bei der systematischen Integration der unterschiedlichen Religionen vgl. ebenda, 75ff. – Zu Hegels Berücksichtigung der zeitgenössischen Quellenlage, zu seinen teilweise unzulässigen Verallgemeinerungen und seiner Vernachlässigung des erreichten Forschungsstandes vgl. allgemein R. Leuze, *Die außerchristlichen Religionen bei Hegel*, Göttingen 1975.
13 J. S. Ersch und J. G. Gruber (Hgg.), *Allgemeine Encyclopaedie der Wissenschaften und Künste [...]*, Dritte Sektion, Vierter Theil, Art. »Opfer«, Leipzig 1833, (74-146), 76.
14 Hegel 1995/XVII., 343f.

allein darüber. Deshalb ist gerade seinem Denken ein priesterlicher Zug zu eigen, der sich jedoch nicht auf eine vorübergehende »Absonderung« beschränkt, sondern Glauben und Denken als fortwährenden Einspruch gegen das vermittelbare und allgemeine Wissen vom Absoluten setzt. Die Negativität, so wie sie in Hegels Opfermetaphysik die widersprüchliche »immanente Bewegung« der Geschichte und des Gedankens in Gang bringt, ist für Kierkegaard lediglich ein eingebildetes »Phantom«, sie ist in Wirklichkeit ein Nichts, das in einer begrifflichen Volte zu einem »Mehr« der Vernunft verzaubert wurde.[15] Schon eine existentielle »Krankheit zum Tode«, wie sie Goethe in all ihren Konsequenzen ausbuchstabiert hat, markiert die Grenzen der Vermittlung. Eine »Ausnahmeexistenz« also, die es im »Allgemeinen« unweigerlich geben muss, kann auf der Bühne repräsentativer Vernunft[16] keinen Platz finden – sie kann nicht begriffen werden, solange das Allgemeine selbst nicht mit »Leidenschaft« gedacht wird. Vermittlung ist ohne ein Innerliches und Unvermittelbares, ohne den verborgenen, aber aufs Ganze verpflichteten »Einzelnen« undenkbar.

So wie die Trennung von Innerlichem und Äußerlichem für Hegel eine Stockung in der vermittelnden Bewegung zur Freiheit darstellt, hält das Judentum in Hegels Religionsphilosophie die Entwicklung der Religion im Stadium des Erhabenen befangen. Gerade von Abraham, so Hegel, geht eine dialektische Entwicklung des Geistes aus, die zunächst keine subjektive Versöhnung mit dem Anderen, sondern dessen Beherrschung bedeutet, ehe Jesu Religion der Liebe diese Form der Negativität abermals negieren und aufheben wird. Durch den Bruch zwischen einerseits individueller und andererseits natürlicher und gesellschaftlicher Welt sei die Essenz des Glaubens ins Jenseitige verlegt worden, und diese Gestalt der Entfremdung entspricht derjenigen des kantschen Vernunftrigorismus, nur dass letzterer den Gott innerlich, Abraham aber äußerlich begriffen habe.[17] Was nun bei Hegel »Entfremdung« heißt, nämlich Abrahams Vereinzelung und Unversöhnlichkeit, gilt bei Kierkegaard als Signum von Authentizität. Doch stellt sich Kierkegaard zugleich gegen Kants Deutung der Abraham-Episode, weil sich der kantsche Abraham durch eine Stimme von außen oder oben täuschen lässt, dabei seine innere Stimme überhört und somit in den »pathologischen« Glauben zurückfällt.[18]

Gerade das Schweigen Abrahams, diese seine Besonderung im Augenblick der ersten (der Opferhandlung) *und* letzten Stufe der Vermittlung (der Kommunikation mit Gott), zeigt für Kierkegaard, dass die Vereinzelung des individuellen Bewusstseins nicht das Böse, wie bei Hegel, sondern den Glauben als Unmittel-

---

15 Vgl. Sören Kierkegaard, *Der Begriff Angst. Vorworte*, Gütersloh 1991, 10. – Zum Folgenden vgl. ders., *Krankheit zum Tode. Der Hohepriester – der Zöllner – die Sünderin*, Gütersloh 1985, 13.
16 Vgl. Sören Kierkegaard, *Die Wiederholung. Drei erbauliche Reden 1843*, Gütersloh 1980, 94. – Zur Unterscheidung zwischen Hegels philosophisch-repräsentativem »Theater« und Kierkegaards unvermittelter Bewegung des Denkens vgl. Gilles Deleuze, *Differenz und Wiederholung*, München 1992, 24.
17 Vgl. hierzu allgemein Mark C. Taylor, »Journeys to Moriah: Hegel vs. Kierkegaard«, in: *Harvard Theological Review* 70 (1977), (305-326), v. a. 307ff.

barkeit höherer Stufe darstellt – auf einer höheren Stufe, wohlgemerkt, zu der Abraham nicht durch Vermittlung, sondern durch einen Sprung gelangt. Dies macht Abraham zur Gründerfigur eines wahren christlichen Glaubens, der sich von der ethischen und vermittelten Allgemeinheit der griechischen wie der späteren, in der Epoche Hegels depravierten christlichen Religion unterscheidet. Wie Kierkegaard in *Frygt ob Bæven* (1843) an Agamemnon und Iphigenie, den »heidnischen« Antipoden Abrahams und Isaaks, zeigt, ist in der ethischen Religion der Griechen das Göttliche ein Allgemeines der Vermittlung, so dass hier als Ausdruck von Sittlichkeit ein Opfer für die Allgemeinheit dient.[19] Abraham indes bestimmt dadurch, »daß er als Einzelner sich in ein absolutes Verhältnis zum Absoluten setzt«, den Glauben als weder Unmittelbares noch Allgemeines, sondern als das »Paradox, daß der Einzelne höher ist als das Allgemeine, aber wohl zu merken dergestalt, daß die Bewegung sich wiederholt, d. h. daß er, nachdem er in dem Allgemeinen gewesen ist, nun als der Einzelne sich isoliert als höher denn das Allgemeine.«[20] In einer gleichzeitigen Bewegung und Stockung wird das Ethisch-Allgemeine »teleologisch suspendiert«, so dass Abraham mit dem Opfer, ohne es anders denn innerlich zu vollziehen, in ein sprachlos »privates Verhältnis zur Gottheit«[21] tritt.

Dass sich dieses Verhältnis zum Absoluten auch in Form eines bloßen Anscheins, durch eine »innerliche Bewegung« und in der Vereinzelung durch sukzessive »Aufopferungen« nämlich, vollziehen kann[22], beschreibt Kierkegaards Stadienlehre des Ästhetischen, Ethischen und Religiösen. *Enten-Eller* (1843) stellt den Übergang von der ästhetischen und ethischen zur religiösen Existenz als Passionsgeschichte des unversöhnten Bewusstseins dar, wobei die Kunst, exemplarisch in den Briefen und im empfindsamen *Tagebuch des Verführers*, die Grenze zwischen individueller Pathologie und reinem Denken bezeichnet.[23] Darin macht sich nicht nur der grundsätzliche Mangel der von Hegel so genannten »romantischen« Kunst geltend, die das Objektive in der Innerlichkeit nicht verdauen kann, sondern die Erlösungsbedürftigkeit von ästhetischer Subjektivität überhaupt. Gegen jede Kommunikations- und Vermittlungsform des Ästheti-

18 Kierkegaards Auffassung der Episode steht allenfalls mit derjenigen Luthers in Einklang, der Abrahams »Gedanken, Anliegen und Angst« als begrifflich unerschließbar bezeichnet hatte. (Rad 1971, 54.) – Vgl. zum Folgenden auch allgemein Robert L. Perkins, »Abraham's Silence aesthetically considered«, in: ders. (Hg.), *International Kierkegaard Commentary. Fear and Trembling and Repetition*, Macon, Georgia 1993, (155-176), v. a. 164-166. – Zum biographischen Hintergrund des Buchs (zur »Opferung« von Kierkegaards Verlobter Regine Olsen sowie zu Kierkegaard als »Opfer« seines Vaters Michael Pedersen) vgl. Walter Jens, »Jetzt, wo man zu Tausenden Märtyrer braucht.«, in: W. Jens und Hans Küng, *Dichtung und Religion*, München 1985, (224-241), 229f.
19 Vgl. Sören Kierkegaard, *Furcht und Zittern*, Hamburg 1992, 73.
20 Ebenda, 67, 58.
21 Ebenda, 55.
22 Vgl. hierzu Theodor W. Adorno, *Kierkegaard. Konstruktion des Ästhetischen*, in: *Gesammelte Schriften*, Bd. II., Frankfurt am Main 1979, 152-161. – Zum Folgenden vgl. auch Gerhard vom Hofe, »Kunst als Grenze. Hegels Theorem des ›unglücklichen Bewußtseins‹ und die ästhetische Erfahrung bei Kierkegaard«, in: Gerhard vom Hofe, Peter Pfaff u. Hermann Timm (Hgg.), *Was aber bleibet stiften die Dichter? Zur Dichter-Theologie der Goethezeit*, München 1986, (11-34), 33.
23 Vgl. etwa Sören Kierkegaard, *Entweder-Oder*, Teil I.-II., München 1998, 354, 817, 729.

schen, ziele sie als Sympathie oder Einfühlung noch so sehr auf menschliche Verallgemeinerung, steht indes die radikale Vereinzelung. »Nur als der einzelne ist der Mensch der Absolute«, und das Ethische kann in diesem Sinne nur Zwischenstadium sein.[24] Ethische Pflicht ist nämlich – wie im Falle Agamemnons – die Aufhebung des Einzelnen im Allgemeinen, und zwar in einem Allgemeinen, das wie die Idee der Sittlichkeit verständlich oder zumindest regulativ sein muss, aber niemals absurd sein darf.[25]

Gegen Kants Moralität und Hegels Sittlichkeit bestimmt Kierkegaard das Ethische als Versuchung, im Sinne eines universalisierbaren Gesetzes zu handeln und sich der moderantistischen Wirkung der Sprache zu überlassen, die ins Allgemeine überträgt, ohne dabei einen ereignishaften Sprung wagen zu müssen. Indem er seine Familie, sein Land, den *oikos* und die vorgestellte sittliche Gemeinschaft hinter sich lässt, suspendiert Abraham als Ausnahmeexistenz die von der ethischen Sphäre geforderte Verwirklichung des Allgemeinen. Abraham kommt erst zum Göttlichen, als er aus dem raum-zeitlichen und ethisch-allgemeinen Kontinuum, das noch sein Plädoyer zur Rettung der »Gerechten« von Sodom und Gomorrha fundiert, in die radikale Vereinzelung »springt«.[26] Der tragische Held kann sich der Bewunderung und Nacheiferung gewiss sein, seine Tat wird zum Gegenstand der Überlieferung werden, Abraham jedoch hält sich im Verborgenen, er ist die Urgestalt jenes »Ritters der verborgenen Innerlichkeit«, der an die Stelle einer Vermögensökonomie der Aufopferung allein seine Angst, damit aber auch seine gesamte Existenz zu setzen hat.[27] Mit der Angst verbindet sich schließlich die Aufgabe jeder imaginären Geborgenheit und der Glaube ans Unsinnige, ein Sprung an die Grenze des Verstehens, der das Paradox des Glaubens schweigend zu ertragen hat.[28] Abraham ist ein Märtyrer des Unbegrifflichen, der für nichts Bestimmtes und nur dadurch für alles zeugt, dessen Zeugnis unsäglich und dessen Glaube unverständlich ist.

Von Kierkegaard wurde gesagt, er habe Gott gerade in dem Moment zu denken unternommen, da er von der Welt aus nicht mehr zu begreifen gewesen sei.[29] Zugleich wurde er als Denker der vollends »privaten« Weltbeziehung

---

24 Ebenda, 833.
25 Vgl. Kierkegaard 1992, 57, 61, 63. – Vgl. zum Folgenden auch Jacques Derrida, »Den Tod geben«, in: Anselm Haverkamp (Hg.), *Gewalt und Gerechtigkeit. Benjamin und Derrida*, Frankfurt am Main 1994, (331-445), 387-398.
26 »Aber Abraham glaubte […]; nur damals, als über Sodom und Gomorrha die gerechte Strafe erging, trat Abraham herfür mit seinem Bitten.« (Kierkegaard 1992, 19.) Insofern läuft Lévinas' – ethisch inspirierte – Frage: »wie kommt es, daß Kierkegaard nie von jenem Dialog spricht, in dem Abraham für Sodom und Gomorrha eintritt, wegen der Gerechten, die es dort vielleicht geben könnte«, ins Leere. (Emmanuel Lévinas, »Zur Lebendigkeit Kierkegaards«, in: *Außer sich. Meditationen über Religion und Philosophie*, München 1991, (74-78), 75f.)
27 Vgl. Kierkegaard 1992, 25. – Zum Folgenden vgl. ebenda, 9f., 12, 18, 30f.
28 »Abraham schweigt, – aber er *kann* nicht sprechen, darin liegen die Not und die Angst. Wenn ich nämlich damit, dass ich spreche, mich nicht verständlich zu machen vermag, so spreche ich nicht, und spräche ich gleich ununterbrochen« (Ebenda, 129.)
29 Vgl. Emmanuel Lévinas, *Wenn Gott ins Denken einfällt. Diskurse über die Betroffenheit von Transzendenz*, Freiburg/München 1988, 147.

Kierkegaard und die Medien-Anthropologie 275

bezeichnet, der die göttliche Transzendenz erst durch die Kunst begreifen konnte, »Heimweh zu haben ob man gleich zu Hause ist«. Zu jener Kunst »muß man sich auf Illusion verstehen«, und sei es zuletzt auf die Illusion der Illusionslosigkeit. Gefangen im monadischen Intérieur[30], dieser Loge im modernen Welttheater, spinnt der kierkegaardsche Ästhet seine Fäden in die Außenwelt, verwickelt seine Opfer in ein Spiel der Täuschungen und Reflexionen, um zuletzt seines Genießens und seines »Scheinleibs« sicher zu gehen.[31] Indes dringt in dieses Szenario der Briefe und Einbildungen zusehends ein Reales ein, das die unvermittelten Effekte technischer Medien ankündigt. Es mag noch poetisch und metaphorisch zu verstehen sein, wenn bei Lektüre der Zeichen der Liebe gilt: »Das elektrisiert mein ganzes Wesen«, wenn Briefe auf eine bestimmte Wirkung genau »berechnet« werden oder »bewirken, daß man unsichtbar in diesen heiligen Augenblicken der Weihe geistig gegenwärtig ist«.[32] Das Liebesspiel von Verborgenheit und Erscheinung, von Abschließung und Verbindung wird jedoch vom interessierten Verführer und Beobachter immer genauer als »das schöne telegraphische Verhältnis«[33] registriert, als eine sprachlich bloß ästhetisierte, mittlerweile direkt herstellbare, weil technische Kommunikation.

Entsprechend sachlich, ja technizistisch wird damit die Perspektive, die der empfindsam Kommunizierende vormals noch mit Sympathie und Einfühlung belegt hatte. Der Blick des kierkegaardschen Beobachters dringt nach draußen nur mittels optischer Medien, zum »Spion im Dienste des Höchsten« wird er, wie Adorno gezeigt hat, erst mit Hilfe seines »Türspions«.[34] Schon deshalb hat es seine guten Gründe, wenn deutsche Übersetzungen Kierkegaards den Begriff der »Mediierung« an Stelle der hegelschen »Vermittlung« wählen. Der kierkegaardsche Mensch vermittelt seine Innerlichkeit, seine Existenz im Intérieur, nur durch Medien, zunächst optische, zuletzt elektrische. Der Reflexionsspiegel etwa ist das technische Urbild nicht nur des reflexiven Denkens, sondern auch einer illusionären Spiegelung der Außenwelt ins Innerliche oder Intérieur, während die Photographie das Medium darstellt, das erstmals den »Augenblick«, dasjenige, was in der Zeit der Vermittlung, der Sprache und Vernunft unfassbar ist, tatsächlich »festzuhalten« vermag. Der kierkegaardsche Beobachter schließlich, immer auch »Ritter der Unendlichkeit«, hat unablässig darauf zu achten, »ob sich nicht irgendeine Spur von Ungleichartigem, ein Spiegelblitz aus dem Unendlichen zeigen möchte«, womit nichts anders als die Erwartung einer unvermittelten Mitteilung über die Spiegeltelegraphie beschrieben ist.[35] Was nun den optischen Telegraphen, so wie er bereits im 17. Jahrhundert konzipiert und ein

---

30 Vgl. Benjamin 1991/V. 1, 52f., 289.
31 Vgl. Kierkegaard 1998, 456, 498, 381 – Vgl. zudem ebenda, 467, 388, 356, 488.
32 Ebenda, 488, 491, 485.
33 Ebenda, 459.
34 Vgl. hierzu Adorno 1979, 62ff.
35 Kierkegaard 1993, 38, zudem die Anmerkung 40 (ebenda, 147) im Kommentarteil zum dänischen »Broks-Telegraphering«.

Jahrhundert später gebaut wurde[36], vom elektromagnetischen Telegraphen unterscheidet, ist, dass jener seine *Symbole* bloß schrittweise dem Empfänger zuzustellen vermag, dieser aber mit einem Schlag *Signale* senden und empfangen kann. »Der optische Telegraf ist Metapher für die indirekte, dem irdischen Menschen zukommende Mitteilungsform, die sich noch mit den romantischen Motiven der Ferne und Masken verbinden ließ. Dagegen wird der elektrische Telegraf zum göttlichen Organon der Beziehung zwischen Gott und Mensch, der ›Durchsichtigkeit‹ und ›Offenbarung‹ und der direkten Mitteilung.«[37] Abseits aller sprachlichen oder auch nur imaginären Vermittlung stellt der elektrische Telegraph die Direktleitung zum Absoluten bereit. Die damit erreichte »Inkommensurabilität« des privaten Gottesbezugs ist ihrerseits nur eine Frage der Präzisionsmesstechnik, wird doch, wie McLuhan sagt, seit der Epoche Kierkegaards mit den Medien weniger der Körper des Menschen als dessen Zentralnervensystem ausgeweitet.[38]

Der Grundstein zu dieser als Offenbarung wahrgenommenen Technik wurde in Kierkegaards Heimatstadt gelegt: Der Schellingianer Hans Christian Oerstedt begründete 1820 mit seiner Entdeckung der magnetischen Wirkung des Stroms die Lehre vom Elektromagnetismus, indem er zeigte, dass eine Magnetnadel in einem geschlossenen Stromkreis abgelenkt wird und diese Ablenkung optisch oder akustisch registriert werden kann. Damit war die Grundlage nicht nur der späteren Kabel-Telegraphie und Telephonie, sondern praktisch der gesamten elektromagnetischen Medienwelt mitsamt ihrer neuen kommunikativen Aprioris gefunden.[39] Und nicht zuletzt hierin gründet Kierkegaards Bestimmung des Glaubens, der im Gegensatz zu Hegels begrifflicher Vermittlung die Menschen nicht zusammenschließt, sondern sie im unmittelbaren, letztlich übersinnlichen Verkehr mit Gott radikal vereinzelt, der in einer höherstufigen Unmittelbarkeit die absolute Verbindung ohne Zwischenglieder herstellt, eine Verbindung, die weder lesbar noch sonst im allgemeinen Sinne verständlich wäre, die vielmehr der intermittierende Einbruch des Realen oder, wie man glauben soll, göttlicher Gewalt ist.[40]

---

36 Kessler beschrieb bereits 1615 einen optischen Telegraphen mit Ferngläsern, von 1684 stammt dann Robert Hookes Konzept eines optischen Seilzug-Telegraphen. Chappes von Napoleon übernommener Vorschlag zu einem optischen Flügeltelegraphen datiert auf das Jahr 1792.

37 Ernst Müller, »»Der Einsame, der die Fahrt eines Eisenbahnzuges gestört hat‹‹. Wahrnehmungs-, Kommunikations- und Bewegungstechniken bei Kierkegaard«, in: Bernhard Dotzler und Ernst Müller (Hgg.): *Wahrnehmung und Geschichte. Markierungen zur Aisthesis materialis*, Berlin 1995, (43-82), 75. – Zum Folgenden ebenda, 73, wo Müller die kierkegaardsche »Skala« der Inkommensurabilität auf das Spiegelgalvanometer bezieht.

38 Vgl. McLuhan 1995, 383.

39 Vgl. hierzu Wolfgang Hagen, »Zur medialen Genealogie der Elektrizität«, in: Rudolf Maresch und Niels Werber (Hgg.), *Kommunikation, Medien, Macht*, Frankfurt am Main 1999, (133-173), 149.

40 Vgl. hierzu Kierkegaard 1993, 75f., 78, 84.

Gerade auf den Eisenbahnlinien, die auch Ausnahmeexistenzen wie Kierkegaard benutzten, wurden zur Entstehungszeit von *Begrebet Angest* Kommandoverbindungen zu höchster Stelle eingerichtet: elektromagnetische Telegraphenlinien, die die Bahnhöfe mit einer zentral gesteuerten Zeitangabe versorgten und schon mit diesem Medienverbund völlig neue »Zeit-Räume« schufen.[41] Für den Begriff der »Angst« gilt nach Kierkegaard, »daß er ganz und gar verschieden ist von Furcht und ähnlichen Begriffen, die sich auf etwas Bestimmtes beziehen, wohingegen Angst die Wirklichkeit der Freiheit als Möglichkeit für die Möglichkeit ist.« Nur sie ist »schlechthin bildend kraft des Glaubens, indem sie alle Endlichkeiten verzehrt, alle Täuschungen an ihnen entdeckt.«[42] Solche »Freiheit als Möglichkeit für die Möglichkeit« eröffnen die neuen, unfallträchtigen Mittel des (kollektiven) Individualverkehrs, allen voran die Eisenbahn mit ihren Einzelabteilen. Sind die vor Kierkegaard allgemein üblichen Bewegungsformen (das Flanieren etwa) noch in ein Kontinuum, in eine vermittelte Allgemeinheit des Zeit-Räumlichen eingebunden, stellt die Bahnfahrt tatsächlich in mehrerlei Hinsicht einen »Sprung« dar: »auf der einen Seite schließt die Bahn neue Räume auf, die bisher nicht verfügbar waren, auf der anderen Seite geschieht dies, indem der Raum vernichtet wird, nämlich der Raum dazwischen.«[43]

In diesem verkehrstechnischen Sprung werden die täuschenden Endlichkeiten einer rein ästhetischen Existenz einfach aufgezehrt, der sinnlich erfahrbare Raum, die äußere Form der Anschauung, ebenso wie jene Zeit, die noch als innere Form der Anschauung gelten konnte. Das Intérieur des Reiseabteils, diese Simulation eines reinen »Privatverhältnisses«, ist sozusagen die Karikatur von Innerlichkeit: Dieser vermeintlich monadischen Seinsweise müssen die Unfallrisiken als völlig unbestimmt und äußerlich erscheinen, doch insistieren sie als Erwartung eines Realen. Medizinisch und psychologisch wurde diese (besonders bei Traumatisierten auch versicherungsrechtlich relevante) Erfahrung erst Jahre und Jahrzehnte nach Kierkegaards Bestimmung des Angstbegriffs untersucht[44], doch war bereits in den 1840ern ersichtlich, dass dieses Verkehrsmittel zum einen die ästhetische Freiheit des Reisenden vernichten musste, zum anderen aber den »Unfall« nicht mehr als Gefährdung gelten lassen konnte, die nach Art eines philosophischen Akzidens oder einer Naturkatastrophe von außen kommt, sondern nur mehr als eine immanente Möglichkeit – als eine Kontingenz, die das Wesen der eigenen (technisierten) Existenz darstellt. Dieser Verlust verbürgter Sicherheiten machte tatsächlich alle vormaligen »Täuschungen« einer in der ethischen Allgemeinheit aufgehobenen Existenz erkennbar, so dass umgehend die ersten

---

41 Vgl. hierzu Karl-Heinz Göttert, *Geschichte der Stimme*, München 1998, 402f. sowie Heinrich Samter (Hg.), *Reich der Erfindungen*, Bindlach 1998 (Reprint der Ausgabe v. 1901), 277.
42 Kierkegaard 1991, 40, 161.
43 Wolfgang Schivelbusch, *Geschichte der Eisenbahnreise*, Frankfurt am Main 1989, 39. – Zum Folgenden vgl. auch ebenda, 44, 107ff.
44 Schivelbusch 1989, 107 nennt als Pionierstudien E. A. Duchesnes *Des chemins de fer et leur influence sur la santé des mécaniciens et des chauffeurs* von 1857 sowie Max Maria von Webers Aufsatz von 1860: »Die Abnutzung des physischen Organismus beim Fahrpersonal der Eisenbahnen«, in: *Wieck's Deutsche Illustrirte Gewerbezeitung*, 25 (1860). – Zum Folgenden vgl. auch ebenda, 118.

Eisenbahn-Versicherungsgesellschaften gegründet werden sollten, die existentielle Gefährdung also nichts Ritterliches mehr haben sollte.[45]

Es gehört zu den systematischen Paradoxien Kierkegaards, dass er die Repräsentation und den auf ihr gründenden Glauben noch einmal, dabei aber anhand der Medien zu denken versucht, die deren Ansprüche schon rein technisch dementiert haben. Darin kommt Kierkegaard allerdings mit dem späteren 19. Jahrhundert überein, dass gerade die Unzulänglichkeit der – repräsentativen oder begrifflichen – Vermittlung ihrerseits zu denken und, da zuviel zu denken, zu glauben gibt. Das hat seine Konsequenzen für die Bestimmung des Opfers, das gerade in dem Moment, da es so wenig vermittelbar scheint wie noch nie, wieder ins begriffliche Denken eindringen wird. »Nicht der symbolisch-gegenständliche Vollzug des Opfers entscheidet für ihn«, schreibt Adorno über Kierkegaard, »sondern: daß bei jedem Opfer die Autonomie von Denken gebrochen wird.«[46] Somit ist Kierkegaards Leistung weniger darin zu sehen, Hegel »überwunden« als vielmehr die geschichts- und religionsbildende Kraft des Nachrepräsentativen gedacht zu haben, obgleich dieses Denken nicht verallgemeinerbar und unvermittelbar sein sollte. Es dennoch darzustellen und mitzuteilen, perhorreszierte er als Rückfall ins ästhetische Stadium oder in die Äußerlichkeit historischen, objektbezogenen Denkens. Kierkegaards »objektlose Innerlichkeit« aber, die Opfer in einer augenblicklichen Mediierung oder in einem Sprung – aus der Geschichte und ins Ursprüngliche – vollziehen zu können vermeint, fällt, sobald die Medien gerade ob ihrer unausdenkbaren Ursprünglichkeit gedacht *werden*, selbst in die Sphäre des Historisierbaren herab. Für das Denken nach Kierkegaard gilt deswegen: »Innerlichkeit ist das geschichtliche Gefängnis des urgeschichtlichen Menschenwesens.«[47]

Innerlichkeit galt als Möglichkeitsbedingung des Kommunizierens, sobald die Dichtung vermögensbildende Semiosen auf Grundlage eines symbolischen Mangels in Umlauf brachte. Der sympathetische Kommunikationsmodus der »Einfühlung«[48] ließ sich methodisch auf das Feld der Geschichte applizieren, sobald er sich auf kritisch beglaubigte Dokumente stützen konnte, zur vollen Reichweite kam er aber erst, als die Telegraphie wie selbstverständlich als gesellschaftliches Nervensystem verstanden und so ein »Einfühlen« über größere Distanzen technisch implementiert worden war. Mit der Einführung technischer Medien

---

45 1845 wurde die englische Railway Passengers Company, 1853 die deutsche Victoria gegründet (Dt. Angestelltengesellschaft 1935, 10). – Vgl. zudem Ernst Bloch: »Die Chance des Unfalls soll rechtens auf ein Minimum herabgesetzt werden, und diese Chance eben mehrt sich bei jedem Vordringen ins Unbekannte. [...] Zugleich entzieht sich die technische Sicherung, samt rechtzeitiger Umkehr, nicht dem – wie immer auch andersartigen – Kalkül der Versicherungsgesellschaften; am ritterlichen Abenteuer wäre das eine Groteske.« (Ernst Bloch, »Die Angst des Ingenieurs« (1929), in: *Literarische Aufsätze*, Frankfurt am Main 1985, (347-358), 349.)
46 Adorno 1979, 163. – Zum Folgenden vgl. auch ebenda, 49f., 192f.
47 Ebenda, 89.
48 Zur Genese des Einfühlungsbegriffs vgl. Christian G. Allesch, *Geschichte der psychologischen Ästhetik*, Göttingen 1987, 326-350.

war die Schrift nicht mehr das exklusiv inklusive Medium, durch das sich die Übertragung zwischen Realem und Imaginärem, zwischen Natur und Kultur vollzieht. Sie wurde zu *einem* Medium *unter* Medien, oder auch: *in* anderen Medien. Der Dichtung, die zu Zeiten empfindsamer Vermögensbildung für das Menschsein und -werden noch Exklusivitätsansprüche erheben konnte, »schlägt ihre Totenstunde«[49], sobald sie durch technische Mittel und Methoden überboten, auf ein ästhetisches Stadium zurückgestuft oder einfach historisiert wird.

Was bleibt, ist »Literatur« im engeren Sinne, die sich vor den technisierten Sphären des »Kommunizierens« oder »Vermittelns« als besondere Schreibart allererst auszuweisen hat. Schließlich ist die Aufzeichnung *des* Menschen nicht nur unter das Monopol von anderweitig befugten Disziplinen geraten, sondern auch unter eine Vielzahl von Aufzeichnungstechniken, inmitten derer eine normierte und systemisch operierende Bürokratie noch eine vergleichsweise »literarische« darstellt.[50] Hat sich die zur Bildung beauftragte Dichtung immer auch als vermittelnde Psychotechnik dargestellt, büßt sie ihr Privileg ein, sobald die Frage der Darstellung, Bildung und Vermittlung über den Abhang der Vermögensordnung hinausgetrieben wird. Schreiben und Literatur stehen aller »poetischen Metaphysik« voran, wenn sie als Techniken am Grunde aller Menschwerdung wahrgenommen werden. Zwischen 1829 und 1874 trat die Schreibmaschine aus dem Stadium bloßer Funktionstüchtigkeit in das der Serienreife ein, ehe Nietzsche 1882 die Malling Hansensche Schreibkugel erwarb, um dann erstmals den blinden, weil rein technischen Akt des »Einschreibens« zu visieren.[51] Wenn Nietzsche dann in seiner »Genealogie« die Urgeschichte der Menschwerdung auf die ihrerseits unbeschriebene Urszene einer ersten »Einschreibung« zurückführt, bezeichnet dies auch in der Philosophie »den Wendepunkt, wo Nachrichtentechniken aufhören, auf Menschen rückführbar zu sein, weil sie selber, sehr umgekehrt, die Menschen gemacht haben.«[52]

Neben das Symbolische und das historische Speichermedium *par excellence*, die Schrift, tritt an diesem Wendepunkt mit der Photographie ein neues Speichermedium des Imaginären auf den Plan, dem von Anfang an, seit Erfindung der Daguerrotypie im Jahre 1837, völlige Objektivität zugeschrieben wurde. Talbots Diktum zufolge war hier keine Kunst oder Künstlichkeit, sondern »the pencil of nature« selbst am Werke.[53] Mangelnde »Naturtreue« war ein Problem rein technischer, also vorübergehender Natur, so dass der menschliche »Augenblick« mit

---

49 Friedrich Kittler, *Grammophon – Film – Typewriter*, Berlin 1986, 125.
50 Zwar wird das Büro mit seinen Registratur- und Archivierungstechniken etwa durch die Schreibmaschine und deren Durchschläge oder durch das Telefon medial aufgerüstet, doch produziert jeder nicht-schriftliche Akt zumindest noch eine Aktennotiz, einen Antrag oder ein Protokoll. (Vgl. hierzu Vismann 2000, 271-275.)
51 Die erste Tastenschreibmaschine von Drais von Sauerbronn stammt aus dem Jahre 1829, die erste serienreife Schreibmaschine wurde 1874 von Remington gebaut. – Zu Nietzsches Begriff »einschreiben« vgl. Friedrich Nietzsche, *Nachgelassene Fragmente Herbst 1884 bis Herbst 1885*, in: Friedrich Nietzsche, *Kritische Studienausgabe*, Bd. XI., München 1988, 529, sowie ders., *Jenseits von Gut und Böse. Vorspiel einer Philosophie der Zukunft*, in: ebenda/V., (9-244), 182.
52 Kittler 1986, 306.

der bald verkürzten Belichtungszeit überholt und neben der Sichtbarmachung von Mikro- und Makrostrukturen in der experimentellen Physik und Astronomie auch die Aufzeichnung bislang unerschlossener »Zeit-Räume« möglich wurde. Stets handelte es sich um eine technisierte Ordnung des Sehens, »in which external objects and internal perceptions have no longer their habitual relation with each other.«[54] Wurde dem Medium Photographie, etwa im Falle bis dato unerklärlicher Interferenzen und Bildstörungen, die vortechnische Wahrnehmungs- und Repräsentationsbeziehung zugrunde gelegt, wurde ihm also unterstellt, es müsse immer die Repräsentation von »etwas« sein, konnte es unversehens zum Leitmedium des Imaginären, des Geisterglaubens oder Spiritismus werden – Edward Burnett Tylors augenzwinkernde Minimaldefinition von Glauben lautete deshalb: »Blessed are they that have seen, and *yet* have believed.«[55] Diente die Photographie hingegen, wie in der »Chronophotographie«, der Röntgenphotographie oder beim photographischen Nachweis von Mikroorganismen, zur Erschließung eines wohl natürlichen, aber bislang unwahrnehmbaren Bereichs, war sie bis an die Grenze des Realen vorgedrungen. Mit der Sichtbarmachung seines »realen« Kerns musste selbst das repräsentative Phantasma schlechthin – die Pest – abtreten, um nun den Phantasmen der Medien-Anthropologie das Feld zu überlassen.[56] Jenseits aller menschlichen Assoziations- oder Repräsentationsmechanismen erreichte so die Photographie einen Raum des »Optisch-Unbewußten«, in dem, wie Benjamin sagt, die historische Differenz von Technik und Magie immer zu verschwinden droht.[57]

Photographie und Film sind Speichermedien, während das Medium Telegraphie überträgt.[58] Wurden seit 1839 in England Telegraphiekabel mit Eisenbahnlinien kombiniert, so hatte man das vortechnische Übertragungsmedium Post, das Mensch- und Briefverkehr im selben Zuge abgewickelt hatte, seinerseits abgewickelt. Der simultane Wechselsprechbetrieb (1853) und die Mehrfachnut-

---

53   Zur Stereoskopie als vollendetes Substitut »natürlichen«, nämlich binokularen Sehens vgl. Anonymus, »Macher's Stereoscopic Books«, in: *Scientific American* 11 (1856), 228, zit. nach: Thomas Hankins und Robert J. Silverman, *Instruments and the Imagination*, Princeton, N. J. 1995, 154.
54   Charles Wheatstone 1852 zu seinem »Pseudoskop«: in »Contributions… Part the Second«, in: Nicholas J. Wade (Hg.), *Brewster and Wheatstone on Vision*, London 1983, 164.
55   Edward Burnett Tylor, »Notes on Spiritualism« (unpubliziert), in: *Collected Works*, Bd. VII.: *Reviews*, London/Tokyo 1994 (Faksimile mit eigener Paginierung), 100. – Vgl. zudem Peter Geimer, »Was ist kein Bild?«, in: ders., *Ordnungen der Sichtbarkeit. Fotografie in Wissenschaft, Kunst und Technologie*, Frankfurt am Main 2002, 313-341. – Zum Folgenden vgl. Étienne-Jules Marey, *Le Mouvement*, préface d'André Miquel, Paris 1994 (EA: 1894), 37, 144.
56   Zu Kochs photographisch ermöglichter bakteriologischer Infektionslehre und ihren epistemischen wie medizinalpraktischen Folgen bis hin zu Alexandre Yersins Entdeckung des Pesterregers vgl. Thomas Schlich, »›Wichtiger als der Gegenstand selbst‹ – Die Bedeutung des fotografischen Bildes in der Begründung der bakteriologischen Krankheitsauffassung durch Robert Koch«, in: Dinges/Schlich 1995, (143-174), v. a. 146ff., 168f.
57   Walter Benjamin, »Kleine Geschichte der Photographie«, in: Benjamin 1991/II. 1, (368-385), 371.
58   Zu dieser Unterscheidung vgl. Friedrich Kittler, »Die Welt des Symbolischen – eine Welt der Maschine«, in: *Draculas Vermächtnis. Technische Schriften*, Leipzig 1993, (58-80), 61 sowie Vilém Flusser, *Kommunikologie*, Mannheim 1996, 264, 271.

zung von Leitungen (1872) übertrafen bereits Kierkegaards Szenario einer einseitigen und »privaten« Offenbarung. Zugleich aber bestätigte sich Kierkegaards Vermutung, mit dem Sprung aus der Vermittlung sei auch der aus der Geschichte zu wagen: Technische Medien – seien es solche der vorzeitigen Einschreibung, solche der zeitbeständigen Speicherung oder der zeit- und raumvernichtenden Übertragung – operieren stets auf einer Ebene, die Geschichte und historische Vermittlung allererst disponiert. Mit jedem neuen Medium ist ein Apriori gegeben, das »historisch« weniger im Sinne der Bedingtheit als der Bedingung ist. Das heißt nicht, dass Medien deswegen auch Ursprünge sind, schließlich tun sie ja nichts weiter, als in einem unvermittelbaren Sinne zu vermitteln. Die Kehrseite dessen, dass die Medien im strikten Sinne »die Geschichte abgeschafft«[59] haben, lautet, dass sie im selben Zuge die Forschung nach Ursprüngen eröffnet haben. Technisch lässt sich freilich nicht von Ursprüngen, sondern allein vom »Realen« sprechen. Genau genommen ist dieses »Reale« nur in Form »reeller« Zahlen zu bestimmen, wofür wiederum bestimmte Notationssysteme und analoge Speichermedien historische Voraussetzung sind.[60]

Ein derartiges Medium, das ohne Übersetzungsmöglichkeit neben das Symbolische und Imaginäre tritt, das weder Zeichen noch Bilder, sondern alleine Spuren registriert, das schließlich Codes decodiert, die kein Mensch je encodiert hat, ein solches Medium des Realen war mit Thomas Alva Edisons Phonograph spätestens seit 1877 gegeben.[61] Mit dieser medialen Trias war der vormalig »ganze Mensch« substituierbar geworden. Edison hatte zudem ein System parallel geschalteter Serien zur Stromversorgung entwickelt, durch das vom zentralen Versorger über das Stromnetz bis hin zu Lichtquelle und Stromzähler nicht nur die unbegrenzte, aber geregelte Ausbreitung der Elektrizität möglich, sondern auch ein System standardisierter, kontrollierbarer und doch unabhängiger Einzelelemente geschaffen wurde – ein System der Ökonomie und Subjektivierung für die Versorger und Verbraucher.[62] Dieses System der elektrisch vermittelten Menschwerdung buchstabierte dann Jean-Marie Villiers de l'Isle-Adams Roman *L'Ève future* (1886) als Lösung der vormals drängenden Vermittlungsprobleme aus: das des Glaubens und das der Liebe. Einerseits ist mit Edisons Androide die Serienreife des »unbegreiflichen Mysteriums« schlechthin bewiesen, nämlich die technische Transsubstantiierbarkeit des Anorganischen in die höhere Form menschlichen Lebens: Der »Organismus der neuen elektromagnetischen Kreatur« ist zugleich als Übertragungs-, Speicher- und Berechnungsmedium konzipiert, insofern er den Geist einer Schlafkranken in einen künstlichen Körper überträgt, Gestenrepertoires und Tonaufnahmen enthält und zudem unbe-

---

59 Marshall McLuhan, »Kultur ohne Schrift«, in: Baltes/Böhler 1997, (68-76), 69.
60 Vgl. Kittler 1993, 68.
61 Edouard Léon Scotts Phonoautograph von 1855 hatte noch keine Wiedergabe, nur eine Aufnahmefunktion. – Vgl. hierzu Kittler 1986, 71.
62 Vgl. Peter Berz, »Das Glühlicht. Kritik der technischen Ökonomie«, in: Peter Berz, Helmut Höge und Markus Krajewski (Hgg.), *Das Glühbirnenbuch*, Wien 2001, (27-133), 71-74.

grenzte gesten- und sprachgenerative Subroutinen anstößt.[63] Ist – andererseits – »die vom Glauben begeisterte magnetische Kraft« Jesu nie im geschriebenen, sondern allein im gesprochenen Wort zur Entfaltung gekommen, wäre der letzte Dienst, den das Medienzeitalter dem absoluten Glauben erweisen kann, das von Jesus selbst gesprochene Evangelium zu phonographieren.[64] Die Medien-Anthropologie dementiert also nicht nur die literarisch kommunizierte Liebe der Empfindsamen oder die Gültigkeit der Schrift, sie widerlegt auch das *proton pseudos* philosophischer Anthropologie und Kulturtheorie: dass es einen Ursprung alles Tradierten und Evolvierten gibt, der seinerseits schriftlich tradiert und somit symbolisch zu visieren ist.

Medien schreiben nicht, wie Herder noch vermutete, die Geschichte menschlicher Vermögensbildung fort, sondern bewirken ganz im Gegenteil deren schlagartiges Ende. Statt den »ganzen Menschen« zu kultivieren, zielen sie auf die Trennung der Sinne und die messtechnische Neuerfassung des Körpers. Wird etwa das Sehen von einer Möglichkeitsbedingung der (wissenschaftlichen) Erkenntnis zu deren Gegenstand, hat nicht nur der symbolische Repräsentationsbegriff (und die Vorstellung einer selbstpräsenten Welt oder unmittelbaren Empfindung) ausgedient, sondern bricht auch die Bastion der Innerlichkeit zusammen. Innen- und Außenwelt bilden seit Müller und Fechner ein einziges Feld experimentell psychophysischer Erforschung. In ihnen ist eine eigengesetzliche Ökonomie der Kräfte am Werk, eine reflexartige, unbewusste oder willkürliche Dynamogenese, der einzig und allein durch die neuen Medien auf die Spur zu kommen ist. Nicht zufällig übernimmt deshalb die Kriminalistik jede mediale Innovation oder schafft sich eine weitere, um ihr Repertoire der Spurensicherung immer weiter zu verfeinern. Das »Auge der hohen Polizei« kann deshalb nur mehr Geschichte oder aber, konkreter, von Gnaden der Medientechnik sein.[65]

Wo das »Entdeckungsmittel« Photographie die »Erforschung übernimmt, Spuren auffindet und fixiert, welche unsere Augen nicht gleich wahrnehmen würden«, dort ist es, wie Alphonse Bertillon feststellt, auch unvermeidlich, »dass die Polizei ihre Methoden der Naturgeschichte und Mathematik entlehnt.«[66] Francis Galton, der Cousin Darwins, Mathematiker, Anthropologe und zudem Erfinder (etwa des *Telotype*, 1850 vorgestellt als »a printing electric telegraph«), übernahm

---

63 Jean-Marie Villiers de l'Isle-Adam, *Die Eva der Zukunft (L'Ève future)*, Frankfurt am Main 1984, 260, 121. – Edison treibt nach seinen eigenen Worten »wahrhaften Spiritismus«, so wie er sich nach Carl du Prel überhaupt als Anthropologe *und* technischer Innovator ausgewiesen hat, gilt doch, dass »derjenige der größte Erfinder sein muß, der die tiefste Menschenkenntnis besitzt, also der Okkultist« (Du Prel 1899, 18f.).
64 Ebenda, 32, 19f.
65 Wilhelm Raabe, *Der Lar. Eine Oster-, Pfingst-, Weihnachts- und Neujahrgeschichte*, in: Sämtliche Werke, Bd. XVII., Göttingen 1966, (221-395), 277. – Raabes Erzählung handelt von einem ehemaligen Porträtmaler, der über die Panoramamalerei zur polizeilichen Leichenphotographie gekommen ist.
66 Alphonse Bertillon, *Die gerichtliche Photographie. Mit einem Anhange über die anthropometrische Classification und Identifizirung*, Halle an der Saale 1895, 52f., 37.

von William Herschel, britischer Kommissar in Indien, die Technik der Daktyloskopie und setzte sie zur Beschleunigung der erkennungsdienstlichen Maßnahmen bis zur Jahrhundertwende in Großbritannien durch. Er baute dabei auf längst beobachtete Eigenschaften der Fingermaserungen: auf deren individualhistorische Beständigkeit und auf die Einmaligkeit und Klassifizierbarkeit ihres Musters. Ist beim Fingerabdruck tatsächlich Talbots »pencil of nature« am Werk, sind die »ridges« mit der Daktyloskopie zu »the most important of all anthropological data« geworden.[67] Aus den zeremoniellen oder kontaktmagischen Gebräuchen der Eingeborenen oder »Wilden« wird eine kriminalistisch-anthropologische Technik, die durch Erfassung von »minutae« und ihren Kombinationen restlose Individualisierung verspricht. Und durch diese Wendung hin zum Mikroskopischen, zum »Realen«, weil weder Zeichen- noch Gestalthaften, bietet sie im Gegensatz zu Bertillons anthropometrischem Signalement nicht bloß Wahrscheinlichkeit, sondern absolute Gewissheit.[68]

So gesehen arbeitet der medial aufgerüstete Untersuchungsrichter ebenso wie der Naturwissenschaftler mit seinen Instrumenten an der Erhellung eines dunklen Ursprungs, dessen Existenz ihm überhaupt erst die Medien erschlossen haben. »Er hat also Effekte vor sich und soll die Kräfte bestimmen, die sie bewirkt haben, ebenso wie der Physiker, der Erscheinungen in der Natur erklärt.«[69] Dieses »*Aufmerken auf die Dinge, die verdeckt werden wollen*«, ist subjektive Voraussetzung dafür, der »Wichtigkeit des Realen« im Ermittlungsprozess gerecht zu werden.[70] Objektive und technische Bedingung sind die Messung, die Aufnahme, die Speicherung und die Klassifikation der Ermittlungsdaten, mithin ihre mediale Aufbereitung.[71] In der Kriminalistik ist die Anthropologie somit zu einem Spurensicherungsverfahren geworden, das die älteren anthropologischen Messungs- und Experimentalmethoden den Standards der Medientechnik und somit einem Menschen angeglichen hat, dessen Individualität, dessen Konformität oder Devianz an keiner Vermögensordnung mehr zu bemessen ist. Individualität zerfällt in verräterische Merkmale und Signalements.[72]

67 Francis Galton, *Finger Prints*, New York 1965, 2. – Zum Folgenden Vgl. ebenda, 22, 90.
68 »*By itself it is amply sufficient to convict*. Bertillonage can rarely supply more than grounds for very strong suspicion: the method of finger prints affords certainty.« (ebenda, 167f.)
69 Hans Groß, *Handbuch für Untersuchungsrichter als System der Kriminalistik*, München 1908, 258.
70 Hans Groß, *Kriminalistische Tätigkeit und Stellung des Arztes*, Bd. I. von: Paul Dittrich (Hg.), *Handbuch der ärztlichen Sachverständigen-Tätigkeit*, Wien/Leipzig 1908, 29, 14.
71 Hans Groß – im deutschen Sprachraum an der Jahrhundertwende der führende Kriminologe – nennt auch Mareys und Muybridges Serienphotographie als Voraussetzung der kriminalistischen Ursprungsforschung. Denn nur mit ihrer Hilfe und der nötigen anatomischen und physiologischen Kenntnis sei es möglich, den blinden Augenblick beim Zustandekommen einer Spur zu erforschen, um diese dann als Indiz auszuwerten. (vgl. ebenda, 131f.)
72 »Den kuriosen Höhepunkt dieser Methoden bildete das ›funktionelle‹ und ›psychische Signalement‹ des Chefs der römischen Polizeischule Salvatore Ottolenghi. Es untersuchte und klassifizierte willkürliche, automatische und unwillkürliche Bewegungen sowie Seh-, Riech-, Geschmacks- und Gehörfunktionen, Gedächtnis, Perzeptionsfähigkeit und Einbildungskraft u. a. mittels Dynamometer, Dynamograph und Ergograph.« (Milos Vec, *Die Spur des Täters. Methoden der Identifikation in der Kriminalistik 1879-1933*, Baden-Baden 2002, 23).

Somit war es nur folgerichtig, den Ursprung und das Wesen des Menschen auch über die Geschichte seiner fortgesetzten Technisierung zu erforschen. Bereits in Gustav Klemms *Allgemeiner Culturwissenschaft* (1858) sind es nicht mehr »kulturelle Zeugnisse« in Form »schriftlicher Denkmale«, die die zusehends »complicirten Maschinen« und damit die Geschichte von Mensch und Kultur erklären, sondern vielmehr wird der technische Standard zum *explanans* für die schriftliche Tradition.[73] Menschenbildung fällt mit technischer Evolution in eins, schon weil nach Ernst Kapps *Grundlinien einer Philosophie der Technik* (1877) mit jeder »organisch projizierten« Maschine ein Rückwirkungsprozess ausgelöst wird, von dem nicht nur das technische Vermögen, sondern auch jede menschliche Reflexionsleistung abhängt. Bei der Selbstbeschreibung einer technisch und medial aufgerüsteten Gesellschaft sind es freilich immer wieder menschliche Ursprünge, die dem Gang der Geschichte voranstehen: Zwar kann die Geschichte erst mit Werkzeugen und Techniken, mit Projektionen, beginnen, doch ist jede technische oder mediale Errungenschaft als Ausdehnung des Organischen zu verstehen. Der Eisenbahnverkehr entspricht in diesem Sinne einer Projektion der Blutzirkulation, das telegraphische System der Projektion des Nervensystems.[74]

Mediale Effekte, die bei Kierkegaard noch göttliche Emanationen waren, können im Zuge dieser medien-anthropologischen Übercodierung als ursprüngliche Naturerscheinungen gelten, zu denen die neueren Medien und Naturwissenschaften erst nachträglich Aufschluss geliefert haben. Mittels eines »odischen« Trägers, schreibt du Prel, sei die »psychische Essenz des Menschen« exteriorisierbar geworden, weswegen die Röntgenstrahlen eine Projektion des Hellsehens darstellen und die elektromagnetischen Wellen der Telegraphie die Telepathie technisch implementieren.[75] Ganz wie die zeitgenössische Ethnologie kann du Prel deshalb behaupten: »Magie ist unbekannte Naturwissenschaft«, die nur noch nicht ihre Gesetze gefunden hat. »Die Magie ist im ersten Stadium unbewußte Anwendung unbekannter Kräfte; sie wird dann zur bewußten Anwendung unerforschter Kräfte, wobei der Magier selbst wohl noch der Meinung sein kann, ein wunderwirkendes Ausnahmewesen zu sein; im letzten Stadium aber wird sie bewußte Anwendung erforschter Kräfte. Damit ist ihre Naturgesetzlichkeit eingesehen, und sie bildet sodann einen Bestandteil der Wissenschaft, der Physik und Psychologie.«[76]

---

73 Vgl. Gustav Klemm, *Werkzeuge und Waffen. Ihre Entstehung und Ausbildung*, in: *Allgemeine Culturwissenschaft. Die materiellen Grundlagen menschlicher Cultur*, Leipzig 1978, 3.
74 Vgl. Ernst Kapp, *Grundlinien einer Philosophie der Technik. Zur Entstehung der Cultur aus neuen Gesichtspunkten*, Braunschweig 1877, 136, 139, 147. – Kapps Technikphilosophie verfährt insofern weiterhin kulturhistorisch, als sie in Zweifelsfällen der Datierung sich auf die »ethnographische« Bestimmung der das Werkzeug betreffenden Sprachwurzeln beruft. (vgl. ebenda, 152.)
75 Vgl. Carl du Prel, *Die Magie als Naturwissenschaft*, Bd. I.: *Die magische Physik,* Jena 1899, 20f., 23f., 63, 85.
76 Ebenda, 8. – Du Prels »Monismus«, demzufolge in der Natur alles auf alles wirkt, projiziert, wie man in Umkehrung der Umkehrung sagen könnte, das auf seine okkulte Wissenschaft zurück, was man in der zeitgenössischen Ethnologie auf die Kolonialvölker als »primitives Bewusstsein« projiziert hatte.

Die repräsentativen oder kommunikativen Medien der vorvergangenen Jahrhunderte hatten im »ontotheologischen« oder »ontosemiologischen« Sinne noch etwas zu vermitteln – sei es die göttliche Präsenz in der christlichen Gemeinde oder aber ein transzendentales Signifikat *des* Menschen oder *des* Staates. Die technischen Medien indes vermitteln letztlich nichts anderes als andere Medien, sie vermitteln einen infiniten Regress der Vermittlung, der kulturwissenschaftlich die Gestalt von geschichtlich bedingter Geschichte, kulturell evolvierenden Kulturformen oder anthropologischen Ursprüngen des Menschen annehmen kann.[77] Doch zwingen sie auch dazu, die Schnittstelle zwischen Natur und Kultur nicht nur repräsentativ zu belegen oder begrifflich aufzuheben, sondern als Gegenstand, oder besser: Fluchtpunkt historischer Forschung zu begreifen.

Wie im Denken und in der (spiritistischen) Praxis Edward Burnett Tylors, des Begründers der britischen *anthropology*, offenkundig wird, sind der »Animismus« der »Primitiven« und der »Spiritismus« der »Medienmenschen« Komplementärphänomene, genauso wie die Signale technischer Medien und die Kommunikationscodes primitiver Gesellschaften.[78] Beide sind Effekt von Übertragungen, als deren Paradigma sich rückblickend die telegrafische Technik und die Theorie elektromagnetischer Wellen benennen lässt. Gesellschaften wie die »Society for Psychical Research« – der Kapazitäten wie die Physiker Crookes und Lodge oder der Übertragungstheoretiker Freud angehörten – untersuchten deshalb spiritistische Medien und deren kommunikative Begabungen. Was dem Verlauten nach zur Entdeckung einer psychischen Grundkraft führen sollte, verdankte sich letztlich nur dem diskursiven Defizit, das die klassische Physik unter dem Medien-Apriori der Elektrizität aufwies.[79] Nachdem Faraday die Elektrizität von der Vorstellung einer Teilchenbewegung gelöst und als Aufspannung eines Übertragungsfeldes beschrieben und überdies Helmholtz die »reelle« Funktion des Elektromagnetismus nachgewiesen hatte, schien sich der Ursprung der Elektrizität in den asignifikanten und abstrakten Bereich messbarer Daten und schaltbarer Kreise zurückgezogen zu haben. Doch gerade als unanschreibbare und

---

77 Erst in einer Geschichte der technischen Medien selbst und ihrer transzendental-historischen Funktion wird dieser Regress mit der Ursprungsgeschichte von Medien hintergangen werden. – Vgl. hierzu etwa Harold A. Innis, »Tendenzen der Kommunikation« (1949), in: Karlheinz Barck (Hg.), *Harold A. Innis – Kreuzwege der Kommunikation. Ausgewählte Texte*, Wien/New York 1997, 95-119.

78 Tylor kündigt deswegen eine »curious ethnograpic history« des Spiritismus an, nicht allerdings ohne den Hinweis: »But the modern medium may also introduce into spiritual converse arts unknown to savage life, spelling and writing. […] The device of an alphabet of counted raps, 1 for A, 2 for B, &c., was adopted in America to communicate between disembodied spirits. Scientific spirits, it is alleged, and especially Franklin's spirit, have contrived to adapt electro-magnetic vital forces to produce the rapping sound.« (Edward Burnett Tylor, »On the Survival of Savage Thought in Modern Civilization«, in: *Notices on the Proceedings at the Meetings of the Members of the Royal Institution of Great Britain […]*, Bd. V.: *1866-69*, o. O. 1869, (522-535), 526.) – Vgl. hierzu auch Cesare Lombroso, *Hypnotische und spiritistische Forschungen*, Stuttgart 1909, 195.

79 Vgl. Hagen in: Maresch/Werber 1999, 157. – Zum Folgenden vgl. auch ebenda, 153-155, 167f.

unanschauliche Energie zeitigte die Elektrizität der technischen Medien beispiellos imaginäre Wirkungen.

Dazu rechnet zum einen die angebliche lebensspendende Kraft der Elektrizität, so wie sie in der »Elektrokultur« oder »Elektrotherapie« genutzt werden sollte[80]; neben diese vitalistische Heilkraft trat das Heilige oder Numinose der Elektrizität[81]: als das Reale oder Reelle, als das Unverfügbare schlechthin, das dennoch übertragen werden soll, als singuläre Kategorie *a priori*, schließlich als das, was die Primitiven ebenso wie die Medienmenschen disponiert, was ihre Vermittlungsleistungen oder Medien in Beschlag nimmt. So gesehen kamen gerade in der Epoche des Nachsymbolischen oder Anschauungslosen die »heiligen« Praktiken der vorsymbolischen oder »primitiven« Epoche in den Blick. »Das Heilige«, so sehr es selbst Effekt von Medientechniken ist, erscheint als Medium schlechthin.[82] Galt etwa das Licht von jeher als ursprüngliches, göttliches und damit im weitesten Sinne »heiliges« Medium, wurde es im 19. Jahrhundert mit der Bogenlampe zur Angelegenheit der Elektrizitätsversorgung.[83] Deswegen wird in Romanen wie Jules Vernes *Paris im 20. Jahrhundert* nicht nur die Aufklärung zu einer Frage der Beleuchtungstechnik. Gerade das elektrische Licht, das hier »jede Raum- und Zeitordnung und jede Arbeits- und Gesellschaftsordnung« durchdringt und umformt, das medientheoretisch gesprochen als eine Art erstes Medium keine weiteren Medien, nichts weiter als sich selbst enthält, kann als das reinste und ursprünglichste Medium gelten.[84] So gesehen ist der für das bloße Auge blasphemische Kult der Elektrizität nur eine mediale Kryptomorphose der Eucharistie, des vormals reinsten Mediums: »Auf dem Altar glitzerten elektrische Lichter und aus der Monstranz, die von der Hand des Priesters hochgehoben wurde, schlüpften Strahlen von derselben Beschaffenheit! ›Immer wieder die Elektrizität‹, wiederholte der Unglückliche, ›sogar hier!‹«[85]

Kulturen und Kulte mitsamt ihrer symbolischen und imaginären Komponenten sind nicht mehr nur Gegenstand einer Kulturgeschichte, sondern auch einer Mediengeschichte. Die Warburg-Schule etwa erforscht das »Problem des Nachlebens der Antike« auf dem Umweg über außereuropäische, »primitive« Kulturen, um »die europäische Geschichte mit den Augen eines Anthropologen zu sehen.«[86] Der kulturevolutionäre Schritt von »der mythisch-fürchtenden zur

---

80   Wolfgang Schivelbusch, *Lichtblicke. Zur Geschichte der künstlichen Helligkeit im 19. Jahrhundert*, München 1983, 74, 76.
81   Vgl. hierzu etwa Rudolf Ottos Studie über *Das Heilige* (1917), in der er an einer transzendentaltheoretischen Bestimmung des Heiligen als das bedingende Irrationale arbeitet. Das Heilige ist somit »eine Kategorie *rein a priori*«, ein rein Geistiges, das evolutionär (oder sensualistisch) gar nicht erklärbar sein kann. (Rudolf Otto, *Das Heilige. Über das Irrationale in der Idee des Göttlichen und sein Verhältnis zum Rationalen*, München 1997, 137.)
82   Vgl. hierzu Kittler, in: Kamper/ Wulf 1997, 157 und Vilém Flusser, »Nomadische Überlegungen«, in: *Medienkultur*, Frankfurt am Main 1997, (150-159), 156 sowie McLuhan 1995, 82.
83   Vgl. hierzu Schivelbusch 1983, 74, 113ff.
84   McLuhan 1995, 90.
85   Jules Verne, *Paris im 20. Jahrhundert*, Frankfurt am Main 1998, 178.
86   Fritz Saxl, »Warburgs Besuch in Neu-Mexiko« (1929/30-1957), in: Aby Warburg, *Ausgewählte Schriften und Würdigungen*, Baden-Baden 1979, (317-326), 317.

wissenschaftlich-errechnenden Orientierung des Menschen«[87] führt sie aber zunächst auf symbolische Formen, die nach Ernst Cassirers Formel nicht sowohl im Sinne eines Substanz- als eines Funktionsbegriffs zu verstehen sind. Für primitive Kulte wie den des Opfers gilt dann etwa, dass sie »nicht nur als *Medien* erscheinen, die die Extreme des Göttlichen und Menschlichen miteinander vermitteln, sondern daß sie den Gehalt dieser beiden Extreme erst feststellen, daß sie ihn erst *finden* lehren.«[88] Erst im Lichte einer medialen Apparatur wie dem Blitzableiter Franklins wird Warburg dann feststellen, was die Indianer Neu-Mexikos mit den Menschen der Neuen Welt in beider Trennung doch verbindet: Zwar ist die Elektrizität der Tod nicht nur der – symbolischen – Kultur, sondern auch *des* Menschen mit seinem »Andachtsraum oder Denkraum«. Doch verschafft sie, als Übertragungsphänomen, der Anthropologie eine methodische Prämisse: die einer Rückkopplung zwischen Mensch und Medien.[89]

2. Kulturevolution als Geschichte einer Verkennung

Seitdem die Kulturgeschichte unter technischen Bedingungen betrieben wird, erscheint auch eine Kulturgeschichte der Technik denkbar, ja Kultur erscheint geradezu als Projektion technischer Realitäten. Doch hat sie nicht nur in diesem Sinne einen realen Ursprung. War schon die Magie »primitive Naturwissenschaft«, oder exakter: Naturbeherrschung, so dient Kultur im Horizont der Kulturgeschichte überhaupt als Mittel dafür, jenes Reale der »Natur« zu beherrschen, von dem sie ursprünglich beherrscht wurde. Die Kulturgeschichte ist deshalb auf eine Entwicklungslehre verpflichtet, die das natürliche Werden der Kultur zu denken vermag. Methodisch bedeutete diese Verpflichtung: Die »Evolution« als möglichst rein natürliche zu denken, damit der Entwicklungssprung namens Kultur, damit also das Andere der Natur von seinen »realen« Ursprüngen her begriffen werden kann. Bereits in Linnés Klassifikationssystem von 1735, das den *homo sapiens* als letzte Stufe einer Folge von Primaten ansetzte, wurde eine Verkettung der Arten ausgearbeitet, 50 Jahre später wurden auch die Fossilien evolutionär klassifiziert, bis sich schließlich die vergleichende Anatomie mit der Ethnographie verband, so dass der Evolutionismus als Wissenschaft vom Leben und seinem Werden allmählich zur Leitdisziplin aufsteigen konnte.[90] Hatte schon Buffon auf den natürlich beschränkten Nahrungsmittelvorrat hingewiesen, war

---

87 Aby Warburg, »Kulturwissenschaftliche Bibliothek Warburg« (Vortrag vom 21. August 1921 vor dem Kuratorium), in: ebenda, (307-309), 307.
88 Ernst Cassirer, *Philosophie der symbolischen Formen*, Bd. II.: *Das mythische Denken,* Darmstadt 1994, 275.
89 »Der im Draht eingefangene Blitz, die gefangene Elektrizität, hat eine Kultur erzeugt, die mit dem Heidentum aufräumt. […] Telegramm und Telephon zerstören den Kosmos. Das mythische und das symbolische Denken schaffen im Kampf um die vergeistigte Anknüpfung zwischen Mensch und Umwelt den Raum als Andachtsraum oder Denkraum, den die elektrische Augenblicksverknüpfung mordet.« (Aby Warburg, *Schlangenritual. Ein Reisebericht*, Berlin 1988, 56.)
90 Vgl. hierzu André Leroi-Gourhan, *Hand und Wort. Die Evolution von Technik*, Sprache und Kunst, Frankfurt am Main 1988, 20f.

es Malthus, der für menschliche Populationen das Prinzip des Kampfes ums Dasein formulierte. In seinen *Principles of Geology* (1830-33) applizierte Charles Lyell den *struggle for existence* auf seine geologische Klassifikation der Gesteinsschichten: Nun schien die Erde unter dem fortwährenden Einfluss unterirdischer Kräfte zu stehen, unter der Gewalt von Erosion, Sedimentierung und Plattenbewegung. Spätestens seit Roger Chambers *Vestiges of Creation* (1844) war dann für die Geologie eine naturimmanente Ursächlichkeit selbstverständlich und ganz nebenbei auch die biblische Zeitrechnung zu einer bloßen Dichtung geworden.

Zum selben Zeitpunkt beschäftigte sich Alfred Russell Wallace mit Malthus' Theorie, ehe er auf Malaysia ethnologische Forschungen zur Entstehung der Menschenrassen aufnahm und dabei – angeblich im Delirium einer Malaria-Infektion – die *natural selection* noch vor Darwin konzipierte. In seinen Studien bestritt Wallace die tradierte Konstanz der Arten, die man dadurch belegt glaubte, dass gezüchtete Arten zur »normal form of the parent species« zurückkehren. Wallace unterstrich, »that there is a general principle in nature which will cause many *varieties* to survive the parent species, and to give rise to successive variations departing further and further from the original type«.[91] Insbesondere in freier Wildbahn lasse sich die natürliche Entstehung und Vererbung neuer Arten beobachten, ein unablässiges Werden, in dessen Zuge Varietäten die ursprünglichen Arten überflügeln und ihrerseits überflügelt werden. Charles Darwin berief sich in *Origin of Species* (1859) auf Lyell, Jean-Baptiste Lamarck und Malthus, zunächst aber auf W. C. Wells, der in einem Aufsatz von 1813 erstmals das Prinzip der *natural selection*, der »natürlichen Zuchtwahl«, gedacht, obschon nur auf einzelne menschliche Rassenmerkmale gemünzt habe.

Da viel mehr Individuen jeder Art geboren werden, als möglicherweise fortleben können, und demzufolge das Ringen um Existenz beständig wiederkehren muss, so folgt daraus, dass ein Wesen, welches in irgend einer für dasselbe vorteilhaften Weise von den übrigen, so wenig es auch sei, abweicht, unter den zusammengesetzten und zuweilen abändernden Lebensbedingungen mehr Aussicht auf Fortdauer hat und demnach von der Natur zur Nachzucht gewählt *werden wird. Eine solche zur Nachzucht ausgewählte Varietät ist dann nach dem strengen Erblichkeitsgesetz jedesmal bestrebt, seine neue und abgeänderte Form fortzupflanzen.*[92]

Wie Darwin eingestand, war ihm die lamarcksche Vererbung erworbener Eigenschaften noch ebenso unerklärlich wie das allgemeine Gesetz der Vererbung und die Gesetze der Variabilität. Er mutmaßte, schnell variierende Lebensbedingungen hätten eine Rückwirkung auf den Organismus und besonders die Fortpflanzungsorgane, aber auch der Gebrauch oder Nicht-Gebrauch von Organen könne deren Variabilität bedingen.[93] Seinem eigenen Begriff der *natural*

---

91   Alfred Russell Wallace, »On the tendency of varieties to depart indefinitely from the original type«, in: Alfred Russell Wallace u. Charles Darwin, *Evolution by Natural Selection and Tropical Nature. Essays on Descriptive and Theoretical Biology*, London/New York 1971, (268-279), 268f.
92   Charles Darwin, *Über die Entstehung der Arten durch natürliche Zuchtwahl oder Die Erhaltung der begünstigten Rassen im Kampfe um's Dasein*, Stuttgart 1899, 24.
93   Vgl. ebenda, 26, 60, 186, 32. – Vgl. zudem Charles Darwin, *Die Abstammung des Menschen und die geschlechtliche Zuchtwahl*, Stuttgart 1902, 36.

selection zog Darwin Spencers Begriff des *survival of the fittest* als noch »zutreffender« vor und erklärte, »dass ich diesen Ausdruck in einem weiten und metaphorischen Sinne gebrauche, unter dem sowohl die Abhängigkeit der Wesen von einander, als auch, was wichtiger ist, nicht allein das Leben des Individuums, sondern auch Erfolg in Bezug auf das Hinterlassen von Nachkommenschaft einbegriffen wird.«[94] Der Malthusianismus verschärft sich, sobald er auf das Tierreich übertragen wird, ist hier doch weder Enthaltsamkeit noch die künstliche Vermehrung von Nahrungsmitteln möglich. Zwar vermögen niedere Tiere in ökologischen Nischen zu überleben, wenn sie sich dort mit ihrer bescheidenen Lebensform optimal angepasst haben, doch insgesamt richtet sich die Natur nach dem Leitsatz, die höheren Formen und damit »die grösste Summe von Leben« durchzusetzen. Sie erreicht dies, so Darwin in Anschluss an Spencers evolutionäre Doktrin, nicht durch eine teleologische Ausrichtung an absoluter Vollkommenheit, sondern durch die größtmögliche Differenzierung und Integration.[95]

Diese allgemeine Theorie der Evolution im Rücken, versprach Darwin am Schluss von *Origin of Species*: »Licht wird auf den Ursprung der Menschheit und ihre Geschichte fallen.«[96] In *The Descent of Man* (1871) bestimmte Darwin dann den *moral sense* oder das Gewissen als *differentia specifica* der menschlichen Gattung. Höhere Tiere besitzen zwar soziale Instinkte, kommen in ihrer intellektuellen Entwicklung aber nicht weit genug, um diesen Instinkt in ein moralisches Vermögen umzuwandeln. Obschon er damit die Frage nach dem Initialvermögen, nach einer ersten instituierenden oder kulturbildenden Kraft nicht abschließend beantwortet, schreibt es Darwin der begriffsbildenden Kraft der Sprache zu – einem bereits bei den Tieren wirksamen Vermögen.[97] Bereits im Tierreich herrsche eine gewisse »Sympathie« und Solidarität vor. »Diese Gefühle und Dienste erstrecken sich aber durchaus nicht auf alle Individuen derselben Species, sondern nur auf die derselben Gemeinschaft.«[98] In dieser Hinsicht stehen »Primitive« und Tiere auf ein und derselben evolutionären Stufe, über die hinaus zu kommen erst möglich wird, sobald die Sympathie die Grenzen des Stamms oder der engeren Gemeinschaft überschreitet – sobald sie sämtliche Menschen aller Nationen und »Rassen« einbegreift. Die Vermögen, die im *moral sense* zusammenschießen, können, wie Darwin betont, schwerlich auf lamarckistische Weise als erworbene Eigenschaften weitervererbt werden, weil gerade die »Moralische-

---

94   Darwin 1899, 81f. – Vgl. zudem ebenda, 98f.
95   Vgl. ebenda, 145, 232, 132f.
96   Ebenda, 564.
97   Vgl. Darwin 1899, 106, 108. – Vgl. hierzu auch ebenda, 117. – Darwins Sprachtheorie entwirft eine allgemeine Linguistik und Theorie des Ausdrucks, der Gesten und Rede, die auch schon Tiere bis zu einem gewissen Stadium ausgebildet hätten. Die Evolution des Ausdrucks beschleunige sich erst beim Menschen durch dessen expressiven Umgang mit dem ganzen Körper. (vgl. hierzu allgemein und in Vergleich mit der Sprachkonzeption Tylors: Joan Leopold, »Anthropological perspectives on the origin of language debate in the nineteenth century: Edward B. Tylor and Charles Darwin«, in: Joachim Gessinger und Wolfert von Rahden (Hgg.), *Theorien vom Ursprung der Sprache*, Bd. II., Berlin 1989, (151-176), v.a. 163-168.)
98   Darwin 1899, 108. – Zum Folgenden vgl. ebenda, 135.

ren« mit ihrer höheren »Opferbereitschaft« sich durch geringeren Nachwuchs auszeichnen, längerfristig also aussterben müssten.[99] Deshalb postuliert Darwin ein »allgemeines Bestes«, an dem sich kulturtaugliches Verhalten orientiert.

Dieses »allgemeine Beste«, hinsichtlich dessen Darwin offen lässt, ob es sich um einen evolutionär-teleologischen Zielpunkt, um eine praktische Richtschnur oder ein umfassendes regulatives Prinzip handelt, folgt jedoch keineswegs der Idee eines allgemeinen Glücks der Menschheit. Es entspricht vielmehr der allgemeinen Wohlfahrt, oder evolutionistisch präzisiert: der Bildung »der größtmöglichen Zahl von Individuen in voller Kraft und Gesundheit und mit allen Fähigkeiten in vollkommener Ausbildung, und zwar unter den Lebensbedingungen, denen sie ausgesetzt sind.«[100] In diesem Stadium treten schließlich moralische und allgemein »kulturelle« Faktoren vor den Kampf ums Dasein. Darwins evolutionäres Prinzip der *natural selection* verliert mehr und mehr an Geltung, je näher er der Frage kultureller Ursprünge kommt. Und es sollte in eine fundamentale Krise geraten, als man »immer nachdrücklicher versuchte, die Darwinsche Lehre auch auf die Entwicklung der menschlichen Gesellschaft zu übertragen.«[101] Auch Wallace betonte, dass die natürliche Zuchtwahl im Stadium höherer intellektueller Entwicklung außer Kraft gesetzt sei, und Thomas Henry Huxley zufolge unterliegt sie der Korrektur durch einen höheren außerbiologischen Entwicklungsprozess, so dass letztlich zwischen *Evolution and Ethics* (wie der Titel seines Essays von 1894 lautet) eine unüberbrückbare Kluft stehe. Ohne den Sprung von der Natur zur Kultur begrifflich erfassen zu können, erschöpft sich der Evolutionismus auf der Seite der Kultur immer schon in Walter Bagehots Doktrin: »Here physical causes do not create the moral, but moral create the physical«.[102]

Das evolutionistische Denken des 19. Jahrhunderts, dem die älteren Entwicklungsentwürfe auf ganzer Linie weichen mussten, betrachtete nicht nur Darwins *Origin of Species* als sein Gründungsdokument. Mit der öffentlichen Kontroverse, die in den frühen 1860er Jahren zwischen dem anglikanischen Bischof Wilberforce und Huxley ausgefochten wurde, schien es als wissenschaftliche Disziplin allererst zur Welt gekommen, während es den weniger empirisch als spekulativ-systematisch arbeitenden Evolutionisten Herbert Spencer als seinen Vater sah. Bereits in *Principles of Psychology* (1855) hatte Spencer die biologische Evolution mit der Bewusstseinsbildung verknüpft, um daraufhin Evolution rein formal als Entwicklung vom Einfachen zum Komplexen zu fassen, als Prozess einer fortgesetzten Differenzierung und wachsenden Heterogenität, die durch gesteigerte

---

99 Vgl. hierzu Eve-Marie Engels, »Darwins Popularität im Deutschland des 19. Jahrhunderts. Die Herausbildung der Biologie als Leitwissenschaft«, in: Achim Barsch und Peter M. Hejl (Hgg.), *Menschenbilder. Zur Pluralisierung der Vorstellung von der menschlichen Natur (1850-1914)*, Frankfurt am Main 2000, (91-145), 104.
100 Ebenda, 133. – Zum Folgenden vgl. ebenda, 700.
101 Rudolf Goldscheid, *Darwin als Lebenselement unserer modernen Kultur*, Wien/Leipzig 1909, 9.
102 Walter Bagehot, *Physics and Politics or Thoughts in the Application of the Principles of ›Natural Selection' and ›Inheritance' to Political Society*, London 1873, 11.

Kohärenz und Integration ausgeglichen wird. In seinem umfassenden System wurde der Anpassungsprozess schließlich nicht allein der organischen Welt, sondern der Materie überhaupt zugeschrieben, so dass Spencer eine kontinuierliche Entwicklung von der Materie zum Leben bis zum Denken, eine Entwicklung in Richtung höherer Kohärenz also, ansetzen konnte, der freilich eine immerzu drohende Tendenz zur Auflösung widerstreite. Spencers *Social Statics* (1850) hatten noch eine Theorie der Vermögensbildung und Zirkulation entfaltet, in der die größtmögliche *happiness* mit dem erschöpfenden Gebrauch der Vermögen zusammenfiel.[103] »Wilde« befinden sich dieser Konzeption zufolge noch im Stadium der Selbstverteidigung und des Überlebenskampfes, ehe fortgebildete Vermögen und Sympathien wirksam werden. Auch in dieser Stadientheorie werden bei Höherentwicklung ältere Funktionen überholt, und auch hier vollzieht sich der Sprung von der Natur zur Kultur durch Entstehung eines moralischen Vermögens, wobei gerade die Moral zunächst Entwicklungshemmungen zeitigen kann.[104]

Für die *Principles of Psychology* stützte sich Spencer dann auf Lamarcks Vererbungslehre und die Vermögenstheorie der englischen Assoziationisten, ehe er das Projekt einer evolutionistischen »Synthetischen Philosophie« in Angriff nahm.[105] Differenzierung kommt hier Darwins günstigen Abänderungen auf animalischem Niveau und der Arbeitsteilung auf der Ebene menschlicher Vergesellschaftung gleich. An deren – zu Spencers Zeit erreichten – Endpunkt steht dann nicht mehr die *natural selection*, sondern die Anpassung an »überorganische« Maßgaben der Kooperation im Vordergrund, so dass die Tauglichsten die *morally fit* und die Altruistischen die Starken darstellen. Der freie Markt und die industrielle Gesellschaft bilden damit das höchste Stadium der Evolution allgemein und der Menschheit im Besonderen – »personal superintendence becomes merged in universal immanence«.[106] Zur Elimination der Unangepassten bietet sich nun die Alternative einer Verinnerlichung von sanktionierten Gewohnheiten oder Verhaltensregularien. Nachdem Spencer seinen globalen evolutionistischen Entwurf bis in dieses Stadium durchdekliniert hatte, wandte er sich wie in *Ceremonial Institutions* (1878) auch regelrecht kulturhistorischen Fragen zu. Zeremonien sind hier »natural manifestations of emotion«, die bereits bei vormenschlichen Lebewesen und Wilden gesellschaftsbildend wirken, ehe sie durch religiöse und politische Institutionen abgelöst werden und dann nur mehr zur ritualisierten Verinnerlichung, zur Polizierung also, dienen.[107] Spencers Evolutionismus deckt

---

103 Vgl. Herbert Spencer, *Social Statics* [...], London 1868 (EA: 1850), 502, 509.
104 Vgl. ebenda, 453, 475f.
105 Das evolutionistische Prinzip ist hier keine methodische Analogie, die sich bei der Beobachtung unterschiedlicher Bereiche aufdrängt. »Evolution becomes not one in principle only, but one in fact. There are not many metamorphoses similarly carried on; but there is a single metamorphosis universally progressing, wherever the reverse metamorphosis has not set in.« (Herbert Spencer, *First Principles*, London 1867, 546.) So kann gelten, dass der menschliche Urzustand, die unterschiedslose Horde, dem einfachen Organismus, einem undifferenzierten biochemischen Aggregat, entspricht.
106 Ebenda, 552. Vgl. auch ebenda, 549, 544.
107 Vgl. Herbert Spencer, *Ceremonial Institutions*, London 1879, 4, 20f, 225.

mithin – dem Anspruch nach – ein umfassendes, von der Geologie über die Biologie bis hin zur Anthropologie und Soziologie reichendes Feld ab, zur Lösung der mit Darwins *Origin* und *Descent* aufgeworfenen Fragen gelangt er indes nicht.

Im Spannungsfeld zwischen Spencers evolutionärem Fortschritt und Darwins ungerichteter Selektion siedelten sich die evolutionistischen Kulturtheorien an, um das Entstehen und Bestehen »wilder«, oder wie es evolutionistisch hieß, »primitiver« Gesellschaften zu erforschen. Wie Henry Maines Studie zum *Ancient Law* (1861) verstanden sich diese Theorien von vornherein als Evolutionstheorie nicht der Natur, sondern der Kultur. Sie fundierten deshalb immer schon soziale Ursprungskonzeptionen und Revolutionstheorien wie den marxschen Ökonomismus.[108] Maines Werk etwa beschreibt mit den Mitteln der *legal studies* den Übergang von der Blutsbande zur territorialen Verbindung und den vom »Status« zum »Vertrag«, wobei die archaischen Institutionen einer Verwandtschaftsorganisation in *descent groups* durch die Einführung des Privateigentums evolutionär überholt worden, aber in gleichsam fossiler Form erhalten geblieben seien. Unter diesen methodischen Bedingungen, und das war entscheidend, konnte es prinzipiell auch auf anderen anthropologischen Forschungsgebieten möglich sein, die menschliche Evolution durch die Klassifikation kultureller Residuen bis auf ihren Nullpunkt hin zurückzuverfolgen.

Pitt-Rivers (alias Augustus Lane-Fox) sammelte seit 1851 archaische und »primitive« Waffen, die er im Oxforder Pitt-Rivers Museum dann entsprechend ihrer evolutionären Komplexität, und nicht nach geographischen oder ethnischen Kriterien ordnete. Diese »komparative Methode« konstruierte eine rein hypothetische evolutionäre Abfolge ohne belegbare Anhaltspunkte für tatsächliche kulturelle Kontakte oder Übertragungen, versuchte aber unter Annahme einer evolutionären »Gleichzeitigkeit« von Primitiven und Urvölkern allgemein technologische, rituelle und geistige Kulturstadien zu rekonstruieren. Jedes Artefakt habe insofern einen nur strukturellen, nämlich evolutionären Wert, als es die Entwicklung des primitiven Geistes vom Homo- zum Heterogenen bezeugt. Die »Ideen« prähistorischer Zeiten sind, wie Pitt-Rivers sagt, eben nur durch materielle Formen und dabei vom Bekannten (Primitiven) zum Unbekannten (Prähistorischen) zurückzuverfolgen. »Each link has left its representatives, which, with certain modifications, have survived to the present time; and it is by

---

108 Den Nullpunkt sozialer Evolution, der historisch als »ursprünglich« erscheinen muss, »weil er die Vorgeschichte des Kapitals und der ihm entsprechenden Produktionsweise bildet« (Karl Marx, *Das Kapital. Kritik der politischen Ökonomie*, Bd. I., MEW XXIII., Berlin 1962, 742), bezeichnet Marx als »ursprüngliche Akkumulation« – ein Ereignis, das »historisch epochemachend« ist, das Geschichte instituiert und innerhalb dieser nachträglich als historischer Ursprung begriffen wird (ebenda, 744). Zwischen 1880 und 1882 exzerpierte und kommentierte Marx ausführlich die Werke von vier Theoretikern der kulturellen Evolution: Lewis Henry Morgan (*Ancient Society*, 1877), Sir John Budd Phear (*The Aryan Village in India and Ceylon*, 1880), Sir Henry Sumner Maine (*Lectures on the Early History of Institutions*, 1875) und Sir John Lubbock (*The Origin of Civilisation*, 1870). Sein Tod verhinderte den Abschluss der Vorarbeiten zu jenem ethnologischen Werk, das auch Tylors und Bachofens Konzeptionen berücksichtigen sollte (Friedrich Engels griff indes für sein Werk über den *Ursprung der Familie, des Privateigentums und des Staats* (1884) auf diese Exzerpte zurück).

the means of these *survivals*, and not by the links themselves, that we are able to trace out the sequence that has been spoken of.«[109] Entsprechen nun in diesem Evolutionsmodell menschliche Ideen den Produkten des Tier- und Pflanzenreichs, entspricht auch die Verbreitung von Ideen der Ausbreitung von Arten, und die Frühgeschichte kann für die Anthropologie das leisten, was die Paläontologie für die Zoologie leistet. Gerade in dieser Homologie schließt sich für Pitt-Rivers die Kluft zwischen Evolution und Geschichte, zwischen Natur- und Kulturwissenschaft: »The principles of variation and natural selection have established a bond of union between the physical and culture sciences which can never be broken. History is but another term for evolution.«[110]

Der (darwinistische) Evolutionismus befreite, wie man resümieren kann, das Denken von transzendenten oder transzendentalen Eingriffen und von Regulationsinstanzen wie der *invisible hand*. Er ermöglichte ein Denken des Werdens jenseits aller Vermittlung durch ein spekulatives Begriffssystem oder eine Ordnung der Vermögensbildung, indem er neben »das Leben als Bildner und Erzieher auch den Tod als Züchter« stellte.[111] Dass er keine Anfänge denken *kann*, dass er zirkulär strukturiert ist und evolutionäre Prozesse nur wieder durch Evolution zu erklären vermag, erwies sich längerfristig sogar als seine methodische Stärke.[112] Blieben Darwin selbst die Gesetze der Variabilität, dieser zufälligen Zweckmäßigkeit, auch unerklärlich, sprach er bei dieser Gelegenheit auch von *chance* im Sinne eines defizitären Wissens, so gab es doch seit Darwin keine gültige Klassifikation mehr, die nicht genealogisch strukturiert gewesen wäre. Er hatte damit das Werden auf einer Ebene begreifbar werden lassen, die weder auf begriffliche Teleologien noch auf die hermeneutischen Prämissen des Historismus abzustellen gezwungen ist. Zeichneten sich Darwins Transformationen als längerfristig konstant aus, so zeigte sich darin weniger ein immanenter Finalismus als ein zufälliges Kräftespiel, das letztlich das Kräftespiel des Zufalls darstellen musste – eines Zufalls, der über statistische Verteilungsgesetze berechenbar sein mochte und dadurch den Evolutionismus auch auf andere Bereiche übertragbar machte. Was Henri Bergson noch nach der Jahrhundertwende gegen die Theorie der *natural selection* einwenden sollte, dass »nous ne nous occupons pas ici de ce qui a disparu, nous regardons simplement ce qui s'est conservé«[113], hatte Darwin

109 Augustus Lane-Fox Pitt-Rivers, *The Evolution of Culture and other Essays*, Oxford 1906, 12.
110 Ebenda, 24.
111 Goldscheid 1909, 5.
112 Vgl. hierzu allgemein Niklas Luhmann, *Die Wissenschaft der Gesellschaft*, Frankfurt am Main 1992, 551, 561-563.
113 Henri Bergson, *L'Évolution créatrice*, Paris 1909, 61. – Allgemein methodische Kritik am Evolutionismus zielte zum einen auf die erkenntnistheoretischen Grundlagen einer darwinistischen Theorie des Lebens, zum anderen auf Spencers System. Bergson warf Lamarcks Finalismus und Darwins Mechanismus vor, durch die symbolische Repräsentation vitaler Prozesse nicht nur das Werden des Lebens, den *élan vital*, notgedrungen zu verfehlen, sondern auch eine Theorie intellektueller Evolution schuldig geblieben zu sein, die zuletzt das gewordene Denken selbst denkt. (Vgl. ebenda, Vff. – Zum Folgenden vgl. ebenda, VIf., 392ff.) Spencer hingegen habe die Entwicklung in abstrakte Einzelelemente zerstückelt und diese dann wieder rein speku-

selbst einbekannt. Geht, wie er im *Origin* schrieb, mit jedem Entstehen neuer ein Verlöschen alter Formen einher, kann die Anzahl der bekannten (und erst recht der im Museum ausgestellten) Arten nur verschwindend gering sein »im Vergleiche mit der unberechenbaren Zahl von Generationen, die nur während einer einzigen Formationszeit aufeinandergefolgt sein müssen«.[114] Damit ist der Evolutionismus nicht nur von den Praktiken der Klassifikation oder des Vergleichs, mithin von einer ihrerseits evolutiven »Kulturtechnik« abhängig, sondern ebenso vom Zufall des *survivals*. Subjektiv wie objektiv ist der Mensch des Evolutionismus, soweit er sich nur mehr durch das Denken seines eigenen Gewordenseins bestimmt, eine bloß wahrscheinliche Existenz. Begreift er sich in den transzendentalen, dabei aber evolutionären Formen des Lebens und der Kultur, ist er in beiden Fällen gleichsam von sich selbst getrennt, von Rechts wegen einem Gesetz der Entfremdung ausgesetzt. Der hartnäckige Bezug auf die dunklen Ursprünge des menschlichen Werdens verdunkelt diese nur umso mehr.[115]

Gerade seitdem Kulturgeschichte mit dem Auftauchen neuer »Medien« nicht mehr rein begrifflich zu betreiben ist, zeitigt der ständige Rekurs auf das Reale, den Ursprung und die Möglichkeitsbedingung des Werdens unablässig neue »imaginäre« Effekte. Doch ist dieses Imaginäre mehr als ein bloßer Abhub des Realen, mehr als eine Ideologie, die die wirklich herrschenden Institutionen verschleiert und zugleich repräsentiert. Es kann seinerseits zur Bedingung oder Institution des Werdens werden, so dass, wie Castoriadis sagt, »auf einer bestimmten Entwicklungsstufe der menschlichen Gesellschaft die Institution eines Imaginären, dem mehr Realitätsgehalt zugebilligt wird, als dem Realen – nämlich Gott oder überhaupt ein religiöses Imaginäres –, den ›Zwecken‹ der Gesellschaft ›dienlich‹ ist«.[116] Das Imaginäre ist zum einen instituiert, zum anderen instituierend, und diese seine doppelte Funktion erklärt letztlich für die evolutionistische Kulturtheorie das Werden der Gesellschaft. Insofern ist auch »the history of the theory of primitive society« mehr als »the history of an illusion.«[117] Sie ist die

---

lativ zusammengesetzt, er sei also von der Lösung ausgegangen, noch bevor er das Problem gestellt hat. Von naturwissenschaftlicher Seite wurde der – ohne die erst um 1900 wiederentdeckte mendelsche Vererbungslehre unabweisbare – Vorwurf laut, die Wahrscheinlichkeit der Weitervererbung müsse rein rechnerisch mit jeder Generation sinken, während Lord Kelvin monierte, für die bestehende, angeblich evolvierte Artenvielfalt sei nach den neuesten Erdalterschätzungen nicht genügend Zeit verstrichen. Weitere zunächst unerwiderte Einwände lauteten, Darwin habe mit der Transformation und Diversifizierung zwei unabhängige Prozesse vermengt, und neben der *natural selection* und Vererbung fehle bei ihm überhaupt eine Theorie der Mutation, insofern im Darwinismus Gene nur subtrahiert, nie neue hinzugefügt würden. (Vgl. hierzu Joseph Lopreato und Timothy Alan Crippen, *Crisis in Sociology. The need for Darwin*, New Brunswick (NJ)/London 1999, 90f.)

114 Darwin 1899, 419.
115 Vgl. hierzu Gilles Deleuze, »Der Mensch, eine zweifelhafte Existenz«, in: Gilles Deleuze und Michel Foucault, *Der Faden ist gerissen*, Berlin, 1977, 17.
116 Cornelius Castoriadis, *Gesellschaft als imaginäre Institution*, Frankfurt am Main 1997, 220. – Zum Folgenden vgl. ebenda, 606: »Als instituierende und instituierte ist die Gesellschaft in sich Geschichte – das heißt Selbstveränderung.«
117 Adam Kuper, *The Invention of Primitive Society. Transformations of an Illusion*, London/New York 1988, 8.

Geschichte einer notwendigen Verkennung, die selbst schon das Verkennen geschichtlich erkannt zu haben glaubte. James George Frazer etwa analysierte bestimmte Vorstellungen afrikanischer Primitiver, antiker Griechen und Ägypter sowie neuzeitlicher Schweden und Engländer, um die reale soziale Funktion ihres Aberglaubens, dieses bloß Imaginären bestimmen zu können. Freilich ist Frazer bei dieser Bestimmung seinerseits von der im British Empire instituierten Bestimmung einer »wirklichen Vergesellschaftung« abhängig, denn nur »if government, private property, marriage, and respect for human life are all good and essential to the very existence of civil society, then it follows that by strengthening every one of them superstition has rendered a great service to humanity.«[118]

3. Das innere Afrika

Die Kehrseite von Menschheit und Gesellschaft, der Abgrund unendlicher Verkennung und somit der Nullpunkt aller kulturellen Evolution konnte in seiner Reinheit erst zur Erscheinung kommen, als sich das Empire auf der Höhe seiner Möglichkeiten sah. Gerade von dieser Höhe aus erblickt es den tiefsten Abgrund aller Zivilisation – die Kolonien erscheinen als deren schärfster Widerspruch, weil in ihnen die Aporie kultureller Evolution einen Ort gefunden hat. Nicht erst der Kolonialismuskritiker Marx, bereits Hegel hat von einem inneren Widerspruch der wirtschaftenden bürgerlichen Gesellschaft gesprochen, der diese dazu zwinge, über ihre Grenzen hinauszugehen. Nach Hegels Entwurf einer maritimen Weltgeschichte eröffnet gerade die Tatsache, dass der europäische Staat an sein historisches Ende gelangt ist, einen Raum möglicher Globalisierung. Russland und die Vereinigten Staaten seien hierbei noch keine Träger der Weltgeschichte, da sie sich noch an der Schwelle der Historizität befänden, und die »Kolonien« seien der bloß geographische Erweiterungsraum der bürgerlichen Gesellschaft, dem als solchem keine eigene Geschichte zukommen könne. Die Geographie ist mithin bei Hegel vollends der geschichtlichen Selbstentfaltung des absoluten Geistes unterworfen, und dies gilt am stärksten für die geschichtslose Landmasse Schwarzafrika.[119] Bezeichnet das nordafrikanische Ägypten für Hegel den Ursprung der Weltgeschichte, findet die Mitte Afrikas weder einen Platz in der Geschichte oder Vorgeschichte noch überhaupt im historisch-philosophischen System, weshalb die Herausgeber von Hegels Vorlesungen über die Philosophie der Weltgeschichte Afrika kurzerhand in die Einleitung verbannt haben, »um späterhin seiner keine Erwähnung mehr zu tun. Denn es ist kein geschichtlicher Weltteil, er hat keine Bewegung und Entwicklung aufzuweisen, und was etwa in ihm, das heißt in seinem Norden geschehen ist,

---

118 James George Frazer, *Psyche's Task [...]*, London 1968, 154.
119 Vgl. hierzu Georg Wilhelm Friedrich Hegel, *Enzyklopädie der philosophischen Wissenschaften im Grundrisse II*, in: Hegel 1995/IX., 351.

gehört der asiatischen und europäischen Welt zu. [...] Was wir eigentlich unter Afrika verstehen, das ist das Geschichtslose und Unaufgeschlossene, das noch ganz im natürlichen Geiste befangen ist und das hier bloß an der Schwelle der Weltgeschichte vorgeführt werden mußte.«[120]

Bei Hegel ist Afrika das Terrain ungezügelter Wildheit und statischer Homogenität. Seine Geschichtslosigkeit ist durch eine Sittenlosigkeit bedingt, die jede Menschbildung und Staatsbildung und erst recht jede philosophische Entfaltung des Geistes vereiteln muss. Kann sich dort kein Bewusstsein der Freiheit bilden, ist es für die geschichtliche Welt nur vernünftig, wenn die Bewohner Afrikas, diese bewusstlose, im strikten Sinne unmenschliche Natur, der Versklavung anheim fallen.[121] Es ist die physische und geographische Unreife des Kontinents, die ihm jede geistige Durchdringung, jede Aufklärung verwehrt und ihn damit zum verschlossenen, dunklen Erdteil schlechthin degradiert. Afrika ist »das in sich gedrungene Goldland, das Kinderland, das jenseits des Tages der selbstbewußten Geschichte in die schwarze Farbe der Nacht gehüllt ist.«[122] In einer opaken Finsternis gefangen, in die nichts Geschichtliches einzudringen vermag, kennt Afrika auch keine Religion im eigentlichen Sinne. Es bleibt einer ersten, ungeschichtlichen Stufe der Naturreligion verhaftet. »In der ersten Form ist diese Religion mehr Zauberei als Religion; am ausgebreitetsten ist sie in Afrika unter den Negern. [...] Indessen sind es nur wenige Fälle, in denen solche Völker ihre Gewalt über die Natur aufrufen; denn sie gebrauchen wenig, haben wenig Bedürfnisse, und bei der Beurteilung ihrer Verhältnisse müssen wir die mannigfache Not, in der wir sind, die vielfach verwickelten Weisen, zu unseren Zwecken zu gelangen, vergessen.«[123] Afrika fällt somit auch aus dem hegelschen System der Bedürfnisse heraus, der Geist prätendiert hier zwar eine gewisse Macht über die Natur, weiß sich aber noch nicht als Geist. Die Zauberer Afrikas rücken deshalb in den Stand des Priesters auf, sobald ihnen Opfer und Gaben dargebracht werden, doch gründet dies noch keinerlei Ökonomie, da »der Neger« ohnehin unfähig zum Eigentum und damit letztlich auch zum Opfern ist. Sein Kultus dient nicht der Verehrung eines Geistigen, sondern einzig und allein der niedrigsten Form von Herrschaft und sinnlicher Betäubung.

»Den Afrikaner« zeichnet mithin »Unmenschlichkeit«[124] im mehrfachen Sinne aus. Er ist unfrei und ohne Begriff vom Menschen; sein Charakter ist unerfassbar, an ihm gleitet jede Kategorie der Allgemeinheit ab; sein Bewusstsein muss noch ohne die Anschauung einer festen Objektivität auskommen, so dass er in wilder Ungebändigtheit zu leben hat, er also im Stande des Ungebildeten verbleibt, weil er die Natur nicht aus ihrem Amorphen heraus zu bilden versteht. Damit einher geht die Religion der Zauberei, die eigentlich keine Religion darstellt, da sie

---

120 Hegel 1995/XII., 129. – Zum Folgenden vgl. auch allgemein Heinz Kimmerle, »Hegel und Afrika: Das Glas zerspringt«, in: *Hegel-Studien* 28 (1993), (303-325), v. a. 304ff.
121 Vgl. Hegel 1995/X., 64.
122 Hegel 1995/XII., 120.
123 Hegel 1995/XVI., 282. – Zum Folgenden vgl. auch ebenda, 278ff.
124 Hegel 1995/X., 67.

nichts Höheres als den (wilden) Menschen selbst kennt, ja nicht einmal die Naturkräfte, denen »der Afrikaner« vollends unterworfen ist, als höhere Mächte anerkennt. Stets werden, wie Hegel sagt, willkürlich Zauberer und als deren Oberhäupter vermeintliche Könige eingesetzt, die dann über ein vernunftloses Handeln gebieten, das nicht einmal zur Höhe des Zeremoniells gelangt, weil es allein bewusstlosen Götzendienst verrichtet.

Das, was sie sich als ihre Macht vorstellen, ist somit nichts Objektives, in sich Festes und von ihnen Verschiedenes, sondern ganz gleichgültig der erste beste Gegenstand, den sie zum Genius erheben, sei es ein Tier, ein Baum, ein Stein, ein Bild von Holz. [...] Hier im Fetische scheint nun zwar die Selbständigkeit gegen die Willkür des Individuums aufzutreten, aber da eben diese Gegenständlichkeit nichts anderes ist als die zur Selbstanschauung sich bringende individuelle Willkür, so bleibt diese auch Meister ihres Bildes. Begegnet nämlich etwas Unangenehmes, was der Fetisch nicht abgewendet hat, bleibt der Regen aus, entsteht Mißwachs, so binden und prügeln sie ihn oder zerstören ihn und schaffen ihn ab, indem sie sich zugleich einen anderen kreieren; sie haben ihn also in ihrer Gewalt.[125]

Gerade im Kult des Fetischs gibt sich der Mensch des dunklen Kontinents als ein unmenschliches Wesen zu erkennen, das nicht einmal »aufopfern«, nicht einmal ins Stadium der Negativität gelangen, geschweige denn sie als solche ertragen und aufheben kann, das also mit seiner bewusstlosen Freiheit, die nichts anderes als beziehungslose Abhängigkeit ist, für immer außerhalb der Weltgeschichte stehen muss. Und da diese Geschichte als ein Werden des Geistes bestimmt ist, der sich historisch selbst erfasst hat, ist der Urteilsspruch des Geistphilosophen Hegel endgültig. Hat sie erst einmal Afrika seinen systematischen Ort innerhalb, oder besser: außerhalb der Geschichte zugewiesen, ist die Philosophie des Geistes auch keiner empirischen Revision ihres Urteils mehr fähig.

Diese Konsequenz ist indes nur innerhalb des hegelianischen Systems »notwendig«. Bereits für die Kulturtheorie der Spätaufklärung war es denkbar geworden, der allgemeinen Weltgeschichte eine Geschichte der Menschheit zur Seite zu stellen – eine Geschichte, die nach den Worten Michael Hißmanns »den Menschen in allen möglichen physischen und sittlichen Zuständen – im Zustand der Wildheit so gut als im Zustand der Kultur, und in allen Graden der Barbarei und der Aufklärung, [...] unter dem Nordpol sowohl als unter dem brennendsten Himmelsstrich und allen übrigen Erdgürteln, an Gott oder Götter glaubend, mit allen Ähnlichkeiten und Unterschieden usw. beobachten, und diese formlosen einzelnen Data, soviel möglich – allgemein machen müsse.« Die Geschichtsphilosophie wird zur Kulturtheorie, sobald sie den Fortschritt des absoluten Begriffs nicht mehr als notwendig anerkennt und das Unbegriffene oder Unbegriffliche außerhalb dieser vernünftigen Bewegung zu denken versucht: Einerseits ist es also das Interesse für den Eigenwert des bloß Gegebenen oder Empirischen, andererseits das Interesse für das undurchdringliche, unaufgeschlossene und »dunkle« Moment jener von Hegel der Unmenschlichkeit geziehenen Wesen,

---

125 Hegel 1995/XII., 123.

das ihre »Geschichte« als »Geschichte des Ursprungs und des Fortgangs aller Erfindungen und Einrichtungen der ganzen über den ganzen Erdboden verbreiteten Menschheit« bestimmt.[126]

Die Verbindung zwischen einer Eintrübung des cartesianischen *cogito* und der *terra incognita,* zwischen jener Undurchdringlichkeit, auf die der Mensch beim Denken seiner eigenen Gewordenheit stößt, und unerschlossenen geographischen Regionen wurde bereits im 17. Jahrhundert angebahnt. »Wir tragen mit uns die Wunder herum, die wir außer uns suchen«, schreibt Thomas Browne im Jahre 1643, »in uns ist Afrika mit all seinen Prodigien«.[127] Freilich waren die Schwarzafrikaner für die Kulturtheorie zunächst nur »peuples miserables«, da sie auf ihrem unfruchtbaren Terrain keinerlei Handel betrieben und damit auch keinerlei menschliche Vermögen ausgebildet hätten.[128] Und noch in den »allgemeinen Erdbeschreibungen« des 18. Jahrhunderts zeichnete sich der Kontinent Afrika vor allem dadurch aus, dass seine »natürliche« und »politische Verfassung«, dass – abgesehen von ihrer biblischen Genealogie – seine Bevölkerung und deren Entwicklungsstand mehr oder minder unbekannt waren, man also lediglich von einer generellen Unterlegenheit Afrikas gegenüber den anderen Kontinenten sprechen konnte.[129] Die ersten methodischen Forschungsreisen nach Afrika sollten noch weniger zu den menschlichen Ursprüngen führen als – wie Ende der 1770er Jahre im Falle James Bruces[130] – zu den verbliebenen geographischen Blindstellen, etwa zu den Quellen des Nils. »Was die Erdkunde betrifft, so kennt man zwar seit den letzten Bemühungen der Engländer die Hauptumrisse der Welttheile und die Lage der meisten Länder und Inseln«, schrieb Georg Forster 1790, »wenig ist noch zu entdecken übrig, wenn gleich dieses Wenige wegen der Verbindung des schon bekannten wichtig seyn kann.«[131] Herder wiederum erkannte »dieses Wenige«, das gerade in Afrika noch unerschlossen geblieben war, als den *missing link,* als den blinden Fleck innerhalb eines jeden umfassen-

---

126 Michael Hißmann, *Anleitung zur Kenntnis der auserlesenen Literatur in allen Teilen der Philosophie,* Göttingen-Lemgo 1778, 102f. – Zu Hißmann und allgemein zum Wechsel von der Universalgeschichte und Geschichte einzelner Völker zur Kultur- und Gattungsgeschichte des Menschen vgl. Helmut Zedelmaier, *Der Anfang der Geschichte. Studien zur Ursprungsdebatte im 18. Jahrhundert,* Hamburg 2003, v. a. 242f.
127 Thomas Browne, *Religio Medici (1643),* zit. in der Übersetzung von Curtius 1965, 327.
128 Lafitau 1987, 24.
129 Vgl. Franz Iohann Josef von Reilly, *Allgemeine Erdbeschreibung [...],* Teil III.: *Die vier übrigen Erdtheile,* Wien 1793, 217f., 229f., 233.
130 Vgl. hierzu James Bruce, *Zu den Quellen des Blauen Nils. Die Erforschung Aethiopiens 1768-1773,* Berlin/Ost 1986. – Bruces Reisebeschreibungen, auf die auch Hegel zurückgriff, entstanden erst 17 Jahre nach seiner Expedition. Der Arzt Bruce entdeckte zudem mehrere Inselgruppen und zeichnete sich durch – wie Buffon urteilte – epochale Arbeiten auf dem Feld der Zoologie und Botanik aus, ehe er in die *Royal Geographical Society* aufgenommen wurde. – Zu den zahlreichen vor 1800 erschienenen Werken zur Geschichte und Geographie Afrikas und zu den vielen »allerersten Reisen« eines Europäers durch Afrika vgl. die chronologische Bibliographie in: Paul Kainbacher, *Die Erforschung Afrikas. Die Afrika-Literatur über Geographie und Reisen vor 1914,* Bd. I., Baden 1999.
131 Forster 1985/V., 375f.

deren anthropologischen Entwurfs.[132] Es ist insofern kein Zufall, dass gerade an der Wende zum 19. Jahrhundert »ein unbekanntes inneres Afrika« den Abhang aller literarisch vermittelten Menschenbildung darzustellen hatte.[133]

Bis zur Mitte des 17. Jahrhunderts war Afrika nur in seinen Umrissen kartographisch exakt bestimmt, noch im 18. Jahrhundert kam man bei den Vorstößen ins Innere des Kontinents nicht über die Küstenregionen hinaus, ehe 1740 ein dänischer Schiffsoffizier und ein englischer Pastor unabhängig voneinander nach Nubien gelangten. Dennoch galt für Afrika bis zum Jahrhundertende, dass »the map of its interior is still but a wide extended blank [...] desirous of rescuing the age from a charge of ignorance, which, in other respects, belongs so little to its charakter«, wurde dann im London des Jahres 1788 eine *Association for promoting the discovery of the interior parts of Africa* aus der Taufe gehoben, zu deren Gründungsmitgliedern auch Adam Ferguson zählte.[134] Gerade im Herzen der aufstrebenden britischen Weltmacht konnte man guten Gewissens ankündigen, nicht nur »the topography of townships, districts, countries; but the geography of empires, regions, and continents« zu erforschen. Afrika stellte dafür schon geographisch eine eigentümliche Herausforderung dar, weil der Kontinent untypisch beschaffen schien: undurchdringlich für die nautische Erkundung, wohl aber über die Wüste, über einen anderen »glatten« Raum also zu erschließen, von dem »may be said, to connect the very nations which it seems to separate«.[135] Das innere Afrika, das gerade durch seine *missing link*s verbunden schien, interpretierte die *Association* ganz im Sinne des 18. Jahrhunderts als Feld einer zugleich kommerziellen wie humanistischen Sendung. Ehe sie 1830 in der *Royal Geographical Society* aufging, folgte die *Association* dem smithschen Programm einer sympathetischen Interessensharmonie und behauptete im Sinne der älteren Kolonialdichtung: »To the lovers of adventure and novelty, Africa displays a most ample field«.[136] Dass hier der Riss im Denken, die unausdenkliche Doppelperspektive der anthropologischen Beobachtung anders als in der Pariser *Société des Observateurs de l'homme* noch keine Rolle spielte, verdeutlicht nicht zuletzt

---

132 »Kennten wir nun noch die zahlreichen Völkerschaften, die über ihren dürren Gegenden im Innersten von Afrika bis nach Abeßinien hinauf wohnen [...]: so könnten wir die Schattierungen des Völkergemäldes in diesem großen Weltteil vollenden und würden vielleicht nirgend eine Lücke finden. Aber wie arm sind wir überhaupt an geltenden Nachrichten aus diesem Strich der Erde! Kaum die Küsten des Landes kennen wir und auch diese oft nicht weiter, als die europäischen Kanonen reichen. Das Innere von Afrika hat von neuern Europäern niemand durchreiset« (Herder 1985ff./VI., II. 6, IV, 231). – Vgl. hierzu auch Jean-Jacques Rousseau, *Discours sur l'origine et les fondements de l'inégalité parmi les hommes*, in: Rousseau 1955, (62-267), 132, Anm.
133 Jean Paul, *Leben des Quintus Fixlein*, in: Jean Paul 1996/1. Abt., Bd. IV, (7-259), 20. – Vgl. zudem ders., *Flegeljahre*, in: ebenda/1. Abt. Bd. II., (567-1088), 1030.
134 *Proceedings of the Association for promoting the discovery of the interior parts of Africa*, London 1810 (EA: 1790), 6, 8 sowie im Folgenden ebenda, 210f.
135 Ebenda, 120f. – Vgl. zum »glatten Raum« ebenda, 122: »All means of ascertaining the route by land-marks, the usual guides in other parts of the wilderness, are here destroyed by the varying forms and shifting positions of the hills«.
136 *Proceedings*... 1810, 210. – Vgl. zudem Bitterli 1991, 75. – Jauffret gehörte neben der *Société des Observateurs de l'homme* auch der *Société de l'Afrique Intérieure* an (vgl. Moravia 1977, 70).

Mungo Parks bekannter Reisebericht, der darauf beharrt, »daß man aus bloßer Neugier eine Reise unternehmen könne«, ohne »irgendein geheimes Projekt« zu verfolgen.[137] Auf jeden Fall blieb Afrika, wie William Desborough Cooley noch 1852 schrieb, zunächst »a blank«, eine nicht nur geographische, sondern auch »kommunikative« und anthropologische Leerstelle, eine Blindstelle der imperialen Kartographie und eine Öffnung inmitten des imperialen Netzes, die noch zu Joseph Conrads Zeiten grauenhafte Ursprungsszenarien eines *Heart of Darkness* provozierte, deren Zivilisierung aber Aufgabe einer geradezu kriminalistischen Erforschung und einer konzertierten europäischen Anstrengung sein musste.[138]

1877 konstituierte sich die imperialistische Brüsseler *Association Internationale Africaine*, nachdem 1873 die *Deutsche Gesellschaft zur Erforschung Äquatorialafrikas* gegründet worden war. Innerhalb Deutschlands war es zunächst vor allem Georg Schweinfurth, der im Zuge seines »humanistischen Kolonialgedankens« die geologische, kulturgeographische und anthropologische Erforschung Zentralafrikas vorantrieb, um »in dem Labyrinth des afrikanischen Völkerbaues den leitenden Faden« zu finden.[139] Eine umfassende Kulturtheorie baute dann Leo Frobenius auf den Forschungsergebnissen seiner Afrikaexpeditionen auf. Im Gegensatz zu den britischen Anthropologen setzte Frobenius (wie die meisten der deutschen »Völkerkundler«) methodisch weniger auf den Evolutionismus als auf die Diffusionstheorie. In seiner geographisch-organizistischen Doppelperspektive kommen »Kulturmorphologie« und anthropologische Forschung im Ursprung Afrika zusammen. »*Da der Mensch auf denselben Wegen wie seine Kultur gewandert sein muss, so dringen wir mit der Verfolgung der Kulturströme hinab in das tiefste Dunkel der wahrhaftigsten Urgeschichte*«, heißt es im *Ursprung der Kulturen* (1898). »Es lag nahe, die Untersuchung des Ursprunges der Kultur in Afrika zu beginnen. Zum einen zeichnet sich dieser Erdtheil durch eine gewisse Abgeschlossenheit aus, – es sind nicht so viele geschichtliche Thatsachen zu berücksichtigen wie etwa in Asien – ferner durch eine gewisse Einheitlichkeit der Kulturhöhe, endlich ist Afrika das alte Kreuz der Ethnologen.«[140] Die einfachen Kulturen besonders Zentralafrikas fasst Frobenius somit, ganz im Gegensatz zu Hegel, als Dokumente der Weltgeschichte auf, und deren »Gesamtheit ist die in wunderliche Bildsprache gehüllte Erzählung vom Ursprunge der menschlichen Kultur.«[141] Das Beschränkte seines Wirtschaftens und das Vernunftlose seiner Kultpraktiken, das Hegel noch dazu veranlasste, »dem Afrikaner« ein im strikten Sinne menschliches und geschichtliches Dasein abzusprechen, bezeugen hier nun gerade seine historische Überlebensfähigkeit, den »Vorteil des Nichtvernichtetwerdenkönnens für seine Rasse«.[142]

137 Mungo Park, *Reise in das Innere von Afrika [...]*, Leipzig 1984, 47, 57.
138 William Desborough Cooley, *Inner Africa Laid Open [...]*, London 1852, 1, 7, sowie die zahlreichen Abschnitte zur »Defective evidence« oder den »Wrong bearings«.
139 Georg Schweinfurth, *Im Herzen von Afrika. 1868-1871*, Stuttgart 1984, 103.
140 Leo Frobenius, *Der Ursprung der Kulturen,* Bd. I.: *Ursprung der afrikanischen Kulturen*, Berlin 1898, 11f.
141 Ebenda, IX.
142 Ebenda, 18.

Weniger organizistisch als evolutionistisch deutete man die »Primitivität« Schwarzafrikas auf der britischen Insel, war diese doch mittlerweile zum Zentrum eines Imperiums geworden, das sich weltweit und nicht zuletzt in Afrika extensive Kolonialgebiete sicherte und sich dadurch immerzu mit den vermeintlichen Ursprüngen aller Zivilisation konfrontiert sah. Diese Konfrontation musste im Fall des British Empire umso radikaler ausfallen, als sich dieses geschichtlich mit gutem Recht als Gipfel aller Zivilisation, die imperial unterworfenen Gebiete Zentralafrikas aber als Sphäre des historisch Ursprünglichen oder Primitiven betrachtete; nicht umsonst ließ die evolutionistische Programmatik des englischen Imperialismus und der britischen *social anthropology* jene Sphäre des Primitiven als Sphäre des eigenen Ursprungs, als unvordenklichen Nullpunkt der eigenen Zivilisation erscheinen. Das British Empire verfügte mit seinen afrikanischen Kolonien nicht nur über den Raum einer ökonomisch unabdingbaren Expansion, sondern auch über das Feld, auf dem die eigene Deszendenz erforscht werden oder zumindest phantasmatisch zur Ansicht kommen konnte. Deshalb war es auch die englische Literatur, die für den imperialen Kolonialroman Maßstäbe setzen sollte.

Insbesondere die Afrika-Romane Sir Henry Rider Haggards, zunächst Mitarbeiter Sir Henry Bulwers und später Angestellter des *Royal Colonial Institute*, buchstabierten das Genre mustergültig aus. Haggards *King Solomon's Mines* (1885) ist zunächst in Südafrika angesiedelt, in jenem, wie Hegel sagt, »Goldland« außerhalb des europäischen Systems der Bedürfnisse, wo sich die Figuren des kultivierten Gentleman und versprengten Abenteurers zusammenschlossen, um die Gold- und Diamantenvorkommen des Landes auszubeuten. Hannah Arendt hat beschrieben, wie die Buren, selbst Überbleibsel einer glücklosen Kolonialgeschichte, sich zu keiner regelrechten Zivilisierung des Landes aufschwingen konnten, vielmehr in ihrer nomadischen Existenzform den Eingeborenen, die sie parasitär als bloßen Rohstoff betrachteten, immer ähnlicher und deshalb selbst zu dem wurden, womit man im evolutionistischen Diskurs des Imperialismus die kolonisierten Völker kennzeichnete – zu einer »Rasse«, die sich von anderen »Rassen« lediglich durch ihre Hautfarbe unterscheiden ließ.[143] Dieses kolonialgeschichtlich bedingte und diskursiv rasch beglaubigte Rassenverhältnis verbindet sich nun bei Haggard mit einer archäologischen Fragestellung der Zeit: 1868 wurden von Europäern im heutigen Simbabwe die Ruinen einer antiken Stadt entdeckt. Haggard vermutete darin die Überbleibsel einer »weißen« Hochkultur (der Phönizier, Hebräer, Ägypter oder Perser), die zur Zeit des Altertums im Herzen Afrikas eine Goldmine betrieben habe, bevor sie von den gelehrigen Ureinwohnern vernichtet worden sei.[144]

In Haggards Roman sind es ein Gentleman und ein *adventurer*, die von Südafrika aus einen »trek from the known into the unconscious unknown self«[145] auf-

---

143 Vgl. Hannah Arendt, *Ursprünge und Elemente totaler Herrschaft*, München 2001, 420ff.
144 Vgl. hierzu Richard F. Patteson, »»King Solomon's Mines«. Imperialism and Narrative Structure«, in: *The Journal of Narrative Technique* 8, 2 (1978), (112-123), 114f.
145 Norman Etherington, *Rider Haggard*, Boston 1984, 41.

nehmen. Noch bei Conrad wird sich die vermeintliche Reise »zum Erdmittelpunkt« als Reise zurück zu den schleierhaften »frühesten Anfängen der Welt« erweisen, auf der sich nur die Europäer »einbilden können, die ersten Menschen zu sein«.[146] Bei Haggard zeichnen sich die Schwarzen, die auf den Ruinen der solomonischen Stadt hausen, durch einen instinktiven Blutdurst aus, sie können »only be kept cool by letting the blood flow sometimes«[147], während die alte Hochkultur mit ihren exzellenten Befestigungen und Straßen die evolutionäre und technologische Überlegenheit der »weißen Rasse« demonstriert. Obschon im Rang von Göttern[148], enthüllt sich den Weißen ihr dunkler Ursprung, sobald sie bis zu den Fundamenten aller Macht und Zivilisation herabsteigen: Im Kampf auf Leben und Tod überwältigt Quartermain »a savage desire to kill and spare not«, während Sir Henry, ganz »like his Berserkir forefathers«, unbeirrbaren Blutinstinkt beweist.[149] Atavistisch auf den »level of the black« herabgesunken, partizipieren die Weißen am primitiven Ritual des Königsmords. Es ist lediglich ihre technologische Überlegenheit und eine gewisse unzerstörbare moralische Reserve, die verhindert, dass sie eine Erneuerung der überkommenen primitiven Herrschaft sanktionieren: einen primitiven Dynamismus, der – nach der Beschreibung der zeitgenössischen *social anthropology* – eine vorgestellte Naturkraft oder Energie nicht medial zu beherrschen vermag, sondern immerzu auf blutige Opferrituale angewiesen ist.[150]

Der Rassismus des British Empire und seiner Fürsprecher vom Schlage Haggards hat gerade im Falle Schwarzafrikas evolutionstheoretische Wurzeln. Schließlich beruft sich Darwin in seinem *Origin* auf jenen Aufsatz W. C. Wells', in dem an den »Menschenrassen« Afrikas zum ersten Mal »das Princip der natürlichen Zuchtwahl« demonstriert worden sei.[151] Wells war nicht nur im Sinne von Darwins biologischer Theorie, sondern auch für die Theorie kultureller Evolution seiner Zeit weit voraus. Bis in die 1840er Jahre hinein hatten kulturelle Unterschiede in der britischen Zivilisationstheorie nichts weiter als einen kontinuierlichen Fortschrittsprozess und damit eine ideale Geschichte der Menschheit bezeugt, die bei Ausbleiben einer fortgesetzten Vermögensbildung auch retardiert werden konnte. Als Gegenbewegung formierten sich die Exponenten der christlichen Degenerationslehre, für die wilde Rituale nur von einem Verlust

---

146 Joseph Conrad, *Herz der Finsternis*, Frankfurt am Main 1968, 22, 59, 62. – Zum Folgenden vgl. auch Headrick 1981, 75.
147 Henry Rider Haggard, *King Solomon's Mines*, in: *Three Adventure Novels*, New York 1951, (240-415), 374.
148 Als bei der ersten Begegnung mit den Wilden Good zu deren Schrecken sein Gebiss heraus nimmt und wieder einsetzt, wird er im wörtlichen Sinne zu dem, was Freud später »Prothesengott« nennen sollte (Sigmund Freud, *Das Unbehagen in der Kultur (1930)*, in: *Gesammelte Werke*, Bd. XIV.., hg. v. Anna Freud u. a., Frankfurt am Main 1999, (419-506), 451). Und als die Weißen überdies ihre Schusswaffen vorführen und ihr kalendarisches Wissen zur Vorhersage einer Sonnenfinsternis einbringen, ist ihre Vergötterung für die primitive Logik unausweichlich.
149 Ebenda, 363. – Zum Folgenden vgl. ebenda, 367, 373.
150 Vgl. hierzu ebenda, 307f., 329f.
151 Vgl. Darwin 1899, 3f.

religiöser Ideen und von der Dekadenz historischer Entwicklung zeugten. Eine zweite Gegenbewegung war die der polygenetischen Theorie, die Schwarzen und Weißen nicht denselben Ursprung zubilligen wollte, die vielmehr die Sklaverei als Konsequenz natürlicher Verhältnisse propagierte: »The blacks do not belong to the same creation as the whites«, heißt es in einem Text von 1855. »Their organization dooms them to slavery, and precludes them from improvement«.[152]

Die Theorie kultureller Evolution wiederum, die an Darwins *The Descent of Man* anschloss, verteidigte die Einheit der menschlichen Gattung. Deren beobachtbare Unterschiede würden, wie es hieß, nicht auf unterschiedliche Abstammung, sondern auf die Variabilität der Art zurückgehen. Tylor suchte dann in seiner *anthropology* mit den Mitteln der Geologie und Archäologie, der Altertumsforschung und Volkskunde empirische Zeugnisse für die kulturelle Evolution und entzog sich damit den Übergriffen des »bibliolatrischen Regimes«, wie es Friedrich Max Müller nannte. Als derartige Zeugnisse fungieren bei Tylor *survivals*, »Überlebsel« oder »Überbleibsel«, mithin gerade die nicht lebensfähigen und »untauglichen« Elemente, um die sich Darwin – dem Tauglichen im Überlebenskampf zuliebe – nicht weiter bekümmert hatte. Damit hatte die sogenannte humanide Anthropologie (die die kulturelle Entwicklung des Menschen verfolgt) ein methodisches Instrument, das Beobachtungen von der Präzision der evolutionsbiologisch orientierten »hominiden« Anthropologie möglich machen sollte. Letztere untersuchte die Vermengung vermeintlich angeborener und erworbener Merkmale entsprechend ihrer biologischen Klassifikationen. Gerade Afrika konnte für derlei evolutionistische Forschungen als Labor der *natural selection* gelten.[153] Mit Blick auf dieses Labor stellte Thomas Henry Huxley in *Evolution and Ethics* ein methodenkritisches Gedankenexperiment an, um die unrechtmäßige Übertragung evolutionärer Bestimmungen aus dem biologischen in den kulturellen Bereich zurückzuweisen: Zeigt sich wie im Falle Afrikas die Kolonialverwaltung den Einheimischen an Macht und Intelligenz unabsehbar überlegen, wäre es bei einem rein biologischen Evolutionsverständnis für den Verantwortlichen nur konsequent, nicht nur im Stile eines kameralistischen Gärtners oder polizeylichen Hirten, sondern nach Art eines botanischen oder zoologischen Züchters tätig zu werden:

In the first place, he would, as far as possible, put a stop to the influence of external competition by thoroughly extirpating and excluding the native rivals, whether men, beasts, or

---

152 »Review of J. C. Nott and G. R. Gliddon, *Ethnologial Researches* [...]«, in: *British Quarterly Review*, 22 (1855), 10f., zit. nach: Margaret Trabue Hodgen, *The Doctrin of Survivals. A Chapter in the History of Scientific Method in the Study of Man*, London 1936, 21.
153 Vgl. etwa das Referat Archdall Reids, in dem er zeigt, dass die Malaria in Afrika gerade keine Degeneration erzeugt habe: »The continual weeding out, during many generations, of the unfittest has rendered the race pre-eminently resistant to Malaria; so that negroes can now flourish in countries which we, who have suffered very little from malaria, find it impossible to colonise.« (in: Francis Galton, E. Westermarck, P. Geddes, E. Durkheim, Harold M. Mann, V. V. Branford (Hgg.), *Sociological Papers*, Bd. I., Introductory Address by James Bryce, London 1905, 69.) – Vgl. hierzu zudem William Winwood Reade, *Savage Africa. Being the Narrative of a Tour in Equatorial, South-Western, and North-Western Africa* [...], London 1863, 499.

plants. [...] In order to attain his ends, the administrator would have to avail himself of the courage, industry, and co-operative intelligence of the settlers; and it is plain that the interest of the community would be best served by increasing the proportion of persons who possess such qualities, and diminishing that of persons devoid of them. In other words, by selection directed towards an ideal.[154]

Eine Herrschaft mit den Mitteln der Eugenik, wie sie von den radikalen Vorkämpfern des viktorianischen Empires zu dessen immerwährendem Erhalt befürwortet wurde, hat in Haggards Roman *She* eine andere unsterbliche und souveräne Majestät etabliert: die weiße Herrscherin *She-who-must-be-obeyed*, halb Despotin, halb Matriarchin der afrikanischen Sümpfe, die seit unvordenklichen Zeiten über das primitive Volk der Eingeborenen herrscht. Ihr Regime kann als psychotechnisch im weitesten Sinne gelten: »it is not by force. It is by terror. My empire is of the imagination«, sagt She, die mit den Mitteln einer augenscheinlich übersinnlichen Projektion und Übertragung herrscht und »who can see without eyes and hear without ears«.[155] Dieses »empire of imagination« will sie mit der Wiedergeburt ihres vormaligen Geliebten zu neuem Ruhm und gegen das jetzige Empire führen.[156] Es ist also ein »imperialism in reverse«, oder evolutionistisch gesagt: der jederzeit drohende »Rückschlag« und Atavismus, der das höchstzivilisierte Empire von außen wie innen erreichen könnte. Nicht so sehr die mythische Frage des Lebens, die die Überlieferung und der Mythos ihrer Herrschaft aufwirft, sondern vielmehr das evolutionäre *Über*leben steht deshalb im Zentrum von Haggards Kolonialphantasma. Von Anfang an nehmen die Expeditionäre auf ihrem Weg ins »heart of darkness« und zur »very womb of the Earth«[157] evolutionistische Untersuchungen vor, klären bei jeder neu entdeckten Art, »if it was a ›sport‹ or a distinct species«, und beobachten den *struggle for existence* in freier Wildbahn oder den zynischen Malthusianismus, den She als Herrschaftstechnik perfektioniert hat.[158] Ihre primitiven Untertanen sind sich keines Ursprungs bewusst, Natur und Kultur fallen in ihnen zusammen, und Ausweis ihrer Kultur- und Bewusstlosigkeit ist nicht zuletzt, dass sie zum Faktum der Zeugung, der Vaterschaft und Genealogie keine Beziehung haben.[159] Die Abgesandten des British Empire hingegen können nur deswegen, weil sie gegen alle inneren und äußeren Antriebe ihre eigene atavistische Neigung im Zaum gehalten und mit ihrem »sense of right« die Schranke zwischen biologischer und kultureller Evolution aufrecht erhalten haben, aus dem Innersten Afrika als Sieger das Daseinskampfes hervorgehen.

---

154 Thomas Henry Huxley, *Evolution and Ethics and other Essays*, in: *Collected Essays*, London 1894, 17-19.
155 Henry Rider Haggard, *She*, in: Haggard 1951, (1-238), 133, 65.
156 Ebenda, 192. – Im Folgenden Etherington 1984, 47.
157 Haggard 1951, 238, 206, 216.
158 Ebenda, 49, vgl. zudem ebenda, 54, 70, 154.
159 »Descent is traced only through the line of the mother, and while individuals are as proud of a long and superior female ancestry as we are of our families in Europe, they never pay attention to, or even acknowledge, any man as their father, even when their male parentage is perfectly well known.« (ebenda, 63.) – Vgl. zudem ebenda, 45, 69.

Marx hatte den Imperialismus als Ausdruck einer kapitalistischen Sättigung der nationalen Ökonomien bezeichnet, deren Expansion nur durch einen dauerhaften technologischen Fortschritt möglich sein könne. Ging es mithin in erster Linie um die Ausfuhr überschüssigen Kapitals, waren die Kolonien von einem Terrain »riskanter« politischer Neugründungen von Seiten der älteren *adventurer* zum Gegenstand bloßer »Spekulation« an den europäischen Börsen geworden. Verwaltungstechnisch und politisch waren sie von ihren Mutterländern isoliert, sie stellten ein Experimentierfeld dar, auf dem ein politisch regulativer Rassismus und zudem eine schrankenlose Bürokratie erprobt werden konnte. Letztere lässt sich, wie Arendt schreibt, bestimmen als »Herrschaftsform, in welcher Verwaltung an die Stelle der Regierung, die Verordnung an die Stelle des Gesetzes und die anonyme Verfügung eines Büros an die Stelle öffentlich-rechtlicher Entscheidungen tritt, für die eine Person verantwortlich gemacht und zur Rechenschaft gezogen werden kann.«[160] Die Kolonialverwaltung hatte gerade jenen dunklen Kontinent, der bis ins 19. Jahrhundert als chaotische Nacht vor aller Kultur und Kommunikation gegolten hatte, auf historisch beispiellose Weise einem bürokratisch-technologischen Regime unterworfen, das – wie Kapp sagt – »die zum Weltverkehr erweiterte Locomotion«, »die staatliche Form der Communication« und »die Inauguration eines Verkehrsministeriums der Zukunft, mit universaler die gesammte Culturwelt umspannender Thätigkeit«, vollenden sollte.[161] Die Expansion des *Empires* stellte daher eine fortgesetzte »Organprojektion« oder besser: eine immerwährende technologische Innovation dar.

Um den verschlossenen Kontinent zu penetrieren, wurden Dampfschiffe und Chinin-Prophylaxen, um ihn zu überwältigen, Schnellfeuerwaffen in Anschlag gebracht. In beiden Fällen ging die technologische Innovation mit der Erschließung einer *terra incognita* einher. 1826 wurde der Krieg der *British East India Company* unbeabsichtigt durch ein Dampfschiff entschieden, so dass der Imperialismus zuvorderst zur Angelegenheit innovativer Fährschiffunternehmer wurde[162]; und nach der Extraktion und kommerziellen Produktion (1820-1827) von Chinin wurde dessen prophylaktische Wirkung an britischen Truppen getestet, so dass pharmazeutische Industrie und imperiale Expansion fortan das tropische »Heer von Krankheiten«, ihrer beider ärgsten Feind, gemeinsam

---

160 Arendt 2001b, 405.
161 Kapp 1877, 332f. – Noch 1811 klagte Klüber über postal unerschlossene Kontinente wie Afrika: »in chaotischer Nacht liegt die Cultur, wo keine Post ist.« (Johann Ludwig Klüber, *Das Postwesen in Teutschland, wie es war, ist und seyn könnte*, Erlangen 1811, 129.)
162 Vgl. Daniel R. Headrick, *The Tools of Empire*, New York/Oxford 1981, 22. – Vgl. zudem die Verlautbarung des Dampfschiffpioniers Macgregor Laird: »those who look upon the opening of Central Africa to the enterprise and capital of British merchants as likely to create new and extensive markets for our manufactured goods, and fresh sources whence to draw our supplies; and those who, viewing mankind as one great family, consider it their duty to raise their fellow creatures from their present degraded, denationalized, and demoralized state, nearer to Him in whose image they were created.« (Macgregor Laird and R. A. K. Oldfield, *Narrative of an Expedition into the Interior of Africa [...]*, 2 Bde., London 1837, I., VI.). 1832 wurde von Laird und Liverpooler Kaufmännern die African Inland Company gegründet.

besiegten[163]; zudem waren die Kolonialgebiete ein ideales Experimentierfeld für die neuen Waffentechniken, schließlich ging es diesen um den »Tod nicht mehr des Gegners, sondern serieller Unmenschen«.[164]

Konsolidieren konnte sich die imperiale Herrschaft dann durch ihr Verkehrs- und Kommunikationssystem. Der Suez-Kanal, den bereits Napoleon für sein *Empire* geplant hatte, aufgrund falscher Berechnungen dann aber nicht verwirklichen konnte, wurde bis 1869 fertiggestellt, womit vormals utopische Szenarien einer vollendeten Zukunft der weltumspannenden Verkehrswege und eingedämmten Seuchenzüge endgültig Wirklichkeit geworden waren.[165] Durch die Einführung der transkontinentalen und submarinen Telegraphie wurden schließlich auch die Kommunikationsverbindungen beschleunigt: An Stelle der monate- oder jahrelangen Briefwechsel zwischen Mutterland und Außenstelle, wie noch im ersten Jahrhundertdrittel, kommunizierten die imperialen Metropolen Ende des Jahrhunderts mit ihren Kolonien fast augenblicklich; nachdem 1902 auch Neuseeland angeschlossen wurde, war das British Empire ein einziges telegraphisches Netz geworden. »Durch den Meeres-Telegraphen, von dem die erste große Probe jetzt abgelegt ist, werden diese disjecta membra zu größerer Einheit zusammengebunden«, schreibt ein Kommentator des Jahres 1858, »und die englische Macht, der ein amerikanischer Dichter schon früher die Ubiquität als Eigenschaft zusprach, wird von nun an dieses Compliment im Ernste verdienen.«[166] Sicherten die militärischen Einheiten und kommerziellen Verkehrswege dem Empire sein Guttapercha-Monopol, so konnte es mit diesem seine transkontinentalen Leitungen isolieren und sich zugleich zum historisch umfassendsten aller Imperien universalisieren. Die Waffen, Werkzeuge und Medien des Empires machten dieses zum Herrn aller Länder und Zeiten.

Auch Großtaten der europäischen Kulturtheorie wie Bopps *Vergleichende Grammatik* (1833) und die sprachwissenschaftliche Forschung überhaupt erwiesen sich nun als Instrument, das zugleich der Kolonialverwaltung und Ursprungsforschung dienlich war.[167] Dies gilt besonders für die Frühzeit des Imperialismus, in der die Kolonialmächte »auch die rückständigen politischen Organisations- und Gemeinschaftsformen, die sie vorfanden, nach Möglichkeit zu bewahren suchten wie leere Ruinen einstigen Lebens« und sich die evolutionistische Kulturtheorie auf unterschiedlichsten Gebieten der Erforschung von *survivals* wid-

---

163 Eduard Vogel, *Reise in Zentralafrika [...]*, in: Hermann Kletke (Hg.), *Afrika, dargestellt in den Forschungen und Erlebnissen der berühmtesten Reisenden neuerer Zeit*, Bd. V., Berlin 1863, 82.
164 Kittler 1986, 190.
165 Vgl. hierzu Mercier 1979, Buch III, Kap. LIX.
166 Kölnische Zeitung vom 12. August 1858, zit. nach: Göttert 1998, 404.
167 Vgl. hierzu Hans G. Kippenberg, *Die Entdeckung der Religionsgeschichte. Religionswissenschaft und Moderne*, München 1997, 44ff. – Deutlich wird dies nicht zuletzt in Friedrich Max Müllers Unternehmen, »eine genealogische, mit den Sprachen parallel laufende Classifikationen der Religionen« zu erstellen. (Friedrich Max Müller, *Einleitung in die vergleichende Religionswissenschaft*, Straßburg 1874, III.)

mete.[168] Enthüllten bereits für ältere Kulturtheoretiker wie Boulanger die afrikanischen Völker »une antiquité vivante & toujours substistante«, war es im Zeitalter nach der alphabetisch vermittelten Missionierung, in der Epoche elektrifizierter »Instantaneität«, umso leichter, von einer »Koexistenz der Kulturen« auszugehen.[169] Die *social anthropology* war so gesehen nur das kolonialwissenschaftliche Gegenstück jener Techniken, die das Empire gerade im Dunklen und Unerschlossenen zu fundieren halfen. In den naturgemäß fortgesetzten Kampf ums Überleben konnte sie als – geistige – Kraft eingreifen.

168 Arendt 2001b, 315. – Im Bereich der evolutionistischen Forschung kümmerte sich Morgan um das vergleichende Studium von Verwandtschaftsterminologien, sozialen Organisationsformen und Eigentumsverhältnissen, Lubbock um den Vergleich prähistorischer Artefakte mit Werkzeugen rezenter primitiver Völker, Maine um die Abfolge verschiedener Rechtsverhältnisse, MacLennan um die Probleme des Totemismus, der Exogamie und unterschiedlichen Eheformen, Pitt-Rivers um die Waffentechnik und Spencer schließlich um das allgemeine Gesetz der Evolution.
169 Boulanger 1978/I., 32 und Marshall McLuhan, »Die Gewalt der Medien« (1978), in: Baltes/Böhler 1997, (215-222), 221.

Achtes Kapitel

Ursprungsforschung – Szenarien der Nachträglichkeit

1. Opfer und Institution

Bereits die *Société des Observateurs de l'homme* hatte vermutet, es gebe »keine Wilden, bei denen man nicht zumindest irgendwelche Anfänge von Gesellschaft findet.«[1] Worin sich seit Mitte des Jahrhunderts die kontinentaleuropäische Kulturwissenschaft mit der imperialistischen Ethnologie einig zeigte, war die Einsicht, dass weniger ein System vernünftiger Bildung als eine rituelle Ordnung am Anfang aller Gesellschaft gestanden haben muss. »Die kultlichen Vorstellungen sind«, wie es in Johann Jakob Bachofens *Mutterrecht* (1861) heißt, »das Ursprüngliche, die bürgerlichen Lebensformen Folge und Ausdruck.«[2] Dafür, dass sich die Ethnologie bis zu den 1870er Jahren als eigenständige Wissenschaft etablieren konnte, hatten gerade die rechtshistorischen Studien Bachofens, Morgans und MacLennans gesorgt. Sie war nun aus dem disziplinären Konglomerat der allgemeinen Anthropologie (die auch die Paläontologie, Archäologie, Urgeschichte, Anatomie, Physiologie und Psychologie umfasste) herausgetreten, um weniger »rassische« oder physische Bildungen als kultisch-kulturelle Bindungen und Konstitutionen zu erforschen.

Mit dem Namen und Werk Edward Burnett Tylors verbindet sich der institutionelle Siegeszug der Ethnologie im British Empire. Nach der Reform des britischen Unterrichtswesens im Jahr 1870 und nach Pitt-Rivers' Schenkung seiner ethnographischen Sammlung an die Oxforder Universität wurde Tylor aufgrund etlicher Petitionen mit Vorlesungen betraut, ehe er 1884 den ersten Lehrstuhl für Anthropologie besetzte und 1905 das erste Oxforder Diplom dieser Disziplin ausgestellt wurde – als Ausbildungsnachweis für Kolonialbeamte.[3] Einerseits war es den nunmehr zahlreichen, mit imperialistischen Beutestücken ausgestatteten ethnologischen Museen aufgegeben, auch schriftlose Kulturen zu dokumentieren, andererseits buchstabierten die neugegründeten ethnologischen Institute als medienhistorischen Wechsel, als Ende des philologischen Monopols.[4] Insofern

---

1   De Gérando, »Erwägungen…«, in: Moravia 1977, 239.
2   Johann Jakob Bachofen, *Das Mutterrecht. Eine Untersuchung über die Gynaikokratie der alten Welt nach ihrer religiösen und rechtlichen Natur*, Frankfurt am Main 1997, 22. – Bachofen spricht von den »Stufen eines großen historischen Prozesses, der, in den Urzeiten beginnend, sich bis in ganz späte Perioden verfolgen läßt und bei den Völkern der afrikanischen Welt noch heute mitten in seiner Entwicklung begriffen ist.« (ebenda, 47.)
3   Vgl. Peter Burke, »Geschichte und Anthropologie um 1900«, in: Benedetta Cestelli Guidi und Nicholas Mann (Hgg.), *Grenzerweiterungen. Aby Warburg in Amerika 1895-1896*, London, Hamburg/München 1999, (20-27), 23.
4   Zur Datierung der wichtigsten anthropologischen Institutionen Europas vgl. Lee S. Dutton, *Anthropological Resources. A Guide to Archival, Library und Museum Collections*, New York/London 1999, 391-449.

war es nur konsequent, wenn Tylors Sprachtheorie allein als Seitenstück seines Kulturevolutionismus ausgearbeitet wurde. Die idealistische Sprachphilosophie Wilhelm von Humboldts mit ihrer grammatischen Ausrichtung wies Tylor dabei ebenso zurück wie Friedrich Max Müllers mystische Interpretation der Sprachwurzeln. Für Tylor gab es keine Allgemein- oder Ursprache, und sprachliche Differenzen belegten nicht ursprüngliche Artunterschiede, sondern vielmehr die evolutionäre Kontinuität zwischen Mensch und Tier. Die Sprachwissenschaft war ein Instrument der Ursprungsforschung, keineswegs aber deren methodisches Rückgrat. »In exploring the early life of nations, their languages may lead us far back, often much farther than historical records, but they seem hardly to reach anywhere near the origins of the great human races, still less to the general origin of mankind.«[5]

Tylor ging es stattdessen um eine psychogenetische Entwicklungsreihe vom Geisterglauben über den Götterglauben bis hin zum Monotheismus, die einerseits Comtes Dreistadientheorie zur Evolution des menschlichen Geistes zugrunde legte, andererseits auf belegbare rituelle Praktiken abstellte. Seine evolutionäre Reihe verstand sich insofern als universell, als sie die europäische Urgeschichte mit dem Gegenstandsbereich der außereuropäischen Ethnologie und die Beobachtung volkstümlicher Praktiken in Europa mit der kolonialistischen Feldforschung verband. Das erste Stadium, die primitive Konzeption einer ätherischen und zugleich materiellen Seele, auf die sich die ersten Opferriten gründen, bezeichnete er in Abgrenzung zum altkolonialistischen Begriff des »Fetischismus« (und im Anschluss an die quasi-mediale Phlogistontheorie des 18. Jahrhunderts) als »Animismus«. Auf dieser Grundlage lautete die Minimaldefinition von Religion: Glaube an geistige Wesen.[6] Tylors evolutionistischem Ansatz lag dabei die Annahme zugrunde, die Menschheit habe sich einheitlich und gesetzmäßig, also allerorten auf demselben Wege entwickelt, dies allerdings mit unterschiedlicher Geschwindigkeit, so dass die Primitiven nicht sowohl Antipoden des Europäers seien, als dessen uranfängliches Stadium repräsentierten – ein Stadium überdies, das die »Folklore« in den abergläubischen Vorstellungen und Praktiken der europäischen Landbevölkerung entdecken könne. Diese Vorstellungen und Praktiken ermöglichten die ethnologische Erforschung der eigenen Gesellschaft, stellten sie doch, wie Pitt-Rivers sagte, als *survivals* den *missing link* zwischen dem zivilisierten Europäer und seinem dunklen Unvordenklichen her.

»Survivals« oder »Überbleibsel« waren als solche seit der Zeit des früheren Kolonialismus wahrgenommen worden. Im 17. Jahrhundert galten sie, so man sie bei den *sauvages* entdeckte, entsprechend der christlichen Degenerationslehre als

---

5 Edward Burnett Tylor, *Anthropology. An Introduction to the Study of Man and Civilization*, in: Collected Works, Bd. V., London 1994, 166.
6 Robert R. Marett sollte diese Konzeption angreifen und – über die Begriffe des *tabus* und *manas* – ein eigenes prä-animistisches und prä-personales Stadium einführen. Vgl. hierzu Robert R. Marett, »The Taboo-Mana Formula as a Minimum Definition of Religion«, in: *Archiv für Religionswissenschaft*, XII. (1909), 186-194.

Beweisstück für die vormalige Unschuld und spätere Korruption des Menschengeschlechts, im 18. Jahrhundert hingegen als verräterisches Indiz für jene Barbarei, die in Form repräsentativer Herrschaft bis zur Revolution die reine Menschenbildung vereitelt hatte.[7] Dem Historismus des 19. Jahrhunderts galten »Überbleibsel« oder »Überreste« – im Gegensatz zu den »Denkmälern« oder »Traditionsquellen« – als zufällig überlieferte Zeugnisse vergangener Epochen und somit als hermeneutische Probiersteine des historischen »Erfassens« und »Verstehens«[8], während sie in der vergleichenden Waffen- und Technikgeschichte als materiell bezeugte Verbindungselemente für die evolutionistische Sequenzbildung herangezogen wurden. Gerade in den Forschungen zum »Nachleben der Antike«, die Warburg schließlich zu den amerikanischen Urvölkern *und* in das Reich elektromagnetischer Anschauungslosigkeit führten, erwiesen sich *survivals* als Gegenstück *und* Effekt der medialen Vernichtung jedweder zeit-räumlichen Vermittlung und Allgemeinheit.

Somit gehören die unerklärlichen Inkonsistenzen und Anomalien, die Tylor als *survivals* für seine *anthropology* retten wollte, nicht nur jener urgeschichtlichen *terra incognita* an, die in Zentralafrika Gestalt gewonnen hatte. Sie sind auch »defects arising from the erosion of time«[9], einer Zeit wohlgemerkt, die nicht nur durch ihren natürlichen Ablauf Erosion stiftete, sondern als Naturzeit ihrerseits von der medialen Allgegenwärtigkeit erodiert wurde. Nur darin kann Tylors universalistischer Anspruch begründet sein, die auf *survivals* zielende anthropologische Forschung sei »everywhere, at all times« und zudem für jegliche Praktik und Institution triftig.[10] In Form des volkstümlichen Aberglaubens sind die *survivals* Ausgeburten eines sozialen Imaginären, das sich gerade angesichts seiner hochtechnisierten Gegenwart als überholt erkennt und damit erhält. Stets aus einer weniger chronologisch denn chronomorph begriffenen Evolution hervorgegangen, bezeugen die *survivals*, wie die höchste und imperiale Stufe der Zivilisation über Zeugnisse überholter Entwicklungsstadien verfügen kann und im selben Zuge auf diesen aufbaut. »The historian and the ethnographer must be called upon to show the hereditary standing of each opinion and practice«,

---

7   Vgl. hierzu den Jesuiten Chauchetière im Jahre 1694 in seinem Bericht über die kanadischen Ureinwohner: »Wir sehen in den Wilden die schönen Überbleibsel der menschlichen Natur, wie sie bei den polizierten Völkern nur noch in vollkommen korrumpierter Gestalt erscheint« (zit. nach: Bitterli 1991, 234). – Vgl. zudem die bereits angeführte Tagebuchaufzeichnung Heinses, in: Träger 1979, 133f.

8   In der historischen Sphäre des Verstehens, die den »allgemeinen« Menschen als Zweck und zugleich als Mittel setzt, haben »mikrologische« Umwertungen der rechtmäßigen Bildungsgeschichte allerdings keinen Ort. Die irrige Bewertung der ungleichartigsten Überlieferungsdokumente verhindert die synthetische und vergegenwärtigende Kraft des Historikers. Er erfasst die »*Gegenwart* von Materialien. Da sind Schriftsteller, Akten, Monumente, Gesetze, Zustände, Überbleibsel aller Art, von denen wir freilich *wissen*, daß ihr Ursprung in andere und andere Zeiten hinaufreicht; aber sie liegen uns so gegenwärtig vor, daß wir sie erfassen können« (Johann Gustav Droysen, *Historik*, Bd. I., Stuttgart 1977, 9).

9   Hodgen 1936, 53.

10   »Putting these various means of information together, it often becomes possible to picture the whole course of an art or an institution, tracing it back from its highest state in the civilized world till we reach its beginnings in the life of the rudest tribes of men.« (Tylor 1994, 17.)

schreibt Tylor in *Primitive Culture* (1871), »and their enquiry must go back as far as antiquity or savagery can show a vestige, for there seems no human thought so primitive as to have lost its bearing on our own thought, nor so ancient as to have broken its connection with our own life.«[11]

Um die primitive Kultur, die sich über einen evolutionären Hauptstrang zum Stadium der Zivilisation fortgebildet hat, die sich aber auch in Degenerationen, *survivals* und *revivals* erschöpft hat, um diese primitive Kultur freizulegen, muss der tylorsche Ethnologe nach Art eines Anatomen vorgehen, so wie dieser von jeher an toten Objekten eine spezifische Ordnung der Sichtbarkeiten hergestellt und damit die Ordnung des Lebens demonstriert hat.[12] Tylors Lehre von den *survivals* wurde von den 1870er bis zu den 1890er Jahren insbesondere von Volkskundlern aufgegriffen, um mit den Methoden der Geologie und Archäologie die Ursprünge von Mythologien, Religionen und politischen Institutionen freizulegen. Bis in die 1930er Jahre hinein wurde sie dann auch in die Archäologie, die Religions-, Kunst und Literaturgeschichte übernommen. Der Animismus war die Grundlage von Tylors Ritual- und Opfertheorie gewesen, die Kulte zunächst als expressiven oder dramatischen Ausdruck einer religiösen Idee fasst und die Evolution des Opfers, entsprechend der evolutionären Logik der primitiven Psyche, in eine Dreistadientheorie aufgliedert.[13] Darauf aufbauend, beschrieb Tylor das Opfer als Zentrum eines rituellen Systems, das gemeinschaftliche Praktiken ins Werk setzt, das weniger religiösen Sinn ausdrückt als sozialen Sinn produziert und insofern immer auch bestimmte Modi der Vergemeinschaftung dokumentiert. Deswegen sind auch die vermeintlich überholten Ritualsysteme des imperialen Europas als persistierende Elemente sozialer und kultureller Evolution zu verstehen. »If we now look for the sacrificial idea within the range of modern Christendom, we shall find it in two ways not obscurely manifest. It survives in traditional folklore, and it holds a place in established religion.«[14]

Die Evolutionstheorie der primitiven Gesellschaft vertrat bis zu ihrem Niedergang in den 1930er Jahren Tylors Lehre von den *survivals*, nicht jedoch die vom Animismus. Konzeptionen der Vergemeinschaftung streiften rasch diese – ihrer-

---

11 Edward Burnett Tylor, *Religion in Primitive Culture*, in: *Primitive Culture*, Teil II., New York 1958, 538. – Vgl. auch Tylor, »On the Survival…«, in: *Notices on the Proceedings* 1869, 530: »But to suppose the principles and rites of the religion of the lower races to be only represented in that of the higher races by little surviving superstitions, would be an utterly one-sided view. Many most important thoughts and rites of religion – worship, prayer, sacrifice, penance, fasting – may be traced upwards from the lower races more or less far into the faiths of the higher nations, modified and adapted in their course to fit more advanced culture and loftier creeds.«
12 Zu Tylors Vergleich vgl. Hodgen 1936, 62. – Zum Folgenden vgl. auch ebenda, 96–108.
13 Vgl. hierzu Tylors Sequenz von »the gift-theory, the homage-theory, and the abnegation-theory. Along all three the usual ritualistic change may be traced, from practical reality to formal ceremony. The original valuable offering is compromised for a smaller tribute or cheaper substitute, dwindling at last to a mere trifling token or symbol.« (Tylor 1958, 462.) – Zur Struktur und Weiterentwicklung des Animismus und der primitiven Opferlogik vgl. ebenda, 384–485, v. a. 461, 479.
14 Ebenda, 492.

seits überholte – individualpsychologische Konzeption ab, und als eine der ersten und bis zuletzt beständigsten, weil komplexesten Konzeptionen zur *primitive society* bewährte sich die Lehre von den Verwandtschaftssystemen: Im primitiven Stande sei Vergemeinschaftung in Form exogamer Abstammungsgruppen organisiert gewesen, die Frauen und Güter austauschten, die Geister ihrer Ahnen verehrten und ihr Verwandtschaftssystem sprachlich wie rituell kodifizierten. Ein epochaler – und als solcher auch von Marx apostrophierter – Bruch sei dann mit jener Gesellschaftsform erfolgt, die auf territorialen Einheiten basiert, die Familien und Privateigentum und zuallerletzt den Staat ausbildet.

Die Gens wurde nicht nur von Morgan als Basis aller vorkapitalistischen und gemeinschaftlichen Ordnung begriffen, sondern auch von Numa Denis Fustel de Coulanges.[15] Für die griechisch-römische Antike entwickelte er in *La Cité antique* (1864) eine Institutionentheorie des Opfers, das auf sozialen Pflichten gründe, seinerseits aber auch soziale Beziehungen herstelle. Weniger religiöse Lehren als Kultordnungen stehen einer derart instituierten *und* instituierenden Religion voran. Nur mit dieser Doppelfunktion ist es erklärlich, wie »eine einfache Urreligion das griechische und das römische Familienwesen begründet, die Heirat und die väterliche Autorität eingeführt, den Rang der Verwandtschaft bestimmt und das Eigentums- und Erbrecht geheiligt hat. Diese selbe Religion hat, nachdem sie die Familie erweitert und ausgedehnt, eine noch größere Vereinigung – den Staat – geschaffen und hat dort, so wie in der Familie, geherrscht.«[16] So gesehen ist die Familie keineswegs eine natürliche Begebenheit, ihre Verwandtschaftsordnung und Erbfolge ist vom kultischen System abhängig. Nur wenn ihre besonderen Kulte miteinander vereinbar sind, können sich mehrere Familien zu Phratrien zusammenschließen, diese sich in einer Tribus vereinigen und in einer weiteren Verbindung zuletzt ein städtisches Gemeinwesen ins Leben rufen. Individuen wie Familien und überhaupt alle Gestalten des sozialen Leben werden mithin von einem Kultsystem formiert, in dessen Zentrum die Institution des Opfers waltet. »Die menschliche Vereinigung war eine Religion; ihr Sinnbild war ein gemeinschaftlich eingenommenes Mahl.«[17]

Émile Durkheim übernahm von seinem Lehrer Fustel de Coulanges diese Institutionentheorie und bestimmte auf ihrer Grundlage den Hauptgegenstand seiner Soziologie: die *faits sociaux*. Wenn Handlungen nachgeahmt werden, dann nur, weil sie allgemein sind, und allgemein sind sie, weil sie obligatorisch, weil sie »soziale Tatsachen« sind. Verpflichtend sind Handlungen wiederum, wenn sie weder unter einem Naturgesetz stehen noch spontan und freiwillig sind. Soziale Tatsachen übersteigen jedes Individualbewusstsein, sie sind wie Dinge zu betra-

---

15 Marx griff auf beide Theorien zurück (Vgl. Karl Marx, *Die ethnologischen Exzerpthefte*, Frankfurt am Main 1976, 290).
16 Numa Denis Fustel de Coulanges, *Der antike Staat. Studie über Kultus, Recht und Einrichtungen Griechenlands und Roms*, Essen o. J., 4.
17 Ebenda, 155. – Zur kultischen Geschichtsschreibung, die – ganz im Sinne Leibniz' und der preußischen Verwaltungsbeamten – die städtischen Archive als Heiligtümer bestimmt, vgl. auch ebenda, 169.

chten. Somit kann Durkheim »alle Glaubensvorstellungen und durch die Gesellschaft festgesetzten Verhaltensweisen Institutionen nennen; die Soziologie kann also definiert werden als die Wissenschaft von den Institutionen, deren Entstehung und Wirkungsart.«[18] Diese ihre Entstehung erklärt Durkheim wiederum evolutionistisch: Jede Gesellschaft setzt sich aus Gesellschaften eines niedrigeren Entwicklungsstandes zusammen, weshalb es »in der Gesellschaft noch mehr Überlebsel als im Organismus« gibt.[19]

Der Gesellschaft ist eine »synthetische« Kraft zu eigen, sie fasst unterschiedliche Bestrebungen zusammen, ohne dabei, wie Hobbes' *body politic*, auf eine künstliche Konstruktion oder, wie in der Nationalökonomie, auf den Einklang menschlicher Vermögen angewiesen zu sein. Eine soziale Tatsache gilt als Ding, und jedes »Ding ist eine Kraft, die nur durch eine andere Kraft erzeugt werden kann. Man sucht also, um sich über die sozialen Tatsachen Rechenschaft zu geben, Energien, die sie hervorzurufen fähig sind.«[20] Sind diese Energien soziologisch auf die instituierenden und selbstreproduktiven Prozesse des sozialen Lebens zurückzuführen, entspringen sie der Gesellschaft selbst – die Kraft des »Heiligen« oder »Göttlichen« emergiert aus der Spannung zwischen Sakralem und Profanem. Bei den Urvölkern, für die die Ordnung der Dinge mit der sozialen Ordnung zusammenfällt, wird besonders augenscheinlich, dass »in der Göttlichkeit nur die transfigurierte und symbolisch gedachte Gesellschaft« zu sehen ist.[21] Wenn aber das »religiöse Prinzip«, wie Durkheim sagt, »nichts anderes ist als die hypostasierte und transfigurierte Gesellschaft, dann muß man das Rituelleben in nicht-religiösen und sozialen Begriffen interpretieren können.«[22]

Auf diesen kollektiv-obligatorischen Charakter ritueller Kulthandlungen allgemein und des Opfermahls im Besonderen zielte in seinen *Lectures on the Religion of the Semites* (1889) auch der Theologe, Physiker, Archäologe und Religionswissenschaftler William Robertson Smith. Tylor hatte in seiner Opfertheorie

---

18 Émile Durkheim, *Die Regeln der soziologischen Methode*, Frankfurt am Main 1999, 100.
19 Ebenda, 177. – Zum Folgenden vgl. ebenda, 182, 190, 109f., 203.
20 Ebenda, 220.
21 Émile Durkheim, *Soziologie und Philosophie*, Frankfurt am Main 1976, 105. – Vgl. hierzu auch Émile Durkheim und Marcel Mauss, »Über einige primitive Formen von Klassifikation. Ein Beitrag zur Erforschung der kollektiven Vorstellungen (Des quelques formes primitives de classification)«, in: Émile Durkheim, *Schriften zur Soziologie der Erkenntnis*, Frankfurt am Main 1987, (169-256), 250: »Es war durchaus nicht so, wie Frazer offenbar annimmt, daß nämlich die logischen Beziehungen zwischen den Dingen die Grundlage für die sozialen Beziehungen zwischen den Menschen gebildet hätten; in Wirklichkeit dienten die sozialen Beziehungen als Vorbild für die logischen.«
22 Émile Durkheim, *Die elementaren Formen des religiösen Lebens*, Frankfurt am Main 1998, 468. – Zum Folgenden vgl. ebenda, 471f., 554, 60, 62, 65f. – Durkheims Studie *Le suicide* (1897) dekliniert die Formel von der Gesellschaft als Gott auf jenem Feld durch, das bereits von der Moralstatistik bearbeitet wurde. Zeigten bei Süßmilch die Sterbelisten, als welch »genauer Arithmeticus« Gott in allen irdischen Dingen, ja selbst im Tod zugange ist, macht sich der Gott Gesellschaft für Durkheim auch noch im »Freitod« mit aller Macht geltend. Es sind letztlich die sozialen Tatsachen oder kollektiven »moralischen Wirklichkeiten«, die jenen Tod bedingen, »der mittelbar oder unmittelbar auf eine Handlung oder Unterlassung zurückgeht, deren Urheber das Opfer selbst ist.« (Émile Durkheim, *Der Selbstmord*, Frankfurt am Main 1987, 25.)

Opfer und Institution

den Umstand übergangen, dass Opfer nicht nur dargebracht, sondern oftmals auch rituell verzehrt werden, was Smith – mit Rekurs auf MacLennans Theorie – als totemistische Urform der christlichen Eucharistie interpretierte. Dass er mithin die Geschichte des Christentums ohne Umschweife auf eine kultische Institution des Sakralen, auf einen heidnischen Ursprung zurückführte, wurde seiner Universitätslaufbahn zum Verhängnis, zumal er sich mit seinen Studien der Göttinger Bibelkritik und ihrem Angriff auf die kanonische Ordnung der alttestamentarischen Bücher anschloss.[23] Mit Smith wurde das Programm der neueren Religionswissenschaft erstmals in seinen drei Dimensionen umgesetzt: die Religion – erstens – philosophisch zu analysieren, sie – zweitens – historisch zu differenzieren und – drittens – auch nicht-christliche Kulte in ihrer religiösen Spezifik, zudem aber das Christentum in seinen nicht-religiösen Konstituenten zu studieren.[24]

Vor dem Opfer des Bundes, das auf einem symbolischen Gesetz gründet, hätten die Hebräer, so Smith, einen Opferkult praktiziert, der weder Tribut noch Gabe verlangt, der kein priesterliches Monopol ausdrückt und nicht in erster Linie auf Sühneriten zielt, sondern vielmehr ein gemeinschaftliches Mahl zwischen Menschen und Göttern instituiert, einen »Akt der Gemeinschaft, zu dem sich der Gott und seine Verehrer vereinigten, um gemeinsam an dem Fleisch und Blut des Opfertieres teilzuhaben.«[25] Nur in dem Sinne herrschte bei den Hebräern eine theokratische Ordnung, dass das Opfer eine organische Einheit mit dem Gott herstellte und damit sämtlichen sozialen Praktiken die sakral verstandene Lebenskraft vermittelte. Und solch Organizismus war laut Smith keine Frage der Spekulation, sondern der Praxis – ein von vornherein und immer wieder neu instituierter sozialer Begriffsrealismus, »denn das Band der Gemeinschaft wird in sehr realistischer Weise verstanden und hat genau genommen nicht länger Bestand, als man die Speise im Körper verbleibend denkt. Aber das zeitweilige

---

23 Nach Julius Wellhausen, den Smith 1872 persönlich in Göttingen kennengelernt hatte, erlaubt die Quellenlage zwar nicht, exakt zu beschreiben, wie sich die Institution des Opfers entwickelt hat, doch kann er eine entscheidende Zäsur benennen: Vor dem Exil beherrschte das jüdische Kultsystem eine Ordnung der Prophetie und Ethik statt einer solchen des Gesetzes und Tempelkults. An die Stelle eines spontanen, im »Herzen« verwurzelten Kultus trat damit der Kultus als »Statut«: »In der alten Zeit erzeugte sich der Gottesdienst aus dem Leben und war aufs engste damit verwachsen. Das Opfer Jahve's war ein Mahl der Menschen, bezeichnend für das Fehlen des Gegensatzes von geistlichem Ernst und weltlicher Fröhlichkeit.« In der Zeit des zentralisierten Kultus hatte es dagegen »im wesentlichen einen und den selben Zweck: Mittel des Cultus zu sein. Der warme Pulsschlag *des Lebens* zitterte nicht mehr beseelend darin nach, es war nicht mehr die Blüte und Frucht von all dessen Trieben, es hatte seinen Sinn für sich selber.« (Julius Wellhausen, *Geschichte Israels*, Bd. I., Berlin 1878, 78, 80.) – Zu Smith und der Göttinger Schule vgl. auch John W. Rogerson, *The Bible and Criticism in Victorian Britain*, Sheffield 1995, 76-111.
24 Vgl. die drei Punkte in: Pierre D. Chantepie de la Saussaye, *Lehrbuch der Religionsgeschichte*, Bd. I., Freiburg i. Br. 1887, 3-7.
25 William Robertson Smith, *Die Religion der Semiten*, Darmstadt 1967, 171. – Zum Folgenden vgl. ebenda, 206: »Die, welche sich zu einem Mahle vereinen, bilden auch für alle sociales Angelegenheiten eine Gemeinschaft«.

Band wird durch Wiederholung gefestigt« – durch »das heilige Bindemittel« der Opferrituale. [26]

Diesen Begriffsrealismus, der mit dem Opfer nicht nur eine spezifische Lebenskraft symbolisiert glaubt, sondern direkt effiziert weiß, beschrieb James George Frazer als magisches Denken, eine Geistesverfassung, die noch dem animistischen Stadium Tylors vorangehe. Nach Fustel de Coulanges' und Smiths Studien zur griechisch-römischen und jüdischen Antike strebte Frazer in seinem *Golden Bough* (1890 zweibändig, bis 1936 dreizehnbändig erschienen) eine Verbindung von Altphilologie, Folklore und Ethnologie an. Dabei rekurriert sein enzyklopädisches (oder kompilatorisches) Werk immer wieder auf die Institution des Opfers, wie sie insbesondere in Form des zentralafrikanischen Königsmordrituals beobachtet wurde. Bereits James Bruce hatte neben den Salbungs-, Krönungs- und Verehrungsriten der Schwarzafrikaner auch deren eigentümliches Legitimitätsprinzip beschrieben. »Es wird als ein Grundsatz Abessiniens angesehen, daß keiner aus der königlichen Familie, der an seinem Leib einen Fehler oder irgendein Gebrechen hat, zur Krone gelangen darf.« Zudem hatte Bruce einen »Staat« bereist, in dem »der erste Minister der Scharfrichter ist, der aber keinem den Kopf abschlagen kann als dem Könige«.[27] William Winwood Reade wies dann auf gewisse Übereinstimmungen zwischen antiken Opferkulten und solchen des *Savage Africa* hin und auf die eigentümlich strenge Observanz, unter der die primitiven Herrscher stehen, so dass man sagen müsse, »that an African despot is a slave, whom they set upon the throne. His palace is a prison, his jailers are the priests. He is the victim of a thousand absurd customs; which, however, impose upon the people. [...] When a king shows himself unfit to rule or rather to obey, he receives a polite message. ›The king's subjects feel sure that he is weary, and that he must require sleep.‹ Such a one was delivered to a king of Akim. He passed seven days, drinking, singing, and dancing; then burned himself with all his women – a negro Sardanapalus.«[28]

Frazer systematisierte diese Beobachtungen in seiner Konzeption des sakralen Königtums, der zufolge die afrikanischen Könige vergöttlichte Herrscher oder Priesterkönige darstellen, die in ein vorgestelltes umfassendes dynamistisches System eingebunden sind.[29]

26 Ebenda, 207, 240. – Vgl. auch ebenda, 209f.
27 Bruce 1986, 178, zudem die von Hegel zitierte Stelle aus James Bruce, *Reisen zur Entdeckung der Quellen des Nils*, hg. v. J. F. Blumenbach, Bd. IV., Leipzig 1791, in: Georg Wilhelm Friedrich Hegel, *Vorlesungen über die Philosophie der Weltgeschichte*, Bd. I.: *Die Vernunft in der Geschichte*, hg. v. J. Hoffmeister, Hamburg 1955, 230.
28 Reade 1863, 543. – Vgl. zudem ebenda, 52: »Human sacrifices are perpetrated by all the pagan nations of Africa; the more powerful the nation the grander the sacrifice. It enters into the African religion, as it entered into all the religions of Antiquity.«
29 Zur späteren Fortschreibung von Frazers Konzeption vgl. besonders folgende Beiträge in *La regalità sacra*, Leiden 1959: Carl-Martin Edsman, »Zum sakralen Königtum in der Forschung der letzten hundert Jahre«, 3-17; E. O. James, »The Sacred Kingship and the Priesthood«, 63-70; Hans Heinz Holz, »Zur Dialektik des Gottkönigtums«, 18-36; Herbert W. Schneider, »Christian Theocracy and Hobbes's ›Mortal God‹«, 627-632.

> *People feared that if they allowed the man-god to die of sickness or old age, his divine spirit might share the weakness of its bodily tabernacle, or perhaps perish altogether, thereby entailing the most serious dangers on the whole body of his worshippers who looked to him as their stay and support. Whereas, by putting him to death while he was yet in full vigour of body and mind, they hoped to catch his sacred spirit uncorrupted by decay and to transfer it in that state to his successor. [...] The late Miss Mary Kingsley called my attention to a province of the Congo region in West Africa where the king's life and reign are limited to a single day.*[30]

Diesen zeremoniellen Regizid verfolgte Frazer im *Golden Bough* von antiken Quellen ausgehend bis zum primitiven Afrika, um dabei Tötungs- und Sündenbockriten, Opferfeuer, Karnevalspraktiken und Fruchtbarkeitszauber als Manifestationen ein und derselben Lebensform nachzuweisen. Die Magie, aus der die Religion und dann die Wissenschaft evolviert sei, klassifizierte er als »pseudoscience«, insofern sie, diese »savage theory of telepathy«, die magisch Kommunizierenden als verbunden denke, als Kontaktstellen eines gemeinschaftlichen Energieflusses.[31] So hat gerade das assoziativ irrige, »sympathetisch magische« Denken der Primitiven den sozialen Effekt, dass einem gewissen Stand die Ehre und gleichzeitige Bürde zuteil wird, durch sein Verhalten und seine körperliche Verfassung über die Konstitution des gesamten Gemeinwesens, über dessen Gesundheit und ökonomisches Wohlergehen zu bestimmen. Im Zuge funktionaler Ausdifferenzierung sei dann der Status dieser ursprünglichen Magier auf die Priesterkönige und später auf geistliche und weltliche Souveräne übergegangen.[32] Die Person des Priesterkönigs gilt den Primitiven somit »as the dynamical centre of the universe, from which lines of force radiate to all quarters of the heaven; so that any motion of his – the turning of his head, the lifting of his hand – instantaneously affects and may seriously disturb some part of nature.«[33] Deswegen unterliegt der Herrscher erstens dem ehernen, ja quälenden Regularium des Zeremoniells; zweitens wird die Bürde des Königtums in einem System der Repräsentationen, der symbolischen und körperlichen Stellvertretungen gelindert; und drittens ist es gerade die exponierte Stellung des Herrscherkörpers, die einen rituellen Regizid beim Schwinden der königlichen Kräfte zur sozialen Notwendigkeit macht.[34]

Wenn bei Frazer die Bestandsfrist des Königsamtes eher natürlichen Vegetationsperioden als den Richtlinien eines Mandats untersteht, rekurriert er damit nur auf eine Erfahrung der französischen Revolution, in der das Kräftefeld des sozialen Imaginären und nicht irgendeine Legitimitätsverabredung den Lauf der

---

30 James George Frazer, *The Magical Origin of Kings*, London 1968, 291f.
31 Ebenda, 54, 59. – Zum primitiven Denken im Modus der »sympathetischen Magie« vgl. ebenda, 37-39.
32 Sir James George Frazer, *The Golden Bough. A Study in Magic and Religion*, New York 1960, 121f. und passim.
33 Ebenda, 193f.
34 Vgl. ebenda, 311ff., 319, 324, 329.

Dinge bestimmte.[35] Frazers dynamistische Konzeption, seine These von den Vegetationsdämonen und ihrer rituellen Nutzbarmachung, geht hauptsächlich auf die Arbeiten des deutschen Volkskundlers Wilhelm Mannhardt zurück, der durch Analyse bäuerlicher Feld- und Waldkulte das Überleben des primitiven »Ariers« inmitten der europäischen Landbevölkerung nachweisen wollte. Entsprechend konnte Frazer seine »monumental assemblage and classification of survivals«[36] mit indigenen Fundstücken aufstocken. Umfasst der »Scope of Social Anthropology« aber auch die Anthropologie der eigenen Zivilisation, macht die Ursprungsforschung gerade bei den europäischen Unterschichten eine gefährliche, weil tief verwurzelte und letztlich unausrottbare magische Wildheit sichtbar. Als *tool* des kolonialistischen British Empire richtet sich die *anthropology* zuletzt gegen das vermeintlich Unmenschliche ihrer heimischen Zivilisation.

Die Frage des Ursprungs steht im Horizont eines Denkens, das das Unvordenkliche allen historischen Werdens *und* Denkens zu begreifen sucht. Es ist die Anthropologie des endlichen Menschen, die in Gestalt der Ethnologie und schließlich auch der Psychoanalyse dieses Unvordenkliche und die Urszenen seiner Positivierung zu ihrem Thema macht. In einer Dopplung versucht deshalb Sigmund Freud dieses Feld des Ursprünglichen zu erfassen: Nicht um, wie er polemisch gegen Jung schreibt, die »Probleme der Individualpsychologie durch Heranziehung von völkerpsychologischem Material zu erledigen«, sondern umgekehrt, um »Gesichtspunkte und Ergebnisse der Psychoanalyse auf ungeklärte Probleme der Völkerpsychologie anzuwenden.«[37] Dazu geht Freud von Tylors Animismuskonzeption, von Frazers dynamistischer Königsmord- und Smiths kommensalischer Opfertheorie aus, um letztlich immer wieder auf das ödipale Urmodell der griechischen Tragödie zurückzukommen – schießen doch im Ödipuskomplex Vater- und Königsmord, psychische und rituelle Repräsentation zusammen. Freud zufolge handelt es sich bei den Opferriten um einen ersten, historisch zusehends »sublimierten« Repräsentationsversuch, dem eine Urszene zugrunde liegt, die ihrerseits nicht dargestellt, nur verdrängt und nachträglich repräsentiert werden kann. Kultur allgemein, Religion und literarische Fiktion im Besonderen sind insofern von dieser Urszene abhängig, als sie im Zugr der psychischen Dynamik von Verschuldung und Verinnerlichung eine Kompromissbildung zwischen Wiederholung und Verleugnung darstellen. Um zwischen zivilisierten Neurotikern und wilden Königsmördern eine Parallele *und* Differenz einzuführen, bringt Freud Frazers Theorie des Tabus und der imitati-

---

35 Andererseits hat die Revolution die Evolution in einem Handstreich umgekehrt, nachdem, wie Frazer sagt, der eigentlich evolutionäre Sprung von der Urdemokratie über den Rat der Alten zum Heiligen Königtum vollzogen worden war. »In fact, disguise it as we may, the government of mankind is always and everywhere essentially aristocratic«, verkündet Frazer noch in seiner Antrittsvorlesung des Jahres 1908. »That is its salvation and the secret of progress.« (James George Frazer, »The Scope of Social Anthropology«, in: Frazer 1968, (159-176), 167.) – Vgl. zudem Frazer 1968, 84f.
36 Hodgen 1936, 115.
37 Sigmund Freud, *Totem und Tabu. Einige Übereinstimmungen im Seelenleben der Wilden und der Neurotiker*, in: Freud 1999/IX., 3.

Opfer und Institution

ven oder kontagiösen Magie ins Spiel: »der Neurotiker ist vor allem im Handeln gehemmt, bei ihm ist der Gedanke der volle Ersatz für die Tat. Der Primitive ist ungehemmt, der Gedanke setzt sich ohne weiteres in Tat um, die Tat ist ihm sozusagen ein Ersatz des Gedankens«.[38] Wie das Zeremoniell des Neurotikers nur dazu dient, seine Zwangshandlungen zu kontrollieren und zugleich gewähren zu lassen, ist für Freud Moral, Recht, ja selbst die Sprache nur eine Technik der Eindämmung über dem Tabu, dem Kernverbot der Berührung.

Freuds Fiktion des Urmordes stellt dabei die erste Differenz jedweder Kultur und die Emergenz einer ersten Autorität vor. In diesem Sinne besteht eine die direkte Filiation zwischen Urhorde, Totemclan, Familie und Staatswesen. Der ermordete Vater bzw. Souverän ist als Gott und Totemopfertier doppelt anwesend, und erst später hat sich der Bezug zur Totemfeier gelockert, ist über die Vermittlung der Priesterschaft die soziale Praxis des Opfers entstanden, um in die Souveränität göttergleicher Könige und die familial-ödipale Vaterrolle einzugehen.[39] Die Geschichte der Kultur ist jedoch nicht nur eine Geschichte von der Aufhebung des Opfers, sondern auch die seiner ständigen Wiederkehr. Kultur besteht von Gnaden und aus Verleugnung einer Urschuld. Indem Freud primitive und »Kulturreligionen«, Phylo- und Ontogenese, Massen- und Individualpsyche, indem er zudem Psychopathologie und Zeremoniell verklammert, weist er in allen kulturellen und psychischen Phänomenen den unabgesetzten Bezug auf ein überholtes, aber nachwirkendes Element nach. Wie er noch 1936 in *Der Mann Moses und die monotheistische Religion* schreibt, ist nicht nur eine kulturell anormale, sondern auch eine psychopathologische Erscheinung »ein Überbleibsel *(survival)* der Urzeit«.[40] Die ethnologische Religionswissenschaft und die Psychoanalyse mit ihren Primitiven und Zwangsneurotikern haben dabei ein und dieselbe Dynamik aufzuschlüsseln, worauf ja schon gegensinnige Urworte wie *sacer* hinweisen, in denen ganz nach dem Verfahren der Traumarbeit die Gegensätze zusammenfallen.[41] Das Tabu definiert Freud in *Totem und Tabu* (1912/13) deshalb als

> *ein uraltes Verbot, von außen (von einer Autorität) aufgedrängt und gegen die stärksten Gelüste der Menschen gerichtet. Die Lust, es zu übertreten, besteht in deren Unbewußten fort; die Menschen, die dem Tabu gehorchen, haben eine ambivalente Einstellung gegen das vom Tabu Betroffene. Die dem Tabu zugeschriebene Zauberkraft führt sich auf die Fähigkeit zurück, die Menschen in Versuchung zu führen; sie benimmt sich wie eine Ansteckung, weil das Beispiel ansteckend ist und weil sich das verbotene Gelüste im Unbewußten auf anderes verschiebt. Die Sühne der Übertretung des Tabu durch einen Verzicht erweist, daß der Befolgung des Tabu ein Verzicht zugrunde liegt.*[42]

---

38 Ebenda, 194.
39 Vgl. hierzu ebenda, 182. Vgl. zudem Sigmund Freud, *Die Traumdeutung*, in: Freud 1999/II./III., (1-642), 222, Anm. 2.
40 Sigmund Freud, *Der Mann Moses und die monotheistische Religion*, in: Freud 1999/XVI., (103-246), 180.
41 Vgl. hierzu Sigmund Freud, »Über den Gegensinn der Urworte«, in: Freud 1999/VIII, 213-223, v. a. 215, 219, 221.
42 Freud 1999/IX., 45f.

Der Totemismus dagegen, diese Basisfiktion der Theorie primitiver Gesellschaften, erhält bei Freud eine ganz andere Bestimmung als in der seit 1870 kanonischen Konzeption MacLennans. Dieser hatte den Totemismus als Fetischismus mit sozialer Verankerung beschrieben, als ein »Gemachtes« (wie die Übersetzung des ursprünglich portugiesischen Terminus lautet), das zur Abgrenzung eines Stammes dient, das die Matrilinearität vorschreibt und schließlich das Heiratssystem exogam strukturiert. Bereits 1910 hatte Alexander A. Goldenweiser Mac Lennans Theorie ins Wanken gebracht, als er zeigte, dass Exogamie und Speisetabu keineswegs die charakteristischen und ältesten Komponenten des Totemismus sind und überdies Totemismus und Opfermahl keineswegs verknüpft sein müssen.[43] Trotz beider struktureller Differenz, die noch Lévi-Strauss[44] herausarbeiten sollte, schloss Freud zwei Jahre nach Goldenweisers Intervention Opferkult und Totemismus einfach kurz, um die vom Totemismus bezeichnete Schnittstelle zwischen Natur und Kultur auf ein Ur-Ereignis zurückzuführen. Diese Zäsur sei im Tabu aufgehoben, worauf schon dessen polynesische Etymologie von *tapu*, »gründlich markiert«, hinweise. Bei den Primitiven geht, wie die Ethnologie zu zeigen bemüht war, das Tabu mit einem spezifischen Dynamismus einher, mit dem Glauben an ein *mana* oder an eine sakrale Kraft, die das Sakrale vom Profanen absondert. Auch in dieser Hinsicht konnte Freud primitive und psychische Dynamik auf ein und denselben Ursprung zurückführen. Dass nun im Ödipuskomplex der Anfang von Religion, Sittlichkeit, Gesellschaft und Kunst sowie der Kern aller Neurosen zu suchen sei[45], umschreibt für Freud nur jenen blinden Fleck des unvordenklich Realen, der sich in der Ambivalenz der primitiven oder neurotischen Gemütsregungen immer wieder zur Geltung bringt. Andererseits war es gerade die »Ödipus-Standardsituation«, die von der Ethnologie nach Frazer am schärfsten angegriffen werden sollte.[46] Das Theorem, jedwede Kulturleistung sei ödipal, war jedoch für Freud unumstößlich. Gelten sollte das Theorem nämlich weniger im Sinne einer historischen Universalität – schließlich habe auch der Ödipuskomplex »seine Entwicklungsgeschichte«[47] – als in dem Sinne, dass jede Kulturleistung unweigerlich auf eine Urszene angewie-

---

43 Vgl. hierzu J. F. MacLennan, »The Worship of Animals and Plants«, in: *The Fortnightly Review* 6 (1869), 407-427, 407-427, 562-582 sowie Alexander A. Goldenweiser, »Totemism. An Analytical Study«, in: *Journal of American Folklore* 23 (1910), 179-293.
44 Vgl. Claude Lévi-Strauss, *Das wilde Denken*, Frankfurt am Main 1991, 258-261.
45 Vgl. Freud 1999/IX., 188.
46 »Es scheint notwendig, die Wechselbeziehung biologischer und sozialer Einflüsse systematischer zu untersuchen, nicht überall die Existenz des Ödipus-Komplexes zu behaupten, sondern jeden Kulturtypus zu studieren und den *besonderen Komplex* festzustellen, der zu ihm gehört«, schrieb Malinowski 1924 in seiner Studie zum anödipalen »Kernkomplex« der Trobriander. (Bronislaw Malinowski, »Der Oedipus-Komplex und der Kernkomplex der matrilinearen Familie« (1924), in: Bronislaw Malinowski, *Schriften zur Anthropologie*, Frankfurt am Main 1986, (123-128), 128.) – Vgl. hierzu auch Bronislaw Malinowski, *Korallengärten und ihre Magie*, Frankfurt am Main 1981, 56f.
47 Sigmund Freud, »Vorrede« zu Theodor Reik, *Probleme der Religionspsychologie*, in: Freud 1999/XII., (325-329), 328.

sen ist. Das ödipale Schema ist nichts anderes als die mythische Fassung jener Struktur von Ursprünglichkeit.

Insofern nun, nach einer Formulierung des Ethnopsychiaters Georges Devereux, Psyche und Kultur, »obgleich völlig eigenständig, in einem heisenbergschen Komplementaritätsverhältnis zueinander stehen«[48], befinden sie sich innerhalb ein und derselben formalen Struktur – oder anders gesagt: in ihrer Komplementarität bilden sie diese Struktur, und diese verweist immerzu auf einen Ursprung, der nur nachträglich zu erscheinen vermag. Freuds *Totem und Tabu* offenbart die epistemischen Bedingungen der Psychoanalyse *und* Ethnologie, *Der Mann Moses* demonstriert sie nochmals mit der Figur einer »verschobenen Repräsentation«. Die Hypothese, an der Hominisationsschwelle habe eine Urhorde bestanden, die von einem polygamen, autokratischen und sexuell eifersüchtigen Vater beherrscht wurde und in der sich zwangsläufig das Prinzip der Exogamie und das Inzesttabu durchgesetzt hat, geht zum einen auf Darwins *Descent of Man*, zum anderen auf James Atkinsons *Primal Law* (1903) zurück. Freud fügte dem die Hypothese eines Urmordes hinzu und gründete darauf seine psychoanalytische Evolutionstheorie. »Die Totemmahlzeit, vielleicht das erste Fest der Menschheit, wäre die Wiederholung und die Gedenkfeier dieser denkwürdigen, verbrecherischen Tat, mit welcher so vieles seinen Anfang nahm, die sozialen Organisationen, die sittlichen Einschränkungen und die Religion.«[49]

Freud beschränkt sich auf eine Hypothese, weil – worauf schon Tylor hingewiesen hat – die primitiven Gesellschaften den Urzustand nicht vollständig bewahrt haben können. Umgekehrt ist die Vorstellung einer hereditär vermittelten Inzestscheu zumindest problematisch, ja durch den Gleichklang von Phylo- und Ontogenese eigentlich auch verzichtbar, da sich nicht nur in ethnologischer, sondern auch in psychoanalytischer Hinsicht die ödipale Disposition nachträglich einstellt.[50] Wenn Freud, wie im *Mann Moses*[51], zwischen hereditärem und symbolischem Transfer (der Latenz mündlicher Überlieferung und der bewussten Erinnerung mittels schriftlicher Tradition) unterscheidet, dann eher aus repräsentationstheoretischen Erwägungen. Handelt es sich aber um eine strukturelle Determination, sind Fragen danach, »ob auch ein Stück historischer Realität dabei« sei, oder ob im Urmord nicht bereits das Schuldbewusstsein vor seiner eigentlichen Möglichkeitsbedingung eingegriffen habe, letztlich hinfällig. Das Unbewusste, das die Gegenstände von Psychoanalyse *und* Ethnologie strukturiert, hat eben keine Realitätszeichen.[52]

---

48   Georges Devereux, *Normal und anormal. Aufsätze zur allgemeinen Ethnopsychiatrie*, Frankfurt am Main 1982, 118. – Vgl. hierzu auch Foucault 1990, 454.
49   Freud 1999/IX., 172. – Zum Folgenden vgl. ebenda, 132.
50   Vgl. ebenda, 150f.
51   Vgl. Freud 1999/XVI.,172f.
52   Freud 1999/XI., 193. – Girard attestiert Freud dagegen, er habe als erster entdeckt, »daß jede rituelle Praxis, jede mythische Bedeutung ihren Ursprung in einem *realen* Mord hat«, habe diese Entdeckung dann aber wieder verschleiert. (Girard 1992, 292.) – zum Folgenden vgl. auch Claus-Volker Klenke, »Bedingte Referenz. Mythos und Ethik des Gesetzes im Freudschen Denken«, in: Adam/Stingelin 1995, (255-266), 263f.

Deswegen bricht Freuds traditionalistische Rede von einer Verinnerlichung des Opfers ab, sobald er die philosophische Vermögenslehre in seinen psychischen Apparat zu übersetzen versucht – in jene Struktur, die das Vergessene und Verdrängte, ihre eigene Möglichkeitsbedingung, verschoben repräsentiert, die also metapsychologisch nicht beschreibbar, weil stets auf die nachträgliche Setzung ihres Ursprungs angewiesen ist. Und deswegen handelt Freuds *Mann Moses und die monotheistische Religion* weniger von einer auch nur hypothetisch zu repräsentierenden Urszene als von einer ursprünglichen Spaltung, von einer Strukturbildung am Grunde der Kulturgeschichte. Diese Spaltung, die auch historisch als »traumatisches Ereignis« zu werten sei, steht nach Freud am Ursprung der jüdischen-christlichen Religion und hatte zur Folge, dass zwei Volksmassen, zwei Reiche, zwei Gottesnamen, Religionsstiftungen und Religionsstifter auf den Plan getreten sind und seither der kulturbildende Prozess von Verdrängung und Wiederkehr eingesetzt hat.[53] Vorstellbar wird die Spaltung in der Ermordung Moses', positivierbar in der kleinsten Differenz der Schreibweisen Amon/Aton, regelrecht repräsentierbar kann sie aber nicht sein.

Deshalb konzipiert Freud seinen *Mann Moses* weniger als festen Text denn als Umschrift, als fortwährende Umarbeitung des Textes und als stete Transformation der symbolischen Ordnung, die nichts als den Ursprung aller Ursprünge, die ursprüngliche Beziehung auf einen Ursprung und somit das Werden von Kultur darstellt. Ein bloßer Gewaltakt könnte keinesfalls Kultur und Gemeinschaftlichkeit stiften, wohl aber tut dies der hartnäckige Bezug auf ein Unvordenkliches, das im nachhinein immer wieder als »Urgewalt« oder »Urmord« zutage kommt, das die Beziehung zu jenem unvordenklichen Opfer als Schuldverhältnis offenbart, in dieser Verschuldung aber allererst die »Triebe« des Lebens und des Todes freisetzt. »Es ist wirklich nicht entscheidend«, schreibt Freud 1930, »ob man den Vater getötet oder sich der Tat enthalten hat, man muß sich in beiden Fällen schuldig finden, denn das Schuldgefühl ist der Ausdruck des Ambivalenzkonflikts, des ewigen Kampfes zwischen dem Eros und dem Destruktions- oder Todestrieb.«[54] Psychoanalyse und Ethnologie denken zuletzt nicht mehr von einem Ursprung her, der die Geschichte ein für allemal eröffnet hätte. Sie befinden sich in einem Feld völliger Historizität, das seinen Ursprung immer wieder zur Erscheinung bringen muss. Nur dadurch, sagt Foucault, dass diese Form des Denkens »stets noch über Zeit verfügt, um erneut das zu denken, was sie gedacht hat«[55], kann sie sich zum Denken der Endlichkeit, Nachträglichkeit und Ursprünglichkeit aufschwingen.

---

53 Vgl. Freud 1999/XVI., 245f., passim. – Vgl. hierzu auch Thomas Dörr, »Text-Mord: Mythen schreiben«, In: *Fragmente* 29/30, (138-152), v. a. 144-147 und zum Folgenden Edith Seifert, *»Was will das Weib?«. Zu Begehren und Lust bei Freud und Lacan*, Weinheim/Berlin 1987, 24 sowie Susanne Lüdemann, »Der Tod Gottes und die Wiederkehr des Urvaters. Freuds Dekonstruktion der jüdisch-christlichen Überlieferung«, in: Edith Seifert (Hg.), *Perversion der Philosophie. Lacan und das unmögliche Erbe des Vaters*, Berlin 1992, (111-128), 116f.
54 Freud 1999/XIV, (419-506), 492.
55 Foucault 1990, 446.

Wird diese seine Struktur zugunsten positiver historiographischer oder falsifikatorischer Ansprüche ignoriert, muss solches Denken als »a circular argument« erscheinen und als ein »fascinating but futile search for ultimate origins« – als ein Denken, das im Banne der »institution of sacrifice« steht.[56] Vielleicht kann man diese Ursprungssuche, so wie sie in der *social anthropology* und bei Freud ihre schärfste Ausprägung erlangt hat, und »dieses ursprünglich strukturierende Moment, dies zentrale Bedeutete/Bedeutende«, sei es das Unbewusste der Primitiven und Neurotiker, sei es das Unbewusste der Kulturen überhaupt, in einem tieferen Sinne als das Imaginäre der Epoche[57] bezeichnen – als *epoché* des realistischen Denkens, so wie sie für ein Denken des Realen notwendig geworden scheint.

2. Ästhetik als Genealogie

Im Jahre 1857, während er in die archäologischen, religionswissenschaftlichen und ethnologischen Vorarbeiten zu seinem »historischen Roman« *Salammbô* versunken war, benannte Flaubert in aller Kürze das Maß aller realistischen Kunst und künftigen Ästhetik: »Es ist an der Zeit, ihr durch eine unerbittliche Methode die Präzision der physikalischen Wissenschaften zu geben!«[58] Die *Imagines* des Uranfangs, des »tiefsten Innern Afrikas«[59], die grausamen Szenarien der Opferung und Versuchung in Flauberts Romanen *Salammbô* und *La Tentation de Saint-Antoine* sind das Resultat einer »unerbittlichen« Ursprungsforschung, die sich dem Realen nicht nur der Kulturen, sondern auch und gerade der menschlichen Erfahrung verschrieben hat. Ein Schreiben wie das Flauberts siedelt sich zwischen dem physiologisch Realen und dem gesellschaftlichen Imaginären an, es löst sich in seinen nunmehr referenzlosen Schreibakten von der Repräsentation, um an die Grenze des Symbolischen zu gelangen, dorthin, wo der Autor »nicht zum Zentrum seiner selbst gelangt, sondern zur Grenze dessen, was ihn einschließt: zu jenem Gebiet, wo der Tod weilt, wo das Denken erlischt, wo die Verheißung des Ursprungs unendlich sich zurückzieht.«[60] Im Schreiben wiederholt sich rituell das Ereignis der allerersten Einschreibung, hier enthüllt sich die »ursprüngliche« Todeserfahrung des Opfers immer wieder aufs Neue, um dem Autor als physiologischem Subjekt allererst den »Wert« zu verleihen, den Nietzsche genealogisch entziffern wird. »Haben Sie schon bemerkt, wie sehr wir unsere Schmerzen lieben?«, fragt Flaubert in einem Brief an eine Leidensgenossin

---

56 E. O. James, *Origins of Sacrifice. A Study in Comparative Religion*, London 1933, 46, 2, 183. – Vgl. hierzu auch Bronislaw Malinowski, »Synthetische Darstellung« (1932), in: Malinowski 1986, (83-104), 89: »Die Jagd nach den Ursprüngen sollte uns also dazu führen, die Gesetze von Strukturen und Abläufen zu untersuchen.«
57 Castoriadis 1997, 249f.
58 Gustave Flaubert, Brief an Mademoiselle Leroyer de Chantepie vom 18. März 1857, in: *Briefe*, Zürich 1977, 366.
59 Brief an Madame des Genettes, wohl Oktober 1864, in: ebenda, 479.
60 Foucault 1990, 458.

und beruft sich im selben Zuge auf »meine Schimäre von Stil, die meinen Körper und meine Seele verbraucht. Doch sind wir vielleicht überhaupt nur durch unsere Leiden etwas wert, denn sie sind Sehnsüchte.«[61]

Eine »anthropologische Ästhetik« nach Maßen Flauberts eröffnet ein Feld, auf dem nicht mehr der »natürliche« und sich doch immerzu bildende Mensch erscheint, auf dem vielmehr in einer unablässigen Anstrengung des Schreibens der dunkle Ursprung aller Kultur und Menschwerdung zutage tritt; doch wird sie ihrerseits zum Forschungsgegenstand einer experimentellen Anthropologie, die sämtliche menschliche Vermögen nach den letzten Standards der Medientechnik misst. Insofern sind das wuchernde Phantasma des historischen oder Kolonialromans und die »präzise« naturwissenschaftliche Objektivierung des Menschen nur Kehrseiten ein und desselben Forschungsprozesses. Schon die physiologische Erforschung von willkürlichen Handlungen und Reflexhandlungen, auf deren Grundlage höhere Bewusstseinsfunktionen erklärlich wurden, legte eine Theorie evolutionärer Anpassung nahe, die auch das Bewusstsein als Instrument im Überlebenskampf versteht. Die Seelenvermögen, Ansatz- und Endpunkt aller vormaligen Bildung und Ästhetik, mussten für »summatorische« und »tautologische« Fiktionen gelten[62], als die Natur des »ganzen Menschen« von naturwissenschaftlich-experimenteller, also instrumentell aufgerüsteten Erforschung erfasst wurde und er in die Elemente seiner medialen Positivierung zerfiel. Reduzierte sich die neue Ästhetik auf die »Tatsachen in der Wahrnehmung« und das höhere »Geistesleben« auf eine Reihe »unbewusster Schlüsse«[63], unterlag das ästhetische Subjekt seit Quételet den Maßgaben einer statistischen Anthropometrie, seit Helmholtz dem Gesetz von der Erhaltung der Kraft und seit Fechner den Messanordnungen und Logarithmen einer psychophysischen »Ästhetik von unten«.[64]

In diese doppelte Perspektive – einerseits als Gegenstand unablässiger psychophysischer Positivierung, andererseits als evolutionären Fluchtpunkt einer fortgesetzten Gattungserhöhung – stellt Nietzsches Ästhetik den Menschen.

---

61 Gustave Flaubert, Brief an Mademoiselle Leroyer de Chantepie vom 4. November 1857, in: Flaubert 1977, 396. – Vgl. hierzu auch Michel Foucault, »Was ist ein Autor?« (1969), in: *Schriften zur Literatur*, Frankfurt am Main 1988, (7-31), 12: »das Schreiben ist heute an das Opfer gebunden, selbst an das Opfer des Lebens; an das freiwillige Auslöschen, das in den Büchern nicht dargestellt werden soll, da es im Leben des Schriftstellers selbst sich vollzieht. Das Wer, das die Aufgabe hatte, unsterblich zu machen, hat das Recht erhalten, zu töten, seinen Autor umzubringen.« – Vgl. zudem Thomas H. Macho, *Todesmetaphern. Zur Logik der Grenzerfahrung*, Frankfurt am Main 1990, 19: »Das ›Sein zum Tode‹ als Sein zur Schrift und: ›Wovon man nicht sprechen kann, darüber muß man schreiben‹.
62 Hans Vaihinger, *Philosophie des Als- Ob. System der theoretischen, praktischen und religiösen Fiktionen der Menschheit auf Grund eines idealistischen Positivismus*, Leipzig 1918, 414.
63 Vgl. hierzu Hermann von Helmholtz, »Die Tatsachen in der Wahrnehmung«, in: *Philosophische Vorträge und Aufsätze*, Berlin 1971, (247-282), v. a. 267, 255f.
64 Nach Fechner sind »psychische Energien« – wie elektrische – berechenbar, manipulierbar und speicherbar, auch wenn hier nur Funktionsbeziehungen und – wie im Falle des Elektrizität und des Lichts – keine Substanzbestimmungen zu geben sind. (Vgl. hierzu Gustav Theodor Fechner, *Elemente der Psychophysik*, Bd. II., Leipzig 1889, 378).

Ästhetik als Genealogie

»Physiologisch nachgerechnet«[65], reduziert sich die natürliche Wahrnehmung auf bloße Quantitäten, auf reale und reell berechenbare Phänomene. Sinnesphysiologische Forschungen einer Erweiterung der ästhetischen Vermögen und (Selbst-)Versuche dienen aber immer auch einer Erweiterung der ästhetischen Vermögen. Die apollinischen »Lichtbilderscheinungen« etwa, wie sie Nietzsche als Geburtshelfer der Tragödie beschreibt, wurden seit Wiederentdeckung des Nachbildeffektes ebenso zu einem bevorzugten psychophysischen Untersuchungsgegenstand wie zum Anlass von Selbstversuchen wissenschaftlicher *und* mystischer Natur.[66] Auch Literatur fällt bei Nietzsche aus dem geistesphilosophischen oder geistesgeschichtlichen System, dem die Dichtung von Rechts wegen zugeschlagen worden war, und rückt stattdessen in eine Medientheorie und sinnesphysiologische Ästhetik ein, die symbolische Referenz- und genieästhetische Ausdrucksbeziehungen gleichermaßen zurückweist.

Wörter, dichterische zumal, sind Metaphern, und was sie übertragen, ist nicht der »Sinn«, der in einer Fernleitung der Geister einfach vom Autor zum Leser übergehen würde, sondern Sinnliches: ein realer Nervenreiz, den die Psychophysik nur mittels Messungen, Verhältnisgleichungen und Berechnungen als »Empfindung« anzuschreiben vermag. Was Nietzsche als »ästhetisch« qualifiziert, beruht auf messbaren Quantitäten, die zunächst ein gewisses Kräfteverhältnis herzustellen haben, ehe sie Intensitäten produzieren. »Der aesthetische Zustand« als »Höhepunkt der Mittheilsamkeit und Übertragbarkeit zwischen lebenden Wesen« und als »Quelle der Sprachen«[67] bestimmt mithin das Feld des Schreibens als ein Kräftefeld »sinnlicher Medien«.[68] Als Altphilologe und Leser von Helmholtz, Mayer und Féré kommt Nietzsche von den experimentell und medial aufgerüsteten Menschwissenschaften über das physiosemiotische Medium Literatur zur evolutionistischen Kulturtheorie und bibelkritischen Religionswissenschaft, nicht allerdings, ohne deren heillose Anhänglichkeit an letzte heilige Texte nochmals zu hintertreiben: »Als Philolog schaut man nämlich *hinter* die ›heiligen Bücher‹, als Arzt *hinter* die physiologische Verkommenheit des typischen Christen. Der Arzt sagt ›unheilbar‹, der Philolog ›Schwindel‹…«[69]

Kulturgeschichte ist nicht minder als Heilsgeschichte mit jenem ärztlichen Blick zu betreiben, der Institutionen und Werte innerhalb eines Kräftefeldes platziert. Dementsprechend gibt es kein Recht, das nicht auf einer – vergessenen oder verdrängten – Gewalttat oder Übermächtigung gründen würde. »Wenn wir

---

65 Friedrich Nietzsche, *Götzen-Dämmerung oder Wie man mit dem Hammer philosophirt*, »Streifzüge eines Unzeitgemässen«, 20, in: Nietzsche 1988/VI., (55-161), 124.
66 Friedrich Nietzsche, *Die Geburt der Tragödie aus dem Geiste der Musik*, in: ebenda/I., (9-156), 65. – Vgl. hierzu etwa Fechner 1889/II., 519 und Burkhardt Wolf, »Mystische Blendung. Zu Fechners Selbstversuchen und ›panpsychischem‹ System«, in: Cornelius Borck u. a. (Hgg.), *Medien des Lebens*, Weimar/Berlin (im Erscheinen).
67 Friedrich Nietzsche, *Nachgelassene Fragmente 1887-1889*, in: Nietzsche 1988/XIII., 296.
68 Friedrich Kittler, »Nietzsche«, in: Horst Turk (Hg.), *Klassiker der Literaturtheorie. Von Boileau bis Barthes*, München 1979, (191-205), 191.
69 Friedrich Nietzsche, *Der Antichrist. Fluch auf das Christenthum*, in: Nietzsche 1988/VI., (165-254), 226.

nun sehen, wie wenig sich alsbald die Unterworfenen um den entsetzlichen Ursprung des Staates bekümmern, so daß im Grunde über keine Art von Ereignissen uns die Historie schlechter unterrichtet als über das Zustandekommen jener plötzlichen gewaltsamen blutigen und mindestens an *einem* Punkte unerklärlichen Usurpationen«[70], erklärt sich auch der Umstand, dass die Legitimität des Staats von jeher als natürlich und seine Existenz als schlechthin notwendig, ja moralisch erscheinen musste. Für den Diagnostiker gibt es jedoch keine vernünftige und notwendige Geschichte an und für sich; die präzise Genealogie der Moral wird ihre scheinbare Notwendigkeit und Natürlichkeit auf wirkliche, physiosemiotische Tatbestände zurückführen.[71] Zum einen analysiert die Genealogie »Das Herrenrecht, Namen zu geben«, mithin – in einem ursprünglichen Sprechakt – eine bestimmte Ordnung der Dinge und Werte einzusetzen. Zum anderen verfolgt sie die physiologische Entstehung der psychischen Vermögen, zunächst des Vergessens als »aktives, im strengsten Sinne positives Hemmungsvermögen« und des Gedächtnisses als »Gegenvermögen«.[72] Im Stadium der Schriftlosigkeit kann Letzteres nur durch Riten, physiologisch gesagt: durch Reflexbildung, durch ein System geregelter und doch unwillkürlicher Abläufe, zustande kommen. Diesem System liegt wiederum eine noch ursprünglichere *»Mnemotechnik«* zugrunde, die unmittelbar auf den physiologischen Apparat einwirkt, ja diesen allererst strukturiert: »Man brennt Etwas ein, damit es im Gedächtnis bleibt: nur was nicht aufhört, *weh zu thun*, bleibt im Gedächtnis«.[73] Diese erste, noch völlig vermittlungslose Einschreibung entspricht der zeitgenössischen und zugleich der allerältesten Medientechnik. Sie schafft in einem Nu dasjenige, worauf symbolische Systeme oder Diskurse, ja selbst Kulturen und deren Grundlage, die Kulte, gründen.

Nietzsche bezeichnet diese alle Institutionen instituierende Praktik deshalb als eine prähistorische »Sittlichkeit der Sitte«, aus der erst später eine voll entwickelte, vermeintlich natürliche Kultur der Moral und der Verträge, zunächst aber ein Wert- oder Schuldverhältnis hervorgegangen sei. Denn das physiologische Wertemessen steht, genauso wie es sich am Anfang aller psychophysischen Menschwissenschaft befindet, noch vor aller Gesellschaftsorganisation. Es schafft eine erste Wertedifferenz und damit auch ein erstes Machtgefälle zwischen Gläubigern und Schuldnern, das noch keine moralischen Werte kennt, sondern auf einer Äquivalenz von empfundenem Schaden und zugefügter Schädigung aufbaut. So gesehen bietet Nietzsches grausame und primitive Justiz nicht nur Artauds späterem *Théâtre de cruauté* eine Bühne, es fundiert auch genealogisch die reformistischen Entwürfe zu einer geregelten Ökonomie des Strafens, die nicht mehr auf die repräsentative Vergeltung im Sinne eines Vollzugs und einer Bestä-

---

70 Friedrich Nietzsche, »Fünf Vorreden. Der griechische Staat«, in: ebenda, (764-777), 770.
71 Vgl. hierzu Nietzsches Vorschlag zu einem interdisziplinären Preisausschreiben zum Thema »Entwicklungsgeschichte der moralischen Begriffe« in: Friedrich Nietzsche, *Zur Genealogie der Moral*, in: Nietzsche 1988/V., (245-412), I. Abhandlung/17., 288f., Anm. – Vgl. zudem Nietzsches »Bedenklichkeit auf die *Moral*« als »mein ›a priori‹« in: ebenda, Vorrede, 249.
72 Ebenda, I. Abh./2., 260. und II. Abh./1., 291f.
73 Ebenda, 3., 295.

Ästhetik als Genealogie

tigung von Souveränität setzt, sondern den vermeintlich wilden Übeltätern in einer quasi-physiologischen Anordnung die Äquivalenz von Schaden und Schmerz zu Bewusstsein bringen soll. »The punishment would be visible, and the imagination would exaggerate its amount«, heißt es in Benthams Entwurf zu einem *Panopticon*, »no portion of the suffering inflicted would be lost.«[74] Dass nun Recht und Gesetz, da sie auf diesem grausamen Schuldverhältnis allererst aufbauen, keineswegs natürlich sein können, dass sie »nur *Ausnahme-Zustände* sein dürfen« und »Mittel, *grössere* Macht-Einheiten zu schaffen«, ist eine genealogische Einsicht, die Nietzsche bei der historischen Rechtswissenschaft vermisst, obschon seine Studie zu weiten Teilen von Albert Hermann Posts Rechtsethnologie und Eugen Dührings rechtlichem Prinzip der Selbst- und Energieerhaltung zehrt.[75]

Auf jeden Fall gründen kulturelle Institutionen allesamt auf jener Urszene der Übermächtigung, wobei nur die Praktik der Strafe, dieses unumstößliche »historische Apriori«, als dauerhaft gelten kann, nicht ihr »Sinn«. Dieser ist »flüssig«, ebenso historisch wie kulturell bedingt und dadurch vor keiner strategischen Interpretation gefeit.[76] Nietzsches Genealogie ist letztlich eine Kultur- und Erkenntniswissenschaft des Ereignisses, die als Ursprung allen Werdens Kräfteverhältnisse, Körpertechniken und Medien bestimmt. Darin kommt sie zum einen mit der Selektionstheorie des Evolutionismus überein, zum anderen aber auch mit psychometrischen Experimenten, wie sie etwa Francis Galton zum – vorbewusst ablaufenden – Kampf der Affekte angestellt hat. Der Kampf ums Dasein spielt sich zuvorderst auf psychophysischem Niveau ab, jede Interpretation supplementiert diesen Kampf, ja sie ist selbst eine Kraft innerhalb des Kampfs, die allerdings keinerlei Ursprünglichkeit für sich reklamieren kann, die sich vielmehr in ihrem Verhältnis zum wirklichen, weil psychophysisch messbaren Kräfteverhältnis bewerten lassen muss. Deswegen verwirft der Darwinist Nietzsche im Gegensatz zu Darwin selbst das Christentum mit seinen Tugenden des Mitleids und der Aufopferung. »Man verliert Kraft, wenn man mitleide<t>. […] Das Mitleiden kreuzt im Ganzen Grossen das Gesetz der Entwicklung, welches das Gesetz der *Selection* ist.«[77]

---

74 Bentham 1830, 354. – Vgl. die Analyse des artaudschen Begriffs eines »Theaters der Grausamkeit« mit Blick auf Nietzsches »territoriale Repräsentation« in Gilles Deleuze und Félix Guattari, *Anti-Ödipus. Kapitalismus und Schizophrenie I.*, Frankfurt am Main 1992, 243.
75 Nietzsche 1988/V., II., 12., 313. – Nietzsches in dieser Hinsicht wichtigste Quellen waren Eugen Dührings *Der Wert des Lebens im Sinne einer heroischen Lebensauffassung* (1865) und Albert Hermann Posts *Bausteine für eine allgemeine Rechtswissenschaft auf vergleichend-ethnologischer Basis* (1880/81) (vgl. hierzu Jürgen Seltmann, *Die Rezeption zeitgenössischer ethnologischer Theorien in der deutschen Philosophie des späten 19. Jahrhunderts*, Diss., Mainz 1991, 45-55).
76 Vgl. Nietzsche 1988/V., II., 12f., 314-317 sowie ebenda, 19-20., 384-390.
77 Nietzsche 1988/VI., 172. – Vgl. ebenda, 177: »Nichts ruinirt tiefer, innerlicher als jede ›unpersönliche‹ Pflicht, jede Opferung vor dem Moloch der Abstraktion.« – Als eine in dieser Hinsicht »nietzscheanische« Studie zum Verhältnis von »lebensfördernder« Erkenntnis und darwinistischem Überlebenskampf vgl. etwa Georg Simmel, »Ueber eine Beziehung der Selectionslehre zur Erkenntnistheorie«, in: *Aufsätze und Abhandlungen 1894 bis 1900*, in: *Gesamtausgabe*, Bd. V., Frankfurt am Main 1992, (62-74), v. a. 66f., 70f.

Erst nachdem »eine Gattung von Sitten, deren Absicht die Sitte überhaupt zu sein scheint: peinliche und im Grunde überflüssige Bestimmungen«[78], erst nachdem ein Ritualsystem als sozial verbindliche Sittlichkeit der Sitte etabliert worden ist, kann die »Zivilisation« voranschreiten. »Kultur« steht allerdings im Gegensatz zur Zivilisierung und Zähmung, sie ist die Blüte moralischer »Korruption«, insofern sie sich dem ursprünglich notwendigen System strengster Observanz entzieht. Das ist es, was den spartanischen »Kulturstaat« der Historisten von der griechischen Kultur unterscheidet. »Unsere Civilisation, regiert durch eine minutieuse Polizei, giebt keinen Begriff davon, was der Mensch in Epochen thut, wo die Originalität eines Jeden freieren Spielraum hat.«[79] Kultur und Zivilisation sind letzten Endes unterschiedliche Modi ein und desselben Bemächtigungsprozesses, der sich zunächst nur durch Gewalttaten und rituelle Systeme wie Opferkulte vollzieht, im Stande fortgesetzter Bewusstseinsbildung aber die unterschiedlichsten Formen annehmen kann. Das Christentum wirkte so gesehen in seinen barbarischsten Momenten, als es noch einen blutigen Opferkult praktizierte[80], am zivilisierendsten, ehe es in seiner asketischen, priesterlichen Gestalt die vormals kräftigenden Selbsttechniken wie die Opfer zu einer »Dekadenz« pervertiert habe, die weder Kultur noch Zivilisation zu stiften vermag.

Nietzsches Bewertung von Opferkulten erschließt sich in seinen Kommentaren zu einem Vortrag »Ueber den Ursprung des Brahmanismus«, den sein Schüler Jakob Wackernagel 1876 gehalten hat. »Was Indien Bedeutendes geleistet hat, ist von den Brahmanen geleistet worden«, sagt Wackernagel. »Der Brahmanismus ist nicht blos ein Institut, sondern auch ein System, eine Religion«, die sich in ihren Kulten des »Brahmas«, einer geheimnisvollen Kraft zur Beeinflussung der Götter, bemächtigt habe.[81] Weil im Brahmanismus allein der Kultus, und besonders seine Keimzelle, der Opferkult, eine direkte Verbindung zu den Göttern herstelle, sei die gesamte brahmanische Religion durch kultische Überbleibsel, und nicht durch mythologische Zeugnisse zu rekonstruieren. Die Brahmanen hätten ihre dauerhaft beherrschende Stellung in Indien, die keineswegs auf formale Herrschaftstitel angewiesen ist, nur dadurch gewinnen können, dass sie zäh am Opferkult festgehalten haben, an einem Opferkult, der auf indogermanische Ursprünge zurückgeht. Aus dieser Bestimmung entwickelt Wackernagel seine typologische Gegenüberstellung von »indogermanischem« und »semitischem« Opfer: »Das semitische Opfer ist Sühnopfer und Dankopfer.

---

78 Friedrich Nietzsche, *Morgenröthe. Gedanken über die moralischen Vorurtheile*, in: Nietzsche 1988/III., (9-331), 29.
79 Nietzsche 1988/XIII., 185. – Vgl. auch Friedrich Nietzsche, *Nachgelassene Fragmente 1875-1879*, in: Nietzsche 1988/VIII., 30 und Friedrich Nietzsche, *Nachgelassene Fragmente 1885-1887*, in: Nietzsche 1988/XII., 416.
80 »Das Christenthum hatte *barbarische* Begriffe und Werthe nöthig, um über Barbaren Herr zu werden: solche sind das Erstlingsopfer, das Bluttrinken im Abendmahl, die Verachtung des Geistes und der Cultur; die Folterung in allen Formen, sinnlich und unsinnlich; der grosse Pomp des Cultus.« (Nietzsche 1988/VI., 189.)
81 Jakob Wackernagel, *Ueber den Ursprung des Brahmanismus*, Basel 1877, 3f. – Vgl. auch ebenda, 30.

Ästhetik als Genealogie 329

Das indogermanische Opfer kann vor allem nicht Sühnopfer sein: denn wie kann Darbringung der eigenen Nahrung sühnen? [...] Dem Inder ist das Opfer nur Vehikel seiner Wünsche.«[82]

Nietzsche präzisiert die Thesen Wackernagels in dreierlei Hinsicht: Zum einen weist er auf den indogermanischen Gebrauch von Rauschmitteln und Narkotika hin, die von den Brahmanen über die griechischen Dionysien bis hinein ins Mittelalter als Physiotechnik zur Steigerung des eigenen Machtgefühls eingesetzt worden seien[83]; zweitens vergleicht er, nicht zuletzt mit Blick auf die »geheimnisvolle Kraft« des Brahmas, die brahmanischen Kulte zur Beherrschung der Götter mit den wissenschaftlichen Techniken der Naturbeherrschung, so wie sie bis zum Ende des 19. Jahrhunderts entwickelt wurden[84]; schließlich verbindet er die primitiv-magische, später religiöse Technik der Naturbeherrschung mit den rituellen Techniken der Selbstbeherrschung, wie sie der Brahmanismus und das Christentum (das bei Nietzsche die Stelle von Wackernagels »Semiten« einnimmt), obgleich mit gegensätzliche Tendenz, ausgebildet hätten. Bemächtigen sich die Christen der »inneren Natur«, so tun sie dies in physiologisch unsinniger Weise: Sie unterstellen die Kräfte, die realen Möglichkeitsbedingungen jeder Bewusstseinsleistung, ja des Bewusstseins selbst, der Interpretation, setzen also mit ihrem asketischen Ideal das Imaginäre an die Stelle des Realen und bilden deshalb letztlich keine Technik der Selbstbeherrschung, sondern vielmehr eine solche zur Selbstunterdrückung aus. Mit Lubbock (und gegen die gängigen Bestimmungen der *social anthropology*), dem einzigen Kulturevolutionisten, dem Nietzsche weitestgehend zustimmen wollte, versteht er dagegen den primitiven Fetischismus nicht als Verkennung natürlicher Begebenheiten oder als Anbetung einer imaginären Gottheit.[85] Vielmehr sieht er in ihm eine Technik der Naturbeherrschung und des »Willens zur Macht«, so wie sie jeder Opferkult dargestellt habe, bevor er interpretativ verfälscht wurde. »Die ächte Menschenliebe verlangt das Opfer zum Besten der Gattung – sie ist hart, sie ist voll Selbstüberwindung, weil sie das Menschenopfer braucht. Und diese Pseudo-Humanität, die Christenthum heißt, will gerade durchsetzen, daß *Niemand geopfert wird*...«[86] Das Opfer ist die ursprüngliche Physiotechnik der Überwältigung, die allererst bewusst-

---

82   Ebenda, 17f. – Vgl. auch ebenda, 19.
83   Vgl. hierzu allgemein Marco Brusotti, »Opfer und Macht. Zu Nietzsches Lektüre von Jacob Wackernagels ›Über den Ursprung des Brahmanismus‹«, in: *Nietzsche-Studien* 22 (1993), (222-242), v. a. 227-229 und zum Folgenden ebenda, 232-234.
84   »Die Herrschaft über die Natur, die fixe Idee des 20. Jahrhunderts ist Bramanismus, indogermanisch.« (Friedrich Nietzsche, *Nachgelassene Fragmente 1880-1882*, in: Nietzsche 1988/IX., 146.) – Andererseits setzt Nietzsche in einigen Notizen die asketischen Techniken des Brahmanismus und Christentums gleich (Vgl. Friedrich Nietzsche, *Nachgelassene Fragmente 1884-1885*, in: Nietzsche 1988/XI., 209.)
85   Vgl. hierzu Seltmann 1991, 56-59.
86   Nietzsche 1988/XIII., 471. – Zur interpretativen Verfälschung des Opfers vgl. etwa Nietzsche 1988/V., 206. – Zum Folgenden vgl. auch Nietzsche 1988/III., 245: »Werth des Opfers. – Je mehr man den Staaten und Fürsten das Recht aberkennt, die Einzelnen zu opfern (wie bei der Rechtspflege, der Heeresfolge u.s.w.), um so höher wird der Werth der Selbst-Opferung steigen.«

seins- und zivilisationsbildend gewirkt hat; es etabliert die Sittlichkeit der Sitte und entspricht somit dem historischen Apriori der Einschreibung; historisch gesehen wird es zu einer Technik der Natur- und Menschenbeherrschung, die im »posthistorischen« Stadium, das Nietzsche mit sich selbst angebrochen sieht und in dem den »Staaten und Fürsten« ihr Recht zur Opferung genommen ist, zu einer reinen Selbsttechnik nach Art des Brahmanismus wird.

Deswegen vollzieht sich die »Geburt der Tragödie« nur in historischer Perspektive »aus dem Geiste der Musik«; in genealogischer Perspektive handelt es sich um eine Geburt aus dem Kult des Opfers. Nietzsches Basler Kollege Jacob Burckhardt hatte gemutmaßt, die klassischen – v. a. dramatischen – Künste seien »entweder aus dem Kultus hervorgegangen oder auch in früher Zeit mit ihm verbunden gewesen«. Dabei hätten es die Künste »*nicht* mit dem auch ohne sie Vorhandenen zu tun, auch keine Gesetze zu ermitteln (weil sie eben keine Wissenschaften sind), sondern ein höheres Leben darzustellen, welches ohne sie nicht vorhanden wäre.«[87] War aus den dionysischen Kulten, die ein solches höheres Leben gefeiert haben, das griechische Theater hervorgegangen, sei diese Verbindung von Kult und Schauspiel später nicht völlig verschwunden, sie habe vielmehr in den mittelalterlichen Mysterien überlebt, bevor das zeitgenössische Theater ganz in der geschäftigen Vermögensordnung auf- und an der allgemeinen Erschöpfung der Kräfte zugrunde gegangen sei. Die Neugeburt des Dionysischen, so wie sie Nietzsche in der wagnerschen Oper beobachtete, ist Ausgangspunkt seiner Ästhetik *in physiologicis*.

Die Geburt der Tragödie genießt in Nietzsches Werk schon deshalb eine Sonderstellung, weil sie die Themen einer ewigen Wiederkunft, eines kultischen Theaters und eines physiologisch verstandenen Willens zur Macht präformiert und nach deren genealogischer Ausarbeitung ihrerseits in einem neuen Licht erscheint. Auf Nietzsches Basler Zeit datieren auch seine Abhandlungen zur *dionysischen Weltanschauung* und zur *Geburt des tragischen Gedankens* (beide 1870) zurück. Hier analysiert Nietzsche die griechische »Religion des Lebens«, diesen vermeintlich primitiv-magischen Dynamismus, als physiologisch beschreibbares Phänomen: Einerseits handelt es sich um einen spontanen »Frühlingstrieb«, andererseits um einen durch Rauschmittel, durch »das narkotische Getränk« bewirkten physiologischen Effekt.[88] Wurden Rauschmittel wie das Opium im frühneuzeitlichen Europa zur Hygiene und Seuchenprophylaxe eingesetzt, vermutet Nietzsche hinter bestimmten Opferpraktiken denselben Zweck.[89] Andererseits bezeichnet Nietzsche in etlichen Notizen die Opfer und Narkotika als »Rauschmittel« im physiologischen Sinne, als Wegbereiter des ästhetischen Zustandes, die gewisse Kräfte freisetzen, Kräfte, welche wiederum die Kräfte der

---

87 Jacob Burckhardt, *Weltgeschichtliche Betrachtungen*, Stuttgart 1978, 60f. – Zum Folgenden vgl. ebenda, 75, 78.
88 Friedrich Nietzsche, »Die dionysische Weltanschauung«, in: Nietzsche 1988/I., (553-577), 559, 554.
89 »Das Abendmahl (eucharistische Mahl). Das Opfer des Weizenmehlkuchens war angeordnet für die, welche sich vom Aussatze reinigen wollten.« (Nietzsche 1988/IX., 431.)

»Besonnenen« überwältigen und in einer vorbewussten »induction psychomotrice« ansteckend wirken.[90]

Die Disposition zum ästhetischen Zustand, diese Aneignung natürlicher Kräfte beim Ackerbau und Genuss, ist die im Wortsinn »kulturelle« Leistung von Opfern und Rauschmitteln. Sie bahnt »zwei Wege, den des *Heiligen* und den des *tragischen Künstlers*«, wobei sich die ästhetische Kultur nicht minder als der religiöse Kult der Naturkräfte befleißigt, denn wenn »der Rausch das Spiel der Natur mit dem Menschen ist, so ist das Schaffen des dionysischen Künstlers das Spiel mit dem Rausche.«[91] Nietzsches *Geburt der Tragödie* entwickelt nicht nur eine urgeschichtliche Genealogie der Kunst, sondern baut auf dieser zugleich seine physiosemiotische Ästhetik auf. Das vermeintlich transparente und klare Denken, für die ältere Ästhetik von jeher das Reale hinter dem Schein der schönen Künste, reduziert Nietzsche in einer genealogischen Umkehrung auf das – freilich lebensnotwendige – Imaginäre: »alles Leben ruht auf Schein, Kunst, Täuschung, Optik«.[92] Die »dionysischen Regungen« hingegen und deren Steigerung zur »Selbstvergessenheit« entsprechen dem Realen, so wie es in der Psychophysik als Natur allen Denkens und Wahrnehmens zu messen und berechnen versucht wird. »Die Musik hebt die Civilisation auf, wie das Sonnenlicht das Lampenlicht«,[93] heißt es in einer nachgelassenen Notiz Nietzsches. Sie steht wie das Sonnenlicht am Grunde aller Medien, sie ist eine Art erstes Medium, das nichts weiter als sich selbst enthält, weil sie das Reale selbst – und so gesehen »ursprünglich« – ist. Medientechnisch entspricht sie akustischen Medien nach Art des Phonoautographen, die seit 1855 Opern wie die Wagners zum Ursprung einer »realen« Einschreibung erhoben, einer Einschreibung zudem, die ganz von selbst vonstatten geht. Demgegenüber ist jede symbolische Schrift, ja jede Sprache immer schon verspätet, kann doch »die *Sprache*, als Organ und Symbol der Erscheinungen, nie und nirgends das tiefste Innere der Musik nach Aussen kehren, sondern bleibt immer, sobald sie sich auf Nachahmung der Musik einlässt, nur in einer äusserlichen Berührung mit der Musik«.[94]

---

90 »Soma der Eranier ein *berauschendes* Getränk, das nur im Opfer vorkommt. Also: man bringt im Gedanken die berauschenden Getränke und die Empfindungen der Unsterblichkeit und Leidlosigkeit in Verbindung. Durch den Genuß des Soma hören für den Sterblichen am Ende der Tage alle Leiden der Sterblichkeit auf, sie gehen zur Seligkeit der Götter über.« (Nietzsche 1988/IX., 157) – Vgl. zudem mit Rekurs auf Féré: »Jede Erhöhung des Lebens steigert die Mittheilungs-Kraft, insgleichen die Verständniß-Kraft des Menschen. Das *Sichhineinleben in andere Seelen* ist ursprünglich nichts Moralisches, sondern eine physiologische Reizbarkeit der Suggestion: die ›Sympathie‹ oder was man ›Altruismus‹ nennt, sind bloße Ausgestaltungen jenes zur Geistigkeit gerechneten psychomotorischen Rapports (induction psycho-motrice meint Ch. Féré) Man theilt sich nie Gedanken mit, man theilt sich Bewegungen mit, mimische Zeichen, welche von uns auf Gedanken hin zurück gelesen werden…« (Nietzsche 1988/XIII., 296).
91 Friedrich Nietzsche, »Die Geburt des tragischen Gedankens«, in: Nietzsche 1988/I., (581-599), 599, sowie ebenda, 555.
92 Nietzsche 1988/I., 18.
93 Ebenda, 29 sowie Nietzsche 1988/VII., 284.
94 Ebenda, 51.

Die »reale«, bloß kultische Gegenwärtigkeit des kulturellen Ursprungs kann nur entsprechend der genealogisch beschriebenen Bedingungsverhältnisse zur Erscheinung kommen: »Der Satyrchor ist zuallererst eine Vision der dionysischen Masse, wie wiederum die Welt der Bühne eine Vision dieses Satyrchors ist: die Kraft dieser Vision ist stark genug, um gegen den Eindruck der ›Realität‹, gegen die rings auf den Sitzreihen gelagerten Bildungsmenschen den Blick stumpf und unempfindlich zu machen.«[95] Es ist also nur »äusserlich« betrachtet die apollinische »Bilderwelt«, die das Reale gegen die »Realität«, jenes Imaginäre des bereits zivilisierten Bewusstseins, zur Geltung bringt. Das Apollinische und das als Wirklichkeit Betrachtete sind beide nur Visionen. Der Rausch selbst ist es, der die apollinische und imaginäre Realität überwältigt – er bahnt die physiologische Übertragung des Realen an, so wie sie im magischen Begriffsrealismus der Primitiven (»als ob man wirklich in einen andern Leib, in einen andern Charakter eingegangen wäre«) und in der »ächten«, nämlich auslösenden Metapher (in der »wirklichen Übertragung«) zustande kommt und letztlich »epidemisch« wirkt.

Dass das kulturelle, geistige und politische Leben ganzer Gesellschaften, dass die Physis und Psyche aller historischen und vorhistorischen Völker von derlei realen »Volkskrankheiten« geprägt, ja bedingt sein muss, hatte Justus Friedrich Carl Hecker seit den 1830er Jahren in seiner »historischen Pathologie« nachgewiesen. Nietzsche kannte dessen Studien zur »epidemischen Constitution« und bezog sie umgehend auf die Dionysien: Hecker etwa folgerte, »dass, um in der Sprache der Neueren zu reden, die Pestilenz sich zur Ansteckung, wie disponierende zur Gelegenheitsursache verhalte«, dass also derlei Volkskrankheiten keine Entität darstellen, sondern auf eine Konstitution oder Disposition zurückgehen, weshalb Phänomene wie »die Mittheilung des Veitstanzes durch Sympathie« durchaus möglich sind und weshalb eine Ansteckung als *induction psycho-motrice* im Sinne Férés aufzufassen ist.[96] Um diese Volkskrankheiten auszulösen, die als solche dem realen Zusammenschluss kultischer Gemeinschaften gleichkommen, wurde Nietzsche zufolge bereits im primitiven Stadium auf Rauschmittel zurückgegriffen. Nicht umsonst interessierte sich auch Tylor für die »Ecstasy by Drugs«, mit deren Hilfe – besonders während der Dionysien – Visionen, »supernatural ecstasy« und »communication with the spirits« ermöglicht worden seien. Diesen im Falle Tylors auch medientechnisch verstandenen Rauschzuständen (die primitiven oder mystischen Kommunikanten sind »as if struck by electric shock«) attestierte er nicht minder als Nietzsche, dass sie als *survivals* nie ganz verschwunden seien, nun aber »revivals«, eine regelrechte Wiedergeburt also, erleben würden.[97]

---

95 Ebenda, 60. – Zum Folgenden vgl. ebenda, 60f. – Zu Nietzsches Anthropologie der Auslösung in Verbindung mit Férés »induction psycho-motrice« vgl. Siegert 2003, 378ff.
96 Hecker 1964, 88, 157. – Vgl. hierzu Nietzsches Notiz: »Die orgiastischen Züge des Dionysos haben ein Ebenbild in den S. Johann- und S. Veitstänzern (Köln. Chron., gedruckt 1491): ›Here sent Johan, so so vrisch‹ und vro here sent Johan‹ war der Refrain ihrer Lieder. Cf. Hecker, die Tanzwuth eine Volkskrankheit im Mittelalter, Berlin 1832.« (Nietzsche 1988/VII., 19.)
97 Tylor 1958/II., 502-506.

Die »Geschichte der Narcotica« ist, wie Nietzsche sagt »beinahe die Geschichte der ›Bildung‹, der sogenannten höheren Bildung!«[98] Und es ist nichts anderes als eine Physiotechnik, die in Gestalt des magisch und epidemisch wirksamen Opferkults die Keimzelle aller Kunst und Kultur bildet. Ein Symptom dafür stellt in den Augen des Mediziners Nietzsche schon die Unentschiedenheit der philologischen Interpreten dar, ob es sich bei der Katharsis der aristotelischen Poetik nun um ein medizinisches, moralisches oder ästhetisches Phänomen handelt; zweitens – in den Augen des Ästhetikers Nietzsche – die Tatsache, »dass die Scene sammt der Action im Grunde und ursprünglich nur als *Vision* gedacht wurde, dass die einzige ›Realität‹ eben der Chor ist, der die Vision aus sich erzeugt und von ihr mit der ganzen Symbolik des Tanzes, des Tones und des Wortes redet«; und drittens – in den Augen des Genealogen Nietzsche – der Umstand, dass die Tragödie in dem Versuch gipfelt, »den Gott als einen realen zu zeigen«.[99] Dionysos, der Gott des Weines, ist der ursprüngliche Held der Tragödie, und als Zagreus ist er zugleich der Gott, der immerzu geopfert und wiedergeboren wird. Am Ursprung aller Kunst und Kultur steht, religionsgeschichtlich gesagt, das Opfer, ästhetisch gesagt eine akustische und gestische Aufführung, genealogisch gesagt schließlich: das Reale oder »Dionysische, mit seiner selbst am Schmerz percipierten Urlust«.[100] Jede Revokation dieser dionysischen Urszene bringt die Wiedergeburt des einen Gottes zur Erscheinung, ja sie bringt die Erscheinung und Stellvertretung oder Repräsentation selbst hervor und damit die Möglichkeit, die Welt, diese schiere physiologische Gegenwärtigkeit des Leidens, ästhetisch und metaphysisch zu verklären und zu rechtfertigen. Die »tragische« Urszene selbst kommt historisch, im Zeitalter der klassizistischen und dann in der Epoche der historistischen Zivilisierung, vorerst nicht mehr zutage, lebt aber, wie Nietzsche mit Burckhardt und Tylor sagt, in den Mysterien weiter und kehrt etwa in Gestalt von Kants »Ding an sich« und Schopenhauers Pessimismus wieder. Das Dionysische vollzieht also auf kultischer Ebene genau das, was Nietzsche für die Sphäre des primitiven Bewusstseins als Grausamkeit der Einschreibung beschrieben hat: In einer allerersten Überwältigung entsteht eine Art Urverdrängung, die ein Gedächtnis für das Urleiden bildet, aber auch die Möglichkeit zur Verklärung schafft. Ist schon das erste Gedächtnis, das Ritual schriftloser Völker, Wiederholung und Schutz zugleich, gilt dies für die apollinische Kunst nicht minder.

Das Urleiden als Möglichkeitsbedingung aller schönen Verklärung, die Balance von »Verklärungskraft« und partieller Bewusstwerdung jenes dunklen »Untergrunde[s] der Welt«[101] – dies sind auch die Eckpfeiler von Freuds kulturtheoretisch fundierter Ästhetik. »Die Kunst bietet«, wie Freud in *Die Zukunft einer Illusion* schreibt, »Ersatzbefriedigungen für die ältesten, immer noch am tiefsten

---

98 Friedrich Nietzsche, *Die fröhliche Wissenschaft (›la gaya scienza‹)*, in: Nietzsche 1988/III., (343-651), 444. – Zum Folgenden vgl. auch Nietzsche 1988/I., 142.
99 Ebenda, 62f.
100 Ebenda, 152. – Zum Folgenden vgl. ebenda, 110, 114, 118, 148.
101 Ebenda, 155.

empfundenen Kulturverzichte und wirkt darum wie nichts anderes aussöhnend mit den für sie gebrachten Opfern.«[102] Was Nietzsche Rauschzustand nennt, wird bei Freud in eine Logik des Traums übersetzt (und dort mit Nietzsches »Apollinischem« verknüpft), während das genealogisch beschriebene Vergessen und Bewusstsein bei Freud den psychischen Apparat konstituiert: Auch dessen Entstehung verdankt sich einer unvordenklichen Verdrängung, die nur nachträglich repräsentiert werden kann. Und wenn für Nietzsche eher noch ein Wille denkbar ist, der nihilistisch das Nichts will, als ein solcher, der nichts will und deshalb psychophysisch »tot« ist, vermag Freud den »Todestrieb« niemals »jenseits des Lustprinzips« zu denken.

Auch bei Freud gelten Kunst und Religion als Abformen jener ersten Sublimierung, die Nietzsche als verklärende Zivilisierung beschreibt. »Das Endergebnis soll ein Recht sein, zu dem alle – wenigstens alle Gemeinschaftsfähigen – durch ihre Triebopfer beigetragen haben und das keinen – wiederum mit der gleichen Ausnahme – zum Opfer der rohen Gewalt werden läßt.«[103] Ganz wie bei Nietzsche wird bei Freud das Fiktionale oder »Scheinhafte« der Kunst bis zu seiner ursprünglichen Konstitution zurückverfolgt und dann auf eine spiegelbildliche Insuffizienzerfahrung beim Künstler und Publikum bezogen, wobei die Logik des Traums wie die von Nietzsches verklärtem Rausch mit der Logik der Kunst zusammenfällt.[104] Nur so erklärt sich auch bei Freud jenes unheimliche Erlebnis, bei dem der Zivilisierte in eine Art dichterischen Tagtraum gestoßen wird, sobald »*verdrängte* infantile Komplexe durch einen Eindruck wiederbelebt werden oder wenn *überwundene* primitive Überzeugungen wieder bestätigt erscheinen.«[105] Der Freudsche Dichter phantasiert nicht anders, als Kinder an ihrer Reifeschwelle von ihrer unvordenklichen Einheit mit der Mutter oder die Primitiven im Prozess ihrer Zivilisierung von ihrer ursprünglichen Gemeinschaft phantasiert haben müssen. Deshalb kehrt Freuds Ästhetik zuletzt zu Nietzsches Programm einer dionysischen Wiederkunft des Ursprünglichen zurück. Nicht in der fortgesetzten Sublimierung und Individuierung der Dichter und Leser, vielmehr »in der Technik der Überwindung jener Abstoßung, die gewiß mit den Schranken zu tun hat, welche sich zwischen jedem einzelnen Ich und den anderen erheben, liegt die eigentliche *Ars poetica*.«[106]

---

102 Sigmund Freud, *Die Zukunft einer Illusion* (1927), in: Freud 1999/XIV., (323-380), 335. – Zum Folgenden vgl. auch Baas 1995, 153: »Im reinen ästhetischen Urteil befreit sich die Einbildungskraft von der Determinierung durch den Begriff; in der Sublimierung befreit sich der Trieb vom Gesetz des Über-Ich.«
103 Freud 1999/XIV., 455.
104 Wenn die Psychoanalyse allerdings – ganz im Gegensatz zu Nietzsche – das Seelenleben im Medium des Symbolischen sucht, beschränkt sich Kunst für sie letztlich auf literarische Texte. Deshalb stellt ihre »Interpretation« auf eine Serie von Entsprechungen ab: Traum – literarisches Werk; Traumerlebnis – Textrezeption; Traumdeutung – Textdeutung; Traumarbeit – unbewusster Anteil am Schaffensprozess; sekundäre Bearbeitung – Konventionsdruck literarischer Formen.
105 Sigmund Freud, *Das Unheimliche* (1919), in: Freud 1999/XII., (227-268), 263. – Zum Folgenden vgl. auch Sigmund Freud, *Der Dichter und das Phantasieren* (1908), in: Freud 1999/VII., (211-223), 222.

Diesen Ursprung der Kunst in der Kulturtechnik gemeinschaftlicher Kulthandlungen untersuchte Jane Harrison mit ihren *ritual studies*. Waren die Griechen schon bei Nietzsche die Dolmetscher einer ursprünglichen »Kultur«, zielt Harrison auf den Gegensatz zwischen der Mythologie der griechischen Olympier und jenem Ritualsystem oder Netz sozialer Praktiken, das sich mit dem Namen des Dionysos verbindet und das sich, wie Harrison sagt, nach Art der bergsonschen *durée* unterschwellig, nämlich in unterschiedlichen Mysterien und in der Eucharistie erhalten hat. Ein Ritus ist in diesem Zusammenhang eine kommemorative *und* antizipative Repräsentationsform, die auf einer bestimmten physiologischen Disposition beruht und zu ihrer Dramatisierung den Mythos als eine Art szenischer Vorschrift, als *plot* entwickelt. Rituale dieser Art drehen sich um nichts anderes als um »a thing felt socially«, das als heilig bezeichnet wird. Ausgelöst werden sie durch eine »keen emotion«, und innerhalb dieses Auslösungsprozesses geht die »thin and meagre personality« der Partizipanten im Rausch des Gemeinschaftlichen einfach unter. Deswegen ist eine primitive Praktik wie die des Totemismus bei Harrison nichts anderes als »a habit of collective thinking based on collective emotion. The main characteristic of such thinking is union, or rather lack of differentiation, of subject and object.«[107]

Ihr Hauptwerk *Themis* (1912) beschreibt Harrison folglich als »a study of herd-suggestion, or, as we put it now, communal psychology.« Hatte sich Smith noch im Horizont der Theologie bewegt und wollte Frazer die primitiven Rituale noch der Verkennung und faktischen Wirkungslosigkeit überführen, erforscht Harrison soziale Praktiken, die ein soziales Bewusstsein oder Imaginäres erzeugen und schließlich in ein verbindliches System der Sitten und des Rechts münden. Themis ist deswegen weniger eine Gottheit als das (personifizierte) Prinzip und die Möglichkeitsbedingung aller sozialen, ja sämtlicher Weltbeziehungen, sie ist das, was die Menschen aneinander bindet, zunächst im Gemeinschaftsbewusstsein, später in Konventionen und zuletzt in Gesetzen.[108] Instituieren die lokalen Kulte Harrison zufolge das Matriarchat, setzen die Olympier letztlich eine patriarchale Sozialstruktur durch; und wirken jene auf Ebene des Instinkts und des »sub-conscious«, so diese auf Ebene der Reflexion, Repräsentation und des »articulate consciousness«. Aus dem sogenannten Hymnos auf Zeus Kouros leitet Harrison die rituelle Existenz eines »Eniautos-Daimon« ab, der noch vor den Göttern aufgetaucht, aber bereits über animistische Vorstellungen hinausgegangen sei. Ihm zugerechnet wird »not only vegetation, but the whole world-process of decay, death, renewal.«[109]

Auf diesem Prozess wiederum beruht das *dromenon*, das Kernstück aller Riten und die Keimzelle aller Dramen. Harrison definiert das *dromenon* als »not merely a thing done, but a thing *re*-done, or *pre*-done with magical intent«. Angelegt ist es als dreiaktiges Ritualdrama, das die Aufzucht eines Knaben, sein Verschwin-

---

106 Ebenda, 223.
107 Jane Harrison, *Themis. A Study of the Social Origins of Greek Religion*, Cambridge 1927, 43f., 128. – Im Folgenden ebenda, VII.
108 Vgl. ebenda, XXII. und 485, XIf., XXI.
109 Ebenda, XVII. – Im Folgenden ebenda, 2.

den und Zerrissenwerden und schließlich seine Wiedergeburt darstellt. Damit sei der Prototyp aller dionysischen Rituale, aller Sakramente und Opfer vorgegeben. Auf ihm gründet die soziale Praktik, die Gemeinschaft herstellt, indem sie das Opfer als Medium zwischen sozialer und göttlicher Kraft einsetzt. Diese »theory of sacrifice as a medium, a bridge built, a lightning-conductor interposed«, verhehlt weder die mediale noch die institutionelle Basis, auf der sie aufbaut. »Primitive gods are to a large extent collective enthusiasms, uttered, formulated. *Le dieu c'est le désir extériorisé, personnifié*«[110], resümiert Harrison. Das Heilige ist das Reale und die Gemeinschaft selbst, es wird im Opfer zur Erscheinung gebracht, wobei das gemeinschaftliche Mahl nur deshalb mit der Tötung des Opfertiers einher geht, weil der geheiligte Bulle und sein Heiliges, seine Lebenskraft, eben nicht lebendig einzuverleiben ist. Die Realität sozialer Praktiken, der Riten und gemeinschaftlichen Handlungen, liegt stets ihrer imaginären, mythischen oder theologischen Repräsentation zugrunde. Sie ist notwendigerweise mit einer – physiologischen – Insuffizienzerfahrung verbunden, die schon bei Nietzsche und Freud den dunklen Ursprung aller Kultur bezeichnet hat. »If an impulse finds instantly its appropriate satisfaction, there is no representation. [...] Art and religion alike spring from unsatisfied desire.«[111]

Harrisons *Ancient Art and Ritual* (1913) beschreibt in diesem Sinne die Geburt der Tragödie aus dem Ritual. Wie die Teilnahme an rituellen Praktiken war im antiken Griechenland auch der Besuch von Theateraufführungen obligatorisch. Die Eintrittskosten wurden deshalb von der *polis* übernommen und Inszenierungen fanden nur an Festtagen statt, oder anders gesagt: Sie versetzten die Stadt in den Ausnahmezustand heiliger Feierlichkeiten. Schon dieser enge Konnex zwischen Ritual und Schauspiel läuft, wenn man Harrisons Ritualtheorie aus *Themis* folgen will, der Theorie der Imitation zuwider, so wie sie immer wieder von der klassizistischen Poetik auf das antike Drama rückübertragen wurde. Schließlich geht es in Ritual und Drama beide Male nicht um die Abbildung eines Vorgängigen, sondern um eine »Re-Produktion« oder »Wiederaufführung«, bei der »a wide-spread human energy« freigesetzt wird.[112] Ritual und Drama sind miteinander physiologisch verknüpft. In beiden Fällen wird durch physiologische Verbindung, durch eine reale Empfindung, Gemeinschaft hergestellt. »This common emotional factor is it that makes art and ritual in their beginnings well-nigh indistinguishable.«[113] In beiden Fällen wird eine neuronale Leitung aufgebaut, so dass der wiederholte Ablauf eines Reiz-Reaktions-Schemas immer wieder neue physiologische Realitäten schafft, die erst durch Unterbrechung des Ablaufs »repräsentiert«, anschaulich gemacht werden können. Erst wenn diese Repräsentation sich verselbständigt, wenn das Imaginäre oder Symbolische sich vom kultisch Realen absondert, wird der Schein zu einem Selbstzweck.

---

110 Ebenda, 137, 46. – Zur Präzisierung der Begriffe der Magie, des Sakraments und Heiligen vgl. ebenda, 138f. – Zum Folgenden vgl. auch ebenda, 156f., 486.
111 Ebenda, 44.
112 Jane Harrison, *Ancient Art and Ritual*, London 1918, 23 – Vgl. auch ebenda, 47.
113 Ebenda, 25. – Zum Folgenden vgl. auch ebenda, 27, 41-43.

Ästhetik als Genealogie

Hieraus zieht Harrison mehrere grundsätzliche Schlussfolgerungen: Zum einen, dass menschliche Selbstkonstitution, wie sie in derlei sozialen Praktiken vollzogen wird, von keiner klassizistischen oder vermögenstheoretischen Analyse verstanden werden kann. »A more fruitful way of looking at our human constitution is to see it, not as a bundle of separate faculties, but as a sort of continuous cycle of activities.«[114] Zweitens, dass die rituellen Szenarien der Wiedergeburt nicht »nur symbolisch« sind, sondern mit konkreten sozialen Praktiken einhergehen – mit Praktiken, die Arnold van Gennep als »Initiationsriten« (etwa einer zweiten Geburt durch Einführung in einen bestimmten sozialen Verband) beschrieben hat. Schließlich, dass die Genealogie des Dramas und Ästhetischen allgemein immer auch die Genese des Kulturellen und Sozialen enthüllt. Gerade an den Opferriten lässt sich der Wandel von sozialen Praktiken und damit von ganzen Gesellschaftssystemen verfolgen: »In a word, in place of *dromena*, things done, we get gods worshipped; in place of sacraments, holy bulls killed and eaten in common, we get sacrifices in the modern sense, holy bulls to yet holier gods. [...] So the *dromenon*, the thing done, wanes, the prayer, the praise, the sacrifice waxes. Religion moves away from the drama towards theology, but the ritual mould of the *dromenon* is left ready for a new content.«[115] Jane Harrisons *ritual studies* stecken mithin ein Forschungsfeld ab, das einerseits – von den literaturwissenschaftlichen Ritualforschungen bis hin zur zeitgenössischen »Ethnologie der Ästhetik«[116] – die Konstitution von Gemeinschaft sowie deren praktische Produktion und Übertragung von »natürlichen« oder »sozialen Energien« als Voraussetzung aller ästhetischen Evolution begreift; das zum anderen jedoch die Ursprungsgeschichte auch über den Umweg des Rituellen und Ästhetischen auf die Evolution von Medien hin öffnet.

Will man McLuhans medien-anthropologischem Basistheorem folgen, nach dem jede Ausweitung des Menschen, jede Innovation im Bereich der (Selbst-)Techniken neue Bedingungen erschafft, die nichts weiter sichtbar machen, als die ihr vorangehenden Techniken und Innovationen, dann ist das Drama ein Medium, das das Medium der Opferriten enthält, welches wiederum den realen Rauschzustand der physiologisch kurzgeschlossenen Kultgemeinschaft mediiert.[117] Gerät die Ursprungsforschung aber selbst unter das epistemologische Apriori elektrischer Medien, muss ihr gerade diese primäre Mediierung des Lebens als technischer Kurzschluss erscheinen, den die rituellen Praktiken wie ein überlebensnotwendiger, aber immer wieder unterbrochener Reizschutz abschir-

---

114 Ebenda, 38f. – Zum Folgenden vgl. ebenda, 104f.
115 Ebenda, 139f.
116 Francis Barton Gummere etwa erforschte in seinen *German Origins. A study of primitive culture* (1892) völkerpsychologisch das soziale Imaginäre, so wie es die deutschen Volkslieder strukturiert; in seiner späteren Studie *Beginnings of Poetry* (1901) zielt er hingegen auf die sozialen Institutionen und gemeinschaftlichen Ausdrucksweisen, die als *survivals* archaischer Gesellschaften die gesamte Geschichte der Dichtung geprägt hätten. – Zur zeitgenössischen »Ethnologie der Ästhetik« vgl. Sylvia M. Schomburg-Scherff, *Grundzüge einer Ethnologie der Ästhetik*, Frankfurt am Main/New York 1986, 232, passim.
117 Vgl. McLuhan 1995, 360f.

men. »Ritual, we saw, was a re-presentation or a pre-presentation, a re-doing or a pre-doing, a copy or imitation of life, but, and this is the important point, – always with a practical end.« Die Kunst überwölbt als autonome Sphäre die Praktiken, umhüllt letztlich jedoch den Kern des realen Lebens. »Thus ritual *makes, as it were, a bridge between real life and art*, a bridge over which in primitive times it would seem man must pass.«[118] Nach Harrison stellt sich für die moderne Kunst die Frage spiegelverkehrt, nämlich ob sie über das Ritual *zurück* zum Ursprung des Lebens gelangen kann, in einer Regression vor das Symbolische und seine repräsentative Ordnung. Dieser Urzustand ist es, den Nietzsche physiologisch als entdifferenzierenden Rausch beschrieben hat, den die ethnologisch fundierte – und medientechnisch unweigerlich informierte – Soziologie aber als das Gemeinschaftliche, als unvordenklichen, asymbolischen und natürlichen Ursprung, als das Leben selbst und doch als letztlich unberührbar, weil tödlich verstehen wird.

3. Gemeinschaft in der Gesellschaft

Es ist, wie Harrison sagt, eine zunächst rituelle, dann vollends regressive Wendung, die die moderne Kunst zu nehmen hat. Begriffslos auf das Präsymbolische der technischen Medien fixiert, aber auf die vermeintlich ursymbolischen, die »primitiven« oder »unwillkürlichen« Symbolismen der evolutionistischen und experimentellen Anthropologie beschränkt, übt sie sich in einem repräsentativen Extremismus, der den Menschen auf sein ursprüngliches Sein verweisen und im selben Zuge ein unvordenklich Gemeinschaftliches offenbaren will. Als Teil einer umfassenden imperialen Anstrengung kann die »Kolonialliteratur« hierbei auf bürokratisch unterstützte archäologische, ethnologische und religionswissenschaftliche Forschungsprogramme bauen. Besonders im Falle des British Empire ist sie mit gattungsspezifischen und kultischen »Realitäten« konfrontiert, die nicht nur »historistische« oder »relativistische« Rückschlüsse[119], sondern evolutionistische Spekulationen veranlassen.

Anders hingegen die kontinentaleuropäisch beschränkte Großmacht Deutschland: Im *scramble for Africa* ausgebootet, »radikalisiert« sie zuletzt ihre Ursprungssuche, indem sie die von den Kolonialmächten experimentierte unbeschränkte Bürokratie und Rassenpolitik auf sich selber appliziert, sich gleichsam nach innen kolonisiert. Waren Rasse und Staatsangehörigkeit die Pfeiler des imperialistischen und nationalistischen Englands und Frankreichs, verwandelten sich diese für die Deutschen rasch in Blut und Boden, die tragenden Säulen des »völkischen Gedankens«.[120] Eine »Anthropo-Geographie« wie die Friedrich Ratzels suspendierte folglich Hegels Unterscheidung von geschichtlichen und ungeschicht-

---

118 Harrison 1918, 135.
119 Vgl. hierzu Gotthart Wunberg, »Unverständlichkeit. Historismus und literarische Moderne«, in: *Hofmannsthal-Jahrbuch* 1 (1993), (309-350), 316f., 337.
120 Vgl. Arendt 2001b, 472-474, 515.

lichen Völkern, um aus der »größeren Ursprünglichkeit« des deutschen Volks sein Anrecht auf kolonialen »Lebensraum« abzuleiten.[121] Noch im Projekt einer »geopolitischen« Rückführung aller Ideen auf »erdbestimmte, bodenwüchsige Züge bei jeder Verkörperung der Macht im Raume«[122] zeigt sich die für Deutschland so charakteristische Verschmelzung von organizistischem mit medientheoretischem Denken:[123] Gerade einer geopolitisch anspruchsvollen Gesellschaft wie der deutschen musste es wie ein Rückschlag, wie eine zwangsläufige Rückkehr zur eigenen »inneren« und bloß »organischen« Gemeinschaft erscheinen, als sie im Zuge des Ersten Weltkriegs von den telegraphischen Transatlantikverbindungen abgetrennt wurde. »Diese Tat«, schrieb ein Berichterstatter rückblickend, »kann gleichsam als Symbol dafür gelten, wie der Weltkrieg die Kulturgemeinschaft des gesitteten Menschen zerriß.«[124]

Es ist eine in diesem Sinne ursprüngliche medien-anthropologische Verkennung, die dem Programm einer ästhetischen und ursprünglichen Gemeinschaft den Boden bereitet. Als Genealoge anthropologischer Diskurse und physiosemiotischer Praktiken hatte Nietzsche deswegen in Richard Wagner und seiner Kunst einen diagnostischen Gegenstand *par excellence*. Um sich »des Unbewußten, Unwillkürlichen, daher Nothwendigen, Wirklichen, Sinnlichen« zu bemächtigen, brachte Wagner bereits mit seinem *Kunstwerk der Zukunft* (1850) jene Ästhetik auf den Weg, die über den Rekurs auf eine ursprüngliche und kultische Gemeinschaft das Gesamtkunstwerk, »die lebendig dargestellte Religion«, zur Welt bringen sollte.[125] Die Kunst ist ein gemeinschaftliches Werk, das mit Tanz, Dichtung und besonders der Musik in sämtlichen Registern operiert. Im und mit dem Kunstwerk wird das Volk, vormals ein Konglomerat unterschiedlicher Vermögen, zu einem lebendigen Organismus. Denn im Augenblick der Aufführung stellt sich jener Zustand ein, den Nietzsche als den ästhetischen Zustand höchster Mitteilsamkeit beschreiben wird – ein Zustand optimaler Übertragbarkeit, der sämtliche repräsentativen Grenzen zwischen Bühne, Publikum und »Weltraum« auflösen und in einem Rückgang hinter das »apollinisch« Imaginäre die reale Vereinigung anbahnen wird.[126]

---

121 Vgl. hierzu Stephan Günzel, *Geophilosophie. Nietzsches philosophische Geographie*, Berlin 2001, 191ff.
122 Karl Haushofer, *Geopolitik der Pan-Ideen*, Berlin 1931, 8. – Vgl. zudem ebenda, 42 sowie Karl Haushofer, »Politische Erdkunde und Geopolitik«, in: Karl Haushofer, Erich Obst, Hermann Lautensach und Otto Maull, *Bausteine zur Geopolitik*, Berlin 1928, (49–80), 52.
123 Der Bereich geopolitischen Handelns gilt bei Haushofer als Kraftfeld mit lebensgefährlichen Hochspannungen, die Verkehrsentwicklung als dynamisches Moment in der politischen und Anthropo-Geographie, und die Realisierung der »Pan-Ideen« sei nur mittels Eisenbahn, Dampfschifffahrt, Flugverkehr und Telegraphie möglich. (vgl. Haushofer 1931, 15, 30, 34f.)
124 Kölnische Zeitung vom 5. März 1927 (anlässlich der Wiederherstellung der Verbindungen), zit. nach: Göttert 1998, 408.
125 Wagner 1850, 6, 36.
126 »Dadurch, daß jede da, wo ihr Vermögen endet, in die andere, von da ab vermögende, aufgehen kann, bewahrt sie sich rein, frei und selbstständig als *das*, was sie ist.« (Ebenda, 196f.) – Zum Folgenden vgl. auch ebenda, 189: »Alles, was auf der Bühne athmet und sich bewegt, ath-

Abseits dieser augenblicklichen Rauschzustände gründet sich, wie Wagner sagt, eine »*freie künstlerische Genossenschaft*«, die »*zu keinem anderen Zwecke, als zu dem der Befriedigung gemeinschaftlichen Kunstdranges sich vereinigt*«, dabei aber jeder polizeylichen Vorsorge, jedem versicherungstechnischen Projekt – ihres freien Werdens halber – abschwört.[127] Sie ist eine kultische Vereinigung. Somit wird, was 1850 revolutionäres *und* ästhetisches Programm war, drei Jahrzehnte später mit dem *Parsifal* tatsächlich als »Bühnenweihspiel« gefeiert: die rituelle Sammlung und Erneuerung der Gemeinschaft, die in Wirklichkeit eine mediale Implementierung, die Inbetriebnahme der hochgerüsteten Bayreuther Bühnentechnik nämlich, ist.[128] Von der Grallegende ausgehend entwirft Wagners Musiktheater ein kultisches Szenario der Regeneration, in dem Parsifal den heiligen Speer erobert, als Nachfolger den Priesterkönig Amfortas mit dem Tod »erlöst« und selbst zum »Wohltäter« der Kultgemeinde wird. Schon der eucharistischen und esoterischen Verlautbarungen wegen handelt es sich bei der wagnerschen Kunstreligion um ein Mysterienspiel im Sinne Burckhardts und Nietzsches – um eine medientechnisch angebahnte Wiederholung kultischer Gemeinschaftspraktiken, in der primitive »regenerative« Opferriten zu überleben scheinen.[129] Nicht umsonst kommen hier auch die anthropologischen Szenarien des Ursprungs in aller Klarheit auf die Bühne. Ganz wie in Frazers Beschreibung des Heiligtums von Nemi befindet sich die Kultstätte inmitten eines heiligen Walds und vollzieht sich die rituelle Regeneration anhand eines »goldenen Zweigs«. Und auch die Bürde des Priesterkönigtums, »die Höllenpein, / zu diesem Amt – verdammt zu sein! / Wehvolles Erbe, dem ich verfalle«[130], versteht sich nicht nur als Erbteil martyrologischer Souveränität. Sie gilt als Überbleibsel primitiver Gemeinschaftsbildung, das sich in der christlichen Erlöservorstellung ebenso bewahrt hat, wie die kommensalischen Opferriten als Urform der Eucharistie zu gelten haben.

War schon bei Fustel de Coulanges die menschliche Vereinigung zur Gemeinschaft nichts anderes als eine Religion, kanonisiert nach Smith der Bund nur nachträglich jene Gemeinschaft, die die Kultgemeinde in Gott, durch organische Einverleibung und einen »begriffsrealistischen« Organizismus herstellt, denn am Ursprung der semitischen Religion gelten »der Gott und die zu ihm gehörige

---

met und bewegt sich durch ausdrucksvolles Verlangen nach Mittheilung, nach Angeschaut=Angehörtwerden in jenem Raume, der, bei immer nur verhältnißmäßigem Umfange, vom scenischen Standpunkte aus dem Darsteller doch die gesammte Menschheit zu enthalten dünkt; aus dem Zuschauerraume aber verschwindet das Publikum, dieser Repräsentant des öffentlichen Lebens, sich selbst; es lebt und athmet nur noch in dem Kunstwerke, das ihm das Leben selbst, und auf der Scene, die ihm der Weltraum dünkt.«
127 Ebenda, 214f.
128 Vgl. hierzu Wagners Brief an König Ludwig II., 28. September 1880, in: Richard Wagner, *Parsifal*, in: *Die Musikdramen*, München 1981, (821-872), Dokumente, 871.
129 Vgl. hierzu Wagner (kurz nach der ersten Konzeption des Stücks) an Mathilde Wesendonck am 29./30. Mai 1859: »Der Gral ist nun, nach meiner Auffassung, die Trinkschale des Abendmahles, in welcher Joseph von Arimathia das Blut des Heilands am Kreuze auffing…« (ebenda, 869.) – Zu Wagners immanenter und ästhetischer Erlösungskonzeption im Horizont der Graltradition vgl. Volker Mertens, *Der Gral. Mythos und Literatur*, Stuttgart 2003, 186, 195f.
130 Ebenda, I. Aufzug, 835.

Gemeinschaft als Glieder einer physischen Einheit«.[131] Auch für die deutsche »Völkerpsychologie« lag die Verbindung zwischen »Christuslegende« und »ursprünglichen Vegetationskulten« auf der Hand, während sich bei Harrison solch rituelle *und* ästhetische »›participation‹, unity, and community« durch den »realen« physiologischen Konnex aller Partizipanten erklärt.[132] Überdies waren es nicht zuletzt die *folkloristic* und *ritual studies* zur Evolution von Drama und Dichtung, die im Anschluss an Frazer und Harrison die Gralsdichtung auf ihre primitiven Ursprünge als religiöse und gemeinschaftliche Institution zurückzuführen versuchten. Wie zur Illustration von Wagners *Parsifal* analysierte noch Jessie L. Weston in ihrer Studie *From Ritual to Romance* (1920) die mittelalterliche Gralslegende als *survival* eines primitiven Fruchtbarkeitskultes und dynamistischer Riten (im Dienste einer »Deity of Vegetation« und eines »›Eucharistic‹ Feast«). Diese seien zunächst in den Mysterien und Sagen tradiert worden und dann in der kanonisierten christlichen Glaubenslehre sowie in der königlichen *perpetuitas* aufgegangen.[133]

Nach Nietzsche kommt die Eucharistielehre – egal welcher Spielart – freilich einem »abergläubischen Unsinn« gleich, insofern sie die physiologische Grundlage ihrer *communio* – das Opfer zum Verzehr, zur Verdauung und Einverleibung – verhehlt. »Alle Gemeinschaft ist Blutgemeinschaft.«[134] Diese Blindheit des Dogmas und die Kurzsichtigkeit seiner Ikonodulen mache sich dann der idolatrische Heiligenkult des *Parsifal* zunutze.[135] Zudem habe sich die hohe Kunst Wagners, die in der *Geburt der Tragödie* beschriebene Spannung zwischen Realem und Imaginärem, zwischen musikalisch-dionysischem Rausch und imaginär-apollinischer Inszenierung, spätestens mit dem *Parsifal* erschöpft. »Ein vollkommner und ganzer Künstler ist in alle Ewigkeit von dem ›Realen‹, dem Wirklichen abgetrennt«, schreibt Nietzsche in der *Genealogie der Moral*, »andrerseits versteht man es, wie er an dieser ewigen ›Unrealität‹ und Falschheit seines innersten Daseins mitunter bis zur Verzweiflung müde werden kann, – und dass er dann wohl den Versuch macht, einmal in das gerade ihm Verbotenste, in's Wirkliche überzugreifen, wirklich zu *sein*. Mit welchem Erfolge? Man wird es

---

131 Smith 1899, 245.
132 »Und schon dieses Opfer ist im Grunde eine Hingabe für andre: es gilt der Kultgemeinschaft, der dadurch das Gedeihen der künftigen Saat verbürgt wird.« (Wilhelm Wundt, *Völkerpsychologie*, Bd. VI.: *Mythus und Religion III*, Leipzig 1915, 255.) – Harrison 1918, 46.
133 »This survival [...] presents us with a curiously close parallel to the situation which, on the evidence of the texts, we have postulated as forming the basic idea of the Grail tradition – the position of a people whose prosperity, and the fertility of their land, are closely bound up with the life and virility of their King, who is not a mere man, but a Divine re-incarnation.« (Jessie L. Weston, *From Ritual to Romance*, Cambridge 1920, 56. – Vgl. zudem ebenda, 5, 192.)
134 Nietzsche 1988/XIII., 42, 113. – Vgl. auch ebenda, 113f.: »Gemeinsamer Blutgenuß das älteste Mittel der Verbündung, der Bundschließung. Die Eßgesellschaft ist Sakralgemeinschaft. / Das Thier, welches das Bundesblut liefert, ist ein Opfer; die Bundschließung geschieht durch jedes Opfer.«
135 »*Parsifal* — — Der Philosoph macht dazu noch einen Epilog. *Heiligkeit* – das Letzte vielleicht, was Volk und Weib von höhern Werthen noch zu Gesicht bekommt, der Horizont des Ideals für Alles, was von Natur myops ist.« (Ebenda/VI., 16.)

errathen...«[136] Das Heilige des *Parsifal* hat nichts Heilendes für die ästhetische Gemeinschaft. In ihrer unablässigen Rückwendung zum Ursprung kehrt sie vielmehr sämtliche physiosemiotischen Kräfte um und stiftet, sobald sie »das Reale« berührt, in dessen vermeintlicher Aufhebung nur eine Gemeinschaft des Todes.[137]

Spätere Vorkämpfer einer ästhetisch fundierten politischen Aktion können für ihr Phantasma einer realen Gemeinschaft erst dann auf Nietzsches Genealogie aufbauen, wenn sie, in einem zweiten Schritt, Nietzsches Umkehrung des »asketischen Ideals« abermals umkehren. Nur so können sie die Ursprünglichkeit ihrer Ursprungsfiktion behaupten. Hugo von Hofmannsthals Chandos-Brief (1901/02) sprach nur poetisch aus, was die Anthropologie des 19. Jahrhunderts schon lange als ihr Erkenntnisdilemma erkannt hatte: Die phänomenale Welt ist »Staffage« eines noumenalen Subjekts *in physiologicis*, das sich nicht selbst zu denken vermag. Im Gegensatz zur experimentellen Selbstregistratur wird die »poetische« Selbstbeobachtung als Seelenschrift deswegen abermals zur unbeendbaren physiosemiotischen Ursprungsreflexion, wie Hofmannsthal 1891 schreibt: »Die Seele ist unerschöpflich, weil sie zugleich Beobachter und Objekt ist; das ist ein Thema, das man nicht ausschreiben und nicht aussprechen, weil nicht ausdenken kann.«[138] Ein Seelendrama als Ursprungsphantasma lieferte Hofmannsthal indes mit seiner *Elektra* (1904). In dieser szenischen Studie zu dem Urkräften von Hysterie und Ritual, Psychopathologie und Regizid oder psychischer und regenerativer Dynamik[139] kommt auf die Bühne, was die Psychoanalyse und Ethnologie nur in symbolischer Umschrift zu Papier zu bringen vermag: der »Unsinn« einer freien, von keinem Analytiker gebahnten Assoziation, die von aller gestischen Repräsentation befreite Bewegung des »primitiven« (oder auch »modernen«) Tanzes und der asignifikante Ton, der im harmonisch entfesselten »Musikdrama« von Richard Strauss seine musikalische Entsprechung zeitigte[140]

---

136 Ebenda /V., III. 4., 344. – Vgl. Friedrich Nietzsche, *Der Fall Wagner. Ein Musikanten-Problem* (1888), in: ebenda/VI., Nachschrift 43.
137 Vgl. Nietzsches Notiz in: ebenda/IX., 608: »Wagners Parsifal — ein Arzt, der zwar seine Patientin heilt, doch so daß diese gleich nach der Heilung stirbt — und zwar mit rückwirkender Kraft«. – Zum Begriff der Todesgemeinschaft vgl. Jean-Luc Nancy, *Die undarstellbare Gemeinschaft*, Stuttgart 1988, 34-42.
138 Hugo von Hofmannsthal, »Zur Physiologie der modernen Liebe« (1891), in: *Gesammelte Werke*, Bd. I., Frankfurt am Main 1956, (7-13), 8.
139 Zu Hofmannsthals Reaktion auf Freuds und Breuers Studien über Hysterie vgl. Heinz Politzer, *Hatte Ödipus einen Ödipus-Komplex? Versuche zum Thema Psychoanalyse und Literatur*, München/Wien 1974, 78. – Zum Kontext des Königsmords in Hofmannsthals Elektra vgl. Burkhardt Wolf, »Szenarien der Befreiung«, in: *Poetica* 33.3-4 (2001), (391-422), 416-418.
140 Vgl. hierzu Strauss selber, der seine Oper »als vielleicht letzten Ausläufer der Welttheaterentwicklung ins Reich der Musik« verstand. (zit. nach: Hans Heinrich Eggebrecht u. a. (Hgg.), *Meyers Taschenlexikon der Musik*, Bd. III., Mannheim/Wien/Zürich 1984, 217). – Vgl. allgemein zu primitiv-modernen Musik- und Tanztheater: Gabriele Brandstetter, »Ritual als Szene und Diskurs. Kunst und Wissenschaft um 1900 – am Beispiel von *Le sacre du printemps*«, in: Gerhart von Graevenitz (Hg.): *Konzepte der Moderne*, Stuttgart/Weimar 1999, 367-388.

– kurzum, das Reale, das den Realitäten aller psychologischen und anthropologischen Reflexion immer schon voransteht.

Dass nun aber Symbole und damit besagte Realitäten nicht nur am Ursprung des Realen konstituiert werden, sondern sie dieses – wundersamerweise – zu Bewusstsein bringen, ja ihrerseits konstituieren können, behauptet Hofmannsthals »Gespräch über Gedichte« noch im Jahr von *Elektras* Uraufführung. Es sind allerdings die Symbole nur der Poesie, die auf physiosemiotischem Wege von Natur zu Geist und zurück zu übertragen vermögen: Sie, die niemals »eine Sache für eine andere«[141] setzen, sind Metaphern im Verständnis Nietzsches, welche ja im primitiven Opferkult ihr Urbild gefunden haben. Der im dionysischen Rauschzustand Opfernde »muß, einen Augenblick lang, in dem Tier gestorben sein, nur so konnte das Tier in ihm sterben. Daß das Tier für ihn sterben konnte, wurde ein großes Mysterium, eine große geheimnisvolle Wahrheit. Das Tier starb hinfort den symbolischen Opfertod«, um schließlich in der »Zauberei« und in der »magischen Kraft« der Poesie zu überleben.[142] Solche Dichtung, deren Zeichen nicht nur stellvertreten und nicht nur Sinn übertragen, die vielmehr real partizipieren lassen und damit reale Kräfte übertragen, will ausbuchstabieren, was nach der Jahrhundertwende als *mentalité primitive* erforscht wurde. Diese hat im Gegensatz zum abstrakten europäischen Denken »fast ausschließlich konkreten Charakter«, wie Lucien Lévy-Bruhl 1922 feststellt, sie ist »wesentlich mystisch und prälogisch«, und die mystischen Partizipationen, die der einzelne mit ihr an der Natur und an der Gemeinschaft erfährt, »werden mehr gefühlt und erlebt als gedacht. Weder ihr Inhalt noch ihre Bindungen sind streng dem Gesetze des Widerspruchs unterworfen.«[143] Erst in den dreißiger Jahren sollte Lévy-Bruhl erkennen, dass die Gleichung *»être c'est participer«* für Primitive *und* Europäer gilt – zwischen beider »Mentalität« besteht eben im Zeitalter der elektrischen Übertragungsmedien weniger ein logischer als allenfalls praktischer und technischer Unterschied.[144] Beide jedoch bezeugen einen fundamentalen Bruch mit der Repräsentation der überkommenen Vermögenslehre und Psychologie, denn die Empfindung wird hier weder als repräsentatives Atom noch als Erfahrung, »sondern als ein Kontakt mit dem Sein interpretiert, der direkter als die Empfindung ist« – ein »Ereignis« inmitten eines »Kraftfeldes«, wie Lévinas zu Lévy-Bruhl schreibt.[145] Dieses technisch-kommunikative Apriori, auf das diese Erfahrung keinen Zugriff hat, erscheint in Lévy-Bruhls Terminologie als jene »Mentalität«, die mit der unvordenklichen »Gemeinschaftserfahrung« des ästhetischen und politischen Diskurses der Jahrhundertwende ihr zivilisiertes Pendant gefunden hat.[146]

---

141 Hugo von Hofmannsthal, »Das Gespräch über Gedichte« (1903), in: Hofmannsthal 1956ff./II., (80-96), 87.
142 Ebenda, 88.
143 Lucien Lévy-Bruhl, *Die geistige Welt der Primitiven (La mentalité primitive)*, München 1927, 339, 348, 352f.
144 Lucien Lévy-Bruhl, *Carnets*, Paris 1998, 22. – Vgl. auch ebenda, 77-79, 89, 248.
145 Emmanuel Lévinas, »Lévy-Bruhl und die zeitgenössische Philosophie«, in: *Zwischen uns. Versuche über das Denken an den Anderen*, München/Wien 1995, (56-72), 60.

Die Geburt der Poesie aus dem Geiste des Opfers schreibt aber nach Hofmannsthal allein den Dichtern und ihren Worten jene magische Partizipation, jene Übertragung ursprünglicher Kräfte zu, von der und denen jede wirkliche Gemeinschaft zehrt. Anders gesagt sind es die Dichter, die mit ihren Texten und Gedichten jene Verbindungen knüpfen und jene Leitungen legen, aus denen sich soziales Leben speist. In Hofmannsthals Vortrag »Der Dichter und diese Zeit« (1906) spricht er ihnen diese ursprünglich instituierende Kraft allerdings alleine im symbolischen Medium zu: Dichter entwerfen in ihren Schreibakten eine ästhetische Vor-Schrift, die die imaginäre Ordnung der Dinge nach Art eines historischen Apriori umwälzt, um damit das gemeinschaftliche Werden auf den Weg zu bringen. »Diese stumme Magie wirkt unerbittlich wie alle wirklichen Gewalten. Alles, was in einer Sprache geschrieben wird, und, wagen wir das Wort, alles, was in ihr gedacht wird, deszendiert von den Produkten der wenigen, die jemals mit dieser Sprache schöpferisch geschaltet haben.«[147] Bestenfalls noch die Axiomatik und »reale Schrift« der Mathematik komme dieser Funktion des Schreibens gleich, nur dass die Dichter das reine Denken in eine Synthese eingehen lassen, die das »Menschliche«, das wissenschaftlich schlechthin Unvermittelbare, die physiologisch reale Empfindung nämlich, mit vermittelt. Was Organizisten, also Medien-Anthropologen wie Schäffle als »diese umfassende Collectivarbeit der Werthbestimmungen durch die socialen Lebensgefühle« umschrieben, aber nur zaghaft »ästhetisches Leben«[148] genannt haben, kommt bei Hofmannsthal umstandslos auf den Begriff der Dichtung.

Seine späteren »erfundenen Gespräche« und Vorträge übersetzen schließlich das poetisch-poetologische Theorem von der instituierenden Kraft der Dichtung und ihrem Übertragungsvermögen in ein politisches Programm, das – in bewusster Rückwendung – wieder ontosemiologische Unterscheidungen trifft, im *Gespräch in Saleh* (1925) etwa zwischen der deutschen und französischen Nation. Letzterer wird eine historisch exzeptionell verfeinerte Sprache und damit eine singuläre »geistige Gegenwart« bescheinigt: »eure Sprache ist fertig, sie ist da, voll Bewußtsein, taghell«. Die Deutschen dagegen verständigen sich in erster Linie im Medium der Musik, gehen aber durch ihre »weltlose« Sprache »immer mit einer Welt trächtig.« Es ist eine Sprache des Werdens, die noch gar nicht historisch zur Ausprägung kommen *konnte*, da sie die Ursprungsmatrix, die Axiomatik der eigentlich ungeborenen deutschen Nation darstellt. »So gebietet sie euch die Form eures Lebens: euer geistiges Leben ist immer erneute schmerz-

---

146 »Die kollektiven Repräsentationen treten darin nicht voneinander isoliert auf. Sie werden darin nicht analysiert, um anschließend in eine logische Ordnung eingefügt zuwerden. Sie sind immer eingebunden in Vor-Wahrnehmungen, Vor-Sorgen und Vor-Auffassungen, Vor-Bindungen« (Lévy-Bruhl 1927, 85, hier modernisierte Übersetzung bei Lévinas 1995, 62).
147 Hugo von Hofmannsthal, »Der Dichter und diese Zeit. Ein Vortrag« (1906), in: Hofmannsthal 1956ff./II, (229-258), 240. – Zum Folgenden vgl. ebenda, 242.
148 Albert Schäffle, *Bau und Leben des socialen Körpers [...]*, 4 Bde., Tübingen 1875-1878, Bd. I.: *Allgemeiner Theil*, 514f.

volle Geburt.«[149] Hofmannsthals Rede »Das Schrifttum als geistiger Raum der Nation« (1927) knüpft daran an, wenn sie den französischen »Raumbegriff« als »identisch mit dem Geisterraum« und die französische Nation als eine solche der »Repräsentanz« erklärt. Für die Deutschen hingegen gilt: »Nicht durch unser Wohnen auf dem Heimatboden, nicht durch unsere leibliche Berührung in Handel und Wandel, sondern durch ein geistiges Anhangen vor allem sind wir zur Gemeinschaft verbunden.«[150]

Dieses Anhangen der Einzelnen, der versprengten Glieder einer zugleich idealen und organischen Einheit verlangt zunächst die »Aufopferung« aller tradierten politischen Imagines; erst dann kann sie sich dem Regime einer symbolisch bedingten Realität gemeinschaftlichen Empfindens beugen, das Hofmannsthal den »Dichtern« überträgt und als »konservative Revolution« deklariert. »Drüben«, in Frankreich, konnte ein derartiges Regime, weil es allein von Philosophen und ihrem politischen Räsonnement geführt wurde und letztlich nur auf »das Gesellschaftliche« zielte, lediglich im Rahmen einer nationalen Geschichte erfolgreich sein. »Hüben aber«, sagt Hofmannsthal, »ist dies die Grundhaltung: das National-Gesellschaftliche ist nicht das Primäre, sondern die Widerlegung des Gesellschaftlichen ist das Primäre.«[151] Zu einer Poetologie des Ursprungs, der Assoziation und Übertragung ist solche Literatur umso mehr berufen, als sie der unvordenklichen Realität des Opfers entsprungen und zugleich Lust, Universalität, Zweckmäßigkeit und Notwendigkeit zu vermitteln scheint. Die Gemeinschaft, die der symbolischen oder imaginären Repräsentation widersteht und doch in ihrer Insistenz ein ursprünglich Ungeteiltes verspricht, ist eine Sache des Ästhetischen, des *sensus communis*.[152] Radikal wird sie erst, wenn sie sich mit anderen Poetologien des Ursprungs, etwa der Ökonomie, der Kulturgeschichte oder Soziologie verbindet und – mit deren Ursprungs-Symbolismen und ursprünglichen Symbolismen – die transzendentale Illusion einer ästhetischen Politik stiftet.

Markierte bei Hegel der Staat noch den Horizont aller zunächst kultischen, dann »geistigen« Vergemeinschaftung, suchte Wagner die feuerbachsche Anthropologie im ästhetischen Programm und Kult einer umfassend und schrankenlos menschlichen Vergemeinschaftung zu verwirklichen. Besonders mit Marx' Kritik der politischen Ökonomie gerieten Gemeinschaft und Staat in Gegensatz, ja der Staat selbst sank zum Nebenprodukt des gesellschaftlichen Prozesses herab. Die »ursprüngliche Akkumulation«, in deren Zuge die anfangs gemeinschaftliche Subsistenzwirtschaft vom System der Kapitalbildung und des

---

149 Hugo von Hofmannsthal, »Reise im nördlichen Afrika« (1925), in: Hofmannsthal 1956ff./ IV., »Das Gespräch in Saleh«, (252-262), 257, 261f.
150 Hugo von Hofmannsthal, »Das Schrifttum als geistiger Raum der Nation. Rede, gehalten im Auditorium Maximum der Universität München am 10. Januar 1927« (1927), in: ebenda, (390-413), 394, 396, 390.
151 Ebenda, 397.
152 Vgl. hierzu Joseph Vogl, »Einleitung«, in: Vogl 1994, (7-27), 22 sowie Jean-François Lyotard, »*Sensus communis,* das Subjekt im Entstehen«, in: ebenda, (223-250), 223f.

Warentauschs zerstört worden sei, und die Wiederkehr ursprünglicher Gentilgesellschaften, so wie sie in den Dorfgemeinschaften Ost- und Südosteuropas kollektive Produktion und kommunale Ethik vereinigt habe, bezeugten fortan die gegenläufige Entwicklung von Gemeinschaft und Gesellschaft.[153] Während Marx das evolutionäre Kräftefeld von Ökonomie und Kultur untersuchte, erforschte Otto von Gierke in der Studie *Das deutsche Genossenschaftsrecht* (1868-1881) den Zusammenhang »zwischen dem Rechtsleben und dem gesammten Kulturleben« in der zweitausendjährigen Geschichte »deutscher« Assoziationen und Selbstverwaltungsinstitute.

Gierke setzte sich zum Ziel, »einen Beitrag zu liefern zur Erkenntniß des Wesens jener Kräfte, welche älter sind als der Staat, welche den Staat selbst erzeugt haben und welche, so oft dies bestritten ist, auch innerhalb des Staates täglich noch schöpferisch fortwirken.«[154] Gerade im späteren 19. Jahrhundert sei es »die wiedergeborene uralte Genossenschaftsidee des deutschen Rechtes, welche eine unübersehbare Fülle neuer Gemeinschaftsformen hervorgebracht, die alten aber mit neuem Gehalt erfüllt hat«.[155] Gierkes Werk ist damit – nicht anders als Nietzsches Tragödienschrift – Avis und Genealogie in einem. Für die Zeit bis zum Jahr 800 spricht Gierke von einer ursprünglichen Volksfreiheit, die über »jene Uranfänge des Gemeinwesens« hinausgegangen sei, »die wir noch heute bei wilden Stämmen beobachten.«[156] Die Rechte der Volksgenossenschaft seien jedoch Stück für Stück im königlichen Recht absorbiert worden, bis um 1200 die Herrschaft über die Gemeinschaft und die »gewillkürte« über die natürliche Genossenschaft gesiegt habe. Bis zum Jahre 1806 habe dann der uniformierte, bürokratische und zentralisierte Obrigkeits- und Polizeistaat sämtliches gemeinschaftliches Leben durchherrscht. »Der absolute Staat und die absolute Individualität werden die Devisen der Zeit«[157], und dies nicht zuletzt mit Sukkurs der nationalökonomischen Agenten, der smithschen Kaufleute.

Erst im 19. Jahrhundert, so Gierke, erlebt Deutschland die Wiedergeburt des älteren Assoziationsgeistes. »Er, indem er von unten auf alle öffentlichen Verbände mit einem selbständigen Gemeinleben zu erfüllen strebt, indem er aber gleichzeitig die Atome, in welche das Volk sich zu lösen droht, in zahllose Neuverbindungen von organischer Struktur und eigener Lebenskraft zusammenschließt, ist daher das eigentlich positive, gestaltgebende Princip der neuen Epoche, welche für die deutsche Rechts- und Verfassungsentwicklung in unserem Jahrhundert angebrochen ist.«[158] Gegen die hobbessche Körperschaft, die

---

153 Vgl. auch Marx' zahlreiche kritischen Kommentare zu den Theorien der Gentilgesellschaft, etwa zu Maine (Marx 1976, 430), zudem Marx' Briefwechsel mit Vera Sassulitsch, etwa sein Schreiben vom 8. März 1881, in: Marx MEW/XXXV., 166f.
154 Otto von Gierke, *Das deutsche Genossenschaftsrecht*, Bd. I.: *Rechtsgeschichte der deutschen Genossenschaft*, Graz 1954, 4, Vorwort, X.
155 Ebenda, 11.
156 Ebenda, 12. – Zum Folgenden vgl. ebenda, 298.
157 Ebenda, 10. – Vgl. auch ebenda, 643f.
158 Ebenda, 652. – Zum Folgenden vgl. auch ebenda/Bd. IV.: *Die Staats- und Korporationslehre der Neuzeit,* 310, 443, 494ff.

letztlich nur eine mechanistische Analogie dargestellt habe, gegen die moralische Person der Naturrechts, mit der die Aufklärung und Revolution lediglich ihren Vernichtungskampf gegen das Körperschaftswesen geführt habe, und schließlich gegen Fichtes Staatsanstalt, die die organische Realität aller ursprünglichen Assoziationen in ihrer transzendentalpolitischen Anstrengung verworfen habe, beruft sich Gierke auf die ältere römische Antithese von *communio* und *societas*. Die Urgemeinschaft, jener nicht mehr primitive Ursprung allen kulturellen und real vereinigenden Lebens jenseits des Rechts und jenseits aller abstrakter oder bürokratischer Konstruktion, ist schließlich nicht zuletzt in der »Opfer- und Festversammlung« entstanden. Noch Laums Untersuchung zum »sakralen Ursprung des Geldes« wird diese genealogische Ableitung untermauern: Erscheint das Geld auch in nationalökonomischer Perspektive als das gesellschaftliche Medium schlechthin, geht es doch *realiter* zurück auf die ursprüngliche Opfergemeinschaft, deren Name »Gilde« lautete.[159]

Weniger im Sinne der kulturwissenschaftlichen Rechtshistorie als einer anthropologischen Ursprungstheorie explizierte dann Ferdinand Tönnies den Gegensatz von *Gemeinschaft und Gesellschaft* (1887). Stellte der primitive Animismus noch ein imaginäres Weltverhältnis her, das wenigstens auf realen Naturkräften beruhte, löst sich das wissenschaftliche Denken der Gesellschaft endgültig von den Naturkräften und stellt dadurch das »geistige Leben« vollends auf den Kopf. So wie jedoch die evolutionistisch beschriebenen rituellen Praktiken der primitiven Vergemeinschaftung als *survivals* inmitten der fortgesetzten Zivilisationsentwicklung insistieren, »so dauern überhaupt die gemeinschaftlichen Lebensweisen, als die alleinigen realen, innerhalb der gesellschaftlichen, wenn auch verkümmernd, ja absterbend fort.«[160] Um diese nachzuweisen, plante Tönnies später die Einrichtung eines soziographisch-moralischen Observatoriums zur ethnographischen Beobachtung und Untersuchung des deutschen Volkslebens. Allein real ist jedenfalls die gemeinschaftliche Assoziation, weil sie im Gegensatz zum ideell-mechanistischen Konnex in der Gesellschaft aus einer realen organischen Verbindung evolviert: Es gibt keine Gemeinschaft ohne die Blutsbande, von welcher sich jede räumliche und geistige Beziehung allererst herleitet. Nur diese »physiologische« Realität gestattet es, vom »Leben« und »Organischen« der Gemeinschaft zu sprechen. »Und dem ist es gemäß, daß Gemeinschaft selber als ein lebendiger Organismus, Gesellschaft als ein mechanisches Aggregat und

---

159 »*Der Begriff ›Geld‹ stammt aus dem Kult; er ist zuerst und ursprünglich in der sakralen Sphäre angewendet worden. Das Opfer an die Götter heißt im ahd. ›gelt‹, im agls. ›gild‹; ›gild‹ bedeutet nach Kluge, Etym. Wörterb. ›Vergeltung, Ersatz, Opfer‹; Gilde, ein Begriff, der im deutschen Mittelalter die Zünfte bezeichnete und heute noch in England in Gebrauch ist, stammt aus derselben Wurzel und bedeutet zunächst die ›Opfergemeinschaft‹.«* (Bernhard Laum, *Heiliges Geld. Eine historische Untersuchung über den sakralen Ursprung des Geldes*, Tübingen 1924, 39.)
160 Ferdinand Tönnies, *Gemeinschaft und Gesellschaft. Grundbegriffe der reinen Soziologie*, 8. Aufl., Darmstadt 1972, 246. – Zum Folgenden vgl. Michael Diers, »Porträt aus Büchern. Stichworte zur Einleitung«, in: ders. (Hg.), *Porträt aus Büchern. Bibliothek Warburg und Warburg Institute Hamburg – 1933 – London*, Hamburg 1993, (9-28), 31.

Artefact verstanden werden soll«.[161] Deswegen ist eine lebendige Gesellschaft oder gesellschaftliches Leben ein Widerspruch in sich.

In der Gesellschaft finden »keine Tätigkeiten statt, welche aus einer *a priori* und notwendiger Weise vorhandenen Einheit abgeleitet werden können«, während in den Gemeinschaften »Kunst wie Religion als höchste und wichtigste Angelegenheit der ganzen Stadt, daher ihrer Regierung, ihrer Stände und Gilden angenommen wird«.[162] Wenn es eine gesellschaftliche Axiomatik gibt, dann nur die verdinglichte und künstliche, die »konventionelle« der politischen Ökonomie. Die künstlichen Individuen des freien Markts, die im Markt- und Börsenverkehr zahllose Verbindungen miteinander unterhalten, aber – allen Sympathielehren zum Trotz – »ohne gegenseitige innere Einwirkungen bleiben«, diese smithschen Kaufleute, die immer nur einem »Jedermann« und »Fremden« gleichkommen, sind die blutleeren Projektionen einer endlosen, niemals zum Wirklichen gelangenden Gesellschaftsbildung. In Absetzung von der imaginären Restitution, wie sie die politische Ökonomie und das Programm der Vermögensbildung verspricht, reklamiert Tönnies für die Gemeinschaft die reale »Verbindung des ›Blutes‹, zunächst ein Verhältnis der Leiber, daher in Taten und Worten sich ausdrückend, und sekundärer Natur ist hier die gemeinsame Beziehung auf Gegenstände«.[163] Er stützt sich mithin auf jene physiologische Realität, deren »natürlicher Ausdruck« durch den wissenschaftlich-technischen Umbruch und durch die »Vernichtung« des gemeinschaftlich beschränkten Raum-Zeit-Kontinuums[164] vereitelt worden sein mag, die aber nur durch wissenschaftlich-technische Verfahren positiviert werden konnte – und die schließlich erst durch mediale Innovationen wie die Telegraphie in einem Nu wiederherstellbar sein wird.

Die Gemeinschaft des 19. Jahrhunderts, so wie sie von Tönnies am schlagendsten auf den Begriff gebracht wurde, kann nur dadurch ein organisches, autonomes und innerliches Sein, ein eigenes »Leben«, prätendieren, dass sie die wissenschaftlich-technische Positivierung des Lebens voraussetzt – und verschweigt. Mit ihr sind jedoch, wie Helmuth Plessner 1924 in seiner gleichnamigen Schrift feststellt, die »Grenzen der Gemeinschaft« bezeichnet. »Auch die Gemeinschaft kann ohne Hilfsmittel künstlicher Art nicht existieren«, führt Plessner gegen den »sozialen Radikalismus« der Gemeinschaftslehre ins Feld, »der Mensch als geistiges Wesen ist darauf angelegt, aber sie wird diese Künstlichkeit einzuschränken suchen, weil sie darin die Gefahr einer verdeckenden, entseelenden Zwischenschicht wittert.«[165] Wenn schon das »Seelenleben« mit »Methoden

---

161 Ferdinand Tönnies, *Gemeinschaft und Gesellschaft. Grundbegriffe der reinen Soziologie*, 7. Aufl., Berlin 1926, 5. – Zum Folgenden vgl. Tönnies 1972, 166.
162 Tönnies 1926, 39, 37f.
163 Ebenda, 57, 53.
164 Zur »organischen« Verkehrstechnik, zur *durée* des natürlichen Weges, zum Hier und Jetzt der Gemeinschaft und zum Verlust ihrer Aura vgl. Schivelbusch 1989, 37-42.
165 Helmut Plessner, *Grenzen der Gemeinschaft. Eine Kritik des sozialen Radikalismus*, in: *Gesammelte Schriften*, Bd. V., Frankfurt am Main 1981, (7-134), 40. – Im Folgenden ebenda, 27.

der Indirektheit« operieren muss und auf imaginäre und symbolische Vermittlungen angewiesen ist, um seine innere Wirklichkeit zur Geltung zu bringen, dann ist das zwischenmenschliche Leben erst recht von aller Unvermitteltheit entfernt. Symbolische Vermittlungsformen wie das Zeremoniell, ökonomische oder Zeichensysteme bezeichnen »die Wesensgrenzen, die jeder Panarchie der Gemeinschaft hindernd im Wege sind: *die Unaufhebbarkeit der Öffentlichkeit und die Unvergleichbarkeit von Leben und Geist*«.[166] »Panarchisch« und »radikal« sind jedoch die Gemeinschaftstheorien, insofern sie die vermittelte (oder »mediierte«) Konstitution des Sozialen auf eine ursprüngliche Unvermitteltheit zurückzuführen trachten. Gerade in Deutschland habe man, nachdem die weltpolitische Rolle auf die Kolonialmächte übergegangen war, die Gemeinschaft zum »Idol dieses Zeitalters« erhoben und mit dem »Ideal gemeinschaftlichen Aufgehens in übergreifender organischer Bindung« jedwede gesellschaftliche und zivilisiert menschliche Seinsweise zu delegitimieren versucht.[167] Die vermeintlich ursprüngliche Einheit in der Bluts- und Opfergemeinschaft ist die schärfste Bedrohung aller sozialen und geistigen Bindungen. Sie rührt an der Möglichkeitsbedingung dessen, was alleine als »zivil« gelten, dabei aber nur vermittelt existieren kann.

Als ursprüngliche oder instituierende Institution droht die Gemeinschaft stets, die Grenze zur Radikalität zu überschreiten. »Wer sich daran wagt, ein Volk zu errichten [instituer]«, heißt es in Rousseaus kontraktuellem Ursprungsentwurf, »muß sich imstande fühlen, sozusagen die menschliche Natur zu ändern«, den Gemeinschaftskörper der *volonté générale* zu unterwerfen und somit die gesamte »Verfasstheit [constitution] des Menschen zu ändern«.[168] Die revolutionäre *terreur* vor Augen, wird Helmuth Plessner, ein Kritiker der radikal instituierten Gemeinschaft, in Rousseaus Glauben an die Erneuerung des Menschen »etwas Furchtbares« sehen. Diese Diagnose bezeichnet indessen auch die historische Grenze seiner eigenen Radikalitätskritik, heißt es doch im selben Atemzug: »Solange man diesen Glauben rassenbiologisch und rassenhygienisch, bevölkerungspolitisch nimmt, ist er in vielem berechtigt und wird uns allmählich Gewißheit.«[169] Die Gewissheit, der Gemeinschaftsglaube ließe sich mit gesellschaftlichen Mitteln zivilisieren, führt indes nur zu seiner Radikalisierung. »Nicht einsam für sich oder intellektuell in der Literatur, sondern grundsätzlich eingestellt auf intime Gemeinschaft, auf Führertum und Selbstmitteilung« versteht sich eine Politik des Gemeinschaftlichen, wie Ernst Troeltsch im selben Jahr ankündigt. Solche Politik konstituiert es nach innen totalitär, nach außen mili-

---

166 Ebenda, 55.
167 Ebenda, 21, 28. – Zum Folgenden vgl. ebenda, 44: »Echtheit und Rückhaltlosigkeit sind ihre wesentlichen Merkmale, Gebundenheit aus gemeinsamer Quelle des *Bluts* zunächst ihre einheitsstiftende Idee […], so daß, wo nicht ursprünglich-natürliche Gemeinsamkeit der Abkunft besteht, sie wenigstens in der Bereitschaft der Glieder liegt, für einander und das Ganze zu opfern, oder die spirituelle Bindung überdies aus vergossenem Blut erwächst, wie etwa das Christentum aus dem Opfertode des Herrn.«
168 Rousseau 1986, II. Buch, 43f.
169 Plessner 1981, 25.

tärisch. »Die Mittel dazu sind teils psychologische Beeinflussungen teils reale Gewaltmittel polizeilicher und militärischer Natur.«[170] Sei es als unvordenkliche, aber mit einem Schlage herzustellende innerliche Einheit des Geistes, sei es als Fluchtpunkt eines seinerseits unbeschränkten politischen Handelns – die Gemeinschaft ist das Phantasma einer *realiter* gewaltsamen Radikalität, sobald sie, an allen ungelösten und unlösbaren Repräsentations- und Vermittlungsfragen vorbei, zum unmittelbar greifbaren Gegenstand politischen Handelns verdinglicht wird. Selbst ein Regime der Dichter, wie es Hofmannsthals »konservativrevolutionäre« Kulturpolitik advoziert, selbst Tönnies' Aufwertung von Kunst und Religion zur Möglichkeitsbedingung allen realen und organischen Lebens bleibt sich der unvermeidlichen Vermittlungsaporien bewusst und sperrt sich noch gegen die völkische oder totalitäre Hypostase des Gemeinschaftlichen. Nach der Jahrhundertwende aber wird in der politischen Theorie die von Schmitt so bezeichnete »repräsentationslose Unbildlichkeit des modernen Betriebes« – wider Plessners Warnung – zur Identifikation von repräsentativ-politischer Organisation und organisch-geistiger Gemeinschaft verführen.[171]

---

170 Ernst Troeltsch, *Der Historismus und seine Überwindung. Fünf Vorträge*, Berlin 1924, 54, 57, 84.
171 Carl Schmitt, *Römischer Katholizismus und politische Form*, München 1925, 30. – Schmitt polemisiert an dieser Stelle gegen den repräsentationsfernen, rein funktionalen Klassenbegriff des Proletariats und befürwortet gegen die ökonomisch-technische Vermittlung des Gesellschaftlichen die persönlich-autoritäre Repräsentation. In *Völkerrechtliche Großraumordnung* beruft er sich dann auf Otto von Gierke, habe dieser doch die mittelalterlichen Rechtsvorstellungen überzeugend auf Raumbegriffe zurückgeführt. Deswegen könne ein Volk Organismus, ein Staat Organisation, dabei aber auch nicht »ungeistig« sein. (Carl Schmitt, *Völkerrechtliche Großraumordnung mit Interventionsverbot für raumfremde Mächte. Ein Beitrag zum Rechtsbegriff im Völkerrecht*, Berlin 1991, 59.)

Neuntes Kapitel

Überleben der Gemeinschaft – Soziale Verteidigung

1. Erschöpfung und Degeneration

Bevor es sich in der soziologischen Disziplin sammeln und dort ein eigenes Objektfeld formieren konnte, war das Wissen von der Gesellschaft begrifflich-deduktiver oder aber sozialstatistischer Natur. Der empirische Zugriff beschränkte sich noch bis ins 19. Jahrhundert auf die Deskription, und wenn Gesetz- und Regelmäßigkeiten festgestellt wurden, so galten diese als Beweis für die göttliche Providenz oder die selbstregulative Kraft der Natur – beides Kräfte, die die Geschichte des Menschen und der Gesellschaft auch im Falle einer Aberration ihrer göttlichen oder natürlichen Bestimmung zuführen sollten. Dass allerdings auch offensichtliche Imperfektionen einer gewissen Ordnung unterliegen, machte rein statistisch die autonome Natur der Gesellschaft erkennbar. Im Bereich der Wahrscheinlichkeitstheorie wurde mit Laplace und seinen Schülern auch der vormalige Gleichklang von individuellen und gesellschaftlichen Bildungskräften zunichte: Poisson unterschied – angeblich definitiv – zwischen objektiver *chance* und subjektiver *probabilité*.[1] Damit war die vermögenstheoretische Basis der Moralstatistik endgültig weggebrochen. Als Poisson das Vorrecht der gesellschaftlichen Sicherheit vor individuellen Rechten mit dem Gesetz der großen Zahl begründete, wurde die polizeyliche Hinwendung zu Massenphänomenen durch eine Mathematik der objektiven Wahrscheinlichkeit besiegelt.

Adolphe Quételet analysierte 1825 im Auftrag des französischen Justizministeriums die Verbrechensstatistiken und stellte dabei auffällige Regelmäßigkeiten fest. Diese Entdeckung veranlasste ihn zur Konzeption eines *homme moyen*, eines statistisch zu ermittelnden Gravitationszentrums aller gesellschaftlich-moralischen Kräfte.[2] Hatte Quételet bereits 1831 eine *mécanique sociale* angekündigt, in der die Distinktion zwischen natürlichen Regelmäßigkeiten und sozial verursachten Perturbationen herausgearbeitet werden sollte, übernahm er von Comte die Idee einer *physique sociale*, um die immoralischen Tatsachen der *moral statistics* in ihrer Regelmäßigkeit zu erfassen.[3] In diesem »examen du corps social« versuchte er zunächst, über die Häufigkeitsverteilung von körperlichen und geistigen Merkmalen einen nationalen Typus zu bestimmen, der »véritablement une

---

1 Bei Poissons Unterscheidung war allerdings die messbare Wahrscheinlichkeit nur auf der Basis eines Spiels denkbar, das er unter den »gerechten« Ausgangsbedingungen gleich möglicher Gewinne und Verluste setzte (vgl. Campe 2002, 440f. und Daston 1988, 222-224, 294ff.) – Zum Folgenden vgl. auch ebenda, 355ff.
2 Vgl. Adolphe Quételet, *Ueber den Menschen und die Entwicklung seiner Fähigkeiten oder Versuch einer Physik der Gesellschaft*, Stuttgart 1838, 15.
3 Vgl. Theodor Porter, *The Rise of Statistical Thinking. 1820-1900*, Princeton 1986, 47, 49.

moyenne« und nicht bloß eine mathematisch irrelevante »*médiane*« repräsentiert.[4] Dieser Typus verkörpert die Gesetze gesellschaftlicher Regulation, in ihm kommt nichts Unveränderliches, sondern eine gesetzmäßige Wandelbarkeit zum Vorschein, denn ebenso wenig wie das »Prinzip der Erhaltung der lebendigen Kräfte in der Natur« die Unveränderlichkeit der Kräfteverhältnisse nach sich zieht, widerspricht die statistische Ausmittelung des *homme moyen* seiner historischen Natur.[5] Zu dieser Natur rechnet auch eine gewisse Neigung zu Tötungsdelikten, so dass Quételet sagen kann: »Die Gesellschaft birgt in sich die Keime aller Verbrechen, die begangen werden sollen, zugleich mit den zu ihrer Vollführung notwendigen Gelegenheiten. *Sie* ist es gewissermassen, die diese Verbrechen vorbereitet, und der Schuldige nichts als das Werkzeug, das sie vollführt.«[6]

Die statistische Ermittlung des *penchant au crime* berücksichtigt Quételet zufolge sowohl die erfassten als auch die nicht erfassten Delikte, gibt es doch unter dem Gesetz der großen Zahl keine Dunkelziffer. Zudem nennt er eine Reihe von konstanten und veränderlichen Faktoren, die die messbar schwankenden gesellschaftlichen Zustände, so wie sie sich im Typus manifestieren, bedingen.[7] Das Ziel dieser Beeinflussung besteht weniger in soziologisch-statistischer »Aufklärung« als darin, die individuellen »Missbildungen, die Monstrositäten« verschwinden zu lassen.[8] Bertillon berief sich für seine anthropometrische Methode auf Quételet, und dass dieser letztlich an einer Therapie der Gesellschaft gearbeitet hatte, zeigte schon das entsprechende »fiktive« Verfahren, mit dem die Mediziner Gesundheit und Abnormität zu bestimmen suchen: nämlich gestützt auf den »Begriff eines *absolut gesunden Menschen*, eines Durchschnittsmenschen, bei dem alle abnormen Abweichungen aufgehoben sind«.[9] Quételet selbst hatte angeregt, jeder Mensch könne sich »eine Tabelle bilden, die von der den mittleren Menschen betreffenden mehr oder weniger abweichen und ihm dazu dienen würde, diejenigen Seiten seines Organismus, die mehr oder weniger von der Norm abweichen, und welche eine Schonung nothwendig erheischen, kennen

---

4   Adolphe Quételet, *Anthropométrie ou mesure des différentes facultés de l'homme*, Brüssel/Leipzig/Gand 1870, 5, 18. – Zum Folgenden vgl. ebenda, 15f., 415.
5   Quételet 1838, 12. – Vgl. zum Folgenden auch ebenda, 566.
6   Ebenda, 7. – Zum Folgenden vgl. auch ebenda, 248 und 413f.
7   Vgl. die »den Menschen betreffende Elemente«, ansteigend nach Grad ihrer Schwankung: »die Grösse des Menschen, die Repression des Verbrechens oder die Strenge, mit welcher es bestraft wird, die Geburten, der Hang zum Verbrechen oder die Wahrscheinlichkeit ein Verbrechen zu begehen, die Sterbefälle, die Trauungen, die Staatseinnahmen und Ausgaben; und endlich die Fruchtpreise.« (ebenda, 611f.)
8   Ebenda, 613.
9   Vgl. Bertillon 1895, 86 sowie Vaihinger 1918, 35. – Diskursgeschichtlich gehen beiden Normalitäten die pädagogischen Programme der *écoles normales* im 18. Jahrhundert voran, und begleitet wurde jede Normierungsanstrengung unweigerlich von militärischen und industriellen Standards. In die Zeit vor dem 19. Jahrhundert fallen rein typologisch begründete Normen, die von einem Normierungsbereich in den anderen übertragen werden, während mit Quételet zur normierenden Matrix auch statistische Techniken hinzutraten. – Dass im 19. Jahrhundert weniger eine organizistische oder körperschaftliche Konzeption des Politischen als vielmehr das Ver-

zu lernen.«[10] Quételet erhob seinen *homme moyen* »zum sowohl *ästhetischen wie politischen Idealtyp*, indem er die Kollektivsymbolik des *Gleichgewichts*, der *Stabilität*, des *Optimalen* und der *Schönheit* mit ihm verknüpfte.«[11] Selbst Astronom, übertrug er die »Gaußkurve« der Normalverteilung von der Naturwissenschaft ins gesellschaftliche Feld und bereitete dadurch der – soziologisch widersinnigen – Naturalisierung gesellschaftlicher Konstitution den Boden, die umso leichter fallen sollte, als das empirische Phänomen gesellschaftlichen »Normenwachstums« (sukzessive gesteigerter Leistungswerte) auf eine sozial-vitale Potenz zur Schöpfung neuer Normen schließen ließ. Quételets Statistik kann als eine Art statistische Geschichte der Zivilisierung gelesen werden, in deren Laufe sich der Normalmensch allmählich herausgeschält habe; sie kann aber auch als Aufforderung verstanden werden, dessen Fortbestand – mit welchen Mitteln auch immer – zu besorgen.

Weil sie mittels Selektion und Kombination erfolgt, steht die Eingrenzung eines normalisierbaren Feldes immerzu vor der Frage, in welchen Toleranzgrenzen sich Normalität halten kann und wo sie enden muss. Derlei Begrenzungen sind lediglich durch »semantisch-symbolische Zusatz-Marken (Stigmata) zur Gaußkurve« zu ziehen, weshalb es keine normalisierende Statistik geben kann, die sich nicht »in den Dienst eines ›Willens zur Normalität‹ stellt«.[12] Daher auch Nietzsches Kritik am »Gemeinen« jeder konsolidierten »Gemeinschaft«: Gerade die sozialen Beschleunigungen und technischen Innovationen der »Zivilisation« hätten das »Schwergewicht der Menschen« in den *homme moyen* verlagert. »Das Schwergewicht fällt unter solchen Umständen nothwendig den *Mediokren* zu: gegen die Herrschaft des Pöbels und der Excentrischen (beide meist verbündet) consolidirt sich die Mediokrität, als die Bürgschaft und Trägerin der Zukunft. Daraus erwächst für die *Ausnahme-Menschen* ein neuer Gegner – oder aber eine neue Verführung.«[13] Diese »Verführung« wäre der Versuch, den bisherigen Willen zur Normalität oder Normalisierung zu brechen und damit der Gesellschaft in einem Handstreich eine neue Natur zu verschaffen. Anders als Nietzsches Chiffre der »Züchtung« oder des »Übermenschen« nahe legt, handelt es sich um einen regulativen Eingriff in massenstatistische Phänomene über den Umweg statistischer Positivierung.

hältnis von Norm und Abweichung das gesellschaftliche mit dem medizinischen Wissen verbindet, geht nicht zuletzt auf den soziologischen Pionier Auguste Comte zurück. Der Biologe François Joseph Victor Broussais hatte 1828 (in *De l'irritation de la folie*) zwischen den Polen des Gesunden und Kranken, des Normalen und Anormalen eine bloß quantitative Differenz eingeführt, was Comte als wegweisend für seine positivistische Soziologie verstand. (Vgl. hierzu Auguste Comte, *Système de politique positive ou Traité de Sociologie*, 4 Bde., Osnabrück 1967, Bd. I., 651-653.)
10   Quételet 1838, 571.
11   Jürgen Link, *Versuch über den Normalismus. Wie Normalität produziert wird*, Opladen 1996, 205.
12   Ebenda, 340, 328.
13   Nietzsche 1988/XIII., 368. – Vgl. zudem ebenda/VIII., 590: »Zur *Beendigung des Kampfes ums Dasein* entsteht die Gemeinschaft. Das *Gleichgewicht*, ihr Gesichtspunkt.« Vgl. zudem ebenda/V., 232: »Jede Gemeinschaft macht, irgendwie, irgendwo, irgendwann – ›gemein‹.«

Eine genuin soziologische Theorie wie die Durkheims muss derlei Radikalismen zurückweisen. Einerseits versteht Durkheim den Kult des Individuums als gesellschaftliche Krankheit im Sinne einer Normabweichung; andererseits leitet sich die Norm von den sozialen Tatsachen oder »Daten« her. Deswegen ist hier auch keine sektorielle, sondern lediglich eine Gesamtnormalität entscheidend, zu der auch das (partiell) Anormale gehört. »Die Gattung ist die Norm kat'exochen und kann daher nichts Anormales enthalten«[14], heißt es in den *Règles*. Auch wenn ein soziales Phänomen wie das Verbrechen durch Anormalität definiert ist, hat es gesellschaftlich gesehen eine positive Funktion: Es provoziert Ausschließungs- oder Integrationseffekte, durch die die Gruppensolidarität, ja die gesamtgesellschaftlichen Bindungskräfte gestärkt werden, mehr noch, es entfesselt neue »Kräfte« und »Energien« des Sozialen und ermöglicht allererst »sozialen Wandel«. Das Verbrechen ist also ein unverzichtbares und »normales« soziales Phänomen. Es ist »mit den Gesamtbedingungen eines jedes Kollektivlebens auf das engste verknüpft«, weshalb man das signifikante Sinken der Kriminalitätsrate mit Fug und Recht als soziale Pathologie bezeichnen könnte und ein Verbrecher nicht unbedingt als »Parasit« oder als »nicht assimilierbarer Fremdkörper im Inneren der Gesellschaft« zu gelten hat.[15] Ein Politiker muss deswegen unbedingt vermeiden, »die Gesellschaft gewaltsam einem ihm verführerisch scheinenden Ideal zuzutreiben«.[16]

Eine Normierung und Regulation des sozialen Energiehaushalts wurde freilich mit Blick auf die zusehends industrialisierte Gesellschaft schon lange vor Durkheims Soziologie angemahnt. Nach Charles Babbage führen die genormten Transport- und Fabrikationstechniken, die die Gesellschaft im Zeitalter der Dampfmaschine prägen, zur »Vermehrung der wirklichen Kraft des Landes«[17]; diese sei statistisch zu erfassen und mittels entsprechend genormter Techniken abermals zu regulieren. Noch Kapp bezeichnete die Dampfmaschine als »*die Maschine der Maschinen*« und mit Rekurs auf Julius Robert Mayer und Hermann von Helmholtz als die »*Normalmaschine*«.[18] Letzterer proklamierte in Anknüpfung an Mayers Formulierung von 1842 das »Gesetz von der Erhaltung der Kraft« – dieses sollte ebenso universell gültig sein, wie die Physik nunmehr als Universalwissenschaft aller Übertragungsphänomene zu gelten hatte.[19] Der zweite

---

14 Durkheim 1999, 150.
15 Ebenda, 156, 161.
16 Ebenda, 164.
17 Charles Babbage, *Ueber Maschinen- und Fabrikenwesen*, Berlin 1833, §. 414/388.
18 Kapp 1877, 126, 130.
19 Erst nach Überwindung der älteren Wärmestoffkonzeption, so Helmholtz, sei es denkbar geworden, »daß die Wärme selbst eine Bewegung ist«, woran sich die Bestimmung des ersten Hauptsatzes der Thermodynamik anschließt: »*daß die Quantität der in dem Naturganzen vorhandenen wirkungsfähigen Kraft unveränderlich sei,* weder vermehrt noch vermindert werden könne.« (Hermann von Helmholtz, »Über die Erhaltung der Kraft«, in: Helmholtz 1971, (109-152), 133, 112.) – Dieser erste Hauptsatz fundiert die Entdeckung, dass Wärme und Arbeit ineinander umzusetzen sind. Zur – historisch nicht immer konsequenten – begrifflichen Unterscheidung von Energie und Kraft vgl. P. M. Harman, *Energy, Force, and Matter*, Cambridge 1982, 61.

Hauptsatz der Thermodynamik wurde bereits 1825 von Carnot aufgestellt und geht von der Entdeckung aus, dass die Wärme des einen Körpers niemals an einen weniger kalten abgegeben werden kann, dass also Prozesse unter stabilen äußeren Bedingungen eine feste Richtung haben. Nicht umsonst entstand dieser Entropiebegriff vornehmlich in Auseinandersetzung mit Dampfmaschinen und ihrem »Energieverlust«, ehe er als allgemeines Naturgesetz formuliert und schließlich auf die massenstatistischen Phänomene der Atomtheorie übertragen wurde. Bei umkehrbaren Prozessen bleibt die Entropie konstant, bei irreversiblen Prozessen nimmt sie jedoch unweigerlich zu. Für ein abgeschlossenes System, dessen Entropie noch nicht ihr Maximum erreicht hat, gilt, dass es sich noch nicht in seinem wahrscheinlichsten Zustand befindet.[20] Da zur Anwendung des zweiten Hauptsatzes System und Umwelt frei wählbar sind, ist er ein umfassendes Weltgesetz für alle möglichen physikalischen Abläufe und kann er auf vielerlei Art und Weise formuliert werden, so er sich nur auf ein abgeschlossenes System mit Umwelt bezieht. Wenn, und das ist entscheidend, die Prozesse dieses Systems irreversibel verlaufen, »dann kann der ursprüngliche Zustand des Systems nicht völlig wiederhergestellt werden, ohne daß in der Umgebung Veränderungen zurückbleiben.«[21]

In Clausius' Formulierung heißt das, dass Wärme niemals ohne »Kompensation« von Körpern mit einer niedrigeren auf solche mit einer höheren Temperatur übergehen kann, wobei – global gesehen – während der Energietransformation immer ein Teil der Energie in Wärme umgewandelt wird, die thermischen Differenzen allmählich verschwinden, immer weniger Energie in Arbeit umzusetzen ist und der allgemeine »Wärmetod« droht. Lord Kelvin spricht von einer *dissipation of energy*, Pfaundler davon, dass die Materie als Trägerin der Energie entropisch »entwertet« werde, die Energie aber »entarte«.[22] Damit sind Lebensprozesse allgemein als entropisch definiert, sie sind nichts als der Aufschub eines endgültigen Verfalls. Ludwig Boltzmann, der in den 1870er Jahren Entropie- und Wahrscheinlichkeitstheorie zu verknüpfen versucht hatte, verband dann auch die physikalische Entropie mit der Evolutionslehre, um den *survival of the fittest* thermodynamisch zu präzisieren: »Der allgemeine Daseinskampf der Lebewesen ist daher nicht ein Kampf um die Grundstoffe«, schreibt Boltzmann 1886, »auch nicht um Energie, [...] sondern ein Kampf um die Entropie, welche durch den Übergang der Energie von der heißen Sonne zur kalten Erde disponibel wird.«[23] Wie Boltzmann feststellte, untersteht jede Beobachtung, mithin jede Informationsübertragung als Energieübertragung der

---

20 Vgl. hierzu Ludwig Boltzmann, »Über die Beziehung zwischen dem zweiten Hauptsatze der mechanischen Wärmetheorie und der Wahrscheinlichkeitsrechnung«, in: *Entropie und Wahrscheinlichkeit (1872-1905)*, Thun/Frankfurt am Main 2000, (137-197), 190, 139.
21 Johann Dietrich Fast, *Entropie. Die Bedeutung des Entropiebegriffs und seine Anwendung in Wissenschaft und Technik*, Hilversum/Eindhoven 1960, 13.
22 Vgl. Kaspar Isenkrahe, *Energie, Entropie, Weltanfang, Weltende*, Trier 1910, 17.
23 Ludwig Boltzmann, »Der zweite Hauptsatz der mechanischen Wärmetheorie« (1886), in: *Populäre Schriften*, Braunschweig/Wiesbaden 1979, (26-46), 41. – Zum Folgenden vgl. Christian Kassung, *EntropieGeschichten*, München 2001, 216.

Entropie – nicht anders, als alle Beobachtung und Erkenntnis evolutionistisch als Eingriff in den Überlebenskampf zu werten ist.

Dieser interdiskursive Transfer sollte nicht auf die physikalischen und Lebenswissenschaften beschränkt bleiben. Wurden Prozesse innerhalb des geschlossenen Gesellschaftssystems als energetisch aufgefasst, ließen sich globale Szenarien eines drohenden entropischen Endes ausmalen – ein Phantasma, das zwar die Gemüter erhitzte, die Arbeit am Begriff aber sukzessive minderte. »Wir nennen den bösen Dämon *Entropie*, und es hat sich herausgestellt, daß er wächst und wächst, daß er langsam aber sicher seine bösartigen Tendenzen entfaltet«, heißt es in einem Vortrag des Physikers Felix Auerbach. »Wir alle stehen unter dem Schutze der *Energie*, und wir alle sind dem schleichenden Gifte der *Entropie* preisgegeben.«[24] Ist der erste Hauptsatz noch mit dem kontinuierlichen, abgeschlossenen und homogenen Repräsentationsraum der newtonschen Physik vereinbar, verlangt der zweite nach einem diskontinuierlichen, statistischen und heterologischen System, das den Übergang zwischen Wahrscheinlichem und Unwahrscheinlichem, zwischen Unordnung und Ordnung beschreibt. Er scheint triftig gerade für eine Gesellschaft, die sich als statistische Entität und als ein energetisches System mit eigentümlichen Gesetzmäßigkeiten selbst beschreibt.[25]

Werden Lebensprozesse unter entropischen Vorzeichen als bloßer Aufschub eines endgültigen Verfalls interpretiert, kommt dies Xavier Bichats Bestimmung des Lebens gleich, nach der es die Totalität jener Funktionen darstellt, die dem Tod widerstehen. Durch Bichat, der bereits 1799/1800 mit Guillotine-Leichen galvanische Experimente veranstaltet hatte, wurde in die medizinische Anthropologie das Prinzip des Energieausgleichs eingeführt, das dem ersten Hauptsatz entspricht: innerhalb der Ökonomie des Lebens bringt jeder Kraftaufwand an der einen Stelle einen entsprechenden Kraftverlust an der anderen mit sich, so dass die Quantität der wirkungsfähigen Kraft insgesamt unveränderlich bleibt.[26] Nach Maßgabe des zweiten Hauptsatzes war es aber nur eine Frage des Theorie-Designs, ob energetische Systeme im Rahmen einer medikosozialen Krankheitslehre »äußere« Einflüsse mit einbegriffen, ob sie allein auf direkt vererbbare »Neigungen« und »Dispositionen« oder etwa – wie bei Charcot – auf energetische Homöostasen im Nervensystem abstellten. Die Individuen traten unter soziologischer oder sozialtechnischer Perspektive zu energetischen Systemen

---

24 Zit. nach: Isenkrahe 1910, 5. – Vgl. hierzu auch Georg Helm, *Die Lehre von der Energie, historisch kritisch entwickelt*, Leipzig 1887, 15: »Wir reden von *Beseelung*, wo es gilt, vereinzelte Daseinsäußerungen zu einer Einheit zusammenzufassen; diese logische Beziehung hat die Energie mit der Seele gemein; wer sich also die Energie als Substanz (wie das Agens als Stoff, die Ursache als Kraft) denken wollte, müßte wohl bis zu *animistischen* Vorstellungen, bis zum Geisterspuk zurückkehren, um die Reichhaltigkeit ihrer Vorstellungen darzustellen.«

25 Das heißt nicht, dass die statistisch gefasste Thermodynamik ohne eine Sozialstatistik nach Art Quételets absolut unmöglich gewesen wäre, wohl aber, dass der Wahrscheinlichkeitskalkül, der von Maxwell und Boltzmann in die kinetische Gastheorie und Entropielehre eingeführt wurde, auch für soziale Ordnungen triftig ist. (Vgl. hierzu Porter 1986, 114, 125, 128.)

26 Vgl. hierzu Elizabeth A. Williams, *The Physical and the Moral. Anthropology, Physiology, and Philosophical Medicine in France, 1750-1850*, Cambridge 1994, 100. – Zum Folgenden vgl. ebenda, 154ff., 254.

zusammen, zu deren Deskription Zellverbände so gut wie gasförmige Aggregatszustände Modell stehen konnten.[27] Mikro- und Makroverbände, organische, physikalische und soziale Gebilde unterstehen dabei letztlich denselben statistischen Gesetzmäßigkeiten und demselben Imperativ der Normalität – nach Wilhelm Ostwalds Formulierung ist es der »energetische Imperativ«, der an die Stelle des kategorischen getreten ist.[28] Um ein entropisches Gesellschaftssystem oder ein solches, dessen selbstregulative Kräfte unzureichend wirken, zu restrukturieren und funktionstauglich zu machen, scheint ein Eingriff in die Beziehung von System und Umwelt, eine soziale Intervention vonnöten.[29] Dies ist die Stunde der Radikalen, die die Grenzen zwischen System und systemfremden Elementen ohne rechtliche oder moralische Kriterien neu ziehen wollen, die Ausschließungseffekte produzieren und dabei schon der Sache halber zur Beseitigung und Vernichtung legitimiert sind.

Nicht mit ihren Forderungen, wohl aber mit ihrer Diagnose stehen die organizistischen Gemeinschaftslehren dieser Form von Radikalität nahe. Freilich verkehren, insofern Organismen nicht mehr nur im Sinne eines vitalistischen Ideals[30], sondern im Sinne der Lebenswissenschaften als hochkomplexe Strukturen verstanden werden, Unterscheidungen wie die zwischen einer organischen Gemeinschaft und einer mechanischen Gesellschaft die faktischen Verhältnisse. Die Durkheim-Schule kehrt sie deswegen kurzerhand um. Diese Soziologie will auf sämtliche Entlehnungen aus der Metaphysik und Naturwissenschaft verzichten, um ihrerseits eine spezifisch soziale Energetik herauszuarbeiten. Dabei ist der Gesellschaft nichts Menschliches zu eigen, sie besteht vielmehr aus Dingen und Ereignissen, sie ist eine Struktur. Die sozialen Kräfte beschreibt Durkheim des-

27 Zur wechselseitigen Übertragung zwischen politischem und naturwissenschaftlichem Organisationsdiskurs unter entropischen Vorzeichen, zudem zur unzulässigen Anwendung einer Thermodynamik geschlossener Systeme auf belebte Prozesse vgl. Lily E. Kay, *Das Buch des Lebens. Wer schrieb den genetischen Code?*, München/Wien 2001, 98f., 173.
28 Vgl. Wilhelm Ostwald, *Monistische Sonntagspredigten*, Erste Reihe, Leipzig 1911, 97-104. – Wenn etwa Tardes *Lois de l'imitation* darauf hinauslaufen, nicht nur die im strikten Sinne sozialen, sondern auch die organischen und physikalischen Phänomene als »Gesellschaften« zu begreifen, so bestimmen sie menschliche genauso wie organische und physikalische Gesellschaften als irreversible energetische Systeme: die imitative Beziehung von Modell und Kopie, von Urteil und Vorstellung, Ziel und Mittel ist unilateral. (Vgl. Tarde 1999a, 292 und Gabriel Tarde, *Les lois d'imitation*, in: *Œuvres*, Serie II., Bd. I., Paris 1999b, 257, passim, zudem Bruno Latour, »Gabriel Tarde und das Ende des Sozialen«, in: *Soziale Welt* 52/3 (2001), (361-375), 364.)
29 Vgl. hierzu Manfred Wöhlcke, *Soziale Entropie. Die Zivilisation und der Weg allen Fleisches*, München 1996, 15f. und Goldscheid 1909, 67: »Das Vermögen, aktiv die Umwelt uns, statt uns sklavisch dieser anzupassen, bedeutet die geistige Verlängerungslinie unseres Anpassungsvermögens überhaupt. Dieses ist es, in dessen Ausnutzung die kopernikanische Tat des Menschengeschlechtes liegt.«
30 Im Organismus der romantischen Ästhetik und Staatslehre waren »Organe« eher körperschaftlich verstanden worden, der Einzelne fungierte hier als Glied innerhalb eines »begeisterten« und »gemeinschaftlichen« Staatsorganismus, der als solcher lebendige Kräfte, nämlich Vermögen im mehrfachen Sinne freisetzt. (Vgl. hierzu Paul Kluckhohn, *Persönlichkeit und Gemeinschaft. Studien zur Staatsauffassung der deutschen Romantik*, Halle/Saale 1925, 58, Anm.)

wegen als »Gesamtheit von Energien, die unsere Handlungen von außen her determinieren, ähnlich wie die physikalisch-chemischen Kräfte, deren Einwirkung wir unterliegen. Es sind dies Dinge von eigener Art, keineswegs bloße Wortgebilde, daß man ihre relative Größe feststellen kann, so wie man die Stärke eines elektrischen Stromes oder die Helligkeit eines Lichtes mißt.«[31] Auch wenn sie nicht physischen Ursprungs sind, können die instituierenden oder sozialen Kräfte nur in der Art gedacht werden, dass sie wie »Wärme oder Elektrizität«[32] zu übertragen sind. In dieser seiner eigentümlichen Natürlichkeit kann das Soziale nicht ohne seine Übertragungen bestehen, und dass heißt zuletzt, dass es einem permanenten Bestandsverlust unterliegt. Die Regeneration, die periodische Kompensation dieses Verlusts durch Zuführung neuer »Energie« ist »der Urgrund des positiven Kults« – und damit »eine Urnotwendigkeit« alles Sozialen.[33]

Dies zeigt sich schon an den primitiven Gesellschaften: Die Verlaufskurven der rituellen Handlungen skandieren den Rhythmus des Sozialen und auch des Kosmischen, und die religiösen Extreme des »heilvollen« und »unheilvollen« Heiligen gehen mit den kollektiven Zuständen der Euphorie oder Depression, des Kraftzuwachses oder Energieverlusts einher.[34] In Marcel Mauss' und Henri Huberts »Essai sur la nature et la fonction du sacrifice« (1899) gelten primitive Opferriten konsequentermaßen als Schaltstellen eines energetischen Systems.[35] Durch die kultische Repräsentation wird nichts Geringeres als die (periodische) Erneuerung des Kollektivs eingeleitet, bringt sie doch eine bestimmte soziale Intensitätskurve nicht nur zum Ausdruck, sondern zur Welt. Der *sacrifice* unterscheidet sich also insbesondere durch seinen Intensitätsgrad, der in der Zerstörung der *victime* kulminiert, von der bloßen Opfergabe, der *offrande*, und diese Ritualsequenz der Heiligung und Zerstörung ist, wie Mauss und Hubert gegen Smith ins Feld führen, selbst für das gemeinschaftliche Opfermahl konstitutiv.[36] Somit dient das Procedere des *sacrifice* als ein »foyer d'énergie«, in dem sich sämtliche Individuen kollektiv regenerieren. »Ils se confèrent, à eux et aux choses qui leur tiennent de près, la force sociale toute entière. […] En même temps, ils trouvent dans le sacrifice le moyen de rétablir les équilibres troublés […] et rentrent dans la communauté […]. La norme sociale est donc maintenue sans danger pour eux, sans diminution pour le groupe.«[37]

---

31 Durkheim 1987, 360.
32 Durkheim 1998, 436.
33 Ebenda, 456.
34 Vgl. ebenda, 471f., 554, 60, 62, 65f.
35 Vgl. hierzu auch später Marcel Mauss, *Manuel d'ethnographie*, Paris 1967, »Les notions de ›primitifs‹ sur lesquelles leurs esprits travaillent, sont, comme les nôtres, destinées à former des concepts de force.«
36 Vgl. Henri Hubert und Marcel Mauss, »Essai sur la nature et la fonction du sacrifice«, in: Marcel Mauss, *Œuvres I. Les fonctions sociales du sacré. Le sens commun*, Paris 1968, (193-307), 302. – Vgl. ebenda, 198, 204 und zum Folgenden ebenda, 205, 221.
37 Ebenda, 303, 306f.

Im Gegensatz zur social *anthropology*, die das Opfer evolutionistisch als Ursprung aller Zivilisation versteht, fasst es die soziologische Schule um Durkheim als Zentrum einer Struktur und eines energetischen Prozesses der Gesellschaft selber auf. Was die primitiven Gesellschaften von den modernen unterscheidet, ist nicht nur ihr magischer Begriffsrealismus, sondern, grundlegender noch, ihre mediale Rückständigkeit. Ihre Gemeinwesen besitzen einfach keine Speichermedien, weshalb sie in der unablässigen kultischen Wiederholung nicht nur ihr »kulturelles« Erbe tradieren, sondern auf dieselbe Weise ihre »sozialen Energien«, ihre kollektiven Anschauungen, erhalten oder erneuern. Deswegen sollte der soziale Radikalismus der dreißiger Jahre für die Durkheim-Schule und ihre Opfertheorie kein Thema sein. Mauss selbst bekannte es rückblickend ein: »Que des sociétés modernes, plus ou moins sorties du Moyen Âge d'ailleurs, puissent être suggestionnées comme des Australiens le sont par leurs danses, et mises en branle comme une ronde d'enfants, c'est une chose qu'au fond nous n'avions pas prévue. Ce retour au primitif n'avait pas été l'objet de nos réflexions.«[38] Die vermeintliche »Rückkehr zum Primitiven« war diskursiv gebahnt, und zwar durch den Entwurf umfassend dynamistischer Modelle für heterologische, sei es politische, psychische oder allgemein kulturelle Entwicklungen. Bei Verleugnung ihres Modellcharakters, den die Begründer dieser Diskurse noch gewahrt hatten, sollten diese tatsächlich den Charakter eines magischen Begriffsrealismus annehmen.

Bagehot bezeichnet in *Physics and Politics* »imitation« und »elimination« als evolutionäre Grundoperationen, die in ihrem Zusammenspiel einen Energieausgleich für den freien menschlichen Willen schaffen, für jene supplementäre Kraft also, die dem Satz von der Energieerhaltung widerspricht.[39] Nietzsche handelt von einem ursprünglichen Aufeinanderprallen der starken Einzelnen, die dabei »eine Temperatur erzeugen«, woraufhin das Recht errichtet wird, um eine Selbsterhaltung zu ermöglichen, die nicht auf das kräftezehrende »Mitleid« angewiesen ist.[40] In Freuds Beschreibung des psychischen Apparats entspricht die Verdrängung einer »Entziehung der Energiebesetzung« und löst einen bestimmten Affektbetrag von der betreffenden, zu »anstößigen« oder zu »energetischen« Vorstellung.[41] Wenn nun, wie Freud sagt, »die Eigenschaft der Beweglichkeit psychischer Besetzungen mit dem Lebensalter auffällig zurückgeht«, wenn sich eine »Erschöpfung der Aufnahmsfähigkeit« Bahn bricht, dann ist von »psychischer Entropie« zu sprechen, »deren Maß sich einer Rückbildung des Gesche-

---

38 Denis Hollier (Hg.), *Le Collège de Sociologie (1937-1939)*, Paris 1995, 248f. – Ernst Cassirer hat noch während des Zweiten Weltkriegs die Reaktivierung magischer Sprachformen, Riten und Sozialrollen als »neue Technik des Mythus« beschrieben, die ganz nach der Art moderner Kriegsgeräts wirksam sei. (Ernst Cassirer, *Der Mythus des Staates*, Frankfurt am Main 1994, v. a. 367f., 376f.)
39 Bagehot 1873, 110. Zum freien Willen vgl. ebenda, 11.
40 Vgl. hierzu eine von Nietzsches wichtigsten Quellen: Eugen Dühring, *Der Wert des Lebens im Sinne einer heroischen Lebensauffassung*, Breslau 1865, 219: »Das Recht ist nur die Enthaltung von der Störung, also gleichsam der Gleichgewichtszustand zwischen Wille und Wille.«
41 Sigmund Freud, »Die Verdrängung« (1915), in: Freud 1999/X., (248-261), 257.

henen widersetzt.«[42] In der Literaturtheorie wiederum wird das »avantgardistische« Schreiben als negentropische Instanz beschrieben, als ästhetisch-soziale Emergenz, die einerseits in den evolutionären Prozess des »lebendigen« literarischen Schreibens, ja des Lebens überhaupt, andererseits in den fatalen kosmischen Energiehaushalt eingreift, um »die an dieser Krankheit (Entropie) Leidenden am Einschlafen zu hindern, denn andernfalls obsiegt der letzte, der ewige Schlaf, der Tod.«[43]

Dieses entropische Szenario ist die Kehrseite evolutionistischer Gesellschaftsentwürfe. Für die Evolutionstheorie allgemein, umso mehr aber für den Kulturevolutionismus lautet das Kernproblem allen natürlichen und gesellschaftlichen Werdens, wie »Evolution geringe Entstehenswahrscheinlichkeit in hohe Erhaltungswahrscheinlichkeit transformiert. Dies ist nur eine andere Formulierung der geläufigeren Frage, wie aus Entropie (trotz des Entropiesatzes) Negentropie entstehen kann.«[44] Alfred Russel Wallace konzipierte den Selektionsprozess als energetischen Regelkreis, in dem nach Vorbild der Dampfmaschine ein »centrifugal governor« jedwede Irregularität vor ihrer evolutionären Transmission erkennt und ausgleicht. »Degenerationen« sind hier keine Frage der natürlichen, sondern lediglich der künstlichen Selektion.[45] Darwin hingegen vertrat ein modifiziertes Homöostase-Modell, das energetische Kompensationen insbesondere der kulturellen Evolution zuschreibt, die natürliche Evolution aber einem allgemeineren Grundsatz unterstellt, dem »Princip nämlich, dass die natürliche Zuchtwahl fortwährend bestrebt ist, in jedem Theile der Organisation zu sparen [...], denn im Kampfe um's Dasein, welchen jedes Thier zu kämpfen hat, würde jedes einzelne um so mehr Aussicht, sich zu behaupten, erlangen, je weniger Nährstoff zur Entwicklung eines nutzlos gewordenen Organes verloren geht.«[46] Was zum *survival of the fittest* erhalten werden muss, ist das Ensemble »günstiger individueller Verschiedenheiten und Abänderungen«, während die ungünstigen zu zerstören sind. Eine ethisch begründete Solidarität mit den Schwachen ist in dieser Sicht nachteilig für die Gattung. Weil Darwin zufolge jedoch die kulturellen »Kräfte noch bedeutungsvoller« als die natürlichen sind, muss im Bereich menschlicher Evolution die Gefahr einer Degeneration in Kauf genommen werden – auch wenn es durchaus wünschenswert sei, dass sich die minder Tüchtigen der Fortpflanzung enthalten.[47]

---

42 Sigmund Freud, »Aus der Geschichte einer infantilen Neurose« (1918), in: Freud 1999/XII., (27-157), 151 sowie Sigmund Freud, »Die endliche und die unendliche Analyse« (1937), in: Freud 1999/XVI., (57-99), 87f.
43 Jewgeni Samjatin, »Über Literatur, Revolution, Entropie und anderes« (1924), in: *Aufsätze. Autobiographie. Brief an Stalin*, Leipzig/Weimar 1991, (24-34), 33f. – Als Beispiel für den (kolonialistischen und dystopischen) Roman unter dem Apriori der Entropie- und Evolutionslehre vgl. Edward Bulwer-Lytton, *The Coming Race*, London 1877, v. a. 56, 60, 106f., 248. – Vgl. zudem Ostwalds »energetischen Imperativ« in seiner literaturtheoretischen Fassung in: Wilhelm Ostwald, *Energetische Grundlage der Kulturwissenschaft*, Leipzig 1909, 89.
44 Luhmann 1998, 414f.
45 Vgl. Wallace/Darwin 1971, 277f.
46 Darwin 1899, 169. – Im Folgenden ebenda, 98.
47 Darwin 1902, 700.

Galton bezog die Evolution der menschlichen Gattung unmittelbar auf die Eigendynamik der kulturell-technischen Evolution: »The needs of centralization, communication, and culture, call for more brains and mental stamina than the average of our race possess. [...] Our race is overweighted, and appears likely to be drudged into degeneracy by demands that exceed its powers. [...] When the severity of the struggle for existence is not too great for the powers of the race, its action is healthy and conservative, otherwise it is deadly«.[48] In dieser Konstellation ist es ein Gebot regulativer Vernunft, die hereditär übertragene »power« der Rasse durch eine gesteuerte Fortpflanzung zu bewahren. Die evolutionären Pathologien erscheinen als Resultat eines schleichenden Verlusts an praktisch umsetzbarer »sozialer Energie«. Angesichts dessen rekurrieren die methodisch ambitionierten »soziologischen« Theorien und auch die spekulativen »Rassetheorien« des späteren 19. Jahrhunderts nicht nur auf einen ins Soziale übertragenen Darwinismus, sondern ebenso auf den heterogenen Diskurskomplex der Entropie. Das Phänomen organischer, kultureller oder gesellschaftlicher »Erschöpfung« fungiert als Bindeglied beider diskursiver Übertragungen.

Albert Schäffles organizistische Soziologie führt negentropische Prozesse, also die Möglichkeitsbedingung von Gesellschaft, auf eine gemeinsame Evolution von Technik und sozialem Organismus zurück.[49] Durch diese können sich materielle und ideelle Kräften verbinden und multiplizieren, damit die Gesellschaft im Daseinskampf mit anderen Gesellschaften bestehen kann.[50] »Reale Analogien« zwischen den Kräften und Energien des Organischen und Anorganischen sieht Schäffle im psychophysischen Parallelismus begründet, der ja schon bei Fechner thermodynamisch angelegt ist.[51] Schäffles *Encyclopädischer Entwurf einer realen Anatomie, Physiologie und Psychologie der menschlichen Gesellschaft* konnte auf Paul de Lilienfelds Arbeiten zu einer »realen Gleichartigkeit« zwischen Natur und Gesellschaft[52] aufbauen, die in *La Pathologie Sociale* (1896) zu einer biologistischen Krisentheorie zugespitzt wurden. Jedweder gesellschaftlich morbide Zustand hat, wie de Lilienfeld sagt, sein Gegenstück in der Pathologie des Individuums, weil die Gesellschaft aus diesem evolviert ist. Diese Evolution betrifft zunächst das Nervensystem, das »substratum matériel« aller sozialen *und* medialen Zusammen-

---

48 Francis Galton, *Hereditary Genius*, o. O. 1889, 345. – Vgl. zum Folgenden auch ebenda, XIXf.
49 Dabei gilt, »daß die *technische* Mechanik des *socialen* Körpers nur in bewußter geistiger Potenz die *vitale* Mechanik *organischer* Körper wiederholt.« (Schäffle 1875-1878/I., 815.) – Vgl. auch ebenda, 59, 350, 398 und zum Folgenden ebenda, 345.
50 Vgl. etwa ebenda, 53f., 297, 393 und ebenda/IV., 389f., 392f. – Vgl. auch Peter Weingart, »Biologie als Gesellschaftstheorie«, in: Barsch/Heil 2000, (146-166), 150f.
51 Zur methodischen Differenz zur fechnerschen Psychophysik vgl. ebenda/I., 400.
52 Dt. Ausgabe als *Gedanken über die Sozialwissenschaft der Zukunft*, Mitau 1873ff., Bd. I. (1873): *Die menschliche Gesellschaft als realer Organismus*, Bd. II. (1877): *Die socialen Gesetze*, Bd. III. (1879): *Die sociale Psychophysik*, Bd. IV. (1880): *Die soziale Physiologie*, Bd. V. (1881): *Die Religion, betrachtet von Standpunkt der realen genetischen Socialwissenschaft oder Versuch einer natürlichen Theologie*.

schlüsse.⁵³ Der umgreifende soziale Organismus zeichnet sich durch gleichzeitige Unabhängigkeit und Interdependenz der Elemente und des Ganzen aus. Gerät der Energiefluss in diesem Beziehungsgeflecht aus seiner »gesunden« Homöostase, springt zunächst der kompensatorische und selbstregulative Ausgleich des Nervensystems ein.⁵⁴ Doch bei Beschädigung der zellulären Substanz oder bei Auslösung eines Prozesses zunehmenden Energieverlusts drohen nicht nur Deviationen vom progressiven Evolutionsprozess, sondern unwiderrufliche soziale Pathologien. Regieren wird im Krisenfall zum Therapieren, im Notfall gar zum Exstirpieren.

Sollte de Lilienfelds lebenswissenschaftlich armierte Diagnose noch bloße Sozialtheorie sein, entwickelte Vacher de Lapouges »Anthroposoziologie« desselben Jahres ein handfestes politisches Programm. Die soziale Konstitution gilt in *Les sélections sociales* zwar als geschichtsmächtigster Faktor überhaupt, ist aber kein analytischer Gegenstand mehr, sondern schrumpft auf eine rassische Typenlehre zusammen. Geschichte und Gesellschaft sind bei Lapouge eine Funktion des Schädelindexes, des Widerspiels blonder Dolichozephalen mit dunklen Brachyzephalen. Führen die natürlichen Selektionsprozesse als solche lediglich zu degenerativen Effekten und Kräfteeinbußen, ist die regulierte oder soziale Selektion entscheidend für die Geschichte ganzer Völker. »Il est évident que les destinées d'un peuple sont en étroite corrélation avec la qualité pire ou meilleure des éléments qui les composent et qui les dirigent. S'il est riche en éléments énergiques et intelligents, les événements les plus désastreux n'ont sur lui qu'une influence passagère et limitée. Les mêmes circonstances peuvent produire un arrêt de développement, une décadence rapide ou l'affrondement final, si l'intelligence fait défaut, si l'indécision paralyse l'action ou si le découragement règne.«⁵⁵ Radikale Eingriffe in die Bevölkerungsstruktur sind das einzige Mittel »d'échapper à la destruction«, garantiert doch, wie schon Darwin wusste, das Prinzip der Anpassung keineswegs, dass nur die Tauglichsten erhalten werden, sondern vielmehr, dass die »pires«, die »parasites« und »microbes« in evolutionären Nischen ihr Auskommen finden und dadurch die gesellschaftliche Konstitution verschlechtern.⁵⁶ Lapouge apostrophiert als die beiden Kräfte, die seine Zeit entdeckt habe, »l'hérédité et l'électricité, habiles à transformer d'une manière radicale la vie matérielle et la vie sociale.« Während jedoch die Wissenschaften und sozialen Institutionen die Elektrizität praktisch nutzbar gemacht hätten, sei der Erbgang bislang nicht reguliert worden. Deswegen schlägt Lapouge eine »réforme sélectionniste« mit zwei leitenden Zielsetzungen vor: »1° l'élimination des éléments inutilisables; 2° le perfectionnement des éléments supérieurs.« Die Vernichtung der »malades héréditaires, des dégénérés, des vicieux, des incapab-

---

53 Zugleich aber wird durch dieses reale Substrat die Kurzleitung zwischen höchster Zivilisation und dem ursprünglichen Entwicklungsstand hergestellt (vgl. Paul de Lilienfeld, *La Pathologie Sociale*, Paris 1896, XXVII., 10f.).
54 Vgl. ebenda, 33. – Zum Folgenden vgl. ebenda, XLIV., XLII., 32.
55 G. Vacher de Lapouge, *Les sélections sociales. Cours libre de science politique*, Paris 1896, 68.
56 Ebenda, 449, 457. – Im Folgenden ebenda, 477.

les«, die Kastration, Einschließung und Tötung seien nicht der Königsweg, wohl aber das letzte Mittel, wenn der »service sexuel« nicht die nötigen Erfolge zeitigt.[57]

Erschöpfung und Degeneration sind Diagnosen, die von ihren physikalischen und biologischen Basiskonzeptionen zehren, aber gerade durch ihre Übertragbarkeit auf gesellschaftliche Konstitutionsprobleme so große Durchschlagskraft entfalten. Sie nötigen zur unablässigen Sorge und alarmieren zur konsequenten Vorsorge. Ganz gleich, ob auf dem Feld natürlicher oder kultureller Entwicklungen, was nicht der geregelten Evolution, diesem gesunden und negentropischen Entwicklungsgang entspricht, muss unter Verdacht geraten.[58] Deswegen sollten auch und besonders *survivals* zur Zielscheibe sozialer Vorsorge und radikaler Intervention werden. Wie der Historismuskritiker Nietzsche stellte auch Oswald Spengler seiner Gegenwart die Diagnose: Erschöpfung. Kulturen gelten in Spenglers »Morphologie« als selbständige Organismen mit eigengesetzlichen Wachstums- und Verfallsperioden, wobei letztere als ein »zivilisatorischer«, durch abstrakte Beziehungen vollzogener Abbau ursprünglicher religiöser und künstlerischer Kräfte zu verstehen sind. »Der kultivierte Mensch hat seine Energie nach innen, der zivilisierte nach außen«, und bei der stets völlig zufälligen Konstellation von »Rasse, Zeit und Schicksal« kann es geschehen, dass die Hohlformen einer reifen Zivilisation das wachsende Leben einer werdenden Kultur überlagern und einschließen.[59] Spengler gebraucht für derartige Phänomene den mineralogischen Begriff der Pseudomorphose. »Historische Pseudomorphosen nenne ich Fälle, in welchen eine fremde alte Kultur so mächtig über dem Lande liegt, daß eine junge, die hier zu Hause ist, nicht zu Atem kommt und nicht nur zu keiner Bildung reiner, eigener Ausdrucksformen, sondern nicht einmal zur vollen Entfaltung ihres Selbstbewußtseins gelangt.«[60]

Es ist diese Simultaneität von neuen Inhalten und alten Formen, von Aktualität und Ursprünglichkeit, die bereits die *social anthropology* als *survivals* beschrieben hatte. Pseudomorphosen und Überbleibsel sind die Probiersteine eines Wissens, das die Zeit nicht mehr einfach »chronologisch« oder »historisch« zu lesen vermag. Vielmehr wird die Zeit zu jener Instanz, die die Elemente dieser Lektüre verstreut. Die Klassifikation fällt aus dem Raster der Koexistenz und befindet sich nun in einem synoptischen Gewebe, das mit den Fossilien eine versteinerte Zeit, mit dem Embryonen eine lebendige und mit den Rudimenten eine verzögerte Zeit zur Erscheinung bringt.[61] Bei Spencer gipfelt die Evolution noch in der

---

57   Ebenda, 485.
58   Vgl. hierzu etwa die – nach den Kriterien des »energetischen Imperativs« – überlebten religiösen Vorstellungen vom zukünftigen Leben, von Himmel und Hölle bei Wilhelm Ostwald, *Der energetische Imperativ*, Erste Reihe, Leipzig 1912, 91.
59   Oswald Spengler, *Untergang des Abendlandes. Umrisse einer Morphologie der Weltgeschichte*, München 1981, 51, 712.
60   Ebenda, 784.
61   Vgl. Georges Canguilhem, »Zur Geschichte der Wissenschaften vom Leben seit Darwin« (1971), in: *Wissenschaftsgeschichte und Epistemologie. Gesammelte Aufsätze*, (134-153), 139. – Zum

sozialen Organisation, aus der ältere Funktionselemente einfach verschwinden und als solche also gar nicht erst gedacht werden müssen und können. Auch für Darwin ist das Dysfunktionale, aber Weiterbestehende eigentlich kein Thema, doch stößt er immer wieder auf das Phänomen des Rückschlags, »durch welches lange verloren gewesene Bildungen von Neuem in's Leben gerufen werden«.[62] Das Rudimentärwerden eines Organs ist auf das Ökonomieprinzip der Evolution zurückzuführen. »Rudimentäre Organe kann man mit den Buchstaben eines Wortes vergleichen, welche beim Buchstabieren desselben noch beibehalten, aber nicht mit ausgesprochen werden und bei Nachforschungen über dessen Ursprung als vortreffliche Führer dienen.«[63] Rudimente, von Darwin auch als *survivals* bezeichnet, sind mithin Indizien, die das gewaltsame Werden der aktuellen Lebensformen bezeugen, die Hinweise auf eine niedrigere Organisation des Lebens oder auf eine – pathologische – Rückkehr zu diesem Stadium geben. Galton disqualifiziert von der technischen Evolution überholte Anpassungsleistungen der Menschen als »obsolete« und als »hindrances, and not gains, to civilization«, die beizubehalten ebenso ineffizient wäre, wie Postkutschen in der Ära der Eisenbahn zu betreiben.[64]

Tylor selbst hatte die Umwälzung des Raum-Zeit-Kontinuums als Möglichkeitsbedingung kultureller *survivals* identifiziert. Die »Wiederkehr« einer ursprünglichen Realität können *survivals* nur deshalb androhen, weil jene nachträgliche Setzung ist und diese Effekt hochkomplexer, sprich: technischer Evolution sind. Derlei »degenerations« sind jederzeit möglich, keineswegs aber stellen sie den gesetzmäßigen Ablauf der Kulturentwicklung dar. Da nun die Ethnologie Tylor zufolge im Auftrag der Kolonialmacht mit den *survivals* befasst ist, muss es ihre Aufgabe sein, »to mark these out for destruction. Yet this work, if less genial, is not less urgently needful for the good of mankind. Thus, active at once in aiding progress and in removing hindrance, the science of culture is essentially a reformer's science.«[65] Als Reformwissenschaft ist die *social anthropology* dazu berufen, die Zivilisation von ihrer »kulturellen Evolution« her zu verteidigen, mithin die Sprengkräfte und die Residuen jenes Primitiven, das im Herzen der Zivilisation verborgen liegt, zu beseitigen. »We appear to be standing on a volcano«, warnt Frazer vor den kulturellen »Rückschlägen«, die mit den *survivals* einher gehen könnten: »superstitions survive because [...] they are still in harmony with the thoughts and feelings of others who, though they are drilled by their betters into an appearance of civilization, remain barbarians or savages at heart.«[66]

Folgenden vgl. Spencer 1868, 458: »Like other organisms, the social organism has to pass in the course of is development through temporary forms, in which sundry of its functions are fulfilled by appliances destined to disappear as fast as the ultimate appliances become efficient.«
62 Darwin 102, 43. – Vgl. ebenda, 40.
63 Darwin 1899, 531. – Zum Folgenden vgl. auch Charles Darwin, Darwin, Charles, *Der Ausdruck der Gemüthsbewegungen bei dem Menschen und den Thieren*, 5., durchgesehene Auflage, Stuttgart 1901, 308, 317f.
64 Galton 1889, 337.
65 Tylor 1958, 539.
66 Frazer 1968, 169f.

Was für Primitive wie die schwarzafrikanischen Stämme – nach Frobenius' Ausdruck – den Vorteil des »Nichtvernichtetwerdenkönnens«[67] ihrer Rasse darstellt, bedroht die Zivilisation energetisch wie genetisch von innen. *Survivals*, und siedeln sie sich auch nur auf Ebene der Praktiken und Glaubensüberzeugungen an, werden zu Stigmata der gefährlichsten, weil ihr innerlichen Feinde der Gesellschaft. Sie sind die Kehrseite ihrer Konstitution. Nach Freud kann der Verdrängung überwundener primitiver Vorstellungskomplexe nicht der dauerhafte Erfolg beschieden sein, dessen man gewiss wäre, »wenn man etwas Lebendes erschlagen hat, was von da an tot ist«.[68] Entspricht jede Verdrängung dem Entzug eines bestimmten Energiebetrags von der primitiven Vorstellung, muss die Wiederkehr des Verdrängten notwendigerweise einen Energieverlust für die höheren Seelenfunktionen nach sich ziehen. In diesem Sinne stellt schon jede Neurose »ein Überbleibsel (survival) der Urzeit« dar, das zu Lasten der »gesunden« Ökonomie gehen muss. Werden nun individualpsychologische Pathologien als erblich verstanden, drohen sie längerfristig zu einer umgreifenderen sozialen, hereditären wie energetischen Pathologie zu kumulieren. Dieses Schreckensszenario trägt unter Darwinisten den Namen des »atavism«, unter Neolamarckisten den der »dégénérescence«.[69]

Zielte bereits Prosper Lucas' Entartungstheorie *De l'hérédité naturelle* (1847) auf die Beschreibung pathogener Umweltfaktoren, erscheint der Mensch in Bénédict Auguste Morels *Traité des dégénérescences physiques, intéllectuelles et morales de l'espèce humaine* (1857) als eine psychophysische Einheit, deren Disposition von Umwelteinflüssen herrührt, ehe sie vererbt wird. Die »Neurasthenia« oder »Nervous Exhaustion«, die der amerikanische Elektrotherapeut George M. Beard 1869 erstmals beschreiben sollte, stellt das energetische Gegenstück zur Entartung dar: Ausgehend vom Energieerhaltungssatz, von der neuronalen Reflexaktion und von Du Bois-Reymonds These einer elektrischen Natur des Nervenimpulses entwickelte Beard eine Theorie des individuellen Energieverbrauchs, der durch die Umweltanforderungen in einer hochtechnisierten Zivilisation ständig über das Normenwachstum hinaus gesteigert werde und somit dem Organismus die für andere Funktionen lebenswichtige Energie entziehe. In Max Nordaus *Entartung* (1892/1893) gehen die Hysterien und Zwangsvorstellungen der Entarteten auf die hochtechnisierten Lebensbedingungen insbesondere der modernen Großstädte zurück, die – statistisch nachweisbar – auch für die Nervenschwäche und schleichende Vergiftung der Durchschnittsbürger das Ihrige tun. Nordau wertet, wie man sagen könnte, Nietzsches Umwertung der Volkskrankheiten nochmals um und versteht sie als eine kontagiöse Disposition zur Entartung, die in der Moderne um sich gegriffen habe.[70]

---

67 Frobenius 1898, 18.
68 Freud 1999/X., 253. – Im Folgenden ebenda/XVI., 180.
69 Vgl. hierzu etwa Bagehot 1873, 154, der die französische Revolution als Beispiel für einen nationalen Atavismus benennt. Zum Verhältnis von »dégénérescence« und »sélection« vgl. Lapouge 1896, 83f.

Gerade »Dampf und Elektrizität« arbeiten an der »Ermüdung des gegenwärtig lebenden Geschlechts«, dessen nervöses System ebenso einer dauerhaften Abnutzung ausgesetzt ist wie seinen Organismus. »Entartete« Literatur verstärkt dann noch den immensen Energieverlust, den schon eine bloße Eisenbahnfahrt oder Zeitungslektüre nach sich zieht, denn dieser »ungeheuer gestiegenen organischen Ausgabe steht kein entsprechendes Steigen der Einnahme gegenüber, kann ihr nicht gegenüberstehen.«[71] Nordau folgt damit Boltzmann, der die Gehirnfunktionen innerhalb eines evolutionären *und* energetischen Feldes situiert hatte, und er geht damit späteren Agitatoren gegen die »entartete Kunst« wie Schultze-Naumburg[72], zunächst aber Gustave Le Bon voran. Dieser wird in seiner *Psychologie des foules* (1895) die Ära der Massen erst in dem Augenblick angebrochen sehen, da Wissenschaft und Industrie neue Kommunikations- und Übertragungstechniken entwickelt haben. Die »geistige Übertragung *(contagion mentale)*«, die »auch aus der Entfernung« funktioniert, und die »Beeinflußbarkeit *(suggestibilité)*« sind ebenso Medieneffekt, wie das Phänomen massenpsychischer »Auslösung« physikalisch-technischen Ausgangsbedingungen unterliegt, nämlich denen des Relais.[73]

Die Formierung von Massen und ihre anschließende Verschmelzung in einer »Gemeinschaftsseele« bewirkt nach Le Bon auch den individuelle Rückschlag. »Allein durch die Tatsache, Glieder einer Masse zu sein, steigt der Mensch also mehrere Stufen von der Leiter der Kultur hinab«, warnt Le Bon.[74] Wenn aber die Regression der Massen und der Atavismus einer ganzen Gesellschaft von einem »Kultus« der »Seeleneroberer« abhängig ist, lässt sich die Pathologie des Sozialen auf individuelle Konstitutionen zurückführen. Schließlich sind die Führer der Massen nichts anderes als Exponenten jenes unberechenbaren und wilden »Einzelegoismus«, der in Le Bons Evolutionskonzept als erste und letzte Krankheit der Zivilisation erscheint. Sie sind Degenerierte, die die psychische Ökonomie der Gesunden aus der zivilisierten Homöostase bringen.[75] Die Schuld an der

---

70 »Wir stehen nun mitten in einer schweren geistigen Volkskrankheit, in einer Art schwarzer Pest von Entartung und Hysterie« (Max Nordau, *Entartung*, 2 Bde., Berlin 1892-93, Bd. II., 471.)

71 Ebenda/I., 59, 63. – Zum Folgenden vgl. Ludwig Boltzmann, »Über die Frage nach der objektiven Existenz der Vorgänge in der unbelebten Natur«, in: Boltzmann 2000, (247-272) 264 sowie Sigmund Freud, »Über Psychotherapie«, in: Freud 1999/V.: *Werke aus den Jahren 1904-1905*, (13-26), 21.

72 Zur verkehrstechnisch bedingten und eugenisch katastrophalen »Allvermischung« der Rassen, zum degenerierten ästhetischen »Normalmenschen« und zur Flucht der Begabteren in den Bereich von Technik, Naturwissenschaft und Handel vgl. Paul Schultze-Naumburg, *Kunst und Rasse*, München 1928, 10f., 95.

73 Gustave Le Bon, *Psychologie der Massen*, Stuttgart o. J., 16f., 106.– Vgl. auch ebenda, 84, 63f. – »Die Idee des Relais' ist, die Energie gar nicht mehr zu übertragen, sondern bereits beim Empfänger in einem Empfängerstromkreis bereitzuhalten […] Auf das Relaisprinzip findet der Energieerhaltungssatz keine Anwendung. […] Was den Untergang der von der transzendentalen Kategorie der Kausalität vorgestellten Welt herbeiführt, ist die Ausdifferenzierung zwischen Energie und Information.« (Siegert 2003, 373f.)

74 Ebenda, 10, 19.

75 »Man findet sie namentlich unter den Nervösen, Reizbaren, Halbverrückten, die sich an der Grenze des Irrsinns befinden.« (Ebenda, 98.)

gesellschaftlichen Krankheit tragen mithin, wie bereits die französische Kriminologie der 1880er Jahre konstatiert hatte, weniger irgendwelche Erreger oder Mikroben als die »Wirte«. Sie haben es versäumt, sich gegen jenen immerwährenden Angriff auf die Konstitution zu wappnen, dem die Gesellschaft schon durch ihren hohen Entwicklungsstand ausgesetzt ist.[76] Von da ist es nur noch ein Schritt zur biologistischen Reduktion der Entartung, die in Deutschland Emil Kraepelin durchsetzen und sein Schüler Ernst Rüdin in das rassenhygienische Programm einbringen sollte.[77]

Nach Nordau ist es aber auch der vormals »gemeinschaftliche Kanal«[78], die Kunst, über den sich nunmehr Entartung und Anomalie überträgt. Die modernen Künstler verstoßen gegen die ästhetische Norm des *homme moyen* und exponieren sich somit, wie schon Quételet festgestellt hatte, als Missgebildete.[79] Weil aber ihre von Hysterien und Zwangsvorstellungen beherrschten Zirkel ebenso wie ihre missgebildeten Kunstschöpfungen jene krankhafte Konstitution weiterverbreiten, zählen nicht nur »Verbrecher, Prostituierte, Anarchisten und erklärte Wahnsinnige« zu den Vorkämpfern der Entartung, sondern auch und gerade »Schriftsteller und Künstler.«[80] War es ehedem Aufgabe der polizeylich beauftragten Künstler, »jede, auch die kleinste Abweichung von der unwandelbaren Linie des Schönen [zu] bemerken«[81], werden nun sie selbst, ihre Bücher und Kunstwerke in ihrer Abweichung von der helmholtzschen Normal-Ästhetik erkennbar. Ihre Entartungszeichen zeigen, dass sie die »Lebenskraft und Gesundheit« der ganzen Gattung beschädigen können. »Stigmata«, die in der Statistik noch als Setzungen eines Willens zur Normalisierung kenntlich sind, geraten mithin im Kontext einer kulturellen Konstitutionslehre zu verräterischen Indizien einer denaturierten Natur, hinter der ein böser Wille zur Denormalisierung stehen muss.[82] Auch Freud stellte fest, dass energetische Schieflagen innerhalb der psychischen Ökonomie häufig in Degenerationszeichen zum Ausdruck kommen, doch naturalisierte er diese nicht und zog er ebenso wenig wie die Kriminalpsychologie Nordaus radikalen Schluss, dass eine Therapie der Entartung

---

76 Vgl. hierzu Williams 1994, 251f.
77 Vgl. hierzu Volker Roelcke, »»Gesund ist der Culturmensch keineswegs…‹. Natur, Kultur und die Entstehung der Kategorie ›Zivilisationskrankheit‹ im psychiatrischen Diskurs des 19. Jahrhunderts«, in: Barsch/Heil 2000, (215-236), v. a. 227-230.
78 Friedrich Schiller, »Was kann eine gute stehende Schaubühne eigentlich wirken?« in: Schiller 1943ff./XX., (87-100), 97.
79 »Wäre der mittlere Mensch vollkommen bestimmt, so könnte man ihn, wie ich bereits bemerkt habe, als den Typus des Schönen betrachten; und alle beträchtlichere Abweichungen von seinen Verhältnissen und von seinen Eigenschaften und Fähigkeiten gehörten in das Gebiet der Missbildungen und der Krankheiten« (Quételet 1838, 570).
80 »Aber diese weisen dieselben geistigen – und meist auch leiblichen – Züge auf wie diejenigen Mitglieder der nämlichen anthropologischen Familie, die ihre ungesunden Triebe mit dem Messer des Meuchelmörders oder der Patrone des Dynamit-Gesellen statt mit der Feder oder dem Pinsel befriedigen.« (Nordau 1892-93/I., VII.)
81 Sonnenfels 1783ff./VIII., 302.
82 Nordau 1892-93/II., 147. – Vgl. hierzu auch Beat Wyss, *Trauer der Vollendung. Zur Geburt der Kulturkritik*, Köln 1997, 239ff.

unmöglich sei. Nur eine naturalisierte Theorie der Entartung fordert die Exstirpation ihrer Exponenten.[83]

Nicht anders als die »Hysteriker« und »Primitiven« der Epoche zeitigen die von der *social anthropology* entdeckten *survivals* unweigerlich Klassifikationsschwierigkeiten, denn auch sie sind an der Schnittstelle von Natur und Kultur positioniert.[84] Insofern sie die negentropische Evolution zur entropischen Degeneration umzukehren scheinen, werden sie und ihre Exponenten pathologisiert, ja kriminalisiert. Mit ihnen kommen Stigmata zutage, die eine Erschöpfung von Kultur und Natur indizieren. Würden diese Stigmata eliminiert, so die Hoffnung, wäre auch jene Widersinnigkeit kultureller Evolution beseitigt, die Darwin und Freud benannt hatten: dass Kultur, rein evolutionistisch und energetisch betrachtet, Vergeudung und zudem niemals rest- und folgenlos zu beseitigen ist. Die Theorie der Entartung und Erschöpfung ist letztlich ein Symptom theoretischer Aporien. Soll die Konstitution des Gesellschaftlichen evolutionär und energetisch zu denken sein, stellt sich jederzeit die Frage, wo die Grenze zwischen natürlicher und kultureller Evolution sowie zwischen einer normalen und abnormen Konstitution zu ziehen sei.

Funktionslose Elemente sind in der Natur keine globale Bedrohung. Darwin zufolge überleben sie in »Nischen« oder verschwinden durch die selbstregulative Kraft des Evolutionsablaufs. Eine menschliche »Gesellschaft« aber wird menschlich oder unmenschlich erst durch ihre anthropologische Norm, die schon rein statistisch immerzu von normalen oder anormalen Deviationen bedroht sein muss. Jenseits der Kulturschwelle, oder besser: jenseits der Schwelle der Technisierung eröffnet die Sorge um die Norm unweigerlich die Option, die natürliche Selektion durch eine künstliche zu supplementieren, um mit diesem Handstreich wieder auf das Niveau natürlicher Vergemeinschaftung zu gelangen. Unüberschreitbar aber ist die Grenze zwischen Natur und Kultur, weshalb die Vordenker evolutionärer und energetischer Übertragung immer auch die Unübertragbarkeit ihrer Übertragungskonzeption mitgedacht haben: Darwin einen moralischen Vorbehalt aller menschlichen Gemeinschaften, der die kulturelle Rückkehr zur Natur verhindert, die Entropietheoretiker einen systemischen und statistischen Vorbehalt, der jede unvermittelte Regulierung des Energiehaushalts vereitelt. Erst eine sorglose Übertragung sozialer und kultureller Sachverhalte auf die Natur sowie physikalischer oder lebenswissenschaftlicher Bestimmungen auf die Kultur ermächtigt zur sozialen Selektion und Exklusion.

Tylors *survivals* bezeugten den »wilden« und »überlebten« Ursprung menschlicher Kultur, zugleich aber bezeugten sie, dass dieser Ursprung für die zivilisierte

---

83 »Kennzeichnung der führenden Entarteten und Hysteriker als Kranke, Entlarvung und Brandmarkung der Nachäffer als Gesellschaftsfeinde, Warnung des Publikums vor den Lügen dieser Schmarotzer.« (Nordau 1892-93/II., 505.) – Zur kriminalpsychologischen Auffassung von Evolution und Degeneration vgl. Hans Groß, »Wesen und Aufgabe der Kriminalanthropologie«, in: *Archiv für Rechts- und Wirtschaftsphilosophie*, 1:3 (1908), (377-387), 382.

84 Vgl. hierzu Claude Lévi-Strauss, *Das Ende des Totemismus*, Frankfurt am Main 1965, 7, 9.

Menschheit unbedingt zu denken und doch unvordenklich sein muss. Als »Stigmata« der Entarteten kommen *survivals* indes nur der Aufforderung gleich, ein abnorm Menschliches oder letztlich »Unmenschliches« auszuschließen oder zu vernichten. Die tylorsche Doktrin der *survivals*, die dieser Identifikation von Primitivem und Unmenschlichem vorgearbeitet, anfangs aber noch Einhalt geboten hatte, wurde bis in die zwanziger Jahre durch funktionalistische Argumente erledigt. Dass die Analyse der Glaubensformen und Praktiken einer bestimmten Gruppe ohne die Berücksichtigung ihrer gesellschaftlichen Stellung sinnlos sein müsse, und dass es keine *survivals* geben könne, ohne dass diese eine, sei es psychische, sei es soziale Funktion haben, versetzte der Lehre den Todesstoß, ließ aber zugleich vergessen, wie weit diese selbst in vermeintlich sachliche Sozialprogramme eingegangen war.[85] »The doctrine of *survivals* is gone«, resümierte Margaret T. Hodgen 1936. »The footless elaboration of argument concerning the origin of social institutions is in disrepute.«[86] In einer vollends funktionalistischen Gesellschaft verschwinden die *survivals* und die mit ihnen aufgegeben Ursprungsfragen. Was bleibt, sind soziale Dysfunktionen und die Forderungen nach schneller Abhilfe. Diese Abwendung vom Ursprünglichen, das die Gesellschaft immerzu auf ihr Unvordenkliches verpflichtet, dieses aber immer schon entzogen hat, radikalisiert und vereinfacht das Problem gesellschaftlicher Konstitution: Sie wird zuletzt zu einer Gemeinschaft des Volks oder Bluts, die sich *realiter* durch Ausschließung des Anormalen oder Stigmatisierten erhält, sich *idealiter* aber immer auf eine vitale Einheit der Erbgemeinschaft berufen kann. Die Erschöpften und Degenerierten gelten als Verbrecher an der Gemeinschaft. Gerade ihrer Unklassifizierbarkeit wegen typisiert, werden sie zu jenen verderblichen Elementen, gegen die sich die Gesellschaft mit allen Mitteln, repräsentativ, humanwissenschaftlich, polizeilich und zuletzt technisch »verteidigen« wird.

2. Verbrechermenschen

So sehr sie sich aus den Kräften des sozialen Imaginären speist, ist die gesellschaftliche Konstitution zu einer Frage vermeintlich naturwissenschaftlicher Realitäten geworden, zu deren Instituierung die Literatur nichts mehr beizutragen hat. Innerhalb eines degenerativen und entropischen Szenarios scheint sie lediglich Symptome für die drängenden Konstitutionsprobleme zu liefern. Ent-

---

85 Zunächst wurde gefragt, weshalb *survivals* eigentlich nur in den bewusstlosen, unwissenden oder ungebildeten Volksschichten zu suchen seien – eine Frage, die sich auch für jede Theorie der Degeneration stellt. Aus evolutionistischer Sicht wandte man ein, »that the old persisted for the same reason that the new was established, because of its fitness and selection for survival.« (Hodgen 1936, 169.) Zudem machte man geltend, dass immaterielle oder »geistige« *survivals* gerade ob ihrer Beständigkeit für lebendig erachtet werden müssen.
86 Ebenda, 187. – Vgl. hierzu auch W. H. R. Rivers, »Survival in Sociology«, in: *The Sociological Review*, 6/4 (October 1913), (293-304), v. a. 294. Vgl. zudem James 1933, 3 und Bronislaw Malinowski, »Materielle Kultur« (1931), in: Malinowski 1986, (72-82), 74.

weder gilt sie als Kernstück dessen, was Schäffle »ästhetisches Leben« und »diese umfassende Collectivarbeit der Werthbestimmungen durch die socialen Lebensgefühle« genannt hat[87], oder sie wird zum Kern jenes Symptomkomplexes, auf den die wirkungsträchtigsten geschichtsmetaphysischen oder positivistischen Rassentheorien des späten 19. Jahrhunderts bauen.[88] In Joseph Arthur de Gobineaus rassenbiologisch begründeter Universalgeschichte wird der energetische und hereditäre Niedergang der Gesellschaft auf eine »chimie historique« oder eine Mischung des Blutes zurückgeführt[89]; wenn nun, wie Gobineau sagt, die »Welt der Künste und der edleren Litteratur als Ergebniß der Blutmischungen« gelten muss, können deren Hervorbringungen als exakte Indikatoren der »rassischen« Konstitution analysiert werden.[90] Hippolyte Taine erschloss aus literarischen Texten die »Rasse« ihrer Autoren und deren vererbte physiologische Disposition, zudem die »Sphäre«, die kulturelle und klimatische Aspekte umfasst, und den »Zeitpunkt«, die punktuelle Konstellation historischer Kräfte. Die Literatur entspricht dabei »jenen außerordentlich feinen, ausgezeichneten Apparaten, mittels deren die Physiker die geringfügigsten, unscheinbarsten Aenderungen an einem Körper entdecken und messen.«[91] Bei Taine wie Gobineau liefern Texte somit ein eigenes Signalement von »Überbleibseln« und spezifischen Kräftekonstellationen.[92]

Gerade die Literatur, in der vermeintlich wilde oder dekadente Perversionen zum Ausdruck kommen, provoziert eine eigene klinische Symptomlehre, angefangen mit Sades Werk, aus dem die französische Psychiatrie des 19. Jahrhunderts den »Sadismus« als klinische Kategorie ableitet, bis hin zu Leopold von Sacher-Masochs Roman *Venus im Pelz* (1869), der die rituelle Rückkehr zu den mythischen und grausamen Ursprüngen aller Kultur entlang der Leitfrage erzählt, ob »Venus ungestraft in ihrer unverhüllten Schönheit und Heiterkeit unter

---

87 Schäffle 1875/I., 514f.
88 Das Begriffspaar einer arischen und semitischen Rasse geht zugleich auf die sprachwissenschaftlichen Entdeckungen des 18. Jahrhunderts und auf eine Benennung Schlözers zurück: Der Statik semitischer Kulturen wurde hierbei die universalgeschichtliche Präsenz der Arier (oder Indoeuropäer) gegenübergestellt, und diese Dichotomie, »ideologisch« verhärtet, auch unter den Bedingungen des späten 19. Jahrhunderts aufrechterhalten. (Vgl. hierzu Maurice Olender, *Die Sprachen des Paradieses. Religion, Philosophie und Rassentheorie im 19. Jahrhundert*, Frankfurt/New York/Paris 1995, 22f., passim.) – Als eigenständige Disziplin, die die »Variationen innerhalb des Menschengeschlechts« als ihr Thema der Vermessung und Bewertung der unterschiedlichen »Völkerstämme« als ihre Aufgabe versteht, datiert die Anthropologie in Deutschland auf das Jahr 1861 zurück; die Verknüpfung mit Darwins Evolutionslehre wurde insbesondere von Ernst Haeckel, mit soziologischem Einschlag aber auch von Albert Schäffle hergestellt. (Vgl. Peter E. Becker, *Sozialdarwinismus, Rassismus, Antisemitismus und völkischer Gedanke*, Bd. II., Stuttgart 1990, 513, 588.)
89 Vgl. Léon Poliakov, *Der arische Mythos. Zu den Quellen von Rassismus und Nationalismus*, Hamburg 1993, 259 und E. J. Young, *Gobineau und der Rassismus. Eine Kritik der anthropologischen Geschichtstheorie*, Meisenheim am Glan 1968, 118. – Vgl. zudem Arthur de Gobineau, *Versuch über die Ungleichheit der Menschenrassen*, Bd. I.-IV., Stuttgart 1898-1901, Bd. I., 241, Bd. IV., 42, 302f.
90 Ebenda/I., 283.
91 Hippolyte Taine, *Geschichte der englischen Literatur*, Leipzig 1878, 32.
92 Taine 1878, 23, 2.

Eisenbahnen und Telegraphen wandeln dürfe?«[93] Noch Villiers de l'Isle-Adams *Ève future* wird ein solches Phantasma als »etwas Krankhaftes«, als »das Resultat irgendeiner pathologischen Begierde« und »Abnormität« beschreiben.[94] Doch ist in diesem Zukunftsroman durch Edisons Medientechniken implementiert, was bei der Pathologisierung Sacher-Masochs als konstitutioneller Defekt diagnostiziert wird. In der 6. Auflage (1890) führt die *Psychopathia Sexualis* Richard von Krafft-Ebings den Masochismus als klinisches Gegenstück zum Sadismus ein. Beide abnormen Sexualpraktiken deuten nicht nur auf eine Rückkehr zur primitiven Konstitution, sondern auf eine energieintensive Funktionsstörung oder erbschädliche »Entartung« (zu einem »Verbrecher« oder »historischen Monster«).[95] Die Psychoanalyse übernimmt dann die These von der Komplementarität beider Perversionen, wobei der Perverse oder Primitive das zur Aufführung bringt, was der normalere Neurotiker noch in Kompromissbildungen verdrängt: ein — wenn auch nur nachträglich zutage tretendes — Ursprüngliches.

In seinen *Essais de psychologie contemporaine* (1883) führte schließlich der Romancier Paul Bourget unter dem Titel der »Dekadenz« literarische Abnormitäten auf eine neurologische Disposition der betreffenden Autoren zurück. Gerade die radikale Vereinzelung, der etwa Flaubert bei Entstehung von *Salammbô* oder *La Tentation de Saint-Antoine* ausgesetzt war, gerade dieser psychologisch abnorme affektive Zustand habe ihm die künstlerische Vergegenwärtigung des primitiven Urzustandes und seiner grausamen Opferriten ermöglicht. Solche Vergegenwärtigung ist eine Art des »Denkens« und »Verschmelzens«[96], die für alle Autoren immense Folgekosten nach sich zieht. »Der Energieverbrauch auf dem Gebiete des Gefühlslebens bei jedem unter ihnen ist mit den Gesetzen eines jeden beliebigen Organismus und einer jeden beliebigen Gehirnentwicklung unvereinbar.« Solcher Energieverlust wird symptomatisch in der »Abnutzung der Organe, des Gefühls, des Willens«.[97]

Flauberts Forderung aber, der Literatur sei »durch eine unerbittliche Methode die Präzision der physikalischen Wissenschaften zu geben«[98], schlossen sich Auto-

---

93 Leopold von Sacher-Masoch, *Venus im Pelz*, Frankfurt am Main 1980, 29. — »Das Weib« ist hier nicht mehr bloße, aber immer wieder zu ihrer Reinheit zu erziehende Natur, sondern »so geblieben, wie es aus der Hand der Natur hervorgegangen ist, es hat den Charakter des *Wilden*« (Ebenda, 58.) — Ist die sadesche Perversion in einem ehernen Herrschaftsgefüge der Henker und Opfer und in ständig wiederholten Reinigungs- oder Zerstörungsriten »institutionalisiert«, baut die Perversion Sacher-Masochs auf einen Schwebezustand der Imagination und Inszenierung, der in einem juristisch unmöglichen Vertrag kodifiziert wird: Der Vertrag enthält letztlich nichts anderes als die Einwilligung des männlichen Vertragssubjekts in seine Selbstannullierung. Weder die reale, gewaltsam rituelle Komponente der »Opferung« noch die imaginär-spielerische oder symbolisch-rechtliche Komponente darf hierbei dominant werden, wenn die labile Konstellation dieser Perversion nicht zunichte werden soll. (Vgl. hierzu ebenda, 100, 133.)
94 Villiers de l'Isle-Adam 1984, 219.
95 Vgl. Richard von Krafft-Ebing, *Psychopathia Sexualis*, München 1997, 10, 44f., 68, 102, 132-134, 151, 160.
96 Vgl. hierzu Paul Bourget, *Psychologische Abhandlungen über zeitgenössische Schriftsteller*, Minden/Westf. 1903, 108, 134f.
97 Ebenda, 110, 132.
98 Flaubert 1977, 366.

ren wie Émile Zola gerade im Moment ihrer Pathologisierung an. Zola ließ sich nicht nur medizinisch auf vermeintliche »Entartungszeichen« untersuchen[99], sondern arbeitete vor allem an einer Poetik, mit der er nachweisen konnte, dass die Literatur noch jeder naturwissenschaftlichen Erkenntnisweise und besonders jeder Diagnose von Erschöpfung oder Degeneration voransteht. Nicht umsonst erklärte er Claude Bernards *Introduction à l'étude de la médecine expérimentale* (1865) zur methodischen Ausgangspunkt seiner »naturalistischen« Ästhetik. Der Physiologe und Biochemiker Bernard hatte medizinische Untersuchungen zum »Morbiden« und zur Vererbung perverser Veranlagungen angestellt, vor allem aber hatte er mit seiner *Introduction* ein Regelwerk aller therapeutischen und pathologischen Experimentalwissenschaft ausgearbeitet. Für diese lehnte er statistische Mittel rundweg ab und verlegte die Normbestimmung lieber auf Experimentalanordnungen. Experimente sollten nach festen Regeln und als »orientierende Versuche« oder »Versuche, um zu sehen«, vonstatten gehen.[100] Axiom der experimentellen Wissenschaft vom Leben war für Bernard, dass auch in diesem Bereich ein strikter Determinismus herrscht und »daß die Forschungsmethoden für die Lebenserscheinungen im normalen und pathologischen Zustand dieselben sein müssen.«[101] Die Forschung ist so weit wie möglich auf Beobachtungen einzuschränken, nur wenn die natürlichen Vorgänge im Augenblick der Beobachtung die zu erforschenden Phänomene nicht von selbst produzieren, soll das Experiment hinzutreten. Dieses ist mithin »eine *provozierte* oder *vorbedachte Beobachtung*«, das eine regelrecht kriminalistische Ursprungsforschung in Gang setzt: »der Experimentator zwingt die Natur sich zu enthüllen, indem er sie angreift, indem er ihr Fragen aller Art stellt«.[102]

In *Le roman expérimental* (1879) berief sich Zola dann auf die ältere Bestimmung der Medizin als einer »Kunst«, die letztlich derselben Methode folge wie die wissenschaftlich fundierte Literatur. »Ce n'est là qu'une question de degrés dans la même voie, de la chimie à la physiologie, puis de la physiologie à l'anthropologie et à la sociologie. Le roman expérimental est au bout.«[103] Der Romancier ist, ganz im Sinne Bernards, in erster Linie Beobachter und – wenn erforderlich – auch Experimentator, die Experimentalmethode wiederum gilt für komplexere Lebensphänomene wie Menschen in Gesellschaft nicht minder als für die elementaren, da sich jene aus diesen zusammensetzen. Die literarischen Naturalisten verstehen sich insofern als anthropologische und sozialtechnologische For-

---

99 P. Näcke, »Émile Zola. In memoriam. Seine Beziehung zur Kriminalanthropologie und Sociologie«, in: *Archiv für Kriminalanthropologie und Kriminalistik*, 11:1 (1902), (80-98), 96.
100 Claude Bernard, *Einführung in das Studium der experimentellen Medizin*, Leipzig 1961, 40.
101 Ebenda, 266.
102 Ebenda, 43.
103 Émile Zola, *Le roman expérimental*, Paris 1971, 60. – Zum Folgenden vgl. ebenda, 64: »Au bout, il y a la connaissance de l'homme, la connaissance scientifique, dans son action individuelle et sociale.« – Zolas Versuch, diese Methode auf die naturalistische Romanpoetik zu übertragen, wurde selbst von Fürsprechern Zolas als theoretischer Irrweg zurückgewiesen, sei doch ein »Experiment, daß sich blos im Hirne des Experimentators abspielt«, bestenfalls eine Evokation, niemals aber eine praktische Durchführung. (Arno Holz, *Zola als Theoretiker (1890)*, in: Steinecke/Wahrenburg 1999, (389-392), 391.)

schungsavantgarde, als sie »observent et expérimentent, et que toute leur besogne naît du doute où ils se placent en face des vérités mal connues, des phénomènes inexpliqués, jusqu'à ce qu'une idée expérimentale éveille brusquement un jour leur génie et les pousse à instituer une expérience, pour analyser les faits et s'en rendre les maîtres.«[104] Wie bei Bernard erstreckt sich die Zuständigkeit der Forschung auf normale und pathologische Zustände, und zu guter Letzt sind die literarischen Naturalisten auch für Interventionen in das höhere, das soziale Leben zuständig. »Donc tel est le but, telle est la morale, dans la physiologie et dans la médecine expérimentales: se rendre maître de la vie pour la diriger. [...] Notre but est le leur; nous voulons, nous aussi, être les maîtres des phénomènes des éléments intellectuels et personnels, pour pouvoir les diriger.«[105]

Diese höhere Experimentalwissenschaft soll dann Zolas Roman-Zyklus *Les Rougon-Macquart* ins Werk setzen. Was seine Einzelteile miteinander verkettet, ist ein übergreifender Erbgang, der Begabungen und Defekte von einer Generation auf die nächste überträgt.[106] Besonders in *La Bête humaine* (1890) ist dieses deterministische Vererbungskonzept eingebettet in eine gesellschaftsumspannende energetische Ökonomie, die im Falle des hereditär vorbelasteten Eisenbahnführers Jacques Lantier maschinelle Leistung und Lebenskraft miteinander verrechenbar macht. Bei Zola ist Bernards Unterscheidung zwischen einer Ökonomie der physikalischen und der eigentlich vitalen Phänomene durchlässig geworden, ja im Mensch-Maschine-Ensemble, das Lantier und seine Lokomotive »Lison« bilden, kommt es zu einer Art Kurzschluss von Thermodynamik und Vererbung. Kapp hatte ja mit Mayer und Helmholtz die Dampfmaschine als »Maschine der Maschinen« und als »Normalmaschine« bezeichnet, zugleich aber ein »Walten des *Unbewussten* auch in der Genesis der Industriewelt«[107] entdeckt. Entsprechend stoßen bei Zola die Eisenbahnunfälle den Menschen nicht von außen her zu, sie integrieren sie in einen maschinellen Verbund, der sie rein energetisch zu einer »realen« Gemeinschaft zusammenschließt, der also bewirkt, dass »personne maintenant ne pouivait rester chez soi, et que tous les peuples, comme on disait, n'en feraient bientôt plus qu'un seul.«[108]

Der menschlich-maschinelle »Hochdruck-Organismus«, den Lantier wie die Lison bilden, leidet unter »Materialermüdung« oder *stress*, wie es im Englischen heißt, und stets sind es »graves désordres intérieurs« und »une désorganisation progressive, comme une infiltration du crime«, die die völlige Deregulierung einleiten.[109] Anthropologisch gesprochen ist es eine »fêlure héréditaire«, die »sub-

---

104 Ebenda, 67. – Zum Folgenden vgl. ebenda, 72.
105 Ebenda, 75f. – Vgl. ebenda, 70f.
106 Gegen diese Hereditätstheorie erhob sich nicht zuletzt von Seiten der Anthropologen Widerspruch. »It is quite impossible to predict from the constitution of the parents what the constitution of the offspring is going to be, even in the remotest degree. I lay that down as emphatically as I can«, hieß es noch nach der Jahrhundertwende auf einer Tagung zu Galtons Eugenik, »and I think that much widely-prevailing erroneous doctrine on this head is due to the writings of Zola.« (Galton u. a. 1905-1907, 55.)
107 Kapp 1877, 186.
108 Émile Zola, *La Bête humaine*, Paris 1997, 84.
109 Link 1996, 252, 248 und Zola 1997, 264, 234. – Im Folgenden ebenda, 98.

ites pertes d'équilibre« nach sich zieht und »à la bête enragée« stattgibt. Es wäre indes verfehlt, diesen Sprung oder Riss mit der Ursache entropischer Prozesse gleichzusetzen. Er fungiert vielmehr als Austauschventil, das ein geschlossenes System aufbricht, einen Energieaustausch einleitet und dabei die lebensnotwendige Homöostase zerstört. Ebenso wenig handelt es sich bei ihm um eine hereditäre Öffnung, durch die die degenerativen Elemente, die sich seit der Vor- und Urzeit angehäuft haben, in den Maschinenkörper eindringen können. Die *felûre* markiert vielmehr jene Schnittstelle zwischen Natur und Kultur, die die Übertragung von Energien und Dispositionen allererst ermöglicht.[110] Die *felûre* bezeichnet den Ort der Übertragungen und damit das eigentlich Ungedachte der Humanwissenschaften und ihrer sozialtechnologischen Programme. Insofern enthüllt der experimentelle Roman tatsächlich den Ursprung aller Lebensphänomene.[111]

In der *bête humaine* mit ihrem unwiderstehlichen Blutinstinkt und ihrer atavistischen Grausamkeit stößt Zolas Ursprungsforschung schließlich auf die Gestalt des Verbrechers: »la civilisation qui passe, qui va au vingtième siècle, et le drame sombre, l'ancien homme des cavernes qui persiste chez l'homme moderne.«[112] Schon deswegen hatte der abtrünnige Joris-Karl Huysmans Unrecht, als er der naturalistischen Literatur nachsagte, sie »n'admettait guère, en théorie du moins, l'exception«, vielmehr habe sie sich auf die »bonne moyenne de gens« beschränkt.[113] In Zolas Texten kommen dieselben exzeptionellen »Verbrechermenschen« zur Welt wie in Huysmans *À Rebours* (1884), dessen Muster-Dekadent einen Straßenjungen systematisch zum Verbrecher abrichtet, oder wie beim »perversen« Sacher-Masoch, der sich seiner Venus so bedingungslos unterwirft, dass er unter ihrer Anleitung jederzeit zur Personifikation des Verbrechers werden kann.[114]

Dieser Typus des primitiven Verbrechers hat seine Wurzeln in jener Allianz von Literatur und Humanwissenschaft, die die anthropologische Ursprungsforschung ebenso ermöglichte wie die Kriminalanthropologie. Nicht umsonst stießen William Robertson Smith, Mauss, Hubert und Frazer im Zuge ihrer Forschungen auf die Gleichursprünglichkeit von Verbrechen, profanem Straf- und heiligem Opferritual[115], und nicht umsonst ist Frazers *Golden Bough* als »ethno-

---

110 Vgl. hierzu Gilles Deleuze, »Zola und der Riß«, in: *Logik des Sinns*, Frankfurt am Main 1993, (385-397), 395.
111 Vgl. hierzu auch Zola 1997, 85, Anm. (f° 401 im *dossier préparatoire* der Pariser Bibliothèque nationale, N. a. f. 10274). – Zum Folgenden vgl. Ebenda, 103, 166, 258, 213.
112 Ebenda, *Commentaires*, 454 (f° 40).
113 Joris-Karl Huysmans, *À Rebours,* Paris 1977 (EA: 1884), »Préface écrite vingt ans après le roman«, 56.
114 Vgl. hierzu Huysmans 1977, 165f. sowie Sacher-Masoch 1980, Anhang, Vertrag mit Wanda von Dunajew.
115 Smith etwa analysiert die »Ähnlichkeit zwischen dem Ritual des Opfers und der Hinrichtung eines Stammesglieds« (Smith 1899, 216), bei Mauss und Hubert ist der Kriminelle »un être sacré«, dessen Opferung die Regeneration des Sozialen in die Wege leitet. »Le coupable remplit donc à son égard le rôle d'une victime expiatoire [...] il a en même temps peine et sacrifice.« (Mauss 1968f., 258, 206.)

logical detective story«[116] angelegt. Ausgangspunkt seiner – rein philologischen – Untersuchungen bildet der rituelle Priesterkönigsmord im Heiligtum von Nemi, bei dem ein entlaufener Sklave oder Verbrecher sich durch Tötung an die Stelle des bisherigen Amtsinhabers setzen konnte, ehe er selbst von seinem Nachfolger ermordet wurde. Innerhalb dieser rituell begrenzten Zyklen wird jeder Verbrecher zum heiligen Priesterkönig – »heilig« im Sinne von Freuds Ambivalenz, weil unberührbar und doch stets gefährdet. Somit kann es nur die detektorische Methode sein, durch die der Mordfall von Nemi und mit ihm gleich das ganze »Geheimnis von Glauben und Sitten der Völker« zu lösen wäre.

Was sich anfangs noch als »Monodrama« eines Königsmords anlässt, entpuppt sich über viele tausend Seiten hinweg als materialintensive »Spurensicherung«, die so nicht nur das Verfahren der Kriminalistik, sondern auch »das der kulturwissenschaftlichen Alltäglichkeit selber zu sein scheint.«[117] In beiden Fällen werden Indizien für einen Ursprung gesucht, der nicht vorgängig im Sinne einer Ursache oder eines Grundes ist, sondern nur »nachträglich«, durch spezifische Techniken und Schlussverfahren positiviert wird. Im Mord kommen der *primitive man* und Verbrecher überein. Deswegen unterstrich Frazer immer wieder den sozialpolitischen Sinn jener Spurensicherung, die die *social anthropology* im Auftrage des British Empires zu betreiben habe: In den Bräuchen der europäischen Unterschichten und Landbevölkerung machen sich *survivals* und damit jene gefährlich wilden Anlagen geltend, die die Bevölkerung der Gegenwart mit den Urvölkern verbinden.[118] Die ethnologische Detektion zielt somit nicht sowohl auf die Enthüllung kultureller Ursprünge als darauf, die Kultur ihres verbrecherischen Ursprungs und das Verbrechen seiner wilden Herkunft zu überführen. Wie es in Ernest Renans *Le Prêtre de Nemi* (1885) heißt, enthüllt sie immerzu den »cauchemar d'une nation sans idéal«, den Alptraum eines Gemeinwesens, das weniger von den Forderungen der reinen Vernunft als von der dauernden Wiederkehr des Ursprungs und seiner verbrecherischen Existenzen heimgesucht wird.[119]

Das Verbrechen und der Verbrecher fordern, sobald sie als kulturkonstitutiv *und* zivilisationsgefährdend erkannt werden, eigene Erkenntnispraktiken heraus, deren Verfahrensregeln die Kriminalistik und deren Interpretation die Kriminologie besorgt. Das bertillonsche Signalement der Körper dient nur als erster Schritt. Ist man der Verdächtigen habhaft geworden, steht die genaue Registratur sämtlicher willkürlicher und unwillkürlicher Regungen und die Beschaffung von Indizien an. Da die Indizien einen eigenen Typus von Beweis stiften, der noch triftiger als das natürliche Beweismittel (die Geständnisse und Zeugenaus-

---

116 Kuper 1988, 90. – Im Folgenden ebenda, 91.
117 Kittler 2000, 193.
118 »It is therefore a matter of the most urgent scientific importance to secure without delay full and accurate reports of these perishing or changing peoples, to take permanent copies, so to say, of these precious monuments before they are destroyed.« (Frazer 1968, 175.)
119 Ernest Renan, »Le Prêtre de Nemi« (EA: 1885), in: *Œuvres complètes*, Bd. III., Paris 1949, (523-607), 528.

sagen) sein soll, verlangt die Erschließung jenes vorgängigen oder ursprünglichen Faktums, in dem das Verbrechen liegt, nach einem eigentümlichen Schlussverfahren. Charles Sanders Peirce nennt es in Absetzung von der bloßen Induktion oder Deduktion eine Abduktion.[120] Jede durch Beobachtung oder durch die Detailanalyse von Dokumenten und Aussagen gewonnene »induktive« Erfahrung ist mit der ständig revidierten »deduktiven« Regel solange zu verknüpfen, bis von beiden her auf den Tatbestand zu schließen ist. Schließt die Deduktion anhand einer Regel vom vorliegenden Fall auf das Resultat und die Induktion anhand von Fall und Resultat auf die Regel, so ist die Deduktion der regelgeleitete Rückschluss vom Resultat zurück auf den ursprünglichen Fall. Doch ist dieser Schluss nur auf Kredit der Wahrscheinlichkeit möglich; er kann nur »leitend«, nie zwingend und abschließend sein. Diese kriminalistische Praxis entspricht der Tätigkeit des bernardschen Experimentators, muss doch auch dieser »die Natur befragen, ihr Fragen aller Art vorlegen, je nach den verschiedenen Hypothesen, die sie ihm eingibt«, und dann neue Hypothesen entwickeln, um sie abermals empirisch zu prüfen.

Ich glaube nicht, daß Induktion und Deduktion tatsächlich zwei im Wesen verschiedene Formen des Denkens darstellen. Der menschliche Geist hat von Natur aus das Gefühl oder die Idee eines Prinzips, das die besonderen Einzelfälle beherrscht. [...] [So] richtet sich der Experimentator nach einem angenommenen oder vorläufigen Grundsatz, den er dauernd ändert, weil er in mehr oder weniger tiefem Dunkel sucht.[121]

Dieses »Gefühl«, diese leitende »Idee«, die unwillkürlich die Verbindungen zwischen Deduktion und Induktion knüpft, ist laut Peirce das Kernstück des abduktiven Schlussverfahrens.[122] Mit den Fakten fängt die Abduktion an, bildet dabei aber bereits unwillkürlich Hypothesen, und sie endet mit derjenigen Hypothese, die sich als die einfachste und am wenigsten widersprüchlichste erweist. Damit entspricht sie aber auch dem Vorgehen des Ethnologen, zielt dieser doch, wie Frazer sagt, auf »a progressive readjustment of theory to fact, of conception to perception, of thought to experience; and as that readjustment, though more and more exact, can never be perfect, the advance is infinite.«[123] Es sind Spuren, auf die die Indizienwissenschaft zielt, ein nacktes Reales, das allererst positiviert werden muss, um in einer symbolischen Ordnung aufzugehen.

Darin kommen medizinische (und besonders psychoanalytische) Symptomlehre, Ethnologie, Kriminalistik und eine historisch-kritische Kunstwissenschaft

---

120 Vgl. Charles S. Peirce, *Phänomen und Logik der Zeichen*, Frankfurt am Main 1993, 95. – Zum Folgenden vgl. auch Nancy Harrowitz, »The Body of the Detective Model. Charles S. Peirce and Edgar Allan Poe«, in: Umberto Eco and Thomas A. Sebeok (Hgg.), *The Sign of Three. Dupin, Holmes, Peirce*, Indiana 1983, (179-197), 182.
121 Bernard 1961, 42, 75f.
122 »Now, when our nervous system is excited in a complicated way, there being a relation between the elements of the excitation, the result is a single harmonious disturbance which I call an emotion.« (Charles Sanders Peirce, *Collected Papers*, Bd. II., Cambridge/Mass. 1932, 387.) – Zum Folgenden vgl. ebenda, Bd. VII., Cambridge/Mass. 1958, 136ff., zudem Thomas A. Sebeok and Jean Umiker-Sebeok, »›You Know my Method‹: A Juxtaposition of Charles D. Peirce and Sherlock Holmes«, in: Eco/Sebeok 1983, (11-54), v. a. 22, 35f.
123 Frazer 1968, 6f.

nach Art Aby Warburgs überein: Sie alle führen einen »Indizienbeweis«[124], suchen nach Spuren, die dann Anlass für eine erzählerische Sequenz oder für die Konstruktion einer Kausalkette geben können. Die »Vermehrung der Spuren durch den modernen administrativen Apparat«[125], von der Benjamin spricht, stellt das ganze Spektrum der Wirklichkeit unter Verdacht, es wird ein Raum des Unbewussten, der unwillkürlichen Verschleierung und jederzeit möglichen, absichtslosen Enthüllung. Doch wäre jene Spurensicherung, die ja auf Reales, nicht schon Zeichenhaftes zielt, ohne die Entwicklung technischer Medien schlechthin nicht möglich. Medien sind Detektionsgeräte, weil sie das erfassen, was Schrift und Bild entgeht, weil sie das Reale hinter allen Zeichen und Vorstellungen aufdecken, das also, was die Kriminalistik am meisten interessiert. Bertillonage und Daktyloskopie sind nur die prominentesten Techniken jener Realienlehre, die Kriminalistik heißt und in ihrem Rückgang hinter das Subjektive und Intentionale eine Schuldzuschreibung im strikten Sinne unmöglich macht. Reduziert die Kriminalistik das Verbrechen auf seine »Realien«, kann die Kriminologie das Subjektive und damit das Korrelat von Schuldfähigkeit eigentlich erst nachträglich wiederbeleben. Die Psychoanalyse löst dieses Problem, indem sie das medientechnisch Positivierte in symbolischer Umschrift wieder zu Papier bringt. »Nur Psychoanalytiker (sagen sie) können schreiben, was nicht aufhört, sich nicht zu schreiben.«[126] Sie analysieren nicht die Medien der Analyse, obwohl oder weil diese deren Möglichkeitsbedingung darstellen, sondern (wie sie sagen) die Psyche des Analysanden, wenngleich deren Unzugängliches und Verborgenes nichts als Effekt seiner analytischen Bearbeitung ist.

Was sich dem Subjekt selbst verschleiert, soll dessen dunkle, unbewusste Wahrheit darstellen, die ans Tageslicht des Bewusstseins zu fördern nicht nur dem psychoanalytischen Tiefenforscher, sondern auch den psychophysischen Messapparaturen Wundts und Helmholtz' übertragen wird. Ermittlungen nach dem Muster von Freuds *Psychopathologie des Alltagslebens* und psychoanalytischer »Tatbestandsdiagnostik« (1906) »wälzen das x auf die Seite der reagierenden Person«[127] und stellen diese unter die strikteste Beobachtung. »Wir lauern bei ihm geradezu auf Reden, die ins Zweideutige schillern«, sagt Freud, ist doch gerade das Ambivalente ein untrügliches Indiz für die Nähe des Ursprungs oder des Realen.[128] Die Psychoanalyse kann somit nicht nur der Kriminalistik im engeren

---

124 Wind in: Warburg 1979, 406. – Vgl. hierzu allgemein Carlo Ginzburg, »Spurensicherung [...]«, in: *Spurensicherung. Die Wissenschaft auf der Suche nach sich selbst*, Berlin 1995, 7-44.
125 Benjamin 1991/V. 1, 297.
126 Kittler 1985, 145. – Zur psychoanalytischen Medientechnik vgl. Kittler 1993, 64f.
127 Sigmund Freud, »Tatbestandsdiagnostik und Psychoanalyse« (1906), in: Freud 1999/VII., (1-15), 6.
128 Ebenda, 10. – Zum psychoanalytisch verstandenen Problem des Geständniszwangs vgl. auch Theodor Reik, »Geständniszwang und Strafbedürfnis«, in: Franz Alexander, Theodor Reik und Hugo Staub, *Geständniszwang und Strafbedürfnis – Der Verbrecher und sein Richter*, Frankfurt am Main 1971, (9-204), 108: »Das Geständnis selbst bedeutet die Überführung der vorbewußten Erkenntnisse aus der Geständnisarbeit in das Bewußtsein mittels der Wortvorstellungen und -wahrnehmungen und ist das Gegenstück zur Tat. Es bringt auch quantitativ annähern dieselbe psychische Entlastung, welche die Tat dem Strafbedürfnis geliefert hat.«

Sinne wertvolle Dienste leisten, sie ist selbst eine Praxis und Theorie nach Muster der Spurensicherung und Verbrechensaufklärung. Ist die »Findlings-Situation« eines Moses oder Ödipus die existentielle Grundbefindlichkeit eines jeden Menschen, bearbeitet die psychoanalytische Kulturtheorie von jeher den »*Urstoff des Detektorischen*«.[129] Im *Mann Moses*, der programmatisch »in Galtonscher Technik« verfasst ist, bezeichnet sich Freud als Mörder und Detektiv in einem, schließlich hat er den Text vom toten realen und immer wieder substituierten fiktiven Vater selbst ständig umgeschrieben und entstellt. Beruht alle Kultur auf einem Urmord und gehört, wie Freud sagt, zu jedem Mord auch die – selbstverständlich unvollständige – Beseitigung seiner Spuren, so wird der Ursprung von Kultur zum Gegenstand einer fortgesetzten kriminalistischen Erforschung, die immerzu an die Grenze des Symbolischen gelangt und die von Rechts wegen unbeendbare Abduktion, ihren Rückschluss auf das Reale, erst im Moment der Niederschrift von Diagnose oder Ermittlungsbericht abschließen kann.

Das unvordenkliche Ereignis, das die psychoanalytische, ethnologische und kriminalistische Forschung strukturiert, verpflichtet sie auf die Sicherung von Spuren, die wiederum Anlass für eine erzählerische Sequenz geben. Es ist nur folgerichtig, das mit dem Umbruch zur Indizienwissenschaft nicht nur die Kriminalliteratur, sondern ebenso die Kolonialliteratur zum Exerzierfeld der Detektion wurde. Arthur Conan Doyle war nicht nur der Begründer der klassischen europäischen Detektivgeschichte, sondern auch ein überzeugter Gewährsmann des British Empire und zudem aktiver Teilnehmer am Burenkrieg. Als solcher sah er sich dazu bemüßigt, das »Congoverbrechen« der belgischen Kolonialmacht als Pervertierung der imperialen Sache anzuprangern: als Verbrechen eines zivilisierten Staats an den Primitiven Schwarzafrikas.[130] Diese Dopplung von primitiver Kriminalität seitens der Eingeborenen und atavistischer Kriminalität seitens der Zivilisationsinstanzen firmiert bei Doyle als Ausnahmefall, als einmalige »Angleichung eines weißen Volks an die es umgebenden schwarzen Rassestämme«[131], die mit ihrem Blutinstinkt und ihren grauenvollen Opferritualen als solche schon verbrecherisch sein müssen. Verbrechensaufklärung und Imperialismus sind komplementär.[132] Die Schwarzen gelten nach Maßstäben der imperialistischen Anthropologie als unklassifizierbar, weswegen sie – wie noch in Conrads *Heart of Darkness* – in die Kategorie der Wilden und Verbrecher, des Menschenmaterials fallen.[133] »Exterminate the brutes«, das Resümee von Kurtz' Gutachten für die imperialistische Gesellschaft, markiert bei Conrad genau die Grenze, an der der Imperialismus ans »Primitive«, ans »Unmenschliche«, »geistig Undurchdringliche«, und »Rituelle« stößt. Dies gilt nicht nur für die imperialis-

---

129 Ernst Bloch, »Philosophische Ansicht des Kriminalromans«, in: *Literarische Aufsätze*, Frankfurt am Main 1985, (242-263), 255f. – Zum Folgenden Freud 1999/XVI., 107.
130 Vgl. Doyles Resümee in Arthur Conan Doyle, *Das Congoverbrechen*, Berlin 1909, 151.
131 Arendt 2001b, 427.
132 Vgl. hierzu allgemein Jon Thompson, *Fiction, Crime, and Empire. Clues to Modernity and Postmodernism*, Urbana/Chicago 1993, v. a. 65ff.
133 Vgl. Conrad 1968, 27, 33. – Im Folgenden ebenda, 39, 43.

tische Eroberung oder Bürokratie, sondern ebenso gut für die imperialistische Kolonialwissenschaft namens *social anthropology*. »*Rottet all diese Bestien aus*«, wird Bronislaw Malinowski in seinem Tagebuch notieren. »Die Eingeborenen gehen mir noch immer auf die Nerven, vor allem Ginger, den ich am liebsten totschlagen würde. Ich kann diese deutschen und belgischen Kolonialgreuel verstehen.«[134]

Die Verschmelzung der kolonialistischen mit der kriminalistischen Perspektive provozierte die Entstehung unverhohlen rassistischer Konstitutionslehren und zugleich die von Ermittlungsverfahren, die die klassische Detektivgeschichte ins Leben riefen: Auch in ihr wird das »dunkel Geschehene«, wie Ernst Bloch schreibt, »in keiner Vorhandlung dargestellt, eben weil es überhaupt noch nicht darstellbar ist, außer durch Ausgrabung, durch Indizien, welche rekonstruieren lassen.«[135] Wie die 1878 reorganisierte Detektivabteilung Scotland Yards betreibt Doyles Sherlock Holmes Kriminalistik als technisierte Spurenkunde unter der Prämisse, »that it is difficult for a man to have any object in daily use without leaving the impress of his individuality upon it in such a way that a trained observer might read it.«[136] Diese allerorten und jederzeit hinterlassenen Spuren sind jedoch nur zuletzt die Trouvaillen eines geübten detektivischen Blicks; wie in *A Case of Identity* offenbar geworden, sind sie zunächst Hervorbringungen technischer Medien. Holmes' Axiom, »that the little things are infinitely the most important«, zieht nur die Konsequenzen aus der medientechnischen Aufrüstung aller kriminalistischen Praxis, deren Innovatoren ihrem eigenen Bekunden nach von Doyles Erzählungen immer wieder inspiriert wurden.[137] Zuständig ist der detektivische Beobachter allerdings weniger für Massen und deren statistische Berechenbarkeit als für das unerschöpfliche Rätsel des Menschen: »while the individual man is an insoluble puzzle, in the aggregate he becomes a mathematical certainty.«[138]

Der Detektiv folgt den Leitlinien der Experimentalwissenschaft, und dies besonders, wenn er wie Holmes seinen Scharfsinn immer wieder bei chemischen Versuchen erprobt. Auch Peirce hatte eine Passion für chemische Versuchsanordnungen, während Doyle selbst beim Edinburgher Mediziner Joseph Bell in die Schule gegangen war. Holmes wird von seinem Gefährten Watson beschrieben als »well up in anatomy, and he is a first-class chemist; but, as far as I know, he has never taken any systematic medical classes«, vielmehr hat er eigenständig ein Nachweisverfahren für Blutspuren entwickelt und die Detektion zu einer

---

134 Bronislaw Malinowski, *Ein Tagebuch im strikten Sinn des Wortes*, Frankfurt am Main 1986, 69, 244.
135 Bloch 1985, 247.
136 Arthur Conan Doyle, »The Sign of the Four« (1890), in: *The original illustrated ›Strand‹ Sherlock Holmes*, Bd. I., Hertfordshire 1999, (64-113), 66.
137 Arthur Conan Doyle, »A Case of Identity« (1891), in: ebenda, (147-158), 150. – Vgl. hierzu Marcello Truzzi, »Sherlock Holmes: Applied Social Psychologist«, in: Eco/Sebeok 1983, (55-80), 57, 76f.
138 Doyle 1999, 98. – um Folgenden vgl. auch Arthur Conan Doyle, »A Study in Scarlet« (1887), in: ebenda, (11-63), 16f.

»exact science« fortentwickelt.¹³⁹ An deren Leitfaden kann der Detektiv seine hartnäckige Suche nach dem Ursprung des Verbrechens aufnehmen, um zuletzt auf verbrecherische Ursprünge zu stoßen und die Verbrechensaufklärung im Dunkel der Kolonien abzuschließen. Holmes' Credo, »that without leaving your room you can unravel some knot which other men can make nothing of, although they have seen every detail for themselves«, widerspricht dem keineswegs, wie Frazers Schreibtischethnologie gezeigt hat. Die Primitiven, die bei Doyle als Handlanger und Gefährten der habgierigen Verbrechernaturen auftreten, stellen »a fierce, morose, and intractable people« dar, dessen »savage instincts«, dessen »bestiality and cruelty« gerade im Herzen des hochzivilisierten Empires zum Vorschein kommen.¹⁴⁰

Wie der Kriminalanthropologe Lombroso verbindet Holmes dieses atavistische Phänomen mit einer Degenerationslehre, die auf die Ätiologie der Verbrechernaturen zielt.¹⁴¹ Doch so sehr Detektiv und Verbrecher Antipoden darstellen, weist auch ersterer gewisse pathologische Symptome auf, die ihn als *décadent* erkennen lassen und damit in der Skala der Ausnahmeexistenzen dem Verbrecher näher rücken. Obschon »the last and highest court of appeal in detection«, unterliegt der Kokainkonsument Holmes nach Watsons ärztlicher Diagnose »a pathological and morbid process, which involves increased tissue-change, and may at least leave a permanent weakness.« Seine exzeptionelle Begabung garantiert immerzu die Rettung des zivilisierten Gemeinwesens, zugleich jedoch stellt sie dessen – zumindest hypothetische – Bedrohung dar: »I could not but think«, berichtet Watson, »what a terrible criminal he would have made had he turned his energy and sagacity against the law instead of exerting them in its defence.«¹⁴² Nur als Anathema bringt der Detektivroman jene Kräfte und Naturen zur Sprache, die die gesellschaftliche Konstitution gefährden könnten, in der anthropologischen Ursprungslogik deren Möglichkeit indes allererst bedingen.¹⁴³

Waren die Delinquenten bei Bentham noch die Adressaten einer sozial förderlichen Umerziehung¹⁴⁴, sprachen im Anschluss an Galls Anthropologie erste Strafrechtler von angeborenen verbrecherischen Anlagen und Neigungen, an denen die Gesellschaft weniger Gerechtigkeit zu üben, als sich gegen sie zu verteidigen habe. »Kriminaltabellen sind Krankheitstabellen«, heißt das neue Motto

---

139 Doyle 1999, 12f., 24.
140 Doyle 1999, 91, 86, 99.
141 »I have a theory that the individual represents in his development the whole procession of his ancestors, and that such a sudden turn to good or evil stands for some strange influence which came into the life of his pedigree.« (Arthur Conan Doyle, »The Adventure of the Empty House« (1903), in: ebenda/II., (554-567), 566.)
142 Ebenda, 64, 80.
143 Vgl. hierzu Siegfried Kracauer, *Der Detektiv-Roman. Ein philosophischer Traktat* (entstanden 1925), Frankfurt am Main 1979, 79. Zum verleugneten Ursprung der Humanwissenschaften vgl. Michel Serres, *Die fünf Sinne*, Frankfurt am Main 1998, 47.
144 »Delinquents are a peculiar race of beings, who require unremitted inspection«, heißt es in Benthams *Rationale of Punishment*. Dieser eigentümlichen »Rasse« ist mit einer »perpetual superintendance« zu begegnen, um sie letztendlich zur Arbeitsamkeit und Enthaltsamkeit umerziehen zu können. (Bentham 1830, 354.)

der Strafrechtspflege, und selbst Quételet wird in seinen späteren Schriften den *penchant au crime* mit biologischen Defekten und einer Prädestination zum Verbrechen in Verbindung bringen.[145] Paul Broca, Kopf der 1859 gegründeten Anthropologischen Gesellschaft von Paris, bestätigte die Korrelation zwischen Hirngröße und geistigen Fähigkeiten und prägte mit seiner Typenlehre das methodische Vorbild aller späteren Kriminaltypologien: eine klassifikatorische Vorentscheidung wird mit statistischem Material untermauert, um die theoretische Prämisse als empiriegesättigte Schlussfolgerung erscheinen zu lassen.[146] Die Zuschreibung primitiver, atavistischer oder tierischer Merkmale erfolgt dabei zunächst mit den Mitteln der Embryologie, der vergleichenden Morphologie und Paläontologie, und selbst ein unbeugsamer Verfechter der monogenetischen Gattungslehre wie Tylor rekurrierte, als er die evolutionären Ungleichzeitigkeiten seiner *survival*-Doktrin nicht überzeugend zu begründen vermochte, auf eine rassische Typenlehre mit phrenologischem Einschlag.[147]

Unter diesen Bedingungen wird »der Verbrecher« zum dunklen Ursprung all der Zeichen, an denen eine degenerative Konstitution, eine wilde Untat oder kriminelle Neigung abzulesen ist. Gerade die Kriminalanthropologie zeigte sich weniger an der Besserung als an der Überführung der Verbrechermenschen interessiert. 1835 geboren, veröffentlichte Cesare Lombroso 1851 einen Aufsatz zur historischen Entwicklung der Landwirtschaft, in dem die abergläubischen Überzeugungen und Praktiken des bäuerlichen Lebens als Wiederaufleben primitiver Existenzformen und Opferriten bezeichnet werden. Auf dieser kulturhistorischen Grundlage formulierte Lombroso bereits 1852 das Rekapitulationsprinzip, ehe er 1855 eine Arbeit über die Beziehung von Irrsinn und Genialität vorlegte. Bei Häufung erblicher physischer und psychischer Defekte setze, wie Lombroso schreibt, eine regressive Metamorphose ein, die den Kretin auf das untere, »primitive« Ende der Entwicklungsskala situiert.[148] Die »Entdeckung« des Verbre-

---

145 Kurt Salomo Zachariä, *Über die Statistik der Strafrechtspflege*, Heidelberg 1828, 2. – Vgl. hierzu Regula Ludi, *Die Fabrikation des Verbrechens. Zur Geschichte der modernen Kriminalpolitik (1750-1850)*, Tübingen 1999, 215, 218, 222.
146 Vgl. hierzu Stephen Jay Gould, *The Mismeasure of Man*, London/New York 1981, 85 und zum Folgenden ebenda, 113, 115, 125.
147 Ungeachtet der Vorbehalte, die schon im 18. Jahrhundert gegen eine physiognomische Stigmatisierung von Verbrechern geltend gemacht worden waren, bezeichnete die Anthropologie – nicht zuletzt in ihren ästhetischen und kunstkritischen Varianten – das »Verbrecherische« entweder als »die empirisch objektive Wirklichkeit des bösen Willens« oder aber als Folge einer degenerativ bedingten Unfreiheit des Willens, als psychisch-physische Determination zum Verbrechen. (Karl Rosenkranz, *Ästhetik des Hässlichen*, Leipzig 1996, 261.) – Zur Physiognomie des Verbrechers vgl. auch Lichtenberg 1998/III., 269. – Zur Naturalisierung von Delinquenz vgl. Thomas Lemke, *Eine Kritik der politischen Vernunft. Foucaults Analyse der modernen Gouvernementalität*, Berlin/Hamburg 1997, 234 und Foucault 1999, 308.
148 Vgl. Mariacarla Gadebusch Biondo, *Die Rezeption der kriminalanthropologischen Theorien von Cesare Lombroso in Deutschland von 1880-1914*, Husum 1995, 19f., 23f. – Als Militärarzt entwarf Lombroso 1863 eine *carta igienica d'Italia* und sammelte bis 1892 Material für das psychiatrisch-kriminologische Museum Turins, zwischenzeitlich gründete er die Zeitschrift *Archivio di Psichiatria, Scienze Penali e Anthropologica Criminale* (seit 1880) und organisierte schließlich den ersten internationalen Kongress der Kriminalanthropologie, der 1895 in Rom stattfand. (vgl. ebenda, 35-43.)

chermenschen führte Lombroso selbst auf eine Art Offenbarungserlebnis zurück, das er gehabt habe, als er die Hirnschale des Mörders Vilella betrachtete. Die *Fossa occipitalis media*, ein anatomisches Merkmal niederer Säugetiere, veranlasste ihn zur Annahme einer eigenständigen anthropologischen Varietät: des *homo delinquens*.

Das war nicht nur ein Gedanke, sondern eine Offenbarung. Beim Anblick dieser Hirnschale glaubte ich ganz plötzlich, erleuchtet wie eine unermeßliche Ebene unter einem flammenden Himmel, das Problem der Natur des Verbrechers zu schauen – ein atavistisches Wesen, das in seiner Person die wilden Instinkte der primitiven Menschheit und der niederen Tiere wieder hervorbringt. So wurden anatomisch verständlich: die enormen Kiefer, die hohen Backenknochen, die hervorstehenden Augenwülste, die einzelstehenden Handlinien, die extreme Größe der Augenhöhlen, die handförmigen oder anliegenden Ohren, die bei Verbrechern, Wilden und Affen gefunden werden, die Gefühllosigkeit gegen Schmerzen, die extrem hohe Sehschärfe, die Tätowierungen, die übermäßige Trägheit, die Vorliebe für Orgien und die unwiderstehliche Begierde nach dem Bösen um seiner selbst willen, das Verlangen, nicht nur das Leben in dem Opfer auszulöschen, sondern den Körper zu verstümmeln, sein Fleisch zu zerreißen und sein Blut zu trinken.[149]

In *L'Uomo delinquente* (1876) verkoppelte Lombroso mit dem Begriff des Atavismus die Degenerationslehre und den darwinschen Evolutionismus, und als »Typus« definierte er mit Broca die Gesamtheit der gleichzeitig feststellbaren Anomalien. Die Kriminalanthropologie versteht sich deshalb nicht mehr als regelrechte Indizienwissenschaft. Die Ermittlung zielt unversehens auf die Entlarvung eines Typus, werden hier doch »die Gefährlichkeit des Verbrechers als Kriterium und die körperlichen und geistigen Kennzeichen der allgemeinen Delinquenz als Indicien angenommen«.[150] Das Verbrechen findet für Lombroso bereits bei den niederen pflanzlichen und tierischen Organismen seinen »Uranfang«, als atavistischer Rückschlag ist es bedingt durch vererbte Dispositionen. Unter die Kategorie »Verbrechen« fallen deshalb unterschiedslos die »Taten« von Tieren und Primitiven: »Hier wie dort erscheint das Verbrechen nicht als Ausnahme, sondern fast als allgemeine Regel; es wird daher von Niemand als solches aufgefasst«, ist es doch nur der Ausdruck einer Konstitution, deren Entdeckung die Kriminalanthropologie für sich reklamiert.[151] Kultur und insbesondere Religion erscheint als widernatürliche Schutzeinrichtung oder Nische, in der überholte Existenzformen, barbarische Praktiken und verbrecherische Tendenzen als *survivals* fortbestehen und atavistisch immer wieder zutage treten können.

149 Zit. nach: Peter Strasser, *Verbrechermenschen. Zur kriminalwissenschaftlichen Erzeugung des Bösen*, Frankfurt am Main/New York 1984, 41.
150 Cesare Lombroso, *Der Verbrecher »(Homo delinquens)« in anthropologischer, ärztlicher und juristischer Beziehung*, 3 Bde., o. O., 1890-94, Bd. I., XXVIII. – Zum Folgenden vgl. ebenda, 10f., 30.
151 Ebenda, 35. – Zum Folgenden vgl. ebenda, 93: »*Spuren der alten verbrecherischen Tendenzen.* – Wie so manche rudimentäre Eingeweide und Muskeln als Zeugen von ihrer Wichtigkeit und Präexistenz in grösserem Maassstab in anderen Organismen und im Fötalzustand fortbestehen, ebenso ist es mit manchen alten Gebräuchen, die meistens von der Religion geschützt werden. Die Gebräuche erinnern uns an die Existenz der alten barbarischen Sitten, obwohl man längst die Spur ihrer Abstammung verloren hat, und dauern bis auf unsere Tage fort.«

Dem Verbrechermenschen schreibt Lombroso eine unterdurchschnittliche Schädelkapazität und eine unverkennbare Physiognomie zu. Gerade Photographien, wie sie Lombroso mit galtonscher Technik in einem Bildband seinen theoretischen Ausführungen zur Seite stellt, tragen »zum Nachweis bei, dass die Verbrecher, besonders die Diebe, auf einer niedrigeren Entwicklungsstufe stehen als die normalen Menschen. [...] Aehnlich und in entsprechender Anzahl wie bei den Wilden (bisweilen sogar noch häufiger) werden die atavistischen Abweichungen von der Norm beobachtet«[152], und diese sind Symptome für eine krankhafte Störung der Gehirn- und Nerventätigkeit sowie für einen epileptischen Gleichgewichtsverlust, der zur physischen Monstrosität des *uomo delinquente* hinzutritt. »Der Atavismus erklärt uns den Charakter und die Fortpflanzung gewisser Verbrechen«, schreibt Lombroso. »Steigen wir noch tiefer auf der Stufenleiter der Geschöpfe bis in die Reihe der niederen Thiere hinab«, so erklärt sich die primitive Konstitution der Verbrechermenschen – sein Sein und Tun ist determiniert »wie eine *Naturerscheinung*«.[153] Mit der Kriminalanthropologie verbindet sich die institutionelle Geburt der kontinentaleuropäischen Kriminologie (während die englische Kriminologie aus der Psychiatrie und forensischen Medizin, die US-amerikanische auch aus der Soziologie hervorgegangen ist). Von Lombrosos Fürsprechern im deutschsprachigen Raum wurde die typologische Verknüpfung von Verbrechen, Degeneration, Epilepsie und »sozial minderwerthigen Elementen« ohne Umschweife übernommen, ungeachtet der logischen Subreption, die ihr zugrunde liegt[154], und ungeachtet der vielstimmigen Kritik von kriminologischer, anthropologischer und soziologischer Seite.[155]

152 Ebenda, 249.
153 Ebenda, 534, 537. – Zum Folgenden vgl. Stephen Jones, *Criminology*, London/Edinburgh/Dublin 1998, 3.
154 Hans Kurella, *Cesare Lombroso und die Naturgeschichte des Verbrechers*, Hamburg 1892, 35. – »Gewiß leidet auch der Terminus ›Degeneration‹ an einer Unbestimmtheit, die sich heute weder anatomisch noch physiologisch aufklären läßt«, räumt Kurella ein, »er erhält aber aufgrund der Lombrososchen Forschungen eine ganz bestimmte praktische Bedeutung durch den Nachweis, daß die meisten Degenerirten sozial unzulänglich sind, und daß diese soziale Unzulänglichkeit das degenerirte Individuum zu einer eminenten Gefahr für die Gesellschaft macht. Der Degenerirte ist ein antisoziales Wesen, und die Gesellschaft muß sich gegen ihn schützen«. (ebenda, 37f.)
155 Kritisiert wurde an dieser Konzeption zunächst, dass sie Atavismus und Defektbildung vermenge, die Heterogenität des Verbrechensbegriffs verkenne und unsinnigerweise als Basis einer eigenen Varietät innerhalb des *genus homini* ansetze. (Vgl. hierzu etwa *Meyers Großes Konversations-Lexikon*, Bd. XI., Leipzig/Wien 1909, Art. »Kriminalanthropologie«, 685.) Hans Groß wies auf die Mannigfaltigkeit der Entartungszeichen, auf die statistischen Fehlschlüsse und auf die Unschärfe der Kategorie des Verbrechers hin, die sich nicht einmal auf den benennbaren Personenkreis registrierter Verbrecher beschränken lasse, ja eigentlich nur tautologisch durch ihren kriminalanthropologischen Gebrauch definiert werden könne. (Vgl. Groß 1908, 379f.) Näcke zweifelt die Verbindung zwischen dem Typus des Epileptikers, des *moral insane* und Verbrechers ebenso an wie die Gleichsetzung eines tierischen, primitiven oder kindlichen – und damit physiologisch bedingten – Verbrechertypus mit dem pathologischen Typus des erwachsenen und zivilisierten Verbrechers. (Vgl. P. Näcke, »Die Überbleibsel der Lombrososchen kriminalanthropologischen Theorien«, in: *Archiv für Kriminalanthropologie und Kriminalistik*, 50:3/4 (Dezember 1912), (326–339), 332, 335.) Gabriel Tarde stellte zwar die Existenz eines delinquenten Ty-

Lombrosos Schüler Enrico Ferri stellte dann seine »Kriminal-Sociologie« auf, wie er schreibt, eine biologische, physische und soziologische Grundlage und eröffnete ihr damit ein transdisziplinäres Feld schrankenloser Übertragbarkeit. Gegen die klassische Schule des Strafrechts, die sich der Abschaffung gewisser Strafpraktiken verschrieben, das Verbrechen aber nur im Sinne einer abstrakten juristischen Kasuistik bewertet habe, pocht Ferri auf eine Konstitutionslehre des Verbrechens: Verbrecher sind physisch wie psychisch entartet, und die Lebensbedingungen ihres Milieus, die verbrecherische Taten immer wieder auslösen müssen, werden durch Mittel der Bestrafung keinesfalls tangiert. Ferris Vorhaben, »die experimentelle Methode auf die Strafrechtswissenschaft anzuwenden«, stützt sich auf phrenologische, ethnologische, embryologische und darwinistische Studien.[156] Anders als bei der Beccaria-Schule – mit ihrer mittlerweile psychophysisch widerlegten Fiktion des »freien Willens« – rückt in der Kriminalanthropologie der Verbrecher in den Mittelpunkt, und anders als die Durkheim-Schule visiert Ferri eine Verringerung der Kriminalitätsrate an.[157] Nach seiner Lehre vom »latenten Verbrechertum« definiert sich Delinquenz nicht mehr juristisch als Gesetzes- oder Regelverstoß, sondern als »Asozialität« oder Abweichung gegenüber einer allein kriminalsoziologisch festgelegten Norm. Die Bestimmung des Strafmaßes kann sich mithin nicht mehr an einer juristisch beurteilten Schwere des Vergehens oder nach der psychiatrisch bewerteten Zurechnungsfähigkeit des Täters bemessen, sie hängt von der »Gefährlichkeit des Verbrechers« und dadurch einzig und alleine von seiner Typenzugehörigkeit ab. Verschiebt sich somit die Funktion der Strafe von der Vergeltung oder Beeinflussung auf die Verteidigung der Gesellschaft, sind auch deren überkommene Formen neu zu bedenken. Will man etwa, wie Ferri schreibt, »von der Todesstrafe diesen ihren eigentlichen und einzigen Nutzen, d. h. die künstliche Auslese haben«, so müsse man »auch den Mut besitzen, sie in allen

pus keineswegs in Abrede, führte ihn und seine Stigmatisierung indes auf soziale Selektionsmechanismen, Imitationen und mediale Innovationen statt auf vermeintlich wilde Ursprünge zurück, während der Durkheim-Mitarbeiter Gaston Richard monierte, dass die Kriminalanthropologie Deduktion und Induktion nicht habe vermitteln können. Richard zufolge kann überdies nur das Verbrechen als »normale soziale Tatsache« von kriminalsoziologischem Interesse sein, niemals aber der Verbrecher selbst, der in die Zuständigkeit der Psychiatrie fällt. (Vgl. hierzu Laurent Mucchielli, *De la Nature à la Culture. Les fondateurs Français des sciences humaines 1870-1940*, Paris 1996 (Microfiche), 149-153 und 325-334.)

156 Enrico Ferri, *Das Verbrechen als soziale Erscheinung. Grundzüge der Kriminal-Sociologie*, Leipzig 1896, 6 sowie 19f. – Zum Folgenden vgl. ebenda, 10, 21, 26-28.

157 Somit treten in der Kriminalsoziologie wieder die anthropologische und statistische Methode zusammen, um die »inneren« und »äußeren« Ursachen des Verbrechens zu erforschen, wenngleich für diese Sozialtechnologie eine regelrechte Prognose zur Kriminalitätsentwicklung nicht möglich sein kann. (Vgl. ebenda, 149.) – Zur Kritik der Kriminalanthropologie von statistischer Warte vgl. ebenda, 34: »Die Notwendigkeit zahlreicher Einzeluntersuchungen steht also in direktem Verhältnis zur Variabilität der untersuchten Merkmals«. – Zum Folgenden vgl. ebenda, 51 und 40 zur Untersuchung »an Individuen, die zwar nicht gegen das Strafgesetz verstossen, gleichwohl aber echte Asociale sind, denn sie wissen ihre Verbrecherinstinkte durch Handlungen zu befriedigen, die oft schändlicher und erbarmungsloser sind, als bestimmte Verbrechen oder Vergehen.«

Fällen, in denen dieser Gesichtspunkt in Frage kommt, [...] anzuwenden«.[158] Die einzigen Alternativen zur Elimination bestehen in »der Deportation auf Lebenszeit und der Internierung auf unbestimmte Zeit«.

Ferris Kriminalsoziologie setzt also an die Stelle ritueller Vergeltung oder humanistischer Beeinflussung die »soziale Verteidigung«, zugleich jedoch stellt sie von der unablässigen Erforschung des Verbrechens zur Beseitigung seiner Exponenten um. Im »Verbrechermenschen« kommen die Konstitutionsaporien einer gemeinschaftlichen Gesellschaft zum Austrag. Er ist, wie Theodor Lessing zum Serienmörder Haarmann schreibt, ein »Werwolf«, »ein Stück Natur«, das »dionysische« oder »zagrytische« Elemente, die »Urerbschaften einer versunkenen Gattung« in sich trägt, und zugleich ist er »Wolfsmensch mit Radio und Elektrizität«.[159] Kriminalanthropologisch gilt er als der Täter schlechthin, an dem die Kategorien von Tat und Schuld abgleiten und der mit seinem Erscheinen das Rechtssystem und dessen Procedere von Beweisaufnahme, Strafbemessung und Besserungsanstrengung hinfällig gemacht hat. Deswegen ist er ein *survival* im doppelten Sinne: Für die einen zeugt er von den primitiven, innerhalb einer atavistischen Zivilisation aber wiederbelebten Ursprüngen der Kultur, die zurückzudrängen oder besser gleich restlos zu eliminieren wären; für die anderen drückt sich in ihm ein unbedingter Überlebenswille aus, der sich angesichts einer Kultur, die »von fremden Leben« zehrt und ihre Opfer nur mehr statistisch registriert, der elementarsten Mittel zu bedienen hat.[160]

3. État dangereux

Letztlich hat die kriminologische oder kriminalanthropologische Bestimmung des Verbrechertypus einer zweifachen Anforderung zu genügen: Einerseits muss sie die allgemeinen Merkmale des Typus benennen, so wie sie eigentlich nur massenstatistisch zu bestimmen sind; andererseits sollte sie die einzelnen Delinquenten individualisieren und eindeutig identifizierbar machen. Diese doppelte Aufgabe konnte erst dann erfüllt sein, sobald das hermeneutische Ideal eines »Individuell-Allgemeinen« verwirklicht wurde, ein Ideal, »das statistisches Wissen und humanwissenschaftliche Erkenntnismethoden am Einzelfall effizient verbindet.«[161] Mit seiner Kompositphotographie, mit seiner Daktyloskopie und seinen statistischen Entwürfen versuchte Francis Galton eben dieser doppelten Anforderung Genüge zu leisten. Galtons biometrische und eugenische Programme folgen dabei ein und demselben statistischen Verfahren: Stets handelt es sich »um die systematische Kopplung zwischen der Gaußverteilung, der dynamischen Leistungskonkurrenz-Kurve (umgekehrt gestellte S-Kurve oder

---

158 Ebenda, 438. – Im Folgenden ebenda, 441 sowie Strasser 1984, 82.
159 Theodor Lessing, *Haarmann. Die Geschichte eines Werwolfs*, Berlin 1925, 26, 231f., 245.
160 Vgl. ebenda, 72.
161 Wolfgang Schäffner, *Die Ordnung des Wahns. Zur Poetologie psychiatrischen Wissens bei Alfred Döblin*, München 1995, 151.

›Ogive‹) und der *Entropiekurve*.«[162] Im Gegensatz zur »positivistischen Schule« Lombrosos, die die Konstitutionen für gegeben und mehr oder minder unveränderlich hält, lautet die Zielsetzung von Galtons Programm, den Normalbereich an die positiven Ausnahmefälle oder *sports* (die extremen oder Spitzenwerte, die über eine bloße »Abänderung« hinausgehen) anzuschließen, die durchschnittliche Konstitution mithin zu »verbessern«. Die Eugenik als Lehre von der guten Konstitution und von deren Transmission sollte somit gegen entropische Tendenzen in der Gesellschaft und im Erbgang wirken. Letzteren versuchte Galton durch das Modell der *gemmules* oder Kügelchen zu veranschaulichen, weswegen das siebartige Galton-Brett als Modell der Eugenik und ihrer Selektionsmaßnahmen gelten kann.

War Galton auch damit gescheitert, für die völlig individualisierenden Lineamente des Fingerabdrucks rassen- oder typenspezifische Verteilungen nachzuweisen, so war doch die Individualisierungstechnik Photographie durch sein Kompositverfahren an massenstatistische Phänomene anzugliedern. Die Mischphotographien sollten bestimmte Gruppierungen, Typen oder Rassen völlig exakt und doch allgemein zur Erscheinung bringen, wobei Galton insofern eine *petitio principii* vorzunehmen hatte, als die betreffende Gruppe als solche abgegrenzt sein musste, ehe sie visualisiert werden konnte. Inspiriert wurde Galton durch den Vorschlag Herbert Spencers, mehrere Zeichnungen auf denselben Maßstab und auf transparentes Papier zu bringen, um sie dann übereinander zu legen. Die photographische Anwendung dieses Verfahrens erlaubte es Galton, »to obtain with mechanical precision a generalised picture; one that represents no man in particular, but portrays an imaginary figure, possessing the average feature of any given group of men. [...] it is the portrait of a type, and not of an individual.«[163] Was experimentalwissenschaftliche Romanautoren schon ob ihrer Beschränkung aufs Symbolische nicht annähernd erreichen können, bringt die photographische Apparatur von selbst hervor: ein völlig »naturalistisches« und doch typisches Bild.

Zugleich scheint damit das kriminalanthropologische Problem einer Positivierung des Typus (und auch das Problem einer ethnologischen Positivierung der Rasse) gelöst: »The uses of composite portraits are many. They give us typical pictures of different races of men, if derived from a large number of individuals of those races taken at random. [...] Again, we may select prevalent or strongly marked types from among the men of the same race, just as I have done with two of the types of criminals by which this memoir is illustrated.«[164] Die Kom-

---

162 Link 1996, 237.
163 Francis Galton, »Composite Portraits«, in: *Nature*, 18 (1878), (97-100), 97. – Zum Folgenden vgl. ebenda, 97, 99.
164 Ebenda, 98. – Ohne großen Erfolg versuchte etwa der Berliner Physiologe Gustav Fritsch, durch die mikrophotographische Untersuchung menschlicher Haare in Verbindung mit photographisch dokumentierten anthropometrischen Untersuchungen zu einer definitiven Bestimmung von Rasseunterschieden zu gelangen. (Vgl. hierzu Michael Hagner, »Mikro-Anthropologie und Fotografie. Gustav Fritschs Haarspaltereien und die Klassifizierung der Rassen«, in: Geimer 2002, (252-284), v. a. 268, 274, 284.) – Zum Folgenden vgl. auch Gunnar Schmidt,

positphotographie dient mithin als Sieb und detektorisches Medium zugleich. Sie vereinigt die Statistik mit dem Anschaulichen, ebenso wie sie das Individuum mit der Gesellschaft zusammenbringt. Gerade an der Mischphotographie kommt zur Ansicht, was eine Gesellschaft bewirkt: Individualisierung und zugleich Vergemeinschaftung. Das Kriminalsubjekt aber ist nicht als autonom, sondern als determiniertes und segregiertes Element zu verstehen.[165] Wie schon die erste – und willkürliche – Abgrenzung der Untersuchungsgruppe zeigt, ist jede Bestimmung eines Mittels oder einer Norm von gewissen Praktiken und einem gewissen Willen zur Normalisierung abhängig: Im Falle der Kompositphotos ist es auch die Belichtungszeit, die die Gewichtung individueller Merkmale, einzelner Variationen oder *sports* determiniert. Das Mischbild eugenisch vorbildlicher Personen bringt jene imaginäre Norm zur Anschauung, der die eugenischen Praktiken unterliegen, und doch soll es »untrügliche« Indizien für jede eugenische Maßnahme liefern.[166]

Obwohl in Großbritannien die Auseinandersetzung über die künftige Konstitution der Gesellschaft mehr entlang von Klassen- als von Rassengrenzen verlief und obwohl Galton selbst die »eugenisch« Vorbildlichen unter den Wohlhabenderen situierte, verband er seine eugenische Konzeption mit einer rassischen. Zum Wohle der Gesellschaft forderte er dreierlei: die Zahl der Begabten zu erhöhen, die Begabungen selbst zu steigern und die Chancen zur Vererbung schlechter Eigenschaften zu verringern. Bahnbrechend war Galtons statistische Konzeption, weil sie erstmals menschliche Eigenschaften entlang einer Normalkurve verteilte, anstatt sie bloß deskriptiv zu erfassen. Unter einem Typus verstand Galton mithin »an ideal form around which the actual forms are grouped, very closely in its immediate neighbourhood, and becoming more rare with increasing rapidity at an increasing distance from it«.[167] Das Modell der *gemmules* war indes noch keine bündige Erklärung für den Vererbungsmechanismus, und auch die Unterscheidung zwischen evolutionären Variationen und den extremen *sports* harrte ihrer Begründung. Von der Praktikabilität dieser Programme zeigte sich Galton aber ebenso überzeugt wie davon, »that the wisest policy is that which results in retarding the average age of marriage among the weak, and in hastening it among the vigorous classes«.[168]

»Francis Galton. Menschenproduktion zwischen Technik und Fiktion«, in: Barsch/Hejl 2000, (327-346), 335, 337.
165 Vgl. Galton 1889, 376. – Die *composite portraits* bringen überdies zur Erscheinung, was Wittgenstein später (mit Blick auf die Mischphotographien seiner eigenen Familie) »Familienähnlichkeit« nennen wird. – Vgl. hierzu Ludwig Wittgenstein, *Philosophische Untersuchungen*, in: *Werkausgabe*, Bd. I., Frankfurt am Main 1984, (225-580), 67./278: »Ich kann diese Ähnlichkeit nicht besser charakterisieren als durch das Wort ›Familienähnlichkeiten‹; denn so übergreifen und kreuzen sich die verschiedenen Ähnlichkeiten, die zwischen den Gliedern einer Familie bestehen: Wuchs, Gesichtszüge, Augenfarbe, Gang, Temperament, etc. etc.«
166 »Composites on this principle would undoubtedly aid the breeders of animals to judge of the results of any proposed union better than they are able to do at present, and in forecasting the results of marriages between men and women they would be of singular interest and instruction.« (Galton in: Nature 1878, 100.)
167 Galton 1965, 199.

Durch die Institutionalisierung dieser Politik sei es denkbar, dass die weiße Rasse sozusagen den gleichen Abstand zu sich selbst gewinnt, der zwischen den primitiven Schwarzen und den zivilisierten Mitteleuropäern herrscht. Bei dieser Unternehmung müssen moralische Erwägungen, wie Galton betont, außen vor bleiben, geht es doch um nichts Geringeres als um den Überlebenskampf des British Empire.[169] Die Eugenik ist nicht im Sinne älterer therapeutischer Programme zur Heilung eines kranken sozialen Körpers zu verstehen; ihr Ziel lautet, die menschlichen und technischen Entwicklungsprozesse, die gerade im 19. Jahrhundert auseinandergedriftet seien, wieder aufeinander abzustimmen. Die Symptome dieser Asynchronizität hatte Tylor als *survivals* beschrieben, doch was die Kriminalanthropologie einen atavistischen Typus nennt, disqualifiziert jene Individuen, deren evolutionäre Anpassung mit den neuen Lebensbedingungen offensichtlich nicht Schritt zu halten vermochte – nur verzichtet sie auf Galtons Projekt zur Verbesserung der Gesamtkonstitution und radikalisiert stattdessen den Willen zum Wissen in einem Willen zur Stigmatisierung.

Galtons wichtigster Schüler Karl Pearson sah durch den Zuwachs der evolutionär zurückgebliebenen Unterschichten und durch die schwache Geburtenrate der besser angepassten Oberschichten die Zukunft des British Empire akut gefährdet. Seiner Erfahrungen im Burenkrieg eingedenk, projizierte er dieses Szenario auf den globalen Maßstab eines Kampfes zwischen den Rassen.[170] Auch wenn er den statistisch unsinnigen Begriff einer »reinen Rasse« ablehnte, begriff er wie Galton immer wieder religiös, sozial oder anderweitig abgegrenzte Gruppierungen als »Rasse«. Auf Grundlage von Galtons Konzeption zum *Hereditary Genius* wurden längerfristig Eignungs- und Intelligenztests entwickelt, die bei Untersuchung einzelner Gruppen feste Kriterien zur Bestimmung deren »rassischen« Werts an die Hand geben sollten. Das statistische Studium evolutionärer Variationen, wie es von Pearsons »biometrischer« Schule weiterentwickelt wurde, ließ sich freilich in Großbritannien zunächst kaum mit der experimentalwissenschaftlichen Vererbungsforschung der Mendelianer vereinbaren. Das wiederum schwächte ihre Position bei der Durchsetzung politischer Programme, so dass der *Mental Deficiency Act* von 1913 einen Einzelerfolg darstellte. Die Verbindung von Eugenik und Rassismus blieb in der britischen Politik letztlich die Ausnahme. In Deutschland hingegen ließ sich beider Trennung nur kurzfristig aufrechterhalten. Seit den 1920er Jahren war ihre Verschmelzung sogar Programm, denn zwischenzeitlich hatten sich vermögende Mentoren wie die Familie Krupp und notorische Rassenkundler wie Alfred Ploetz darauf verständigt, das Programm einer »Rassenhygiene« in aller Radikalität zu verwirklichen.

---

168 Galton 1889, 352. – Zum Folgenden vgl. ebenda, 338f.
169 Vgl. Francis Galton, »Eugenics: Its Definition, Scope and Aims«, in: Galton u. a. 1905-1907, (45-60), 47.
170 Vgl. hierzu und zum Folgenden Nancy Stepan, *The Idea of Race in Science. Great Britain 1800-1960*, London 1982, 129ff.

War für den experimentellen Lebenswissenschaftler Bernard noch jede Intervention in vitale Prozesse problematisch, ja unkontrollierbar[171], zielte die »Rassenhygiene« ohne Umschweife auf die Reinheit des Erbguts und zuletzt auf das Verschwinden ganzer »Typen« und »Rassen«. Mit dem Siegeszug der Mikrobiologie und Bakteriologie (Max von Pettenkofer besetzte 1878 den ersten Lehrstuhl für Hygiene) wurde zwar auch von seuchenmedizinischer Seite die Frage nach der Beziehung von Tüchtigkeit, Degeneration und Infektion aufgeworfen, doch erachtete das Programm einer Sozial- oder Rassenhygiene eben nicht mehr das Paradigma der Kontagiösität, sondern vielmehr das Reservoir »sozialer« Energie und einen »gesunden« Erbgang für entscheidend. Ausgehend von Galtons Eugenik standen die Leitlinien der rassen- und sozialhygienischen Programme bereits bis zur Jahrhundertwende fest. »Provisionally, public health may be defined as the systematic application of scientific ideas to the extirpation of diseases, and thereby to the direct or indirect establishment of beneficial variations both in the social organism and in its organic units. In more concrete form, it is an organised effort of the collective social energy to heighten the physiological normal of civilised living.«[172]

Bevor Alfred Grotjahn seine bakteriologisch, biologisch und anthropologisch fundierte *Soziale Hygiene* ausarbeitete[173], hatte schon das 1904 gegründete Berliner »Archiv für Rassen- und Gesellschaftsbiologie einschließlich Rassen- und Gesellschaftshygiene« die neuen Leitlinien vorgegeben: In einer Gesellschaft der »Rassen« und »Typen« können Soziologie und Nationalökonomie keine praktischen Maßgaben mehr formulieren. Entscheidend ist nun der Zusammenschluss radikaler Sozialtechnologien mit der Rassen- und Vererbungslehre – eine Allianz, die eine zugleich soziale und biologische Norm durchsetzen soll, »genetische« Abweichungen mithin als tödlichen Angriff auf die gesellschaftliche Konstitution versteht. Vor die »systematic extirpation, or exclusion, of the superfluous« hatte der Evolutionstheoretiker Huxley noch eine kulturelle Schranke gesetzt, einen fiktiven »watchman of society«, der den »ethical process« der künstlichen Selektion garantiert.[174] Diese moralische Reserve, welche die darwinsche Entwicklungstheorie für die menschliche oder kulturelle Evolution nicht preisgeben wollte, trachtete die deutsche Sozial- und Rassenhygiene zu beseitigen.[175] Weismanns Lehre von der Unveränderlichkeit des Keimplasmas sollte Schluss machen mit allen Hoffnungen auf die Steuerung genetisch wirksamer Umwelteinflüsse. Eugenik reduzierte sich auf den Schutz des guten und auf die Beseitigung des schlechten Erbmaterials, was nur zunächst mit den Mitteln einer verordneten »geschlechtlichen Zuchtwahl« vonstatten gehen sollte.

---

171 Vgl. hierzu Bernard 1961, 126.
172 Dr. W. Leslie Mackenzie (Medical Inspector to the Local Government Board of Scotland) in: Galton u. a. 1905-1907, Written Communications, 66.
173 Vgl. hierzu Alfred Grotjahn, *Soziale Pathologie*, Berlin 1923, v. a. 98f., 446.
174 Huxley 1894, 21, 30.
175 Zur Ausnahmestellung der deutschen Biowissenschaften, die sie in dieser Hinsicht bis in die 1960er Jahre hinein innehatten, vgl. Howard L. Kaye, *The Social Meaning of Modern Biology*, New Haven/London 1986, 42f.

Wilhelm Schallmayer, dessen Beitrag für die 1900 ausgeschriebene (von Haeckel mitverfasste und von den Krupps prämierte) Preisfrage zu den sozialen Konsequenzen der Deszendenztheorie der Sieg zuerkannt wurde, wandte sich gleichermaßen gegen die Nationalökonomie wie gegen Spencers optimistische Evolutionstheorie einer integrativen Differenzierung. Nun sollte eine »Nationalbiologie«, die sämtliche statistische, soziologische, anthropologische und evolutionistische Disziplinen in ihren Dienst nimmt, und eine schichtenspezifische Bevölkerungspolitik alles staatliche Handeln leiten. Um »Entartungsfaktoren« wie übermäßiger Hirntätigkeit keine genetische Basis zu geben, hatte Schallmayer bereits 1891 die amtliche Einführung »erbbiographischer« Personalbögen gefordert. In seiner Preisschrift griff er dann das moralphilosophische Kriterium an, nach dem eine Handlung als tugendhaft zu gelten hat, wenn der Handelnde mit ihr, wie Kant sagt, seine eigene Natur um eines höheren, rein vernünftigen Prinzips willen »aufopfert«. Den besten Charakter besitze, so Schallmayer, vielmehr derjenige, der schon seiner biologischen Konstitution halber gar nicht anders als »gut« handeln kann. »Für die soziale Verwertung kommt es nicht auf das fragwürdige sittliche Verdienst an, das übrigens mit der Kausalität im Widerspruch steht, sondern ausschließlich auf die soziale Tauglichkeit, und die beruht in erster Linie auf angeborenen Anlagen, zu einem anderen Teil auf Erziehungseinflüssen und sonstigen Einwirkungen des Lebens, lauter Dingen, die im letzten Grunde nicht von unserem Willen abhängen.«[176]

»Denkkraft«, »Instinkte«, Immunität und Lebensfähigkeit sowie »soziale Anlagen« sind Teil des Erbguts und nicht individualbiographisch zu erwerben. Deshalb sind sie der eigentliche Ansatzpunkt jeder zum Überlebenskampf unabdingbaren künstlichen Selektion. »Seit *Darwin* hat der Mensch den Vorzug, nicht nur Teilnehmer, sondern auch Beobachter dieses großen Kampfes zu sein.«[177] Das gestattet ihm, die Bedingungen einer nicht nur natürlichen, sondern weitergehend sozialen »Lebensfähigkeit« auszuloten. Um die längerfristige Entartung der »Rasse« zu vermeiden, muss soziale Tauglichkeit mit dem genetischen Überleben synchronisiert werden.[178] Schallmayers »Rassedienst« stellt die »biologische« über alle »ökonomische« Politik, weil die nationalen »Erbgüter« nicht von geringerem Wert als die nationalen »Sachgüter« seien. Im Gegenteil, während »Besserungen in der Zusammensetzung eines Volkskörpers auch für die Vermehrung des Nationalreichtums an Sachgütern und für das Wachsen der Kultur von großer Tragweite sind, bringen umgekehrt Vermehrungen des Nationalreichtums an Sachgütern und Kultursteigerungen in den bei uns eingeschlagenen Richtungen nicht auch Besserungen der organischen Erbwerte einer

---

176 Wilhelm Schallmayer, *Vererbung und Auslese im Lebenslauf der Völker. Eine staatswissenschaftliche Studie aufgrund der neueren Biologie*, Jena 1903, 86f.
177 Ebenda, 95. – Zum Folgenden vgl. ebenda, 97, 107.
178 *»Es genügt aber nicht, daß die Höhe der sozialen Stellung den Fähigkeiten und Leistungen möglichst entspricht. Es muß vielmehr im generativen Interesse auch verlangt werden, daß soziales Emporkommen oder Sinken mit einem entsprechenden biologischen Emporkommen beziehungsweise Zurücktreten oder Verschwinden Hand in Hand geht.«* (Ebenda, 170.)

Nation mit sich«.[179] Der Rassedienst greift gezielt in die Judikative ein und versteht das Strafsystem als »ein Instrument der Auslese in eugenischer Richtung«, das lediglich aus seiner bisherigen Anwendungspraxis, die die eugenisch Schlechteren sozial besser stellt, gelöst werden muss. Es gilt nicht nur für die Verbrechermenschen mit ihren durchschnittlich minderwertigen Sozialanlagen, sondern auch für zahlreiche andere stigmatisierte oder noch zu stigmatisierende »Typen«, »daß durch ihre unterschiedslose Ausschaltung aus der Volksreproduktion die Rasse nur gewinnen könnte.«[180]

Schallmayers »Rassedienst« begreift die Rasse als *singulare tantum*. Sie ist nicht eine unter vielen Kräften, welche auf einem evolutionären Feld aufeinandertreffen, sondern erscheint ihrerseits als ein Kräftefeld, auf dem Erbeinflüsse, pädagogische und disziplinarische Maßnahmen sowie technische Mittel und Umweltbedingungen zu einer spezifischen sozialen Konstitution zusammentreten. Alfred Ploetz' *Rassenhygiene* setzt hingegen eine Vielzahl von Rassen voraus, von denen dem Tauglichkeitsstandard der höheren Rasse nicht alle genügen, so daß sie abgewehrt oder gänzlich zur Vernichtung freigegeben werden sollen. »Rasse« ist in diesem Verständnis die »Bezeichnung einer durch Generationen lebenden Gesammtheit von Menschen in Hinblick auf ihre körperlichen und geistigen Eigenschaften«[181], sie ist der Gegenstand einer Konstitutionslehre, deren Parameter auf die (äußere) Lebenskraft und (innere) erbbiologische Qualität zusammenschrumpfen. Den »negriden und den primitiven Urrassen«[182] kommt aber in derlei Rassentheorien kein weiteres Attribut mehr zu, als das untere Ende dieser Konstitutionsskala zu besetzen.

Obwohl der Rassenbegriff der Sozial- oder Rassenhygiene nicht mit den Mitteln der medizinischen Anthropologie, die ja als Bezugspunkt noch den »natürlichen Menschen« gewählt hatte, sondern nach den Vorgaben einer »sozialen Anthropologie« gebildet wurde, welche als Bewertungskriterium einzig und allein die »soziale Tauglichkeit« des Menschen gelten lässt, wollte er »biologisch« verstanden sein. Vorreiter der rassenhygienischen Normalisierung und Exklusion war schließlich die »Kriminalbiologie«, deren Begriff auf das Jahr 1888 und einen Entwurf des Strafrechtlers Franz von Liszt zurückgeht. Liszt nannte als kriminalbiologische Zielsetzung, die besserungsfähigen Verbrecher zu bessern, diejenigen, welche keiner Besserung bedürfen, abzuschrecken, und die unverbesserlichen Verbrecher unschädlich zu machen.[183] Die Kriminalbiologie erhielt im Jahre 1923 staatlich-institutionelle Befugnisse, als in Bayern die kriminalbiologische Untersuchung aller Inhaftierten eingeführt wurde, 1937 wurde dann der

---

179 Wilhelm Schallmayer, *Vererbung und Auslese. Grundriß der Gesellschaftsbiologie und der Lehre vom Rassedienst*, Jena 1918, 134.
180 Ebenda, 445, 448. – Vgl. hierzu ebenda, 445.
181 Zit. nach Engels in: Barsch/Hejl 2000, 130.
182 Fritz Lenz, *Menschliche Auslese und Rassenhygiene (Eugenik)*, München 1931, 129.
183 Vgl. hier und zum Folgenden: Jürgen Simon, »Kriminalbiologie und Strafrecht von 1920 bis 1945«, in: Heidrun Kaupen-Haas und Christian Saller (Hgg.), *Wissenschaftlicher Rassismus*, Frankfurt 1999, (226-256), 229, 233, 241.

reichsweite kriminalbiologische Dienst vereinheitlicht. Die sozial- und rassenhygienische Bedeutung der Kriminalbiologie sah man zuletzt in dem Umstand, dass »sie eine wissenschaftlich begründete Behandlung gerade jener abgrenzbaren Bevölkerungsschicht an die Hand gibt, die zum Teil nicht allein sozial abträglich, sondern zugleich auch erb- und rassewertlich schädlich ist und insoweit einer planmäßigen Ausschaltung zugeführt werden muß.« In diesem Stadium war längst nicht mehr die Besserungsfähigkeit des Delinquenten die Hauptfrage, sondern vielmehr, »ob der Täter trotz seiner Tat wieder sozial brauchbar sein wird oder voraussichtlich eine dauernde und unerträgliche Gefahr für die Gemeinschaft darstellt.«[184]

Die Gemeinschaft ist mithin zur Polizeisache geworden. Gerade im Falle eugenischer und rassistischer Radikalität wird offenbar, dass das Gemeinschaftliche nichts als ein gesellschaftliches Institut, weil von den gesellschaftlichen Gesetzmäßigkeiten durchdrungen ist, die zu transzendieren es immerzu prätendiert. Es ist die Gesellschaft selbst, die sich mit ihrer Technisierung zusehends auf Vorsorgemaßnahmen zu stützen hat, die Funktionsdifferenzierungen entwickelt und sich dann über einen Diskurs der Gemeinschaftlichkeit und Solidarität zu integrieren versucht.[185] Die »Gemeinschaften«, die genossenschaftlichen und Selbstverwaltungsinstitute, von denen die Soziologie, Rechtsgeschichte und Kultur-wissenschaft allgemein handeln, sind rückprojizierte Urbilder jener institutionalisierten Solidarität, die inmitten einer ausdifferenzierten und hochtechnisierten Gesellschaft ein »soziales Band« stiften soll. Die »Ritter« und »Priester«, die Kierkegaard als Vorkämpfer und Exponenten einer höheren Gemeinschaft benannt hat, müssen längerfristig nicht nur wegen der fortgesetzten versicherungstechnischen Implementierung von Solidarität abtreten, sondern auch, weil das »Reale« oder »Transzendente«, das, was die technisierte Gesellschaft immerzu gefährdet und auf das Gemeinschaftliche zutreibt, keine heroische oder private existentielle Erfahrung mehr ist. Es gibt niemanden mehr, der nicht dem Unfall oder einem anderen Risiko ausgesetzt wäre.

Nur für eine »Volks-« oder »Blutsgemeinschaft«, die die gesellschaftlichen Risiken auf ein »genetisches Risiko« reduziert, greift noch das Verursacherprinzip. Dieses gilt jedoch keinesfalls mehr für das reale gesellschaftliche Risiko bei dauernder technischer und medialer Innovation.[186] Schafft soziales Leben immerzu

---

184 Theodor Viernstein, »Schlussansprache«, in: *Mitteilungen der Kriminalbiologischen Gesellschaft*, Bd. V., Graz 1938, 117 und Ernst Hoffmeister, *Die Kriminalbiologie, ihre ideengeschichtliche Entwicklung und ihre Bedeutung für das kommende deutsche Strafrecht*, (Diss.), Breslau 1939, 39.
185 Vgl. hierzu Daston 1988, 120 und Luhmann 1997, 948-950.
186 Vgl. hierzu Bloch 1985, 349f. – Einst die transzendente Macht schlechthin, ist das Kontingente der Gesellschaft und ihrer Konstitution völlig immanent geworden. Während die Soziologie das Gesellschaftliche als autonome Entität entdeckt, erweist sich instituierendes, ja gesellschaftliches Handeln allgemein als per se riskant, weil es stets unbeabsichtigte Nebenfolgen nach sich ziehen muss. Das Problem bilden mithin weniger äußerliche »Gefahren« wie Naturkatastrophen, denen jede menschliche Gemeinschaft unweigerlich ausgesetzt ist, als »Risiken«, die aus dem gesellschaftlichen Leben selbst herrühren und deshalb durch sozial reflexive Prozesse abzuschätzen sind. (Vgl. Niklas Luhmann, *Soziologie des Risikos*, Berlin/New York 1991, 36, 84.)

neue Risiken, so sind diese ihrerseits gesellschaftsbildend, denn gegen Übel, die weder physisch noch metaphysisch, weder natürlich noch moralisch, die vielmehr sozial zu nennen sind, vermag sich nur eine Gesellschaft zu versichern, die auch ihrer Gemeinschaftlichkeit sicher sein kann. Im Vergleich zur »ideologisch« konzipierten exklusiven Volks- oder Blutsgemeinschaft ist die Versicherungsgemeinschaft das »realistischere« und zivilere, weil inklusive Modell. Nach seinen Richtlinien wurden in Deutschland, nachdem 1871 das Reichshaftpflichtgesetz verabschiedet und seit 1872 eine umfassende Verkehrsstatistik erstellt worden war, in den 1880er Jahren sukzessive die öffentlich-rechtlichen Pflichtversicherungen (Kranken-, Unfall-, Invaliditäts- und Altersversicherung) eingeführt. Dieser *État-providence*, wie ihn François Ewald genannt hat, wurde als Produkt einer ursprünglichen Solidarität und Gemeinschaft verstanden, auch wenn er diese erst mit den Mitteln einer probabilistischen Vernunft hervorgebracht hat. Die Mitglieder einer Gesellschaft (oder Versicherungsgesellschaft) sind füreinander Risikofaktoren; sie sind aber auch die einzigen, die sich nach dem Solidaritätsprinzip gemeinschaftlich versichern und füreinander vorsorgen können. Der Vorsorgestaat schafft Abhilfe angesichts der massiven Bedrohung allen natürlichen Lebens durch das soziale Leben. Sei es durch die Allgegenwärtigkeit von Epidemien und Endemien, die alle Gesellschaftsmitglieder zu Opfern und Verursachern in einem macht; sei es durch die Ontologie des Technischen, für die das Akzidens notwendig, die Substanz aber relativ und zufällig ist – der alte verlässliche Kausalitätstypus wurde überholt.

Dies hat zum einen zur Folge, dass der Vorsorgestaat ein homogenes und quantifizierbares Feld der Normalisierung einführt und immerzu den *homme moyen* reproduziert; zum zweiten, dass sich der Vorsorgestaat gerade durch Krisen und deren versicherungstechnische Bewältigung reproduziert; zum dritten, dass der Wert des Lebens den der persönlichen Freiheit überwiegt, dass also biopolitische Maßgaben vor die zivilrechtlichen treten; viertens, dass den Staat auch zu Friedenszeiten eine allgemeine Mobilmachung ergreift; und schließlich, dass sich Gerechtigkeit als Entschädigung definiert, die nicht sowohl mit Abschreckung und Bestrafung als mit präventiven und vorsorgenden Maßnahmen einhergeht.[187] Die präventiven Maßnahmen des Vorsorgestaats sind dabei weniger eine Angelegenheit der Justiz als in erster Linie eine solche der Verwaltung – einer Verwaltung wohlgemerkt, die sich ein ganzes Spektrum von tolerierbaren bis hin zu straffälligen Gesetzesübertretungen schafft, und deren Befugnisse sich nicht nur auf »Delinquenten«, sondern auf jedermann beziehen. Das Risiko ist also das, was eine Gesellschaft als Gemeinschaft zusammenhält – doch Gewissheit darüber, welche Gemeinschaft die Gesellschaft werden soll, ist aus ihm nicht zu gewinnen.

Als Prinzip von Gemeinschaftlichkeit, ja von menschlichem Sein überhaupt, wird die Versicherung Ende des 19. Jahrhunderts zum Schlüssel historischer und anthropologischer Forschung. Die deutsche Versicherungswissenschaft reflektiert das historische Werden und Wirken der Versicherung, und mit Blick auf

---

187 Vgl. François Ewald, *Der Vorsorgestaat*, Frankfurt am Main 1993, 431.

die französische Gesetzgebung zur Sozialversicherung, mit Blick also auf einen »Staat, der die Gemeinschaft repräsentiert«, beschreibt Mauss in seinem *Essay sur le don* jenes Solidaritätsprinzip, das die Gesellschaft »zu Archaischem und Elementarem zurückkehren« lässt. Mit dem *don*, dem obligatorischen »System der totalen Leistungen«, hätten primitive Völker vorexerziert, wie eine gemeinschaftliche und doch unblutige Ordnung instituiert werden kann, wie es also möglich sein kann, »zu geben, ohne sich anderen zu opfern. Dies ist eines der Geheimnisse ihrer Weisheit und ihrer Solidarität.«[188] Und es ist das Gegenprinzip zu jener Bluts- und Volksgemeinschaft, die diese Rückkehr zu den Ursprüngen als Entsolidarisierung und blutige Reinigung vollzieht. Gemeinschaft reduziert sich in ihr auf das Prinzip der unbedingten Selbsterhaltung. Sie fällt zurück hinter Darwins Bestimmung menschlicher Gemeinschaften, die sich vor den tierischen dadurch auszeichnen, dass sie sympathetische Neigungen gerade über die Gemeinschaftsgrenzen hinaus entwickeln. Und sie fällt selbst noch hinter Spencers Evolutionsdoktrin zurück, die zwar diese Hominisationsschwelle systematisch missachtet, bei Entsolidarisierung den gesellschaftlichen Zusammenhalt aber von Kompensation durch wachsende soziale Gleichheit abhängig macht.[189]

Für Spencer nimmt die Gesellschaft ihren »Ausgang von gemeinschaftlicher Abwehr und Angriff, und hieraus haben sich alle höheren Arten des Zusammenwirkens entwickelt.«[190] Was die zivilisierte friedlich-industrielle Gesellschaft von der primitiv-kriegerischen unterscheidet, ist der nunmehr industrielle Kampf ums Dasein, in dessen Zuge allerdings die Untauglichen weiterhin – wenn auch auf »indirektem« Wege – eliminiert werden. Appellierte Malthus noch an den *moral restreint*, übereignet Spencer alle Regulation dem System des freien Tauschs. Was jedoch dieses System stören könnte, gilt als *survival* – als Pervertierung der natürlichen Auslese. Die Eugenik und Sozialhygiene geht einen Schritt weiter und behauptet, dass es im sozialen Leben keine natürliche Selbstregulation geben könne, dass es also um der gesellschaftlichen Selbsterhaltung willen eines radikalen Eingriffes bedürfe. In einer zusehends ausdifferenzierten Gesellschaft aber kann es nicht nur eine einzige, repräsentative und vom Souverän durchgesetzte Überlebenstechnik mehr geben. Unterschiedliche soziale Gruppen entwickeln unterschiedliche Überlebenstechniken, und auch diese fallen, wie Simmel in »Die Selbsterhaltung der socialen Gruppe« (1898) schreibt, »durchaus nicht mit dem Selbsterhaltungstrieb ihrer Individuen zusammen«, ist doch die soziale Lebenskraft nicht minder als die biologische durch die Wechselwirkung von Organen definiert.[191] In diesem Sinne stellen die *survivals* des Kulturevolutionismus nicht nur den *missing link* zwischen zivilisierter und primitiver Gesellschaft dar, sondern auch Zeugnisse für die unterschiedlichsten Überlebenstechniken.

---

188 Mauss 1989/II., 127, 142. – Der Begriff der Versicherungswissenschaft geht auf das Jahr 1895 und ein Seminar diesen Titels an der Universität Göttingen zurück. *Der deutsche Verein für Versicherungswissenschaft* wurde 1899 in Berlin gegründet. (vgl. Koch 1998, 1f.)
189 Vgl. Darwin 1902, 108 und Spencer 1868, 464.
190 Herbert Spencer, *Die Prinzipien der Sociologie*, Stuttgart 1889, Bd. III., 291. – Zum Folgenden vgl. Wolfgang Holler, *Funktionswechsel des Sozialdarwinismus in der Soziologie*, Frankfurt am Main 1971 (Diss.), 43, 54, 60.

In der Degenerationslehre und Kriminalanthropologie werden sie jedoch zu Stigmata einer lebensunfähigen Rasse oder eines lebensunwerten Typus und als solche an eine sozialhygienisch beauftragte Polizei weiterdelegiert. Die *défense sociale* ist die Kehrseite der Versicherungsgesellschaft: Führt diese ein differenziertes Raster der Abweichungen ein, um das soziale Übel noch vor seinem Entstehen erkennen zu können, zielt jene auf die radikale Beseitigung des Risikos. Der *homo criminalis* – und nicht der *homo penalis* des älteren Strafrechts – verkörpert für sie das Risiko allen gesellschaftlichen Seins und den ärgsten Feind der Gemeinschaft. Von den 1840er Jahren, da erstmals kriminelle Veranlagungen für strafrechtlich relevant erachtet wurden, bis hin zur rassenhygienischen Generalisierung der Kriminalanthropologie verteidigt sich die Gesellschaft mit zusehends radikaleren Mitteln gegen jenen »Angriff in Permanenz«[192], an dessen Front die Verbrechermenschen stehen. Strafen und Versichern gelten hier bestenfalls als oberflächlich hygienische Maßnahmen, damit jedoch »die civilisierte Gesellschaft dem natürlichen Bedürfnisse der Selbsterhaltung genügen kann«, sind letztlich die »chirurgischen Massregeln (Aussonderung)« vonnöten.[193] Es ist dann für Schallmayer und die Rassenhygieniker ein Leichtes, mit Berufung auf die Kriminalanthropologie, auf Spencer und Schäffle »Rechtsbildung und Rechtspflege als soziale Machtfaktoren und als Bedingungen der Selbsterhaltung des Gemeinwesens anzusehen«.[194]

Die ältere »Verteidigung« des Gemeinwesens war, bevölkerungspolitisch gesehen, rein quantitativ. Sie hatte »auf zweckmäßige Mittel zu denken, wodurch dem schädlichen Zuwachse der Anzahl der Einwohner in der Residenz und dessen schädlichen Folgen vorgebeugt werden könne«[195], die qualitative Einwirkung verstand sich aber als Vermögensbildung. Mit der qualitativen Intervention der experimentellen Lebenswissenschaften hingegen »wird der Mensch zum Erzeuger von Vorgängen, zu einem wahren Gegen-Machthaber der Schöpfung; in dieser Hinsicht kann man die Grenzen seiner Macht über die Natur dank des künftigen Fortschritts der Experimentalwissenschaften nicht abschätzen.«[196] Die soziale Hygiene versteht sich somit als *»Lehre von den sozialen Bedingungen der Erhaltung des Lebens und der Gesundheit«*, die von einem staatlichen Gesundheitsdienst mit weitreichendsten Befugnissen informiert und die »zweckmäßig in einem Ministerium für Volksgesundheit, soziale Versicherung und Bevölkerungspolitik« implementiert wird.[197] Ihre Außenseite repräsentiert der Staat als »sich selbst erhaltendes Kraftsystem«, das geopolitisch seinen »Lebensraum« ver-

---

191 Vgl. Georg Simmel, »Die Selbsterhaltung der socialen Gruppe. Sociologische Studie« (1898), in: Simmel 1992/V., (311-372), 313. – Zum Folgenden vgl. ebenda, 315-326 und 334-336.
192 Ferri 1896, 267. – Vgl. hierzu auch Ludi 1999, 521, 555 sowie George L. Mosse, *Geschichte des Rassismus in Europa*, Frankfurt am Main 1990, 102.
193 Ferri 1896, 338.
194 Schallmayer 1918, 447.
195 Kabinettsordre Friedrich Wilhelms II. vom 29. Dezember 1798, in: Behre 1905, 206.
196 Bernard 1961, 37.
197 Lenz 1931, 249 und Grotjahn 1923, 453.

teidigt und dessen »Garant und Hüter ein Volk ist, das sich dieser Aufgabe gewachsen zeigt.«[198] Die Grundlage dieses nationalen Kampfes ums Daseins ist aber zunächst die Verteidigung der sozialen Konstitution, und eine solche hat immerzu die »Gefährlichkeit« sämtlicher sozialen Elemente abzuschätzen und sie dann durch »eine ganze Stufenleiter von Maßregeln« zu traktieren. »Im *engeren Sinne* bedeutet uns état dangereux immer die mit einem *bestimmten psychopathologischen Zustand* eines Individuums verbundene Gefährlichkeit. [...] Im weiteren Sinne bedeutet er die soziale Gefährlichkeit eines Individuums überhaupt.«[199]

Angesichts dieser Kontradiktion von *État-providence* und *État dangereux* fungiert die Polizey (oder »Polizei«) ein letztes Mal als vermittelnde Instanz: Im einen – versicherungstechnisch geprägten – Fall vermittelt sie zwischen individuellen und gesellschaftlichen Risikofaktoren, im anderen – von der Eugenik vorgezeichneten – Fall zwischen erkennungsdienstlicher Individualisierung und typologischer Verallgemeinerung. Als verlängerter Arm der Rassenhygiene sorgt sie vor allem für die Eindämmung des »genetischen« Risikos. Hatte die »Polizey« im 16. und 17. Jahrhundert auch noch um den rechten Glauben (an die Providenz), später dann (in guter Voraussicht) um die Wohlfahrt, um die menschlichen Vermögen und ihr Zusammenspiel mit den gesellschaftlichen gesorgt, schränkte sich ihr Aufgabenbereich seit Ende des 18. Jahrhunderts zusehends auf präventive Maßnahmen ein. Bereits Sonnenfels verschob den polizeylichen Wirkungsbereich von der Wohlfahrtspflege hin auf die Sicherheitswahrung, während die Polizeywissenschaft ihrerseits allmählich vom Verwaltungsrecht verdrängt wurde. Die »Polizei« als defensives Interventionsorgan mit beamteten Funktionsträgern, das vor allem für Identifikationsangelegenheiten und zur Verhütung und Aufklärung von Verbrechen zuständig ist, setzte sich trotz ihrer rechtlich unklaren Befugnis, Verordnungen zu erlassen, bis Mitte des 19. Jahrhunderts durch. Nicht eher wurde ihr Aufgabenbereich auf die Abwehr aller Gefahren für die öffentliche Sicherheit und Ordnung eingeschränkt, oder besser: geöffnet.[200]

Die vormaligen »Rechte der Menschheit«, nämlich das *»Recht der Selbsterhaltung, und der Vervollkommnung der Person, des Eigenthums, der Ehre und der Freyheit«*[201] wurden von der »Menschheit« auf die »Gemeinschaft« übertragen und entsprechend umformuliert: Statt der allgemeinmenschlichen Vermögensbildung durch eine *»Bevölkerungs=Polizey«*, durch *»Vermehrung der physischen«*, insbesondere aber *»moralischen Kräfte«* war nun die Verteidigung des Sozialen und seiner Konstitution dringlichste polizeiliche Aufgabe. Diese ist freilich rechtlich

---

198 Karl Haushofer, Erich Obst, Hermann Lautensach und Otto Maull, »Über die historische Entwicklung des Begriffs Geopolitik«, in: Dies., *Bausteine zur Geopolitik*, Berlin 1928, (3-28), 3 und Schmitt 1991, 61.
199 E. Hurwicz, »Zum Problem des état dangereux«, in: *Monatsschrift für Kriminalpsychologie und Strafrechtsreform*, 9 (1913), (399-425), 417, 402.
200 Vgl. etwa zur »Kreuzberg-Erkenntnis« des preußischen OVG vom 14.6.1882: Jeserich/ Pohl/Unruh/II. 1983, 470f. sowie ebenda/III., 439.
201 Jung-Stilling 1788, 2. – Im Folgenden ebenda, 7f. – Zum Folgenden vgl. auch Jeserich/ Pohl/Unruh/II., 442-447.

unklar, zumal die Polizei weder unter Leitung der Versicherungs- noch der Blutsgemeinschaft auf Gefahrenabwehr einzuschränken ist, sondern ihre Zwangsbefugnisse immer auch in andere Bereiche und auf noch gar nicht genauer umgrenzte Personenkreise übergreifen. Dies ist es, was Kracauer den »Kürwillen«[202] der Polizei nennt, und dies ist es, was Benjamin als das »Schmachvolle einer solchen Behörde« denunziert: »daß in ihr die Trennung von rechtsetzender und rechtserhaltender Gewalt aufgehoben ist«.[203] Die Polizei, die letztlich das Recht zum bloßen Mittel der Gewalt disqualifiziert, kann im Gegensatz zur Gemeinschaft, auf deren Auftrag sie sich doch beruft, »nichts Wesenhaftes« verkörpern, insofern sie die Gefahrenabwehr über alle rechtliche Setzung hinaus auf eine willkürlich gesetzte, kontingente Gefährdungslage ausdehnt und das Polizeirecht systematisch bricht. »Der ›Gefahrenvorsorge‹ fehlt die situationsspezifische Definition.«[204] Sie ist das Instrument einer sozialen Verteidigung, die sich auf spezifischere Risiken und Überlebenspraktiken berufen kann, aber keineswegs *muss*.

Wird das »regressive« Denken unter hochtechnisierten Bedingungen, wie es die humanwissenschaftliche Ursprungsforschung geprägt hat, auf die Disqualifikation von Regressionen reduziert, fällt die Gesellschaft ihrerseits hinter das Projekt einer polizeylichen Kontingenzkontrolle zurück. An deren Stelle treten utopische Ordnungsmodelle, die die Wiederkehr älterer Repräsentations- und Souveränitätsmodelle verheißen. Das reduziert regressive Denken bemächtigt sich nicht nur der Polizei. Es instrumentalisiert für seine Rassenlehre jene Evolutionstheorie, die den Entwicklungsprozess von Gesellschaften auf ursprüngliche oder primitive Formen der Vergemeinschaftung, in erster Linie aber auf Opferriten zurückgeführt hatte; und es instrumentalisiert für seine Typenlehre die Kriminologie, die rechtliche Wissenschaft vom »Täter«. Im *État dangereux* unterhalten das kultische Opfer und der strafbewehrte Täter eine intime Beziehung. Was somit die radikalisierte *défense sociale* zur Welt bringen wird, ist nichts als ein juridisch-anthropologischer »Bastard« – die Viktimologie.

---

202 Kracauer 1979, 69, 66.
203 Walter Benjamin, »Zur Kritik der Gewalt«, in: Benjamin 1991/II. 1, (179-203), 189.
204 Susanne Krasmann, *Kontingenz und Ordnungsmacht. Phänomenologischer Versuch über die Polizei*, Münster 1993, 99. – Vgl. hierzu auch ebenda, 98.

SCHLUSS

Opfer »nach Auschwitz«

Untergang oder nüzliche Anpassung, (d. h. Theilnahme an der Arbeitstheilung der höheren Civilisation) bildet das unentfliehbare Entweder Oder. Der Streit erhält lebendig und treibt zur – Welteinheit! Aber selbst die Subjecte, welche im inneren Kampf unterlagen, die Völker, die den Racentod starben, hinterließen in der Ausbildung ihrer Gegner, in Flora, Fauna und Boden die Spuren ihres Lebens.

Albert Schäffle, *Bau und Leben des socialen Körpers*

Das Opfer und der Verbrecher gehen, sobald sich die *défense sociale* radikalisiert, eine beispiellose, eine imaginär strukturierte, aber »totalitär« implementierte Verbindung ein. Diese belebt, wie es scheint, mit dem Thema der »Volksgemeinschaft« und des »Volksorganismus« das der Souveränität und Repräsentation wieder. Zunächst ist das Strafrecht »zum Rüstzeug der Volksgemeinschaft« geworden, das, wie Roland Freisler 1935 schreibt, »dem Reinigungs- und Schutzbedürfnis des Volkes dient.« Jenes »gemeinschaftliche Bedürfnis« kann auf natürliche Rechte bauen, ist es doch »nichts anderes als der Selbsterhaltungstrieb des Volksorganismus.«[1] Das nationalsozialistische Strafrecht ist, sobald es uneingeschränkt zur Anwendung kommen soll, kein juristisches Instrument mehr, sondern ein solches für den Überlebenskampf. »Verbrecher« bilden eine eigene »Rasse«, und gewisse »Rassen« erscheinen schon rein konstitutionell als »verbrecherisch«. Solcher Status entzieht sich jedem juridischen Begriff, er ist in keinem zivilen Verfahren mehr zu vermitteln, denn »die Rasse und die sonstige erbmäßig bedingte Eigenart bestimmt nicht nur unmittelbar die Art und Weise des Verbrechens ihres Trägers, sondern auch seine ganze soziale Stellung innerhalb der Gemeinschaft«, wie es 1944 in einer methodologischen Studie zur Kriminologie heißt. »Der Gedanke der Ausmerzung volks- und rasseschädlicher Teile der Bevölkerung findet hier seinen Rückhalt.«[2]

Gemeinschaften und »Organismen« wie die des Nationalsozialismus sind letztlich eine Ausgeburt des Imaginären – eines Imaginären allerdings, das sich seiner beispiellosen »Originalität« sicher sein kann. Die Volksgemeinschaft sammelt sich, wie Hannah Arendt gezeigt hat, in einer zentralen ideologischen Fiktion, um sie »organisatorisch« und mit totalitärer Durchschlagskraft immerzu zur Welt zu bringen. Deswegen diente die Ausbildung der Gestapo und SS letztlich immer nur einem Zweck: »der furchtbaren und unbegrenzbaren Erforschung der Reiche des Möglichen und der Verwirklichung einer Welt, in der es Realität und Tatsache im Sinne einer dem Menschen vorgegebenen Faktizität nicht mehr gibt.«[3] Der Totalitarismus betreibt die utopische Abschaffung von Kontingenz als

---

1 Roland Freisler, »Der Wandel der politischen Grundanschauungen in Deutschland und sein Einfluß auf die Erneuerung von Strafrecht, Strafprozeß und Strafvollzug«, in: *Deutsche Justiz* 97 (1935), (1247-1254), 1251.
2 Edmund Mezger, *Kriminalpolitik und kriminologische Grundlagen*, Stuttgart 1944, 146, 247.
3 Arendt 2001b, 904.

geregelte Sozialtechnik. Nicht nur, dass er das Klassifikationssystem der Rassenlehre auf bürokratischem Wege zu einer ontologischen Ordnung umgewandelt hat; er realisiert auch das Prinzip natürlicher Entwicklung, die Selektion, als Prinzip aller gesellschaftlichen und kulturellen Evolution. Die »Selektion«, wie sie auf den Rampen der Konzentrationslager praktiziert wurde, verzahnt die soziale Realität mit jenen Mikrogesellschaften, deren Wirklichkeitsexperimente Wirkliches mit Möglichem zur Deckung bringen sollten. Das Lager ist ein Labor für systematische Versuche, am einzelnen Menschen wie an einer abgeschirmten Population: Suchte etwa die zivile Seuchenvorsorge über Hygienemaßnahmen die Seuchen einzudämmen und die epidemische Konstitution eines sozialen Körpers zu kurieren, produzieren die Lager nun jene Konstitution, deren tödliche Folgen dann die Selektion und Rassenhygiene beglaubigen sollen. Zugleich führen die Lager die absolute Geltung des Strafrechts und im selben Zuge dessen absolute Nichtigkeit vor, indem sie eine allumfassende Disziplinarordnung erlassen, die Gesetzesübertretung aber mit ihren »Normenfallen«[4] als immerwährenden und unvermeidlichen Normverstoß begreifen, um sie dann standrechtlich zu ahnden.

Zunächst reduziert das Lager seine Insassen auf ihre angeblich wirkliche, in Wirklichkeit aber nackte Existenz. Überkommt sie »der krasseste Selbsterhaltungstrieb«, bezeugen sie von selbst ihre Gemeinschaftsunfähigkeit und niedere Existenzform. »Es waren keine Menschen mehr. Sie waren Tiere geworden, nur noch auf Nahrungssuche aus«, schreibt Rudolf Höß, Lagerkommandant von Auschwitz, in seinen Aufzeichnungen. Die Überlebenden, der verbliebene »Rest war dann die Auslese. Sie arbeiteten ausgezeichnet«.[5] Aus der Sicht der »Häftlingsgemeinschaft« zeitigt dies ein doppeltes Paradox: »Selbst die Solidarität war eine individuelle Angelegenheit geworden«, wie Robert Antelme berichtet, doch gab es eine »Gemeinschaft« unter den Häftlingen, nämlich die der »Untüchtigen«. Neben der Tatsache, dass Gemeinschaft auf einen Nullpunkt reduzierbar ist (aber auch gerade an diesem Punkt zur Erscheinung kommt), beweist die Ordnung des Lagers, dass es von einer absoluten Todes-Macht errichtet wurde. Man hat in den Lagern zum einen den Versuch gesehen, die absolute Souveränität, die von jeher auf das bloße Leben zielte, wiederzubeleben. Als solche wäre die unbeschränkte Souveränität eine Thanato-Macht, und keine polizeylich und verwaltungstechnisch regulierte Bio-Macht. Andererseits wurde das Lagersystem als eine Einrichtung gesehen, die einer »idée hypostasiée« zur Wirklichkeit verhelfen sollte. Was während der französischen Revolution noch

---

4 Wolfgang Sofsky, *Die Ordnung des Terrors. Das Konzentrationslager*, Frankfurt am Main 2002, 248.
5 Martin Broszat (Hg.), *Kommandant in Auschwitz. Autobiographische Aufzeichnungen des Rudolf Höß*, München 2000, 158f. – Vgl. hierzu auch den Bericht Andrzej Szcypiorskis: »Wir bildeten damals eine Einheit in unserem Unglück, in der Schwäche und dem Sterben, uns verband die Gemeinsamkeit von Haß, Angst und Hoffnung, aber das alles gewährte uns, weil es so sehr gemeinsam war, keinen Rückhalt.« (Andrzej Szcypiorski, »Unser lieber Benno« (1979), in: Dieter Lamping (Hg.), *Dein aschenes Haar Sulamith. Dichtung über den Holocaust*, München/Zürich 1992, (68-79), 73.)

die allgemeinmenschliche Idee der reinen Vernunft darstellte, sei hier – »rationellement« – als allumfassende Fiktion der reinen Menschenrasse realisiert worden.[6] Die Macht der Lager unterscheidet sich jedoch von allen anderen historischen Mächten dadurch, dass sie mit dessen permanentem Ausnahmezustand auf das bloße Leben zielt und es gleichzeitig qualifiziert und formiert, oder besser: dass es die realen Lebens-Formen zu bloßen »Überlebensformen« abqualifiziert.[7]

Während der Nürnberger Prozesse auf die nazistische Sprachregelung zur »Ausrottung« befragt, antwortete Alfred Rosenberg: »Es bedeutet ›überwinden‹ einerseits, es bedeutet die Anwendung nicht auf Einzelpersonen, sondern auf juristische Personen, auf bestimmte geschichtliche Überlieferungen.«[8] Die Thanato-Macht zielt mit ihrer »natürlichen Auslese«, die die »züchterische Wirkung des Todes« zur Geltung bringen sollte[9], auf Körperschaften und deren Geschichte. Mit der Gemeinschaft der »Unmenschen« sollte die bestehende »Unkultur« allgemein zerstört werden, und dies in einer fortwährenden und selbstregulativen Produktion von Untoten. So gesehen produzierte die Zwangsarbeit der Häftlinge nichts als deren eigene Zerstörung. Das Lager präparierte in einem groß angelegten anthropologischen Experiment, wie Primo Levi sagt, lebendige Leichname, die sogenannten »Muselmänner«, »die Menschen in Auflösung«.[10]

Mit einer Intervention, die weniger als mörderisch denn radikal bevölkerungspolitisch zu bezeichnen wäre, gründet die Todesmacht somit ihr eigenes Dasein auf ihr bloßes Überleben – gäbe es einen einzigen und damit unbeschränkt mächtigen Machthaber, so müsste dieser schon alle anderen überlebt haben, um seiner Macht wirklich sicher zu sein.[11] Während die Toten nicht einmal als Tote sein dürfen, erhält sich die Thanato-Macht nur mehr über den Tod der anderen. Paradoxerweise soll sich gerade auf diesem »Nichts« und auf der Vernichtung der ohnehin nichtigsten Lebensformen die reale Gemeinschaft formieren. Die nationalsozialistische Volksgemeinschaft ist deshalb eine Todesgemeinschaft. Nach

---

6 Pierre Klossowski, »Le marquis de Sade et la Révolution«, in: Hollier 1995, (505-532), 509, Anm. – Vgl. hierzu auch den im Sechsten Kapitel zitierten Bericht Michelets von einer geplanten Verbrennungs- und Säuberungsapparatur.
7 Giorgio Agamben, »Lebens-Form«, in: Vogl 1994, (251-257), 254.
8 *Der Nürnberger Prozess*, Nürnberg 1994, Bd. XI., 17. April 1946, 607.
9 Goldscheid 1909, 36.
10 Primo Levi, *Ist das ein Mensch? Ein autobiographischer Bericht*, München 1997, 108.
11 »Ein Einzelner kann gar nicht soviele Menschen töten, als seine Passion fürs Überleben sich wünschen mag. Aber er kann andere dazu veranlassen oder sie dirigieren. [...] Denn die eigentliche Absicht des wahren Machthabers ist so grotesk wie unglaublich: er will der Einzige sein. Er will alle überleben, damit keiner *ihn* überlebt.« (Elias Canetti, »Macht und Überleben«, in: *Macht und Überleben. Drei Essays*, Berlin 1972, (7-24), 16f.) – Zum Folgenden vgl. auch – allgemein historisch – Domenico Losurdo, *Die Gemeinschaft, der Tod, das Abendland. Heidegger und die Kriegsideologie*, Stuttgart/Weimar 1995, 41, passim, zudem Theodor W. Adorno, *Negative Dialektik*, Frankfurt am Main 1992, 335: »Mit dem Mord an Millionen durch Verwaltung ist der Tod zu etwas geworden, was so noch nie zu fürchten war. [...] Daß in den Lagern nicht mehr das Individuum starb, sondern das Exemplar, muß das Sterben auch derer affizieren, die der Maßnahme entgingen.«

Eugen Kogons Diagnose galt die SS als »ein Orden und ein Zweckverband zugleich«. Sie war berufen, »ein deutsch-rassisches Herrschaftssystem zu entwickeln und es mit allen Mitteln der Macht zu schützen. Daß die SS die messianische Voraus-Verkörperung, den sogenannten Führer, persönlich zu sichern hatte, verstand sich von selbst.«[12] Als Vorhut totaler Herrschaft sorgt sie zum einen für die wirkliche Wirklichkeit des nazistischen Mythos von Seele, Blut und Boden. Diese »Selbst-Verwirklichung der arischen Rasse als Selbstverwirklichung der Kultur überhaupt« stützt sich nicht minder auf das Mittel der Repräsentation, das nach dem Vorbild der Märtyrer und Eucharistie die Blutsgemeinschaft schon mit deren blutiger Bezeugung zur Welt bringt, als auf Mittel der neuesten technischen Standards.[13] Medien wie der »Volksempfänger« sandten nichts als die Botschaft, dass die Volksgemeinschaft als innerliche, wirkliche und unvermittelte hergestellt worden ist.[14]

Diese Vernichtung und Errichtung von Gemeinschaften, die einander ausschließen, brachte ein Spiel der Ausschlüsse in Gang, das das Prinzip sozialer Exklusion immer weiter radikalisierte. Zeichnete »die Juden«, wie man Ende des 19. Jahrhunderts immer wieder feststellte, »der eigentümliche, wenn auch oft nachlassende Abschluß gegen alle Nichtjuden« und eine gewisse »unsichtbare Organisation« aus, wurde jenes exklusive Privileg gerade an dieser besonderen Gemeinschaft als »volksgemeinschaftliches« Privileg der Exklusion exekutiert.[15] Schon die Vertriebenen und Staatenlosen, wie Arendt sagt, schon die *displaced persons*, widerlegen das Recht *des* Menschen, überhaupt Rechte zu haben. Sie sind aus dem Rechtssystem ausgeschlossen, damit aber auch zugleich aus jener exklusiven Totalität des Lebens, die allererst Rechte stiften könnte. Dieser Ausschluss ist nicht mehr rechtlich begründet, ja nicht einmal mehr politisch, insofern der Status des »objektiven Gegners« von vornherein auf dessen bloße Existenz, auf seine »reale« Rasse zielt.

Somit ist die Selektion auf der Rampe nur die Basisoperation des Ausschlusses. Sie exekutiert ein Todesurteil, das systemisch, zunächst im Euthanasieprogramm »Aktion 14f13« beschlossen, auf dem Verwaltungsweg dann vorbereitet und nur zuletzt durch die parawissenschaftlichen Kontrollgänge und Untersuchungen rituell bestätigt wird.[16] Diesem »Selektionsprozess« liegt ein immer weiter technisiertes, sozialstatistisches Verfahren der Erfassung und Datenverarbeitung

---

12 Eugen Kogon, *Der SS-Staat*, Hamburg 1974, 22.
13 Philippe Lacoue-Labarthe/Jean-Luc Nancy, »Der Nazi-Mythos«, in: Georg Christoph Tholen/Elisabeth Weber (Hgg.), *Das Vergessen(e). Anamnesen des Undarstellbaren*, Wien 1997, (158-190), 188. – Vgl. hierzu auch die »brennende Sorge« in Pius XV.' Enzyklika vom März 1937, dass »religiöse Grundbegriffe ihres Wesensinhaltes beraubt und in einem profanen Sinne umgedeutet werden. [...] Die Hirten und Hüter des Volkes Gottes werden gut daran tun, diesem Raub am Heiligtum und dieser Arbeit an der Verwirrung der Geister mit Wachsamkeit entgegenzuwirken.« (Papst Pius XI., *Mit brennender Sorge*, Einführung von Ulrich Wagener, Paderborn 1987, 62, 64.)
14 Zum »Drahtlosen Dienst« der Nationalsozialisten, der immer wieder »das resonante ›Afrika in uns‹« zum Tönen bringen sollte, vgl. McLuhan 1995, 456.
15 Simmel 1992/V., 357. – Zum Folgenden vgl. auch Arendt 2001b, 878.
16 Vgl. hierzu Sofsky 2002, 278, 284.

zugrunde, das mit der Fortentwicklung der Hollerith-Lochkartenmaschinen immer totaler und restloser funktioniert. War, was die Modalitäten seiner Machtausübung angeht, »der Nationalsozialismus in seiner Quintessenz statistische Wissenschaft und Sozialtechnik«, so ermöglichten der SS erst die Maschinen der IBM-Tochter Dehomag jene »Absonderung der Abnormalen«, die in den *Hollerith-Mitteilungen* bereits 1913 angekündigt worden war.[17] Die statistisch saubere Erfassung sämtlicher Personenstandsdaten und deren verwaltungstechnische Vernetzung stieß im Falle einer höheren Anweisung jenen Dominoeffekt an, den die neuere Systemtheorie als »Konvergenz der Ausschließungseffekte«[18] in unterschiedlichen gesellschaftlichen Teilbereichen, als totale soziale Exklusion beschreibt. Diese ist die Kehrseite der versicherungstechnischen Inklusion aller, so wie sie im polizeylichen Staat des 18. Jahrhunderts eingeführt wurde. Die Tontinen – zuweilen auch »Survivances« genannt – sollten damals nach Maßgabe eines Wahrscheinlichkeitskalküls die »Ueberlebenden« (ver)sichern, derjenige aber, der ihren Spielregeln nicht entsprach, konnte ohne weiteres »excludiret« werden.[19]

Gefragt, was solche Exklusion im Falle der Juden hätte verhindern können, antwortete Adolf Eichmann: »Verschwinden, verschwinden. Unsere empfindlichste Stelle war, daß sie verschwinden, ehe sie erfaßt und konzentriert waren.«[20] Doch gerade den Juden war von den Vordenkern der Vernichtung attestiert worden, nicht verschwinden zu können, eine gewissermaßen unzerstörbare, weil »rassisch« reine Konstitution zu besitzen.[21] Deswegen war das Reichssicherheitshauptamt, wie Höß berichtet, »immer für die restlose Beseitigung aller Juden«. Da aber die Lagerpraxis der geregelten Selbstzerstörung stets Reste oder wenigstens Spuren zu hinterlassen drohte, sah es »in jedem neuen Arbeitslager, in jedem neuen Tausend Arbeitsfähiger die Gefahr der Befreiung, das am Leben-bleiben durch irgendwelche Umstände.«[22] Die totale Exklusion, diejenige, die auch die Exklusion von technischen und kulturellen Institutionen wie den Archiven oder

---

17 Götz Aly und Karl Heinz Roth, *Die restlose Erfassung. Volkszählen, Identifizieren, Aussondern im Nationalsozialismus*, Frankfurt am Main 2000, 22f. (ebenda das Zitat aus den *Hollerith-Mitteilungen* 3 (1913)). – Die erste lochkartenbasierte Zähl-, Sortier- und Suchmaschine mit elektronischer Abfühlung wurde 1884 von Hermann Hollerith konstruiert und 1890 für die amerikanische Volkszählung als »statistical computer« eingesetzt. Seither auch in Europa eingesetzt, wurde sie 1917 durch elektromagnetische Stanzer und 1931 durch eine alphanumerische Codierung ergänzt. Zwischenzeitlich, im Jahr 1910, wurde die *Deutsche Hollerithmaschinen GmbH* gegründet, die 1949 in der *IBM Deutschland* aufgehen sollte. In Deutschland wurde seit der Volkszählung 1933 zunächst die Religionszugehörigkeit codiert, bald danach die »Abstammung«.
18 Niklas Luhmann, *Die Wirtschaft der Gesellschaft*, Frankfurt am Main 1996, 348.
19 Zedler über die Tontinen und Art. X. der »Erfurtischen Großen Heiraths-Societät« von 1759, zit. nach: Schöpfer 1976, 121, 129. Zu den »Survivances«, wie sie etwa 1771 in einer ›Haagischen Gesellschaft‹ realisiert wurden, vgl. ebenda, 141f.
20 Heinar Kipphardt, *Bruder Eichmann*, Reinbek 1983, 114.
21 Ludwig Gumplowicz, *Der Rassenkampf. Soziologische Untersuchungen*, Innsbruck 1909, 323: »die Juden verstanden es nicht und verstehen es im großen und ganzen noch heute nicht – unterzugehen.« Zum vorbildlichen »Verschwinden« der Phönizier vgl. ebenda, 322f.
22 Broszat 2000, 208.

dem »sozialen Gedächtnis« betraf, war deshalb nur in den sogenannten »Nacht und Nebel«-Aktionen zu bewerkstelligen. Das völlige Verschwinden der Betreffenden, so als hätten sie niemals existiert, sollte verwaltungstechnisch eingeleitet, von den Betroffenen dann aber selbst vollendet werden. Wie im Falle des Sonderkommandos zur Leichenverbrennung, dessen erste Aufgabe »die Verbrennung der Vorgänger«[23] darstellt, ehe die Asche, die Dokumente und dokumentierten Daten der Verbrannten beseitigt werden, heißt die systemische Vernichtung letztlich Selbstvernichtung bis zum letzten Mann und Dokument.

Das Verschwinden von Zeugnissen, von Zeugen und selbst noch von Spuren dieses Verschwindens war es dann auch, das die reguläre strafrechtliche Bewertung des Geschehenen vereitelt hat. Sollen nur Tat und Schuld des Angeklagten gewürdigt und soll im Zweifelsfall für ihn entschieden werden, stieß der Rechtsgang an seine Grenzen: »Dem Gericht fehlten fast alle in einem normalen Mordprozeß zur Verfügung stehenden Erkenntnismöglichkeiten, um sich ein getreues Bild des tatsächlichen Geschehens im Zeitpunkt des Mordes zu verschaffen«, heißt es in der Urteilsbegründung zum sogenannten Frankfurter Auschwitz-Prozess. »Es fehlten die Leichen der Opfer, Obduktionsprotokolle, Gutachten von Sachverständigen über die Ursache des Todes und die Todesstunde, es fehlten Spuren der Täter, Mordwaffen usw.«[24] Überdies handelte es sich um Verbrechen von unwahrscheinlichem Ausmaß, während bei Beweismangel die Unwahrscheinlichkeit einer Behauptung gegen deren Triftigkeit und damit für den Angeklagten spricht. Der verwaltungstechnische Massenmord stellte insofern nicht nur ein juristisch, sondern auch moralisch abnormes Phänomen dar, als »unter den Umständen des Dritten Reichs nur ›Ausnahmen‹ sich noch so etwas wie ein ›normales Empfinden‹ bewahrt hatten.«

Nicht umsonst bezeichnete sich Eichmann als »Opfer eines Fehlschlusses«.[25] Weder eine Anklage auf »Verbrechen gegen die Menschlichkeit« noch ein (Jerusalemer) Prozess im Sinne eines *forum patriæ victimæ* hatte feste Rechtsgründe – und seit der restlosen Vernichtung von Menschen und Menschlichkeit auch keine regelrechte Klägerinstanz. Für jeden Überlebenden aber, der ja schon seit seiner Selektion für sein restliches Leben zu einem solchen verurteilt worden war, musste gelten, »daß er von nun an einem unendlichen Wissen ausgeliefert ist, das sich nicht mitteilen läßt.«[26] Unendlich ist dieses Wissen, zugleich aber nichtig, weil es von nichts anderem als grenzloser Vernichtung zeugen könnte. Nach Primo Levi sind deswegen »die ›Muselmänner‹, die Untergegangenen, die eigentlichen Zeugen«.[27] Ein Zeugnis, das angesichts Auschwitz' überhaupt etwas

---

23 Nyiszli, Milós, *Im Jenseits der Menschlichkeit. Ein Gerichtsmediziner in Auschwitz*, Berlin 1992, 51.
24 Text in: Gerhard Werle und Thomas Wandres, *Auschwitz vor Gericht. Völkermord und bundesdeutsche Strafjustiz. Mit einer Dokumentation des Auschwitz-Urteils*, München 1995, 134.
25 Hannah Arendt, *Eichmann in Jerusalem. Ein Bericht von der Banalität des Bösen*, München/Zürich 2001, 100, 365.
26 Robert Antelme, *Das Menschengeschlecht. Als Deportierter in Deutschland*, München 1987, 407.
27 Primo Levi, *Die Untergegangenen und die Geretteten*, München 1990, 83f. – Vgl. hierzu auch Giorgio Agamben, *Was von Auschwitz bleibt. Das Archiv und der Zeuge*, Frankfurt am Main 2003, 131f., 144.

bezeugen kann, müsste die Vernichtung von Zeugenschaft, von theologischer (das Martyrium) und juristischer (das dokumentierbare Verbrechen) Repräsentation und von menschlicher Kommunikation überhaupt bezeugen. Der »Muselmann« bezeugt in seiner Unmenschlichkeit, dass etwas zerstört wurde, was für »Menschlichkeit« im juristischen wie moralischen Sinne zeugen könnte. Mit ihm ist auch der Glaube an eine Kompensation und jeder Anspruch auf eine zureichende Entschädigung unwiderruflich zerstört worden.[28]

Und dennoch entstand gerade »nach Auschwitz« (wenn man hier noch von einem beziehungsfähigen »Datum« und nicht lieber von einer »Zäsur« sprechen will) die Viktimologie als rechtswissenschaftlicher Zweig der Opferforschung. Hans von Hentig begründete sie, nachdem er am Rechtssystem von *Strafrecht und Auslese* (wie eine Studie von Hentigs von 1914 betitelt ist) zunächst aktiv mitgewirkt hatte und dann in die USA emigriert war. In Deutschland hatte er noch von »Individualelimination« gesprochen, »wenn die Einzelperson künstlich Umweltbedingungen unterworfen wird, denen sie sich nicht mehr anpassen kann, ohne in der Regel sogleich oder nach Verlauf einiger Zeit zugrunde zu gehen.«[29] Und nicht nur damit hatte er den Lagerexperimenten vorgedacht: Für ihn belegte schon die bloße Möglichkeit, einem Individuum gemeingefährliche Risiken auf Umwegen zuzurechnen, dessen konstitutionelle Defekte. Nach von Hentig sollte weniger gesellschaftsimmanenten, weil technischen Risiken vorgesorgt werden, als dass deren Exponenten – der reinen Gemeinschaft wegen – zu eliminieren waren. »Gleichgültig, welcher gesellschaftlichen Schicht die Menschen angehören, sind die Individuen in ihren Lebensbedingungen zu verkürzen, deren Eigenschaften in grober Form mit den Zwecken des Gemeinschaftslebens unvereinbar erscheinen.«[30]

Noch in *The Criminal and his Victim* (1948) sucht der emigrierte von Hentig nach »hereditary propensities«, die Täter und Opfer – jenseits aller »fiktiven« Unterscheidungen – *realiter* kommensurabel machen. »Setting aside flonies direc-

---

28 Zum Terminus der Wiedergutmachung, der neben dem der Entschädigung (von personenbezogenen Schäden) und Rückerstattung (von entzogenen Vermögenswerten) von den Verfolgten oftmals gerade wegen seiner uneindeutigen Semantik von »Bezahlen«, »Ersetzen« und »Sühnen« akzeptiert wird, vgl. Hans Günter Hockerts, »Wiedergutmachung. Ein umstrittener Begriff und ein weites Feld«, in: Ders. und Christiane Kuller (Hgg.), *Nach der Verfolgung. Wiedergutmachung nationalsozialistischen Unrechts in Deutschland?*, Göttingen 2003, (7-33), 10f.
29 Hans von Hentig, *Strafrecht und Auslese. Eine Anwendung des Kausalgesetzes auf den rechtbrechenden Menschen*, Berlin 1914, 24. – Zur Evolution der »Strafmittel« vgl. ebenda, 55: »Die Strafmittel vergangener Zeiten wie heute noch die primitiven Völker eliminieren den Täter, zerschlagen seine wirtschaftliche Existenz und verwunden dadurch seine Nachkommenschaft aufs schwerste, wenn man es nicht vorzog, sie gleichfalls auszurotten. Diese Methoden gelangen heute noch in den Vernichtungskampf der Kulturvölker gegen niedere Rassen zur Anwendung; ich nenne als Beispiel die Ausrottung der Herero durch die Deutschen.« – Zum Begriff der Fahrlässigkeit vgl. ebenda, 113: »Weiter aber hat die Bestrafung der Fahrlässigkeit selektive Bedeutung. Den Hunderten, die durch eine Explosion ihr Leben verlieren, kann es gleichgültig sein, ob der Täter vorsätzlich oder fahrlässig gehandelt hat. Die Gefährdeten haben nur das eine Bedürfnis, den Menschenschlag allmählich vermindert zu sehen, dessen Intelligenzdefekt ihn achtlos die Hände an solche Energiemengen legen läßt.«
30 Ebenda, 221.

ted against fictitious victims, the state, order, health, and so forth, there are always two partners: the perpetrator and the victim.« Wie von Hentig hinzufügt, ist es jederzeit möglich, »that the two distinct categories merge. There are cases in which they are reversed and in the long chain of causative forces the victim assumes the role of a determinant.«[31] Auch wenn das Lagersystem gerade die Beseitigung jedweder Initiative, ja jedweder Existenz der Opfer demonstriert hat, ist es für von Hentig offen, ob sie als solche zur Welt gekommen sind oder erst von der Gesellschaft zu solchen gemacht wurden. Diese Reduktion von konkreten Machtverhältnissen auf ein konstitutionelles Schicksal hat die moderne Viktimologie mit jenem Kompensationsmodell gemein, das sie selbst noch archaischen Institutionen wie dem *primal law* zurechnet.[32]

Die Kehrseite dieser soziobiologischen Nivellierung ist die universelle Berufung auf den Opferstatus, eine Form der imaginären Berechtigung, die als diskursive Bemächtigung »nach Auschwitz« gelten kann. Wie die »Holocaust«-Metapher auf jedes Massenverbrechen übertragen werden kann, ist auch jedwede ethnische oder anthropologische Klassifikation, so sie soziale Effekte erwarten lässt, als »Antisemitismus« oder »Rassismus« zu inkriminieren. »Die Viktimisierung ist also universell«[33] – und in ihrer Universalität verunklärt sie »nach Auschwitz« vollends jenen diskursiven und praktischen Zusammenhang, in dem die *victima* und das *sacrificium* stets als Kehrseiten ein und derselben Konstitutionsproblematik erschienen waren. Auch die »Opfer des Alltagslebens« und die für »das Göttliche«[34] waren »vor Auschwitz« nicht einfach homonym, nicht nur ein zufälliger sprachlicher Übelstand. In ihnen kam jene Sorge des Souveräns zur Sprache, die die Übertragung nicht im Sinne einer beliebig metaphorischen Redeweise, sondern immer als reale Problematik oder problematische Realität

---

31   Hans von Hentig, *The Criminal and his Victim. Studies in the Sociobiology of Crime*, New Haven 1948, 40f., 383f. – Zum Folgenden vgl. ebenda, 385: »It would not be correct nor complete to speak of a carnivorous animal, its habits and characteristics, withouth looking at the prey on which it lives. [...] They work upon each other profoundly and continually, even before the moment of disaster. [...] Often victims seem to be born. Often they are society-made. Sometimes the most valuable qualities render us easy victims. As always, mere chance, blind and senseless, is liable for what befalls us.«

32   Vgl. hierzu etwa Harvey Wallace, *Victimology. Legal, psychological, and social perspectives*, Boston u. a. 1998, 3. – Zu den Möglichkeiten einer historischen Opferforschung vgl. Dirk Blasius, »Der Opferaspekt in der Historischen Kriminologie. Revision einer Perspektive?«, in: Günther Kaiser u. Jörg-Martin Jehle (Hgg.): *Kriminologische Opferforschung. Neue Perspektiven u. Erkenntnisse*, Bd. I., Heidelberg 1994, Bd. I., (3-20), v. a. 4, 18.

33   Slavoj Zizek, *Die Metastasen des Genießens. Sechs erotisch-politische Versuche*, Wien 1996, 202. – Vgl. hierzu als Beispiel der Versuch, »Abweichende« als »Opfer« zu rehabilitieren: »that deviants are actually victims of an *inferiorization* process« (Donald E. J. MacNamara und Andrew Karmen, *Deviants – Victims or Victimizers?*, Beverly Hills/London/New Delhi 1983, 29.)

34   Vgl. hierzu etwa Berhard Götz, *Die Bedeutung des Opfers bei den Völkern*, Leipzig 1933, 77: »Die Opfer des Alltagslebens, von welchen wir in unseren Untersuchungen ausgegangen waren, hatten sich ebenso wie die kultischen Opfer als Verrichtungen erwiesen, mit denen der schöpferische Mensch sich selbst und die Welt einer Vervollkommnung zuführt. Auch das Göttliche haben wir als das Vollkommene gekennzeichnet, welches der sich als unvollkommen merkende Mensch ahnt und ersehnt.«

erkennt: zum einen das Problem einer Übertragung (von Legitimität, Vermögen oder Energie) zwischen Körperschaften, sei es zwischen der *communio* und *communitas*, sei es zwischen gouvernementalem Bildungsstaat und seinen produktiven Menschen oder zwischen Gesellschaft und Gemeinschaft; zum anderen aber das Problem der Übertragung selbst, ihrer Kontagiösität, ihrer Kontingenzen und Kräfteeinbußen. Nur jene Macht, die der transzendentalen Illusion einer reinen oder ursprünglichen Politik anheim fällt und als solche sämtliche Übertragungsprobleme für nichtig erklärt, wird immerzu ihre Opfer fordern.

Kantorowicz stellte 1951 mit Blick auf »recent nationalistic ravings which so terribly distort an originally venerable and lofty idea« fest, die »cold efficiency« des Geschehenen habe mit dem Patriotismus, so wie er auf die politisch-theologischen Körperschaften des Mittelalters zurückgehe, endgültig Schluss gemacht – »to the effect that human lives no longer are sacrificed but ›liquidated‹.«[35] Der Theorie des Opfers scheint es seither versagt oder untersagt, mit der gesellschaftlichen *und* gemeinschaftlichen Konstitution, mit ihrer wechselseitigen Instituierung und Delegitimierung, befasst zu sein. Sie will Rechts- und Sozialwissenschaft *oder* Anthropologie und Ethnologie sein. Jene registriert und kalkuliert mit »kalter Effizienz« die juristischen und sozialen Kosten aller Übertragung, diese aber zeigt sich fasziniert von jener »erhabenen Idee«, im Opfer enthülle sich der Ursprung von Mensch und Gemeinschaft. Offen ist, ob prononciert evolutionistische und »radikalästhetische« Opfertheorien diesem Dualismus entgehen können.

Die Opfertheorie Walter Burkerts etwa schloss theoretisch an die engere Evolutionslehre und damit an den wissenschaftlichen Sonderweg Deutschlands an, wurde hier doch seit den Zeiten der Kriminalbiologie immer auch ein Evolutionismus ohne religiöse und moralische Vorbehalte propagiert. Soziobiologisch wird deshalb über den Begriff des Rituals »eine Brücke von der Verhaltensforschung zur Religion« geschlagen, mithin kulturelle und genetische Entwicklung synchronisiert.[36] Die durkheimsche Konzeption vom Opfer als einer sozialen Tatsache und Institution wurde hingegen vom Pariser *Collège de Sociologie* übernommen, dessen *spiritus rector* Georges Bataille eine Ästhetik der Transgression im Sinne Sades propagierte. Seine »Anti-Ökonomie« versteht sich als Rekonstruktion ritueller Opferpraktiken, nachdem diese moralisch und ökonomisch umgedeutet worden seien, wobei »Opfer« wie »Kunst« an der Aufhebung der instituierten Verbote und Normen arbeiten.[37] Batailles Denken ist ein solches gegen Hegel, wenngleich mit dessen Begriffen: Was Bataille gegen die Reprä-

---

35 Kantorowicz in: *American Historical Review* 1951, 492.
36 Walter Burkert, »Anthropologie des religiösen Opfers. Die Sakralisierung der Gewalt«, in: *Carl Friedrich von Siemens Stiftung, Themen*, 40 (1984), (15-49), 29. – Vgl. auch Walter Burkert, *Kulte des Altertums. Biologische Grundlagen der Religion*, München 1998, 49: »Leben besteht in Selbst-Replikation und Selbstregulierung, als ›Homöostatisches System‹. Darum sind Götter, als mächtige Regulatoren, die Garanten beständiger Ordnung.«
37 Vgl. hierzu etwa Georges Bataille, *Die Höhlenbilder von Lascaux oder die Geburt der Kunst*, Frankfurt am Main/Olten/Wien o. J., 39 sowie Bataille 1994, 86.

sentation und Vermittlung ins Feld führt, ist die Souveränität in der Negativität. Opfer und Kunst berühren sich im Punkt der als undarstellbar dargestellten Überschreitung, das Opfer ist eine Repräsentation *nach* der Möglichkeit von Repräsentation, und es vermittelt nichts weiter als eine Intimität mit dem Tode, die zwar komödienhaft erscheinen, niemals aber realisiert werden kann.[38] Was bei Bataille indes »das schmutzige, versunkene Grauen der Lager«[39] heißt, vernichtete auch und gerade die komödienhafte Repräsentation oder Inszenierung einer menschlichen Überschreitung und Todeserfahrung: »ich bin nicht mehr lebendig genug, mich umzubringen«[40], schrieb Levi, und es steht dahin, ob Batailles anthropologische Rekonstitution in der Transgression die repräsentativen Residuen der Ästhetik und des Opfers tatsächlich zu retten vermag.

Die intakte Opferrepräsentation baute auf einem dogmatisch geregelten System der Sichtbarkeiten auf. Geht die Unterscheidung von sichtbarem und unsichtbarem Opfer auf Augustinus zurück, war es vor allem Thomas von Aquin, der die Notwendigkeit einer sinnlichen, sprich: visuellen Vermittlung beider Sphären herausstellte. In der Trienter Messopferdoktrin von 1562 wurde dann das *visibile sacrificium* als immerwährende Repräsentation und eschatologisch *signifikante memoria* des Kreuzestodes festgeschrieben. Darauf konnte sich noch die Praktik der frühneuzeitlichen Ostension stützen, die, wie etwa im jesuitischen *Sacro Teatro*, immer stärker bildhaften und theatralen Charakter annahm: als eine Ostension des *Corpus Christi*, in der das real Gegenwärtige erst vergegenwärtigt und das Unsichtbare immer wieder gezeigt werden muss. Doch selbst Prediger der Providenz wie Bossuet erklärten bald, Repräsentation und Souveränität seien nichts als ein »jeu de perspective«.[41] Damit kündigte sich nicht nur das Zeitalter optischer und zunehmend technisierter Illusionstechniken an, sondern auch die Epoche der Vermögen. Selbst für den Souverän ist, wie Leibniz in seinem *Porträt des Fürsten* schreibt, »eine mächtige Einbildungskraft« gefordert, das Vermögen nämlich, der guten Polizey halber zwischen Sicht- und Sagbarkeit schöpferisch zu vermitteln.[42] Seit Kants Transzendentallehre ist dann Repräsentation, so sie

---

38 Vgl. Hierzu Georges Bataille, »Hegel, la mort et le sacrifice« (1955), in: Œuvres, Bd. XII., Paris 1970ff., (326-345), 336f.
39 Georges Bataille, *Die Tränen des Eros*, München 1981, 175.
40 Levi 1997, 171.
41 Bossuet 1882, 161. – Zur zeitgenössischen Repräsentationstechnik des Perspektivglases vgl. Baptista Guarini, *Il Pastor Fido / The faithfull Shepherd*, London 1647, S. A3ᵛf., zit. nach: Bredekamp 1999, 92: »womit der Maler zu verstehen gibt, […] wie der politische Körper aus vielen natürlichen zusammengesetzt ist und wie jeder von diesen, in sich selbst vollständig und aus Kopf, Augen, Händen und dergleichen bestehend, ein Kopf, ein Auge, oder eine Hand in dem anderen ist; und darüber hinaus, daß die privaten Körper der Menschen nicht bewahrt werden können, wenn der öffentliche zerstört wird, ebensowenig wie diese kleinen Bilder ihre Existenz behalten können, wenn das große verdorben würde, denn dieses große war ebenso das erste und wichtigste im Entwurf des Malers, und für dieses war der gesamte Rest geschaffen.« – Nach Karl Stuarts Enthauptung kamen Rundspiegel und Anamorphosebilder in Umlauf, die das mittlerweile verbotene Porträt des Königs durch optische Effekte auf technischen Umwegen sichtbar machen sollten (vgl. Bredekamp 1999, 96).
42 Leibniz 1967/I., 116.

nicht nur reproduktiv sein soll, überhaupt auf eine Überschreitung der Einbildungskraft, auf eine »Bildung« und »Dichtung« angewiesen. Es ist im medialen Zeitalter einer programmatisch reaktionären politischen Theologie vorbehalten, gegen die »repräsentationslose Unbildlichkeit des modernen Betriebes« die legitime Repräsentation wieder herbei zu zitieren. Eben nur sie habe, wie Schmitt 1925 schreibt, noch »Kraft zu der dreifach großen Form: zur ästhetischen Form des Künstlerischen, zur juridischen Rechtsform und endlich zu dem ruhmvollen Glanz einer weltgeschichtlichen Machtform.«[43] Manifest werde diese Kraft »in einer spezifisch formalen Überlegenheit über die Materie des menschlichen Lebens« – eine Überlegenheit, wie sie nunmehr allein noch in Gestalt elektrifizierter Altäre zur Anschauung kommen könnte.[44] Zu diesem Appell an eine zugleich künstlerische, juridische und machtpolitische Repräsentation war freilich neben den technischen Medien eine Sozialtechnologie vonnöten, die mit ihrer geheimpolizeilich unspezifischen »Gefahrenvorsorge« zuletzt auf den standrechtlichen und unmittelbar schlagenden Modus von Machtausübung baut.

Die alte Souveränität hatte einen imperialen und patriarchalischen Auftrag, wohingegen die Polizey, der Vermittler einer guten Ordnung, von der jüdisch-christlichen Tradition des Pastorats ausging. Dass an diesem Punkt die, wie Girard sagt, Beziehung zwischen dem kultischen Opfer und der »willkürlichen Viktimisierung« erstmals offenbar werden konnte, ist weniger ein Verdienst des (christlichen) Glaubens als vielmehr das Resultat einer systematischen Polizierung und Regulierung. Wenn die Polizey jedoch, wie Hegel moniert, die Reklamation von Schäden und Opfern zu einer endlosen Möglichkeit ausgestaltet hat, ist die Aufgabe einer Ent-Schädigung auch nicht mehr durch Vergeltung oder providentielles Vertrauen zu bewältigen. Leibniz versteht die Theodizee deswegen auch im Sinne einer poetisch-polizeylichen Optimierung, der Staat soll zu einer öffentlichen Assekuranz werden, damit die unvermeidlichen Kontingenzen der guten und schönen Ordnung keinen Abbruch tun. Wie Justi sagt, bildet nun das repräsentative oder patriotische Opfer kein soziales Band mehr. Nur mehr die Versicherung und Schadensregulierung (sowie die Vernunft mit ihren regulativen Ideen) garantiert ein Gemeinwesen, das von der Epoche der Aufopferung zur deren *epoché* gelangt. Das evolutionistische und technisierte Zeitalter indes versteht Regulation als eine Praktik, die eine gesunde Konstitution herstellen und Energieverlusten zuvorkommen soll. Die von Burke noch bezweifelte »Total-Revolution« menschlicher Natur bewerkstelligt schließlich der Terror. Er bringt nicht mehr Unmenschen, wie der Bildungsstaat, oder *monstres humains*, wie die Revolution, hervor, sondern beseitigt, was er als lebens-

---

43 Schmitt 1925, 30.
44 Ebenda, 12. – Zu den elektrifizierten Altären nach Art Jules Vernes vgl. ebenda, 22. – Überliefert ist aber auch Schmitts Revision seiner Repräsentations- und Souveränitätsdoktrin im Jahre 1984: »Nach dem zweiten Weltkrieg, angesichts meines Todes, sage ich jetzt: ›Souverän ist, wer über die Wellen des Raumes verfügt.‹« (Ernst Hüsmert, »Die letzten Jahre von Carl Schmitt«, in: *Schmittiana*, 1 (1988), (40-54), 43.)

schädlich »selektiert«, aus der Gesellschaft und Geschichte, ja zuletzt noch aus dem Archiv.[45]

Wie gezeigt werden sollte, musste »das Opfer« in der Frühneuzeit als der exponierte Gegenstand aller Inszenierung von Souveränität gelten. Doch nur rhetorisch erfüllte sich die Szene der Macht schon in einer bloßen Verkörperung. So wie der zweite Körper des Souveräns nicht mehr im festen Bestand dogmatischer Tradition aufgehoben war, sondern in eine schlechtweg heterogene Überlieferung zerfiel, so wie er nicht mehr in den Lehren und Ritualen einer geschlossenen Repräsentation erscheinen konnte, sondern sich vielmehr in eine zusehends verwissenschaftlichte Form des Wissens und in regierungstechnische oder sozialstatistische Praktiken zurückzog, genauso erschöpfte sich »das Opfer« nicht mehr in einer repräsentativen, szenischen oder zeremoniellen Vergegenwärtigung, die das einfache Erscheinen des Souveräns selbst gewesen wäre. Es wurde zum Gegenstand der Sorge des Souveräns. Dieser stützte sich einerseits auf bestimmte Praktiken und Lehren der Hervorbringung, auf eine Poetik und Poetologie des Wissens, in deren Mittelpunkt die Dichtung mitsamt ihrer »unwahrscheinlichen Wahrscheinlichkeiten« rückte; und er entwickelte andererseits präventive Technologien, ein Regierungshandeln »vorsorgender« Art. Opfer müssen im selben Zuge hervorgebracht und verhindert werden – dies ist der Imperativ eines Souveräns, der unter den Vorzeichen der Kontingenz oder *probabilité* um seine eigene Möglichkeit oder *possibilité* sorgt. »Das Opfer« ist nicht mehr ein bloßes *instrumentum regni*, sondern das Medium aller Souveränität, ihre Möglichkeitsbedingung und Grenze. Und Dichtung ist nicht mehr die Auftragskunst einer alle Rede erschöpfenden Diskurs-Macht, sie experimentiert vielmehr »diskursiv« mit den verschiedenen Modi, in denen sich Souveränität aktualisieren kann.

Das Opfer wird zum Objekt des poetischen Diskurses. Dessen Aufgabe ist nicht mehr repräsentativer Art, vielmehr hat er die Unwahrscheinlichkeit universeller Menschwerdung als Wahrscheinlichkeit zu reflektieren und im ästhetischen Schein zu realisieren. Was Dichtung vorexerziert, ist – wenn auch paradoxe – Kommunikation und nicht mehr eine bloß repräsentative Teilhabe nach Art der Kommunion. Die Paradoxien dieser Kommunikation verdichten sich im Begriff »menschlicher« Vermögen, in einer Potenz, die Individualität und Sozialität gerade in ihrer Unterscheidung zusammenbringt. In einem spontanen und produktiven Körper konzipiert, soll diese Vereinigung eine Ökonomie des Schönen ermöglichen, welche auf dem Feld angeblich wertfreier, weil menschlicher und natürlicher Machenschaften immerzu Wert schöpft. Zum einen werden gerade zufällige und kontingente Ereignisse als ebenso unnatürlich disqualifiziert wie die Glaubensformen und Praktiken der »Naturvölker«; zum anderen gelten die zivilisierten Praktiken der Kompensation und Regulation als Ausweis polizeylicher Poetik oder »Bildung«. Dass aber das natürliche Menschsein und die natürliche

---

45 Zum nationalsozialistischen Projekt eines jüdischen Museums in Prag, das als eine Art repräsentative Vollendung der Judenvernichtung gelten kann, vgl. Wolfgang Ernst, »Leere, unauslöschlich. Der Holocaust als Dekonstruktion des Museums (Prag, Berlin)«, in: Tholen/ Weber 1997, 258-271, v. a. 260f., 269.

Geschichte nur unwahrscheinliche Hervorbringungen einer literarischen, ästhetischen oder illusionären Politik sind, dass sie sich der regulativen Idee einer polizierten und schönen Ökonomie der menschlichen Gemütsvermögen verdanken, wird um 1800 durch die Exzesse einer umstandslos verwirklichten Vernunft deutlich. Hinter dem Phantasma des Menschen treten die Möglichkeitsbedingungen seiner zweifelhaften Existenz hervor: die Gewalt der Repräsentation und des Symbolischen, die Gewalt des Diskurses selbst, die eine im Namen des Menschen tätige Schriftmacht unablässig besorgt.

Die Souveränitätstheorie wird zur Krisentheorie, und das impliziert zum einen eine Glaubenskrisis: Heilsvermittlung geht weder rituell noch im Schriftsinn vonstatten, sondern in Form einer Mediierung, die das Bildhafte und Symbolische immer schon überschritten hat, oder besser: ihm immer schon vorausliegt; zum anderen impliziert es die Natürlichkeit der Krise: Entwicklung ist keineswegs die *evolutio* als bloße Entrollung eines Schöpfungsplans, sie ist ein epigenetischer, kontingenter Prozess, ein gewaltsames Spiel der Kräfte, das vor den Grenzen kultureller Entwicklung nicht Halt zu machen scheint. Sind es die technischen Medien, die die natürliche und kulturelle Evolution erforschbar machen, fallen diese selbst in den evolutiven Prozess herab. Nur dadurch wird eine Theorie möglich, die auf präkritische Weise Natürliches und Ursprüngliches zu schauen vermeint. Die von den kolonialen Souveränen beauftragte Ethnologie und Kulturtheorie stößt ebenso wie die anthropologische Ästhetik der Epoche immer wieder auf denselben Ursprung: auf das Opfer als »primitives« Ritual und als Institution einer allerersten Gemeinschaftsbildung. Die »Anthroposoziologie« und »Kriminalsoziologie« nimmt ihre Ursprungssetzungen jedoch zuletzt nicht mehr auf einer evolutionären Achse vor: Das Ursprüngliche oder Primitive ist gegenwärtig in den niederen Rassen, den Degenerierten und Verbrechern. Diese emergieren sozusagen aus den evolutionären Schemata und sozialstatistischen Tabellen, sie personifizieren den Urzustand und die Kontingenz aller Gesellschaft. Sie sind ihr »verfemter Teil«, der der souveränen Konstitution halber zu beseitigen ist, ohne auf die Möglichkeitsbedingungen seines Erscheinens zu reflektieren. Spätestens dann, wenn die Exponenten dieser verfemten und unzeitgemäßen Seinsweise »Opfer« genannt werden, handelt es sich um ein bloßes Gedankending: um politische Rhetorik, eine Rhetorik der Empathie oder Wiedergutmachung, aber nicht mehr um einen Begriff, mit dem die Diskurs-Macht selbst noch operiert hätte. Denn mit der »diskursiven Niederlage« des Kulturevolutionismus war der Schein des Opfers für den Souverän selbst irrelevant geworden. »Das Opfer« ist seitdem eine Metapher, das Sagen eines Unbegrifflichen und Unbegriffenen.

Letztlich ist es das Produkt einer Regierungsmentalität, die in repräsentativen Einrichtungen, autonomen »Aufschreibesystemen« und technischen Medien aufgeht. Deren Übergängigkeit und Ineinandergreifen sollte die Erscheinung des Opfers garantieren. Der Souverän trug also nicht nur um das Wissen oder um die Wahrheit Sorge, sondern ebenso um die rechte »Darstellung«: Die Einheit in der Differenz seiner Erscheinung war ästhetischer Natur. Gerade die Dichtung und Literatur konnte ihm dienlich sein als Ritual, Aufschreibesystem und

Medium, das die Mannigfaltigkeit seiner Praktiken in der Einheit ein und desselben Opfers erscheinen ließ. Innerhalb der Geschichte, deren diskursive Unverbrüchlichkeit der Souverän besorgt, mag »das Opfer« als Institution oder regelnde Instanz, als Gegenstand eines jeweiligen Glaubens oder einer ursprünglichen Verkennung erscheinen. Doch ist in Wirklichkeit weniger die Frage der Institution, des Relativismus oder der Urszene entscheidend als die nach den praktischen und diskursiven Kräfteverhältnissen. Auch deren abermalige symbolische Umschrift in eine »Ideologie« der menschlichen Kommunikation oder energetischen Konstitution muss in diesem Kräftefeld verortet werden. Historisch sollte »das Opfer« immer wieder ein historisches Apriori zur Erscheinung bringen, das in Wirklichkeit ein Apriori der Geschichte war. Das Opfer diente – nicht nur im Falle Karl Stuarts oder Ludwigs XVI. – als Darstellungsfigur, die einen Bruch der Geschichte markieren sollte.

Deswegen kann sich eine Diskursgeschichte des Opfers nicht auf die Epochen der Geschichte beschränken, sondern muss immer wieder deren *epoché* benennen.[46] Sie beschreibt die heterogenen Diskurse über »das Opfer« als unterschiedliche Darstellungsformen des Historischen und des Transzendentalen – und damit immer schon mehr oder anderes als die bloße Rede. Gäbe es umgekehrt so etwas wie *den* Diskurs über *das* Opfer, so wäre er identitär und kontradiktorisch zugleich: Er würde historische Kontinuität stiften, aber um den Preis eines dauernden diskursiven Bruchs. Diskursiv ist es zuletzt immer die Einheit in der Differenz, um die sich der Souverän sorgt. Der Widerstreit[47], der damit zur Möglichkeitsbedingung von Geschichtsschreibung geworden scheint, ist gerade jener, der sich im Begriff des Opfers, oder vielmehr: in seiner Unbegrifflichkeit austrägt. Wenn es aber ein ästhetisches Ereignis geben soll, das den Gedanken einer Kompensation nicht von vornherein delegitimiert, dann nur im Leerraum seiner geschichtlichen Entmächtigung. Und wenn der, wie Schmitt sagt, dritten »großen Form«, der »Machtform« des Souveräns, noch irgendeine Sorge gelten kann, dann nur die, nicht mehr der transzendentalen Illusion einer ästhetischen Politik zu erliegen. Schließlich ruft die systematische Exklusion, die restlose Erfassung und Vernichtung, nach einer Poetologie, die mehr hervorbringt oder wiederbringt als eine »Faszinationsgeschichte«. Doch »nur wenige erliegen«, selbst nach dem versunkenen Grauen von Auschwitz, »nicht der Faszination des Opfers an sich.«[48]

---

46 Zur »Epoche« und zum »Bruch«, auch mit Blick auf die französische Revolution, vgl. Michel Foucault, *Archäologie des Wissens*, Frankfurt am Main 1992, 251f.
47 Vgl. Jean-François Lyotard, *Der Widerstreit*, 2., korr. Aufl., München 1989, v. a. 107.
48 Lacan 1987, 289.

Danksagung

Vorliegende Studie ist die gekürzte Fassung der Dissertation, die im Rahmen des Graduiertenkollegs *Codierung von Gewalt im medialen Wandel* an der Humboldt-Universität zu Berlin entstanden ist und dort 2002 eingereicht wurde. Für die finanzielle Förderung des Projekts danke ich der DFG, für die Druckkostendeckung den im Impressum genannten Stiftungen. Für ihre raschen und hilfreichen Korrekturen der Erstfassung bedanke ich mich herzlich bei Katja Bödeker, Ronald Düker, Alexandra Herb, Gernot Kamecke, Günter Knerr, Christa Möhring, Henning Teschke und Thomas Weitin, für Hilfestellungen unterschiedlichster Art bei meinen Eltern, Viviana Chilese, Steffen Grzybek, Erich Hörl, Lucia Iacomella, Fabian Knerr, Niki Kopp, Ägidius Kreitmeier, Jörn Münkner und Tatjana Petzer. Für ihr unermüdliches Engagement bei der Drucklegung schulde ich Michael Heitz und Sabine Schulz großen Dank – ebenso wie Axel Kortendick, der sich noch kurz vor seinem Tod um das Manuskript bemüht hat. Besonders danke ich meinem Erstbetreuer, Prof. Dr. Klaus Scherpe, für seine ebenso intensive wie loyale Förderung der Arbeit und meinem Zweitbetreuer Prof. Dr. Joseph Vogl für seine kritische und freundschaftliche Unterstützung. Der größte Dank geht natürlich an Emilija Mancic – nicht nur für ihre unendliche Langmut.

Literaturverzeichnis

Abbt, Thomas, *Vom Tode für das Vaterland*, Berlin 1761.

Achenwall, Gottfried, *Die Staatsklugheit nach ihren ersten Grundsätzen*, 3. Aufl., Göttingen 1774.

–, *Statsverfassung der heutigen vornehmste Europäischen Reiche und Völker im Grundrisse*, Göttingen 1781 (EA: 1749).

Adam, Armin und Martin Stingelin (Hgg.): *Übertragung und Gesetz. Gründungsmythen, Kriegstheater und Unterwerfungstechniken von Institutionen*, Berlin 1995.

Adams, Robert P., »Die gesellschaftliche Verantwortung der Wissenschaft in ›Utopia‹, ›New Atlantis‹ und späteren Werken«, in: Rudolf Villgradter und Friedrich Krey (Hgg.), *Der utopische Roman*, Darmstadt 1973, 161-185.

Addison, Joseph, »The Pleasures of the Imagination«, in: *Works*, Bd. III., hg. v. Henry G. Bohn, London 1872, 393-430.

Adelung, Johann Christoph, *Grammatisch-kritisches Wörterbuchs der Hochdeutschen Mundart mit beständiger Vergleichung der übrigen Mundarten, besonders aber der Oberdeutschen*, Bd. V., 2. Aufl., Hildesheim/New York 1970 (Reprint der Ausgabe Leipzig 1801).

Adorno, Theodor W., *Noten zur Literatur*, 4. Auflage, Frankfurt am Main 1989.

–, »Einleitung«, in: Durkheim 1976, 7-44.

–, *Kierkegaard. Konstruktion des Ästhetischen*, Bd. II. der *Gesammelte Schriften*, Frankfurt am Main 1979.

–, *Negative Dialektik*, 7. Aufl., Frankfurt am Main 1992.

Agamben, Giorgio, »Lebens-Form«, in: Vogl 1994, 251-257.

–, *Homo Sacer. Die souveräne Macht und das nackte Leben*, Frankfurt am Main 2002.

–, *Was von Auschwitz bleibt. Das Archiv und der Zeuge*, Frankfurt am Main 2003.

Alfieri, Vittorio, *Von der Tyrannei*, begleitet v. F. Freiherr von Fennberg, Mannheim 1845.

Allen, William, *Killing noe murder. Briefly Discourst in Three Quæstions*, EA: 1657/1659, in: Olivier Lutaud, *Des révolutions d'Angleterre à la révolution française*, La Haye 1973, 371-406.

Allesch, Christian G., *Geschichte der psychologischen Ästhetik. Untersuchungen zur historischen Entwicklung eines psychologischen Verständnisses ästhetischer Phänomene*, Göttingen 1987.

Allgemeines historisches Lexikon, Vorrede von Johann Franz Buddeus, Leipzig 1722.

Aly, Götz und Karl Heinz Roth, *Die restlose Erfassung. Volkszählen, Identifizieren, Aussondern im Nationalsozialismus*, Frankfurt am Main 2000.

Amengual, Gabriel, »Vom Ideal der Volksgemeinschaft zum Begriff des Geistes. Zur politischen und Religionsphilosophie beim jungen Hegel«, in: *Hegel-Jahrbuch*,1984/1985, 361-374.

An Exact and Most Impartial Accompt of the Indictment, Arraignment, Trial, and Judgement (according to Law) of nine and twenty Regicides, London 1660.

Andreæ, Johann Valentin, *Reise nach der Insul Caphar Salama, und Beschreibung der darauf gelegenen Republic Christiansburg, Nebst einer Zugabe von Moralischen Gedancken, in gebundener und ungebundener Rede*, hg. v. David Samuel Georgi, Esslingen 1741, EA: 1619 als Reipublicae / Christianopolitanae, Argentorati, Reprint, hg. v. Heiner Höfener, Hildesheim 1981.

Anonymus, *Das in Deutschland so sehr überhand genommene Uebel der sogenannten Empfindsamkeit oder Empfindeley, nach seinem Ursprung, Kennzeichen und Wirkunen, wie auch die sicherste Verwahrung dagegen. Eine Preisschrift*, o. O. 1782.

Anonymus, Engeländisch | *MEMORIAL,* | *zum ewigen Gedächtnüs /* | *Worinnen Erzehlet werden die Proceß vnd Execution* | *[...] Mit allem / was vor / in / vnd nach dero* | *Hinrichtung Gedenckwürdiges ist vorgefallen.* | *Aus der Englischen vnd Niederländischen* | *in Hochdeutsche Sprach gebracht / vnd* | *mit vielen schönen Küpfferbildnüssen dero* | *Personen vnd Executionsplatzen gezieret,* Amsterdam 1649.

Antelme, Robert, *Das Menschengeschlecht. Als Deportierter in Deutschland,* München 1987.

Apostolidès, Jean, *Le prince sacrifié. Théâtre et politique au temps de Louis XIV,* Paris 1985.

Arasse, Daniel, *Die Guillotine. Die Macht der Maschine und das Schauspiel der Gerechtigkeit,* Reinbek 1988.

Arendt, Hannah, *Eichmann in Jerusalem. Ein Bericht von der Banalität des Bösen,* mit einem einleitenden Essay von Hans Mommsen, 11. Aufl., München/Zürich 2001.

–, *Ursprünge und Elemente totaler Herrschaft. Antisemitismus, Imperialismus, Totalitarismus,* 8. Aufl., München 2001b.

Arnauld, Antoine und Pierre Nicole, *La logique ou l'art de penser,* Notes et postface de Charles Jourdain, Paris 1992.

Auerbach, Erich, »La cour et la ville«, in: *Vier Untersuchungen zur Geschichte der französischen Bildung,* Bern 1951, 12-50.

–, *Mimesis. Dargestellte Wirklichkeit in der abendländischen Literatur,* 9. Auflage, Tübingen/Basel 1994.

Baas, Bernard, *Das reine Begehren,* Wien 1995.

Babbage, Charles, *Ueber Maschinen- und Fabrikenwesen,* Vorrede von K. F. Klöden, Berlin 1833.

Bachofen, Johann Jakob, *Das Mutterrecht. Eine Untersuchung über die Gynaikokratie der alten Welt nach ihrer religiösen und rechtlichen Natur,* Auswahl hg. v. Hans-Jürgen Heinrichs, 9. Aufl., Frankfurt am Main 1997.

Bacon, Francis, *Neu-Atlantis,* in: Heinisch 1960, 171-215.

Bagehot, Walter, *Physics and Politics or Thoughts in the Application of the Principles of ›Natural Selection‹ and ›Inheritance‹ to Political Society,* London 1873 (EA: 1866).

Bagliani, Agostino Paravicini, *Der Leib des Papstes. Eine Theorie der Hinfälligkeit,* München 1997.

Bährens, Johann Christoph, *Ueber den Werth der Empfindsamkeit besonders in Rücksicht auf die Romane,* Halle 1786.

Baker, Keith Michael, »Souveränität«, in: Furet/Ozouf 1996/II., 1332-1353.

Barck, Karlheinz, *Poesie und Imagination. Studien zur ihrer Reflexionsgeschichte zwischen Aufklärung und Moderne,* Stuttgart/Weimar 1993.

Barner, Wilfried, *Barockrhetorik. Untersuchungen zu ihren geschichtlichen Grundlagen,* Tübingen 1970.

Barthel, Christian, *Medizinische Polizey und medizinische Aufklärung. Aspekte des öffentlichen Gesundheitsdiskurses im 18. Jahrhundert,* Frankfurt am Main/New York 1989.

Barthes, Roland, *Fragmente einer Sprache der Liebe,* Frankfurt am Main 1988.

–, *Sade. Fourier. Loyola,* Frankfurt am Main 1986.

–, *Sur Racine,* Paris 1963.

Bataille, Georges, »Hegel, la mort et le sacrifice« (1955), in: *Œuvres,* Bd. XII., Paris 1970ff., 326-345.

–, *Die Erotik,* neu übersetzt und mit einem Essay von Gerd Bergfleth, München 1994.

–, *Die Höhlenbilder von Lascaux oder die Geburt der Kunst,* Frankfurt am Main/Olten/Wien o. J.

–, *Die Tränen des Eros,* mit einer Einführung von Lo Duca und unveröffentlichten Briefen Batailles, München 1981.

Literaturverzeichnis

Bauer, Volker, *Die höfische Gesellschaft in Deutschland von der Mitte des 17. bis zum Ausgang des 18. Jahrhunderts. Versuch einer Typologie*, Tübingen 1993.

Baum, Manfred, »Hegels Kritik an Kants Moralprinzip«, in: *Hegel-Jahrbuch* 1987, 235-244.

Baumgarten, Alexander Gottlieb, *Texte zur Grundlegung der Ästhetik*, hg. v. Hans Rudolf Schweizer, Hamburg 1983.

Beccaria, Cesare, *Über Verbrechen und Strafen*, hg. v. Wilhelm Alff, Reinbek 1966 (nach der Ausgabe v. 1766).

Becher, Johann Joachim, Politischer Discurs. *Von den eigentlichen Ursachen / deß Auf= und Abnehmens / der Städt / Länder und Republicken / in specie, wie ein Land Volckreich und Nahrhaft zu machen / und in eine rechte Societatem civilem zu bringen. [...]*, Reprint, hg. v. Wolfram Engels u. a., EA: Frankfurt 1668, Düsseldorf 1990.

Becker, Peter E., *Sozialdarwinismus, Rassismus, Antisemitismus und völkischer Gedanke*, Bd. II.: *Wege ins Dritte Reich*, Stuttgart 1990.

Behre, Otto, *Geschichte der Statistik in Brandenburg-Preussen bis zur Gründung des Königlichen Statistischen Büros*, Berlin 1905.

Belting, Hans, *Bild und Kult. Eine Geschichte des Bildes vor dem Zeitalter der Kunst*, Reprint der 2. Auflage, München 1993.

Benjamin, Walter, *Gesammelte Schriften*, hg. v. Rolf Tiedemann und Hermann Schweppenhäuser, Frankfurt am Main 1991.

Bentham, Jeremy, *The Rationale of Punishment*, London 1830.

–, *The Rationale of reward*, London 1825.

Benveniste, Émile, *Indoeuropäische Institutionen. Wortschatz, Geschichte, Funktionen*, hg. u. mit einem Nachwort v. Stefan Zimmer, Frankfurt/New York 1993.

Bergdolt, Klaus, *Der schwarze Tod. Die Große Pest und das Ende des Mittelalters*, 4. Aufl., München 2000.

Berghaus, Günter, *Die Quellen zu Andreas Gryphius' Trauerspiel ›Carolus Stuardus‹. Studien zur Entstehung eines historisch-politischen Märtyrerdramas der Barockzeit*, Tübingen 1984.

Bergk, Johann Adam, *Die Kunst, Bücher zu lesen. Nebst Bemerkungen über Schriften und Schriftsteller*, o. O. [Berlin/Ost] 1971 (Reprint der Ausgabe Jena 1799).

Bergson, Henri, *L'Évolution créatrice*, Paris 1909.

Bernard, Claude, *Einführung in das Studium der experimentellen Medizin (Introduction à l'étude de la médecine expérimentale)*, kommentiert v. Karl E. Rothschuh, Leipzig 1961 (EA: Paris 1865).

Berns, Jörg Jochen und Thomas Rahn (Hgg.), *Zeremoniell als höfische Ästhetik in Spätmittelalter und Früher Neuzeit*, Tübingen 1995.

Berns, Jörg Jochen, »Utopie und Medizin. Der Staat der Gesunden und der gesunde Staat in utopischen Entwürfen des 16. und 17. Jahrhunderts«, in: Udo Benzenhöfer und Wilhelm Kühlmann (Hgg.), *Heilkunde und Krankheitserfahrung in der frühen Neuzeit. Studien am Grenzrain von Literaturgeschichte und Medizingeschichte*, Tübingen 1992, 55-93.

–, »Utopie und Polizei. Zur Funktionsgeschichte der frühen Utopistik in Deutschland«, in: Hiltrud Gnüg (Hg.), *Literarische Utopie-Entwürfe*, Frankfurt am Main 1982, 101-116.

–, »»Princeps Poetarum et Poeta Principum‹: Das Dichtertum Anton Ulrichs als Exempel absolutistischer Rollennorm und Rollenbrechung«, in: Jean-Marie Valentin (Hg.), *Monarchus Poeta. Studien zum Leben und Werk Anton-Ulrichs von Brauschweig-Lüneburg. Akten des Anton-Ulrich-Symposions in Nancy 1983*, Amsterdam 1985, 3-30.

Bertillon, Alphonse, *Die gerichtliche Photographie. Mit einem Anhange über die anthropometrische Classification und Identificirung*, autorisierte u. verm. Ausgabe, Halle an der Saale 1895.

Berz, Peter, »Das Glühlicht. Kritik der technischen Ökonomie«, in: Peter Berz, Helmut Höge und Markus Krajewski (Hgg.), *Das Glühbirnenbuch*, Wien 2001, 27-133.

Bidermann, Jacob, *Philemon Martyr*, Lateinisch und Deutsch, hg. v. Max Wehrli, Köln/Olten 1960.

Birken, Siegmund von, *Chur- und Fuerstlich Sächsischer Helden-Saal; oder kurze / jedoch ausführliche Beschreibung der Ankunft / Aufnahme / Fortpflanzung und vornemster Geschichten Dises höchstlöblichen Hauses [...]*, Nürnberg 1677.

Bisaccioni, Maiolino, *HISTORIA Delle GVERRE CIVILI DI QVESTI VLTIMI TEMPI*, Venedig 1655.

Bitterli, Urs, *Die ›Wilden‹ und die ›Zivilisierten‹. Grundzüge einer Geistes- und Kulturgeschichte der europäisch-überseeischen Begegnungen*, 2., erw. Aufl., München 1991.

Blanchot, Maurice, *Lautréamont et Sade*, Paris 1963.

Blanckenburg, Christian Friedrich von, *Versuch über den Roman*, mit einem Nachwort v. Eberhard Lämmert, Faksimilie des Originals von 1774, Stuttgart 1965.

Blasius, Dirk, »Der Opferaspekt in der Historischen Kriminologie. Revision einer Perspektive?«, in: Günther Kaiser u. Jörg-Martin Jehle (Hgg.): *Kriminologische Opferforschung. Neue Perspektiven u. Erkenntnisse*, Bd. I.: *Grundlagen. Opfer und Strafrechtspflege. Kriminalität der Mächtigen und ihre Opfer*, Heidelberg 1994.

Bloch, Ernst »Die Angst des Ingenieurs«, in: *Literarische Aufsätze*, Frankfurt am Main 1985, 347-358.

–, »Philosophische Ansicht des Kriminalromans«, in: *Literarische Aufsätze*, Frankfurt am Main 1985, 242-263.

–, *Das Prinzip Hoffnung*, 3 Bde., Frankfurt am Main 1973.

Bloch, Iwan, *Der Marquis de Sade und seine Zeit. Ein Beitrag zur Kultur- und Sittengeschichte des 18. Jahrhunderts*, Hanau 1970 (Reprint).

Bloch, Marc, *Die wundertätigen Könige*, mit einem Vorwort v. Jacques Le Goff, München 1998.

Blumenberg, Hans, »Wirklichkeitsbegriff und Möglichkeit des Romans«, in: Hans Robert Jauß (Hg.), *Nachahmung und Illusion*, Kolloquium Gießen Juni 1963, Vorlagen und Verhandlungen, 2., durchgesehene Auflage, München 1969, 9-27.

–, »Das Recht des Scheins in den menschlichen Ordnungen bei Pascal«, in: *Philosophisches Jahrbuch*, 57 (1947), 413-430.

–, *Die Genesis der kopernikanischen Welt*, Frankfurt am Main 1975.

–, *Die Legitimität der Neuzeit*, erneuerte Ausgabe, Frankfurt am Main 1996.

–, *Die Lesbarkeit der Welt*, 2. Auflage, Frankfurt am Main 1983.

–, *Die Sorge geht über den Fluß*, Frankfurt am Main 1987.

–, *Paradigmen zu einer Metaphorologie*, 2. Auflage, Frankfurt am Main 1999.

–, *Schiffbruch mit Zuschauer. Paradigma einer Daseinsmetapher*, Frankfurt am Main 1997.

Bodin, Jean, *Sechs Bücher über den Staat*, eingeleitet und hg. v. P. C. Mayer-Tasch, Bd. I.: Buch I-III., München 1981.

Bodmer, Johann Jacob und Johann Jacob Breitinger, *Der Mahler der Sitten*, Bd. I., Hildesheim/New York 1972 (Faksimile der Ausgabe Zürich 1746).

Boecler, Johann Heinrich, *Institutiones Politicæ*, Argentorati 1674 (EA: 1661).

Bödeker, Hans Erich (Hg.), *Begriffsgeschichte, Diskursgeschichte, Metapherngeschichte*, Göttingen 2002.

Böhme, Hartmut und Gernot, *Das Andere der Vernunft. Zur Entwicklung von Rationalitätsstrukturen am Beispiel Kants*, Frankfurt am Main 1985.

Bohn, Cornelia, »Die Beredtsamkeit der Schrift und die Verschwiegenheit des Boten«, in: Jürgen Fohrmann und Harro Müller (Hgg.), *Systemtheorie der Literatur*, München 1996, 310-324.

Boileau-Despréaux, Nicolas, *L'Art poétique / Die Dichtkunst*, französisch und deutsch, nach der EA von 1674 übersetzt und hg. v. Ute und Heinz Ludwig Arnold, Stuttgart 1967.

Boltzmann, Ludwig, »Der zweite Hauptsatz der mechanischen Wärmetheorie« (1886), in: *Populäre Schriften*, Einl. v. Engelbert Broda, Braunschweig/Wiesbaden 1979, [EA: Leipzig 1905], 26-46.

–, »Über die Beziehung zwischen dem zweiten Hauptsatze der mechanischen Wärmetheorie und der Wahrscheinlichkeitsrechnung«, in: *Entropie und Wahrscheinlichkeit (1872-1905)*, ausgewählt und eingeleitet von Dieter Flamm, Thun/Frankfurt am Main 2000, 137-197.

–, »Über die Frage nach der objektiven Existenz der Vorgänge in der unbelebten Natur«, in: Boltzmann 2000, 247-272.

Bon, Gustave Le, *Psychologie der Massen (La Psychologie des Foules)*, autorisierte Übersetzung, Einführung von Walther Moede, 6. Aufl., Stuttgart o. J. (EA: 1895).

Bonnet, Charles, *Essay analytique sur les facultés de l'âme*, 2. Aufl., Kopenhagen 1769 (EA: 1760).

Bossuet, Jacques-Benigne de, »Sermon sur la Providence«, in: *Sermons choisis de Bossuet*, hg. v. Ferdinand Brunetière, Paris 1882, 158-172.

Boulanger, Nicolas Antoine, *L'Antiquité dévoilée par ses usages ou Examen critique des principales Opinions, Cérémonies & Institutions religieuses & politiques des différens Peuples de la Terre*, 3 Bde., hg. und kommentiert v. Paul Sadrin, Paris 1978 (Reprint der Ausgabe Amsterdam 1766).

Bourdin, Paul, *Correspondance inédite du marquis de Sade de ses proches et de ses familiers*, Genf 1971.

Bourget, Paul, *Psychologische Abhandlungen über zeitgenössische Schriftsteller (Essais de psychologie contemporaine)*, Minden/Westf. 1903.

Brandstetter, Gabriele, »Ritual als Szene und Diskurs. Kunst und Wissenschaft um 1900 – am Beispiel von *Le sacre du printemps*«, in: Gerhart von Graevenitz (Hg.): *Konzepte der Moderne. DFG-Syposion 1997*, Stuttgart/Weimar 1999, 367-388.

Brauneck, Manfred, *Die Welt als Bühne. Geschichte des europäischen Theaters*, Bd. II., Stuttgart/Weimar 1996.

Bredekamp, Horst, *Thomas Hobbes. Visuelle Strategien. Der Leviathan: Urbild des modernen Staates. Werkillustrationen und Porträts*, Berlin 1999.

Breitinger, Johann Jakob, *Bedencken Von Comœdien oder Spilen. Die Theaterfeindlichkeit im Alten Zürich. Edition – Kommentar – Monographie*, hg. v. Thomas Brunnschweiler, Bern u. a. 1989 (EA: anonym 1624).

Brett, George Sidney, *A History of Psychology*, Bd. II.: *Medieval and Early Modern Period*, Bristol 1998 (Reprint der Ausgabe London/New York 1912ff.).

Bröckling, Ulrich, *Disziplin. Soziologie und Geschichte militärischer Gehorsamsproduktion*, München 1997.

Brosses, Charles de, *Du Culte des Dieux Fétiches, ou Parallèle de l'ancienne religion de l'Egypte avec la religion actuelle de Nigritie*, (EA: 1760), hg. v. Madeleine V.-David, Paris 1988.

Broszat, Martin (Hg.), *Kommandant in Auschwitz. Autobiographische Aufzeichnungen des Rudolf Höß*, 17. Aufl., München 2000.

Bruce, James, *Zu den Quellen des Blauen Nils. Die Erforschung Aethiopiens 1768-1773*, hg. v. Herbert Gussenbauer, Berlin/Ost 1986.

Brusotti, Marco, »Opfer und Macht. Zu Nietzsches Lektüre von Jacob Wackernagels ›Über den Ursprung des Brahmanismus‹«, in: *Nietzsche-Studien* 22 (1993), 222-242.

Bruyère, Jean de La, *Charaktere oder Die Sitten im Zeitalter Ludwigs XIV.*, Hildburghausen 1870 (EA: 1688).

Buck, August u. a. (Hgg.), *Europäische Hofkultur im 16. und 17. Jahrhundert. Vorträge und Referate gehalten anläßlich des Kongresses des Wolfenbütteler Arbeitskreises für Renaissanceforschung und des Internationalen Arbeitskreises für Barockliteratur in der Herzog August Bibliothek Wolfenbüttel vom 4. bis 8. September 1979*, 3 Bde., Hamburg 1981.

Bulwer-Lytton, Edward, *The Coming Race*, London 1877.

Burckhardt, Jacob, *Weltgeschichtliche Betrachtungen*, Erläuterungen und hg. v. Rudolf Marx, Stuttgart 1978 (EA: postum 1905).

Burke, Edmund und Friedrich Gentz, *Über die französische Revolution. Betrachtungen und Abhandlungen*, hg. u. mit einem Anhang v. Hermann Klenner, Berlin 1991.

–, »On the Genius and Character of the French Revolution as it regards other Nations«, in: *Works*, London 1815, Bd. VIII., 211-264.

–, *Philosophische Untersuchung über den Ursprung unserer Ideen vom Erhabenen und Schönen*, hg. v. Werner Strube, 2. Auflage, Hamburg 1989.

–, *Two Letters addressed to A Member of the Present Parliament On the Proposals for Peace with the regicide directory of France*, London 1796.

Burke, Peter, »Geschichte und Anthropologie um 1900«, in: Benedetta Cestelli Guidi und Nicholas Mann (Hgg.), *Grenzerweiterungen. Aby Warburg in Amerika 1895-1896*, in Zusammenarbeit mit The Warburg Institute, London, Hamburg/München 1999, 20-27.

–, *The Fabrication of Louis XIV*, New Haven/London 1992.

–, *Vico. Philosoph, Historiker, Denker einer neuen Wissenschaft*, Berlin 1987.

Burkert, Walter, »Anthropologie des religiösen Opfers. Die Sakralisierung der Gewalt«, in: *Carl Friedrich von Siemens Stiftung. Themen 40* (1984), 15-49.

Burton, Robert, *Die Anatomie der Melancholie*, 2. Auflage, Mainz 1995.

–, *The Anatomy of Melancholy*, Bd. I: Text, hg. v. Thomas C. Faulkner u. a., Einleitung v. J. B. Bamborough, Oxford 1989.

Butschky, Samuel von, A.-Z. Sam. von Butschky / und Rutinfeld / etc. *PATHMOS; enthaltend: Sonderbare Reden / und Betrachtungen / allerhand Curioser; in allen Ständen benötigter; Wie auch bey ietziger Politic fürgehender / Hoff=Welt= und Stats=Sachen: Alles / auf unsere Schuldigkeit gegen GOTT; unseren Nächsten / und Uns selbst gerichtet. Mit einem follkommenen Inhalts=Register.* [...], Leipzig [...] 1676.

Campanella, Tommaso, *Sonnenstaat*, in: Heinisch 1960, 111-170.

Campe, Johann Heinrich, »Von der nöthigen Sorge für die Erhaltung des Gleichgewichts unter den menschlichen Kräften. Besondere Warnung vor dem Modefehler die Empfindsamkeit zu überspannen«, in: Ders. (Hg.), *Allgemeine Revision des gesamten Schul- und Erziehungswesens von einer Gesellschaft praktischer Erzieher*, Teil III., Hamburg 1785, 291-434.

Campe, Rüdiger, »Bilder der Grenze. Americani in Lohensteins ›Sophonisbe‹«, in: Horst Wenzel (Hg.), *Gutenberg und die Neue Welt,* in Zusammenarbeit mit Friedrich A. Kittler und Manfred Schneider, München 1994, 211-229.

–, »Der Befehl und die Rede des Souveräns im Schauspiel des 17. Jahrhunderts. Nero bei Besenello, Racine und Lohenstein«, in: Adam/Stingelin 1995, 55-72.

–, *Affekt und Ausdruck. Zur Umwandlung der literarischen Rede im 17. und 18. Jahrhundert*, Tübingen 1990.

–, *Spiel der Wahrscheinlichkeit. Literatur und Berechnung zwischen Pascal und Kleist*, Göttingen 2002.

Camus, Albert, *Der Mensch in der Revolte*, Reinbek 1953.

Canetti, Elias, »Macht und Überleben«, in: *Macht und Überleben. Drei Essays*, Berlin 1972, 7-24.

Canguilhem, Georges, »Zur Geschichte der Wissenschaften vom Leben seit Darwin« (1971), in: *Wissenschaftsgeschichte und Epistemologie. Gesammelte Aufsätze*, hg. v. Wolf Lepenies, 134-153.

Cassirer, Ernst, *Der Mythus des Staates. Philosophische Grundlagen politischen Verhaltens*, Frankfurt am Main 1994.

–, *Die Philosophie der Aufklärung*, Tübingen 1932.

–, *Philosophie der symbolischen Formen*, Bd. II.: *Das mythische Denken*, Darmstadt 1994 (Reprint).

Castilhon, Louis, *Considérations sur les causes physiques et morales de la diversité du génie, des mœurs et du gouvernement des nations [...]*, 3 Bde., 2. Aufl., o. O. 1770 (EA: 1769).

Castoriadis, Cornelius, *Gesellschaft als imaginäre Institution. Entwurf einer politischen Philosophie*, 2. Aufl., Frankfurt am Main 1997.

Chartier, Roger, »Le monde comme représentation«, in: *Annales*, 44 (1989), 1505-1520.

Chaunu, Pierre, *Europäische Kultur im Zeitalter des Barock*, Frankfurt am Main 1989.

Clack, Brian L., *Wittgenstein, Frazer and Religion*, Basingstoke u. a. 1999.

Cohen, Walter, *Drama of a Nation. Public Theater in Renaissance England and Spain*, Ithaca/London 1985.

Collier, Jeremy, *A short View of the Profaneness and Immorality of the English Stage*, EA: 1698, erweiterte, 5. und korrigierte Ausgabe, London 1730.

Comte, Auguste, *Système de politique positive ou Traité de Sociologie*, 4 Bde., Osnabrück 1967 (Reprint der Ausgabe Paris 1851ff.).

Condorcet, Jean Antoine Nicolas Caritat de, *Arithmétique politique. Textes rares ou inédits (1767-1789)*, Kommentar v. Bernard Bru und Pierre Crépel, Paris 1994.

–, *Esquisse d'un tableau historique des progrès de l'esprit humain. Fragment sur l'Atlantide*, Einl. u. Komm. v. Alain Pons, Paris 1988.

Conrad, Joseph, *Herz der Finsternis*, Frankfurt am Main 1968.

Constant, Benjamin, *De la Religion, considéré dans sa source, ses formes et ses développements*, 2 Bde., Paris 1824.

Cooley, William Desborough, *Inner Africa Laid Open, in an attempt to trace the chief lines of communication across that continent south of the equator [...]*, London 1852.

Coreth, Anna, *Österreichische Geschichtschreibung in der Barockzeit (1620-1740)*, Wien 1950.

–, *Pietas Austriaca. Ursprung und Entwicklung barocker Frömmigkeit in Österreich*, München 1959.

Corneille, Pierre, *Der Cid. Tragische Komödie in fünf Aufzügen*, Stuttgart 1956.

–, *Les quatre livres de L'Imitation de Jesus-Christ, Traduits et Paraphrasez en vers français par P. Corneille*, Paris 1656.

–, *Polyeucte Martyr / Polyeukt, der Märtyrer. Christliches Trauerspiel in fünf Aufzügen*, französisch und deutsch, hg. v. Reinhold Schneider, Freiburg 1948.

Cosmar, Carl Wilhelm, *Geschichte des Königlich-Preußischen Geheimen Staats- und Kabinettsarchivs bis 1806*, mit ergänzenden Materialien hg. v. Meta Kohnke, Köln/Weimar/Wien 1993.

Coulanges, Numa Denis Fustel de, *Der antike Staat. Studie über Kultus, Recht und Einrichtungen Griechenlands und Roms (La cité antique. Étude sur le culte, le droit, les institutions de la Grèce et de Rome)* (1864), autorisierte Übersetzung, hg. v. Alexander Kleine, Essen o. J.

Crary, Jonathan, *Techniken des Betrachters. Sehen und Moderne im 19. Jahrhundert*, Dresden/Basel 1996.

Curtius, Ernst Robert, *Europäische Literatur und lateinisches Mittelalter*, 5. Aufl., Bern/München 1965.

Danton, Georges-Jacques, *Œuvres*, hg. u. mit Anm. v. A. Vermorel, 2. Aufl., Paris 1867.

Damrosch, Leopold Jr., »Myth and Fiction in Robinson Crusoe«, in: Harold Bloom (Hg.), *Daniel Defoe's Robinson Crusoe*, New York/New Haven/Philadelphia 1988, 81-109.

Darnton, Robert, *Der Mesmerismus und das Ende der Aufklärung in Frankreich*, mit einem Essay von Martin Blankenburg, Frankfurt am Main/Berlin 1986.

–, *Poesie und Polizei. Öffentliche Meinung und Kommunikationsnetzwerke im Paris des 18. Jahrhunderts*, Frankfurt am Main 2002.

Darwin, Charles, *Der Ausdruck der Gemüthsbewegungen bei dem Menschen und den Thieren*, aus dem Englischen v. J. Victor Carus, 5., durchgesehene Auflage, Stuttgart 1901.

–, *Die Abstammung des Menschen und die geschlechtliche Zuchtwahl*, aus dem Englischen v. J. Victor Carus, 6., durchgesehene Auflage, Stuttgart 1902.

–, *Über die Entstehung der Arten durch natürliche Zuchtwahl oder Die Erhaltung der begünstigten Rassen im Kampfe um's Dasein*, nach der letzten englischen Auflage wiederholt durchgesehene autorisierte deutsche Ausgabe v. J. Victor Carus, 8. Aufl., Stuttgart 1899.

Daston, Lorraine, *Classical Probability in the Enlightenment*, Princeton 1988.

Defoe, Daniel, *A Journal of the Plague Year. Being Observations or Memorials of the Most Remarkable OCCURRENCES, as well PUBLICK as PRIVATE, which happened in LONDON during the last Great Visitation in 1665. Written by a CITIZEN who continued all the while in LONDON. Never made publick before*, London 1974 (Reprint der Ausgabe London 1722).

–, *An Essay upon projects*, hg. v. Joyce D. Kennedy, Michael Seidel, Maximillian E. Novak, New York 1999 (EA: 1697).

–, *Robinson Crusoe*, London 1994.

–, *Serious Reflections during the Life and Surprising Adventures of Robinson Crusoe With his Vision of the Angelic World*, hg. v. George A. Aitken, London 1899.

Deleuze, Gilles und Félix Guattari, *Anti-Ödipus. Kapitalismus und Schizophrenie I.*, 6. Aufl., Frankfurt am Main 1992.

–, *Tausend Plateaus. Kapitalismus und Schizophrenie II.*, Berlin 1992.

Deleuze, Gilles, »Der Mensch, eine zweifelhafte Existenz«, in: Gilles Deleuze und Michel Foucault, *Der Faden ist gerissen*, Berlin 1977.

–, »Zola und der Riß«, in: *Logik des Sinns*, Frankfurt am Main 1993, 385-397.

–, *Differenz und Wiederholung*, München 1992.

–, *Foucault*, 2. Aufl., Frankfurt am Main 1995.

Der Nürnberger Prozess. Das Verfahren gegen die Hauptkriegsverbrecher 1945 – 1946, Nürnberg 1994, Bd. XI.

Derrida, Jacques, »Den Tod geben«, in: Anselm Haverkamp (Hg.), *Gewalt und Gerechtigkeit. Benjamin und Derrida*, Frankfurt am Main 1994, 331-445.

–, *Die Schrift und die Differenz*, 6. Auflage, Frankfurt am Main 1994.

–, *Grammatologie*, Frankfurt am Main 1983.

Deutsche Angestelltengesellschaft (Hg.), *Die Geschichte der Versicherung. Ein Vortragsentwurf*, Nr. BV/3 als Manuskript gedruckt, Berlin 1935.

Devereux, Georges, *Normal und anormal. Aufsätze zur allgemeinen Ethnopsychiatrie*, Frankfurt am Main 1982.

Diderot, Denis, *Philosophische Schriften*, 2 Bde., Berlin 1961.

Diers, Michael, »Porträt aus Büchern. Stichworte zur Einleitung«, in: Ders. (Hg.), *Porträt aus Büchern. Bibliothek Warburg und Warburg Institute Hamburg – 1933 – London*, Hamburg 1993, 9-28.

Dinges, Martin und Thomas Schlich, *Neue Wege in der Seuchengeschichte*, Beihefte 6 von *Medizin, Gesellschaft und Geschichte. Jahrbuch des Instituts für Geschichte der Medizin der Robert Bosch Stiftung*, Stuttgart 1995.

Doktor, Wolfgang und Gerhard Sauder (Hgg.), *Empfindsamkeit. Theoretische und kritische Texte*, Stuttgart 1976.

Doktor, Wolfgang, *Die Kritik der Empfindsamkeit*, Bern/Frankfurt am Main 1975.

Dörr, Thomas, »Text-Mord: Mythen schreiben«, in: *Fragmente* 29/30, 138-152.

Dotzler, Bernhard J., »Papiermaschinen. Versuch über COMMUNICATION & CONTROL«, in: *Literatur und Technik*, Berlin 1996.

Doyle, Arthur Conan, *The original illustrated ›Strand‹ Sherlock Holmes*, vollständige Faksimileausgabe, 3 Bde., Hertfordshire 1999.

–, *Das Congoverbrechen*, autorisierte deutsche Übersetzung, Berlin 1909.

Dreitzel, Horst, *Monarchiebegriffe in der Fürstengesellschaft. Semantik und Theorie der Einherrschaft in Deutschland von der Reformation bis zum Vormärz*, Bd. I.: *Semantik der Monarchie*, Bd. II.: *Theorie der Monarchie*, Köln/Weimar/Wien 1991.

Drexler, Josef, *Die Illusion des Opfers. Ein wissenschaftlicher Überblick über die wichtigsten Opfertheorien ausgehend vom deleuzianischen Perspektivismusmodell*, München 1993.

Droysen, Johann Gustav, *Historik*, Bd. I.: *Rekonstruktion der ersten vollständigen Fassung der Vorlesungen (1857). Grundriß der Historik in der ersten handschriftlichen (1857/1858) und in der letzten gedruckten Fassung (1882)*, hg. v. Peter Leyh, Stuttgart 1977.

Dühring, Eugen, *Der Wert des Lebens im Sinne einer heroischen Lebensauffassung*, Breslau 1865.

Dülmen, Richard van, *Theater des Schreckens. Gerichtspraxis und Strafrituale in der frühen Neuzeit*, München 1995.

Durkheim, Émile und Marcel Mauss, »Über einige primitive Formen von Klassifikation. Ein Beitrag zur Erforschung der kollektiven Vorstellungen (Des quelques formes primitives de classification)«, in: Émile Durkheim, *Schriften zur Soziologie der Erkenntnis*, hg. v. Hans Joas, Frankfurt am Main 1987, 169-256.

Durkheim, Émile, *Der Selbstmord*, 2. Aufl., Frankfurt am Main 1987.

–, *Die elementaren Formen des religiösen Lebens*, 2. Aufl., Frankfurt am Main 1998.

–, *Die Regeln der soziologischen Methode*, hg. u. eingeleitet v. René König, 4. Aufl., Frankfurt am Main 1999 (EA: 1895).

–, *Soziologie und Philosophie*, Einleitung v. Theodor W. Adorno, Frankfurt am Main 1976.

Dusch, Johann Jacob, *Sympathie. Ein Gedicht zur Unterstützung einer unglücklich gewordenen Familie*, Altona 1774.

Dutton, Lee S., *Anthropological Resources. A Guide to Archival, Library und Museum Collections*, New York/London 1999.

Eberhard, Johann August, »Nachschrift über den sittlichen Werth der Empfindsamkeit«, in: Bährens, 1786, 117-142.

Ebrecht, Angelika u. a. (Hgg.), *Brieftheorie des 18. Jahrhunderts. Texte, Kommentare, Essays*, Stuttgart 1990.

Eco, Umberto and Thomas A. Sebeok (Hgg.), *The Sign of Three. Dupin, Holmes, Peirce*, Indiana 1983, 55-80.

Edelmann, Johann Christian, *Abgenöthigtes Jedoch Andern nicht wieder aufgenöthigtes Glaubens-Bekenntniß*, in: *Sämtliche Schriften in Einzelausgaben*, Bd. IX., Einleitung von Walter Grossmann, Stuttgart/Bad Canstatt 1969 (Faksimile der Ausgabe v. 1748).

Eggebrecht, Hans Heinrich u. a. (Hgg.), *Meyers Taschenlexikon der Musik*, Bd. III., Mannheim/Wien/Zürich 1984.

Eggers, Werner, *Wirklichkeit und Wahrheit im Trauerspiel von Andreas Gryphius*, Heidelberg 1967.

Eikon Basilike. The Portraiture of His Sacred Majesty in His Solitudes and Sufferings, hg. v. Philip A. Knachel, Ithaca, New York 1966.

ΕΙΚΩΝ ΒΑΣΙΛΙΚΕ Oder Abbildung des Königes Carl in seinen Drangsahlen / und Gefänglicher Verwahrung / Von Jhm selbst in Englischer Sprache beschrieben / und nun wegen seiner hohen Würde ins Teutsche versetzet. Rom. VIII. Jn dem allen überwinde Jch weit / etc. Es ist Königlich / Gutes thun / und Böses leyden. Gedruckt im Jahr CHristi 1649.

Elias, Norbert, *Über den Prozeß der Zivilisation. Soziogenetische und phylogenetische Untersuchungen*, Bd. I.: *Wandlungen des Verhaltens in den weltlichen Oberschichten des Abendlandes*, 18. Aufl., Frankfurt am Main 1993.

Encyclopédie ou dictionnaire raisonné des sciences des arts et des métiers. Nouvelle impression en facsimilé de la premère édition de 1751-1780, 35 Bde., Stuttgart/Bad Canstatt 1967.

Engel, Johann Jakob, *Über Handlung, Gespräch und Erzählung*, hg. v. Ernst Theodor Voss, Stuttgart 1964 (Faksimile der 1. Fassung von 1774).

Engels, Eve-Marie, »Darwins Popularität im Deutschland des 19. Jahrhunderts. Die Herausbildung der Biologie als Leitwissenschaft«, in: Achim Barsch und Peter M. Hejl (Hgg.), *Menschenbilder. Zur Pluralisierung der Vorstellung von der menschlichen Natur (1850-1914)*, Frankfurt am Main 2000, 91-145.

Erhard, Johann Benjamin, *Ueber das Recht des Volks zu einer Revolution*, Jena/Leipzig 1795.

Ernst, Wolfgang und Cornelia Vismann, »Die Streusandbüchse des Reiches«, in: *Tumult. Schriften zur Verkehrswissenschaft*, 21 (1995), 87-107.

Ernst, Wolfgang, »Leere, unauslöschlich. Der Holocaust als Dekonstruktion des Museums (Prag, Berlin)«, in: Tholen/Weber 1997, 258-271.

Ersch, J. S. und J. G. Gruber (Hgg.), *Allgemeine Encyclopaedie der Wissenschaften und Künste in alphabetischer Folge von genannten Schriftstellern bearbeitet. Mit Kupfern und Charten*, 167 Bände, Leipzig 1818-1890.

Estermann, Josef, *Individualität und Kontingenz. Studie zur Individualitätsproblematik bei Gottfried Wilhelm Leibniz*, Bern u. a. 1990.

Etherington, Norman, *Rider Haggard*, Boston 1984.

Ewald, François, *Der Vorsorgestaat*, mit einem Essay von Ulrich Beck, Frankfurt am Main 1993.

Fabian, Bernhard u. a. (Hg.), *Deutschlands kulturelle Entfaltung. Die Neubestimmung des Menschen. Studien zum achtzehnten Jahrhundert*, Bd. II./III., München 1980.

Faramund, Ludwig Ernst von, *Die glückseeligste Insul auf der gantzen Welt, oder Das Land der Zufriedenheit, dessen Regierungs-Art / Beschaffenheit / Fruchtbarkeit / Sitten derer Einwohner, Religion, Kirchenverfassung und dergleichen, Samt der Gelegenheit, wie solches Land entdecket worden, ausführlich erzehlet wird*, Frankfurt/Leipzig 1728.

Fast, Johann Dietrich, *Entropie. Die Bedeutung des Entropiebegriffs und seine Anwendung in Wissenschaft und Technik*, Hilversum/Eindhoven 1960.

Fayette, Marie Madeleine de La, *Die Prinzessin von Clèves*, Stuttgart 1983.

Fechner, Gustav Theodor, *Elemente der Psychophysik*, 2. Aufl., Bd. II., Leipzig 1889.

Ferguson, Adam, *Versuch über die Geschichte der bürgerlichen Gesellschaft*, hg. u. Einleit. v. Zwi Batscha und Hans Medick, Frankfurt am Main 1988.

Ferri, Enrico, *Das Verbrechen als sociale Erscheinung. Grundzüge der Kriminal-Sociologie*, autorisierte deutsche Ausgabe hg. v. Hans Kurella, Leipzig 1896.

Fichte, Johann Gottlieb, *Der geschlossene Handelsstaat. Ein philosophischer Entwurf als Anhang zur Rechtslehre und Probe einer künftig zu liefernden Politik*, Bd. I. 7 der *Werke*: 1800-1801, hg. v. Reinhard Lauth und Hans Gliwitzky, Stuttgart/Bad Cannstatt 1988 (EA: Tübingen 1800).

–, *Die Wissenschaftslehre, in ihrem allgemeinen Umrisse* (1810), in: *Sämmtliche Werke*, hg. v. Immanuel Hermann Fichte, Bd. II., Leipzig 1844.

–, *Reden an die deutsche Nation*, nach dem Erstdruck von 1808, mit neuer Einleitung von Reinhard Lauth, 5. Aufl., Hamburg 1978.

Filmer, Robert, Patriarcha. *The Naturall Power of Kinges, Defensed against the Unnatural Liberty of the People. By Arguments Theological Rational Historical Legall*, in: *Patriarcha and Other Writings*, hg. v. Johann P. Sommerville, Cambridge/New York u. a. 1991, 1-68.

Fischer-Lichte, Erika, *Semiotik des Theaters. Eine Einführung*, Bd. I.: *Das System der theatralischen Zeichen*, 2. durchgeseh. Auflage, Tübingen 1988.
Flaubert, Gustave, *Briefe*, hg. v. Helmut Scheffel, Zürich 1977.
Flemming, Willi, *Andreas Gryphius und die Bühne*, Halle an der Saale 1921.
Florinus, Franciscus Philippus, *Der kluge und rechtsverständige Hausvater. Ratschläge, Lehren und Betrachtungen*, hg. v. Ingrid Möller, Berlin/Ost 1988.
—, *Oeconomus Prvdens et Legalis Continvatvs. Oder Grosser Herren Stands und Adelicher Haus=vatter*, Nürnberg 1719.
Flusser, Vilém, »Nomadische Überlegungen«, in: *Medienkultur*, hg. v. Stefan Bollmann, Frankfurt am Main 1997, 150-159.
—, *Kommunikologie*, Mannheim 1996.
Fohrmann, Jürgen und Wilhelm Voßkamp (Hgg.), *Wissenschaft und Nation. Studien zur Entstehungsgeschichte der deutschen Literaturwissenschaft*, München 1991.
—, »Deutsche Literaturgeschichte und historisches Projekt in der ersten Hälfte des 19. Jahrhunderts«, in: Fohrmann/Voßkamp 1991, 205-215.
—, *Abenteuer und Bürgertum. Zur Geschichte der deutschen Robinsonaden im 18. Jahrhundert*, Stuttgart 1981.
Forster, Georg, *Kleine Schriften zu Kunst und Literatur. Sakontala*, Bd. VII. der *Werke. Sämtliche Schriften, Tagebücher, Briefe*, bearbeitet v. Gerhard Steiner, Berlin 1963.
—, *Kleine Schriften zur Völker- und Länderkunde*, Bd. V. der *Werke* bearbeitet v. Horst Fiedler u. a., Berlin 1985.
—, *Kleine Schriften zur Philosophie und Zeitgeschichte*, Bd. VIII. der *Werke*, bearbeitet v. Siegfried Scheibe, Berlin 1974.
Foucault, Michel, »Andere Räume«, in Karlheinz Barck u. a. (Hgg.), *Aisthesis. Wahrnehmung heute oder Perspektiven einer anderen Ästhetik*. Essays, 3. Auflage, Leipzig 1990, 34-46.
—, »Omnes et singulatim. Zu einer Kritik der politischen Vernunft«, in: Vogl 1994, 65-93.
—, »Was ist ein Autor?« (1969), in: *Schriften zur Literatur*, Frankfurt am Main 1988, 7-31.
—, *Archäologie des Wissens*, 5. Auflage, Frankfurt am Main 1992.
—, *Die Geburt der Klinik. Eine Archäologie des ärztlichen Blicks*, Frankfurt am Main 1988.
—, *Die Ordnung der Dinge. Eine Archäologie der Humanwissenschaften*, 9. Auflage, Frankfurt am Main 1990.
—, *Die Sorge um sich. Sexualität und Wahrheit 3*, 3. Aufl., Frankfurt am Main 1993.
—, *Dispositive der Macht. Über Sexualität, Wissen und Wahrheit*, Berlin 1978.
—, *Dits et Écrits. 1954-1988*, 4 Bde., hg. Daniel Défert und François Ewald, Paris 1994ff.
—, *Il faut défendre la société. Cours au Collège de France 1975-1976*, hg. von François Ewald, Alessandro Fontana, Mauro Bertani und Alessandro Fontana, Paris 1997.
—, *Les Anormaux. Cours au Collège de France (1974-1975)*, hg. v. Valerio Marchetti, Antonella Salomoni, François Ewald und Alessandro Fontana, Paris 1999.
—, *Überwachen und Strafen. Die Geburt des Gefängnisses*, 10. Auflage, Frankfurt am Main 1992.
—, *Vom Licht des Krieges zur Geburt der Geschichte*, hg. v. Walter Seitter, Berlin 1986.
—, *Wahnsinn und Gesellschaft. Eine Geschichte des Wahns im Zeitalter der Vernunft*, 11. Auflage, Frankfurt am Main 1995.
Francke, August Hermann, »Vom weltüblichen Tanzen« (1697), in: *Werke in Auswahl*, hg. v. Erhard Peschke, Berlin 1969, 383-391.
Frank, Johann Peter, *System einer vollständigen medizinischen Polizey*, 4 Bde., Frankenthal 1791 (EA: 1779).
Frazer, James George, *Psyche's Task. A Discourse concerning the Influence of Superstition on the Growth of Institutions*, 2., rev. u, erw. Auflage, London 1968.
—, *The Golden Bough. A Study in Magic and Religion* (EA: 1890), abridged Edition, New York 1960.
—, *The Magical Origin of Kings*, London 1968 (Reprint der Ausgabe Cambridge 1920).

Freisler, Roland, »Der Wandel der politischen Grundanschauungen in Deutschland und sein Einfluß auf die Erneuerung von Strafrecht, Strafprozeß und Strafvollzug«, in: *Deutsche Justiz*, 97 (1935), 1247-1254.

Frenzel, Herbert A., *Geschichte des Theaters. Daten und Dokumente 1470-1840*, München 1979.

Freud, Sigmund, *Gesammelte Werke*, 19 Bde., hg. v. Anna Freud u. a., Frankfurt am Main 1999.

Frick, Werner, *Providenz und Kontingenz. Untersuchungen zur Schicksalssemantik im deutschen und europäischen Roman des 17. und 18. Jahrhunderts*, 2 Tle., Tübingen 1988.

Friedrich der Große und die Philosophie. Texte und Dokumente, hg. v. Bernhard Taureck, Stuttgart 1986.

Friedrich II., König von Preußen, und die deutsche Literatur des 18. Jahrhunderts. Texte und Dokumente, hg. v. Hort Steinmetz, Stuttgart 1985.

Frobenius, Leo, *Der Ursprung der Kulturen*, Bd. I.: *Ursprung der afrikanischen Kulturen*, mit 26 Karten von Afrika nach Entwürfen des Verfassers, Berlin 1898.

Frühsorge, Gotthardt, *Der politische Körper. Zum Begriff des Politischen im 17. Jahrhundert und in den Romanen Christian Weises*, Stuttgart 1974.

Furet, François und Mona Ozouf (Hgg.), *Kritisches Wörterbuch der Französischen Revolution*, Bd. II.: *Institutionen und Neuerungen, Ideen, Deutungen und Darstellungen*, Frankfurt am Main 1996.

Gadebusch Biondo, Mariacarla, *Die Rezeption der kriminalanthropologischen Theorien von Cesare Lombroso in Deutschland von 1880-1914*, Husum 1995.

Gäfgen, Gérard, »Verzicht und Belohnung. Das Opfer in ökonomischer Perspektive«, in: Richard Schenk (Hg.): *Zur Theorie des Opfers. Ein interdisziplinäres Gespräch*, Stuttgart/Bad Canstatt 1995, 127-149.

Gallas, Helga, »Antikenrezeption bei Goethe und Kleist: Penthesilea – eine Anti-Iphigenie?«, in: Linda Dietrick und David G. John (Hgg.), *Momentum dramaticum. Festschrift für Eckehard Catholy*, Waterloo/Ont. 1990, 209-220.

Galton, Francis, »Composite Portraits«, in: *Nature*, 18 (1878), 97-100.

–, »Eugenics: Its Definition, Scope and Aims«, Read before the Sociological Society in the London University, on May 16th, 1904, in: Galton u. a. 1905-1907, 45-60.

–, *Finger Prints*, mit einer neuen Einleitung zur Erstausgabe v. Harold Cummins, New York 1965 (Reprint der Ausgabe London /New York 1892).

–, *Hereditary Genius*, o. O. 1889 [EA: 1869].

Galton, Francis, E. Westermarck, P. Geddes, E. Durkheim, Harold M. Mann, V. V. Branford (Hgg.), *Sociological Papers*, Bd. I., Introductory Address by James Bryce, London 1905.

Geimer, Peter, (Hg.), *Ordnungen der Sichtbarkeit. Fotografie in Wissenschaft, Kunst und Technologie*, Frankfurt am Main 2002.

Gellert, Christian Fürchtegott, *Gesammelte Schriften*, 6 Bde., hg. v. Werner Jung u. a., Berlin/New York 1991ff.

Genette, Gérard, »D'un récit baroque«, in: *Figures II*, Paris 1969, 195-222.

Gérando, Joseph Marie de, *De la génération des connaissances humaines*, Paris 1990 (EA: Berlin 1802).

Gierke, Otto von, *Das deutsche Genossenschaftsrecht*, 4 Bde., Graz 1954 (Reprint der Ausgabe 1868-1881).

Giesey, Ralph E., *Cérémonial et puissance souveraine. France, XVe-XVIIe siècles,* frz. Ausgabe, Paris 1987.

–, »The juristic basis of dynastic right to the French Throne«, in: *Transactions of the American Philosophical Society. New Series*, Bd. LI., Teil V. (1961), 1-42.

Ginzburg, Carlo, *Spurensicherung. Die Wissenschaft auf der Suche nach sich selbst*, Berlin 1995.

Girard, René, »Generative Scapegoating«, in: Robert G. Hamerton-Kelly (Hg.), *Violent Origins. Walter Burkert, René Girard and Jonathan Z. Smith on Ritual Killing and Cultural Formation*, Stanford 1987, 73-145.

–, *Das Heilige und die Gewalt*, Frankfurt am Main 1992.

Glaser, Horst Albert, »Sades ›Les 120 journées de Sodome‹«, in: Peter Gendolla und Carsten Zelle (Hgg.), *Schönheit und Schrecken. Entsetzen, Gewalt und Tod in alten und neuen Medien*, Heidelberg 1990, 211-226.

Gobineau, Arthur de, *Versuch über die Ungleichheit der Menschenrassen*, Bd. I.-IV., Stuttgart 1898-1901.

Goethe, Johann Wolfgang von, *Amtliche Schriften. Veröffentlichung des Staatsarchivs Weimar*, bearbeitet v. Helma Dahl, 4 Bde., Weimar 1950-1987.

–, *Werke. Vollständige Ausgabe letzter Hand*, 60 Bde., Stuttgart/Tübingen 1827-1842.

–, *Werke, Hamburger Ausgabe*, 14 Bde., hg. v. Erich Trunz, München 1988.

–, *Werke, Weimarer Ausgabe*, I. Abt., Bd. XXXIII., Weimar 1898.

Goldenweiser, Alexander A., »Totemism. An Analytical Study«, in: *Journal of American Folklore 23* (1910), 179-293.

Goldmann, Lucien, *Der verborgene Gott. Studie über die tragische Weltanschauung in den ›Pensées‹ Pascals und im Theater Racines*, Frankfurt am Main 1995.

Goldscheid, Rudolf, *Darwin als Lebenselement unserer modernen Kultur*, Wien/Leipzig 1909.

Goody, Jack, *Die Logik der Schrift und die Organisation der Gesellschaft*, Frankfurt am Main 1990.

Göttert, Karl-Heinz, *Geschichte der Stimme*, München 1998.

Gottsched, Johann Christoph, »Die Schauspiele, und besonders die Tragödien sind aus einer wohlbestellten Republik nicht zu verbannen« (1729 gehalten), in: *Ausgewählte Werke*, Bd. IX., 2. Teil: *Gesammelte Reden,* hg. v. P. M. Mitchell, Berlin/New York 1976.

Götz, Berhard, *Die Bedeutung des Opfers bei den Völkern*, Leipzig 1933.

Gould, Stephen Jay, *The Mismeasure of Man*, London/New York 1981.

Gracián, Balthasar, *Hand-Orakel und Kunst der Weltklugheit, aus dessen Werken gezogen von D. Vicencio Juan de Lastanosa und aus dem Spanischen Original treu und sorgfältig übersetzt von Arthur Schopenhauer*, mit einem Nachwort von Hugo Loetscher, Zürich 1993.

Graevenitz, Gerhart v. und Odo Marquard (Hgg.), *Kontingenz*, Bd. XVII. der Reihe *Poetik und Hermeneutik,* hg. in Zusammenarbeit mit Matthias Christen, München 1998.

Graevenitz, Gerhart v., »Innerlichkeit und Öffentlichkeit. Aspekte deutscher ›bürgerlicher‹ Literatur im frühen 18. Jahrhundert«, in: *DVjS – Sonderheft 18. Jahrhundert*, H. 49 (1975), 1-82.

Graunt, John, *Natural and Political Observations Mentioned in a following Index and made upon the Bills of Mortality. With reference to the Government, Religion, Trade, Growth, Air, Diseases, and the several Changes of the said City*, The Fifth Edition, much Enlarged, London 1676, in: Petty 1899/II., 314-435.

Greenblatt, Stephen, *Verhandlungen mit Shakespeare. Innenansichten der Renaissance*, Frankfurt am Main 1993.

Grimm, Jacob und Wilhelm, *Deutsches Wörterbuch*, 33 Bde., hg. v. der Deutschen Akademie der Wissenschaften zu Berlin, Gütersloh 1991, (Reprint der EA 1854-1971).

Grimminger, Rolf (Hg.), *Hansers Sozialgeschichte der deutschen Literatur*, Bd. III., *Deutsche Aufklärung bis zur französischen Revolution 1680-1789,* München 1980.

Groethuysen, Bernhard, *Philosophie der Französischen Revolution*, Nachwort v. Eberhard Schmitt, Neuwied/Berlin 1971.

Groß, Hans, »Wesen und Aufgabe der Kriminalanthropologie«, in: *Archiv für Rechts- und Wirtschaftsphilosophie. Mit besonderer Berücksichtigung der Gesetzgebungsfragen*, 1:3 (1908), 377-387.

–, *Handbuch für Untersuchungsrichter als System der Kriminalistik*, 5., umgearbeitete Auflage, München 1908.

–, *Kriminalistische Tätigkeit und Stellung des Arztes*, Bd. I. von: Paul Dittrich (Hg.), *Handbuch der ärztlichen Sachverständigen-Tätigkeit*, Wien/Leipzig 1908.

Grotjahn, Alfred, *Soziale Pathologie. Versuch einer Lehre von den sozialen Beziehungen der Krankheiten als Grundlage der sozialen Hygiene*, 3. Aufl., Berlin 1923.

Gryphius, Andreas, *Catharina von Georgien oder Bewehrte Beständigkeit. Trauer=Spiel*, hg. v. Alois M. Haas, bibliographisch ergänzte Ausgabe, Stuttgart 1995.

–, *Ermordete Majestät oder Carolus Stuardus | König von Groß Britanien. Trauer=Spil*, hg. v. Hans Wagener, durchgesehene und bibliograph. ergänzte Ausgabe, Stuttgart 1982.

–, *Gedichte. Eine Auswahl*, Text nach der Ausgabe letzter Hand hg. v. Adalbert Elschenbroich, bibliograph. ergänzte Ausgabe, Stuttgart 1996.

–, *Gesamtausgabe der deutschsprachigen Werke, Bd. I.: Sonette*, hg. v. Marian Szyrocki, Tübingen 1963.

–, *Gesamtausgabe der deutschsprachigen Werke, Bd. II.: Oden und Epigramme*, hg. v. Marian Szyrocki, Tübingen 1964.

–, *Großmüttiger Rechts-Gelehrter oder Sterbender Æmilius Paulus Papinianus. Trauer=Spil*, Text der EA v. 1659, hg. v. Ilse-Marie Barth, Stuttgart 1965.

–, *Leo Armenius. Trauerspiel*, hg. v. Peter Rusterholz, bibliograph. ergänzte Ausgabe, Stuttgart 1996.

Gumbrecht, Hans Ulrich, »Beginn von ›Literatur‹ / Abschied vom Körper?«, in: Gisela Smolka-Koerdt u. a. (Hgg.), *Der Ursprung von Literatur. Medien, Rollen, Kommunikationssituationen zwischen 1450 und 1650*, München 1988, 15-50.

Gumplowicz, Ludwig, *Der Rassenkampf. Soziologische Untersuchungen*, 2., durchges. Aufl., Innsbruck 1909.

Günther, Hans R. G., »Die Psychologie des deutschen Pietismus«, in: *Deutsche Vierteljahresschrift für Literaturwissenschaft und Geistesgeschichte*, Bd. IV. (1926), 144-176.

Habermas, Jürgen, *Strukturwandel der Öffentlichkeit. Untersuchungen zu einer Kategorie der bürgerlichen Gesellschaft*, 8. Aufl., Neuwied/Berlin 1976.

Hagen, Wolfgang, »Zur medialen Genealogie der Elektrizität«, in: Rudolf Maresch und Niels Werber (Hgg.), *Kommunikation, Medien, Macht*, Frankfurt am Main 1999, 133-173.

Haggard, Henry Rider, *Three Adventure Novels*, New York 1951.

Hagner, Michael, *Homo cerebralis. Der Wandel vom Seelenorgan zum Gehirn*, Berlin 1997.

Halley, Edmund, *An estimate on the degrees of the mortality of Mankind, drawn from curious Tables of the births and funerals of the City of Breslau; with an attempt, to ascertain the price of Annuities upon Lives*, Breslau 1683.

Hallmann, Johann Christian, *Die sterbende Unschuld / oder Die Durchlauchtigste CATHARINA Königin in Engelland / Musicalisches Trauer=Spiel / Jn hoch=teutscher gebundener Rede erfunden und abgefasset*, Breslau, EA: 1684, in: *Sämtliche Werke*, hg. v. Gerhard Spellerberg, Berlin / New York 1980.

Hankins, Thomas L. und Robert J. Silverman, *Instruments and the Imagination*, Princeton, N. J. 1995.

Hansen, Klaus P., »Neue Literatur zur Empfindsamkeit«, in: *DVjS*, H. 64 (1990), 514-528.

Hanson, Donald W., *From Kingdom to Commonwealth. The Development of Civic Consciousness in English Political Thought*, Cambridge/Mass. 1970.

Harbsmeier, Michael, *Wilde Völkerkunde. Andere Welten in deutschen Reiseberichten der Frühen Neuzeit*, Frankfurt a. M./New York 1994.

Harman, P. M., *Energy, Force, and Matter. The Conceptual Development of Nineteenth-Century Physics*, Cambridge 1982.

Harrison, Jane, *Ancient Art and Ritual*, rev. Aufl., London 1918 (EA: 1913).

–, *Themis. A Study of the Social Origins of Greek Religion*, 2., rev. Aufl., Cambridge 1927.

Harsdörffer, Georg Philipp, *Frauenzimmer Gesprächspiele*, Nürnberg 1645, Neudruck hg. v. Irmgard Böttcher, Teil V., Tübingen 1969.

–, *Mr. DU REFUGE Kluger Hofmann: Das ist / Nachsinnige Vorstellung dess untadelichen Hoflebens / mit vielen lehrreichen Sprüchen und denkwürdigen Exempeln gezieret [...]*, Frankfurt /Hamburg 1655.

Harth, Dietrich, »Schatten der Notwendigkeit«, in: Rüdiger Bubner, Konrad Cramer und Reiner Wiehl (Hgg.), *Kontingenz, Bd. XXIV/XXV. der Neuen Hefte für Philosophie*, Göttingen 1985, 79-105.

Harth, Helen, »Literatur im Dienste des Fortschritts? Die Ästhetisierung von Technik und Wissenschaft in Jules Vernes ›Voyages extraordinaires‹«, in: Theo Elm und Hans H. Hiebel (Hgg.), *Medien und Maschinen. Literatur im technischen Zeitalter*, Freiburg 1991, 271-285.

Harvey, William, *De motu cordis*, engl. Übers.: *Anatomical Dissertation upon the Movement of the Heart and Blood in Animals, being a Statement of the Discovery of the Circulation of the Blood*, Canterbury 1894.

Haugwitz, August Adolph von, *Schuldige Unschuld oder Maria Stuarda, Königin von Schottland*, Reprint der Ausgabe Dresden 1683, Bern/Frankfurt am Main 1974.

Haushofer, Karl, *Geopolitik der Pan-Ideen*, Berlin 1931.

Haushofer, Karl, Erich Obst, Hermann Lautensach und Otto Maull, »Über die historische Entwicklung des Begriffs Geopolitik«, in: Dies., *Bausteine zur Geopolitik*, Berlin 1928, 3-28.

Haws, Duncan und Alex A. Hurst, *The Maritime History of the World. A Chronological Survey of Maritime Events From 5000 B. C. until the Present Day*, Supplemented by Commentaries, Bd. I., Brighton 1985.

Headrick, Daniel R., *The Tools of Empire. Technology and European Imperialism in the Nineteenth Century*, New York/Oxford 1981.

Hecker, J[ustus] F[riedrich] C[arl], *Der schwarze Tod im vierzehnten Jahrhundert und Die Psychopathien des Mittelalters*, in: *Die grossen Volkskrankheiten des Mittelalters. Historisch-pathologische Untersuchungen*, gesammelt und in erweiterter Bearbeitung hg. v. August Hirsch, Hildesheim 1964 (Reprint der Ausgabe Berlin 1865).

Hegel, Georg Wilhelm Friedrich, *Sämtliche Werke*, Jubiläumsausgabe, hg. v. H. Glockner, Bd. XI.: *Vorlesungen über die Philosophie der Geschichte*, Stuttgart 1928.

–, *Werke*, hg. v. Eva Moldenhauer und Karl Markus Michel, 4. Auflage, 20 Bde., Frankfurt am Main 1995.

Heidegger, Martin, »Aus der letzten Marburger Vorlesung« (1928), in: *Wegmarken*, 3. Aufl., Frankfurt am Main 1996, 79-101.

–, »Die Zeit des Weltbildes«, in: *Holzwege*, 8. Aufl., Frankfurt am Main 2003, 75-114.

–, *Sein und Zeit*, 17. Aufl., Tübingen 1993.

Heinisch, Klaus J. (Hg.), *Der utopische Staat*, Reinbek 1960.

Heinrich, Klaus, *Floß der Medusa. 3 Studien zur Faszinationsgeschichte mit mehreren Beilagen und einem Anhang*, Frankfurt am Main 1995.

Heinsohn, Gunnar, Rolf Knieper und Otto Steiger, *Menschenproduktion. Allgemeine Bevölkerungstheorie der Neuzeit*, Frankfurt am Main 1979.

Helm, Georg, *Die Lehre von der Energie, historisch kritisch entwickelt*, Leipzig 1887.

Helmholtz, Hermann von, *Philosophische Vorträge und Aufsätze*, hg. v. Herbert Hörz und Siegfried Wollgast, Berlin 1971.

Helvétius, Claude Arien, *Discurs über den Geist des Menschen (De l'ésprit)*, mit einer Vorrede Herrn Joh. Christoph Gottscheds, Leipzig/Liegnitz 1760.

–, *Vom Menschen, seinen geistigen Fähigkeiten und seiner Erziehung*, hg. v. G. Mensching, Frankfurt am Main 1972.

Henkel, Arthur und Albrecht Schöne, *Emblemata. Handbuch zur Sinnbildkunst des XVI. und XVII. Jahrhunderts*, Stuttgart 1967.

Hentig, Hans von, *Strafrecht und Auslese. Eine Anwendung des Kausalgesetzes auf den rechtbrechenden Menschen*, mit 14 graphischen Darstellungen, Berlin 1914.

–, *The Criminal and his Victim. Studies in the Sociobiology of Crime*, New Haven 1948.

Herder, Johann Gottfried, *Sämtliche Werke*, hg. v. Bernhard Suphan, 33 Bde., Berlin 1877ff.

–, *Schriften*, hg. v. Karl Otto Conrady, Reinbek 1968.

–, *Werke in Zehn Bänden*, hg. v. Martin Bollacher u. a., Frankfurt am Main 1985ff.

Heydenreich, Karl Heinrich, *System der Ästhetik*, Leipzig 1790, Reprint, Hildesheim 1978.

Hiebel, Hans H. und Heinz Hiebler u. a. (Hgg.), *Große Medienchronik*, München 1999.

Hildebrandt, Heinrich, *Die Staatsauffassung der schlesischen Barockdramatiker im Rahmen ihrer Zeit*, Rostock 1939.

Hißmann, Michael, *Anleitung zur Kenntnis der auserlesenen Literatur in allen Teilen der Philosophie*, Göttingen-Lemgo 1778.

Hobbes, Thomas, *A Discourse of Laws*, EA: 1620, in: *Three Discourses. A Critical Modern Edition of Newly Identified Work of the Young Hobbes*, hg. v. Noel B. Reynolds und Arlene W. Saxonhouse, Chicago/London 1995, 105-122.

–, *Leviathan*, hg. v. Richard Tuck, Cambridge u. a. 1996.

Hockerts, Hans Günter, »Wiedergutmachung. Ein umstrittener Begriff und ein weites Feld«, in: Ders. und Christiane Kuller (Hgg.), *Nach der Verfolgung. Wiedergutmachung nationalsozialistischen Unrechts in Deutschland?*, Göttingen 2003, 7-33.

Hodgen, Margaret Trabue, *The Doctrin of Survivals. A Chapter in the History of Scientific Method in the Study of Man*, London 1936.

Hörisch, Jochen, *Brot und Wein. Die Poesie des Abendmahls*, Frankfurt am Main 1992.

Hofe, Gerhard vom, »Kunst als Grenze. Hegels Theorem des ›unglücklichen Bewußtseins‹ und die ästhetische Erfahrung bei Kierkegaard«, in: Gerhard vom Hofe Peter Pfaff und Hermann Timm (Hgg.), *Was aber bleibet stiften die Dichter? Zur Dichter-Theologie der Goethezeit*, München 1986, 11-34.

Hoffmeister, Ernst, *Die Kriminalbiologie, ihre ideengeschichtliche Entwicklung und ihre Bedeutung für das kommende deutsche Strafrecht*, Breslau 1939 (Diss.).

Hofmann, Hasso, *Repräsentation. Studien zur Wort- und Begriffsgeschichte von der Antike bis ins 19. Jahrhundert*, Berlin 1974.

Hofmannsthal, Hugo von, *Gesammelte Werke, Prosa I-IV*, hg. v. Herbert Steiner, Frankfurt am Main 1956ff.

Hohendahl, Peter Uwe, »Zum Erzählproblem des utopischen Romans im 18. Jahrhundert«, in: Helmut Kreuzer (Hg.), *Gestaltungsgeschichte und Gesellschaftsgeschichte. Literatur-, kunst- und musikwissenschaftliche Studien*, Stuttgart 1969, 79-114.

Holler, Wolfgang, *Funktionswechsel des Sozialdarwinismus in der Soziologie*, Frankfurt am Main 1971 (Diss.).

Horkheimer, Max und Theodor W. Adorno, *Dialektik der Aufklärung. Philosophische Fragmente*, Frankfurt am Main 1988 (EA: 1944).

Horváth, Robert, »Statistische Deskription und nominalistische Philosophie«, in: Rassem/Stagl 1980, 37-52.

Hubert, Henri und Marcel Mauss, »Essai sur la nature et la fonction du sacrifice«, in: Mauss 1968f./I., 193-307.

Hüsmert, Ernst, »Die letzten Jahre von Carl Schmitt«, in: *Schmittiana* 1 (1988), 40-54.

Hufeland, Christoph Wilhelm, *Makrobiotik oder Die Kunst das menschliche Leben zu verlängern*, hg. v. Carl Haeberlin, Recklinghausen 1932 (nach der 3. Aufl. 1805).

–, *Über Sympathie*, Weimar 1811.

Humboldt, Wilhelm von, »Der königsberger und der litauische Schulplan«, in: *Gesammelte Schriften*, Bd. XIII., Berlin 1920, 259-282.

–, *Ideen zu einem Versuch, die Grenzen der Wirksamkeit des Staates zu bestimmen*, [entstanden 1792], Leipzig 1948.

Hume, David, *The Natural History of Religion*, in: Ders., *Philosophical Works*, Bd. IV.: *Essays moral, political and literary*, hg. v. Thomas Hill Green und Thomas Hodge Grose, Aalen 1992 (Reprint der Ausgabe London 1886), 309-363.

Hunt, Lynn, *Symbole der Macht, Macht der Symbole. Die französische Revolution und der Entwurf einer politischen Kultur*, Frankfurt am Main 1989.

Hurwicz, E., »Zum Problem des état dangereux«, in: *Monatsschrift für Kriminalpsychologie und Strafrechtsreform*, 9 (1913), 399-425.

Hutcheson, Francis, *A System of Moral Philosophy*, New York 1968 (Reprint der Ausgabe London 1755).

–, *An inquiry into the Original of Our Ideas of Beauty and Virtue in two treatises I. concerning Beauty, Order, Harmony, Design, II. concerning Moral Godd and Evil*, 4., korr. Aufl., o. O. 1738.

Huxley, Thomas Henry, *Evolution and Ethics and other Essays*, in: *Collected Essays*, London 1894.

Huysmans, Joris-Karl, *À Rebours*, hg. v. Marc Fumaroli, 2., erw. Aufl., Paris 1977 (EA: 1884).

Imorde, Joseph, *Präsenz und Repräsentanz, oder: Die Kunst, den Leib Christi auszustellen (Das vierzigstündige Gebet von den Anfängen bis in das Pontifikat Innocenz X.)*, Berlin 1997.

Innis, Harold A., »Tendenzen der Kommunikation« (1949), in: Karlheinz Barck (Hg.), *Harold A. Innis – Kreuzwege der Kommunikation. Ausgewählte Texte*, Wien/New York 1997, 95-119.

Iris. Vierteljahresschrift für Frauenzimmer, Bern 1971 (Reprint der Ausgabe Düsseldorf 1774).

Iseli, Andrea, »*Bonne police«. Frühneuzeitliches Verständnis von der guten Ordnung eines Staates in Frankreich*, Epfendorf am Neckar 2003.

Iselin, Isaak, *Versuch über die gesellige Ordnung*, Hildesheim 1969 (Faksimile der Ausgabe Basel 1772).

Isenkrahe, Kaspar, *Energie, Entropie, Weltanfang, Weltende*, Trier 1910.

Jacobi, Friedrich Heinrich, *Eduard Allwills Papiere*, Faksimiledruck der erweiterten Fassung von 1776 aus Chr. M. Wielands ›Teutschem Merkur‹, Stuttgart 1962.

–, *Woldemar. Eine Seltenheit aus der Naturgeschichte*, Stuttgart 1969 (Faksimile nach der Ausgabe von 1779).

Jaeschke, Walter, *Die Religionsphilosophie Hegels*, Darmstadt 1983.

James, E. O., *Origins of Sacrifice. A Study in Comparative Religion*, London 1933.

Janowski, Bernd und Michael Welker (Hgg.), *Opfer. Theologische und kulturelle Kontexte*, Frankfurt am Main 2000.

Jauffret, Louis-François, »Des différents genres d'écritures«, in: *Revue de l'École d'Anthropologie de Paris*, 19 (1909), 241-244.

Jean Paul, *Sämtliche Werke*, 10 Bde., hg. v. Norbert Miller, Frankfurt am Main 1996.

Jens, Walter, »Jetzt, wo man zu Tausenden Märtyrer braucht.«, in: W. Jens und Hans Küng, *Dichtung und Religion. Pascal, Gryphius, Lessing, Hölderlin, Novalis, Kierkegaard, Dostojewski, Kafka*, München 1985, 224-241.

Jeserich, Kurt G. A., Hans Pohl und Georg-Christoph von Unruh (Hgg.), *Deutsche Verwaltungsgeschichte*, 6 Bde., Stuttgart 1983-1988.

Jones, Stephen, *Criminology*, London/Edinburgh/Dublin 1998.

Jung-Stilling, Johann Heinrich, *Lehrbuch der Staats-Polizey-Wissenschaft*, Leipzig 1788.

Justi, Johann Heinrich Gottlob von, *Gesammlete Politische und Finanzschriften über wichtige Gegenstände der Staatskunst, der Kriegswissenschaften und des Cameral= und Finanzwesens*, 3 Bde., Koppenhagen und Leipzig 1761-1764.
–, *Grundsätze der Polizeiwissenschaft in einem vernüftigen, auf den Endzweck der Policey gegründeten, Zusammenhange und zum Gebrauch Academischer Vorlesungen abgefasset*, Düsseldorf 1993 (Faksimile der Ausgabe Göttingen 1756).

Kainbacher, Paul, *Die Erforschung Afrikas. Die Afrika-Literatur über Geographie und Reisen vor 1914*, Bd. I., 2., vermehrte Aufl., Baden 1999.

Kaiser, Gerhard, *Pietismus und Patriotismus im literarischen Deutschland. Ein Beitrag zum Problem der Säkularisation*, 2., erg. Auflage, Frankfurt am Main 1973.

Kaminski, Nicola, *Andreas Gryphius*, Stuttgart 1998.

Kant, Immanuel, *Werke in zehn Bänden*, hg. v. Wilhelm Weischedel, Darmstadt 1956.

Kantorowicz, Ernst H., »Pro patria mori in medieval political thought«, in: *American Historical Review*, Bd. LVI./Nr. 3 (April 1951), 472-492.
–, *Die zwei Körper des Königs. Eine Studie zur politischen Theologie des Mittelalters*, 2. Auflage, München 1994.

Kapp, Ernst, *Grundlinien einer Philosophie der Technik. Zur Entstehung der Cultur aus neuen Gesichtspunkten*, Braunschweig 1877.

Karsenti, Bruno, *Marcel Mauss. Le fait social total*, Paris 1994.

Kassung, Christian, *EntropieGeschichten. Robert Musils »Der Mann ohne Eigenschaften« im Diskurs der modernen Physik*, München 2001.

Kay, Lily E., *Das Buch des Lebens. Wer schrieb den genetischen Code?*, München/Wien 2001.

Kaye, Howard L., *The Social Meaning of Modern Biology, From Social Darwinism to Sociobiology*, New Haven/London 1986.

Kelsen, Hans, »Der Wandel des Souveränitätsbegriffes«, in: Hanns Kurz (Hg.), *Volkssouveränität und Staatssouveränität*, Darmstadt 1970, 164-178.

Kern, Arthur (Hg.), *Deutsche Hofordnungen des 16. und 17. Jahrhunderts*, Bd. I.: Brandenburg, Preußen, Pommern, Mecklenburg, Berlin 1905.

Kierkegaard, Søren, *Der Begriff Angst. Vorworte*, hg. v. Emanuel Hirsch und Hayo Gerdes, 3. Aufl., Gütersloh 1991.
–, *Die Wiederholung. Drei erbauliche Reden* (1843), Gütersloh 1980.
–, *Entweder-Oder, Teil I. u. II.*, unter Mitwirkung v. Niels Thulstrup und der Kopenhagener Kierkegaard-Gesellschaft hg. v. Hermann Diem u. Walter Rest, 5. Aufl., München 1998.
–, *Furcht und Zittern*, kommentiert v. Liselotte Richter, Hamburg 1992.
–, *Krankheit zum Tode. Der Hohepriester – der Zöllner – die Sünderin*, hg. v. Emanuel Hirsch und Hayo Gerdes, Gütersloh 1985.

Kimmerle, Heinz, »Das Verhältnis von Macht und Gewalt im Denken Hegels«, in: *Hegel-Jahrbuch 1988*, 199-211.

–, »Hegel und Afrika: Das Glas zerspringt«, in: *Hegel-Studien* 28 (1993), 303-325.

Kimpel, Dieter und Conrad Wiedemann (Hgg.), *Theorie und Technik des Romans im 17. und 18. Jahrhundert, Bd. I.: Barock und Aufklärung*, Tübingen 1970.

Kindermann, Heinz, *Theatergeschichte Europas, Bd. III.: Das Theater der Barockzeit*, Salzburg 1959.

Kippenberg, Hans G., *Die Entdeckung der Religionsgeschichte. Religionswissenschaft und Moderne*, München 1997.

Kipphardt, Heinar, *Bruder Eichmann*, Reinbek 1983.

Kirchner, Hermann, *Orationes XXXVI*, Marburg 1621.

Kirchner, Thomas, »Der Theaterbegriff des Barocks«, in: *Maske und Kothurn. Internationale Beiträge zur Theaterwissenschaft*, 31. Jg./H. 1-4 (1985), 131-140.

Kittler, Friedrich, »Das Subjekt als Beamter«, in: Manfred Frank, Gérard Raulet und Willem van Reijen (Hgg.), *Die Frage nach dem Subjekt*, Frankfurt am Main 1988, 401-420.

–, »Die Heilige Schrift«, in: Dietmar Kamper und Christoph Wulf (Hgg.), *Das Heilige. Seine Spur in der Moderne*, Bodenheim 1997, 154-162.

–, »Ein Erdbeben in Chili und Preußen«, in: David E. Wellbery (Hg.), *Positionen der Literaturwissenschaft. Acht Modellanalysen am Beispiel von Kleists ›Das Erdbeben in Chili‹*, 3. Auflage, München 1993, 24-38.

–, »Nietzsche«, in: Horst Turk (Hg.), *Klassiker der Literaturtheorie. Von Boileau bis Barthes*, München 1979, 191-205.

–, »Rhetorik der Macht und Macht der Rhetorik – Lohensteins Agrippina«, in: Hans-Georg Pott (Hg.), *Johann Christian Günther*, Paderborn/München/Wien/Zürich 1988, 39-52.

–, »Vorwort«, in: *Justus Georg Schottelius, Der schreckliche Sprachkrieg. Horrendum Bellum Grammaticale Teutonum antiquissimorum*, Leipzig 1991, 5-10.

–, *Aufschreibesysteme 1800/1900*, 2., erweiterte und korr. Auflage, München 1987.

–, *Dichter – Mutter – Kind*, München 1991.

–, *Draculas Vermächtnis. Technische Schriften*, Leipzig 1993.

–, *Eine Kulturgeschichte der Kulturwissenschaft*, München 2000.

–, *Grammophon – Film – Typewriter*, Berlin 1986.

–, *Optische Medien. Berliner Vorlesung 1999*, Berlin 2002.

Kittsteiner, Heinz-Dieter, *Die Entstehung des modernen Gewissens*, 2. Aufl., Frankfurt am Main 1992.

Kleine Encyclopedie oder Lehrbuch aller Elementarkenntnisse, worinnen die Hauptbegriffe von allen Wissenschaften, von allen nützlichen Künsten, und von allen Dingen gegeben werden, die auf die bürgerliche Gesellschaft einen Einfluß haben, aus dem Französischen v. Johann Samuel Halle, königlichem Professor des adlichen Cadettencorps zu Berlin, Bd. II., Berlin/Leipzig 1780.

Kleinheyer, Gerd, »Wandlungen des Delinquentenbildes in den Strafrechtsordnungen des 18. Jahrhunderts«, in: Fabian 1980, 227-246.

Kleinschmidt, Peter und Gerhard Spellerberg und Hanns-Dietrich Schmidt (Hgg.), *Die Welt des Daniel Casper von Lohenstein. Mit bearbeiteter Fassung von Epicharis*, Köln 1978.

Klemm, Gustav, *Allgemeine Culturwissenschaft. Die materiellen Grundlagen menschlicher Cultur*, Leipzig 1978 (Reprint der Ausgabe Sonderhausen 1858).

Klenke, Claus-Volker, »Bedingte Referenz. Mythos und Ethik des Gesetzes im Freudschen Denken«, in: Adam/Stingelin 1995, 255-266.

Klossowski, Pierre, »Le marquis de Sade et la Révolution«, in: Denis Hollier (Hg.), *Le Collège de Sociologie (1937-1939). Textes de Georges Bataille, Roger Caillois, René M. Guastalla, Pierre Klossowski, Alexandre Kojève, Michel Leiris, Anatole Lewitzky, Hans Mayer, Jean Paulhan, Jean Wahl etc.*, 2. Aufl., Paris 1995, 505-532.

Klüber, Johann Ludwig, *Das Postwesen in Teutschland, wie es war, ist und seyn könnte*, Erlangen 1811.

Kluckhohn, Paul, *Persönlichkeit und Gemeinschaft. Studien zur Staatsauffassung der deutschen Romantik*, Halle/Saale 1925.

Knigge, Adolf Freiherr von, *Der Roman meines Lebens. In Briefen herausgegeben, Teil I.-II.*, 20, in: *Sämtliche Werke*, Bd. I., Abt. 1: *Romane*, hg. v. Paul Raabe, Nendeln/Liechtenstein 1978 (EA: Riga 1781).

–, *Ueber den Umgang mit Menschen*, 5. Aufl., Nendeln/Liechtenstein (Faksmilie der Ausgabe Hannover 1796).

Kobe, Zdravko, »Das Problem des inneren Sinnes. Das Innere, das Äußere und die Apperzeption«, in: Mladen Dolar, Zdravko Kobe u. a. (Hgg.), *Kant und das Unbewußte*, Wien 1994, 53-84.

Koch, Peter, *Geschichte der Versicherungswissenschaft in Deutschland*, Karlsruhe 1998.

Kogon, Eugen, *Der SS-Staat*, Hamburg 1974.

Köhler, Ernst, *Der literarische Zufall, das Mögliche, die Notwendigkeit*, München 1973.

Kohn-Waechter, Gudrun (Hg.), *Schrift der Flammen. Opfermythen und Weiblichkeitsentwürfe im 20. Jh.*, Berlin 1991, 38-52.

Kojève, Alexandre, *Hegel. Kommentar zur Phänomenologie des Geistes*, hg. v. Iring Fetscher, 3. Aufl., Frankfurt am Main 1988.

Kondylis, Panajotis, *Die Aufklärung im Rahmen des neuzeitlichen Rationalismus*, Stuttgart 1981.

Koschorke, Albrecht, *Körperströme und Schiftverkehr. Mediologie des 18. Jahrhunderts*, München 1999.

–, *Leopold von Sacher-Masoch. Die Inszenierung einer Perversion*, München 1988.

Koselleck, Reinhart, *Kritik und Krise. Eine Studie zur Pathogenese der bürgerlichen Welt*, 8. Aufl., Frankfurt am Main 1997.

Kracauer, Siegfried, *Der Detektiv-Roman. Ein philosophischer Traktat* (entstanden 1925), Frankfurt am Main 1979.

Krafft-Ebing, Richard von, *Psychopathia Sexualis*, mit Beiträgen von Georges Bataille u. a., München 1997 (Reprint der 14., verm. Auflage).

Krampl, Ulrike, »Par ordre des convulsions«. Überlegungen zu Jansenismus, Schriftlichkeit und Geschlecht im Paris des 18. Jahrhunderts«, in: *Historische Anthropologie*, 7. Jg / H. 1 (1999), 33-62.

Krasmann, Susanne, *Kontingenz und Ordnungsmacht. Phänomenologischer Versuch über die Polizei*, Münster 1993.

Krautheim, Ulrike, *Die Souveränitätskonzeption in den englischen Verfassungskonflikten des 17. Jahrhunderts. Ein Studie zur Rezeption der Lehre Bodins in England von der Regierungszeit Elisabeths I. bis zur Restauration der Stuartherrschaft unter Karl II.*, Frankfurt am Main/Bern/Las Vegas 1977.

Kreuz, Reinhard G., »Überleben und gutes Leben. Erläuterungen zu Begriff und Geschichte der Staatsräson«, in: *DVjS für Literaturwissenschaft und Geistesgeschichte*, 52 (1978), 173-208.

Kropotkin, Peter, »Das Bedürfnis der Gegenwart nach Ausgestaltung der Grundlagen der Sittlichkeit«, in: Klaus R. Scherer, Adelheid Stahnke und Paul Winkler (Hgg.), *Psychobiologie. Wegweisende Texte der Verhaltensforschung von Darwin bis zur Gegenwart*, München 1987, 382-389.

Krüger, Herbert, *Allgemeine Staatslehre*, Stuttgart 1964.

Kühlmann, Wilhelm, *Gelehrtenrepublik und Fürstenstaat. Entwicklung und Kritik des deutschen Späthumanismus in der Literatur des Barockzeitalters*, Tübingen 1982.

Kuper, Adam, *The Invention of Primitive Society. Transformations of an Illusion*, London/New York 1988.

Küpper, Joachim, »Klassische Episteme und Kontingenz«, in: Graevenitz/Marquard 1998, 117-122.

Kurella, Hans, *Cesare Lombroso und die Naturgeschichte des Verbrechers*, Hamburg 1892.

La regalità sacra. The sacral kingship. Contributions of the Central Theme of the XIIIth International Congress for the History of Religions, Leiden 1959.

Lacan, Jacques, »Kant mit Sade«, in: *Schriften*, Bd. II., 3., korr. Aufl., Weinheim/Berlin 1991, 133-163.

–, *Die vier Grundbegriffe der Psychoanalyse. Das Seminar. Buch XI.*, 3. Aufl., 1987.

Lacépède, Bernard Germaine-Étienne de, *Histoire naturelle de l'homme*, Paris 1827.

Lacoue-Labarthe, Philippe/Jean-Luc Nancy, »Der Nazi-Mythos«, in: Tholen/ Weber 1997, 158-190.

Lafitau, Joseph-François, *Histoire des découvertes et conquestes des Portugais dans le nouveau monde*, 2 Bde., Paris 1733.

–, *Les Moeurs des sauvages américains comparées aux moeurs des premier temps*, hg. u. kommentiert v. Helmut Reim, Leipzig 1987 (Reprint der dt. Ausgabe Halle 1752/53, EA: Paris 1724).

Lambert, Johann Heinrich, *Neues Organon oder Gedanken über die Erforschung und Bezeichnung des Wahren und dessen Unterscheidung vom Irrtum*, hg. v. Günter Schenk, Bd. II., Berlin 1990 (EA: Leipzig 1764).

Lämmert, Eberhard, Hartmut Eggert u. a. (Hgg.), *Romantheorie. Dokumentation ihrer Geschichte in Deutschland 1620-1880*, Köln/Berlin 1971.

Lang, Bernhard, Art. »Buchreligion«, in: Hubert Cancik, Burkhard Gladigow und Matthias Laubscher (Hgg.), *Handbuch religionswissenschaftlicher Grundbegriffe*, Bd. II., Stuttgart/ Berlin/Köln/Mainz 1990, 143-165.

Lange, Samuel Gotthold und Georg Friedrich Meier (Hgg.), *Der Mensch. Eine Moralische Wochenschrift*, neu hg. u. mit einem Nachwort v. Wolfgang Martens, Hildesheim/ Zürich/New York 1992 (Faksimile der Ausgaben von 1751-56).

Langen, August, *Der Wortschatz des deutschen Pietismus*, 2., erg. Aufl., o. O. 1968.

Laplace, Pierre Simon, *Philosophischer Versuch über die Wahrscheinlichkeit*, hg. v. R. v. Mises, Leipzig 1986 (Reprint).

Lapouge, G. Vacher de, *Les sélections sociales. Cours libre de science politique*, Paris 1896.

Latour, Bruno, »Gabriel Tarde und das Ende des Sozialen«, in: *Soziale Welt*, 52/3 (2001), 361-375.

Laum, Bernhard, *Heiliges Geld. Eine historische Untersuchung über den sakralen Ursprung des Geldes*, Tübingen 1924.

Lauterbeck, Georg, *Regentenbuch des hochgelerten weitberümbten Herrn Georgen Lauterbecken [...] / Allen Potentaten / Königen / Fürsten / Grafen / Herren / Regenten und Oberkeiten / fast notwendig und nützlich zulesen / sich darnach in allen fürfallenden händeln und sachen wissen zurichten. / Deßgleichen sein Tractat und Büchlein vom Hoffleben*, Franckfurt am Mayn 1679.

Lavater, Johann Caspar, *Physiognomische Fragmente zur Beförderung der Menschenkenntniß und Menschenliebe*, 4 Bde., Leipzig 1968f. (Reprint, EA: Leipzig/Winterthur 1775).

Lehman, Christoph, *Florilegium Politicum. Politischer BlumenGarten / Darinn Außerlesene Sentenz / Lehren / Regulen und Sprichwörter auß Theologis, Juriscunsultis, Politicis, Historicis, Philosophis, Poeten und eigener erfahrung [...]* o. O. 1637.

Leib, Johann George, *Probe / Wie ein Regent Land und Leute verbessern / des Landes Gewerbe und Nahrung erheben / seine Gefälle und Einkommen sondern Ruin derer Unterthanen billichmä-*

ßiger Weise vermehren / und sich dadurch in Macht und Ansehen setzen könne [...], Leipzig und Frankfurt 1705.

Leibniz, Gottfried Wilhelm, *Allgemeiner Politischer und Historischer Briefwechsel*, hg. v. d. Akademie der Wissenschaften zu Berlin, Leipzig 1950, AA I/4.

–, *Die philosophischen Schriften*, hg. v. C. Gerhardt, Bd. III., Berlin 1887.

–, *Hauptschriften zur Grundlegung der Philosophie*, Bd. II., übersetzt von A. Buchenau, durchgesehen und mit Einleitungen und Erläuterungen hg. v. Ernst Cassirer, Hamburg 1966.

–, *Metaphysische Abhandlung*, übersetzt, mit einem Vorwort u. Anmerkungen hg. v. Herbert Herring, 2., verb. Auflage, Darmstadt 1985b.

–, *Monadologie*, französisch und deutsch, hg. v. Dietmar Till, mit der »Lebens-Beschreibung des Herrn von Leibnitz verfaßt von dem Herrn Fontenelle«, Frankfurt am Main 1996b.

–, *Philosophische Schriften*, Bd. I.: Kleine Schriften zur Metaphysik, hg. v. Hans Heinz Holz, Darmstadt 1985.

–, *Philosophische Schriften*, Bd. IV., hg. v. Herbert Herring, Darmstadt 1992.

–, *Politische Schriften*, 2 Bde., hg. u. eingeleitet v. Hans Heinz Holz, Frankfurt/Wien 1967.

–, *Sämtliche Schriften und Briefe*, (Akademieausgabe), Berlin 1923ff.

–, *Schöpferische Vernunft, Schriften aus den Jahren 1668-1686*, zusammengestellt, übersetzt und erläutert v. Wolf von Engelhardt, Marburg 1951.

–, *Versuch in der Theodicée über die Güte Gottes, die Freiheit des Menschen und den Ursprung des Übels*, übersetzt und mit Anmerkungen versehen von Artur Buchenau, Hamburg 1996a.

Leinkauf, Thomas (Hg.), *Leibniz*, München 1996.

Lemke, Thomas, *Eine Kritik der politischen Vernunft. Foucaults Analyse der modernen Gouvernementalität*, Berlin/Hamburg 1997.

Lenôtre, Guy, *Die Guillotine und die Scharfrichter zur Zeit der französischen Revolution*, Berlin 1996.

Lenz, Fritz, *Menschliche Auslese und Rassenhygiene (Eugenik)*, 3., erw. Aufl., München 1931.

Lenz, Jakob Michael Reinhold, *Werke und Schriften*, hg. v. Britta Titel und Hellmut Haug, Stuttgart 1966.

Leopold, Joan, »Anthropological perspectives on the origin of language debate in the nineteenth century: Edward B. Tylor and Charles Darwin«, in: Joachim Gessinger und Wolfert von Rahden (Hgg.), *Theorien vom Ursprung der Sprache*, Bd. II., Berlin 1989, 151-176.

Leroi-Gourhan, André, *Hand und Wort. Die Evolution von Technik, Sprache und Kunst*, mit 153 Zeichnungen des Autors, Frankfurt am Main 1988.

Lessing, Gotthold Ephraim, *Werke in drei Bänden. Nach den Ausgaben letzter Hand*, Bd. II., 3. Aufl., München 1995.

–, *Moses Mendelssohn und Friedrich Nicolai, Briefwechsel über das Trauerspiel*, hg. u. kommentiert v. Jochen Schulte-Sasse, München 1972.

Lessing, Theodor, *Haarmann. Die Geschichte eines Werwolfs*, Berlin 1925.

Leuze, R., *Die außerchristlichen Religionen bei Hegel*, Göttingen 1975.

Levi, Primo, *Die Untergegangenen und die Geretteten*, München 1990.

–, *Ist das ein Mensch? Ein autobiographischer Bericht*, 6. Auflage, München 1997.

Lévinas, Emmanuel, »Lévy-Bruhl und die zeitgenössische Philosophie«, in: *Zwischen uns. Versuche über das Denken an den Anderen*, München/Wien 1995, 56-72.

–, »Zur Lebendigkeit Kierkegaards«, in: *Außer sich. Meditationen über Religion und Philosophie*, München 1991, 74-78.

–, *Wenn Gott ins Denken einfällt. Diskurse über die Betroffenheit von Transzendenz*, 2. Aufl., Freiburg/München 1988.

Lévi-Strauss, Claude, *Das Ende des Totemismus*, Frankfurt am Main 1965.
–, *Das wilde Denken*, 8. Aufl., Frankfurt am Main 1991.
Lévy-Bruhl, Lucien, *Carnets*, hg. v. Bruno Karsenti, Paris 1998.
–, *Die geistige Welt der Primitiven (La mentalité primitive)*, München 1927.
Lichtenberg, Georg Christoph, *Schriften und Briefe*, 6 Bde., 6. Auflage, Frankfurt am Main 1998.
Liermann, Hans, »Untersuchungen zum Sakralrecht des protestantischen Herrschers«, in: *Zeitschrift der Savigny-Stiftung für Rechtsgeschichte*, kanonistische Abt. XXX, Bd. LCI. (1941), 311-383.
Lilienfeld, Paul de, *La Pathologie Sociale*, Vorwort v. René Worms, Paris 1896.
Limon, Geoffroy Mis de, *La Vie et le martyre de Louis Seize, Roi de France et de Navarre, immolé le 21. Janvier 1793. Avec un examen du Décret régicide*, Brüssel 1793.
Linden, Mareta, *Untersuchungen zum Anthropologiebegriff des 18. Jahrhunderts*, Bern/Frankfurt am Main 1976.
Link, Jürgen, *Versuch über den Normalismus. Wie Normalität produziert wird*, Opladen 1996.
Linke, Hansjürgen, »Vom Sakrament bis zum Exkrement. Ein Überblick über Drama und Theater des deutschen Mittelalters«, in: Günter Holtus (Hg.), *Theaterwesen und dramatische Literatur. Beiträge zur Geschichte des Theaters*, Tübingen 1987, 127-164.
Lipsius, Justus, *Politicorvm sive civilis doctrinae libri sex. Additæ Notae auctiores, tum&De una Religione liber*, Antwerpen 1589.
–, *Von der Bestendigkeit [De Constantia]*, Faksimiledruck der deutschen Übersetzung des Andreas Viritius nach der zweiten Auflage von c. 1601. Mit den wichtigsten Lesarten der ersten Auflage von 1599, hg. v. Leonard Forster, Stuttgart 1965.
Liscow, Christian Ludwig, *Der sich selbst entdeckende X. Y. Z. [...]*, in: *Schriften*, hg. Carl Müchler, Bd. I., Frankfurt am Main 1972 (Reprint der Ausgabe von 1806), 235-312.
Liu, Alan, »Die Macht des Formalismus: Der New Historicism«, in: Moritz Baßler (Hg.), *New Historicism. Literaturgeschichte als Poetik der Kultur*, Frankfurt am Main 1995, 94-163.
Locke, John, *Two Treatises of Government. A Critical Edition*, hg. v. Peter Laslett, 2. Auflage, Cambridge 1970.
Loen, Johann Michael von, *Der redliche Mann am Hofe; Oder die Begebenheiten des Grafens von Riviera. In einer auf den Zustand der heutigen Welt gerichteten Lehr= und Staats=Geschichte*, Stuttgart 1966 (Faksimile der Ausgabe von 1742).
Lohenstein, Daniel Casper von, *Römische Trauerspiele*, hg. v. Klaus Günther Just, Stuttgart 1955.
–, *Cleopatra. Trauerspiel*, Text der Erstfassung von 1661, hg. v. Ilse-Marie Barth, Stuttgart 1991.
–, *GROSSMÜTHIGER FELDHERR ARMINIUS oder Herrmann, Ein tapfferer Beschirmer der deutschen Freyheit / nebst seiner Durchlauchtigen Thußnelda / In einer sinnreichen Staats=Liebes= und Helden=Geschichte / Dem Vaterlande zu Liebe / Dem deutschen Adel aber zu Ehren und rühmlichen Nachfolge*, Faksimiledruck nach der Ausgabe von 1689, 2 Bde., hg. u. eingeleitet v. Elida Maria Szarota, Bern/Frankfurt am Main 1973.
–, *Sophonisbe. Trauerspiel*, EA: 1680, hg. v. Rolf Tarot, bibliographisch ergänzte Ausgabe, Stuttgart 1996.
Lombroso, Cesare, *Der Verbrecher »(Homo delinquens)« in anthropologischer, ärztlicher und juristischer Beziehung*, 3 Bde., o. O., 1890-94.
–, *Hypnotische und spiritistische Forschungen*, unter Mitarbeit v. Carl Grundig, Stuttgart 1909.
Lopreato, Joseph und Timothy Alan Crippen, *Crisis in Sociology. The need for Darwin*, New Brunswick (NJ)/London 1999.
Loraux, Nicole, »Das Band der Teilung«, in: Vogl 1994, 31-64.

Losurdo, Domenico, *Die Gemeinschaft, der Tod, das Abendland. Heidegger und die Kriegsideologie*, Stuttgart/Weimar 1995.

Lothar Müller, »Herzblut und Maskenspiel. Über die empfindsame Seele, den Briefroman und das Papier«, in: Gerd Jüttemann, Michael Sonntag und Christoph Wulf (Hgg.), *Die Seele. Ihre Geschichte im Abendland*, Weinheim 1991, 267-290.

Lüdemann, Susanne, »Der Tod Gottes und die Wiederkehr des Urvaters. Freuds Dekonstruktion der jüdisch-christlichen Überlieferung«, in: Edith Seifert (Hg.), *Perversion der Philosophie. Lacan und das unmögliche Erbe des Vaters*, Berlin 1992, 111-128.

Ludi, Regula, *Die Fabrikation des Verbrechens. Zur Geschichte der modernen Kriminalpolitik (1750-1850)*, Tübingen 1999.

Luhmann, Niklas, »Klassische Theorie der Macht: Kritik ihrer Prämissen«, in: *Zeitschrift für Politik*, 16 (1969), 149-170.

–, *Die Gesellschaft der Gesellschaft*, Frankfurt am Main 1998.
–, *Die Kunst der Gesellschaft*, Frankfurt am Main 1997.
–, *Die Wirtschaft der Gesellschaft*, Frankfurt am Main 1996.
–, *Die Wissenschaft der Gesellschaft*, Frankfurt am Main 1992.
–, *Funktion der Religion*, 4. Auflage, Frankfurt am Main 1996.
–, *Gesellschaftsstruktur und Semantik*, Bd. III. der *Studien zur Wissenssoziologie der modernen Gesellschaft*, Frankfurt am Main 1993.
–, *Liebe als Passion. Zur Codierung von Intimität*, 2. Auflage, Frankfurt am Main 1995.
–, *Soziologie des Risikos*, Berlin/New York 1991.

Lyotard, Jean-François, »Nach dem Erhabenen. Zustand der Ästhetik«, in: *Das Inhumane. Plaudereien über die Zeit*, Wien 1989, 231-244.
–, »Sensus communis, das Subjekt im Entstehen«, in: Vogl 1994, 223-250.
–, *Der Widerstreit*, 2., korr. Aufl., München 1989.
–, *Die Analytik des Erhabenen. Kant-Lektionen*, München 1994.

Maaß, Johann Ehrenreich, *Briefe über die Einbildungskraft*, Zürich 1794.

Machiavelli, Niccolò, *Der Fürst*, Nachwort v. Horst Günter, Frankfurt am Main 1990.
–, *Discorsi*, in: *Politische Schriften*, hg. v. Herfried Münkler, Frankfurt am Main 1990b, 127-269.
–, *Politische Betrachtungen über die alte und die italienische Geschichte*, Köln/Opladen 1965.

Macho, Thomas H., *Todesmetaphern. Zur Logik der Grenzerfahrung*, 2. Aufl., Frankfurt am Main 1990.
–, »Genealogical Trees, Heredity, and Genius. On the History of Genealogical Systems«, *Vortrag am Einstein-Forum*, Potsdam 1999.

Mackenzie, W. Leslie, in: Galton u. a. 1905-1907, *Written Communications*.

MacLennan, J. F., »The Worship of Animals and Plants«, in: *The Fortnightly Review* 6 (1869), 407-427, 562-582.

MacNamara, Donald E. J. und Andrew Karmen, *Deviants – Victims or Victimizers?*, Beverly Hills/London/New Delhi 1983.

Maier, Hans, *Die ältere deutsche Staats- und Verwaltungslehre (Polizeiwissenschaft). Ein Beitrag zur Geschichte der politischen Wissenschaft in Deutschland*, Neuwied am Rhein/Berlin 1966.

Maistre, Joseph de, *Pensées*, 2. Aufl., Bd. II.: *Sur la Religion, la Philosophie, la Politique, l'Histoire et la Littérature*, Toulouse o. J. [1864] (EA: 1796).
–, *Über das Opfer*, mit einem Essay von E. M. Cioran, Wien/Leipzig 1997.

Mâle, Émile, *L'art religieux après le concile de Trente. Étude sur l'iconographie de la fin du XVIe siècle, du XVIIe, du XVIIIe siècle. Italie – France – Espagne – Flandres. Avec 294 Gravures*, Paris 1932.

Malesherbes, Chrétien Guillaume de Lamoignon de, *Sources d'Histoire de la France moderne. XVIe, XVII, XVIIIe siècle (1775)*, hg. v. Jean-François Solnon, Paris 1994.

Malinowski, Bronislaw, *Ein Tagebuch im strikten Sinn des Wortes* (veröffentlicht 1967), hg. v. Fritz Kramer, Frankfurt am Main 1986b.

–, *Korallengärten und ihre Magie*, hg. v. Fritz Kramer, Frankfurt am Main 1981 (EA: 1935).

–, *Schriften zur Anthropologie*, mit einem Essay v. Raymond Firth, hg. v. Fritz Kramer, Frankfurt am Main 1986.

Malthus, Thomas Robert, *Das Bevölkerungsgesetz (An Essay on the Principles of Population)*, hg. v. Christian M. Barth, München 1977 (EA: 1798).

Marat, Jean-Paul, *Ausgewählte Schriften*, Vorwort und Komm. v. Claude Mossé, Berlin 1954.

Marett, Robert R., »The Taboo-Mana Formula as a Minimum Definition of Religion«, in: *Archiv für Religionswissenschaft*, XII. (1909), 186-194.

Marey, Étienne-Jules, *Le Mouvement*, préface d'André Miquel, Paris 1994 (EA: 1894).

Marin, Louis, *La parole mangée et autres essais théologico-politiques*, Paris 1986.

–, *Le portrait du roi*, Paris 1981.

Marpeger, Paul Jacob, *Wohlmeynende Gedancken über die Versorgung der Armen, Wes Standts, Alters, Leibs= und Unglücks=Constitution nach selbige auch seyn möchten [...]*, Leipzig 1977 (Reprint der Ausgabe von 1733).

Marquard, Odo, »Homo compensator. Zur anthropologischen Karriere eines metaphysischen Begriffs«, in: Gerhard Frey und Josef Zelger (Hgg.), *Der Mensch und die Wissenschaften vom Menschen. Die Beiträge des XII. Deutschen Kongresses für Philosophie*, Bd. I.: *Anthropologie der Gegenwart*, Innsbruck 1983, 55-66.

Martens, Wolfgang, *Die Botschaft der Tugend. Die Aufklärung im Spiegel der deutschen Moralischen Wochenschriften*, Stuttgart 1968.

Martin, Denis-Alexandre, *Mémoires d'un prêtre régicide*, 2 Bde., Paris 1829.

Marx, Karl und Friedrich Engels, *Werke (MEW)*, 44 Bde., Berlin 1957ff.

Marx, Karl, *Das Kapital. Kritik der politischen Ökonomie*, Bd. I., MEW XXIII., Berlin 1962.

–, *Die ethnologischen Exzerpthefte*, hg. v. Lawrence Krader, Frankfurt am Main 1976.

Mauss, Marcel, *Manuel d'ethnographie*, Einleitung u. Vorwort v. Denise Paulme, Paris 1967.

–, *Œuvres*, 3. Aufl., 3. Bde., hg. v. Victor Karady, Paris 1968f.

Mayfield, Noel Henning, *Puritans and Regicide. Presbyterian-Independent Differences over the Trial and Execution of Charles (I) Stuart*, New York/London 1988.

Mazza, Ethel Matala de, *Der verfaßte Körper. Zum Projekt einer organischen Gemeinschaft in der Politischen Romantik*, Freiburg/Breisgau 1999.

McLuhan, Marshall, *Der McLuhan-Reader*, hg. v. Martin Baltes, Fritz Böhler u. a., Mannheim 1997.

–, *Die magischen Kanäle. Understanding Media*, 2., erweiterte Auflage, Dresden/Basel 1995.

Meichsner, Irene, *Die Logik von Gemeinplätzen. Vorgeführt an Steuermannstopos und Schiffsmetapher*, Bonn 1983.

Meier, Georg Friedrich, *Anfangsgründe aller Schönen Wissenschaften*, 2. Auflage, Hildesheim/New York 1976 (Faksimile der Ausgabe Halle 1754).

Meinecke, Friedrich, *Die Idee der Staatsräson in der neueren Geschichte*, hg. u. eingeleitet v. Walther Hofer, 4. Auflage, München/Wien 1976.

Mendelssohn, Moses, *Gesammelte Schriften*, Neudruck der Jubiläumsausgabe Berlin 1929, Stuttgart/Bad Canstatt 1971.

Menninghaus, Winfried, »Zwischen Überwältigung und Widerstand. Macht und Gewalt in Longins und Kants Theorien des Erhabenen«, in: *Poetica* 23 (1991), 1-19.

Mercier, Louis Sébastien, *L'An deux mille quatre cent quarante suivi de l'Homme de Fer*, Bd. I.-III., Genf 1979 (Reprint).

–, *Neuer Versuch über die Schauspielkunst. Aus dem Französischen mit einem Anhang aus Goethes Brieftasche*, Heidelberg 1967 (Faksimilie der Ausgabe Leipzig 1776).

Mertens, Volker, *Der Gral. Mythos und Literatur*, Stuttgart 2003.

Metzger, Erika A. und Michael M. Metzger, *Reading Andreas Gryphius. Critical Trends 1664-1993*, Columbia 1994.

Meyers Großes Konversations-Lexikon. Ein Nachschlagewerk des allgemeinen Wissens, 6. Aufl., Bd. XI., Leipzig/Wien 1909.

Mezger, Edmund, *Kriminalpolitik und kriminologische Grundlagen*, 3., erw. Aufl., Stuttgart 1944.

Michaelis, Johannes, *Anatome Corporis Politici, sive Liber de Institutione Ecclesiastici, et Civilis ordinis, et apposita comparatione, et similitudine corporis humani, quod per Anatomem, hoc est, per dissectionem omnium ipsius partium et membrorum verae politiae imaginem refert, et exhibet ex sacrarum literarum lectione*, Paris 1564.

Michelet, Jules, *Geschichte der Französischen Revolution*, kommentiert v. Jochen Köhler, Bd. III./Buch 5/6, Frankfurt am Main 1988.

–, *Histoire de la Révolution française*, hg. v. Gérard Walter, 8 Bde., Paris 1952.

Miguel, Angel San (Hg.), *Calderon. Fremdheit und Nähe eines spanischen Barockdramatikers. Akten des internationalen Kongresses anläßlich der Bamberger Calderón-Tage 1987*, Frankfurt am Main 1987.

Miller, Johann Martin, *Geschichte Karls von Burgheim und Emiliens von Rosenau*, o. O. 1778.

–, *Siegwart. Eine Klostergeschichte*, Stuttgart 1971 (Faksimile nach der Ausgabe von 1776).

Milton, John, *Complete Prose Works*, 8 Bde., New Haven/London 1953ff.

–, *Political Writings*, hg. v. Martin Dzelzainis, Cambridge u. a. 1991.

Moivre, Abraham de, »A calculation of the credibility of human testimony«, in: *Philosophical Transactions*, October 1699, 359-366.

Montaigne, Michel de, *Essais*, Frankfurt am Main 1998.

Montesquieu, Charles-Louis de Secondat, *Vom Geist der Gesetze*, Bd. II., hg. v. Ernst Forsthoff, 2. Aufl., Tübingen 1992.

Moravia, Sergio, *Beobachtende Vernunft. Philosophie und Anthropologie in der Aufklärung*, Frankfurt am Main/Berlin/Wien 1977.

Moritz, Karl Philipp, *Werke*, Bd. III.: *Erfahrung, Sprache, Denken*, hg. v. Horst Günter, Frankfurt am Main 1981.

–, *Schriften zur Ästhetik und Poetik*, Kritische Ausgabe, hg. v. Hans Joachim Schrimpf, Tübingen 1962.

Morus, Thomas, *Utopia*, in: Heinisch 1960, 7-110.

Moser, Carl von, *Teutsches Hof=Recht, enthaltend eine Systematische Abhandlung Von der Geschichte des Teutschen Hof=Wesens. / Von den Rechten eines Regenten in Ansehung seines Hofs überhaupt, der Hof=Policey und Oeconomie. / Von den persönlichen Rechten, Titulaturen, Bedienung, Bewachung des Regenten, dessen Betragen gegen Fremde, Sterben und Begräbniß. / [...] / Nebst vielen ungedruckten Hof=Ordnungen und Ceremonial=Nachrichten*, 2 Bde., Franckfurt und Leipzig 1761.

Möser, Justus, *Patriotische Phantasien. Ausgewählte Schriften*, Leipzig 1986.

–, *Sämtliche Werke*, Historisch-kritische Ausgabe in 14 Bänden, hg. v. d. Akademie der Wissenschaften zu Göttingen, Oldenburg (Berlin, später Hamburg) 1943ff.

Mosse, George L., *Geschichte des Rassismus in Europa*, Frankfurt am Main 1990.

Mothe-Fénelon, François de Salignac de la, *Die Abenteuer des Telemach*, mit einem Nachwort hg. v. Volker Kapp, Stuttgart 1984.

Motta, Fabrizio Carini, *Trattato sopra la struttura de'Theatri e scene (1676)/Costruzione de teatri e machine teatrali (1688)*, engl. Ausgabe, Einleitung v. Orville K. Larson, Carbondale/Edwardsville 1987.

Moulin, Pierre du, *Regii Sanguinis ad Coelum Adversus Parricidas Anglicanos*, Den Haag 1652.

Mucchielli, Laurent, *De la Nature à la Culture. Les fondateurs Français des sciences humaines 1870-1940*, Paris 1996 (Microfiche).

Muesch, Bettina, *Der politische Mensch im Welttheater des Daniel Casper von Lohenstein. Eine Deutung seines Dramenwerks*, Frankfurt am Main/Bern/New York/Paris 1992.

Müller, Adam, *Die Elemente der Staatskunst. Sechsunddreißig Vorlesungen*, Meersburg am Bodensee/Leipzig 1936 (EA 1808/09).

–, *Kritische, ästhetische und philosophische Schriften,* hg. v. Walter Schroeder und Werner Siebert, 2 Bde., Berlin/Neuwied 1967.

Müller, Ernst, »›Der Einsame, der die Fahrt eines Eisenbahnzuges gestört hat‹. Wahrnehmungs-, Kommunikations- und Bewegungstechniken bei Kierkegaard«, in: Bernhard Dotzler und Ernst Müller (Hgg.): *Wahrnehmung und Geschichte. Markierungen zur Aisthesis materialis*, Berlin 1995, 43-82.

Müller, Friedrich Max, *Einleitung in die vergleichende Religionswissenschaft*, Straßburg 1874.

Müller, Gerhard, Horst Balz u. a. (Hgg.), *Theologische Realenzyklopädie*, Bd. XXV., Berlin/New York 1995.

Müller, Jan-Dirk (Hg.), *›Aufführung‹ und ›Schrift‹ in Mittelalter und Früher Neuzeit, DFG-Symposion 1994*, Stuttgart/Weimar 1996.

–, »Mimesis und Ritual. Zum geistlichen Spiel des Mittelalters,« in: Andreas Kablitz und Gerhard Neumann (Hgg.), *Mimesis und Simulation*, Freiburg i. Br. 1998, 541-572.

Müller, Klaus-Detlef, »Der Zufall im Roman. Anmerkung zur erzähltechnischen Bedeutung von Kontingenz«, in: *Germanisch-romanische Monatsschrift*, 28 (1978), 265-290.

Must, Gustav, »Zur Herkunft des Wortes ›Opfer‹«, in: *Indogermanische Forschungen*, 93 (1988), 225-236.

Näcke, P., »Die Überbleibsel der Lombrososchen kriminalanthropologischen Theorien«, in: *Archiv für Kriminalanthropologie und Kriminalistik*, 50:3/4 (Dezember 1912), 326-339.

–, »Émile Zola. In memoriam. Seine Beziehung zur Kriminalanthropologie und Sociologie«, in: *Archiv für Kriminalanthropologie und Kriminalistik*, 11:1 (1902), 80-98.

Nancy, Jean-Luc, *Die undarstellbare Gemeinschaft*, Stuttgart 1988.

Neale, J. E., *Elizabeth I and Her Parliaments 1584-1601*, Bd. II., London 1957.

Neumeister, Sebastian, »Weltbild und Bilderwelt im Drama des Barock«, in: Miguel 1987, 61-80.

Neuß, Raimund, *Tugend und Toleranz. Die Krise der Gattung Märtyrerdrama im 18. Jahrhundert*, Bonn 1989.

Nibbrig, Christiaan L. Hart (Hg.), *Was heißt »Darstellen«?*, Frankfurt am Main 1994.

Nicolai, Friedrich, *Freuden des jungen Werthers. Leiden und Freuden Werthers des Mannes. Voran und zuletzt ein Gespräch*, Berlin 1775, 41f., faksimiliert in: Scherpe 1975, Anhang.

Nietzsche, Friedrich, *Kritische Studienausgabe*, hg. v. Giorgio Colli und Mazzino Montinari, 15 Bde., München 1988.

Nivelle, Armand, *Literaturästhetik der europäischen Aufklärung*, Wiesbaden 1977.

Nordau, Max, *Entartung*, 2 Bde., Berlin 1892-93.

Novalis, *Werke*, hg. v. Gerhard Schulz, 3. Aufl., München 1987.

Nyiszli, Milós, *Im Jenseits der Menschlichkeit. Ein Gerichtsmediziner in Auschwitz*, hg. v. Friedrich Herber, Berlin 1992.

Oestreich, Gerhard, »Policey und Prudentia civilis in der barocken Gesellschaft von Stadt und Staat«, in: Albrecht Schöne (Hg.), *Stadt, Schule, Universität, Buchwesen und die deutsche*

Literatur im 17. Jahrhundert. Vorlagen und Diskussionen eines Barocksymposions der Dt. Forschungsgemeinschaft 1974 in Wolfenbüttel, München 1976, 10-21.

–, *Geist und Gestalt des frühmodernen Staates. Ausgewählte Aufsätze*, Berlin 1969.

Olender, Maurice, *Die Sprachen des Paradieses. Religion, Philosophie und Rassentheorie im 19. Jahrhundert*, Frankfurt/New York/Paris 1995.

Orgel, Stephen, *The Illusion of Power. Political Theater in the English Renaissance*, Berkeley/Los Angeles/London 1975.

Ostwald, Wilhelm, *Der energetische Imperativ*, Erste Reihe, Leipzig 1912.

–, *Energetische Grundlage der Kulturwissenschaft*, Leipzig 1909.

–, *Monistische Sonntagspredigten*, Erste Reihe, Leipzig 1911.

Otto, Rudolf, *Das Heilige. Über das Irrationale in der Idee des Göttlichen und sein Verhältnis zum Rationalen*, München 1997.

Pape, Ingetrud, »Von den ›möglichen Welten‹ zur ›Welt des Möglichen‹. Leibniz im modernen Verständnis«, in: *Studia Leibnitiana Supplementa*, Bd. I., Wiesbaden 1968, 266-287.

Papst Pius XI., *Mit brennender Sorge*, Einführung von Ulrich Wagener, Paderborn 1987.

Park, Mungo, *Reise in das Innere von Afrika. Auf Veranstaltung der afrikanischen Gesellschaft in den Jahren 1795-1797 unternommen von Mungo Park, Wundarzt (Travels in the Interior Districts of Africa)*, hg. v. Ursula Schinkel, Leipzig 1984 (EA: London 1799).

Pascal, Blaise, *Discours sur la condition des grands*, in: *Œuvres*, hg. v. Léon Brunschvicg, Pierre Boutroux und Félix Gazier, Bd. IX.: Dezember 1658-Mai 1660, Paris 1914, 359-374.

–, *Gedanken über die Religion und einige andere Themen*, hg. v. Jean-Robert Armogathe, Stuttgart 1997.

Patteson, Richard F., »›King Solomon's Mines‹. Imperialism and Narrative Structure«, in: *The Journal of Narrative Technique*, 8, 2 (1978), 112-123.

Peirce, Charles Sanders, *Collected Papers*, Bd. II.: *Elements of Logic*, hg. v. Charles Hartshorne und Paul Weiss, Cambridge/Mass. 1932.

–, *Collected Papers*, Bd. VII.: *Science and Philosophy*, hg v. Arthur W. Burks, Cambridge/Mass. 1958.

–, *Phänomen und Logik der Zeichen*, hg. v. Helmut Pape, 2. Aufl., Frankfurt am Main 1993.

Perkins, Robert L., »Abraham's Silence aesthetically considered«, in: Ders. (Hg.), *International Kierkegaard Commentary. Fear and Trembling and Repetition*, Macon, Georgia 1993, 155-176.

Péron, François, »Expérience sur la force physique des peuples sauvages de la terre de Diémen, de la Nouvelle Hollande et des habitans de Timor«, in: François Péron und Louis Freycinet, *Voyage de découvertes aux Terres Australes*, Paris 1807-1816, 3 Bde., Bd. II., 446-475.

Petty William, *The Petty Papers. Some unpublished writing etc.*, hg. v. the Marquis of Lansdowne, Bd. I., London/Boston/New York 1927.

–, *The Economic Writings*, hg. v. Charles Henry Hull, Cambridge 1899.

Pfeiffer, Johann Friedrich von, *Natürliche, aus dem Endzweck der Gesellschaft entstehende allgemeine Polizeiwissenschaft*, Aalen 1970 (Neudruck der Ausgabe Frankfurt a. M. 1779).

Picard, Hans Rudolf, *Die Illusion der Wirklichkeit im Briefroman des 18. Jahrhunderts*, Heidelberg 1971.

Picart, Bernard, *Ceremonies et Coutumes religieuses de tous les Peuples du monde. Représentées par des Figures dessinées de la main de Bernard Picart. Avec une Explication Historique, & quelques Dissertations curieuses*, 9 Bde., Amsterdam 1739ff. (EA: 1723).

Pitt-Rivers, Augustus Lane-Fox, *The Evolution of Culture and other Essays*, hg. v. J. L. Myres, Einl. v. Henry Balfour, Oxford 1906.

Platon, *Sämtliche Dialoge*, 7 Bde., übersetzt und hg. v. Otto Apelt, Reprint der 3. Auflage von 1923, Hamburg 1998.

Plessner, Helmuth, *Grenzen der Gemeinschaft. Eine Kritik des sozialen Radikalismus*, in: *Gesammelte Schriften*, Bd. V., Frankfurt am Main 1981, 7-134.

Pocock, J. G. A., »Edmund Burke and the Redefinition of Enthusiasm. The Context as Counter-Revolution«, in: François Furet und Mona Ozouf (Hgg.), *The French Revolution and the Creation of Modern Political Culture, Bd. III.: The Transformation of Political Culture 1789-1848*, Oxford u. a. 1989, 19-43.

Poliakov, Léon, *Der arische Mythos. Zu den Quellen von Rassismus und Nationalismus*, Hamburg 1993.

Politzer, Heinz, *Hatte Ödipus einen Ödipus-Komplex? Versuche zum Thema Psychoanalyse und Literatur*, München/Wien 1974.

Porter, Theodor, *The Rise of Statistical Thinking. 1820-1900*, Princeton 1986.

Poser, Hans und Hermann Deuser, »Kontingenz«, in: Gerhard Müller (Hg.), *Theologische Realenzyklopädie*, Bd. XIX., Berlin/New York 1990, 544-559.

Powell, Hugh, »The two Versions of Andreas Gryphius' ›Carolus Stuardus‹«, in: *German Life & Letters*, 5 (1952), 110-120.

Pozzo, Andrea, *Fernsehkvnst Derenmahlern und Bawmeistern, von Andrea Pozzo, Anderter Theil. In welchem gezeigt wird leichte weis alles und jedes, so die Baw-Kunst anbetrieft, in die fern zu entwerffen*, dt. Übersetzung v. *Perspectivae pictorum atque Architectorum libri tres*, Rom 1693 und 1700.

Prel, Carl du, *Die Magie als Naturwissenschaft, Bd. I.: Die magische Physik*, Jena 1899.

Preußisches Allgemeines Landrecht. Ausgewählte öffentlich-rechtliche Vorschriften, hg. v. Ernst Pappermann, Einführung v. Gerd Kleinheyer, Paderborn 1972.

Prévost d'Exiles, Abbé Antoine-Franois, *Geschichte des Chevalier des Grieux und der Manon Lescaut*, Stuttgart 1977.

Proceedings of the Association for promoting the discovery of the interior parts of Africa, London 1810 (EA: 1790).

Proyart, Abt, *Der entthronte Ludwig XVI. ehe er König war: oder Entwurf der Ursachen der französischen Staatsumwälzung, und der Erschütterung aller Throne*, nach der neuesten Ausgabe ins Deutsche übersetzt, Washington [auf Kosten der vereinigten Staaten] 1804.

Psalmanaazaar, George, *An Historical and Geographical Description of Formosa, an Island subject to the Emperor of Japan [...]*, englische Ausgabe, London 1926.

Pufendorf, Samuel von (Severinus von Monzambano), *Ueber die Verfassung des deutschen Reiches*, übersetzt und mit einer Einleitung v. Harry Breslau, Berlin 1870 (EA: 1667).
–, *Acht Bücher vom Natur- und Völkerrecht / Anderer Teil; Mit vielen nützlichen Anmerckungen erläutert und in die Teutsche Sprache übersetzt*, Hildesheim/Zürich/New York 2001 (Faksimile der Ausgabe Frankfurt am Main 1771).

Quaritsch, Helmut, *Souveränität. Entstehung und Entwicklung des Begriffs in Frankreich und Deutschland vom 13. Jahrhundert bis 1806*, Berlin 1986.

Quesnay, François, »Ökonomisches Tableau, 3 Entwürfe«, in: *Ökonomische Schriften*, Bd. I.: 1756-59, Berlin 1971.

Quételet, Adolphe, *Anthropométrie ou mesure des différentes facultés de l'homme*, Brüssel/Leipzig/Gand 1870.
–, *Ueber den Menschen und die Entwicklung seiner Fähigkeiten oder Versuch einer Physik der Gesellschaft*, Deutsche Ausgabe, im Einverständniss mit dem Herrn Verfasser besorgt und mit Anmerkungen versehen von v. A. Riecke, nebst einem Anhang, enthaltend die Zusätze des Herrn Verfassers zu dieser Ausgabe, Stuttgart 1838.

Raabe, Wilhelm, *Der Lar. Eine Oster-, Pfingst-, Weihnachts- und Neujahrgeschichte*, in: *Sämtliche Werke*, Bd. XVII., hg. v. Karl Hoppe, Göttingen 1966, 221-395.

Racine, Jean, *Dramatische Dichtungen – Geistliche Gesänge*, frz.-dt. Gesamtausgabe, Bd. II., Darmstadt 1956.

Rancière, Jacques, *Die Namen der Geschichte. Versuch einer Poetik des Wissens*, Frankfurt am Main 1994.

Rassem, Mohammed und Justin Stagl (Hgg.), *Statistik und Staatsbeschreibung in der Neuzeit, vornehmlich im 16.-18. Jahrhundert*, Paderborn u. a. 1980.

–, *Geschichte der Staatsbeschreibung. Ausgewählte Quellentexte 1456-1813*, Dokumentation von Wolfgang Rose, Berlin 1994.

Reade, William Winwood, *Savage Africa. Being the Narrative of a Tour in Equatorial, South-Western, and North-Western Africa [...]*, London 1863.

Reichelt, Klaus, *Barockdrama und Absolutismus. Studien zum deutschen Drama zwischen 1650 und 1700*, Frankfurt am Main/Bern 1981.

Reid, Thomas, *Essays on the intellectual powers of man*, in: *Works*, hg. v. Sir William Hamilton, 2 Bde., 6. Aufl., Bristol 1994 (Reprint der Ausgabe Edinburgh 1863).

Reik, Theodor, »Geständniszwang und Strafbedürfnis«, in: Franz Alexander, Theodor Reik und Hugo Staub, *Geständniszwang und Strafbedürfnis – Der Verbrecher und sein Richter*, hg. und mit einem Nachwort von Tillmann Moser, Frankfurt am Main 1971, 9-204.

Reilly, Franz Johann Josef von, *Allgemeine Erdbeschreibung. Geschöpft aus Büsching, Fabri, Brun und andern Erd- und Reise-Beschreibern*, Teil III.: *Die vier übrigen Erdtheile*, Wien 1793.

Reimarus, Hermann Samuel, *Apologie oder Schutzschrift für die vernünftigen Verehrer Gottes*, Bd. II., hg. v. Gerhard Alexander, Frankfurt am Main 1972.

Reinkingk, Theodor, *Biblische Policey / das ist: Gewisse / auß Heiliger Göttlicher Schrift zusammengebrachte / Auff die drey Haupt-Stände / Als den Geistlichen / Weltlichen / und Häußlichen Gerichtete / Axiomata [...]*, 5., verbesserte Auflage, Frankfurt am Main 1701.

Renan, Ernest, »Le Prêtre de Nemi« (EA: 1885), in: *Œuvres complètes*, Bd. III.: *Averroès et l'Averroïsme – Drames philosophiques – L'avenir de la science*, hg. v. Henriette Psichari, Paris 1949, 523-607.

Ribot, Théodule, *L'Hérédité psychologique*, 2. Aufl., Paris 1882.

Richardson, Samuel, *Clarissa or, The History of a Youg Lady. Comprehending the most Important Concerns of Private Life*, Oxford 1930, Bd. I.

–, *Pamela or, Virtue Rewarded. In a Series of Familiar Letters from a Beautiful Young Damsel to her Parents: Afterwards, in her exalted Condition, between Her, and Persons of Figure and Quality, upon the Most Important and Entertaining Subjects, in Genteel Life. Publish'd in order to cultivate the Principles of Virtue and Religion in the Minds of Youth of both Sexes*, Oxford 1929, Bd. I.

Richter, Gottfried, *Das anatomische Theater*, Nendeln/Liechtenstein 1977 (Reprint der EA: 1936).

Richter, Jürgen, *Die Theorie der Sympathie*, Frankfurt am Main u. a. 1996.

Riedel, Wolfgang, *Die Anthropologie des jungen Schiller. Zur Ideengeschichte der medizinischen Schriften und der ›Philosophischen Briefe‹*, Würzburg 1985.

Rieger, Stefan, *Speichern / Merken. Die künstlichen Intelligenzen des Barock*, München 1997.

Rist, Johann, *Das AllerEdelste Leben der gantzen Welt / Vermittelst eines anmuthigen und erbaulichen Gespräches / Welches ist diser Ahrt Die Ander / und zwahr Eine Hornungs-Unterredung / Beschriben und fürgestellet von Dem Rüstigen*, Hamburg 1663, in: *Sämtliche Werke*, hg. v. Eberhard Mannack, Bd. IV., Berlin/New York 1972.

Rivers, W. H. R., »Survival in Sociology«, in: *The Sociological Review*, 6/4 (October 1913), 293-304.

Robespierre, Maximilien de, *Œuvres*, Paris 1866.

Roche, Sophie von La, *Geschichte des Fräuleins von Sternheim*, hg. v. Barbara Becker-Cantarino, bibliograph. ergänzte Ausgabe, Stuttgart 1997, (EA: 1771).

Röd, Wolfgang, »Zur psychologischen Deutung der Kantschen Erfahrungstheorie«, in: Hariolf Oberer und Gerhard Seel (Hgg.), *Kant: Analysen – Probleme – Kritik*, Würzburg 1988, 9-26.

Roelcke, Volker, »›Gesund ist der Culturmensch keineswegs…‹. Natur, Kultur und die Entstehung der Kategorie ›Zivilisationskrankheit‹ im psychiatrischen Diskurs des 19. Jahrhunderts«, in: Barsch/Heil 2000, 215-236.

Rogerson, John W., *The Bible and Criticism in Victorian Britain. Profiles of F. D. Maurice and William Robertson Smith*, Sheffield 1995.

Rohr, Julius Bernhard von, *Einleitung zur Ceremonial-Wissenschafft der Privat-Personen welche die allgemeinen Regeln / die bey der Mode, den Titulaturen / dem Range / den Complimens, den Geberden, und bey Höfen überhaupt, als auch bey den geistl. Handlungen, in der Conversation, bey der Correspondenz, bey Visiten, Assembleen, Spielen, Umgang mit Dames, Gastereyen, Divertissements, Ausmeublierung der Zimmer, Kleidung, Equipage u. s. w. insonderheit dem Wohlstand nach von einem jungen teutschen Cavalier in Obacht zu nehmen*, Berlin 1728, hg. u. kommentiert v. Gotthardt Frühsorge, Leipzig 1989.

–, *Einleitung zur Ceremoniel-Wissenschafft Der großen Herren, Die in vier besonderen theilen Die meisten Ceremoniel-Handlungen / so die Europäischen Puissancen überhaupt / und die Teutschen Landes=Fürsten insonderheit, so wohl in ihren Häusern, in Ansehung ihrer selbst, ihrer Familie und Bedienten, als auch gegen ihre Mit=regenten, und gegen ihre Unterthanen bey Krieges= und Friedens=Zeiten zu beobachten pflegen*, Neue Auflage 1733.

Rosenau, Hartmut, »Die Erzählung von Abrahams Opfer (Gen 22) und ihre Deutung bei Kant, Kierkegaard und Schelling«, in: *Neue Zeitschrift für systematische Theologie*, 27 (1985), 252-261.

Rosenkranz, Karl, *Ästhetik des Hässlichen*, hg. u. m. einem Nachwort v. Dieter Kliche, 2., überarb. Aufl., Leipzig 1996 (EA: Königsberg 1853).

Rößig, Karl Gottlob, *Encyclopädie der Cameralwissenschaften im eigentlichen Verstande*, Leipzig 1792.

Rousseau, Jean-Jacques, *Julie oder die Neue Heloise. Briefe zweier Liebenden aus einer kleinen Stadt am Fuße der Alpen*, in der ersten deutschen Übertragung von Johann Gottfried Gellius, überarbeitet und ergänzt von Dietrich Leube, München 1978.

–, *Vom Gesellschaftsvertrag oder Grundsätze des Staatsrechts*, in Zusammenarbeit mit Eva Pietzcker neu übersetzt u. hg. v. Hans Brockard, verb. u. bibliogr. erg. Ausgabe, Stuttgart 1986.

–, *Über Kunst und Wissenschaft – Über den Ursprung der Ungleichheit unter den Menschen*, französisch-deutsch, Hamburg 1955.

Rubin, Miri, *Corpus Christi. The Eucharist in Late Medieval Culture*, Cambridge 1991.

Ruffié, Jacques und Jean-Charles Sournia, *Die Seuchen in der Geschichte der Menschheit*, 2., erweiterte Auflage, Stuttgart 1987.

Sabbattini, Nicola, *Anleitung Dekorationen und Theatermaschinen herzustellen*, (EA: 1637), hier Ausgabe von 1639, übersetzt und mitsamt dem Urtext hg. v. Willi Flemming, Weimar 1926.

Sacher-Masoch, Leopold von, *Venus im Pelz, mit einer Studie über den Masochismus von Gilles Deleuze*, Frankfurt am Main 1980.

Sächsische Postordnung vom 27. Juli 1713, mit einem Beitrag zur Postgeschichte hg. v. Ralf Haase, Leipzig 1992 (Reprint).

Sade, Donatien Alphonse François Marquis de, *Contre l'Être Suprême*, Paris 1989a.

–, *Kurze Schriften, Briefe und Dokumente*, hg. v. K. H. Kramberg, 2. Aufl., Hamburg 1989b.

–, *Œuvres complètes*, 15 Bde., hg. v. Annie Le Brun and Jean-Jacques Pauvert, Paris 1986ff.

Saint-Just, Louis-Antoine-Léon, *Œuvres. Discours-Rapports. Institutions républicaines. Organt. Esprit de la Révolution. Proclamations-Lettres*, Einleitung v. Jean Gratien, Paris 1946.
–, *Œuvres complètes*, hg. v. Michèle Duval, Paris 1984.

Saint-Simon, Louis de, *Memoiren*, Gernsbach 1967.

Salmasius, Claudius, *Defensio Regia, pro Carolo I, Ad Sereniss. Magnæ Britanniæ Regem Carolum II, Filium natu majorem, Heredem, & Successorem legitimum, Sumptibus Regiis*, 1649.

Salzmann, Johann Daniel, *Kurze Abhandlungen über einige wichtige Gegenstände aus der Religions- und Sittenlehre*, Faksimile der Ausgabe von 1776, Stuttgart 1966.

Samjatin, Jewgeni, »Über Literatur, Revolution, Entropie und anderes« (1924), in: *Aufsätze. Autobiographie. Brief an Stalin*, Leipzig/Weimar 1991, 24-34.

Samter, Heinrich (Hg.), *Reich der Erfindungen*, Bindlach 1998 (Reprint der Ausgabe von 1901).

Sandforth, Christoph, *Prozeduraler Steuerungsmodus und moderne Staatlichkeit*, Baden-Baden 2002.

Sauder, Gerhard, *Empfindsamkeit. Quellen und Dokumente*, Bd. III., Stuttgart 1980.

Saussaye, Pierre D. Chantepie de la, *Lehrbuch der Religionsgeschichte*, Bd. I., Freiburg i. Br. 1887.

Schabert, Ina (Hg.); *Shakespeare-Handbuch. Die Zeit. Der Mensch. Das Werk. Die Nachwelt*, Stuttgart 1978.

Schäfer, Eckart, »Das Staatsschiff. Zur Präzision eines Topos«, in: Peter Jehn, *Toposforschung. Eine Dokumentation*, Frankfurt 1972, 259-392.

Schäffle, Albert, *Bau und Leben des socialen Körpers. Encyclopädischer Entwurf einer realen Anatomie, Physiologie und Psychologie der menschlichen Gesellschaft mit besonderer Rücksicht auf die Volkswirthschaft als socialen Stoffwechsel*, 4 Bde., Tübingen 1875-1878.

Schäffner, Wolfgang, *Die Ordnung des Wahns. Zur Poetologie psychiatrischen Wissens bei Alfred Döblin*, München 1995.

Schalk, Fritz (Hg.), *Französische Moralisten: La Rochefoucauld. Vauvenargues, Montesquieu, Chamfort*, Zürich 1995.

Schallmayer, Wilhelm, *Vererbung und Auslese im Lebenslauf der Völker. Eine staatswissenschaftliche Studie aufgrund der neueren Biologie*, Jena 1903.
–, *Vererbung und Auslese. Grundriß der Gesellschaftsbiologie und der Lehre vom Rassedienst. Für Rassehygieniker, Bevölkerungspolitiker, Ärzte, Anthropologen, Soziologen, Erzieher, Kriminalisten, höhere Verwaltungsbeamte und politisch interessierte Gebildete aller Stände*, Jena 1918.

Schepers, Heinrich, »Zum Problem der Kontingenz bei Leibniz. Die beste der möglichen Welten«, in: *Collegium Philosophicum. Studien. Joachim Ritter zum 60. Geburtstag*, Basel/Stuttgart 1965, 326-350.

Scherpe, Klaus R., *Gattungspoetik im 18. Jahrhundert. Historische Entwicklung von Gottsched bis Herder*, Stuttgart 1968.
–, *Werther und Wertherwirkung. Zum Syndrom bürgerlicher Gesellschaftsordnung im 18. Jahrhundert*, im Anhang: Vier Wertherschriften aus dem Jahre 1775 in Faksimile, 2. Aufl., Wiesbaden 1975.

Schiller, Friedrich, *Nationalausgabe*, 43 Bde., Weimar u. a. 1943ff.

Schings, Hans-Jürgen, »Constantia und Prudentia. Zum Funktionswandel des barocken Trauerspiels«, in: Gerald Gillespie und Gerhard Spellerberg (Hgg.), *Studien zum Werk Daniel Caspars von Lohenstein. Anläßlich der 300. Wiederkehr des Todestages*, Amsterdam 1983, 187-223.
–, »Der anthropologische Roman. Seine Entstehung und Krise im Zeitalter der Spätaufklärung«, in: Fabian 1980, 247-275.
–, *Der mitleidigste Mensch ist der beste Mensch. Poetik des Mitleids von Lessing bis Büchner*, München 1980.

–, *Die patristische und stoische Tradition bei Andreas Gryphius. Untersuchungen zu den Dissertationes funebres und Trauerspielen*, Köln/Graz 1966.

Schivelbusch, Wolfgang, *Geschichte der Eisenbahnreise. Zur Industrialisierung von Raum und Zeit im 19. Jahrhundert*, Frankfurt am Main 1989.

–, *Lichtblicke. Zur Geschichte der künstlichen Helligkeit im 19. Jahrhundert*, München 1983.

Schlegel, Friedrich, *Kritische und theoretische Schriften*, Auswahl und Nachwort von Andreas Huyssen, Stuttgart 1978.

Schlözer, August Ludwig [Hg.], *Neueste Staats-Anzeigen*, 4 (1798).

–, »Reisegeschichte der Mad. des Odonais in Süd=Amerika«, in: *Briefwechsel meist statistischen Inhalts. Gesammlet, und zum Versuch herausgegeben*, Göttingen 1775, 156-180.

–, *Allgemeines StatsRecht und StatsVerfassungsLere. Voran: Einleitung in alle StatsWissenschaften. Encyclopädie derselben. Metapolitik. Anhang: Prüfung der v. Moserschen Grundsätze des Allgem. StatsRechts*, o. O. 1970 (Faksimile der Ausgabe Göttingen 1793).

–, *Vorstellung der Universal-Historie*, 2. Aufl., Göttingen 1775.

Schmidt, Arno, *Nachrichten von Büchern und Menschen*, Bd. I.: *Zur Literatur des 18. Jahrhunderts*, Frankfurt am Main 1980.

Schmidt, Gunnar, »Francis Galton. Menschenproduktion zwischen Technik und Fiktion«, in: Barsch/Hejl 2000, 327-346.

Schmidt, Hanns H. F., »Noch einige Mutmassungen über Johann Gottfried Schnabel – zum einen den Buch-Händler ROBINSON (1728), zum anderen Julius Bernhard von Rohr (1688-1742) betreffend«, in: *Jahrbuch der Johann-Gottfried-Schnabel-Gesellschaft 1992-1995*, St. Ingbert 1995, 47-60.

Schmidt-Biggemann, Wilhelm, »Polyhistorie und geschichtliche Bildung. Die Verzeitlichung der Polyhistorie im 18. Jahrhundert«, in: Fohrmann/Voßkamp 1991, 43-55.

Schmitt, Carl, *Der Leviathan in der Staatslehre des Thomas Hobbes. Sinn und Fehlschlag eines politischen Symbols*, 2. Auflage, mit einem Nachwort hg. v. Günter Maschke, Stuttgart 1995.

–, *Der Nomos der Erde. Das Völkerrecht des Jus Publicum Europæum*, 4. Auflage, Berlin 1997.

–, *Politische Theologie. Vier Kapitel zur Lehre von der Souveränität*, 7. Auflage, Berlin 1996.

–, *Römischer Katholizismus und politische Form*, München 1925.

–, *Völkerrechtliche Großraumordnung mit Interventionsverbot für raumfremde Mächte. Ein Beitrag zum Rechtsbegriff im Völkerrecht*, 4., erw. Aufl., Berlin 1991 (Reprint der Ausgabe Berlin/Leipzig 1941).

Schmitt-Lermann, Hans, *Der Versicherungsgedanke im deutschen Geistesleben des Barock und der Aufklärung*, München 1954.

Schnabel, Johann Gottfried, *Insel Felsenburg. Wunderliche Fata einiger Seefahrer*, Teil III. und IV., Nachwort v. Günter Dammann, 2. Aufl., Frankfurt am Main 1997 (EA: Nordhausen 1736 und 1743).

–, *Wunderliche FATA einiger See=Fahrer [...] Curieusen Lesern aber zum vermuthlichen ausgefertigt, auch par Commission dem Drucke übergeben von GISANDERN*, Nordhausen 1731, Neuausgabe als: Johann Gottfried Schnabel, *Insel Felsenburg*, mit Ludwig Tiecks Vorrede zur Ausgabe von 1828, hg. v. Volker Meid und Ingeborg Springer-Strand, bibliographisch ergänzte Ausgabe, Stuttgart 1998.

Schneider, Hans Joachim, *Viktimologie. Wissenschaft vom Verbrechensopfer*, Tübingen 1975.

Schneider, Ivo, »Mathematisierung des Wahrscheinlichen und Anwendung auf Massenphänomene im 17. und 18. Jahrhundert«, in: Rassem/Stagl 1980, 53-74.

Schneider, Manfred, *Liebe und Betrug. Die Sprachen des Verlangens*, München 1994.

Schneiders, Werner, »Sozietätspläne und Sozialutopie bei Leibniz«, in: *Studia leibnitiana*, 7 (1975), 58-80.

Schnurrer, Friedrich, *Chronik der Seuchen in Verbindung mit den gleichzeitigen Vorgängen in der physischen Welt und in der Geschichte der Menschen*, 2 Bde., Tübingen 1823.

Schomburg-Scherff, Sylvia M., *Grundzüge einer Ethnologie der Ästhetik*, Frankfurt am Main/New York 1986.

Schönborner, Georg, *Politicorum libri VII*, Lipsiae 1610.

Schöne, Albrecht, *Emblematik und Drama im Zeitalter des Barock*, 3. Auflage mit Anmerkungen, München 1993.

–, *Säkularisation als sprachbildende Kraft. Studien zur Dichtung deutscher Pfarrerssöhne*, 2., überarbeitete und ergänzte Auflage, Göttingen 1968.

Schöpfer, Gerald, *Sozialer Schutz im 16.-18. Jahrhundert*, Graz 1976.

Schubert, Gert, »Die wunderliche Fata des Johann Gottfried Schnabel aus Sandersdorf. Eine Übersicht zum gegenwärtigen Stand der Forschung zur Biographie des Verfassers der Insel Felsenburg«, in: *Bitterfelder Heimatblätter*, Heft XVII, 1994/95, 109-138.

Schultze-Naumburg, Paul, *Kunst und Rasse*, München 1928.

Schulze, Reiner, *Policey und Gesetzgebungslehre im 18. Jahrhundert*, Berlin 1982.

Schweinfurth, Georg, *Im Herzen von Afrika. 1868-1871*, hg. v. Herbert Gussenbauer, Stuttgart 1984.

Seckendorff, Veit Ludwig von, *Teutscher Fürstenstaat / Mit einer ganz neuen Zugabe sonderbahrer und wichtiger Materien um ein grosses Theil vermehret*, Frankfurt und Leipzig 1711 (EA: 1656).

Seifert, Arno, »Staatenkunde – eine neue Disziplin und ihre wissenschaftstheoretischer Ort«, in: Rassem/Stagl 1980, 217-248.

Seifert, Edith, *»Was will das Weib?« Zu Begehren und Lust bei Freud und Lacan*, Weinheim/Berlin 1987.

Seifert, Hans-Ulrich, *Sade: Leser und Autor. Quellenstudien, Kommentare und Interpretationen zu Romanen und Romantheorie von D. A. F. de Sade*, Frankfurt am Main/Bern/New York 1983.

Seitter, Walter, *Menschenfassungen. Studien zur Erkenntnispolitikwissenschaft*, München 1985.

Seltmann, Jürgen, *Die Rezeption zeitgenössischer ethnologischer Theorien in der deutschen Philosophie des späten 19. Jahrhunderts am Beispiel von Friedrich Nietzsche, Wilhelm Dilthey, Karl Marx und Friedrich Engels*, Diss., Mainz 1991.

Serres, Michel, *Die fünf Sinne. Eine Philosophie der Gemenge und Gemische*, Frankfurt am Main 1998.

Shaftesbury, Anthony Earl of, *Ein Brief über den Enthusiasmus. Die Moralisten*, Einl. v. Max Frischeisen-Köhler, Leipzig 1909.

Shakespeare, William, *The Arden Shakespeare Complete Works*, Walton-on-Thames 1998.

Siegert, Bernhard, »Das trübe Wasser der reinen Vernunft. Kantische Signaltechnik«, in: Vogl 1999, 53-68.

–, *Passage des Digitalen. Zeichenpraktiken der neuzeitlichen Wissenschaften 1500-1900*, Berlin 2003.

–, *Relais. Geschicke der Literatur als Epoche der Post. 1751-1913*, Berlin 1993.

Siegfried, A., S. Lorenz und W. Schröder, Art. »Opfer«, in: Joachim Ritter und Karlfried Gründer (Hgg.), *Historisches Wörterbuch der Philosophie*, Bd. VI., Darmstadt 1984, 1223-1238.

Sièyes, Emmanuel Joseph, »Qu'est-ce que le tiers etat? / Was ist der Dritte Stand?«, in: *Politische Schriften 1788-1790*, hg. v. Eberhard Schmitt und Rolf Reichardt, Darmstadt/Neuwied 1975, 117-196.

Simmel, Georg, *Aufsätze und Abhandlungen 1894 bis 1900*, Gesamtausgabe, Bd. V., hg. v. Heinz-Jürgen Dahme und David P. Frisby, Frankfurt am Main 1992.

Simon, Jürgen, »Kriminalbiologie und Strafrecht von 1920 bis 1945«, in: Heidrun Kaupen-Haas und Christian Saller (Hgg.), *Wissenschaftlicher Rassismus. Analysen einer Kontinuität in den Human- und Naturwissenschaften*, Frankfurt 1999, 226-256.

Simon, Thomas, »*Gute Policey*«. *Ordnungsleitbilder und Zielvorstellungen politischen Handelns in der Frühen Neuzeit*, Frankfurt am Main 2004.

Smith, Adam, *An Enquiry into the Nature and Causes of the Wealth of Nations*, Buch I-III., Einleitung v. Andrew Skinner, London 1970.

–, *Lectures on Rhetoric and Belles Lettres. Delivered in the University of Glasgow. Reported by a Student in 1762-63*, hg. v. J. M. Lothian, Carbondale, Edwardsville 1971.

–, *Theorie der moralischen Empfindungen*, nach der 3. engl. Ausgabe, Braunschweig 1770.

Smith, William Robertson, *Die Religion der Semiten*, autorisierte Übersetzung nach der zweiten Auflage, Darmstadt 1967 (Reprint der Ausgabe Freiburg i. Br./Leipzig/Tübingen 1899).

Sofsky, Wolfgang, *Die Ordnung des Terrors. Das Konzentrationslager*, 4., durchgeseh. Aufl., Frankfurt am Main 2002.

Solbach, Andreas, »Politische Theologie und Rhetorik in Andreas Gryphius' Trauerspiel Leo Armenius«, in: Gabriela Scherer und Beatrice Wehrli (Hgg.), *Wahrheit und Wort, Festschrift für Rolf Tarot*, Bern u. a. 1996, 409-425.

Sommer, Robert, *Grundzüge einer Geschichte der deutschen Psychologie und Ästhetik von Wolff/Baumgarten bis Kant/Schiller*, Würzburg 1892.

Sonnenfels, Josef von, *Gesammelte Schriften*, 10 Bde., Wien 1783ff.

–, *Grundsätze der Staatspolizey, Handlung und Finanzwissenschaft*, 2. Aufl., zum Gebrauche bey akademischen Vorlesungen ausgearbeitet von Franz Xav. Moshamm, München 1804.

–, *Über die Abschaffung der Tortur*, Zürich 1775.

–, *Ueber die Liebe des Vaterlandes*, Wien 1785.

South, Marie S., »Leo Armenius oder die Häresie des Andreas Gryphius. Überlegungen zur figuralen Parallelstruktur«, in: *Zeitschrift für deutsche Philologie* 94 (1975), 161-183.

Spencer, Herbert, *Ceremonial Institutions*, London 1879.

–, *Die Prinzipien der Sociologie*, autorisierte dt. Ausgabe, Bd. III., Stuttgart 1889.

–, *First Principles*, London 1867.

–, *Social Statics or The Conditions Essential to Human Happiness specified, and the First of them Developed*, London 1868 (EA 1850).

Spengler, Oswald, *Untergang des Abendlandes. Umrisse einer Morphologie der Weltgeschichte*, München 1981 (EA: 1918-1922).

Spinoza, Baruch de, *Theologisch-politischer Traktat*, hg. v. Günter Gawlick, 2., durchgesehene Auflage, Hamburg 1984.

Stack, Richard, »An essay on sublimity of writing«, in: *The Transactions of the Royal Irish Academy*, Dublin 1787.

Stackelberg, Jürgen von, *Kleine Geschichte der französischen Literatur*, München 1990.

Stagl, Justin, »August Ludwig Schlözers Entwurf einer ›Völkerkunde‹ oder ›Ethnographie‹ seit 1772«, in: *Ethnologische Zeitschrift Zürich*, 2 (1974), 73-91.

–, »Die Apodemik oder ›Reisekunst‹ als Methodik der Sozialforschung vom Humanismus bis zur Aufklärung«, in: Rassem/Stagl 1980, 131-204.

Starobinski, Jean, »Das Wort Zivilisation«, in: *Das Rettende in der Gefahr. Kunstgriffe der Aufklärung*, Frankfurt am Main 1992, 10-37.

–, *1789. Die Embleme der Vernunft*, hg. u. mit einem Vorwort von Friedrich Kittler, mit einem Nachwort von Hans Robert Jauss, München o. J.

–, *Das Leben der Augen*, Berlin 1984.

Staub, Hans, *Laterna magica. Studien zum Problem der Innerlichkeit in der Literatur*, Zürich 1960.

Stegemann, Wolfgang, »Die Metaphorik des Opfers«, in: Janowski/Welker 2000, 191-216.

Steinecke, Hartmut und Fritz Wahrenburg, *Romantheorie. Texte vom Barock bis zur Gegenwart*, Stuttgart 1999.

Stepan, Nancy, *The Idea of Race in Science. Great Britain 1800-1960*, London 1982.

Sterne, Laurence, *A Sentimental Journey through France and Italy*, hg. v. Graham Petrie, London 1986.

–, *Leben und Ansichten von Tristram Shandy, Gentleman*, Frankfurt am Main 1998.

Stettenheim, Ludwig, *Schillers Fragment ›Die Polizey‹ mit Berücksichtigung anderer Entwürfe des Nachlasses*, Berlin 1893.

Stieve, Gottfried, *Europäisches Hoff-Ceremoniel, Worinnen Nachricht gegen wird, Was für eine Beschaffenheit es habe mit der Prærogariv, und dem daraus fliessenden Ceremoniel, Welches zwischen Käyser und Königl. Majestäten, Churfürsten, Cardinälen und freyen Republiquen, dero Gesandten und Abgesandten beobachtet wird, Nebst beygefügtem Unterricht [...], Alles aus dem Grunde der Historie, auch theils aus eigener Experientz gezogen, und zusammen getragen von Gottfried Stieve*, Leipzig 1715.

Stockinger, Ludwig, *Ficta Respublica. Gattungsgeschichtliche Untersuchungen zur utopischen Erzählung in der deutschen Literatur des frühen 18. Jahrhunderts*, Tübingen 1981.

Stollberg-Rilinger, Barbara, *Europa im Jahrhundert der Aufklärung*, Stuttgart 2000.

Stolleis, Michael, »Religion und Politik im Zeitalter des Barock. ›Konfessionalisierung‹ oder ›Säkularisierung‹ bei der Entstehung des frühmodernen Staates?«, in: Dieter Breuer (Hg.), *Religion und Religiösität im Zeitalter des Barock*, Wiesbaden 1995, 23-42.

Stosch, Baltzer Siegmund von, »Danck= und Denck=Seule des ANDREAE GRYPHII«, in: *Text+Kritik*, Heft 7/8, Andreas Gryphius, 2., revidierte und erweiterte Auflage, März 1980, 2-11.

Strasser, Peter, *Verbrechermenschen. Zur kriminalwissenschaftlichen Erzeugung des Bösen*, Frankfurt am Main/New York 1984.

Stryk, Karin Nehlsen-von, *Die venezianische Seeversicherung im 15. Jahrhundert*, Ebelsbach 1986.

Studia leibnitiana, Sonderheft 10 (1982).

Sulzer, Johann Georg, *Allgemeine Theorie der Schönen Künste und Wissenschaften, in einzeln, nach alphabetischer Ordnung der Kunstwörter auf einander folgenden, Artikeln abgehandelt*, 2. Auflage, 8 Bde., Leipzig 1786.

–, »Von der Kraft (Energie) in den Werken der schönen Künste«, in: *Vermischte philosophische Schriften*, 2 Teile (in einem Bd.), Hildesheim/New York 1974 (Faksimile der Ausgabe Leizig 1773/1781), Teil I., 122-145.

Süßmilch, Johann Peter, *Die göttliche Ordnung in den Veränderungen des menschlichen Geschlechts, aus der Geburt, dem Tode und der Fortpflanzung desselben*, 2 Bde., 4. Aufl., Berlin 1775.

Sven-Aage Jørgensen, »Utopisches Potential in der Bibel. Mythos, Eschatologie und Säkularisation«, in: Voßkamp 1985/I., 375-401.

Swift, Jonathan, *Modest Proposal for preventing the Children of Poor People in Ireland, from Being a Burden to Their Parents or Country; and for Making Them Beneficial to the Public* (EA 1729), hg. v. Charles Beaumont, Columbus, Ohio 1969.

Szarota, Elida Maria, *Das Jesuitendrama im deutschen Sprachgebiet. Eine Periochen-Edition. Texte und Kommentare*, München 1979.

–, *Geschichte, Politik und Gesellschaft im Drama des 17. Jahrhunderts*, Bern/München, 1976.

Szcypiorski, Andrzej, »Unser lieber Benno« (1979), in: Dieter Lamping (Hg.), *Dein aschenes Haar Sulamith. Dichtung über den Holocaust*, 2. Aufl., München/Zürich 1992, 68-79.

Taine, Hippolyte, *Geschichte der englischen Literatur*, autorisierte deutsche Ausgabe, Leipzig 1878.

Tarde, Gabriel, *La Logique sociale*, in: *Œuvres*, Serie I., Bd. II., Vorwort v. René Schérer, Paris 1999a.

–, *Les lois d'imitation*, in: *Œuvres*, Serie II., Bd. I., Vorwort v. Jean-Philippe Antoine, Paris 1999b.

Taylor, Mark C., »Journeys to Moriah: Hegel vs. Kierkegaard«, in: *Harvard Theological Review*, 70 (1977), 305-326.

Tel Quel (Hg.): *Das Denken von Sade*, München 1969.

Tetens, Johann Nikolaus, *Philosophische Versuche über die menschliche Natur und ihre Entwicklung*, Bd. I., Hildesheim/New York 1979 (Reprint der Ausgabe Leipzig 1777).

Tholen, Georg Christoph/Elisabeth Weber (Hgg.), *Das Vergessen(e). Anamnesen des Undarstellbaren*, Wien 1997.

Thomasius, Christian, *Ausübung der Sittenlehre*, Hildesheim 1968 (Reprint der Ausgabe Halle 1696).

Thomé, Horst, *Roman und Naturwissenschaft. Eine Studie zur Vorgeschichte der deutschen Klassik*, Frankfurt am Main/Bern/Las Vegas 1978.

Thompson, Jon, *Fiction, Crime, and Empire. Clues to Modernity and Postmodernism*, Urbana/Chicago 1993.

Tieck, Ludwig, *William Lovell*, hg. v. Walter Münz, Stuttgart 1986.

Tietz, Manfred, »Theater und Bühne im Siglo d'Oro«, in: Miguel 1987, 35-60.

Tocqueville, Alexis de, *Der alte Staat und die Revolution*, hg. v. J. P. Mayer, Bremen o. J. (EA: Paris 1856).

Tönnies, Ferdinand, *Gemeinschaft und Gesellschaft. Grundbegriffe der reinen Soziologie*, 7. Aufl., Berlin 1926.

–, *Gemeinschaft und Gesellschaft. Grundbegriffe der reinen Soziologie*, 8. Aufl., Darmstadt 1972 (Reprint).

Trabant, Jürgen, *Neue Wissenschaft von alten Zeichen. Vicos Sematologie*, Frankfurt am Main 1994.

Träger, Claus (Hg.), *Die Französische Revolution im Spiegel der deutschen Literatur*, Leipzig 1979.

Träger, Jörg, *Der Tod des Marat. Revolution des Menschenbildes*, München 1986.

Trapp, Ernst Christian, *Versuch einer Pädagogik*, unveränderter Reprint der 1. Ausgabe Berlin 1780, mit Trapps hallischer Antrittsvorlesung »Von der Nothwendigkeit, Erziehen und Unterrichten als eine eigne Kunst zu studiren« (Halle 1779), besorgt v. Ulrich Herrmann, Paderborn 1977.

Troeltsch, Ernst, *Der Historismus und seine Überwindung. Fünf Vorträge, eingeleitet von Friedrich von Hügel*, Kensington, Berlin 1924.

–, *Die Soziallehren der christlichen Kirchen und Gruppen*, Neudruck der Ausgabe: Tübingen 1912, 2 Bde., Tübingen 1994.

Trölsch, Corinna, *Die Obliegenheiten in der Seeversicherung*, Karlsruhe 1998.

Tylor, Edward Burnett, »Notes on Spiritualism« (unpubliziert), in: *Collected Works*, Bd. VII.: Reviews, London/Tokyo 1994 (Faksimile mit eigener Paginierung).

–, »On the Survival of Savage Thought in Modern Civilization«, in: *Notices on the Proceedings at the Meetings of the Members of the Royal Institution of Great Britain with Abstracts of the Discourses delivered at the Evening Meetings*, Bd. V.: 1866-69, o. O. 1869, 522-535.

–, *Anthropology. An Introduction to the Study of Man and Civilization*, in: *Collected Works*, Bd. V., London 1994 (Reprint der Ausgabe London 1881).

–, *Religion in Primitive Culture*, in: *Primitive Culture*, Teil II., Einleitung v. Paul Radin, New York 1958.

Vaihinger, Hans, *Philosophie des Als- Ob. System der theoretischen, praktischen und religiösen Fiktionen der Menschheit auf Grund eines idealistischen Positivismus, mit einem Anhang über Kant und Nietzsche*, 3., durchges. Aufl., Leipzig 1918.

Valentin, Jean-Marie, *Le Théâtre des Jesuits dans les pays de langue allemande (1554-1680)*, 3 Bde., Bern/Frankfurt am Main/Las Vegas 1978.

Vasold, Manfred, *Pest, Not und schwere Plagen. Seuchen und Epidemien vom Mittelalter bis heute*, Augsburg 1999.

Vec, Milos, *Die Spur des Täters. Methoden der Identifikation in der Kriminalistik 1879-1933*, Baden-Baden 2002.

–, *Zeremonialwissenschaft im Fürstenstaat. Studien zur juristischen und politischen Theorie absolutistischer Herrschaftsrepräsentation*, Frankfurt am Main 1998.

Veiras, Denis, *Eine Historie der Neu=gefundenen Völcker SEVARAMBES genannt*, Sulzbach 1689, EA (englischsprachig) 1675, Reprint mit Nachwort, Bibliographie und Dokumenten zur Rezeptionsgeschichte hg. v. Wolfgang Braungart und Jutta Golawski-Braungart, Tübingen 1990.

Verne, Jules, *Paris im 20. Jahrhundert*, Frankfurt am Main 1998.

Vico, Giovanni Battista, *Prinzipien einer neuen Wissenschaft über die gemeinschaftliche Natur der Völker*, 2 Bde., Einleitung von Vittorio Hösle, Bd. II., Hamburg 1990.

Viernstein, Theodor, »Schlussansprache«, in: *Mitteilungen der Kriminalbiologischen Gesellschaft*, Bd. V., Graz 1938.

Villiers de l'Isle-Adam, Jean-Marie, *Die Eva der Zukunft (L'Ève future)*, mit einem Nachwort von Peter Gendolla, Frankfurt am Main 1984 (EA: Paris 1886).

Vismann, Cornelia, *Akten. Medientechnik und Recht*, Frankfurt am Main 2000.

Vogel, Eduard, *Reise in Zentralafrika. Eine Darstellung seiner Forschungen und Erlebnisse nach den hinterlassenen Papieren des Reisenden nebst einem Bericht der Expedition zur Aufsuchung des Verschollenen*, in: Hermann Kletke (Hg.), *Afrika, dargestellt in den Forschungen und Erlebnissen der berühmtesten Reisenden neuerer Zeit. Ein geographisches Lesebuch*, Bd. V., Berlin 1863.

Voget, Fred W., *A History of Ethnology*, New York/Chicago u. a. 1975.

Vogl, Joseph (Hg.), *Gemeinschaften. Positionen zu einer Philosophie des Politischen*, Frankfurt am Main 1994.

– (Hg.), *Poetologien des Wissens um 1800*, München 1999.

–, »Leibniz. Kameralist«, in: Bernhard Siegert/Joseph Vogl (Hgg.), *Europa: Kultur der Sekretäre*, Berlin/Zürich 2003, S.97-109.

–, *Kalkül und Leidenschaft. Poetik des ökonomischen Menschen*, München 2002.

Voisé, Waldemar, »La modernité de la conception leibniziene de l'histoire«, in: *Studia leibnitiana, Sonderheft 10 (1982): Leibniz als Geschichtsforscher. Symposon des Instituti di Studi Filosofici*, hg. v. Albert Heinekamp, Wiesbaden 1982, 68-78.

Volney, Constantin-François Chassebœuf, *Die Ruinen. Betrachtungen über den Auf- und Niedergang der Reiche* (Original: *Ruines, ou méditations sur les révolutions des empires*), 2. Auflage, Berlin 1876, (EA: Paris 1791).

–, *Tableau du climat et du sol des Etats-Unis d'Amerique, suivi d'eclaircissements sur la Floride, sur la colonie francaise du Scioto, sur quelques colonies Canadiennes et sur les sauvages*, Paris 1803.

Voltaire, *Candid oder die Beste der Welten*, übersetzt und mit Nachwort von Ernst Sander, Stuttgart 1971.

Voßkamp, Wilhelm (Hg.), *Utopieforschung. Interdisziplinäre Forschungen zur neuzeitlichen Utopie*, 3 Bde., Frankfurt am Main 1985.

–, »Dialogische Vergegenwärtigung beim Schreiben und Lesen. Zur Poetik des Briefromans im 18. Jahrhundert«, in: *DVjS*, 45 (1971), 80-116.

–, *Untersuchungen zur Zeit- und Geschichtsauffassung im 17. Jahrhundert bei Gryphius und Lohenstein*, Bonn 1967.

Waardenburg, Jacques, *Classical Approaches to the Study of Religion. Aims, Methods and Theories of Research. Introduction and Anthology*, Berlin/New York 1999.

Wackernagel, Jakob, *Ueber den Ursprung des Brahmanismus. Vortrag, gehalten zu Basel am 17. November 1876*, Basel 1877.

Wade, Nicholas J. (Hg.), *Brewster and Wheatstone on Vision*, London 1983.

Wagner, Richard, *Das Kunstwerk der Zukunft*, Leipzig 1850.

–, *Die Musikdramen*, Vorwort von Joachim Kaiser, 2. Aufl., München 1981.

Wallace, Alfred Russell und Charles Darwin, *Evolution by Natural Selection and Tropical Nature. Essays on Descriptive and Theoretical Biology*, Vorwort v. Sir Gavin de Beer, London/New York 1971 (Reprint d. Ausgabe Cambridge 1858).

Wallace, Harvey, *Victimology. Legal, psychological, and social perspectives*, Boston/London/Toronto/Sidney/Tokyo/Singapore 1998.

Warburg, Aby, *Ausgewählte Schriften und Würdigungen*, hg. v. Dieter Wuttke in Verbindung mit Carl Georg Heise, Baden-Baden 1979.

–, *Schlangenritual. Ein Reisebericht*, mit einem Nachwort v. Ulrich Raulff, Berlin 1988.

Weber, Ernst (Hg.), *Texte zur Romantheorie*, Bd. I. (1626-1731) und II. (1732-1780), München 1974.

Wegmann, Nikolaus, *Diskurse der Empfindsamkeit. Zur Geschichte des Gefühls in der Literatur des 18. Jahrhunderts*, Stuttgart 1988.

Wegmann, Thomas, *Tauschverhältnisse. Zur Ökonomie des Literarischen und zum Ökonomischen in der Literatur von Gellert bis Goethe*, Würzburg 2002.

Weimann, Robert, *Shakespeare und die Macht der Mimesis. Autorität und Repräsentation im elisabethanischen Theater*, Berlin/Weimar 1988.

Weingart, Peter, »Biologie als Gesellschaftstheorie«, in: Barsch/Heil 2000, 146-166.

Weise, Christian, *Politischer Redner, das ist kurtze und eigentliche Nachricht, wie einsorgfältiger Hofmeister seine Untergebenen zu der Wohlredenheit anführen soll*, Leipzig 1683, Kronberg/Ts. 1974 (Reprint der Ausgabe Leipzig 1683).

Wellbery, David, »Der Zufall der Geburt. Sternes Poetik der Kontingenz«, in: v. Graevenitz/Marquard 1998, 291-318.

Wellhausen, Julius, *Geschichte Israels*, Bd. I., Berlin 1878.

Werle, Gerhard und Thomas Wandres, *Auschwitz vor Gericht. Völkermord und bundesdeutsche Strafjustiz. Mit einer Dokumentation des Auschwitz-Urteils*, München 1995.

Wernz, Corinna, *Sexualität als Krankheit. Der medizinische Diskurs zur Sexualität um 1800*, Stuttgart 1993.

Werschkull, Friederike, *Ästhetische Bildung und reflektierende Urteilskraft. Zur Diskussion ästhetischer Erfahrung bei Rousseau und ihrer Weiterführung bei Kant*, Weinheim 1994.

Weston, Jessie L., *From Ritual to Romance*, Cambridge 1920.

Wezel, Johann Carl, *Wilhelmine Arend, oder die Gefahren der Empfindsamkeit*, 2 Bde., Karlsruhe 1783.

–, *Belphegor oder Die wahrscheinlichste Geschichte unter der Sonne*, Nachwort v. Lenz Prütting, Frankfurt am Main 1978 (nach der EA: Leipzig 1776).

Wichert, Adalbert, *Literatur, Rhetorik und Jurisprudenz im 17. Jahrhundert. Daniel Casper von Lohenstein und sein Werk. Eine exemplarische Studie*, Tübingen 1991.

Wieland, Christoph Martin, *Gesammelte Schriften*, Berlin 1909ff.

Wilderotter, Hans, (Hg.), *Das große Sterben. Seuchen machen Geschichte*, Ausstellungskatalog des deutschen Hygiene-Museums/Dresden, Berlin 1995.

Williams, Elizabeth A., *The Physical and the Moral. Anthropology, Physiology, and Philosophical Medicine in France, 1750-1850*, Cambridge 1994.

Winkle, Stefan, *Geisseln der Menschheit. Kulturgeschichte der Seuchen*, Düsseldorf/Zürich 1997.

Wittgenstein, Ludwig, *Philosophische Untersuchungen*, in: *Werkausgabe*, Bd. I., Frankfurt am Main 1984, 225-580.

Wöhlcke, Manfred, *Soziale Entropie. Die Zivilisation und der Weg allen Fleisches*, München 1996.

Wojciechowski, Jean-Bernard, *Hygiène mentale et hygiène sociale. Contributions à l'histoire de l'hygiènisme*, 2 Bde., Paris 1997.

Wolf, Burkhardt, »Mystische Blendung. Fechners Selbstversuche und ›panpsychisches‹ System«, in: Cornelius Borck u. a. (Hgg.), *Medien des Lebens*, Weimar/Berlin (im Erscheinen).

–, »Szenarien der Befreiung. Zum europäischen Schauspiel des Königsmordes«, in: *Poetica* 33.3-4 (2001), 391-422.

Wolff, Christian, *Gesammelte Werke, Deutsche Schriften*, Bd. V., Hildesheim/Zürich/New York 1975.

Wunberg, Gotthart, »Unverständlichkeit. Historismus und literarische Moderne«, in: *Hofmannsthal-Jahrbuch*, 1 (1993), 309-350.

Wundt, Wilhelm, *Völkerpsychologie. Eine Untersuchung der Entwicklungsgesetze von Sprache, Mythus und Sitte*, Bd. VI.: *Mythus und Religion* III, 2., neu bearb. Aufl., Leipzig 1915.

Wyss, Beat, *Trauer der Vollendung. Zur Geburt der Kulturkritik*, 3. Aufl., Köln 1997.

Young, E. J., *Gobineau und der Rassismus. Eine Kritik der anthropologischen Geschichtstheorie*, Meisenheim am Glan 1968.

Young, Edward, *Gedanken über die Original-Werke*, Heidelberg 1977 (Reprint der dt. Übersetzung von Leipzig 1760).

Zachariä, Kurt Salomo, *Über die Statistik der Strafrechtspflege*, Heidelberg 1828.

Zedelmaier, Helmut, *Der Anfang der Geschichte. Studien zur Ursprungsdebatte im 18. Jahrhundert*, Hamburg 2003.

Zedler, Johann Heinrich, *Grosses vollständiges Universal-Lexikon*, Graz 1995 (Reprint der Ausgabe Leipzig/Halle 1740), Bd. XXV.

Zesen, Philip von, *Sämtliche Werke*, Bd. XV.: *Historische Schriften*, hg. v. Ferdinand van Ingen, Berlin/New York 1987.

Zielske, Harald, »Andreas Gryphius' ›Catharina von Georgien‹ auf der Bühne. Zur Aufführungspraxis des schlesischen Kunstdramas«, in: *Maske und Kothurn* 17 (1971), 1-17.

–, »Andreas Gryphius' Trauerspiel ›Catharina von Georgien‹ als politische ›Festa teatrale‹ des Barock-Absolutismus«, in: *Funde und Befunde zur schlesischen Theatergeschichte, zusammengestellt von Bärbel Rudin*, Bd. I.: *Theaterarbeit im gesellschaftlichen Wandel dreier Jahrhunderte*, Dortmund 1983, 1-32.

Zimbrich, Ulrike, *Mimesis bei Platon. Untersuchungen zu Wortgebrauch, Theorie der dichterischen Darstellung und zur dialogischen Gestaltung bis zur Politeia*, Frankfurt am Main u. a. 1984.

Zimmermann, Johann Georg, *Ueber die Einsamkeit*, 4 Bde., Leipzig 1784-85.

Zincke, Georg Heinrich, *Cameralisten-Bibliothek, worin nebst der Anleitung, die Cameralwissenschaft zu lernen, ein vollständiges Verzeichnis der Bücher und Schriften von der Land- und Stadtökonomie, dem Polizei-, Finanz- und Cammerwesen zu finden*, 4 Teile, Leipzig 1751/52.

Zizek, Slavoj, *Der erhabenste aller Hysteriker. Psychoanalyse und die Philosophie des deutschen Idealismus*, 2., erw. Aufl. Wien 1992.

–, *Die Metastasen des Genießens. Sechs erotisch-politische Versuche*, Wien 1996.

–, *Grimassen des Realen. Jacques Lacan und die Monströsität des Aktes*, hg. u. mit einem Nachwort v. Michael Wetzel, Köln 1993.

Zola, Émile, *La Bête humaine*, Einleitung und Kommentar v. Gisèle Séginger, Paris 1997.

–, *Le roman experimental*, Chronologie und Vorwort v. Aimé Guedj, Paris 1971 (EA: 1879).

Zupancic, Alenka, *Die Ethik des Realen. Kant, Lacan*, Wien 1995.

Personenverzeichnis

A

Achenwall, Gottfried 211
Adelung, Johann Christoph 221
Adorno, Theodor W. 275, 278
Alfieri, Vittorio 244, 247
Allen, Frans 10
Andreæ, Johann Valentin 116, 129
Antelme, Robert 402, 406
Anton Ulrich, Herzog zu Braunschweig und Lüneburg 113, 136
Arendt, Hannah 301, 305, 401, 404
Argenson, Marc Pierre Coyes de Paulmy, Comte d' 216
Arnauld, Antoine 26
Artaud, Antonin 326
Atkinson, James 321
Auerbach, Erich 65
Auerbach, Felix 356
Avancini, Nikolaus 40, 52

B

Baader, Franz von 244
Babbage, Charles 354
Bachofen, Johann Jakob 292, 309
Bacon, Francis 115-116, 137
Bagehot, Walter 290, 359
Bataille, Georges 409-410
Baumgarten, Alexander Gottlieb 101, 156, 176, 178
Bayle, Pierre 224, 230
Beard, George M. 365
Beccaria, Cesare 199, 384
Becher, Johann Joachim 93, 106, 209
Beck, Carl Theodor 181
Bell, Joseph 379
Benedictus, Alexander 71
Benjamin, Walter 30, 34-35, 48, 73, 280, 377, 397
Bentham, Jeremy 199, 327, 380
Bergson, Henri 293, 335
Bernard, Claude 372-373, 376, 389
Bertillon, Alphonse 282-283, 352, 375, 377
Bichat, Xavier 356
Bidermann, Jacob 31, 81
Bisaccioni, Maiolino 62, 65
Blanckenburg, Christian Friedrich von 139, 176, 187

Bloch, Ernst 278, 379
Blumenberg, Hans 24, 112
Bodin, Jean 23-24, 33, 68, 74, 77, 82
Bodmer, Johann Jacob 111-112
Boecler, Johann Heinrich 49, 56, 62, 114
Boileau-Despréaux, Nicolas 41, 44
Boltzmann, Ludwig 355, 366
Bopp, Franz 306
Bossuet, Jacques-Benigne de 40, 43, 110, 126, 139, 410
Botero, Giovanni 56
Boulanger, Nicolas Antoine 231, 307
Bourget, Paul 371
Breitinger, Johann Jakob 35, 49, 51, 81-82
Bridgman, Baron 70
Broca, Paul 381-382
Broussais, François Joseph Victor 353
Browne, Thomas 298
Bruce, James 298, 316
Buffon, Georges-Louis Leclerc, Comte de 287, 298
Bulwer, William Henry Lytton Earle 301
Bulwer-Lytton, Edward 360
Bunyan, John 121
Burckhardt, Jacob 330, 333, 340
Burke, Edmund 158, 176, 244, 265, 411
Burkert, Walter 409
Burton, Robert 114
Butte, Wilhelm 237

C

Cabanis, Pierre Jean 236, 248
Campanella, Tommaso 115-116
Campe, Johann Heinrich 13, 181, 192
Cantiuncula, Claudius 116
Carnot, Nicolas Léonard Sadi 355
Cassirer, Ernst 160, 287, 359
Castilhon, Louis 231
Castoriadis, Cornelius 294
Chamber, Roger 288
Charcot, Jean-Martin 356
Chauchetière, Claude 311
Chesterton, Gilbert Keith 267
Cicero 74
Clairvaux, Bernard de 70
Clausius, Rudolf 355
Collins, Anthony 224

Comte, Auguste 310, 351, 353
Condorcet, Jean Antoine Nicolas Caritat de 206, 212, 238
Conrad, Joseph 300, 302, 378
Conring, Hermann 33, 93, 107
Cooley, William Desborough 300
Corneille, Pierre 42, 49, 81
Coulanges, Numa Denis Fustel de 313, 316, 340
Cournot, Antoine-Augustin 212
Cromwell, Oliver 62-63, 68-69, 77, 85, 93, 123
Crookes, William 285
Cudworth, Ralph 200
Cuvier, Georges 236

D

D'Alembert, Jean Le Rond 230
Danton, Georges-Jacques 244, 246
Darwin, Charles 282, 288-293, 302-303, 321, 327, 360-362, 364-365, 368, 370, 382, 384, 389-390, 394
David, Jacques Louis 244
De Brosses, Charles 231
Defoe, Daniel 118-121, 126, 208
Delamare, Nicolas 105
Descartes, René 232
Destutt de Tracy, Antoine-Louis-Claude 236
Devereux, Georges 321
Diderot, Denis 162, 230, 248-249
Doyle, Arthur Conan 378-380
Du Bois-Reymond, Emil Heinrich 365
Duchesne, Edouard-Adolphe 277
Dühring, Eugen 327
Durkheim, Émile 313-314, 354, 357, 359, 384, 409
Dusch, Johann Jacob 176

E

Earles, John 66
Edelmann, Johann Christian 223
Edison, Thomas Alva 281-282, 371
Edward III 69
Ehrenreich, Johann 143
Eichmann, Adolf 405-406
Elizabeth I 36
Engel, Johann Jakob 162-163
Erhard, Johann Benjamin 197, 240
Ewald, François 393

F

Fairfax, Sir Thomas 61, 65
Faraday, Michael 285
Fechner, Gustav Theodor 282, 324, 361
Fénelon, François de Salignac de la Mothe 12, 126-127, 139
Féré, Charles 325, 331-332
Ferguson, Adam 233-234, 299
Ferri, Enrico 384
Fichte, Johann Gottlieb 202-203, 221, 241, 265, 347
Fielding, Henry 258
Filmer, Robert 68-69
Flaubert, Gustave 323-324, 371
Florinus, Franciscus Philippus 31, 44, 103-104
Forster, Georg 232, 234, 243, 298
Foucault, Michel 12, 15, 18, 23, 42, 70, 79, 83, 104, 106, 230, 237, 248, 262, 265, 322
Fracastorius, Girolamo 84, 87
Frank, Johann Peter 197
Franklin, Benjamin 287
Frazer, James George 15, 295, 314, 316-318, 320, 335, 340-341, 364, 374-376, 380
Freisler, Roland 401
Freud, Sigmund 14-15, 285, 302, 318-323, 333-334, 336, 359, 365, 367-368, 375, 377-378
Friedrich der Große 152, 172, 209
Friedrich Wilhelm I. 189
Fritsch, Gustav 386
Frobenius, Leo 300, 365

G

Galen (d.i. Claudius Galenus) 71, 84
Gall, Franz Joseph 220, 258, 380
Galton, Francis 282, 327, 361, 364, 373, 378, 383, 385-389
Gatterer, Johann Christoph 238
Gauden, John 91
Gellert, Christian Fürchtegott 156, 173, 177, 182, 259
Gennep, Arnold van 337
Gérando, Joseph Marie de 236-237
Gierke, Otto von 346-347, 350
Girard, René 14-16, 321, 411
Gobineau, Joseph Arthur de 370
Goethe, Johann Wolfgang von 152, 163-164, 184-185, 187, 215, 217-219, 226-229, 240, 272

Goeze, Johann Melchior 224
Goldenweiser, Alexander A. 320
Gottsched, Johann Christoph 156, 158, 173, 179
Gracián, Balthasar 54-55, 82
Graunt, John 89-90, 107, 118, 130, 135, 210-211
Grégoire, Henri 248
Gregor IX. 87
Grimm, Jacob und Wilhelm 164, 221
Groß, Hans 283, 383
Grotjahn, Alfred 389
Gryphius, Andreas 21, 46-50, 52-53, 56, 61-66, 68, 70, 72, 75-77, 80, 84, 86, 90, 110
Gummere, Francis Barton 337

H
Haarmann, Fritz 385
Haeckel, Ernst 370, 390
Haggard, Sir Henry Rider 301-302, 304
Hale, Matthew 210
Hall, Johann Samuel 183
Haller, Albrecht von 175, 179, 183
Harrison, Jane 335-338, 341
Harsdörffer, Georg Philipp 149
Hartley, David 175, 183
Harvey, William 71-72
Hecker, Justus Friedrich Carl 12, 332
Hegel, Georg Wilhelm Friedrich 14, 164, 167, 170, 221, 242-243, 251, 269-276, 278, 295-298, 300-301, 338, 345, 409, 411
Heidegger, Martin 11-13, 136
Heinrich, Klaus 14
Heinse, Wilhelm 245
Helmholtz, Hermann von 285, 324-325, 354, 367, 373, 377
Hentig, Hans von 407-408
Herder, Johann Gottfried 176, 192, 220, 229, 234-235, 282, 298-299
Herschel, William 283
Hobbes, Thomas 24, 27, 29, 32, 44, 78, 86, 93, 314
Hodgen, Margaret T. 369
Hofmannsthal, Hugo von 342, 344-345
Hollerith, Hermann 405
Holzschuher, Berthold 106, 208
Horn, Johannes Friedrich 49
Höß, Rudolf 402, 405
Hubert, Henri 358, 374
Hufeland, Christoph Wilhelm 175, 184

Humboldt, Wilhelm von 203, 240, 261, 310
Hume, David 234
Hutcheson, Francis 174
Huxley, Thomas Henry 290, 303, 389
Huysmans, Joris-Karl 374
Hyde, Sir Edward 91

I
Innozenz III. 87
Iselin, Isaak 183, 195

J
Jacobi, Friedrich Heinrich 148, 157, 167, 181-182
James I 29
Jauffret, Louis-François 236-237
Jefferson, Thomas 245
Jung, Carl Gustav 318
Jung-Stilling, Johann Heinrich 195, 211
Justi, Johann Heinrich Gottlob von 108, 185, 195-196, 233, 411

K
Kant, Immanuel 192, 201, 226, 240, 251-262, 265, 269, 272, 274, 333, 390, 410
Kantorowicz, Ernst H. 24-25, 29, 70, 409
Kapp, Ernst 284, 305, 354, 373
Karl Stuart 9-11, 50, 62-67, 69-72, 77-78, 85, 89-90, 118, 123, 171, 246-247, 410, 414
Karl Stuart II. 37, 62-64, 66, 70, 73
Karl V. 71
Kelvin, Lord 294, 355
Kessler, Johann Elias 94, 276
Kierkegaard, Sören 271-278, 281, 284, 392
Kirchner, Herrmann 87
Klemm, Gustav 284
Klopstock, Friedrich Gottlieb 161, 165
Klossowski, Pierre 260
Klüber, Johann Ludwig 305
Knigge, Adolf Freiherr von 158, 171, 176
Knoblauch, Karl von 150
Kogon, Eugen 404
Körner, Christian Gottfried 215-216
Koselleck, Reinhart 242
Kraepelin, Emil 367
Krafft-Ebing, Richard von 371

L
La Bruyère, Jean de 26
La Fayette, Marie Madeleine de la 146-147
La Roche, Sophie von 148, 153, 166
Lacan, Jacques 261, 265, 414

Lacépède, Bernard Germaine-Étienne de 237
Lafitau, Joseph-François 231
Laird, Macgregor 305
Lamarck, Jean-Baptiste 288-289, 291, 293, 365
Lambert, Johann Heinrich 168, 179
Laplace, Pierre Simon 212, 351
Lapouge, Vacher de 362
Laum, Bernhard 347
Lavater, Johann Caspar 169
Le Bon, Gustave 366
Leib, Johann George 102
Leibniz, Gottfried Wilhelm 12, 40, 113, 126, 136-141, 155-156, 178, 183, 188, 201, 206, 220, 313, 410-411
Lenz, Jakob Michael Reinhold 182
Leopold I. 40
Leopold II. 199
Lessing, Gotthold Ephraim 161, 165-166, 173, 177-178, 224, 229
Lessing, Theodor 385
Levi, Primo 403, 406, 410
Lévinas, Emmanuel 274, 343
Lévi-Strauss, Claude 320
Lévy-Bruhl, Lucien 343
Lichtenberg, Georg Christoph 148, 169-170
Lilienfeld, Paul de 361-362
Limon, Geoffroy Mis de 247
Linné, Carl von 114, 287
Lipsius, Justus 32, 54, 56-57, 82
Liszt, Franz von 391
Locke, John 69, 90, 137, 178
Lodge, Sir Oliver Joseph 285
Loen, Johann Michael von 172
Lohenstein, Daniel Casper von 52-59, 63, 73, 76, 80, 83, 85, 90
Lombroso, Cesare 380-384, 386
Loyola, Ignatius von 70
Lubbock, Sir John 292, 307, 329
Lucas, Prosper 365
Ludwig II. von Bayern 340
Ludwig XIII. 27
Ludwig XIV. 40-41, 43, 45, 88-89, 108, 126, 129
Ludwig XVI. 10, 13, 89, 246-252, 414
Luhmann, Niklas 28, 165
Lüning, Johann Christian 99
Luther, Martin 47, 51, 71, 84, 103, 175, 224, 273
Lyell, Charles 288
Lyotard, Jean-François 257

M

Machiavelli, Niccolò 47, 55-56, 85, 92-93, 106
MacLennan, John F. 307, 309, 315, 320
Maine, Henry 292, 307
Maistre, Joseph de 10, 246, 249-251, 262
Malinowski, Bronislaw 379
Malthus, Thomas Robert 210, 288-289, 304, 394
Mandeville, Bernard 200
Mannhardt, Wilhelm 318
Marat, Jean-Paul 244
Marett, Robert R. 310
Maria Stuart 67
Maria Theresia 199
Marpeger, Paul Jakob 106, 194, 209
Marx, Karl 292, 295, 305, 313, 345-346
Mauss, Marcel 358-359, 374, 394
Mayer, Julius Robert 325, 354, 373
Mazarin, Jules 41
McLuhan, Marshall 276, 337
Meier, Georg Friedrich 154, 176
Meister, Leonhard 163
Mendelssohn, Moses 154, 160
Mercier, Louis Sébastien 139, 173, 179
Michaelis, Johannes 71
Michelet, Jules 246-247, 249
Miller, Johann Martin 170, 182
Milton, John 66-69, 84-85, 171
Mistelet 176
Moivre, Abraham de 98
Montaigne, Michel de 45
Montesquieu, Charles-Louis de Secondat 198, 243
Morel, Bénédict Auguste 365
Morgan, Lewis Henry 292, 307, 309, 313
Moritz, Karl Philipp 122, 150, 166, 180, 187, 190
Morus, Thomas 114-116
Moser, Friedrich Carl von 87, 102
Möser, Justus 122, 166
Motta, Fabrizio 38
Moulin, Pierre de 84
Müller, Adam 197, 203, 206-207, 222, 240
Müller, Friedrich Max 282, 303, 306, 310
Musäus, Johann Carl August 184

N

Näcke, Paul 383
Napoleon Bonaparte 211, 306
Neumeister, Erdmann 111
Nicolai, Friedrich 182
Nicole, Pierre 26
Nietzsche, Friedrich 279, 323-336, 338-343, 346, 353, 359, 363, 365
Nordau, Max 365-368
Novalis 178, 188, 190, 204-205, 209, 215, 218

O

Obrecht, Georg 105-106, 209
Oerstedt, Hans Christian 276
Opitz, Martin 57, 109, 111
Ostwald, Wilhelm 357, 360
Otto, Rudolf 286

P

Palladio, Andrea 37-38
Papinianus, Æmilius Paulus 76
Park, Mungo 300
Pascal, Blaise 35, 44-45, 75, 79, 114, 136, 259
Pearson, Karl 388
Peirce, Charles Sanders 376, 379
Pellisson, Paul 41
Penther, Johann Friedrich 123
Péron, François 236
Perrault, Charles 43
Pettenkofer, Max von 389
Petty, William 93, 107, 114, 117
Pfaundler, Leopold 355
Philipp III. 39
Philipp IV. 39
Pinel, Philippe 183
Pirscher, Sigmund 75
Pitt-Rivers, Augustus Lane-Fox 292-293, 307, 309-310
Platon 74, 80-82, 116
Plessner, Helmut 348-350
Ploetz, Alfred 388, 391
Poisson, Siméon Denis 212, 351
Post, Albert Hermann 327
Pozzo, Andrea 37, 39
Prel, Carl du 282, 284
Prévost d'Exiles, Abbé Antoine-François 147
Psalmanaazaar, George 117
Pufendorf, Samuel von 23, 44

Q

Quesnay, François 200
Quételet, Adolphe 324, 351-353, 367, 381

R

Racine, Jean 43, 80, 227-228
Rancière, Jacques 17
Ratzel, Friedrich 338
Reade, William Winwood 316
Régnier, Edmund 236
Reid, Thomas 174, 220
Reimarus, Hermann Samuel 224
Reinkingk, Theodor 58
Renan, Ernest 375
Richard, Gaston 384
Richardson, Samuel 154-155, 160, 258
Richelieu, Armand Jean du Plessis 41
Rigaud, Hyazinthe 41
Ritter, Johann Wilhelm 218
Rohr, Julius Bernhard von 39, 99-101, 123
Rosenberg, Alfred 403
Rousseau, Jean Jacques 162, 175, 243, 250, 349
Rüdin, Ernst 367

S

Saavedra, Diego 54
Sabbattini, Nicola 38
Sacher-Masoch, Leopold von 370-371, 374
Sade, Donatien Alphonse François Marquis de 257-265, 269, 370, 409
Saint-Just, Louis Antoine Léon 246, 251, 262
Salmasius, Claudius 49, 62, 64, 66, 84
Schäffle, Albert 344, 361, 370, 395, 401
Schallmayer, Wilhelm 390-391, 395
Schiller, Friedrich von 164, 215-217, 219, 222, 227
Schlegel, Friedrich 258
Schlözer, August Ludwig 201, 203, 211, 237-239, 264, 370
Schmidt, Arno 122
Schmitt, Carl 15, 24, 78, 95, 115, 122, 350, 411, 414
Schnabel, Johann Gottfried 122-123, 125-126, 138, 151
Schönbeck, Christoph 188
Schönborner, Georg 62
Schöne, Albrecht 65
Schultze-Naumburg, Paul 366
Schweinfurth, Georg 300

Scott, Sir Walter 121
Scudéry, Madeleine de 135-136
Seckendorff, Veit Ludwig von 32, 87, 104
Serlo, Sebastiano 37
Shaftesbury, Anthony Earl of 171, 174
Shakespeare, William 37, 70, 77
Sicard, Roche-Ambroise Cucurron 236
Sidney, Philip 67
Sièyes, Emmanuel Joseph 244
Simmel, Georg 394
Simon, Richard 97
Smith, Adam 119, 158, 174, 200-201, 234, 299, 346, 348
Smith, William Robertson 314-316, 318, 335, 340, 374
Soemmerring, Samuel Thomas 248
Sonnenfels, Josef von 185, 195, 199, 208, 214, 396
Sophokles 15
Spencer, Herbert 289-293, 307, 363, 386, 390, 394-395
Spengler, Oswald 363
Spinoza, Baruch de 45, 85, 97-98, 224
Steffens, Henrik 258
Stein, Friedrich Wilhelm von 238
Sterne, Laurence 148, 179, 186
Stockhausen, Johann Christoph 149
Strauss, Richard 342
Sue, Jean Joseph 248
Sulzer, Johann Georg 167, 176, 214
Süßmilch, Johann Peter 13, 107, 124, 209-210, 213, 314
Swift, Jonathan 117

T

Tacitus 58
Taine, Hippolyte 370
Talbot, Henry Fox 279, 283
Tarde, Gabriel 357, 383
Tertullian 27
Tetens, Johann Nikolaus 159, 176
Thukydides 84
Tieck, Ludwig 219
Timanthes 165
Tocqueville, Alexis de 241, 250
Tönnies, Ferdinand 347-348, 350
Torelli, Giacomo 49

Trapp, Ernst Christian 191
Troeltsch, Ernst 349
Turquet, Mayerne 104
Tylor, Edward Burnett 280, 285, 289, 292, 303, 309-312, 314, 316, 318, 321, 332-333, 364, 368-369, 381, 388

U

Ubaldo, Guido 37

V

Valla, Lorenzo 134
Vauvenargues, Marquis de 98
Veiras, Denis 137
Veiras, Henri 137
Verne, Jules 286, 411
Vernet, Joseph 110
Vesalius, Andreas 71, 84
Vico, Giovanni Battista 232-235, 239
Villiers de l'Isle-Adam, Jean-Marie 281, 371
Volney, Constantin-François Chassebœuf 232, 236, 239
Voltaire 137-138

W

Wackernagel, Jakob 328-329
Wagner, Richard 13, 330-331, 339-341, 345
Wallace, Alfred Russell 288, 290, 360
Warburg, Aby 286-287, 311, 377
Weber, Max Maria Freiherr von 277
Wellhausen, Julius 315
Wells, W. C. 288, 302
Weston, Jessie L. 341
Wezel, Johann Carl 161, 163, 180-181
Wieland, Christoph Martin 139, 141, 153, 170-171, 218, 225-226, 240
Wilberforce, Samuel 290
Wolff, Christian 56, 100-101, 137, 176, 178-179, 207
Wundt, Wilhelm 377

Z

Zesen, Philip von 62, 90
Zimmermann, Johann Georg 151, 161, 181
Zincke, Georg Heinrich 102, 214
Zinzendorf, Nikolaus Ludwig Graf von 172
Zola, Émile 372-374
Zwingli, Huldrych 84